U0103391

新編諸子集成

鹽鐵論校注

上

王利器 校注

中華書局

圖書在版編目(CIP)數據

鹽鐵論校注/王利器校注.—2版.—北京:中華書局,2015.7(2023.4重印)
(新編諸子集成)
ISBN 978-7-101-11002-9

Ⅰ.鹽…　Ⅱ.王…　Ⅲ.①財政-中國-西漢時代②《鹽鐵論》-注釋　Ⅳ.F092.2

中國版本圖書館CIP數據核字(2015)第116284號

責任編輯:石　玉
責任印製:陳麗娜

新編諸子集成
鹽鐵論校注
(全二册)
王利器 校注

*

中華書局出版發行
(北京市豐臺區太平橋西里38號　100073)
http://www.zhbc.com.cn
E-mail:zhbc@zhbc.com.cn
三河市鑫金馬印裝有限公司印刷

*

850×1168毫米 1/32・30¼印張・4插頁・630千字
1992年7月第1版　2015年7月第2版
2023年4月第12次印刷
印數:26901-27900册　定價:108.00元

ISBN 978-7-101-11002-9

新編諸子集成出版説明

子書是我國古籍的重要組成部分。最早的一批子書産生在春秋末到戰國時期的百家争鳴中，其中不少是我國古代思想文化的珍貴結晶。秦漢以後，還有不少思想家和學者寫過類似的著作，其中也不乏優秀的作品。

二十世紀五十年代，中華書局修訂重印了由原世界書局出版的諸子集成。這套叢書匯集了清代學者校勘、注釋子書的成果，較爲適合學術研究的需要。但其中未能包括近幾十年特別是一九四九年後一些學者整理子書的新成果，所收的子書種類不够多，斷句、排印尚有不少錯誤，爲此我們從一九八二年開始編輯出版新編諸子集成，至今已出滿四十種。

新編諸子集成所收子書與舊本諸子集成略同，是一般研究者經常要閱讀或查考的書。每一種都選擇到目前爲止較好的注釋本，有的書兼收數種各具優長的注本，出版以來，深受讀者歡迎，還有不少讀者提出意見建議，幫助我們修訂完善這套書。

爲方便讀者閲讀和收藏，我們決定把原先單行的各個品種組合成一個套裝，計收書四十種，共六十册，予以整體推出。敬請讀者關注。

中華書局編輯部

二〇一八年二月

目録

前言

一

三十年前，爲鹽鐵論校注寫的一篇前言，認爲這次鹽鐵會議是儒法鬭争，把漢武帝、桑弘羊劃爲法家，把問題簡單化了。據漢書武帝紀記載，他剛即位，在「建元元年冬十月，詔丞相、御史、列侯、中二千石、二千石、諸侯相舉賢良方正直言極諫之士。丞相綰（衛綰）奏：『所舉賢良，或治申、商、韓非、蘇秦、張儀之言，亂國政，請皆罷。』奏『可』」。看來漢武帝是明顯地反對法家的。到他在位的第七年，即元光元年，武帝紀寫道：「五月，詔賢良曰：『……何行而可以章先帝之洪業休德，上參堯、舜，下配三王？……賢良明於古今王事之體，受策察問，咸以書對，著之于篇，朕親覽焉。』於是董仲舒、公孫弘等出焉。」董仲舒傳寫道：「自武帝初元，魏其、武安侯爲相而隆儒矣。及仲舒對册，推明孔氏，抑黜百家，立學校之官，州郡舉茂材孝廉，皆自仲舒發之。」據此，漢武帝又明顯地推崇儒家。漢書杜延年傳載：「御史大夫桑弘羊子遷……通經術。」可見桑弘羊這個家庭，也是儒家氣氛很濃厚的，何況桑弘羊在辯論過程中還多次引用儒家經典詩、書、春秋。因之，簡單地劃漢武帝、桑弘羊爲法家，無疑是不恰當的。但是，這次會議，從形式到内容，都或多或少地帶有儒法之爭的色彩，這撲朔迷離的現象，是值得進一步加以探討的。

自從漢武帝罷黜百家，獨尊儒術之後，百家争鳴的局面基本結束了，尤其是法家者流，從此就消聲匿跡了。因之，在當時並無所謂儒法之争，而只有儒家内部之争。這時的儒家，吸收了法家和道家、陰陽家等思想，已非原始儒家的本來面目。因之，在這個歷史時期，出現了所謂純儒，董仲舒就是這號人物〔一〕。甚麽叫做純儒？漢書賈山傳寫道：「祖父祛，故魏王時博士弟子也。山受學祛，所言涉獵書記，不能爲醇儒。」顔師古注：「醇者，不雜也。」後漢書鄭玄傳：「玄質於辭訓，通人頗譏其繁，至於經傳洽孰，稱爲純儒。」醇儒即純儒，謂之純儒者，即所以别於雜儒，然則所謂儒家内部的鬭争，就是純儒與雜儒的鬭争，拿漢人的話來説，也就是王道與霸道的鬭争，如此而已。

二

西漢昭帝劉弗陵始元六年（公元前八一年）二月，召開鹽鐵會議，這是一次王道與霸道兩條政治路綫面對面鬬争的會議。召開這次會議的漢昭帝劉弗陵，自稱「通保傅，傳孝經、論語、尚書」〔二〕，是接受過儒家思想的。主持這次會議的丞相車千秋，「無他材能術學」，是被匈奴單于譏諷爲「妄一男子」〔三〕般的尊儒派。在以主張「公卿大臣當用經術士」〔四〕，並「益重經術士，……以爲羣臣奏事東宫，太后省政，宜知經術」〔五〕的大司馬大將軍霍光爲首的精心策畫之下，拼凑了全國各地六十多個「懷六藝之術」〔六〕的賢良、文學，藉論鹽、鐵爲名，來「舒六藝之風」〔七〕，因而這次會議是有鮮明的傾向性的。先是，有杜延年其人者，「見國家承武帝奢侈軍旅之後，數爲大將軍霍光言：『年歲比不登，流民未盡還，宜修孝文時政，示以儉約寬和，順天心，説民意，年歲宜應。』光納其言。舉賢良，議罷酒榷、鹽、鐵，皆自延年發之」〔八〕。通過「宜修孝文時政」的決策之後，於是召開這次會議的工作，就提到議事日程上來了。「始元五年（公元前八二年）六月詔：『其令三輔、太常舉賢良各二人，郡國文學高第各一人。』」〔九〕這批人，就是參加這次會議的「六十餘人」。爲了虚張聲勢，製造輿論，他們動員了所謂「爲民請命」的御用文人。

第一種人是賢良。

賢良一科，是西漢王朝選拔封建統治工具的重要手段之一。文選策秀才文集注：

「鈔曰：『對策所興，興於前漢，謂文帝十五年詔舉天下賢良俊士，使之射策。』陸善經曰：『漢武帝始立其科。』」又曰：「求賢，謂求直諫，合有三通：一明國家之大體，二通人事之始終，三通正言直諫者也。」即以漢武帝時期而言，漢武帝認爲凡是思想上不符合封建統治的需要，而「治申、商、韓非、蘇秦、張儀之言」的，都是不能入選的。董仲舒，是被當時推之「爲世純儒」〔一〇〕、「爲世儒宗」〔一一〕的，下文還要論及，這裏不多説了。至於公孫弘，由賢良起家，爬到丞相寶座，更是賢良、文學們作爲奮鬭榜樣而加以頌揚的。

參加這次會議的賢良，全是由三輔、太常舉拔來的。據漢書百官公卿表上：「奉常，秦官，掌宗廟禮儀，有丞。景帝中六年（公元前一四四年），更名太常，……諸陵縣皆屬焉。」昭帝紀元鳳二年（公元前七九年），如淳注：「太常主諸陵，别治其縣。」又元鳳六年（公元前七五年），應劭注：「太常掌諸陵園，皆徙天下豪富民以充實之，後悉爲縣。」是諸陵所在之縣，當時屬太常，而且是「皆徙天下豪富民以充實之」的。到漢元帝時，才分屬三輔。元帝紀寫道：「永光四年（公元前四〇年），冬，十月乙丑，……諸陵分屬三輔，……」詔：……『今所爲初陵者，勿置縣邑。』」顔師古注：「先是諸陵總屬太常，今各依其地界屬三輔。」這時諸陵還屬太常，因而以三輔、太常並稱。他們選出三輔、太常的賢良，意圖是昭然若揭的，就是這些人都是「天下豪富民」，是跟他們一個鼻孔出氣的，是他们最理想的代言人。雜論篇列舉出席的代表人物有茂陵唐生，茂陵當時屬太常，這和始元五年的詔令是完全符合的。

參加這次召對的賢良，在漢書唯一有傳可查的，僅有魏相其人。由於這次召對是對話和對策同時並行，鹽鐵論是對話紀録，漢書公孫田劉王楊蔡陳鄭傳贊所謂「當時詰難，頗有其議文」是也。至於對策，則復古篇言「陛下宣聖德，昭明光，令郡國賢良、文學之士，……册陳安危利害之分」，利議篇言「諸生對册，殊路同歸，……以故至今未決」，取下篇言「於是遂罷議，止詞」，則明有對策之事也。對策即取下篇之所謂「詞」，是書面的，對話即取下篇之所謂「議」，是口頭的，對策蓋未交到會議上論議，故其人其文不見於鹽鐵論。又由利議篇所言「以故至今未決」，以擊之篇言「前議公事」云云，則這次開會，日子也不是短暫的。

漢書魏相傳寫道：「魏相，字弱翁，濟陰定陶人也，徙平陵。少學易，爲郡卒史，舉賢良以對策高第爲茂陵令。」韓延壽傳載魏相對策事較詳，寫道：「韓延壽，字長公，燕人也，徙杜陵。少爲郡文學。父義，爲燕郎中，刺王之謀逆也，義諫而死，燕人閔之。是時，昭帝富於春秋，大將軍霍光持政，徵郡國賢良、文學，問以得失。時魏相以文學對策，以爲『賞罰所以勸善禁惡，政之本也。日者，燕王爲無道，韓義出身彊諫，爲王所殺。義無比干之親，而蹈比干之節，宜顯賞其子，以示天下，明爲人臣之義』。光納其言，因擢延壽爲諫大夫。」按漢書武五子燕刺王旦傳：「郎中韓義等數諫旦，旦殺義等凡十五人。會缾侯劉成知澤等謀，告之青州刺史雋不疑，不疑收捕澤等以聞。」雋不疑傳：「武帝崩，昭帝即位，而齊孝王孫劉澤交結郡國豪傑謀反，欲先殺青州刺史不疑，發覺收捕，皆伏其辜，擢爲京兆尹。」孝昭帝紀遷不疑爲京兆尹，在始元元年八月，則韓義之死，當在是年八月以前，故魏相對策引以爲説。魏相以賢良對策，即指這次會議。相徙平陵，平陵正是太常屬縣，與昭帝紀言「其令三輔、太常舉賢良各二人」合，韓延壽傳以爲「時魏相以文學對策」，那是不對的。據史所載，昭帝時「徵郡國賢良、文學，問以得失」，僅有這一次；因之，可以斷言，魏相就是參加這次會議的平陵所舉的賢良，而魏相又是學易的，則賢良不僅在經濟上是屬於「天下豪富民」，而且在思想上也是屬於儒家者流，也是文獻足徵的。

第二種人是文學。

和賢良一樣，文學也是當時地主階級知識分子向上爬的階梯。荀子王制篇指出：「雖庶人之子孫也，程文學，正身行，能屬於禮義，則歸之卿相士大夫。」自從孔丘私設四科來傳授門徒，其中就有文學這一科[一一]，這是專門爲研究儒家經典——即所謂「經術」而設立的。論語先進篇皇侃義疏引范甯曰：「文學，謂善先王典文。」范仲淹選任賢能論原注寫道：「文學，禮樂典章之謂也。」[一二]范解釋「文學」，是把它的本義交代清楚了。孔丘門徒繼承這個衣鉢的是子游、子夏，後漢書徐防傳載防上疏云：「詩、書、禮、樂，定自孔子；發明章句，始於子夏。」很概括地説明了這個問題。自從春秋末期，奴隸制日益崩潰，封建制日益興起，在尖鋭複雜的鬪争中形成的代表奴隸主階級利益的儒家，和代表新興地主階級利益的法家，這兩家在政治思想路綫上，正如漢書藝文志所説是「各引一端」，「辟（譬）猶水火」的。

自從有了文學——即後世之所謂儒家，這樣的之人、之書、之術以後，如史記汲鄭列傳、儒林列傳之所謂「文學儒者」，即指其人；如史記李斯列傳、儒林列傳、漢書司馬遷傳之所謂「文學經書」，即指其書；如漢書宣帝紀、張安世傳、匡衡傳之所謂「文學經術」，即指其術：都在其人、其書、其術之上，貼上「文學」的標籤。因之，顔師古在漢書西域傳下解釋「爲文學」道：「爲文學，謂學經書之人。」史記封禪書寫道：「諸儒生疾秦焚詩、書，誅僇文學，百姓怨其法，天下畔之。」這裏所謂「秦焚詩、書，誅僇文學」，就是「焚書坑儒」。由於秦代「重禁文學，不得挾書，棄捐禮誼，而惡聞之」[一四]，從此以後，出現了「秦之時，羞文學，好武勇，賤仁義之士，貴治獄之吏」〔一五〕的局面。漢高帝劉邦建立西漢封建政權之後，基本上「承秦之制」，班固指出他「不修文學」〔一六〕。當時之所謂「修文學」，猶後世之所謂「治經」，淮南子精神篇：「藏詩、書，修文學。」以「藏詩、書」與「修文學」並舉，則「修文學」之爲專攻儒家經典，無可置疑。漢武帝劉徹平定淮南、衡山叛亂以後，於元狩元年（公元前一二二年）四月下詔寫道：「日者，淮南、衡山修文學，流貨賂，兩國接壤，怵於邪說，而造篡弑。」〔一七〕總結這次叛亂，是由於「修文學，流貨賂」，換言之，即諸侯王之搞叛亂，是從破壞經濟基礎和佔領文化陣地入手。這件事，在本書也有所反映，晁錯篇桑弘羊指出：「日者，淮南、衡山修文學，招四方游士，山東儒墨咸聚於江、淮之間，講議集論，著書數十篇。然卒於背義不臣，使謀叛逆，誅及宗族。」由是觀之，則所謂「修文學」，就不是一般的學術問題，因之，在當時出現了「不愛文學」〔一八〕、「以文學獲罪」〔一九〕的歷史現象。在這次會議上，桑弘羊舌戰羣儒，辨才無礙，也嚴峻指出：「今文學言治則稱堯、舜，道行則言孔、墨，授之政則不達，懷古道而不能行，言直而行枉，道是而情非，衣冠有以殊於鄉曲，而實無以異於凡人。諸生所謂中直者，遭時蒙幸，備數適然耳，殆非明舉所謂，固未可與論治也。」〔二〇〕

三

參加這次會議的六十多個賢良、文學，他們都是「祖述仲尼」〔二一〕的儒生，除了心不離周公，口不離孔、孟之外，還大肆宣揚當時「推明孔氏」〔二二〕的董仲舒的學術思想。董仲舒就是向漢武帝建議要「鹽、鐵皆歸於民」〔二三〕的始作俑者。他攻擊秦「用商鞅之法，改帝王之制」，「田租、口賦、鹽、鐵之利二十倍於古」〔二四〕；他在對策時，大肆宣揚「正其誼不謀其利，明其道不計其功」〔二五〕的儒家説教，反對「與民争利」〔二六〕，一再宣揚什麽「亦皆不得兼小利，與民争利業，乃天理也」〔二七〕。他之所謂民，並不是一般的老百姓，而是指的豪門貴族和富商大賈，本書禁耕篇所謂：「夫權利之處，必在深山窮澤之中，非豪民不能通其利。」復古篇所謂：「往者豪强大家，得管山海之利，采鐵石鼓鑄，煮海爲鹽。」正好説明董仲舒扮演的「爲民請命」這齣劇是怎麽一回事了。鹽鐵會議一開場，這批腐儒就迫不及待地抛出這些謬論，摇旗吶喊：「今郡國有鹽、鐵、酒榷、均輸，與民争利……願罷鹽、鐵、酒榷、均輸。」〔二八〕在開宗明義第一章，就毫不含糊地表明他們是地地道道地繼承了董仲舒的衣鉢。參加這次會議的那個賢良魏相，得官之後，還一貫地「數條漢興已來國家便宜行事，及賢臣……董仲舒等所奏，請施行之」〔二九〕。

現在，我們試就本書來看他們是怎樣一樁樁一件件地推銷董仲舒的學説吧。

錯幣篇文學道：「夏忠，殷敬，周文。」這是本之董仲舒對策的「夏上忠，殷上敬，周上文」〔三〇〕，是露骨地宣揚董仲舒所倡言的「天之道，終而後始」〔三一〕的歷史循環論。

同篇文學又道：「古之仕者不穡，田者不漁。」這是本之春秋繁露度制篇：「君子仕則不稼，田則不漁。」相刺篇文學道：「非君子莫治小人，非小人無以養君子，不當耕織爲匹夫匹婦也。君子耕而不學，則亂之道也。」就是這種説法的注脚。這是孔、孟之道的「學而優則仕」和「勞心者治人，勞力者治於人」的翻版。桑弘羊在相刺篇針對性地指出：「今儒者釋耒耜而學不驗之語，曠日彌久而無益於治，往來浮游，不耕而食，不蠶而衣，巧僞良民，以奪農妨政，此亦當世之所患也。」

復古篇大談其復古之道，此外，文學還在利議篇宣揚「復古之道」，賢良還在執務篇呼吁「復諸古而已」。這也是從董仲舒那裏繼承下來的。董仲舒深深憤恨於今不如昔，寫了一篇士不遇賦，來發洩他對新社會格格不入的陰暗心情，在那篇賦裏，重曰：「生不丁三代之盛隆兮，而丁三季之末俗；末俗以辨詐而期通兮，真士以耿介而自束。」〔三二〕並從這種心情出發，製造反動輿論，在春秋繁露楚莊王篇寫道：「春秋之於世事也，善復古，譏易常，欲其法先王也。」極力宣揚復古，反對易常。

非鞅篇文學攻擊商鞅：「崇利而簡義，高力而尚功。」這是董仲舒「正其誼不謀其利，明其道不計其功」說教的鸚鵡學舌。功利是有階級性的。毛主席說：「世界上沒有甚麽超功利主義，在階級社會裏，不是這一階級的功利主義，就是那一階級的功利主義。」〔三三〕桑弘羊指出「商君明於開塞之術，假當世之權，爲秦致利成業，……舉而有利，動而有功，……功如丘山，名傳後世」，充分肯定了商鞅所主張的功利主義，不允許文學在這個問題上迴黄轉緑，更不允許他們借這個問題來指桑駡槐。

未通篇文學道：「古有大喪者，君三年不呼其門，通其孝道，遂其哀戚之心也。」這是本之春秋繁露竹林篇：「先王之制，有大喪者，三年不呼其門，順其志之不在事也。」這是爲封建統治階級鼓吹「以孝治天下」，正如魯迅所指出的：「而其原因，便全在於一意提倡虚僞的道德。」〔三四〕

地廣篇文學道：「夫治國之道，由中及外，自近者始。」這是本之春秋繁露王道篇：「春秋立義，……親近以來遠，故未有不先近而致遠者也。故内其國而外諸夏，内諸夏而外夷、狄，言自近者始也。」

殊路篇文學道：「宋殤公知孔父之賢而不早任，故身死。魯莊公知季有之賢，授之政晚而國亂。」這是本之春秋繁露精華篇：「是故任非其人而國家不傾者，自古至今，未嘗聞也。故吾按春秋而觀成敗，乃切悁悁於前世之興亡也。任賢臣者，國家之興也。夫智不足以知賢，無可奈何矣；知之不能任，大者以死亡，小者以亂危，其若是何邪？以莊公不知季子賢邪？安知病將死召而授之以國政？以殤公爲不知孔父賢邪？安知孔父死，己必死，趨而救之？二主智皆足以知賢，而不決不能任，故魯莊以危，宋殤以弒。使莊公早用季子，而宋殤素任孔父，尚將興鄰國，豈直免弒哉？此吾所悁悁而悲者也。」這是爲腐朽没落的奴隸主統治政權大唱輓歌，妄圖阻擋歷史發展的車輪前進。

水旱篇賢良道：「周公載紀，……雨不破塊，風不鳴條。」這是本之董仲舒胡謅的「太平之世，則風不鳴條，開甲散萌而已；雨不破塊，潤葉津莖而已」〔三五〕。這是美化奴隸制社會，而爲「今不如昔」論張目。葛洪所譏諷的「俗士云：『今月不及古月之朗』」〔三六〕就是這號人的寫照。

當辯論涉及論菑問題時，「圖窮而匕首現」，文學乾脆拋出了「始江都相董生推言陰陽，四時相繼，父生之，子養之，母成之，子藏之」的唯心主義陰陽之說。這是本之春秋繁露五行對篇：「河間獻王問温城董君曰：『孝經曰：夫孝，天之經，地之義。何謂也？』對曰：『天有五行，木火土金水是也。……春主生，夏主長，季夏主養，秋主收，冬主藏，藏，冬之所成也。是故父之所生，其子長之；父之所長，其子養之；父之所養，其子成之；諸父所爲，其子皆奉承而續行之，不敢不如父之意，盡爲人之道也。故五行者，五行也。由此觀之，父授之，子受之，乃天之道也。故曰：夫孝者，天之經也。此之謂也。』」文學又說：「好行惡者，天報以禍，妖菑是也。春秋曰：『應是而有天菑。』」這是本之春秋繁露必仁且智篇：「春秋之法，上變古易常，應是而有天災，此謂幸國。」凌曙注認爲：「變古有災，復古可以救災。」董仲舒之流把天説成是有意志的最高主宰，不僅能够有意識地安排人們的命運，而且對人世間的一切活動也會有所反應。他們胡説甚麽只要施行「仁政」，就會風調雨順，國泰民安，而發生水旱災害，則是不行「仁政」的結果。他們宣揚「天人感應」的神學目的論，藉以攻擊武帝之政不是「奉天法古」〔三七〕，同時，也是爲了欺騙和麻痺勞動人民羣衆，要「順天安命」，服從統治階級的擺布。恩格斯指出：「歷史的『有神性』越大，它的非人性和牲畜性也就越大。」〔三八〕深刻地揭露了這種「有神」論的危害性。執務篇賢良説：「上不苛擾，下不煩勞，各修其業，各安其性，則螟螣不生，而水旱不起。……人愁苦而怨思，上不恤理，則惡政行而邪氣作，邪氣作則蟲螟生而水旱起。」這也是董仲舒有言在先，漢書五行志中之下：「宣公十五年（公元前五九四年）冬，蝝生。……董仲舒、劉向以爲，蝝，螟始生也。一曰蝗始亂生。是時，民患上力役，解於公田。宣是時初税畝，税畝，就民田畝擇美者税其什一，亂先王制而爲貪利，故應是而蝝生，屬蠃蟲之蘖。」他們對於「初税畝」這樣的經濟制度大改革是不甘心的，但事已無可奈何，只好誣蔑爲「變古有災」了。

論菑篇在論到刑德先後問題時，文學更大肆販賣陰陽五行之説，説甚麽「天道好生惡殺，好賞惡罰。故使陽居於實而宣德施，陰藏於虚而爲陽佐輔。……故王者南面而聽天下，背陰向陽，前德而後刑也。」這是本之董仲舒對策：「天道之大者在陰陽，陽爲德，陰爲刑，刑主殺而德主生，是故陽常居大夏而以生育養長爲事，陰常居大冬而積於空虚不用之處，以此見天之任德不任刑也。」春秋繁露天辨人在篇也説：「陰終歲四移而陽常居實，非親陽而疎陰，任德而遠刑與？」董仲舒歪曲了古代樸素唯物主義的陰陽五行之説，把陰陽二氣説得神乎其神，「若實若虚」〔三九〕，簡直不可捉摸。他認爲「天道之常，一陰一陽，陽者天之德也，陰者天之刑也」〔四〇〕。「天之任陽不任陰，好德不好刑如是，故陽出而前，陰出而後，尊德而卑刑之心見矣」〔四一〕。他把陰陽二氣作爲表現天的恩德、刑罰的意志的工具。

刑德篇文學説：「春秋之治獄，論心定罪。」這是本之春秋繁露精華篇：「春秋之聽獄也，必本其事而原其罪，志邪者不待成，首惡者罪特重，本直者其論輕。」漢書藝文志六藝略有公羊董仲舒治獄十六篇，後漢書應劭傳寫道：「董仲舒作春秋決獄二百三十二事。」王充論衡程材篇寫道：「董仲舒表春秋之義，稽合於律，無乖異者。」董仲舒爲了篡改法治精神的本質，搞的這一套春秋折獄，就是當時儒家者流所宣揚的「以經術潤飾吏事」〔四二〕的活標本。

刑德篇文學又説：「夫爲君者法三王，爲相者法周公，爲術者法孔子，此百世不易之道也。」這是董仲舒對策「天不變，道亦不變」的翻版。賢良、文學爲了乞助於亡靈，在這次會議上，鸚鵡學舌，羣魔亂舞，大演其董仲舒借屍還魂的鬼戲，舉凡這次會議議題所涉及的範圍，哪怕千頭萬緒般錯綜複雜，都有千絲萬縷的内在聯繫。這正如董仲舒自己所説的那樣，「遺毒餘烈，至今未滅」〔四三〕。毛主席指出：「在中國，則有所謂『天不變，道亦不變』的形而上學思想，曾經長期地爲腐朽了的封建統治階級所擁護。」〔四四〕深刻地揭露了董仲舒這一反動説教的階級根源。正是由於董仲舒販賣的這一套封建神學唯心主義思想體系，是爲封建統治製造永恒性的理論根據，是爲儒家思想「定於一尊」打好基礎，是長期束縛中國人民的極大繩索，從而延長了封建主義的統治，嚴重地阻礙了社會發展的進程。

四

杜延年向霍光獻策，發動召開這次會議時，提出「宜修孝文時政」的口號——西漢王朝要推行王道之政的都提出這個口號，如漢元帝時貢禹提出要「醇法太宗（即文帝）之治」〔四五〕，即其例證——這是這次會議的要害所在。經過他們精心策畫，把調子定了下來，於是一犬吠影，百犬吠聲，在會上，賢良、文學摇脣鼓舌，大放厥詞，把矛頭直接指向漢武帝。他們的手法是：第一，擡高文帝，貶低武帝。非鞅篇文學説：「昔文帝之時，無鹽、鐵之利而民富，今有之而百姓困乏，未見利之所利也，而見其害也。」第二，直接攻擊武帝，説得一無是處。復古篇文學説：「孝武皇帝攘九夷，平百越，師旅數起，糧食不足。故立田官，置錢，入穀射官，救急贍不給。」刺復篇文學説：「當公孫弘之時，人主方設謀垂意於四夷，故權譎之謀進，荆、楚之士用，將帥或至封侯食邑，而尅獲者咸蒙厚賞，是以奮擊之士由此興。其後，干戈不休，軍旅相望，甲士糜弊，縣官用不足，故設險興利之臣起，磻溪熊羆之士隱。涇、渭造渠以通漕運，東郭咸陽、孔僅建鹽、鐵，策諸利，富者買爵販官，免刑除罪，公用彌多而爲者徇私，上下兼求，百姓不堪，抏弊而從法，故憯急之臣進，而見知、廢格之法起。杜周、咸宣之屬，以峻文決理貴，而王溫舒之徒，以鷹隼擊殺顯。其欲據仁義以道事君者寡，偷合取容者衆。」對武帝之政，進行了全面攻擊。「衆口囂囂，不可勝聽」〔四六〕。桑弘羊識破了他們的陰謀詭計，迎頭痛擊，一針見血地指出：「文帝之時，縱民得鑄錢、冶鐵、煮鹽。吴王擅障海澤，鄧通專西山。山東奸猾咸聚吴國，秦、雍、漢、蜀因鄧氏。吴、鄧錢布天下，故有鑄錢之禁。禁禦之法立而奸僞息，奸僞息則民不期於妄得而各務其職，不反本何爲？故統一，則民不二也；幣由上，則下不疑也。」〔四七〕這裏，桑弘羊在針鋒相對地評文帝之政的同時，還對症下藥，提出政權統一的根本問題。鹽、鐵是國家經濟的命脉，政治是經濟的集中表現。桑弘羊一再强調「總一鹽、鐵」〔四八〕，「總鹽、鐵，一其用」〔四九〕，「人君統而守之則强」〔五〇〕，對漢武帝的施政方針，作了權威性的説明。從此以後，一般對於漢文帝與漢武帝，或者説文、景與武、宣，都認爲是判若兩途的。例如，班固漢書武帝紀贊寫道：「武帝之雄材大略，不改文、景之恭儉，以濟斯民，雖詩、書所稱，何有加焉。」荀悦前漢紀卷一三寫道：「孝武皇帝奢侈無限，窮兵極武，百姓空竭，萬民疲弊，當此之時，天下騷動，海内無聊，而孝文之業衰矣。」司馬光資治通鑑卷二三記述這件事寫道：「昭帝始元六年，秋，七月，罷榷酤官，從賢良、文學之議也。武帝之末，海内虚耗，户口減半。霍光知時務之要，輕徭薄賦，與民休息。至是，匈奴和親，百姓充實，稍復文、景之業焉。」在這些儒家者流的筆下，總是拿文、景來比武帝，而且總是把武帝置於所謂「相形見絀」的地位。因之，當時只要提到這四代帝王，總是把文、景聯繫在一起，武、宣聯繫在一起的。如漢書景帝紀贊：「周云成、康，漢言文、景。」又哀帝紀贊：「欲强主威，以則武、宣。」這其間不同之處，漢宣帝訓導太子劉奭的一席話，提供給我們了解這個問題的綫索。漢書元帝紀寫道：「立爲太子，……嘗侍燕，從容言：『陛下持刑太深，宜用儒生。』宣帝作色曰：『漢家自有制度，本以霸王道雜之，奈何純任儒生德教，用周政乎？且俗儒不達時宜，好是古非今，使人眩於名實，不知所守，何足委任！』迺歎曰：『亂我家者，太子也。』」後漢書崔寔傳載寔政論寫道：「故宜量力度德，春秋之義。今既不能純法八世，故宜參以霸政，則宜重賞深罰以御之，明著法術以檢之。自非上德，嚴之則理，寬之則亂。何以明其然也？近孝宣皇帝明於君人之道，審於爲政之理，故嚴刑峻法，破姦軌之膽，海内清肅，天下密如，薦勳祖廟，享號中宗，算計見效，優於孝文；元帝即位，多行寬政，卒以墮損，威權始奪，遂爲漢室基禍之主。政道得失，於斯可監。」漢宣帝直言不諱地指出「漢家自有制度，本以霸王道雜之」。漢宣之所謂「雜」，即崔寔之所謂「參」也。這一個「雜」字，道出了問題關鍵之所在。就是説，西漢王朝，從漢高帝到漢宣帝，不是純用王道，也不是純用霸道，而是二者雜用之，不過有所畸輕畸重，從而呈現出差别罷了。就拿文、景、武、宣四代來説吧，一般都認爲文、景是行王道，武、宣是行霸道，其實這是僅就局部現象而言，不是説文、景的一生就是純任王道，而武、宣的一生就是純任霸道。這一層，北宋蘇軾也就看出來了，他在對策中寫道：「伏維制策有『推尋前世，深觀治迹，孝文尚老子而天下富殖，孝武用儒術而海内虚耗，道非有弊，治奚不同』，臣竊以爲不然。孝文之所以爲得者，是儒術略用也；其所以得而未盡者，是用儒之未純也；而其所以爲失者，是用老也。何以言之？孝文得賈誼之説，然後待大臣有禮，御諸侯有術；而至於興禮樂，係單于，則曰未暇，故曰儒術略用而未純也。若夫用老之失，則有之矣。始以區區之仁，懷三代之肉刑，而易之以髡笞，髡笞不足以懲其罪，則又從而殺之，用老之實，豈不過甚矣哉？且夫孝武亦可謂儒之主也，博延方士而多興妖祠，大興宫室而甘心遠略，此豈儒者教之？今有國者，徒知徇其名而不考其實，見孝文之富殖，而以爲老子之功，見孝武之虚耗，而以爲儒者之罪，則過矣。」〔五一〕蘇軾知其然而不知其所以然，因之，同樣地得出了「徒知徇其名而不考其實」的結論。西漢王朝，從漢高帝到漢宣帝，基本上是霸道佔統治地位，政治路綫相同，而政治藝術各異，因而政治生活呈現出來差别。汲黯指出漢武帝「内多欲而外施仁義」〔五二〕，漢武帝内外不一致的作風，就是這個「雜」字交戰於胸中的具體反映。又如漢宣帝自稱「不明六藝，鬱於大道」〔五三〕，「好申子君臣篇」〔五四〕，「頗修武帝故事」〔五五〕，在麒麟閣畫名臣圖像，就是「著名宣帝之世」的儒者夏侯勝也不得入選〔五六〕，當然是個法家了；但是，他又曾下詔説：「朕微眇時，故掖廷令張賀輔道朕躬，修文學經術。」〔五七〕自己承認受過儒家教育，而且對張賀念念不忘，感恩圖報，還封他的養子張彭祖爲陽都侯〔五八〕。又如漢文帝，除了賢良、文學的吹捧而外，貢禹也曾大頌特頌「孝文之政」，大呼要「醇法太宗之治」〔五九〕；漢成帝問劉向，有「文帝比德周文」〔六〇〕的説法。但是，史記禮書説：「孝文好道家之學。」漢書儒林傳説：「孝文本好刑名之言。」風俗通義正失篇説：「文帝本修黄、老之言，不甚好儒術。」經典釋文叙録説：「漢文帝、竇皇后好黄、老言。」所謂河上公者，還「親以所注老子授文帝」〔六一〕。這些撲朔迷離的現象，只有從這個「雜」字去理解，才能提其要而鈎其玄。我認爲所謂「雜霸王道」云云，就是如何三七分的問題，有時霸道佔七分，法家路綫就突出，有時王道佔七分，儒家路綫就突出。明乎此，就無怪乎漢武帝於征和四年（公元前八九年）拒絶桑弘羊輪臺屯田的建議，而「下詔深陳既往之悔」〔六二〕，只落得「空見蒲萄入漢家」〔六三〕，或者説「只博葡萄入漢宫」〔六四〕了。明乎此，更無怪乎在文、景、武、宣四朝之出現梟鸞並棲、牛驥同皁的怪現象了。也只有明乎此，才能理解在這次會議進程中，攻擊武帝、頌揚文帝的場景層出不窮了。

王霸之分[六五]，自來就是統治階級内部政治鬬争的集中表現。自從孟軻指出「仲尼之徒，無道桓、文之事者」[六六]以後，到了董仲舒，更變本加厲地説甚麽「仲尼之門，五尺之童子，言羞稱五伯，爲其詐以成功，苟爲而已矣，故不足稱大君子之門」[六七]。西漢時期，王霸之争，在政治生活中作了彼伏此起的拉鋸戰表演。楊雄長楊賦寫道：「今朝廷純仁遵道，顯義並包，書林聖風雲靡，英華沈浮，洋溢八區，普天所覆，莫不沾濡，士有不談王道者，則樵夫笑之。」[六八]這是西漢末期實行王道政治的寫照。就在此時，鬬争也是十分激烈的，梅福寫道：「至秦則不然，張誹謗之罔，以爲漢敺除，倒持泰阿，授楚其柄。故誠能勿失其柄，天下雖有不順，莫敢觸其鋒，此孝武皇帝所以辟地建功，爲漢世宗也。今不循伯者之道，迺欲以三代選舉之法取當世之士，猶察伯樂之圖，求騏驥於市而不可得，亦已明矣。故高帝棄陳平之過而獲其謀，晉文召天王，齊桓用其讐，亡益於時，不顧順逆，此所謂伯道者也。一色成體謂之醇，白黑雜合謂之駁，欲以承平之法，治暴秦之緒，猶以鄉飲酒之禮理軍市也。」[六九]這不過就用人路綫從側面反映出激烈的王霸之争而已。更爲突出的，就是對待傑出的政治家漢武帝，不僅遭到賈捐之[七〇]、貢禹[七一]、蓋寬饒[七二]、蕭望之[七三]之流，像賢良、文學一樣，肆行詆毁，而且還有儒生主張不爲武帝立廟樂和廢除其血食的。本始二年（公元前七二年）夏，四月，宣帝詔有司議孝武帝廟樂，在霍光爲政的縱容包庇下，一個爲他提拔尊重的儒生夏侯勝，出來攻擊武帝，胡説甚麽：「武帝雖有攘四夷、廣土斥境之功，然多殺士衆，竭民財力，奢泰無度，天下虚耗，百姓流離，物故者過半，蝗蟲大起，赤地千里，或人民相食，畜積至今未復，亡德澤於民，不宜爲立廟樂。」〔七四〕在夏侯勝噴人的血口面前，漢宣帝採取了英明果斷的措施，於是年「六月庚午，尊孝武廟爲世宗廟，奏盛德、文始、五行之舞，天子世世獻」〔七五〕。應劭注：「宣帝復採昭德之舞爲盛德舞，以尊世宗廟也。諸帝廟皆常奏文始、四時、五行也。」尊武帝於諸帝之上，改昭德舞爲盛德舞，給武帝以最高榮譽，這是對武帝之政的堅決擁護，對腐儒夏侯勝之徒攻擊的有力回擊。

王霸之争，既是西漢時期政治生活中的嚴峻現實，從而後世尚論漢事的，一般都抓住這一要害，來表達其對漢代統治階級的看法，張栻所謂「學者要須先明王伯之辨，而後可論治體」〔七六〕是也。御覽引帝王世紀玄晏先生曰：「禮稱至道以王，義道以霸。觀漢祖之取天下也，遭秦世暴亂，不階尺土之資，不權將相之柄，發迹泗亭，奮其智謀，羈勒英雄，鞭驅天下，或以威服，或以德致，或以義成，或以權斷，逆順不常，霸王之道雜焉。」薛道衡隋高祖頌序：「秦居閏位，任刑名爲政本；漢執靈圖，雜霸道而爲業。」〔七七〕吴兢貞觀政要卷一政體篇：「秦任法律，漢雜霸道。」唐高宗李治問令狐德棻：「何者爲王道、霸道？又孰爲先？」德棻對曰：「王道任德，霸道任刑。自三王已上皆行王道，唯秦任霸術，漢則雜而行之，魏、晉已下，王霸俱失。」〔七八〕秦觀淮海集卷七法律上：「唐、虞以後有天下者，安危榮辱之所從，長久亟絶之所自，無不出於其所任之術，而所任之術，大抵不過詩、書、法律二端而已。蓋用詩、書者三代也，純用法律者秦也，詩、書、法律雜舉而並用，選相本末，遞爲名實者漢、唐也。」詩、書與法律，實即指儒家與法家而言。程顥明道先生文集卷二論王霸之辨：「漢、唐之君有可稱者，論其人則非先王之學，考其時則皆駁雜之政，乃以一曲之見，幸致小康，其創法垂統，非可繼於後世，皆不足用也。」釋契嵩鐔津文集卷六問霸：「漢氏曰『吾家雜以王霸而天下治』，暫厚而終薄，少讓而多諍。」張栻漢家雜霸寫道：「宣帝謂『漢家雜伯』，故其所趨如此。然在漢家論之，蓋亦不易之論也。自高祖取天下，固以天下爲己利，……則其雜伯固有自來。夫王道如精金美玉，豈容雜也？雜之，則是亦伯而已矣。文帝……亦雜於黄、老、刑名，考其施設，動皆有術。……至於宣帝，則又伯之下者，威（桓）、文之罪人也。西京之亡，自宣帝始。」〔七九〕張居正答福建巡撫耿楚侗談王霸之辨寫道：「後世學術不明，高談無實，剽竊仁義，謂之王道，纔涉富强，便云霸術；不知王霸之辨，義利之間，在心不在迹，奚必仁義之爲王，富强之爲霸也。」〔八〇〕王霸之分，方興未艾，其實漢宣帝所舉的一個「雜」字，就全部道出了這個問題實質之所在。也就是説，漢家推行的是儒法合流、刑德兼施的王霸雜用政治綱領。而這一套，又是中國兩千年封建統治階級衣鉢相傳的統治手法。

五

最後，試就桑弘羊的生年，提出我的初步看法。

桑弘羊是傑出的政治家，他輔佐漢武帝「定大業之路，建不竭之本」，作出巨大貢獻。然而漢書却没有給他立傳，以致他的業績，只能從其它有關資料的字裏行間找得一鱗半爪。

本書貧富篇載：「大夫曰：『余結髮束脩，年十三，幸得宿衛，給事輦轂之下，以至卿大夫之位，獲禄受賜，六十有餘年矣。』」這是桑弘羊在漢昭帝始元六年（公元前八一年）自己説的話。漢書食貨志下也説：「弘羊，洛陽賈人之子，以心計年十三侍中。」因此，只要把桑弘羊年十三是哪一年確定下來，那就會把他的生年和享年弄清楚了。

據有關史籍記載，在秦代就有幼年服官之事，如秦始皇時，甘羅年十二，即出使趙國，還爲上卿〔八二〕。儀禮喪服傳賈公彦疏且有「甘羅十二相秦」之説。在漢代，如漢書王尊傳載尊「年十三，求爲獄小吏」。又翟方進傳載：「方進年十二三，失父孤學，給事太守府爲小吏。」因之，桑弘羊「年十三，幸得宿衛，給事輦轂之下」，這是不足爲奇的。爲啥當時服官限年十三呢？這裏有個旁證，足以説明這個問題。應劭風俗通義寫道：「六宫采女凡數千人。案采者，擇也，天子以歲八月遣中大夫與掖庭丞、相率於洛陽鄉中，閱視童女，年十三以上，二十以下，長壯皎潔，有法相者，因而載入後宫，故謂之采女也。」〔八二〕在洛陽——漢代五都之一〔八三〕，童男年十三選爲郎，和童女年十三選爲采女，正是一例。宋犖迎鑾二紀載犖年十三，於清順治四年（公元一六四七年）即「入朝侍衛」〔八四〕，時代雖然晚了，但在歷史傳統上是有一定内在聯繫的，這也是一個很好的例證。

因此，我初步地認爲，桑弘羊當是在漢景帝後二年（公元前一四二年）以貲爲郎的。漢書景帝紀：「後二年，五月詔：『今訾算十以上乃得宦，廉士算不必衆。有市籍〔八五〕不得宦，無訾又不得宦，朕甚愍之。訾算四得宦，亡令廉士久失職，貪夫長利。』」服虔注曰：「訾，萬錢，算，百二十七也。」應劭注曰：「古者，疾吏之貪，衣食足，知榮辱，限訾十算迺得爲吏。十算，十萬也。賈人有財，不得爲吏；廉士無訾，又不得宦，故減訾四算得宦矣。」顔師古注曰：「『訾』讀與『貲』同。」往常讀史記平準書、漢書食貨志，看到前文記述了「天下已定，高祖乃令賈人不得衣絲乘車，重租税以困辱之。孝惠、高后時，爲天下初定，復弛商賈之律，然市井之子孫，亦不得仕宦爲吏」，後文又出「咸陽，齊之大煮鹽，孔僅，南陽大冶，弘羊，雒陽賈人子，鄭當時進言之」，總覺得這一突如其來之筆，有點前言不搭後語，司馬遷、班固都没有把來龍去脈交代清楚，以致疑團陣陣，令人有百思不得其解之感。如今重新細繹漢景帝這個詔文，然後知道這是漢景帝繼惠帝、高后「弛商賈之律」之後，復開「市井之子孫亦不得仕宦爲吏」之禁也。詔文明言「有市籍不得宦，無訾又不得宦，朕甚愍之」嘛，這實在是給商賈與廉士這兩種人大開利禄之途的嚆矢。因此，桑弘羊才得於此時「以貲爲郎」，成爲「市井子孫得仕宦爲吏」的破天荒創舉。因此，後來鄭當時才得根據這個詔令而向漢武帝進言東郭咸陽、孔僅、桑弘羊這些富商大賈和市井之子孫的。因此，我們才有理由斷定這個家多貲的洛陽商人子桑弘羊是於漢景帝後二年「以貲爲郎」的。史記張釋之傳：「以訾爲騎郎。」集解：「如淳曰：『漢儀注：訾五百萬得爲常侍郎。』」〔八六〕又司馬相如傳：「以訾爲郎。」正義：「以貲財多得拜爲郎。」〔八七〕桑弘羊之「幸得宿衛，給事輦轂之下」，蓋亦以貲爲常侍郎的。沈欽韓漢書疏證以爲「案其進蓋入羊爲郎之類」，而不知此乃「以貲」而非「入貲」也。以貲是論其家財多少，入貲是「以財賈官」〔八八〕，本來是兩碼事，怎麽能混爲一談呢。漢書百官公卿表上：「侍中……散騎、中常侍，皆加官。……侍中、中常侍得入禁中，……給事中亦加官。」應劭注曰：「入侍天子，故曰侍中。」顏師古注「給事中」引漢官解詁云：「掌侍從左右，無員，常侍中。」所謂侍中、散騎、中常侍、給事中，都非官職，資治通鑑卷五五胡三省注所謂「給使令，未有爵秩者也」。當時，以「以貲爲郎」爲進身之階的，曾遭到董仲舒的攻擊，漢書董仲舒傳載他的對策寫道：「選郎、吏又以富訾，未必賢也。」董仲舒的海罵，絶不是無的放矢，而是有所影射的；蓋桑弘羊「以貲爲郎」之後，通過宮中的因材教養，漸露頭角，呈現出卓越的善於心計的才幹，因而於年十八時，由鄭當時的推薦正式轉入仕途；董仲舒對策在元光元年（公元前一三四年），那時，桑弘羊已得官四年了（說詳後），這個高談「正其誼不謀其利」的董仲舒，對於這些「言利事析秋毫」〔八九〕的市井之流，自然看不順眼，要「辭而闢之」〔九〇〕了。

侍中、給使令，既未有爵秩，然桑弘羊自稱「年十三……獲禄受賜」，這又怎樣解釋呢？我認爲凡是「廩食縣官」的，都叫做食禄。本書錯幣篇寫道：「民大富則不可以禄使也。」力耕篇寫道：「戰士或不得禄。」民可以禄使，戰士可以得禄，當然侍中可以「獲禄受賜」。周秦篇文學不是也說「今無行之人，……一日下蠶室，創未瘳，宿衛人主，出入宮殿，由得受奉禄，食太官享賜」嗎？這正是「宿衛人主」、「獲禄受賜」的證明。

太平御覽卷二百八十六引新序：「昔子奇年十八，齊君使之治阿。既行矣，悔之，使使追之，曰：『未至阿及之，還之；已至勿還也。』使者及之而不還，君問其故，對曰：『臣見使與共載者白首也，夫以老者之智，以少者之決，必能治阿矣，是以不還。』」年十八即從事宦學，至漢而遂成爲制度。漢書儒林傳：「太常擇民年十八以上儀狀端正者，補博士弟子。」又賈誼傳：「年十八，以能誦詩、書，屬文，稱於郡中，河南守吴公聞其秀材，召置門下。」又終軍傳：「年十八，選爲博士弟子，至府受遣，太守聞其有異材，召見軍，甚奇之，與交結，軍揖太守而去。至長安，上書言事，武帝異其文，拜爲謁者，給事中。」又霍去病傳：「以皇后姊子，年十八爲侍中。」又蕭育傳：「陳咸最先進，年十八爲左曹。」又陳萬年傳：「子咸，字子康，年十八，以萬年任爲郎。」又馮野王傳：「年十八，上書願試守長安令。」風俗通義過譽篇：「五世公轉換南陽，與東萊太守蔡伯起同歲，欲舉其子，伯起自乞子瓚尚弱，而弟琰幸以成人，是歲舉琰，明年復舉瓚。瓚年十四，未可見衆，常稱病，遣詣生，交到十八，乃始出治劇平春長。上書：『臣甫弱冠，未任宰御，乞留宿衛。』尚書劾奏：『增年受選，減年避劇，請免瓚官。』詔書：『左遷武當左尉。』」蔡瓚年「到十八，乃始出治劇」，還想減年，「乞留宿衛」，其事雖與桑弘羊殊科，而其十八減年，可留宿衛，行年十八，才服官政，和終軍之年十八給事中，以及霍去病之年十八侍中，都和桑弘羊的經歷，先後完全一樣的。這裏，還有一個和桑弘羊同時，而其服官年限又完全相同的董偃，可資對勘。漢書東方朔傳寫道：「始董偃與母以賣珠爲事，偃年十三，隨母出入主家。左右言其姣好，主召見曰：『吾爲母養之。』因留第中，教書計、相馬、御、射，頗讀傳記。至年十八而冠，出則執轡，入則侍内，爲人温柔愛人，以主故，諸公接之，名稱城中，曰董君。」從董偃的出身，我們得到很大的啓發，然後恍然大悟桑弘羊之所以飛黄騰達了。董偃年十三，被館陶公主留在第中，教以書計及其它，至年十八而冠，侍内，正好和桑弘羊的經歷一樣。顔師古注「教書計」道：「計謂用數也。」漢書食貨志上寫道：「八歲入小學，學六甲、五方、書計之事。」計數之事，正是當時童而習之的「小學」課程。桑弘羊年十三侍中，至武帝即位，在宫中得着因材施教的培養，突出地表現出來是一個善心計的苗子，至年十八而冠，適逢鄭當時擢遷内史，認定他是一個理想的理財家，同時又因爲漢武帝「好少」〔九二〕，加以推薦，從此桑弘羊就開始了「計數不離於前」的仕宦生涯。董仲舒對策所説的「聖王之治天下也，少則習之學，長則材諸位」，漢武帝之於桑弘羊，正是這種因人教養、因材器使的適例。

本書輕重篇寫道：「文學曰：『大夫君以心計，策國用，構諸侯。』御史曰：「大夫君運籌策，建國用，……是以兵革東西征伐，賦斂不增而用足。』」異口同聲地承認桑弘羊在這方面作出的貢獻。漢武帝因材培養了商人家庭出身的桑弘羊，成爲傑出的政治家，同時，又破格提拔了奴隸出身的衛青爲大將軍——這就是漢書公孫弘卜式兒寬傳贊所説的「弘羊擢於賈豎，衛青奮於奴僕」，金樓子雜記下所説的「大漢取士於奴僕」，讓他們一個運籌帷幄，一個宣威沙漠，從而取得抗擊匈奴侵擾的偉大勝利，都是和漢武帝推行的「宰相必起於州部，猛將必發於卒伍」〔九二〕的用人唯賢的路綫分不開的。然而，這也遭到儒家的反對。皮日休鹿門隱書寫道：「自漢至今，民産半入乎公者，其唯桑弘羊、孔僅乎〔九三〕！衛青、霍去病乎！設遇聖天子，吾知乎桑、孔不過乎賈豎，衛、霍不過乎士伍。」在用人路綫問題上，大肆攻擊漢武帝，説他不是什麽「聖天子」。

年十八，服官從政，漢代官制，誠如是矣。然而具體結合到桑弘羊時，是否了無問題呢？答案也是完全肯定的。漢書食貨志下寫道：「於是以東郭咸陽、孔僅爲大農丞，領鹽、鐵事。而桑弘羊貴幸，咸陽，齊之大煮鹽，孔僅，南陽大冶，皆致産累千金，故鄭當時進言之。」黄震古今紀要二説：「鄭當時，咸陽、孔僅、弘羊皆所薦。」文獻通考十四引馬廷鸞也説：「時鄭當時爲大司農，以他日薦桑弘羊、咸陽、孔僅觀之，益可疑也。」鄭當時之進言，與董仲舒之對策，一個推薦「以貲爲郎」的桑弘羊，一個詆毁包括桑弘羊在内的「以貲爲郎」之人，成了鮮明的對比，是統治階級内部兩條路綫鬭争的表現。然則，鄭當時之推薦桑弘羊在何時？其時，桑弘羊又是否年正十八呢？漢書百官公卿表下：「建元四年（公元前一三七年），江都相鄭當時爲右内史。」據鄭當時傳，前此，「爲魯中尉，濟南太守，江都相」，都在郡國任職，無緣得向武帝推薦給事中而年方十八之人，「至九卿爲右内史」〔九四〕，調至本朝供職，發現桑弘羊擅長心計，「言利事」，出色當行，從而推薦他，桑弘羊才於建元四年正式轉入仕途。這和宋犖所説的「入朝侍衛，察試才能，授以任使」〔九五〕，正是「古今一體」了。荀悦前漢紀十寫道：「武帝建元四年，江都相陳人鄭當時爲内史，每候上間，未嘗不言天下長者，其推轂名士，常以爲賢於己。」桑弘羊「善心計」，自然是在鄭當時推轂的「名士」之内了。建元四年，上距漢景帝後二年爲五年，那時桑弘羊年十三，再加五年，正是十八歲；而景帝後二年下距召開這次會議的昭帝始元六年，相去六十二年，與貧富篇所説的「獲禄受賜，六十有餘年矣」正合。這樣，則桑弘羊之行年出處，與有關資料，無不節節相符，絲絲入扣。由是可見，桑弘羊年十三侍中，爲漢景帝後二年；被鄭當時推薦，時年十八，爲漢武帝建元四年。準此以推，則桑弘羊實生於漢景帝二年（公元前一五五年），自天漢元年（公元前一〇〇年）爲大司農〔九六〕，時年五十五，至後元二年（公元前八七年）以搜粟都尉爲御史大夫〔九七〕，時年六十八，始元六年以御史大夫參加鹽鐵會議，時年七十四，前後執政將近二十年，即本書伐功篇文學所説的「以搜粟都尉爲御史大夫，執政十有餘年」，也就是國疾篇文學所説的「今公卿處尊位，執天下之要，十有餘年」。至元鳳元年（公元前八〇年）被害，時年七十五。因之，桑弘羊的生卒年，當爲生於漢景帝二年，卒於漢昭帝元鳳元年，享年七十五歲（公元前一五五年——公元前八〇年）。

六

這本鹽鐵論校注，是用清張敦仁覆刻涂本爲底本，並校以明涂禎本〔九八〕、攖寧齋鈔本〔九九〕、倪邦彦本、九行本〔一〇〇〕、張之象注本〔一〇一〕、沈延銓本〔一〇二〕、胡維新兩京遺編本〔一〇三〕、太玄書室本、金蟠輯注本〔一〇四〕、清黄丕烈舊藏乾隆乙卯傳録華氏活字本〔一〇五〕、盧文弨羣書拾補所引永樂大典本，以及類書、古注所徵引而又能解決今本疑難或可以幫助理解的也隨文校録。惟莫友芝所見宋本、楊樹達所見元本及孫星衍校本〔一〇六〕不知尚在人間否，今都無從徵引，深以爲憾。又有中立四子本〔一〇七〕亦未得見。至於前人有關鹽鐵論著作，如明張之象注、金蟠輯注、清姚鼐惜抱軒筆記、盧文弨羣書拾補、顧廣圻乾隆乙卯傳録華氏活字本簡端記〔一〇八〕、張敦仁考證、王紹蘭讀書雜記、洪頤煊讀書叢録、楊沂孫涂本簡端記〔一〇九〕、王履端重論文齋筆録、俞樾鹽鐵論校、孫詒讓札迻、王先謙校勘小識，近人黄季剛先生校記[二〇]、陳遵默先生校録[二一]、楊樹達先生讀鹽鐵論札記[二二]，以及當代郭沫若先生鹽鐵論讀本[二三]、孫人和先生校記[二四]、王佩諍先生鹽鐵論散不足篇札樸百一録[二五]、陳直先生鹽鐵解要[二六]，都有所采穫。這些豐富的研究成果，對於本書的完成，都給以很大的幫助。

張之象注本、沈延銓本和金蟠輯注本，把雙方的發言，作了分别的處理：凡是屬於賢良、文學的都提行頂格起，屬於丞相、御史大夫和丞相史的都提行低一格起，眉目極爲清楚。這對於理解這次辯論的展開和雙方持論的内容，都有一定的幫助。但由於張之象等受了傳統觀念的影響，揚儒抑法，高下在心，把優美的對話形式作了歪曲的處理。現在，本書就在張之象等的分段基礎上，作了適當的整理，對雙方的對話，一往一返，等同起來；並把這三個本子原有不盡妥當的地方，也作了一些必要的修改。

王利器謹識

一九五六年國際勞動節初稿
一九七九年國際勞動節二稿
一九八九年國際勞動節三稿

〔一〕漢書敘傳下。
〔二〕漢書昭帝紀。
〔三〕漢書車千秋傳。
〔四〕漢書雋不疑傳。
〔五〕漢書夏侯勝傳。
〔六〕本書刺復篇。
〔七〕本書雜論篇。
〔八〕漢書杜延年傳。
〔九〕漢書昭帝紀。
〔一〇〕漢書敘傳下。
〔一一〕漢書劉向傳。
〔一二〕論語先進篇。
〔一三〕范仲淹范文正公集卷五。
〔一四〕漢書董仲舒傳。
〔一五〕漢書路温舒傳。
〔一六〕漢書高帝紀。
〔一七〕漢書武帝紀。

〔一八〕漢書周勃傳，又朱博傳。

〔一九〕漢書萬石君傳。

〔二〇〕本書相刺篇。

〔二一〕本書論儒篇。

〔二二〕漢書公孫劉田王楊蔡陳鄭傳贊。

〔二三〕〔二四〕漢書食貨志。

〔二五〕漢書董仲舒傳。春秋繁露對膠西王篇作「正其道不謀其利，修其理不急其功」。趙秉文滏水集卷十四西漢論：「或曰，元朔之政，多以仲舒發之。然此皆三代之文，仲舒之言曰：『人君正心以正朝廷。』又曰：『仁人者正其義不謀其利，明其道不計其功。』凡此皆仲尼之心、三代之意也。」

〔二六〕漢書董仲舒傳。

〔二七〕春秋繁露度制篇。

〔二八〕本書本議篇。

〔二九〕漢書魏相傳。

〔三〇〕漢書董仲舒傳。

〔三一〕春秋繁露陰陽終始篇。

〔三二〕見藝文類聚三〇、古文苑。

〔三三〕在延安文藝座談會上的講話。

〔三四〕魯迅我們現在怎樣做父親，魯迅全集第一卷墳。

〔三五〕西京雜記下。

〔三六〕抱朴子外篇尚博。

〔三七〕春秋繁露深察名號篇。

〔三八〕恩格斯英國現狀——評托馬斯·卡萊爾的「過去和現在」，馬克思恩格斯全集第一卷。

〔三九〕春秋繁露天地陰陽篇。

〔四〇〕春秋繁露陰陽義篇。

〔四一〕春秋繁露天道無二篇。

〔四二〕漢書循吏傳序。

〔四三〕漢書董仲舒傳。

〔四四〕矛盾論。

〔四五〕漢書貢禹傳。

〔四六〕本書遵道篇。

〔四七〕本書錯幣篇。

〔四八〕本書復古篇，又輕重篇。

〔四九〕本書水旱篇。

〔五〇〕本書刺權篇

〔五一〕東坡後集卷十御試制科策。

〔五二〕漢書汲黯傳。

〔五三〕漢書宣帝紀。

〔五四〕史記張叔傳索隱、漢書元帝紀注、又張歐傳注、太平御覽卷二二一引劉向別録。

〔五五〕漢書王吉傳。

〔五六〕漢書蘇武傳。

〔五七〕〔五八〕漢書宣帝紀，又張安世傳。

〔五九〕漢書貢禹傳。

〔六〇〕風俗通義正失篇。

〔六一〕河上公老子序。

〔六二〕漢書西域傳下。阿克敦德蔭堂集卷八宿烏魯木齊原注：「漢之輪臺也。」

〔六三〕李頎李頎集（唐人集本）古從軍行。

〔六四〕黄璜黄琢山房集卷五讀漢書西域傳後。

〔六五〕荀子、新論都有王霸篇。荀子王霸篇、韓詩外傳五、淮南繆稱篇都有「粹而王，駁而霸」之説。

〔六六〕孟子梁惠王上。

〔六七〕春秋繁露對膠西王篇、漢書董仲舒傳。

〔六八〕漢書楊雄傳下、文選卷九。

〔六九〕漢書梅福傳。

〔七〇〕漢書賈捐之傳。

〔七一〕漢書貢禹傳。

〔七二〕漢書蓋寬饒傳。

〔七三〕漢書蕭望之傳。

〔七四〕〔七五〕漢書夏侯勝傳。

〔七六〕張栻南軒先生文集卷十六史論漢家雜伯。

〔七七〕隋書薛道衡傳、文苑英華卷七七二。又文苑英華卷八四八引薛道衡老氏碑亦有「秦居閏位，漢雜霸道」語。

〔七八〕劉昫舊唐書列傳卷二三令狐德棻傳。

〔七九〕張栻南軒先生文集卷十六史論漢家雜伯。

〔八〇〕張居正張太岳先生文集卷三一。

〔八一〕戰國策秦策下、史記甘茂傳。

〔八二〕文選卷四九范蔚宗皇后紀論李善注、慧苑華嚴經音義卷上引。

〔八三〕五都指當時的洛陽、邯鄲、臨淄、宛城、成都，王莽所立五均官的地方，商業挺繁盛，詳本書通有篇注。

〔八四〕宋犖西陂類稿卷四一。

〔八五〕漢書何武傳：「武弟顯，家有市籍，租常不入縣，數負其責。……武曰：『以吾家租賦繇役，不爲衆先奉公，不亦宜乎。』」

〔八六〕又見漢書張釋之傳。

〔八七〕又見漢書司馬相如傳。

〔八八〕本書除狹篇。

〔八九〕漢書食貨志。

〔九〇〕楊子法言吾子篇。

〔九一〕後漢書張衡傳注、北堂書鈔一四〇、文選卷十五思玄賦注、太平御覽卷三八三、又七七四引班固漢武故事：「上嘗輦至郎署，見一老郎，鬢眉皓白，衣服不完，上問曰：『公何時爲郎？何其老矣！』對曰：『臣姓顔名駟，江都人也，文帝時爲郎。』上問曰：『何不遇也？』駟曰：『文帝好文，臣好武；景帝好老，臣又少；陛下即位，好少，臣已老，是以三世不遇，故老以郎署。』上感其言，拜爲會稽都尉。」

〔九二〕韓非子顯學篇。

〔九三〕此句下，疑脱一句和「其唯」二字。

〔九四〕漢書鄭當時傳。

〔九五〕宋犖西陂類稿卷四一。

〔九六〕〔九七〕漢書百官公卿表下。

〔九八〕北京圖書館藏。

〔九九〕北京圖書館藏。案：淮南鴻烈解批評序，署名攖寧子敬所王宗沐，即其人也。

〔一〇〇〕此本半頁十行，行十八字，清人誤以爲宋本。

〔一〇二〕童第德先生藏。

〔一〇二〕謝國楨先生藏。

〔一〇三〕郭沫若先生藏。

〔一〇四〕以上不注來源三本，俱爲寒齋插架之書。

〔一〇五〕北京圖書館藏。

〔一〇六〕顧實漢書藝文志講疏云：「鹽鐵論，孫星衍有校本，未見。」

〔一〇七〕又稱中都四子，爲管子、韓非子、淮南子、鹽鐵論，萬曆間刻本。寒齋插架有淮南子一種。

〔一〇八〕北京圖書館藏。

〔一〇九〕趙元方先生藏。

〔一一〇〕孫人和先生藏。

〔一一一〕徐行可先生藏。

〔一一二〕國文學會叢刊一卷二號。

〔一一三〕原稿本。

〔一一四〕原稿本。

〔一一五〕華東師大學報第三期。拙稿寫成後一年，才見王氏此文。

〔一一六〕摹廬叢著七種之一，齊魯書社出版。

鹽鐵論校注卷第一

本議*第一

惟[一]始元六年，有詔書[二]使丞相、御史[三]與所舉賢良、文學語[四]，問民間所疾苦[五]。

文學對[六]曰：「竊聞治[七]人之道，防[八]淫佚之原，廣道德[九]之端，抑末利[一〇]而開仁義，毋示以利，然[一一]後教化可興，而風俗[一二]可移也。今郡國[一三]有鹽、鐵[一四]、酒榷[一五]、均輸[一六]，與民争利[一七]。散敦厚之樸[一八]，成貪鄙之化。是以百姓就本者寡，趨末者衆[一九]。夫文繁則質衰[二〇]，末盛則本虧。末修則民淫[二一]，本修則民慤[二二]。民慤則財用足，民侈則饑寒生。願罷鹽、鐵、酒榷、均輸，所以進本退末，廣利農業，便也[二三]。」

大夫[二四]曰："匈奴背叛不臣[二五]，數爲寇暴[二六]於邊鄙[二七]，備之則勞中國之士，不備則侵盜不止。先帝哀邊人之久患，苦爲虜所係獲也，故修障塞[二八]，飭烽燧[二九]，屯戍以備之。邊用度不足[三〇]，故興鹽、鐵，設酒榷，置均輸，蕃貨長財[三一]，以佐助邊費[三二]。今議者欲罷之，内空府庫之藏，外乏執[三三]備之用，使備塞乘城[三四]之士饑寒於邊，將何以贍之？罷之，不便也。"

文學曰："孔子曰：『有國有家者，不患貧而患不均，不患寡而患不安[三五]。』故天子不言多少，諸侯不言利害，大夫不言得喪[三六]。畜仁義以風[三七]之，廣德行以懷之[三八]。是以近者親附而遠者悦服。故善克者不戰，善戰者不師，善師者不陣[三九]。修之於廟堂，而折衝還師[四〇]。王者行仁政，無敵於天下[四一]，惡用費哉？"

大夫曰："匈奴桀黠，擅恣入塞，犯厲中國，殺伐郡、縣、朔方都尉[四二]，甚悖逆不軌[四三]，宜誅討之日久矣[四四]。陛下[四五]垂大惠，哀元元[四六]之未贍，不忍暴士大夫於原野；縱難[四七]被堅執鋭[四八]，有北面[四九]復匈奴之志，又欲罷鹽、鐵、均輸，擾[五〇]邊用，損武略[五一]，無憂邊之心，於其義未便也。"

文學曰："古者，貴以[五二]德而賤用兵。孔子曰：『遠人不服，則修文德以來之。既來之，則安之[五三]。』今廢道德而任兵革，興師而伐之，屯戍而備之，暴兵露師[五四]，以支[五五]

久長，轉輸糧食無已，使邊境之士饑寒於外，百姓勞苦於内。立鹽、鐵，始張利官〔五六〕以給之，非長策也。故以罷之爲便也。」

大夫曰：「古之立國家者，開本末之途〔五七〕，通有無之用，市朝〔五八〕以一其求，致士民，聚萬貨，農商工師〔五九〕各得所欲，交易而退〔六〇〕。易曰：『通其變，使民不倦〔六一〕。』故工不出，則農用乏〔六二〕；商不出，則寶貨絶。農用乏〔六三〕，則穀不殖；寶貨絶，則財用匱〔六四〕。故鹽、鐵、均輸，所以通委財〔六五〕而調緩急〔六六〕。罷之，不便也。」

文學曰：「夫導民以德〔六七〕，則民歸厚〔六八〕；示民以利，則民俗薄。俗薄則背義而趨利，趨利則百姓交於道而接於市。老子曰：『貧國若有餘，非多財也，嗜慾衆而民躁也〔六九〕。』是以王者崇本退末，以禮義防民欲，實菽粟貨財。市、商不通無用之物，工不作無用之器〔七〇〕。故商所以通鬱滯，工所以備器械，非治國之本務也。」

大夫曰：「管子云：『國有沃野之饒而民不足於食者，器械不備也。有山海之貨而民不足於財者，商工不備也〔七一〕。』隴、蜀之丹漆旄羽〔七二〕，荆、揚之皮革骨象，江南之柟梓竹箭〔七三〕，燕、齊之魚鹽旃裘〔七四〕，兖、豫之漆絲絺紵〔七五〕，養生送〔七六〕終之具也，待商而通，待工而成。故聖人作爲舟檝之用，以通川谷；服〔七七〕牛駕馬，以達陵陸〔七八〕；致遠窮深，所以交庶物而便百姓。是以先帝建鐵官以贍〔七九〕農用，開均輸以足民財；鹽、鐵、均輸，萬民所載仰〔八〇〕而取給者，罷之，不便也。」

文學曰：「國有沃野之饒而民不足於食者，工商盛而本業荒也；有山海之貨而民不足於財者，不務民用而淫巧衆也。故川源不能實漏巵，山海不能贍溪壑〔八一〕。是以盤庚萃居〔八二〕，舜藏黄金〔八三〕，高帝禁商賈不得仕宦〔八四〕，所以遏貪鄙之俗，而醇至誠之風也。排困市井〔八五〕，防塞利門〔八六〕，而民猶爲非也，况上之爲利乎？傳曰：『諸侯好利則大夫鄙，大夫鄙則士貪，士貪則庶人盗〔八七〕。』是開利孔爲民罪梯也〔八八〕。」

大夫曰：「往者，郡國諸侯各以其方〔八九〕物貢輸，往來煩雜，物多苦惡〔九〇〕，或不償其費。故郡國〔九一〕置輸官以相給運，而便遠方之貢，故曰均輸。開委府〔九二〕於京師〔九三〕，以籠〔九四〕貨物。賤即買，貴則賣〔九五〕。是以縣官〔九六〕不失實〔九七〕，商賈無所貿利〔九八〕，故曰平準〔九九〕。平準則民不失職〔一〇〇〕，均輸則民齊勞逸〔一〇一〕。故平準、均輸，所以平萬物而便百姓，非開利孔而爲民罪梯者也。」

文學曰：「古者〔一〇二〕之賦税於民也，因其所工，不求所拙〔一〇三〕。農人納其穫〔一〇四〕，女工效其功〔一〇五〕。今釋其所有，責其所無。百姓賤賣貨物，以便上求。間者〔一〇六〕，郡國或令民作布絮，吏恣〔一〇七〕留難，與之爲市。吏之所入，非獨齊、阿〔一〇八〕之縑，蜀、漢之布也〔一〇九〕，亦民間之所爲耳。行姦賣平〔一一〇〕，農民重苦〔一一一〕，女工〔一一二〕再税，未見輸之均也。縣官猥〔一一三〕

發，闔門擅市〔二四〕，則萬物〔二五〕并收。萬物并收，則物騰躍〔二六〕。騰躍，則商賈侔〔二七〕利。自市〔二八〕，則吏容姦。豪吏〔二九〕富商積貨儲物以待其急，輕賈〔三〇〕姦吏收賤以取貴，未見準之平也。蓋古之均輸〔三一〕，所以齊勞逸而便貢輸，非以爲利而賈萬物也〔三二〕。」

* 戰國策楚策：「朱英謂春申君曰：『李園據本議，制斷君命。』」本議就是根本的論議的意思。本書西域篇：「今乃留心於末計，雖本議，不順上意，未爲盡於忠也。」拿「本議」和「末計」對言，意義更爲明白可據。

〔一〕惟，發語辭。見經傳釋詞三。

〔二〕漢書高帝紀下五年詔曰云云，注：「如淳曰：『詔，告也，自秦以下，唯天子獨稱之。』」文心雕龍詔策篇：「漢初定儀則，則命有四品：一曰策書，二曰制書，三曰詔書，四曰戒敕。敕戒州部，詔誥百官，制施赦命，策封王侯。……詔者，告也。」

〔三〕漢書百官公卿表上：「相國、丞相，皆秦官，……掌丞天子，助理萬機。」「御史」，即「御史大夫」，漢人習慣稱爲「御史」，或稱爲「大夫」。漢書百官公卿表上：「御史大夫，秦官，位上卿，……掌副丞相。」又薛宣傳：「御史大夫内承本朝之風化，外佐丞相，統理天下。」又朱雲傳：「御史之官，宰相之副，九卿之右。」漢人以「丞相、御史大夫」並提時，往往稱「丞相、御史」，漢書伍被傳：「可爲丞相、御史請書。」又賈捐之傳：「對奏，上以問丞相、御史，御史大夫陳萬年以爲當擊。」又趙充國傳：「丞相、御史復白遣義渠。」又蕭望之傳：「高者請丞相、御史，……於是天子復下其議兩府丞相、御史，以難問張敞。」又儒林傳：「弘爲學官，悼道之鬱滯，迺請曰：『丞相、御史言云云。』」又：「宣帝初即位，欲褒先帝，詔丞相、御史曰云云。」又循吏傳：「後詔使丞相、御史問郡國上計長吏守丞以政令得失。」都是稱「丞相、御史」之證，與本書合。其稱「御史大夫」爲「御史」者，漢書王子侯表：「於是制詔御史云云。」又刑法志：「下令曰：『制詔御史云云。』」又王尊傳：「於是制詔御史云云。」又黄霸傳：「宣帝下詔曰：『制詔御史云云。』」這些都是稱「御史大夫」爲「御史」之證，也與本書合。本文的「丞相」，指車千秋，亦即田千秋；「御史」即下文之「大夫」，指桑弘羊。丞相和御史大夫是劉漢王朝中央政府領導人，當時稱丞相和御史大夫府叫做二府或兩府，見漢書薛宣傳、翟方進傳及劉向傳注。這次會議，是由當時中央政府的這兩個最高級領導人主持的。本書也有稱兩府的屬官爲丞相（園池篇，他篇仍稱「丞相史」）、御史（刺復、園池、輕重、遵道等篇）的，猶之本書有時稱皇帝爲「官家」，有時又稱各級有司爲「官家」的，當隨文分別處理，不可混爲一談。

〔四〕馬端臨文獻通考三三曰：「按自孝文策晁錯之後，賢良、方正皆承親策，上親覽而第其優劣。至孝昭年幼未即政，故無親策之事，乃詔有司問以民所疾苦。然所問者，鹽、鐵、均輸、榷酤，皆當時大事，令建議之臣與之反覆詰難，講究罷行之宜；卒以其説，爲之罷榷酤。則雖未嘗親奉大對，而視其上下姑相應以義理之浮文者，反爲勝之。國家以科目取士，士以科目進身者，必如此然後爲有益於人國耳。」

〔五〕漢書昭帝紀：「始元六年二月，詔有司問郡國所舉賢良、文學民所疾苦；議罷鹽、鐵、榷酤。」又食貨志：「昭帝即位六年，詔郡國舉賢良、文學之士，問以民所疾苦，教化之要。皆對願罷鹽、鐵、酒榷、均輸官，毋與天下争利，視以儉節，然後教化可興。弘羊難以爲此國家大業，所以制四夷、安邊、足用之本，不可廢也。迺與丞相千秋共奏罷酒酤。」漢書車千秋傳：「始元六年，詔郡國舉賢良、文學士，問以民所疾苦。於是鹽鐵之議起焉。」姚鼐曰：「漢書鼂錯傳：『詔有司舉賢良文學士。』是賢良文學士乃一途也。及昭帝紀乃分言『太常、三輔舉賢良，郡國舉文學』，而鹽鐵論其稱説尤各爲類，是真若二途之不可混矣。吾以謂漢所舉皆賢良而已。自武帝未興學校之先，文學與賢良皆虚名無位，言士之有是名者，則可舉耳。至武帝興學之後，郡國縣有文學士，則上其人，屬所二千石，於是郡國專有文學之目，抑或限有員位矣。昭帝蓋令郡國之舉賢良，則取於文學之中，非是不舉；而太常、三輔所舉，則無定限，猶文帝以來舊制；要之所舉皆當謂之賢良文學士，而當時流俗乃别呼之，實非有二途也。」玉海六三、又一八一、鹽政志六引此文作「有詔使丞相、御史與所舉賢良、文學，問民疾苦」。

〔六〕「對」者，「對策」之「對」，後復古篇：「令郡國賢良、文學之士，乘傳詣公車，……册陳安危利害之分。」利議篇：「諸生對册，殊路同歸。」「册」、「策」古通。足證「文學對」爲「對策」也。漢書鼂錯傳：「於是拜錯爲太子家令，……後詔有司舉賢良文學士，錯在選中，上親策詔之曰云云，錯對曰云云。」這裏的「問民間所疾苦」，即策詔内容，「文學對曰」，即對策也，與鼂錯傳可互參證。漢書蕭望之傳注師古曰：「射策者，謂爲難問疑義，書之於策，量其大小，署爲甲乙之科，列而置之，不使彰顯，有欲射者，隨其所得而釋之，以知優劣。射之言投射也。對策者，顯問以政事、經義，令各對之，而觀其人辭，定高下也。」文選策秀才文集注：「鈔曰：『策，畫也，略也，言習於智略計畫，隨時問而答之。策有兩種：對策者，應詔也，若工召而問之者曰對策，州縣舉之者曰射策也。對策所興，興於前漢，謂文帝十五年詔舉天下賢良俊士，使之射策。』陸善經曰：『漢武帝始立其科。』」

〔七〕通典一一、文獻通考二〇「治」作「理」，此唐人避唐高宗李治諱改。

〔八〕盧文弨曰：「張之象本『坊』，下並同。」案兩漢别解亦作「坊」，「防」「坊」古通。禮記經解：「猶坊止水。」釋文：「『坊』又作『防』。」禮記坊記：「君子禮以坊德，刑以坊淫。」又：「以此坊民。」史記平準書：「崇本退末，以禮義防於民。」俱「防」「坊」通用之證。

〔九〕王先謙曰：「通典十一『道德』作『教道』，『道』與『導』同，作『教道』義長。」

〔一〇〕「末利」指工商之利。史記商君傳：「事末利及怠而貧者，舉以爲收孥。」索隱：「末謂工商也。」「抑末利」，見下注。

〔一一〕明初本、華氏活字本「然」作「而」。

〔一二〕漢書地理志下：「凡民函五常之性，而其剛柔、緩急、音聲不同，繫水土之風氣，故謂之風；好惡、取舍、動静亡常，隨君上之情欲，故謂之俗。」應劭風俗通義序：「風者，天氣有寒煖，地形有險易，水泉有美惡，草木有剛柔也。俗者，含血之類，像之而生，故言語歌謳異聲，鼓舞動作殊形，或直或邪，或善或淫也。」

〔一三〕漢書地理志下：「本秦，京師爲内史，分天下作三十六郡。漢興，以其郡太大，稍復開置，又立諸侯王國，武帝開廣三邊，故自高祖增二十六，文、景各六，武帝二十八，昭帝一，訖於孝平，凡郡國一百三，縣邑千三百十四，道三十二，侯國二百四十一。」

〔一四〕據漢書地理志，郡國有鹽官者三十六，有鐵官者五十。漢書王尊傳有鹽官長，隸釋卷四漢青衣尉趙孟麟羊竇道碑有鐵官長。漢書食貨志上述秦用商鞅之法，「田租、口賦、鹽、鐵之利，二十倍於古」。蓋自管仲相齊，負山海之利，始有鹽、鐵之徵，而商鞅以之推行於秦耳。史記司馬遷自叙：「蘄孫昌爲秦王鐵官，當始皇之時。」則秦時已有鐵官了。馬端臨文獻通考卷十五徵榷考鹽鐵所謂「桑、孔之爲，有自來矣」，即指此也。

〔一五〕漢書武帝紀：「天漢三年春二月，初榷酒酤。」如淳曰：「榷音較。」應劭曰：「縣官自酤榷賣酒，小民不復得酤也。」韋昭曰：「以木渡水曰榷。謂禁民酤釀，獨官開置，如道路設木爲榷，獨取利也。」師古曰：「榷者，步渡橋，爾雅謂之石杠，今之略彴是也。禁閉其事，總利入官，而下無由以得，有若渡水之榷，因立名焉。韋説、如音是也。酤音工護反。彴音酌。」漢書王莽傳下：「羲和置酒士、郡一人，乘傳督酒利。」

〔一六〕史記平準書集解：「孟康曰：『謂諸所當輸於官者，皆令輸其土地所饒，平其所在時價，官更於他處賣之，輸者既便，而官有利。』」漢書百官表大司農有均輸令。器案：千乘郡有均輸官，見漢書地理志；河東有均輸長，見漢書黄霸傳；滎陽有均輸官，見後漢書劉盆子傳。急就篇：「司農少府國之淵，遠取財物主平均。」顔師古注：「價有貴賤，又當有轉送費用，不欲勞擾，故立平準均輸之官。」九章算術六均輸劉徽注：「以御遠近勞逸。」又曰：「按此均輸，猶均運也，令户率出車，以行運日數爲均，發粟爲輸。」李籍音義：「均，平也；輸，委也；以均平其輸委，故曰均輸。」後漢書朱暉傳：「尚書張林上言：『又宜因交阯、益州上計吏往來市珍寶，收采其利，武帝時所謂均輸者也。』暉復獨奏曰：『王制：天子不言有無，諸侯不言多少，食禄之家不與百姓争利。今均輸之法，與賈販無異，鹽利歸官，則下人窮怨，布帛爲租，則吏多姦盗，誠非明主所當宜行。』」李賢注：「武帝作均輸法，謂州郡所出租賦，並雇運之值，官總取之，市其土地所出之物官自轉輸於京，謂之均輸。」王惲玉堂嘉話卷五：「均輸法起桑弘羊，謂市井百貨，皆輸官坊，商賈不復貿易。」尋越絶書卷二云：「吴兩倉春申君所造，西倉名曰均輸。」則其由來尚矣。

〔一七〕與民爭利之説，創自董仲舒，春秋繁露度制篇：「故明聖者象天所爲，爲制度，使諸有大奉禄，亦皆不得兼小利，與民爭利業，乃天理也。」漢書董仲舒傳載對策曰：「身寵而載高位，家温而食厚禄，因乘富貴之資力，以與民爭利於下，民安能如之哉？」又漢書哀帝紀、貢禹傳亦有此語。

〔一八〕漢書張敞傳：「澆淳散樸。」師古曰：「樸，大質也，割之散也。」

〔一九〕「本」謂農業，「末」指工商業。文選王元長永明十一年策秀才文注：「漢書詔曰：『農，天下之大本也，而人或不務本而事末，故生不遂。』（案此文帝詔。）李奇曰：『本，農也；末，賈也。』」漢書成帝紀：「陽朔四年詔：『間者，民彌惰怠，鄉本者少，趨末者衆。』」又食貨志上：「今背本而趨末食者甚衆，是天下之大殘也。」師古曰：「本，農業也；末，工商也；言人已棄農而務工商矣。」又東方朔傳：「時天下侈靡趨末，百姓多離農畝。」師古曰：「趨讀趣；末謂工商之業。」

〔二〇〕論語雍也篇：「質勝文則野，文勝質則史。」皇侃義疏：「質，實也；文，華也。」

〔二一〕通典、文獻通考「淫」作「侈」。

〔二二〕荀子富國篇：「其臣下百吏，……躁者皆化而慤。」漢書刑法志：「法正則民慤。」師古曰：「慤，謹也。」淮南子主術篇：「其民樸重端慤。」注：「慤，誠也。」

〔二三〕「便」與「不便」，爲當時論議世務用以説明自己觀點的習用語，見於漢代文獻的很多。漢書外戚傳：「今皇后有所疑，便不便，其條刺，使大長秋來白之。」以「便」與「不便」對舉，尤爲適例。

〔二四〕漢書百官公卿表上：「御史大夫，秦官。」注：「應劭曰：『侍御史之率，故稱大夫云。』」案漢人稱「御史大夫」爲「大夫」，漢書蕭望之傳：「丞相謝大夫，少進揖。」「大夫」即「御史大夫」。又東方朔傳「兒大夫」，師古曰：「兒大夫，兒寬也。」

〔二五〕文選求自試表集注：「鈔曰：『不臣，不稱臣服從我也。』」

〔二六〕張之象本、沈延銓本、金蟠本無「寇」字。說文攴部：「寇，暴也。」

〔二七〕文選西京賦注：「鄙，邊邑也。」

〔二八〕史記酷吏傳正義：「障，謂塞上要險之處，別築城使吏士守之，以扞盜寇也。」漢書張湯傳師古曰：「障，謂塞上要險之處，別築爲城，因置吏士而爲障蔽，以扞寇也。」又匈奴傳：「雁門尉史行徼。」顏師古注引漢律：「近塞郡置尉百里一人，士史、尉史各二人，巡行徼塞。」續漢書百官志五：「邊縣有障塞尉。」本注曰：「掌禁備羌夷犯塞。」資治通鑑十九胡三省注：「漢制：每塞要處，別築爲城，使人鎮守，謂之候城，此即障也。」

〔二九〕史記司馬相如傳：「聞烽舉燧燔。」集解：「漢書音義曰：『烽，如覆米䉛，縣著桔槔頭，有寇則舉之。燧，積薪，有寇則燔然之。』」索隱：「烽燧，韋昭曰：『烽，束草置之長木之端，如挈皋，見敵則燒舉之。燧者，積薪，有難則焚之。烽主晝，燧主夜。』字林云：『䉛，漉米籔也，音一六反。』又纂要云：『䉛，淅箕也。』此注是孟康說。」

〔三〇〕「邊用度不足」，通典、文獻通考作「邊用不足」，鹽政志作「用度不足」，漢書武帝紀：「元狩四年冬，有司言，用度不足。」

〔三一〕文選東京賦注：「蕃，滋也。」漢書景帝紀：「貪夫長利。」師古曰：「長利，長獲其利。」案：廣雅釋詁：「長，挾也。」「長利」猶今言專利。

〔三二〕漢書蕭望之傳：「金布令甲曰：『邊郡數被兵，離饑寒，夭絶天年，父子相失，令天下共給其費。』」又卜式傳：「時漢方事匈奴，式上書，願輸家財半助邊。」

〔三三〕禮記曲禮上鄭玄注：「執，猶守也。」太玄書室本、諸子品節、諸子彙函、諸子拔萃、兩漢別解「執」作「寇」。

〔三四〕「乘城」即「登城」。史記黥布傳索隱：「乘塞，乘者，登也，登塞垣而守之。」漢書韓安國傳：「乘邊守塞。」師古曰：「乘即登也，登其城而留守也。」又陳湯傳：「數百人被甲乘城。」師古曰：「乘謂登之備守也。」又：「木城穿中人卻入土城乘城呼。」師古曰：「乘，登也。」

〔三五〕「患貧」原作「患寡」，「患寡」原作「患貧」。器案：春秋繁露度制篇：「孔子曰：『不患貧而患不均。』」此即文學所本，今據改正。今本論語季氏篇：「丘也聞有國有家者，不患寡而患不均，不患貧而患不安。蓋均無貧，和無寡，安無傾。」據全文意義來看，「患寡」和「患貧」，亦當據春秋繁露互乙，文意始順。「有國」指諸侯，「有家」指大夫。百家類纂八、經濟類編三五引作「有國家」，未可據。朱熹集注寫道：「均，謂各得其分；安，謂上下相安。」這就是説，依據奴隸制等級名分的規定，分配社會財富，這就是所謂「均」；所謂「安」，就是不要奴隸起來反抗奴隸主，臣民不要反抗君主，君君臣臣，父父子子，各安其位。

〔三六〕荀子大略篇：「故天子不言多少，諸侯不言利害，大夫不言得喪。」楊倞注：「皆謂言財貨也。」文又見韓詩外傳四。又案後漢書朱暉傳：「暉復獨奏曰：『王制：天子不言有無，諸侯不言多少，食禄之家不與百姓争利。』」今王制無此文。晉書食貨志又引朱暉此文。

〔三七〕史記平準書：「天子於是以式終長者，故尊顯以風百姓。」又見漢書食貨志下顔師古注：「風讀曰諷。」

文選難蜀父老：「四面風德。」注：「論語比考讖曰：『賜風德。』宋均曰：『賜能言語，故可使風諭以德也。』」風字義與此同。

〔三八〕通典十一、文獻通考二〇引「廣」作「勵」，「懷」作「化」。

〔三九〕穀梁傳莊公八年：「善爲國者不師，善師者不陳，善陳者不戰，善戰者不死，善死者不亡。」漢書刑法志：「故曰：『善師者不陳，善陳者不戰，善戰者不敗，善敗者不亡。』」次公所用，當是春秋今文家説。張之象本、沈延銓本、金蟠本，兩漢別解「陣」作「陳」，「陣」後起字。

〔四〇〕呂氏春秋召類篇：「孔子聞之曰：『夫修之於廟堂之上，而折衝乎千里之外者，其司城子罕之謂乎？』」高誘注：「衝車，所以衝突敵之車，能陷破之也。有道之國，不可攻伐，使欲攻己者，折還其衝車於千里之外，不敢來也。」文又見大戴禮記王言篇。墨子有備衝篇，説文作「轒」，云：「陷陣車也。」器案：此所謂「修之廟堂之上」者，蓋謂在廟堂之上，策畫戰略戰術，以克敵制勝也。尉繚子之所謂「廟勝之論」，趙充國之所謂「廟勝之册」，（漢書趙充國傳注師古曰：「廟勝，謂謀於廟堂而勝敵也。」通鑑六三注：「定策於廟堂之上，而決勝於千里之外，謂之廟勝。」）孫子之所謂「廟算」，韓非子之所謂「廟攻」（内儲説下），淮南子之所謂「廟戰」（兵略篇），意義皆同。太玄書室本「還師」作「外境」。

〔四一〕孟子梁惠王上：「仁者無敵。」又公孫丑上：「如此則無敵於天下。」

〔四二〕姚範曰：「句有脱誤。昭紀：『始元二年冬，匈奴入朔方，殺略吏民。始元二年冬，發習戰士詣朔方。』」器案：漢書地理志下朔方郡置三都尉，西部都尉治窳渾，中部都尉治渠搜，東部都尉治廣牧。此謂匈奴侵擾，殺害了朔方郡的都尉，此正可補漢書所未詳，惜未舉其名耳。匈奴侵擾邊區，經常殺害漢朝所置都尉，如漢文帝十四年，匈奴侵擾朝那，就殺害了北地都尉孫卬，見漢書文帝紀、馮唐傳、匈奴傳上及風俗通義正失篇；漢武帝元朔五年，匈奴萬騎入代郡，殺都尉朱英（史記匈奴傳作「朱英」，漢書匈奴傳作「朱央」）。這次「殺伐郡、縣、朔方都尉」，不過是匈奴侵擾的又一罪行而已，何所致疑。

〔四三〕史記秦始皇本紀：「不軌之臣，無以飾其智。」又貨殖傳：「秦末世遷不軌之民於南陽。」漢書卜式傳：「此非人情，不軌之臣。」師古曰：「軌亦法也。」

〔四四〕漢書司馬相如傳下：「蠻、夷自擅，不討之日久矣。」

〔四五〕通鑑六：「應劭曰：『陛者，升堂之陛，王者必有執兵陳於階陛，羣臣與至尊言，不敢指斥，故呼在陛下者以告之，因卑以達尊之意，若今稱殿下、閣下之類。』」

〔四六〕「元元」，猶如説善良老百姓。戰國策秦策上：「子元元。」高誘注：「元元，善也。」史記孝文本紀：「以全元元之民。」索隱：「姚察云：『古者謂人云善，言善人也，因善爲元，故云黎元，其言元元者，非一人也。』顧野王又云：『元元，猶喁喁，可憐愛貌。』」漢書文帝紀師古注曰：「元元，善意也。」後漢書光武紀上注：「元元，謂黎庶也。元元，猶言喁喁，可矜憐之辭也。」

〔四七〕「難」原作「然」，今改；因爲「然」又作「難」，從而錯成「然」字了。漢書五行志七中之下：「見巢難，盡墮地中。」師古曰：「『難』古『然』字。」又循吏召信臣傳：「晝夜難蘊火。」師古曰：「『難』古『然』字。」文選劇秦美新注：「『難』古『然』字。」龍龕手鑑二火部：「難，音然，陸佐公闕銘云：『刑酷難炭也。』」説略本楊樹達。

〔四八〕漢書高帝紀下：「被堅執鋭。」師古曰：「被堅，謂甲冑也；執鋭，謂利兵也。」又陳勝傳：「將軍身被堅執鋭。」師古曰：「堅，堅甲也；鋭，利兵也。」又谷永傳：「退無被堅執鋭討不義之功。」

〔四九〕「北面」，猶言北向，司馬遷報任安書：「北面争死敵者。」後非鞅篇：「西面而向風。」亦即西向。

〔五〇〕「擾」原作「憂」，涉下文「憂邊」而誤，今改。擾，干擾。太玄書室本作「虧」。

〔五一〕漢書匈奴傳上：「是時，天子巡邊，親至朔方，勒兵十八萬騎，以見武節。」蓋漢武帝懲匈奴之「百約百叛」（和親篇），只能以「武折」（結和篇），故謀之廟堂之上，則曰「武略」，陳兵邊境之上，則曰「武節」也。

〔五二〕太玄書室本「以」作「用」。

〔五三〕論語季氏篇：「故遠人不服，則修文德以來之。既來之，則安之。」這裏，文學以孔丘所倡言的王道觀點來反對由漢武帝所領導、桑弘羊所贊助的抗擊匈奴的自衛正義戰争。

〔五四〕「暴露」，漢人恒言。淮南子氾論篇：「天下雄儁豪英，暴露於野澤。」史記項羽本紀：「身被堅執鋭首事，暴露於野三年。」史記樂毅傳：「爲將軍久暴露於外，故召將軍。」韓詩外傳五：「於是兵作而大起，暴露居外。」有作「暴兵露師」的，漢書伍被傳：「暴兵露師。」又主父偃傳：「暴兵露師，十有餘年。」與此相同。有作「暴衣露冠」的，漢書武五子傳：「今宗室子孫，曾無暴衣露冠之勞。」又有作「暴衣露蓋」的，史記蕭相國世家：「王暴衣露蓋，數使使者勞君者，有疑君心也。」都是説勞苦於原野，故曰暴露也。

〔五五〕支，支持。後論功篇：「資糧不見案首，而支數十日之食。」義與此同。戰國策東周策：「粟支數年。」又楚策、燕策上俱有「粟支十年」語。漢書趙充國傳：「今大司農所轉穀至者，足支萬人一歲食。」

〔五六〕後毁學篇：「今人臣張官立朝以治民。」離騷九歌注：「張，施也。」張官，即周禮天官「設官」的意思。

〔五七〕漢書蕭望之傳：「開利路。」匡衡傳：「開太平之路。」薛宣傳：「開譤欺之路。」「開路」即「開途」，亦漢人恒語。

〔五八〕史記孟嘗君傳：「日暮之後，過市朝者，掉臂而不顧。」索隱：「市朝之行位，有如朝列，因言市朝耳。」正義：「市朝，言市之行位有如朝列，故言朝。」案又見戰國策齊策下。

〔五九〕史記貨殖傳：「故待農而食之，虞而出之，工而成之，商而通之。」漢書食貨志：「通財鬻貨曰商。」周禮太宰：「九職任萬民，六曰商賈，阜通貨財。」白虎通商賈篇：「商之爲言商也，商其遠近，度其有亡，通四方之物，故謂之商也。賈之爲言固也，固其有用之物，以待民來，以求其利者也。」

〔六〇〕周易繫辭：「包犧氏没，神農氏作，……日中爲市，致天下之民，聚天下之貨，交易而退，各得其所。」即此文所本。

〔六一〕這是周易繫辭文，漢書食貨志上亦用繫辭此文，李奇注云：「器幣有不便於時，則變更通利之，使民樂其業而不倦也。」

〔六二〕「乏」原作「乖」，盧文弨引大典本、明初本、華氏活字本作「乏」，意林三、通典十一、通考二〇、鹽政志引都作「乏」，今據改正。意林引「農」作「物」。通鑑十九注：「孔穎達曰：『暫無曰乏，不續曰絶。』」

〔六三〕張之象本、沈延銓本、金蟠本「農用乏」作「農不出」，與史記引周書合。

〔六四〕楊樹達曰：「史記貨殖列傳引周書曰：『農不出，則乏其食；工不出，則乏其事；商不出，則三寶絶；虞不出，則財匱少；財匱少而山澤不辟矣。』此桓語所本，今逸周書無此文。」日本瀧川資言史記會注考證：「中井積德曰：『蓋以食事財爲三寶也。則三寶二句當在末。』」

〔六五〕孟子萬章下：「孔子嘗爲委吏也。」趙岐注：「委吏，主委積，倉庫之吏。」這裏的「委財」，即委積的財貨。「通委財」，即下文「通鬱滯」之意。文選景福殿賦注：「少曰委，多曰積。」

〔六六〕「緩急」，這裏只用「急」義。古書中往往有連用兩個意義相反之字在一起而只用其中一義的，這就是一個例證。「調」讀爲「周」，「調緩急」就是論語雍也篇「君子周急不繼富」的「周急」的意思，也就是救濟急需的意思。通典、通考引此文，「調」正作「周」。

〔六七〕論語爲政篇：「道之以德，齊之以禮，有恥且格。」鹽政志、百家類纂、百子類函、兩漢別解引「導」作「道」，古通。

〔六八〕論語學而篇：「慎終追遠，民德歸厚矣。」

〔六九〕此所引老子，蓋文子自然篇之異文也。文子自然篇曰：「故亂國若盛，治國若虛，亡國若不足，存國若有餘。虛者非無人也，各守其職也。盛者非多人也，皆徼於末也。有餘者非多財也，欲節事寡也。不足者非無貨也，民躁而費多也。」（又見淮南子齊俗篇）即此文所本，以所引明稱「老子曰」，故知所用爲文子而非淮南子也。文子以治亂、存亡對言，此文作「貧」，蓋反用其義，故又引下文「欲節事寡」爲「嗜慾衆」也。躁謂浮躁，即從事浮華之謂。商君書墾令篇：「姦僞、躁心、私交、疑農之民不行。」荀子富國篇：「躁者皆化而愨。」韓非子詭使篇：「躁佻反覆謂之智。」淮南子主術篇：「人主静漠而不躁。」注：「躁，動也。」又：「狡躁康荒，不愛民力。」躁字義與此同。後申韓篇：「躁而静之。」字正作「動」解。

〔七〇〕管子五輔篇：「古之良工，不勞其知巧以爲玩好，是故無用之物，守法者不失。」

〔七一〕今本管子國蓄篇作：「國有十年之蓄，而民不足於食，是皆以其技能望君之禄也；君有山海之金，而民不足於用，是皆以其事業交接於君上也。」文與此不同。

〔七二〕通典一一、御覽八三六引「丹漆旄羽」作「丹沙毛羽」，通考二〇引作「丹砂毛羽」。

〔七三〕周禮夏官職方氏：「東南曰揚州，其利金錫竹箭。」鄭玄注：「箭，篠也。」孔穎達疏：「箭，一名篠。」漢書溝洫志：「褒斜材木竹箭之饒，儗於巴蜀。」管子小匡篇：「是以羽毛不求而至竹箭有餘於國。」又山國軌篇：「有竹箭檀柘之壤。」皆言竹箭。爾雅釋地：「東南之美者，有會稽之竹箭焉。」郭注：「竹箭，篠也。」又釋草：「篠，箭也。」文選吴都賦述竹類有箭，注云：「箭竹，細小而勁實，可以爲箭，通竿無節，江東諸郡皆有之。」戴凱之竹譜：「箭竹高者不過一丈，節間三尺，堅勁中矢，江南諸山皆有之，會稽所生最精好，故爾雅云：『東南之美者，有會稽之竹箭焉。』」爾雅翼一二：「箭，篠也。禹貢：『揚州篠蕩既敷。』職方氏：『揚州，其利竹箭。』箭一名篠，是竹之小者，可爲箭幹。」

〔七四〕「旃裘」即「氈裘」，戰國策趙策上：「蘇秦説趙王曰：『燕必致氈裘狗馬之地。』」史記蘇秦傳作「旃裘」。釋名釋牀帳：「氈，旃也，毛相著旃旃然也。」文選聖主得賢臣頌集注：「劉良曰：『旃，氈也。』陸善經曰：『旃即氈字。』」又司馬子長報任少卿書：「旃裘之君長咸震怖。」李善注：「旃裘，謂匈奴所服也。」五臣本「旃」作「氈」。

〔七五〕漢書高帝紀下注師古曰：「絺，細葛也。紵，織紵爲布及疏也。」

〔七六〕通典、通考、御覽引「送」作「奉」。史記貨殖傳：「皆中國人民所喜好，謡俗被服飲食，奉生送死之具也。故待農而食之，虞而出之，工而成之，商而通之。」即此文所本。作「奉」者，與史記合。諸子品節、諸子拔萃「終」作「死」。

〔七七〕易繫辭：「服牛乘馬。」史記賈生傳：「驥垂兩耳兮服鹽車。」正義：「服猶駕也。」

〔七八〕陵陸，猶言丘陵。管子小匡篇：「陵陸丘井田疇均，則民不惑。」又地圖篇：「陵陸丘阜之所在。」淮南子泰族篇：「察陵陸水澤肥墽高下之宜。」

〔七九〕兩漢別解「贍」作「澹」，下同。

〔八〇〕荀子議兵篇楊倞注：「下託工曰仰。」

〔八一〕意林三引「溪壑」作「溢欲」。白帖四引作「川源不能實，漏巵不能滿」。淮南子氾論篇：「霤水足以溢壺榼，而江、河不能實漏巵。」潛夫論浮侈篇：「山林不能給野火，江、海不能灌漏巵。」抱朴子内篇極言：「江、河之流，不能盈無底之器。」韓非子外儲説右上：「今有千金之玉巵，通而無當，可以盛水乎？」文選與吴季重書：「食若填巨壑，飲若灌漏巵。」張銑注：「巵，酒盃也。」

〔八二〕盧文弨曰：「『萃』，大典『莘』，亦未詳。案説苑反質篇：『盤庚大其先王之室，而遷於殷，茅茨不翦，采椽不斲，以變天下之視。』是亦從儉者也。」張敦仁曰：「按即盤庚下篇『鞠人謀人之保居』也，以文學語意推之，與上經『朕不肩好貨』、下經『總於貨寶』正相吻合。但未詳此『萃』當彼經何字，並其説若何耳。此書所稱，當是今文，而尚書最多駁異，類如此矣。」拾補云：「『大典莘。』乃『萃』之譌也。」姚範曰：「按此蓋意在『朕不肩好貨，敢恭生生，鞠人謀人之保居』，及『無總於貨寶，生生自庸』語也。」方東樹曰：「盧引説苑，以爲崇儉者，得之。」臧庸拜經日記一一曰：「案此『萃居』字，即當彼經『保居』，『保』或作『保』，與『萃』形相近，故文異。然則古文尚書作『保居』，今文尚書作『萃居』，其説猶齊語云：『夫商羣萃而州處，察其四時，而監其鄉之資，制國爲二十一鄉，工商之鄉六。』蓋別居之，不令與士農雜處，賤之也。」俞樾曰：「尚書盤庚下篇：『盤庚既遷，奠厥攸居。』又曰：『今我民用蕩析離居。』又曰：「『鞠人謀人之保居。』『盤庚萃居』，殆即此義。『萃居』正對『離居』爲文也。盤庚遷都，事與『舜藏黄金』並言者，蓋漢世經師之説，皆謂盤庚去奢行儉也。後漢書文苑傳杜篤論都賦：『盤庚去奢，行儉於亳。』李賢注引帝王世紀曰：『盤庚以耿在河北，迫近山川，自祖辛以來，奢淫不絶，盤庚乃南渡徙都於亳。』尚書正義引鄭注，意亦略同。蓋尚書家舊説矣。」孫詒讓曰：「『萃居』當作『率苦』，形近而誤。張衡西京賦云：『盤庚作誥，帥人以苦。』李注引書盤庚『率籲衆慼，出矢言』。蓋西漢經師有『帥人以苦』之説，桓、張並本於彼。『率』、『帥』古字通。」徐友蘭曰：「案『萃居』當對書『蕩析離居』言之，作『萃』則讀曰『新邑』、『新居』，不詞。般庚曰『具乃貝玉』，『不肩好貨』，『無總於貨寶』，正與『困市井』、『塞利門』關會。」陳遵默曰：「『萃居』即『保居』，『保』或作『葆』，與『萃』形近，『葆』之籀文作『𦾔』。」孫人和曰：「『萃居』當作『革奢』，草書形近。申鑒時事篇：『盤庚遷殷，革奢即約。』是其事也。」器案：諸説以爲盤庚革奢從儉者蓋得之。漢書楊雄傳上甘泉賦：「周宣所考，般庚所遷，夏卑宮室，唐、虞棌椽，三等之制也。」又翼奉傳：「盤庚改邑，以興殷道，……按成周之居，兼盤庚之德，……成王遷洛，盤庚遷殷，其所避就，皆陛下所知也，非有聖明，不能一變天下之道。」説苑反質篇：「墨子答禽滑釐問，曰：『殷之盤庚，大其先王之室，而改遷於殷，茅茨不剪，采椽不斲，以變天下之視。』」後漢書郎顗傳：「酒詣闕拜章曰：『昔盤庚遷殷，去奢即儉。』」説俱可以與鹽鐵論相印證。

〔八三〕新語術事篇：「故舜棄黄金於嶄巖之山，禹捐珠玉於五湖之淵，將於杜淫邪之欲，絶琦瑋之情。」淮南子泰族篇：「故舜深藏黄金於嶄巖之山，所以塞貪鄙之心也。」又原道篇高注：「舜藏黄金於嶄（原誤「斬」）巖之山，藏珠玉於五湖之淵，以塞貪淫之欲也。」羣書治要引桓範世要論節欲篇：「昔帝舜藏黄金于嶄巖之山，抵珠玉于深淵。」抱朴子外篇安貧：「上智不貴難得之財，故唐、虞捐金而抵璧。」莊子天地篇：「藏金於山，藏珠於淵。」白虎通德論號篇：「故黄金棄於山，珠玉捐於淵。」抱朴子内篇黄白：「至治之世，皆投金於山，捐玉於谷。」又案：三國志魏書華陀傳：「去藥以待不祥。」注：「古語以藏爲去。」

〔八四〕史記平準書：「天下已平，高祖乃令賈人不得衣絲乘車，重租稅以困辱之。孝惠、高后時，爲天下初定，復弛商賈之律；然市井之子孫，亦不得仕宦爲吏。」後漢書桓譚傳：「上疏陳時政所宜，曰：『夫理國之道，舉本業而抑末利，是以先帝禁人二業，錮商賈不得宦爲吏。』」

〔八五〕韓非子姦劫弑臣篇：「商君説秦孝公以變法易俗，而明公道，賞告姦，困末作而利本事。」漢書食貨志：「以調盈虚，以收奇羨，則官富實而末民困。」又張湯傳：「籠天下鹽鐵，排富商大賈。」廣雅釋詁：「排，推也。」金史食貨志有排推物力法，蓋本於此也。國語周語：「困民之財。」韋昭注：「取於民也。」則排困乃就財用而言。又應劭風俗通義佚文：「市，恃也，養贍老少，恃以不匱也。亦謂之市井。俗説：市井，謂至市鬻賣者，當於井上洗濯其物香潔，及自嚴飾，乃到市也。謹案：春秋井田記：『人年三十，受田百畝，以食五口，五口爲一户，父母妻子也。公田十畝，廬舍五畝，成田一頃十五畝，八家而九頃二十畝，共爲一井。廬舍在内，貴人也；公田次之，重公也；私田在外，賤私也。井田之義，一曰無泄地氣，二曰無費一家，三曰同風俗，四曰合巧拙，五曰通財貨。因井爲市，交易而退，故稱市井也。』」（據盧文弨羣書拾補輯本）

〔八六〕後漢書李固傳：「乃奏記曰：『春秋褒儀父以開義路，貶無駭以閉利門。夫義路閉則利門開，利門開則義路閉也。』」李賢注：「隱公元年三月，公及邾儀父盟于眛。公羊傳曰：『儀父者何？邾婁之君也。何以稱字？褒之也。曷爲褒之？爲其與盟也。』何休注云：『春秋王魯，託隱公爲受命王，因儀父先與隱公盟，假以見褒賞義。』春秋隱公二年經書『無駭帥師入極』。公羊傳曰：『無駭者何？展無駭也。何以不氏？貶之也。曷貶？疾始滅也。』」器案：義路、利門，蓋公羊家舊説，清陳立公羊義疏四引李固奏記以説貶無駭，是也。孟子萬章下：「夫義路也，禮門也，惟君子能由是路，出入是門也。」蓋禮門可出入，而利門須防塞也。

〔八七〕説苑貴德篇：「故天子好利則諸侯貪，諸侯貪則大夫鄙，大夫鄙則庶人盜。」公羊傳桓公十五年何休注：「王者不當求，求則諸侯貪，大夫鄙，士庶盜竊。」又見春秋繁露玉英篇，都是公羊家舊説。説略本楊樹達。

〔八八〕管子國蓄篇：「利出於一孔者，其國無敵。」商君書農戰篇、弱民篇俱有「利從壹孔出」語。史記趙世家：「毋爲禍梯。」通鑑四胡三省注：「梯，猶階也，以木爲之，以升高者也。禍梯，猶言禍階也。」案：「罪梯」與「禍梯」義近。張之象本、沈延銓本、金蟠本「梯」下有「者」字。

〔八九〕「方」字原脱，據楊樹達引後漢書劉盆子傳注引補。大事記解題引「貢」作「相」。

〔九〇〕「苦」「惡」同義，史記平準書：「鐵器苦惡價貴。」淮南子時則篇：「功事苦慢。」高誘注：「苦，惡也。」唐書韓琬傳：「器不行窳。」音義：「不申曰行，苦惡曰窳。」細言之，則吕氏夏秋誣徒篇：「從師苦而欲學之功也。」高誘注：「苦，不精至也。」國語齊語：「辨其功苦。」韋昭注：「苦，脆也。」史記五帝本紀：「器不苦窳。」正義：「苦讀如盬，麤也。」周禮典婦功鄭司農注：「苦讀爲盬。」又鹽人注杜子春讀苦爲盬，謂「出鹽直用，不湅治」。蓋凡鹽之粗惡者爲盬，因引申之以爲凡物粗惡之稱。

〔九一〕「國」字原脱，據楊樹達引後漢書劉盆子傳注引補。大事記解題「郡」作「部」。

〔九二〕續漢書百官志注引胡廣漢官解詁：「委，積也，郡國所積聚金帛貨賄，隨時輸送諸司農曰委輸，以供國用。」據此，則委府蓋司農所掌也。淮南子氾論篇：「地勢有無，得相委輸。」高誘注：「運所有輸所無。」

〔九三〕「師」字原無，據續漢書百官志注、通典一一引補，史記平準書、漢書食貨志都有。公羊傳桓公九年：「京師者何？天子之居也。京者何？大也。師者何？衆也。天子之居，必以衆大之辭言之。」白虎通京師篇：「京師何謂也？千里之邑號也。京，大也。師，衆也。天子所居，故以大衆言之，明什倍諸侯，法日月之行經千里。」蔡邕獨斷上：「天子所都曰京師。京，水也，地下之衆者莫過於水，地上之衆者莫過於人。京，大也；師，衆也，故曰京師也。」漢書地理志下：「本秦京師爲内史。」師古曰：「京師，天子所都畿内也。」

〔九四〕史記酷吏傳：「籠天下鹽、鐵。」正義：「天下有鹽、鐵之處，皆籠合税之，令利入官也。」漢書張湯傳注：「籠羅其事，皆令利入官。」案管子國蓄篇：「凡將爲國，不通於輕重，不可以爲籠以守民。」本書禁耕篇：「縣官籠而一之。」籠即收歸國有之意。

〔九五〕明初本、華氏本、鹽政志「賤即買」作「賤則買」，倪邦彦本、張之象本「貴則賣」作「貴即賣」。

〔九六〕史記絳侯周勃世家：「庸知其盜賣縣官器。」索隱：「縣官，謂天子也，所以謂國家爲縣官者，王畿内縣即國都也，王者官天下，故曰縣官也。」通鑑七秦紀二：「財物入於縣官。」胡三省注：「漢謂天子爲縣官。」案本書言縣官者頗多，或指天子，或指令長，或指公家，當分别去理解。禮記王制：「天子之縣内。」鄭玄注：「縣内，夏時天子所居州界名也。」漢代稱天子爲縣官之義本於此。

〔九七〕「不失實」，即掌握了物資的意思。實指財富，見後力耕篇注〔四四〕。明初本、鹽政志改作「貨」。

〔九八〕張之象本、沈延銓本、金蟠本、通典、通考、兩漢別解「貿」作「牟」，史記平準書同，集解引如淳曰：「牟，取也。」史記大宛傳：「將吏貪，多不愛士卒，侵牟之。」牟就是侵取的意思。下文作「侔」，借字。

〔九九〕通典、通考「故」下有「命」字。史記平準書：「弘羊以諸官各自市，相與争，物故騰躍，而天下賦輸，或不償其僦費，乃請令置大農部丞數十人，分部主郡國，各往往縣置均輸、鹽鐵官，令遠方各以其物貴時商賈所轉販者爲賦，而相灌輸，置平準於京師，都受天下委輸。召工官治車諸器，皆仰給大農。大農之諸官盡籠天下之貨物，貴即賣之，賤則買之，如此，富商大賈無所牟大利，則反本，而萬物不得騰踊，故抑天下物，名曰平準。」器案：漢書百官公卿表大司農屬官有平準令。續漢書百官志三：「平準令，六百石。本注：『掌知物賈。』」又劉昭注引韋昭辨釋名：「主平物價，使相依準。」漢書趙廣漢傳：「舉茂材平準令。」

〔一〇〇〕大事記解題「平準」作「準平」。「失職」就是「失所」的意思，輕重篇「未得其職」，意同。漢書高帝紀下：「五年二月詔：『今以爲閩粤王，王閩中地，勿使失職。』」又景帝紀：「後二年五月詔：『亡命廉士久失職，貪夫長利。』」又武帝紀：「元狩五年四月詔：『有冤失職，使者以聞。』」又：「元狩六年六月詔：『詳問隱處亡位，及冤失職，姦猾爲害，野荒治苛者舉奏。』」又董仲舒傳：「貧窮孤弱，冤苦失職。」又趙廣漢傳：「廣漢爲京兆尹，廉明，威制豪彊，小民得職。」師古曰：「得職，各得其常所也。」

〔一〇一〕續漢書百官志注、大事記解題引「齊勞逸」作「不劬勞」，通典、通考作「不勞」。九章算術：「均輸，以御遠近勞費。」

〔一〇二〕續漢書百官志注、通典、通考引無「者」字。

〔一〇三〕文子自然篇：「昔堯之治天下也，民得以其工易所拙。」

〔一〇四〕「穫」原作「獲」，續漢書百官志注、通典、大事記解題、通考引作「穫」，今據改正。

〔一〇五〕續漢書百官志注、通典、大事記解題、通考引此句作「工女效其織」。

〔一〇六〕漢書翟方進傳注師古曰：「間者，謂近者以來也。」

〔一〇七〕原脱「恣」字，據通典、通考引補。

〔一〇八〕「阿」原作「陶」，續漢書百官志注、大事記解題、玉海八〇引同，今據洪頤煊説校改。洪云：「『陶』即『定陶』，不聞出縑。『陶』當是『阿』字之譌。淮南子修務篇：『衣阿錫。』史記司馬相如列傳：『被阿錫。』集解：『漢書音義：阿，細繒也。』正義：『東阿出繒。』」器案：淮南子修務篇：「衣阿錫，曳齊紈。」正以齊、阿並舉，阿爲地名無疑。史記李斯傳集解：「徐廣曰：『齊之東阿縣，繒帛所出。』」水經河水五注：「東阿縣出佳繒縑，故史記云『秦王服太阿之劍，阿縞之衣』也。」儀禮喪服注：「謂之錫者，治其布使之滑易也。」大射儀：「冪用錫若絺。」注：「今人『錫』或作『緆』。」燕禮注：「今文『錫』爲『緆』。」又案：漢書外戚傳上注師古曰：「縑，即今之絹也。」尋居延漢簡有「濟陶郡」，陳直居延漢簡研究頁一二三云：「地理志濟陰郡……首縣爲定陶。濟陶之名，則不見於史。鹽鐵論本議篇云：『吏之所入，非獨齊陶之縑、蜀漢之布。』通典卷十一、文獻通考卷二十引此文均作『濟陶之縑』。可證今本鹽鐵論『齊陶』爲誤字。鹽鐵論之稱濟陶，與簡文正合。蓋濟陰郡在昭宣時一度名爲濟陶。本簡作『濟陶』者，爲昭帝全期至宣帝甘露二年以前之物，作『濟陰』者爲甘露以後之物。」其漢書新證頁二〇三亦持是説。案：濟陶之名既不見於史，又不聞有濟陶或濟陰出縑之説，姑存其説以待考。

〔一〇九〕史記大宛傳：「騫曰：『臣在大夏時，見邛竹杖、蜀布。』」正義：「布，土蘆布。」漢書張騫傳注引服虔曰：「布，細布也。」器案：「土蘆布」字有誤。史記貨殖傳集解：「纑，紵屬，可以爲布。」索隱：「纑，山中紵，可以爲布。音盧。紵，音佇。今山間野紵，亦作『苧』。」蓋「纑」誤爲「壚」，又誤分爲「土蘆」二字也。蘆花雖可以作被，見於元人詩詠，但未聞以蘆花作布者，豈非以其纖維太短，而不可紡織與？蜀布是當時馳名遠近的產品，藝文類聚六一引楊雄蜀都賦：「其布則筩中黄潤，一端數金。」王符潛夫論浮侈篇：「今京師貴戚，……從奴僕妾，皆服……筩中女布。」王應麟急就篇補注二：「潤謂筒中細布也。司馬相如凡將篇：『黄潤纖美宜製禪。』楊雄蜀都賦：『筒中黄潤，一端數金。』」蜀布蓋有麻織品和棉織品兩種，華陽國志蜀志：「安漢上下朱邑出好麻，黄潤細布，有羌筒盛。」此蜀布有麻織品之證。今四川麻布，猶馳名於世，亦並有女兒布之稱。華陽國志蜀志：「永昌郡……其梧桐木，其花柔如絲，民績以爲布，幅廣五尺以還，潔白不受污，俗名曰桐華布，以覆亡人，然後服之，及賣與人。」文選左太沖蜀都賦：「布有橦華。」李善注：「橦華，其華柔毳，可績爲布，曰桐華。」廣韻一東：「橦，木名，花可爲布。出字書。」龍龕手鑑四：「橦，音童，木名，花可爲布。」此蜀布有棉織品之證。今四川出產之攀枝花，或即是橦花，人們用以裝枕頭，可代木棉也。居延漢簡釋文三五九頁：「出廣漢八稯布十九匹，大半寸，直四千三百廿。」此亦蜀漢之布也。案：説文禾部：「稯，布之八十縷爲稯。」史記孝景紀：「令徒隸衣七稯布。」索隱：「七稯，蓋今七升布，言其粗，故令衣之也。」然則八稯布謂細布也。今四川猶言粗布、細布。

〔一一〇〕大事記解題引此句上有「而乃」二字。王先謙曰：「周禮小宰：『聽賣買以質劑。』先鄭云：『質劑，謂市中平賈，今時月平是也。』法言學行篇：『一鬨之市，必立之平。』李注：『市無平，必失貴賤之正。』據此，若今市中經紀平定時價長落矣，故曰賣平。潛夫論巫列篇：『此猶人之有姦言賣平以干求者也。』

與此『行姦賣平』同義。亦曰『賣評』，見後漢書蓋勳傳注。」器案：「行姦賣平」，即後禁耕篇所謂「高下在口吻，貴賤無常」之意。漢書食貨志下：「諸司市常以四時中月實定所掌，爲物上中下之賈，各自用爲其市平。」續漢書五行志：「桓帝之初，京師童謡曰：『游平賣印自有平，不辟賢豪及大姓。』」

〔一二二〕漢書宣帝紀：「衆庶重困。」師古曰：「更增其困也。重音直用反。」又哀帝紀：「百姓失職，重困不足。」管子輕重甲篇：「貧者失其財，是重貧也。農夫失其五穀，是重渴也。」此文「重」字，音義相同。

〔一二三〕張之象本、沈延銓本、金蟠本、兩漢别解「工」作「紅」。

〔一二三〕「猥」是「猥雜」、「猥猝」的意思。禮記月令：「寒氣總至。」鄭注：「總猶猥卒也。」漢書溝洫志：「水猥盛則放溢。」師古曰：「猥，多也。」論衡死僞篇：「多藏食物，腐臭猥發，人不能堪。」

〔一二四〕東觀漢紀十一：「樊重閉門成市。」抱朴子外篇吴失：「閉門爲市。」「閉門」即「闔門」也。王安石與李參書：「闔門與其子市，雖盡得子之財，猶不富也。」用「闔門市」本此。

〔一二五〕續漢書百官志注「萬物」作「萬民」，通典、通考作「萬人」，「人」避唐太宗李世民諱改。又三書及大事記解題並無下句「萬物」二字。

〔一二六〕華氏活字本、鹽政志「躍」作「踴」，下同。史記平準書：「約法省禁，而不軌逐利之民蓄積餘業，以稽市物，物踴騰。」集解：「晉灼曰：『踊，甚也，言計市物價而豫益稸之也。物貴而出賣，故使物甚騰也。』」索隱：「如淳曰：『踊騰，猶低昂也；低昂者，乍賤乍貴也。……謂物踊貴而價起，有如物之騰躍而起也。』」漢書食貨志下：「物痛騰躍。」師古曰：「市價甚騰貴。」後漢書光武紀下：「穀價騰躍。」注：「言踴貴也。」

〔一一七〕沈延銓本及通典、通考引「侔」都作「牟」，和史記平準書、漢書食貨志都相合。大事記解題「侔利」作「自市利」。兩漢別解引此二句作「騰躍則商賈侔利自市，侔利自市則容姦」。

〔一一八〕大事記解題引「市」下有「利」字。史記平準書：「諸官各自市。」

〔一一九〕「吏」原作「而」，今據攖寧齋鈔本、沈延銓本及續漢書百官志注、通典改正。漢書曹參傳：「蕭何、曹參，並爲縣之豪吏。」師古曰：「言爲吏之豪長也。」

〔一二〇〕「輕賈」，謂投機奸商，「輕」即輕薄、奸巧之意。戰國策秦策下：「趙氏，中央之國也，雜民之所居也，其民輕而難用也。」漢書何并傳：「爲潁川太守。并到郡，捕鍾元弟威及陽翟輕俠趙季、李款，皆殺之。」「輕民」、「輕俠」之「輕」，與此義同。漢書食貨志下：「人君不理，則畜賈游於市。」師古曰：「畜讀曰蓄，蓄賈，謂賈人之多蓄積者。」史記淮南衡山傳：「重裝富賈，周流天下，道無不通。」又見漢書伍被傳。所言「蓄賈」、「重裝富賈」，與此言「輕賈」實爲一事，蓋就其挾資而言，謂之「蓄賈」、「重裝富賈」，就其經商性質而言，故謂之「輕賈」也。後刑德篇：「所以重本而絶輕疾之資。」「輕賈」，就是這種挾「輕疾之資」而進行投機倒把的奸商。韓非子六反篇：「陳輕貨於幽隱。」史記趙世家：「乃裝其輕寶珠玉。」「輕貨」、「輕寶」，即所謂「輕疾之資」也。

〔一二一〕古之均輸，猶言昔之均輸，謂武帝時也。吕氏春秋長見篇高誘注：「古者，昔也。」尚書堯典序釋文：「昔，古也。」

〔一二二〕通典、通考無「萬」字。今案：「萬物」疑當作「萬民」，指市於民以爲利；下篇「均輸之物，……非所以賈萬民」，就是承此文來説的。

力耕*第二

大夫曰："王者塞天財〔一〕，禁關市〔二〕，執準守時，以輕重御民。豐年歲登，則儲積以備乏絶；凶年惡歲〔三〕，則行幣物；流有餘而調不足也〔四〕。昔禹水湯旱，百姓匱乏，或相假以接衣食。禹以歷山之金，湯以莊山之銅〔五〕，鑄幣以贖〔六〕其民，而天下稱仁。往者財用不足，戰士或不得禄，而山東被災，齊、趙大饑〔七〕，賴均輸之畜，倉廩之積，戰士以奉〔八〕，饑民以賑。故均輸之物，府庫之財，非所以賈萬民而專奉兵師之用，亦所以賑困乏而備水旱之災也。"

文學曰："古者，十一而税，澤梁以時入而無禁〔九〕，黎民咸被南畝〔一〇〕而不失其務。故三年耕而餘一年之蓄〔一一〕，九年耕有三年之蓄。此禹、湯所以備水旱而安百姓也〔一二〕。草萊不闢〔一三〕，田疇不治，雖擅山海之財，通百末之利〔一四〕，猶不能贍也。是以古者尚力務本而種樹繁〔一五〕，躬耕趣時而衣食足，雖累凶年而人不病也。故衣食者民之本〔一六〕，稼穡者民之務也。二者修，則國富而民安也。詩云『百室盈止，婦子寧止』〔一七〕也。"

大夫曰："賢聖治家非一寶〔一八〕，富國非一道。昔管仲以權譎霸〔一九〕，而紀氏以强本亡〔二〇〕。使治家養生必於農，則舜不甄陶而伊尹不爲庖〔二一〕。故善爲國者，天下之下我高，天下之輕我重〔二二〕。以末易其本，以虛蕩〔二三〕其實。今山澤之財，均輸之藏，所以御輕重而役諸侯也。汝、漢之金〔二四〕，纖微之貢〔二五〕，所以誘外國而釣胡、羌之寶也〔二六〕。夫中國一端之縵〔二七〕，得匈奴累金之物，而損敵國之用。是以贏驢馲駞，銜尾〔二八〕入塞，驒騱〔二九〕騵馬〔三〇〕，盡爲我畜，鼲鼦〔三一〕狐貉，采旃文罽〔三二〕，充於内府〔三三〕，而璧玉珊瑚瑠璃〔三四〕，咸爲國之寶。是則外國之物内流〔三五〕，而利不外泄也。異物内流則國用饒，利不外泄則民用給矣。詩曰：『百室盈止，婦子寧止〔三六〕。』」

文學曰：「古者，商通物而不豫〔三七〕，工致牢而不僞〔三八〕。故君子耕稼田魚〔三九〕，其實一也。商則長詐，工則飾罵〔四〇〕，内懷闚闇〔四一〕而心不怍，是以薄夫欺而敦夫薄〔四二〕。昔桀女樂充宫室，文繡衣裳，故伊尹高逝遊薄，而女樂終廢其國〔四三〕。今贏驢之用，不中牛馬之功，鼲鼦旃罽，不益錦綈之實〔四四〕，美玉珊瑚出於昆山〔四五〕，珠璣犀象出於桂林，此距漢萬有餘里。計耕桑之功，資財之費，是一物而售百倍其價也〔四六〕，一揖而中萬鍾之粟也〔四七〕。夫上好珍怪，則淫服下流〔四八〕，貴遠方之物，則貨財外充。是以王者不珍無用以節其民，不愛奇〔四九〕貨以富其國。故理民之道，在於節用尚本，分土井田而已。」

大夫曰：「自京師東西南北，歷山川，經郡國，諸殷富大都，無非街衢五通〔五〇〕，商賈之所湊〔五一〕，萬物之所殖者。故聖人因天時〔五二〕，智者因地財，上士取諸人，中士勞其形〔五三〕。長沮、桀溺〔五四〕，無百金之積，蹠蹻之徒〔五五〕，無猗頓〔五六〕之富，宛、周、齊、魯，商遍天下。故乃商〔五七〕賈之富，或累萬金，追利乘羨〔五八〕之所致也。富國何必用本農，足民何必井田也？」

文學曰：「洪水滔天〔五九〕，而有禹之績，河水泛濫，而有宣房之功〔六〇〕。商紂暴虐，而有孟津之謀〔六一〕。天下煩擾，而有乘羨之富。夫上古至治，民樸而貴本，安愉而寡求。當此之時，道路罕行，市朝生草〔六二〕。故耕不强者無以充虛，織不强者無以掩形〔六三〕。雖有湊〔六四〕會之要，陶、宛〔六五〕之術，無所施其巧。自古及今，不施而得報〔六六〕，不勞而有功〔六七〕者，未之有也。」

* 「力耕」即本書未通篇「百姓疾耕力作」的意思。漢書高帝紀：「不能治産業，不如仲力。」服虔曰：「力，勤力也。」就是這裏的「力」字的意思。

〔一〕張敦仁曰：「按通典十一（案通考二〇引同。）引『天』作『人』，譌字也。管子山國軌云：『軌守其時，有官天財。』此語出於彼。（下文云：『執準守時。』）拾補改『天』爲『人』，非。」器案：管子國準篇：「國準者，視時而立儀。」即此「執準守時」之義。「塞」，讀如商君書「開塞」之「塞」。「天財」，猶言自然資源，如鹽、鐵是。文選海賦注：「天琛，自然之寶也。」「天」字義與此同。

〔二〕史記南越王尉佗傳：「高后時，有司請禁南越關市鐵器。」

〔三〕通典一一、通考二〇引「惡歲」作「歲儉」。

〔四〕「調」讀爲「周」，説已見本議篇注〔六六〕。老子德經：「天之道，損有餘而補不足。」

〔五〕「莊山」，原作「嚴山」，今據王啓源説校改。王云：「按管子言『湯以莊山之金鑄幣，而贖民之無饘賣子者。』言『嚴山』者，東京世避明帝諱追改，若『莊公』之爲『嚴公』、『莊助』之爲『嚴助』，非次公舊本也。」案所引管子，見山權數篇。

〔六〕「贖」原作「贈」，明初本作「贍」，今改。管子山權數篇：「湯七年旱，禹五年水，民有（原誤「之」。）無饘賣子者。湯以莊山之金鑄幣，而贖民之無饘賣子者。禹以歷山之金鑄幣，而贖民之無饘賣子者。」此即鹽鐵論所本。

〔七〕救振山東被菑事，在漢武帝時有兩次，一爲元狩三年，一爲元鼎二年。史記平準書：「其明年（漢武帝元狩三年），山東被水菑，民多饑乏。於是天子遣使者，虚郡國倉廥，以振貧民。」漢書張湯傳：「遷御史大夫（按公卿表在元狩三年三月壬辰），會渾邪等降，漢大興兵伐匈奴，山東水旱，貧民流徙，皆卬給縣官，縣官空虚。湯承上指，請造白金及五銖錢，籠天下鹽、鐵，排富商大賈，出告緡令，鉏豪彊并兼之家，舞文巧詆以輔法。」這是有關元狩三年那次水災的記載。史記平準書：「是時，山東被河菑，及歲不登數年，人或相食，方一二千里。天子憐之，詔曰：『江南火耕水耨，今饑民得流就食江、淮間，欲留，留處。』遣使冠蓋相屬於道，護之；下巴、蜀粟以振之。」（案漢書武帝紀録此詔於元鼎二年。）漢書魏相傳：「元鼎二年，平原、勃海、太山、東郡溥被災害，民餓死於道路；二千石不豫其難，使至於此。賴明詔振捄，迺得蒙更生。」這是有關元鼎二年那次水災的記載。

〔八〕奉，俸給。史記平準書：「大司農陳藏錢經耗，賦稅既竭，猶不足以奉戰士。」史記日者列傳：「以受公奉。」漢書高后紀：「列侯幸得賜餐錢奉邑。」韋昭曰：「粟米曰奉。」案：上文云：「戰士或不得祿。」奉即祿也。周禮天官大宰職：「四曰祿位，以馭其士。」注：「祿，若今月奉也。」國語楚語下：「成王每出子文之祿。」注：「祿，奉也。」祿奉即祿米，韓非子外儲說右上：「七十受祿米，鬻德施惠於民也。」

〔九〕荀子王制篇：「王者之等賦政事財萬物，所以養萬民也。田野什一，關市幾而不徵，山林澤梁以時禁發而不稅。」楊倞注云：「石絕水爲梁，所以取魚也，非時則禁，及時則發。禮記曰：『獺祭魚然後虞人入澤梁，草木零落然後入山林也。』」韓詩外傳三：「王者之等賦正事，田野什一，關市譏而不徵，山林澤梁以時入而不禁。」管子戒篇：「山林梁澤以時禁發，而不正也。」尹知章注：「獺祭魚然後入澤梁，豺祭獸然後入山林。」

〔一〇〕先秦、兩漢習稱「田畝」爲「南畝」。詩豳風七月：「饁彼南畝。」又小雅甫田：「今適南畝。」大田：「俶載南畝。」春秋繁露五行相生篇：「親入南畝之中，觀民墾草發淄。」史記平準書：「寬貸賦而民不齊出於南畝。」周禮遂人鄭玄注：「以南畝圖之。」又本書未通篇：「田家又被其勞，故不齊出於南畝也。」這些南畝，都作田畝解。漢書晁錯傳：「守邊勸農疏云：『此胡人生業，而中國之所以離南畝也。』」師古曰：「南畝，所以耕種處也。」按大田解云：「田事喜陽而惡陰，東南向陽則茂盛，西北傍陰則不實，故信南山詩云『南東其畝』也。」

〔一一〕禮記王制：「豐年不奢，凶年不儉。國無九年之蓄曰不足，無六年之蓄曰急，無三年之蓄曰國非其國也。三年耕必有一年之食，九年耕必有三年之食，以三十年之通，雖有凶旱水溢，民無菜色。」又見淮南子主術篇、公羊傳莊公二十八年何休注。

〔一二〕賈子新書憂民篇：「王者之法，民三年耕而餘一年之食，九年而餘三年之食，三十歲而民有十年之蓄。故禹水九年，湯旱七年，甚也，野無青草，而民無饑色，道無乞人。」

〔一三〕孟子離婁上：「辟草萊。」文選西京賦注：「萊，草也。」「闢」、「辟」同字。

〔一四〕「末」原作「味」，御覽八四三引作「末」，今據改正。本書本議篇：「抑末利而開仁義。」輕重篇：「通利末之道。」又云：「利末惡欲行。」又云：「言利末之事。」是「末利」、「利末」爲本書習用語。漢書禮樂志天門十一：「百末旨酒布蘭生。」張晏曰：「百末，末作之末也。」則「百末」亦漢人習用語。這裏所謂「百末之利」，猶言凡百末利也。

〔一五〕吕氏春秋尊師篇：「務種樹。」高誘注：「樹，稼也。」漢書文帝紀十二年詔：「歲勸民種樹。」師古曰：「樹謂藝殖也。」又景帝紀後二年詔：「益種樹，可得衣食物。」師古曰：「樹，植也。」又韓安國傳：「種樹以時。」師古曰：「樹，殖也。」

〔一六〕漢書食貨志上：「鼂錯復説上曰：『粟者，王者大用，政之本務。』」

〔一七〕詩經周頌良耜文。

〔一八〕通典、通考引「賢聖」上有「古之」二字。「寶」原作「室」，今改。「寶」原作「宲」，字形和「室」字相似而錯。「道」、「寶」爲韻，古音都在蕭部。管子侈靡篇：「萬世之國，必有萬世之寶，必因天地之道。」禮記檀弓：「天不愛其道，地不愛其寶。」吕氏春秋知度篇：「以不知爲道，以奈何爲寶。」（「寶」今本作

「實」，舊校云：「一作『寶』。」僞子華子虎會問篇正作「寶」。）又審時篇：「凡農之道，厚之爲寶。」韓非子主道篇：「人主之道，静退以爲寶。」淮南子主術篇：「以不知爲道，奈何爲寶。」（文子上仁篇同。）又兵略篇：「利合於主，國之寶，上將之道。」賈誼新書脩政語下：「故夫道者，萬世之寶也。」春秋繁露離合根篇：「以無爲（宋本作「奈何」。）爲道，以不知爲寶。」越絶書請糴内傳：「食不求飽，而善有貴道；是人不死，必爲邦寶。」比干銅盤銘：「右林左泉，後崗前道；萬世之寧，兹焉是寶。」本書相刺篇：「故玉屑滿篋，不爲有寶；詩書負笈，不爲有道。」後漢書崔駰傳：「作達旨云：『縣旌自表，非隨、和之寶也；暴智燿形，因以干禄，非仲尼之道也。』」又李固傳：「上疏陳事曰：『養身者以練神爲寶，安國者以積賢爲道。』」又皇甫嵩傳注引玄女三宫戰法：「行兵之道，天地之寶。」都是拿「道」、「寶」協韻的例證，有些則逕把「寶」字當作「道」字用了。廣雅釋詁説：「寶，道也。」那麽，「道」之爲「寶」，這也是「對文則異，散文則通」的習慣用法。太玄書室本、諸子品節、諸子彙函作「術」，臆改。

〔一九〕論語憲問篇：「齊桓公正而不譎。」鄭玄曰：「譎者，詐也。」

〔二〇〕這句原作「范氏以强大亡」，據張敦仁説校改。張云：「按『范』當作『紀』，『大』當作『本』。管子輕重乙載其事云：『桓公曰：强本節用，可以爲存乎？管子對曰：可以爲益愈，而未足以爲存也。昔者，紀氏之國强本節用者，其五穀豐滿而不能理也，四流而歸於天下。若是，則紀氏其强本節用，適足以使其民穀盡而不能理，爲天下虜。是以其國亡而無所處。』此語出於彼。紀氏亡者，即春秋『紀侯大去其國』。强本謂務農，故大夫以之難文學。今本所誤，絶不可通。」器案：紀侯大去其國，見春秋莊公四年，又見春秋繁露玉英篇。

〔二一〕墨子尚賢中篇：「舜耕歷山，陶河瀕。」史記五帝本紀：「舜耕歷山，漁雷澤，陶河濱。」後漢書郅惲傳：

「甄陶品類。」注：「甄也者，陶人旋轉之輪也。」孟子萬章上：「伊尹以割烹要湯。」墨子尚賢下篇：「伊摯，有莘氏女之私臣，親爲庖人，湯得之，舉以爲己相。」史記殷本紀索隱：「孫子兵書：『伊尹名摯。』孔安國亦曰伊摯。」

〔二二〕管子輕重乙篇：「故善爲國者，天下下，我高；天下輕，我重；天下多，我寡；然後可以朝天下。」

〔二三〕張敦仁曰：「華氏本『蕩』改『易』。按通典十一引亦然。拾補有。」今案：明初本、通考二〇亦作「易」。

〔二四〕管子國蓄篇：「金起於汝、漢。」又山國軌篇：「金起於汝、漢。」又地數篇：「金起於汝、漢之右衢，……楚有汝、漢之金。」又揆度篇：「汝、漢之右衢黄金，……黄金起於汝、漢水之右衢。」又輕重甲篇：「楚有汝、漢之黄金。」又輕重乙篇：「金出於汝、漢之右衢。」皆言「汝、漢之金」，御覽八〇二引此文作「汝、漢之合鐵」，誤。

〔二五〕説文朩部：「朩（匹卦切）之爲言微也，微纖爲功。」御覽九九五引春秋説題辭：「麻之言微也，陰精寢密，女作纖微也。」管子臣乘馬：「女勤於纖微。」漢書張安世傳：「夫人自紡績，家童七百人，皆有手技作事，内治産業，累積纖微，是以能殖其貨。」這裏所謂「纖微」，亦指麻言。

〔二六〕明初本、正嘉本、張之象本、沈延銓本、金蟠本、百家類纂、諸子品節、諸子彙函、兩漢别解「胡、羌」作「羌、胡」，御覽八二〇引同。今案：作「羌、胡」是，未通篇：「卻羌、胡以爲囿。」西域篇：「隔絶羌、胡。」險固篇：「羌、胡固近於邊。」都作「羌、胡」，這裏獨作「胡、羌」，定是誤倒。漢書公孫弘傳：「欲以釣名。」師古曰：「釣，取也，言若釣魚之謂也。」本書毁學篇：「晉獻以寶馬釣虞、虢，襄子以城壞誘智伯。」以「釣」「誘」對文，則釣亦有誘義。

〔二七〕御覽九〇一引「中國」下有「以」字。左傳昭公二十六年注：「二丈爲一端，二端爲一兩，所謂匹也。」説文糸部：「縵，繒無文也。」急就篇顔師古注：「縵，無文之帛也。」藝文類聚六一引楊雄蜀都賦：「其布則筩中黄潤，一端數金。」下文「損敵國之用」，與漢書匈奴傳上「今單于變俗，好漢物，漢物不過什二，則匈奴盡歸於漢矣」説合。

〔二八〕漢書匈奴傳下：「銜尾相隨。」師古曰：「銜，馬銜也；尾，馬尾也；言前後單行，不得並馳。」意林三引桓譚新論：「如庸馬與良驥相追銜尾，至暮，良馬鳴食如故，庸馬垂頭不食。」錢易南部新書：「如馬之所銜，以制其首，前馬已進，後馬續來，相次不絶者，古人謂之銜尾相屬。」

〔二九〕史記匈奴傳説匈奴奇畜有驒騱，索隱：「韋昭曰：『驒音顛。』説文：『野馬屬。』徐廣云：『臣虚之類。』一云：『青驪白鱗，文如鼉魚。』」器案：司馬相如上林賦所述漢武帝上林奇獸有驒騱，即「盡爲我畜」之證。

〔三〇〕「騵馬」，後取下篇作「原馬」。淮南子主術篇：「伊尹賢相也，而不能與胡人騎騵馬而服騊駼。」高誘注：「黄馬白腹曰騵。」爾雅釋畜：「駵馬白腹曰騵。」一切經音義一七引三蒼：「赤馬白腹曰騵。」

〔三一〕後漢書鮮卑傳：「鮮卑有貂豽鼲子。」説文鼠部：「鼲鼠，出丁零胡，皮可作裘。」王筠説文句讀曰：「魏略：『丁零國出名鼠皮，白昆子青昆子皮。』王伯申曰：『昆子即鼲子。』」案今俗語有「灰鼠」，即鼲鼠聲之轉也。

〔三二〕漢書高帝紀下注：「罽，織毛，若今毦及氍毹之類也。」説文糸部：「𦅿，西胡毳布也。」「旃」同「氈」。

〔三三〕周禮有内府、外府，皆掌貨賄之藏。

〔三四〕盧文弨曰："『瑠璃』當作『流離』。"漢書西域傳上："出……珠璣珊瑚虎魄璧流離。"師古曰："魏略云：『大秦國出赤白黑黄青緑縹紺紅紫十種流離。』"徐松西域傳補注："『璧流離』，梵書作『吠瑠璃』，一切經音義：『舊言鞞稠利夜，亦言鞞頭梨，或云毗瑠璃，亦作鞞瑠璃，皆梵音訛轉，從山爲名。鞞頭梨山出此竇青色，一切竇皆不可壞，亦非烟焰所能鎔鑄，唯有鬼神有道力者能破之爲物。或云金翅鳥卵殼。』説文云：『珋，璧珋石之有光者也。』段氏謂璧珋即此傳之璧流離。漢武梁祠堂畫及吴國山碑皆有璧流離，今本漢書注脱璧字，讀者誤以璧與流離爲二物矣。璧與吠音相近。"器案：徐所引玄應一切經音義，見卷二三。匈奴傳下："單于以徑路刀金留犁撓酒。"「金留犁」當即「璧留犁」之誤，璧字部首與金形近而譌。作「璧留犁」者，蓋對音字未統一故耳。本書作「瑠璃」，蓋亦誤分璧瑠璃爲二物，而後世遂相沿而不改了。

〔三五〕漢書劉屈氂傳："貨賂上流。"流字義與此同，即流通的意思。

〔三六〕文見詩周頌良耜，鄭玄箋云："百室，一族也。五穀畢入，婦子則止。"

〔三七〕明初本、華氏活字本「通」作「用」。後禁耕篇："工商不相豫。"豫字義同。周禮司市鄭玄注："定物價，防誑豫。"那麽，豫就是説誑。

〔三八〕淮南子時則篇："命工師效功，必堅致爲上。"高誘注："堅致，功牢也。"後漢書王符傳："破牢爲僞。"

〔三九〕「田魚」即「佃漁」，古通。太玄書室本作「田漁」，張之象本、沈延銓本、金蟠本作「佃漁」。後通有篇："田漁以時。"別本「田」作「佃」。

〔四〇〕太玄書室本、諸子品節「飾」作「僞」，張之象本、沈延銓本、金蟠本作「致」。王紹蘭曰："『罵』當爲

『隖』，方言：『隖，益也。』郭璞音罵，謂增益也。廣韻禡韻：『隖，增益也，又巧也。』此云『飾隖』，謂飾之益巧也。次公本方言，傳寫者因郭音而誤作『罵』耳。廣韻增益之義本方言，巧義即本此文。」陳遵默曰：「『罵』非誤字，當讀爲『馬』。禮投壺：『請爲勝者立馬。』『馬』即算，以象牙爲之，長六寸，所謂籌馬是也。『馬』以記數，故數亦謂之『馬』。（今商家猶沿其名曰馬號、馬子。）『飾罵』者，謂增飾價數，不以其實，猶商之行詐而豫其賈也。」器案：王校是。「飾隖」就是「飾巧」，「飾巧」就是「僞」的意思，與上文「工致牢而不僞」可以相證。「長詐」、「飾罵」，韻部相同，辭例一律。漢書賈誼傳上疏陳政事云：「而今與衆庶同黥劓髡刖笞傌棄市之法。」蘇林曰：「『傌』音『罵』。」「傌」之音「罵」，和這裏「隖」之爲「罵」，情況正復相似。

〔四一〕「闚闇」，就是窺伺的意思。文選魏都賦注：「闚闇，望尊位也。」

〔四二〕孟子萬章下：「故聞柳下惠之風者，鄙夫寬，薄夫敦。」這裏反用其意。「怍」、「薄」爲韻，古在鐸部。

〔四三〕攖寧齋鈔本、張之象本、沈延銓本、金蟠本、兩漢別解「薄」作「亳」。太玄書室本、諸子品節、諸子彙函誤作「薄游」。管子輕重甲：「昔者，桀之時，女樂三萬人，晨譟於端門（從御覽一三四引校改），樂聞於三衢，是無不服文繡衣裳者。伊尹以薄之游女工文繡纂組，一純得粟百鍾於桀之國。夫桀之國者，天子之國也，桀無天下憂，飾婦女鍾鼓之樂，故伊尹得其粟而奪之流。」呂氏春秋慎大篇：「桀爲無道，暴戾頑貪，天下顫恐而患之。……湯乃惕懼，憂天下之不寧，欲令伊尹往視曠夏，恐其不信，湯由親自射伊尹。伊尹奔夏三年，反報於亳，曰：『桀迷惑於末嬉，好彼琬琰，不恤其衆，衆志不堪，上下相疾，民心積怨，皆曰：上天弗恤，夏命其卒。』湯謂伊尹曰：『若告我曠夏盡如詩。』湯與伊尹盟，以示必滅夏。伊尹又復往視曠夏，聽於末嬉，末嬉言曰：『今昔，天子夢西方有日，東方有日，兩日相與鬭，西方日勝，東方日不勝。』伊尹以告湯。商涸旱，湯猶發師以信伊尹之盟，故令師從東方出於國西以進，未接刃而桀走，逐之至大沙，身體離散，爲天下戮。」「薄」、「亳」字通。又案：藝文類聚卷八十五引六韜：「夏殷桀紂之時，婦人錦繡文綺之坐席，衣以綾紈，常三百人。」六韜言三百人，管子言三萬人，語增也。

〔四四〕說文宀部：「實，富也，从宀貫，貫爲貨物。」器案：古多謂貨財爲實，左傳文公十八年：「聚斂積實。」國語楚語：「畜聚積實。」注並云：「實，財也。」大戴禮記哀公問：「好實無厭。」好實猶好貨財也。淮南子原道篇：「實從於虛。」高誘注：「實，財也。」又本經篇：「實不聚而名不立。」高誘注：「實，財也。」戰國策趙策上：「割地效實。」史記蘇秦傳作「割地包利」。這裏的「實」字，亦是財富的意思，御覽八一六引「實」作「寶」，不知臆改。

〔四五〕說文玉部：「珊，珊瑚，色赤，生於海，或生於山。」又石部：「碧，上擿山巖空青珊瑚隊之。」淮南子詮言篇許慎注：「昆山，昆侖也。」

〔四六〕「價」下原有「一」字，今刪。「一」字是牽涉上文「其實一也」句誤添的。「其價」和「之粟」互文。後疾貪篇：「欲影正者端其表，欲下廉者先之身。」備胡篇：「好事之臣，求其義，責之禮。」晁錯篇：「舜之誅，誅鯀；其舉，舉禹。」都是以「其」、「之」對文，它書更是舉不勝舉。說略本陳遵默。

〔四七〕毛扆校本、張之象本、沈延銓本、金蟠本、兩漢別解「揖」作「挹」。盧文弨曰：「『揖』、『挹』通。」楊沂孫曰：「『一揖』亦是『一鎰』。」未可從。史記貨殖傳：「畝鍾之田。」集解：「徐廣曰：『六斛四斗也。』」貨殖傳又云：「粟以萬鍾計。」與此同，言其多也。

〔四八〕園池篇：「服淫侈之變。」與此同。古謂物之使用賞玩爲服，易繫辭：「服牛乘馬。」詩經鄭風叔于田：

「巷無服馬。」藝文類聚六〇、御覽三四四引沈約奏東宮謝勑賜孟嘗君劍啓：「遺物足奇，謹加玩服，以深存古。」後殊路篇：「干越之鋌不厲，匹夫賤之，工人施巧，人主服而朝也。」詳彼注〔五五〕。

〔四九〕「奇」原作「其」，明初本、華氏活字本、太玄書室本、張之象本、沈延銓本、金蟠本都作「奇」，今據改正。

〔五〇〕史記酈生傳：「夫陳留，天下之衝，四通五達之郊也。」集解：「如淳曰：『四面中央凡五達也。』瓚曰：『四通五達，言無險阻也。』」器案：「五通」即「五達」，蓋謂從中心周四國的放射形的街道。通有篇之「四通神衢」，則指東西南北縱横交錯的什字大街。

〔五一〕「湊」原作「臻」，今據俞樾説校改。俞云：「『臻』字無義，乃『湊』字之誤。園池篇『四方並臻』同。」器案：俞説是，下文「湊會之要」，即此湊字之義。漢書谷永傳：「暴風三溱。」師古曰：「『溱』與『臻』同，臻，至也。」又王褒傳：「萬祥畢溱。」師古曰：「『溱』與『臻』同。」又王莽傳上：「聖瑞畢溱。」師古曰：「『溱』亦與『臻』同。」蓋「湊」以形近誤爲「溱」，後又轉寫爲「臻」也。

〔五二〕淮南子主術篇：「是故人君者，上因天時，下盡地財，中用人力。」漢書韓安國傳：「王恢曰：『聖人因於時。』」「時」「財」協韻，古音同在咍部。

〔五三〕孔、孟之徒，把人分爲勞心、勞力兩個等級，有云：「唯上智與下愚不移」，「中人以上，可以語上也，中人以下，不可以語上也」。班固因之爲「九等之序」，作古今人表。後來還有作九等人圖的。當時還有分得更細的，如漢書李廣傳：「蔡爲人在下中。」「下中」云云，就是古今人表的第八等，謂下等之中也。「人」、「形」韻，古音真、青二韻通押。

〔五四〕論語微子篇：「長沮、桀溺耦而耕。」集解引鄭玄曰：「長沮、桀溺，隱者也。」

〔五五〕張敦仁曰：「按『蹻』字誤也，謂務農之徒，與盜跖、莊蹻無涉。後未通篇云：『民蹠耒而耕。』取下篇云：『不知蹠耒躬耕者之勤也。』此必本作『蹠耒』。」王啓源曰：「按『蹠耒』後雖二見，『耒』形殊與『蹻』不近，或非誤字；但别自一義，非如諸篇之謂盜蹠、莊蹻耳。史記平原君虞卿列傳『躡蹻擔簦』，又漢書卜式傳『布衣屮蹻』，師古曰：『字本作屩。』是漢人多借『蹻』爲『屩』。此『蹠蹻』言『蹠屩』也。」俞樾曰：「『蹠蹻』疑作『跂蹻』。莊子天下篇曰：『使後世之墨者，以裘褐爲衣，以跂蹻爲服，日夜不休，以自苦爲極。』按説文：『屩，草履也。』古書多以『蹻』爲之。史記平原君虞卿傳『躡蹻擔簦』，漢書卜式傳『布衣草蹻而牧羊』，此即『屩』。以跂蹻爲服，蓋賤者之服也。上二句『長沮、桀溺，無百金之積』，言農夫無百金之積。跂蹻之徒，則取微賤執役之義，言其終歲勞苦，而無猗頓之富也。復古篇曰：『負荷之商，不知猗頓之富。』與此語意相近。」案俞説足補王説之不足，唯天下篇本作「跂蹻」（御覽八二引作「屐屩」），釋文：「跂，其逆反。」俞引作「跂蹻」，此出後人所改。

〔五六〕孔叢子陳士義篇：「猗頓，魯之窮士也，耕則常饑，桑則常寒。聞陶朱公富，往而問術焉。朱公告之曰：『子欲速富，當畜五牸。』於是乃適西河，大畜牛羊於猗氏之南，十年之間，其滋息不可計，貲擬王公，馳名天下。以興富於猗氏，故曰猗頓。」史記貨殖列傳：「猗頓用鹽鹽起。」

〔五七〕「商」原作「萬」，涉下文「或累萬金」而錯了的，今據盧文弨説校改。明初本、華氏活字本、正嘉本、倪邦彦本、張之象本、沈延銓本、太玄書室本、金蟠本、兩漢别解俱删「萬」字。

〔五八〕羡，贏餘。管子國蓄篇：「均羡不足。」孟子滕文公下：「以羡補不足。」以「羡」、「不足」對文，皆贏餘之義。詩十月之交：「四方有羡。」毛傳：「羡，餘也。」史記平準書：「浮食奇民，欲擅管山海之貨，以致富羡。」索隱：「羡，饒也，與衍同義。」漢書董仲舒傳：「富者奢侈羡溢。」師古曰：「羡，饒也，讀與衍同。」文選上林賦注：「羡，溢也。」本書通有篇：「禁溢利。」錯幣篇：「禁溢羡。」溢羡，猶今言超額利潤；乘羡，即謂牟取超額利潤。漢書朱雲傳、又王莽傳上師古注曰：「乘，因也。」

〔五九〕史記夏本紀：「當帝堯之時，鴻水滔天，浩浩懷山襄陵。」索隱：「（鴻）一作『洪』。」

〔六〇〕張之象本、沈延銓本、金蟠本「泛濫」作「泛溢」。史記河渠書：「今天子（漢武帝）元光之中，而河決於瓠子，東南注鉅野，通於淮、泗。……自河決瓠子後二十餘歲，歲因以數不登，而梁、楚之地尤甚。天子既封禪，巡祭山川。其明年旱，乾封，少雨。天子乃使汲仁、郭昌發卒數萬人塞瓠子決。……於是卒塞瓠子。築宫其上，名曰宣房宫，而道河北行二渠，復禹舊迹，而梁、楚之地復寧，無水災。」又詳漢書溝洫志。

〔六一〕淮南子覽冥篇：「武王伐紂，渡於孟津，陽侯之波，逆流而擊，疾風晦冥，人馬不相見。於是武王左操黄鉞，右秉白旄，瞋目而撝之曰：『余任天下，誰敢害吾意者。』於是風濟而波罷。」

〔六二〕淮南子主術篇：「朝廷蕪而無迹，田野辟而無草。」「朝廷蕪而無迹」，即此文「市朝生草」之意。

〔六三〕淮南子齊俗篇：「是故其耕不强者，無以養生；其織不强者，無以揜形。」又見文子上義篇。史記龜策列傳：「田者不彊，囷倉不盈；商賈不彊，不得其贏；婦女不彊，布帛不精；……故云：彊者，事之始也，分之理也，物之紀也，所求於强，無不有也。」强字義與此同，就是努力把工作做好的意思。

〔六四〕張之象本、沈延銓本、金蟠本「有」作「以」。文選魏都賦注：「湊，聚也。」

〔六五〕「宛」原作「室」，今據孫詒讓説校改。孫云：「案『陶室之術』，不知何指。竊疑『室』當爲『宛』。史記貨殖傳云：『范蠡之陶爲朱公。』又云：『宛孔氏用鐵冶爲業，家致富數千金。』『陶、宛』即指朱公與孔氏也。上文云：『宛、周、齊、魯，商徧天下。』亦可證。」

〔六六〕荀子脩身篇：「施無不報。」春秋繁露楚莊王篇：「施無不報。」東方朔七諫：「莫能行於杳冥兮，孰能施於無報。」

〔六七〕倪邦彦本「功」作「巧」。

通有*第三

大夫曰：「燕之涿、薊，趙之邯鄲，魏之温軹，韓之滎陽，齊之臨淄，楚之宛、陳〔一〕，鄭之陽翟〔二〕，三川之二周〔三〕，富冠海内，皆爲天下名都〔四〕，非有助之耕其野而田其地者也，居五諸之衝，跨街衢之路也〔五〕。故物豐者民衍〔六〕，宅近市者家富〔七〕。富在術數，不在勞身；利在勢居〔八〕，不在力耕也。」

文學曰：「荆、揚〔九〕南有桂林之饒，内有江、湖之利，左〔一〇〕陵陽〔一一〕之金，右蜀、漢之材〔一二〕，伐木而樹穀，燔萊而播粟，火耕而水耨〔一三〕，地廣而饒材，然民鮆窳偷生〔一四〕，好衣甘食，雖白屋〔一五〕草廬，歌謳鼓琴，日給月單〔一六〕，朝歌暮戚〔一七〕。趙、中山帶大河，纂〔一八〕四通神衢，當天下之蹊〔一九〕，商賈錯於路，諸侯交於道，然民淫好末，侈靡而不務本，田疇不脩，男女矜飾，家無斗筲〔二〇〕，鳴琴〔二一〕在室。是以楚、趙之民，均貧而寡富。宋、衞、韓、梁，好本稼穡，編户齊民〔二二〕，無不家衍人給〔二三〕。故利在自惜，不在勢居街衢；富在儉力趣〔二四〕時，不在歲司羽鳩〔二五〕也。」

大夫曰：「五行：東方木，而丹、章有金銅之山〔二六〕；南方火，而交趾有大海之川；西方金，而蜀、隴〔二七〕有名材之林；北方水，而幽都有積沙之地。此天地所以均有無而通萬物也。今吴、越之竹，隋、唐之材，不可勝用，而曹、衞、梁、宋，采棺轉尸〔二八〕；江、湖之魚，萊、黄之鮐〔二九〕，不可勝食，而鄒、魯、周、韓，藜藿蔬食。天地之利無不贍，而山海之貨無不富也；然百姓匱乏，財用不足，多寡不調，而天下財不散也。」

文學曰：「古者，采椽不斲，茅茨不翦〔三〇〕，衣布褐〔三一〕，飯土硎〔三二〕，鑄金爲鉏，埏埴爲器〔三三〕，工不造奇巧，世不寶不可衣食之物〔三四〕，各安其居，樂其俗，甘其食，便其器〔三五〕。是以遠方之物不交，而昆山之玉不至。今世俗壞而競於淫靡，女極纖微，工極技巧，雕素樸而尚珍怪，鑽山石而求金銀，没深淵求珠璣，設機陷求犀象，張網羅求翡翠，求蠻、貉〔三六〕之物以眩中國，徙邛、筰之貨〔三七〕，致之東海，交萬里之財，曠日費功，無益於用。是以褐夫〔三八〕匹婦，勞罷力屈，而衣食不足也。故王者禁溢利，節漏費。溢利禁則反本，漏費節則民用給。是以生無乏資，死無轉尸也〔三九〕。」

大夫曰：「古者，宫室有度，輿服以庸〔四〇〕；采椽茅茨，非先生之制也。君子節奢刺儉，儉則固〔四一〕。昔孫叔敖相楚〔四二〕，妻不衣帛，馬不秣粟〔四三〕。孔子曰：『不可，大儉極下〔四四〕。』此蟋蟀所爲作也〔四五〕。管子曰：『不飾宫室，則材木不可勝用；不充庖廚，則禽獸不損其壽。無末利〔四六〕，則本業無所出〔四七〕；無黼黻，則女工不施〔四八〕。』故工商梓匠，邦國之用，器械之備也。自古有之，非獨於此。弦高販牛於周〔四九〕，五羖賃車入秦〔五〇〕，公輸子以規矩〔五一〕，歐冶以鎔鑄〔五二〕。語曰：『百工居肆，以致其事〔五三〕。』農商交易，以利本末。山居澤處，蓬蒿墝埆〔五四〕，財物流通，有以均之。是以多者不獨衍，少者不獨饉〔五五〕。若各居其處，食其食，則是橘柚〔五六〕不鬻，朐鹵之鹽〔五七〕不出，旃罽〔五八〕不市，而吴、唐之材〔五九〕不用也。」

文學曰：「孟子云：『不違農時，穀不可勝食。蠶麻以時，布帛不可勝衣也〔六〇〕。斧斤以時〔六一〕，材木不可勝用。田〔六二〕漁以時，魚肉不可勝食〔六三〕。』若則〔六四〕飾〔六五〕宫室，增臺榭，梓匠〔六六〕斲巨爲小，以圓爲方，上成雲氣〔六七〕，下成山林，則材木不足用也。男子去本爲末，雕文〔六八〕刻鏤〔六九〕，以象禽獸，窮物究變，則穀不足食也。婦女飾微治細，以成文章〔七〇〕，極伎盡巧〔七一〕，則絲布不足衣也。庖宰烹殺胎卵〔七二〕，煎炙齊和〔七三〕，窮極五味，則魚肉不足食也。當今世，非患禽獸不〔七四〕損，材木不勝，患僭侈之無窮也；非患無旃罽橘柚，患無狹廬糠糟也〔七五〕。」

* 史記越王句踐世家：「范蠡止於陶，以爲此天下之中，交易有無之路通，爲生，可以致富焉。」白虎通商賈篇：「商其遠近，度其有無，通四方之物，故謂之商。」「通有」，就是通有無的意思。

本篇，大夫和文學就商業在國家經濟中的地位和作用問題展開辯論，其實質就是封建的中央政權要不要控制和經營工商業的問題。文學反對西漢王朝控制和經營商業的政策，攻擊這項政策是勞民傷財，說「交萬里之財，曠日廢功，無益於用」，要求西漢王朝「禁溢利，節漏費」，目的在於奪回經營工商業的大權，爲維護和擴張地方豪强和工商業者的經濟利益服務。大夫列舉大量事實，首先説明「均有無而通萬物」的重要性，駁斥了文學主張「遠方之物不交」、不和外界往來、閉關自守的保守思想，並針對文學把「本」「末」對立起來的錯誤觀點，指出「無末利，則本業無所出」，闡明「農商交易，似利本末」的辯證關係，主張發展工商業，「財物流通，有以均之」，才能消滅「多寡不調，而天下財不散」的不合理現象。這種「本」「末」兼顧的經濟思想和經濟政策，促進了生產的發展和經濟的繁榮，對鞏固西漢王朝的封建經濟基礎，加强地主階級中央集權的統治，起了重大的進步作用。

〔一〕「宛陳」，原作「宛丘」，御覽一五六、又四七二引作「宛陳」，今據改。王先謙曰：「御覽四百七十二人事部引『丘』作『陳』。案御覽是也。宛、陳皆楚地。宛，漢南陽郡，今南陽府治。陳，淮陽國，今陳州府治。故曰『天下名都』。若陳有宛丘，見於詩雅。但此言『富冠海内』，不得專指一丘。雖後代嘗緣宛丘立縣，固非漢世所侈稱也。」

〔二〕王啓源曰："按戰國時人多稱『韓』爲『鄭』，以韓滅鄭而徙都之也。陽翟即春秋時之櫟，楚靈王奪之，戰國時地入於韓，乃名陽翟，在鄭自名櫟耳。但此上已言韓，則鄭自指鄭本國。"

〔三〕張之象本、沈延銓本、金蟠本及天中記一三引作"二周之三川"。御覽一五六引同涂本。器案：戰國策秦策上："今三川周室（上文言"二周"），天下之市朝也。"張本等不可從。史記趙世家："韓亡三川。"正義："河南之地，兩川之間。"漢書高紀上注應劭曰："三川，今河南郡也。"韋昭曰："有河、洛、伊，故曰三川也。"史記秦始皇本紀："滅二周，置三川郡。"伍毓崧國策東西考曰："周自武王都鎬京，天下稱宗周焉。成王營洛，卜瀍水西爲朝會地，是爲王城（即郟鄏，今河南縣）；卜瀍水東，處殷頑民，是爲成周，又名下都（今洛陽縣）。後平王遷居東都，即王城，謂之東周。（自平王至景王十二世居王城，敬王避王子朝亂，始徙成周，赧王仍居王城。）蓋自西而東，因以東都爲東周，而指鎬京爲西周，此據春秋時言也。入戰國時，則舊以王城爲東周者，易稱爲西周，而以成周下都爲東周，蓋自成周視王城則在西，故曰西周，自王城視成周則在東，故曰東周。（胡氏渭禹貢錐指云："二城相去四十里，今洛陽縣居其中。"）國策之分東西者，非據周天子言，據所封東周君、西周君言之也。西周凡五傳，自考王封弟揭于王城，是爲西周桓公，後威公、惠公、武公、文公嗣之；東周凡二傳，自西周惠公封其少子班於鞏，是爲東周惠公。當考王之封桓公也，王都成周，是時，東有王，西有公，而東西之名未立也。迨惠公少子班封鞏，於是有東周公，有西周公，二公各食采邑，而周尚爲一也。（周本紀云："以續周公之官職。"又云："以奉王。"）至顯王二年，韓、趙分周地爲兩，（趙世家云："與韓分周地以爲兩。"按史記年趙成侯八年。趙成侯八年是顯王二年。）東、西周夷爲列國，而王僅如寄矣。赧王時徙依西周，（史記正義云："從西周武公居焉。"）自是以後，東周與西周亦屢相争戰，至秦遷西周君於慣狐而西周亡，遷東周君於陽人而東周亡，而周鼎於是西入咸陽矣。」

〔四〕名都，猶言大都市。尚書武成：「名山大川。」孔穎達疏：「山川大乃有名，名、大互言之耳。」戰國策秦策上：「王不如因而賂之一名都，與之伐齊。」高誘注：「名，大也。」文選曹子建樂府四首有名都篇。

〔五〕這兩句原作「居五諸侯之衢，跨街衝之路也」，今改正。古代提及商賈浩攘的地方，從没有稱「五諸侯」的。史記高祖本紀所説的「五諸侯」，既和此了無關係，如本文上所稱述的燕、趙、韓、魏、齊、楚、鄭，數又不止於五。考查原文，當無「侯」字，「衝」、「衢」二字當互乙，作「居五諸之衝，跨街衢之路」。「五諸」即「五都」，聲近而誤，如「明都」一作「孟諸」，「諸柘」一作「都蔗」，（文選司馬相如子虚賦：「諸柘巴苴。」李善注：「諸柘，甘柘也。」藝文類聚八七引張協都蔗賦。）是其例證。「五都」，指當時的洛陽、邯鄲、臨淄、宛城、成都，王莽所立五均官的地方，見漢書食貨志下。史記燕召公世家：「將五都之兵。」索隱：「五都，即齊也。按臨淄是五都之一也。」則戰國時已有「五都」之稱，且臨淄也是「五都」之一了。蓋大都市之形成，固非一朝一夕之故也，其所由來者漸也。到了漢代，「五都」商業更加繁盛。班固西都賦寫道：「五都之貨殖。」張衡西京賦寫道：「五都之貨，既遷既引。」御覽八三六引孫子（孫綽）：「命駕而遊五都之市，則天下之貨畢陳矣。」鮑照詠史詩寫道：「五都矜財雄。」又擬古詩寫道：「伊者不治業，倦游觀五都。」江淹待罪江南思北歸賦：「去三輔之臺殿，辭五都之城市。」又知己賦：「論十代兮興毁，訪五都兮異同。」這些都是很好的例證。水經濁漳水注：「魏因漢祚，復都洛陽，以譙爲先人本國，許昌爲漢之所居，長安爲西京之遺跡，鄴爲王業之本基，故號五都也。」魏之建置五都，亦踵事漢制爲之者。傳寫的人，由於「五都」作「五諸」，不得其解，於是就在「諸」字下隨便加了一個「侯」字，這種現象，在本書和其他古書中，也是有的。天聖明道本國語周語下：「封崇九山。」韋注：「凡此諸侯言九者。」「侯」字亦誤涉而衍，宋公序本正無「侯」字，可證。本書後刺議篇：「雖不吾以，吾其與聞諸侯。」就是用的論語子路篇「雖不吾以，吾其與聞之」。（桓寬所用，當是魯論，由後孝養篇「不及而言者傲也」推定出來的。）由於「諸」、「之」之不同，也隨便加上一個「侯」字，和這裏的情況正復相同。又「衝」、「衢」二字當互乙，是由本篇下文「不在勢居街衢」，和上面力耕篇「無非街衢五通」，本書都作「街衢」推定出來的。漢書貨殖傳：「雒陽街居在齊、秦、楚、趙之中。」師古曰：「言雒陽之地，居在諸國之中，要衝之所，若大街衢。」亦可爲證。說略本陳遵默。

〔六〕後漢書文苑傳杜篤論都賦云：「國富人衍。」注：「衍，饒也。」文選張平子東京賦：「百姓同於饒衍，上下共其雍照。」薛綜注：「言富饒是同，上下咸悦，故能雍和而廣也。」案：下文「家衍人給」義同。

〔七〕意林三引「物豐者」、「近市者」，兩個「者」都作「則」。

〔八〕「勢居」就是地位的意思。周書周祝篇：「勢居小者，不能爲大。」淮南子原道篇：「故橘柚之江北，則化而爲枳，鴝鵒不過濟，貈渡汶而死，形性不可易，勢居不可移也。」史記秦始皇本紀太史公曰引過秦論：「秦地被山帶河以爲固，四塞之國也。自繆公以來至於秦王，二十餘君，常爲諸侯雄，豈世世賢哉？其勢居然也。」本書險固篇：「秦所以招諸侯，吞天下，并敵國者，險阻固而勢居然也。」意義都相同。

〔九〕「揚」原作「陽」，張之象本、沈延銓本作「揚」，與本議篇合，今據改正。

〔一〇〕古代言地望，常常拿「左」、「右」來指定其方位，這是把當時首都作爲坐標而言的。由於中國古代首都，一般都在北方，因之，所謂「左」即指東方，所謂「右」即指西方。史記吴起傳：「殷紂之國，左孟門，右太行。」索隱：「劉氏按：『紂都朝歌，今孟山在其西，今言左，則東邊别有孟門也。』」（案齊世家索隱亦言孟門在朝歌東。）又司馬相如傳：「右以湯谷爲界。」正義：「言『右』者，北向天子也。」又：「獨不聞天子之上林乎？左蒼梧，右西極。」正義：「文穎曰：『蒼梧郡屬交州，在長安東南，故言「左」。爾雅：「西至於豳國爲極。」在長安西，故言「右」。』」揚雄解嘲：「今大漢左東海，右渠搜。」俱其例證，此文義亦如之。

〔一一〕漢書地理志上：「丹揚郡：陵陽。」王先謙補注：「據一統志，今石埭縣，漢陵陽地，貴陽、銅陵半入陵陽境。」案銅陵以有銅礦名，即此所謂「陵陽之金」也。

〔一二〕史記韓信盧綰傳：「從入蜀、漢，伐楚。」「蜀」謂蜀郡，「漢」謂漢中郡。太玄書室本「材」作「財」，下同。

〔一三〕史記貨殖傳：「楚、越之地，……或火耕而水耨。」又平準書：「江南火耕水耨。」集解：「應劭曰：『燒草下水種稻，草與稻並生，高七八寸，因悉芟去，復下水灌之，草死，獨稻長，所謂火耕水耨也。』」案：集解引應劭説，見漢書武帝紀元鼎二年注。

〔一四〕「然民」，原作「然後」，今改。下文「然民淫好末」，句法與此正同。史記平準書：「民偷，甘食好衣。」又貨殖傳：「楚、越之地，地廣人稀，……地勢饒食，無飢饉之患，以故呰窳偷生。」即此文所本。集解：「徐廣曰：『呰，音紫。呰窳苟且墮嬾之謂也。』」索隱：「上音紫，下音庾，苟且懶惰之謂。」太玄書室本、張之象本、沈延銓本、金蟠本、兩漢别解「鮆」作「呰」。明初本、華氏本、諸子品節、諸子彙函作「呰」。

〔一五〕韓詩外傳三：「窮巷白屋先見者四十九人。」漢書蕭望之傳注：「白屋，謂白蓋之屋，以茅覆之，賤人所居。蓋音合。」又吾丘壽王傳注：「白屋，以白茅覆屋也。」又王莽傳上注：「白屋，謂庶人以白茅覆屋者也。」

〔一六〕沈延銓本「單」作「殫」。張之象本注云：「『單』通作『殫』，盡也，竭也。」

〔一七〕詩經小雅小明：「自貽伊戚。」毛傳：「戚，憂也。」文選張景陽七命：「樂以忘戚。」注：「論語：『樂以忘憂。』」

〔一八〕文選笙賦注：「古咄唶歌曰：『棗下何攢攢。』攢攢，聚貌。攢與纂古字通。」這裏纂字也是攢聚之義，謂四通八達之路，都交會於此也。又案：漢書衛青傳：「公孫敖與壯士往篡之。」師古曰：「逆取曰篡。」後漢書逸民傳論引楊雄曰：「鴻飛冥冥，弋者何篡焉。」李賢注：「宋衷曰：『篡，取也。』……然今人謂以計數取物爲篡，篡亦取也。」攢聚亦以計數取物之義。纂與篡通。又案：「神」疑「之」誤，與下句對文。

〔一九〕後和親篇：「當矢石之蹊。」戰國策燕策下：「當餓虎之蹊。」文選西京賦注：「蹊，徑也。」

〔二〇〕論語子路篇集解引鄭玄曰：「筲，竹器，容斗二升者也。」

〔二一〕文選楊子幼報孫會宗書：「婦趙女也，雅善鼓琴。」此趙女善鼓琴之證。

〔二二〕漢書高帝紀下：「諸將故與帝爲編户民。」師古曰：「編户者，言列次名籍也。」淮南子原道篇高注：「齊於萬民，故曰齊民。」又俶真篇注：「齊民，凡民，齊於民也。」漢書食貨志上注：「如淳曰：『齊，等也。無有貴賤，謂之齊民，若今言平民矣。』晉灼曰：『中國被教齊整之民也。』」案：史記平準書索隱引晉灼，「民」作「人」，避唐諱。臆逞之説也，姑存之。

〔二三〕本篇以「家」、「人」對文的，還有錯幣篇：「家給人足。」非鞅篇：「人與之爲怨，家與之爲讎。」國病篇：「人衍而家富。」論功篇：「家有其備，人有其用。」「家」就是「人」的意思，「家」就是第三人稱的泛指。在「家」、「人」對文的情況下，都可拿對文則異、散文則通的道理去説明它。説詳器撰「家」「人」對文解，見遼海引年録。

〔二四〕明初本、沈延銓本「趣」作「趨」，古通。

〔二五〕「羽鳩」就是「扈鳩」。周禮考工記鄭玄注：「『羽』讀爲『扈』。」是「羽」、「扈」古通用。左傳昭公十七年：「祝鳩氏，司徒也；鴡鳩氏，司馬也；鳲鳩氏，司空也；爽鳩氏，司空也；鶻鳩氏，司事也；五鳩，鳩民者也。……九扈爲九農正，扈民無淫者也。」杜預注：「鳩，聚也。治民上聚，故以鳩爲名。扈，止也。止民使不淫放。」李白秦皇按寶劍：「豈思農扈春。」

〔二六〕「丹」指丹陽，「章」指章山。漢書地理志下：「吴東有海鹽、章山之銅。」又：「丹陽郡有銅官。」史記貨殖傳：「夫吴……東有海鹽之饒、章山之銅。」上文有「陵陽之金」，陵陽即丹陽郡屬縣。

〔二七〕玉海八引「蜀隴」作「隴蜀」。

〔二八〕徐友蘭曰：「『采』讀『采椽不刮』之『采』。」黄季剛曰：「『采』讀爲『棌』。」「轉尸」見下注〔三九〕。

〔二九〕文選張景陽七命：「萊、黄之鮐。」即用此文。李善注：「漢書：『東萊郡有黄縣。』」

〔三〇〕「茨」原作「屋」，今改。下文「采椽」、「茅茨」對言，即承此文。散不足篇：「采椽不斲，茅茨不翦。」也正作「茅茨」。淮南子精神篇：「堯樸桷不斲。」高誘注：「樸，采也。」史記太史公自序索隱引韋昭漢書注曰：「采椽，櫟榱也。」漢書司馬相如傳注應劭曰：「櫟，采木也。」

〔三一〕文選江賦注：「褐，毛布也。」又籍田賦注：「褐，麤衣也。」

〔三二〕「飯」疑當作「飲」。墨子節用中：「飯於土塯，啜於土形。」（從王念孫校。）韓非子十過篇：「堯飯於土簋，飲於土鉶。」韓詩外傳三：「舜飯乎土簋，啜乎土型。」說苑反質篇：「堯飯於土簋，啜於土瓶。」（從盧文弨校。）史記秦始皇本紀：「飯土塯，啜土形。」又李斯傳：「堯飯土匭，啜土鉶。」又太史公自序：「食土簋，啜土刑。」諸書都作「啜」，或作「飲」，說文欠部：「歠，歙也。」「啜」借「歠」字。說文金部：「鉶，器也。」周禮掌客：「鉶四十有二。」注：「鉶，羹器。」這裏作「硎」，它書作「刑」、「型」、「形」，也都是借用字。從這些例證來推斷，這裏的「飯」字，應當改爲「飲」字，比較妥當些。

〔三三〕老子道經：「埏埴以爲器，當其無，有器之用。」釋文引河上公云：「埏，和也；埴，土也。」

〔三四〕漢書景帝紀：「後三年正月詔曰：『黄金珠玉，饑不可食，寒不可衣。』」

〔三五〕老子德經：「使人復結繩而用之。甘其食，美其服，安其居，樂其俗，鄰國相望，雞犬之聲相聞，民至老死不相往來。」史記貨殖傳：「老子曰：『至治之極，鄰國相望，雞狗之聲相聞。民各甘其食，美其服，安其俗，樂其業，至老死不相往來。』」

〔三六〕漢書高帝紀上：「北貉，燕人，來致梟騎助漢。」應劭曰：「北貉，國也。」師古曰：「貉在東北方，三韓之屬皆貉也。」

〔三七〕史記西南夷傳有邛竹杖、筰馬。漢書地理志下：「巴、蜀西近邛、筰馬旄牛。」師古曰：「言邛、筰之地出馬及旄牛。筰音材各反。」西南夷傳：「巴、蜀民或竊出商賈，取其筰馬、僰僮、旄牛，以此巴、蜀致富。」史記司馬相如傳索隱文穎曰：「邛者，今爲邛都縣；筰者，今爲定筰縣，皆屬越嶲郡。」正義：「邛、筰二國在蜀西。」

〔三八〕「褐夫」，原作「揭夫」，今據明初本、華氏活字本、攖寧齋鈔本、倪邦彦本、正嘉本、太玄書室本校改，張之象本、沈延銓本、金蟠本作「褐衣」。孟子公孫丑上：「視刺葛乘之君，若刺褐夫。」趙岐注：「獨夫被褐者。」淮南子主術篇：「使言之而是，雖在褐夫芻蕘，猶不可棄也。」此作「褐夫」之證。

〔三九〕韓詩外傳三：「生不乏用，死不轉尸。」淮南子主術篇：「是故生無乏用，死無轉尸。」高誘注：「轉，棄也。」

〔四〇〕尚書舜典：「車服以庸。」孔氏傳：「功成則賜車服，以顯其能用。」

〔四一〕論語述而篇：「奢則不孫，儉則固。」

〔四二〕張敦仁曰：「張之象本（沈延銓本、金蟠本、兩漢別解同。）『孫叔敖』改『季文子』，『楚』改『魯』。案所改繆。漢世諸書，説一事而人名各異者多矣。下文云：『大儉極下。』韓非子外儲説左下亦言：『孫叔敖相楚，大儉偪下。』決非季文子可知。」器案：張説未盡，春秋、戰國、秦、漢間人，言「妾不衣帛，馬不食粟」者，左傳襄公五年、國語魯語、史記魯世家、説苑反質篇都以爲季文子事，但無「大儉極下」語，意林引説苑文又以爲晏子事，韓非子外儲説左下以爲孟獻伯事，亦無「大儉極下」語。韓非子外儲説左下載孫叔敖事，有「大儉偪下」語，但又無「妾不衣帛，馬不食粟」事。此文並以「妾不衣帛，馬不食粟，大儉極下」屬之孫叔敖。此自傳聞異辭，宜各就本書爲説，不必以辭害意，而定其誰是誰非也。

〔四三〕文選赭白馬賦注：「以粟飯馬曰秣。」

〔四四〕太玄書室本「極」作「偪」。案韓非子外儲説左下：「孫叔敖相楚，棧車牡馬，糲餅菜羹，枯魚之膳，冬羔裘，夏葛衣，面有飢色，則良大夫也，其儉偪下。」字正作「偪」。又韓非子上文言管仲有三歸，孔子曰：「良大夫也，其侈偪上。」禮記雜記下：「孔子曰：『晏平仲祀其先人，豚肩不揜豆，賢大夫也，而難爲下也。君子上不僭上，下不偪下。』」字也作「偪」。又案：韓非子兩言，一作「其儉」，一作「其侈」，「其」猶「甚」也。墨子尚同上：「其明察以審信。」尚同中作「甚明察以審信」。韓非子安危篇：「聞古扁鵲之治其病也。」下文作「甚病之人」。鹽鐵論此文「大」當讀爲「太」，穀梁傳桓公元年：「祭大山之邑也。」釋文：「『大』亦作『泰』。」「大」、「太」、「泰」，音義並通。

〔四五〕蟋蟀是詩經唐風的一篇，毛詩序：「刺晉僖公儉不中禮。」枚乘古詩：「蟋蟀傷局促。」張衡西京賦：「獨儉嗇以齷齪，忘蟋蟀之謂何。」也是以此詩爲刺儉不中禮。

〔四六〕「末」原作「味」，今從王先謙説校改。王云：「盧云：『味疑末。』案盧説是也。書中或云『末利』，或云『利末』，其義一也。本議、輕重、相刺、利議諸篇，『利末』二字屢見。雜論篇：『放於利末。』漢書公孫賀等傳贊作『放於末利』，尤其明證。」

〔四七〕此句原作「則本業所出」，與上下文不貫，盧文弨曰：「『所』字疑。」案太玄書室本「所」上有「無」字，是，今據訂補。

〔四八〕姚範曰：「今本管子無此語。蓋患材木禽獸之積於無用而爲害耳。故文學云：『當今世，非患禽獸不損、材木不勝也。』」

〔四九〕「販」原作「飯」，今從洪頤煊説校改。洪云：「『飯』是『販』字之譌。史記秦本紀：『鄭販賣賈人弦高持十二牛將賣之周。』淮南氾論：『鄭賈人弦高將西販牛，道遇秦師於周、鄭之間。』皆其證。」

〔五〇〕史記秦本紀：「繆公五年，晉獻公滅虞、虢，虜虞君與其大夫百里傒，……以爲秦穆公夫人媵於秦。百里傒亡秦走宛，楚鄙人執之。繆公聞百里傒賢，欲重贖之，恐楚人不與，乃使人謂楚曰：『吾媵臣百里傒在焉，請以五羊皮贖之。』楚人遂許與之。……授之國政，號曰五羖大夫。」説苑臣術篇載此事，又以爲「賈人買百里奚以五羖羊之皮，使將車之秦」。此言「賃車入秦」，蓋傳説之異。

〔五一〕孟子離婁上：「離婁之明，公輸子之巧，不以規矩，不能成方圓。」趙岐注：「公輸子，魯班，魯之巧人也。」

〔五二〕吴越春秋闔閭内傳：「干將者，與歐冶子同師，俱能爲劍。」章定名賢氏族言行類稿三二：「歐冶子，吴人，善鑄劍。」

〔五三〕盧文弨曰：「白虎通辟雍篇亦作『致』，何允中本改『成』，張作『成』。」案倪邦彦本、正嘉本、太玄書室本、沈延銓本、金蟠本「致」也作「成」。這是論語子張篇文，後水旱篇：「工致其事。」亦用論語文，作「致」不作「成」，與此同。從後面孝養篇所引「言不及而言傲也」句推之，桓寬所用應當是魯論本，此固今文家數也。

〔五四〕墨子親士篇：「墝埆者，其土不育。」淮南子原道篇：「朞年而田者争處墝埆。」高誘注：「墝埆，讀人相墝椽之墝。」廣韻：「墝，墝角，瘠土。」

〔五五〕韓詩外傳三：「聖人刳木爲舟，剡木爲楫，以通四方之物，使澤人足乎木，山人足乎魚，餘衍之財有所流。故豐膏不獨樂，磽确不獨苦。」義與此同。老子：「緜緜若存，用之不勤。」淮南子原道篇：「纖微而不可勤。」高誘注：「勤猶盡也。」廣雅釋詁：「堇，少也。」蓋從堇得聲之字，亦有少義，饉從堇得聲，即有少義，與「衍」對文爲義。

〔五六〕史記蘇秦傳：「君誠能聽臣，燕必致旃裘狗馬之地，齊必致魚鹽之海，楚必致橘柚之園。」尚書禹貢：「揚州，厥包橘柚。」左思蜀都賦：「户有橘柚之園。」

〔五七〕黄季剛曰：「『朐』即『朐衍』，見匈奴傳。地理志作『眗衍』，北地縣。『鹵』即『大鹵』，此皆戎鹽也。」

〔五八〕文選司馬子長報任少卿書：「旃裘之君長咸震怖。」注：「旃裘，謂匈奴所服也。」漢書王褒傳載聖主得賢臣頌：「夫荷旃被毳者，難與道純緜之麗密。」又高帝紀：「賈人毋得衣錦繡、綺穀、絺紵罽。」師古曰：「罽，織毛，若今毼及氍毹之類也。」案：説文糸部：「䋶，西胡毳布也。」罽，通借字。

〔五九〕「材」，明初本、正嘉本作「財」。案此兼舉上文「吴、越之竹，隋、唐之材」爲言。

〔六〇〕明初本、沈延銓本無「也」字。

〔六一〕「時」下原有「入」，與上下文句例不統一，此蓋傳鈔者以孟子文足之，今删。

〔六二〕張之象本、沈延銓本、金蟠本、兩漢别解「田」作「佃」。

〔六三〕孟子梁惠王上文。

〔六四〕太玄書室本「則」作「使」。

〔六五〕文選左太沖詠史詩注引「飾」作「營」。

〔六六〕類聚六一引「梓匠」上有「貴人之家」四字一句。孟子盡心下：「梓匠輪輿，能與人規矩，不能使人巧。」梓匠即木工。

〔六七〕文選甘泉賦：「大厦雲譎波詭。」注：「孟康曰：『言厦屋變巧，乃爲雲氣水波，相譎詭也。』」

〔六八〕「雕文」上原有「雖」字，今據盧文弨説校删。

〔六九〕陸賈新語道基篇：「民技巧横出，則雕文刻鏤。」

〔七〇〕「文章」，猶言「文采」，考工記：「繪畫之事，……青與赤謂之文，赤與白謂之章。」楚辭九章：「青黄雜糅，文章爛兮。」淮南子俶真篇：「百圍之木，斬而爲犧尊，鏤之以剞劂，雜之以青黄，華藻鎛鮮，龍蛇虎豹，曲成文章。」漢書董仲舒傳：「常玉不瑑，不成文章。」下云：「譬猶不瑑玉而求文采也。」

〔七一〕漢書成帝紀：「建始二年三月罷六廄技巧官。」師古曰：「謂技藝之巧。」又百官公卿表上水衡屬官有技巧。又田蚡傳：「所愛倡優巧匠之屬。」這裏所謂「極技盡巧」，即指技巧之匠所有事也。

〔七二〕禮記王制：「不麛不卵，不殺胎，不殀夭，不覆巢。」

〔七三〕「齊和」就是調和的意思。吕氏春秋本味篇：「調和之事，必以甘酸苦辛鹹，先後多少，其齊甚微，皆自起。」高誘注：「齊，和分也。」淮南子本經篇：「煎熬焚炙，調齊和之適，以窮荆、吴甘酸之變。」

〔七四〕玉篇不部：「不，詞也。」

〔七五〕本書取下篇：「不知專室狹廬上漏下濕者之瘩也。」淮南子主術篇：「民有掘穴狹廬，所以託身。」又説林篇：「匠人處狹廬。」則「狹廬」爲漢人習用語。淮南子主術篇：「貧民糟糠不接於口，而虎狼熊羆厭芻豢。」又：「然民有糟糠菽粟不接於口者，則明主弗甘也。」曹丕上留田行：「富人食稻與粱，貧子食糟糠。」糟，酒滓；（見楚辭漁父注。）糠，米皮，麥屑，（見漢書陳平傳。）本皆猪飼料，貧民拿來充飢。張之象本、沈延銓本、金蟠本「糠糟」作「糟糠」。

錯幣*第四

大夫曰：「交幣通施〔一〕，民事不及〔二〕，物有所并也〔三〕。計本量委，民有饑者，穀有所藏也〔四〕。智者有百人之功，愚者有不更本之事〔五〕。人君不調，民有相萬之富也〔六〕。此其所以或儲百年之餘，或不厭糟糠也〔七〕。民大富，則不可以祿使也；大彊，則不可以罰威也〔八〕。非散聚均利者不齊〔九〕。故人主積其食，守其用，制其有餘〔一〇〕，調其不足，禁溢羨，厄〔一一〕利塗，然後百姓可家給人足也。」

文學曰：「古者，貴德而賤利，重義而輕財〔一二〕。三王之時，迭盛迭衰〔一三〕。衰則扶之，傾則定之。是以夏忠、殷敬、周文〔一四〕，庠序〔一五〕之教，恭讓之禮，粲然可得而觀也〔一六〕。及其後，禮義弛崩，風俗滅息，故自食祿之君子，違於義而競於財，大小相吞〔一七〕，激轉相傾。此所以或儲百年之餘，或無以充虛蔽形也〔一八〕。古之仕者不穡，田者不漁〔一九〕，抱關擊柝，皆有常秩〔二〇〕，不得兼利盡物。如此，則愚智同功，不相傾也。詩云：『彼有遺秉，此有滯穗，伊寡婦之利〔二一〕。』言不盡物也。」

大夫曰：「湯、文繼衰，漢興乘弊〔二二〕。一質一文〔二三〕，非苟易常也。俗弊更法〔二四〕，非務變古也，亦所以救失扶衰也〔二五〕。故教與俗改，弊〔二六〕與世易。夏后〔二七〕以玄貝〔二八〕，周人以紫石〔二九〕，後世或金錢刀布。物極而衰，終始之運也〔三〇〕。故山澤無征〔三一〕，則君臣同利；刀幣無禁，則姦貞並行。夫臣富則〔三二〕相侈，下專利則相傾也。」

文學曰：「古者，市朝而無刀幣，各以其所有易所〔三三〕無，抱布貿絲〔三四〕而已。後世即有龜貝金錢〔三五〕，交施之也。幣數變而民滋僞〔三六〕。夫救僞以質，防失以禮。湯、文繼衰，革法易化，而殷、周道興。漢初乘弊，而不改易，畜利變幣，欲以反本，是猶以煎止燔，以火止沸也〔三七〕。上好禮則民闇飾，上好貨則下死利也〔三八〕。」

大夫曰：「文帝之時，縱民得鑄錢〔三九〕、冶鐵、煮鹽。吴王擅障〔四〇〕海澤，鄧通專西山。山東奸猾〔四一〕咸聚吴國，秦、雍、漢、蜀因鄧氏。吴、鄧錢布天下〔四二〕，故有鑄錢之禁。禁禦之法立而奸僞息，奸僞息則民不期於妄得而各務其職，不反本何爲？故統一，則民不二也；幣由上，則下不疑也。」

文學曰：「往古，幣衆財通而民樂。其後，稍去舊幣，更行白金龜龍〔四三〕，民多巧〔四四〕新幣。幣數易而民益疑。於是廢天下諸錢，而專命水衡三官作〔四五〕。吏匠〔四六〕侵利，或不中式，故有薄厚輕重。農人不習，物類比之〔四七〕，信故疑新〔四八〕，不知姦貞〔四九〕。商賈以美貿惡，以半易倍〔五〇〕。買則失實，賣則失理，其疑或滋益甚〔五一〕。夫鑄僞金錢以有法，而錢之善惡無增損於故〔五二〕。擇錢則物稽滯，而用人〔五三〕尤被其苦。春秋曰：『算不及蠻、夷則不行〔五四〕。』故王者外不鄣海澤以便民用〔五五〕，內不禁刀幣以通民施。」

*「錯」與「鑄」意同。文選景福殿賦：「鉤錯矩成。」李善注：「錯猶治也。」「錯幣」就是鑄幣。

本篇記述了雙方關於貨幣鑄造權問題進行的辯論。文學主張「貴德而賤利，重義而輕財」，認爲漢武帝實行的貨幣統一鑄造政策是「違於義而競於財」，要求「不禁刀幣，以通民施」；桑弘羊主張貨幣鑄造大權應由國家統一掌握，不能落到私家手裏，從貨幣政策上捍衛了國家利益。

〔一〕管子國蓄篇：「黃金刀幣，民之通施也。」郭沫若管子集校云：「『通施』字輕重乙篇均作『通貨』。下文云：『人君鑄錢立幣，民庶之通施也。』輕重甲篇作『今君鑄錢立幣，民通移』。『通施』、『通移』，均流通之意。」案韓詩外傳四：「家卿不修幣施。」「幣施」連用，義亦同。

〔二〕王先謙曰：「『不及』當作『不給』，音相近而譌。」

〔三〕莊子天運篇：「故曰：至貴，國爵并焉；至富，國財并焉；至願，名譽并焉。」郭注：「并者，除棄之謂也。」

〔四〕楊樹達曰：「管子國蓄篇：『且君引錣量用，耕田發草，上得其數矣；民人所食，人有若干步畝之數矣；計本量委則足矣。然而民饑餓不食者，何也？穀有所藏矣。人君鑄錢立幣，民庶之通施也，人有若干百千之數矣。然而人事不及、用不足者，何也？利有所并也。』」器案：尹知章注：「委，積也。」禮記學記：「或原也，或委也。」鄭玄注：「本曰原，末曰委。」漢書食貨志下：「故萬乘之國，必有萬金之賈，千乘之國，必有千金之賈者，利有所并也，計本量委則足矣。」注引李奇曰：「委，積也。」此文及漢志俱本管子爲説。晉書張華傳：「量計漕運。」彼文以「量計」連文，此文以「計」「量」對言，其義一也。

〔五〕「愚者」下原無「有」字，今據管子補。管子國蓄篇：「智者有什倍人之功，愚者有不賡本之事，然而人君不能調，故民有相百倍之生也。」尹知章注：「賡猶償也。」這裏作「更」，同。史記平準書：「悉巴、蜀租賦，不足以更之。」集解：「更，償也。」

〔六〕「相萬」原作「相妨」，義不可通。此文用管子「故民有相百倍之生也」，原當作「相萬」，「萬」俗寫作「万」，與「方」形近，由「万」誤爲「方」，又由「方」誤爲「妨」也。「相萬」即相去萬倍之意，管子言「相百倍」，此言「相萬」，乃極言之，義固不相礙也。今改正。商君書錯法篇：「三王、五霸其所道不過爵禄，而功相萬者，其所道明也。」吕氏春秋貴當篇：「爲之必繇其道，物莫之能害，此功之所以相萬也。」高誘注：「萬倍也。」韓詩外傳四：「人同材鈞，而貴賤相萬者，盡心致志也。」潛夫論讚學篇：「人之情性，未能相百，而其明智，有以相萬也。」漢書馮奉世傳：「今發師而曠日，與疾舉而疾決，利害相萬也。」俱用「相萬」之證。文選上書諫吴王：「此其與秦地相什，而民相百。」李善注：「言地多秦十倍，民多百倍。」後水旱篇：「器便與不便，其功相什而倍也。」用法與此相同，而著「而倍」二字，意義爲明曉。並詳水旱篇注〔一九〕。

〔七〕戰國策韓策：「民不厭糟糠。」史記平準書：「故庶人之富者或累巨萬，而貧者或不厭糟糠。」又貨殖傳：「原憲不厭糟糠。」索隱：「厭，飽也。」

〔八〕「罰威」原作「威罰」，「罰威」與上「禄使」對文，今據管子乙正。管子國蓄篇：「夫民富則不可以禄使也，貧則不可以罰威也。法令之不行，萬民之不治，貧富之不齊也。」韓非子外儲説右上：「七十受禄米，鬻德施惠於民也。」即以禄使民也。漢書食貨志下：「租税禄賜，皆以布帛及穀，使百姓壹意農桑。」説略本楊樹達。

〔九〕管子國蓄篇：「然則人君非能散積聚，鈞羡不足，分并財利，而調民事也。」此用其文，「調民事」，即所以「齊」之也。

〔一〇〕張之象本、沈延銓本、金蟠本無「制其有餘」四字一句。

〔一一〕「厄」讀爲「扼」，詩經大雅韓奕釋文：「『扼』或省作『厄』。」

〔一二〕新序雜事四：「古者，盂不穿，皮不蠹，不出四方。以是見君子重禮而賤利也。」

〔一三〕「迭」，王先謙校刊本作「疊」，舊本都作「迭」。史記封禪書：「自五帝以至秦，軼興軼衰。」漢書郊祀志「軼」作「迭」。

〔一四〕漢書董仲舒傳仲舒對策曰：「然夏上忠，殷上敬，周上文者，所繼之捄，當用此也。」史記高祖本紀太史公曰：「夏人政忠，忠之敝，小人以野；（集解：「鄭玄曰：『忠，質厚也。』」）故殷人承之以敬，敬之敝，小人以鬼；（集解：「鄭玄曰：『多威儀，如事鬼神。』」）故周人承之以文，文之敝，小人以僿；（集解：「鄭玄曰：『文，尊卑之差也。』」）故救僿莫若以忠。三王之道若循環，終而復始。」

〔一五〕禮記學記：「古之教者，家有塾，黨有庠，遂有序，國有學也。」

〔一六〕漢書董仲舒傳：「粲然有文以相接。」師古曰：「粲，明貌。」史記三王世家：「太史公曰：『文辭爛然，甚可觀也。』」「粲然」與「爛然」義同。

〔一七〕説苑指武篇：「王孫厲曰：『大之伐小，……猶大魚之吞小魚也。』」

〔一八〕韓非子解老篇：「故聖人衣足以犯寒，食足以充虛，則不憂矣。」吕氏春秋重己篇：「其爲輿馬衣裘也，足以逸身煖骸而已矣；其爲飲食酏醴也，足以適味充虛而已矣。」文子九守篇：「食足以充虛接氣，衣足以蓋形禦寒。」

〔一九〕禮記坊記：「君子仕則不稼，田則不漁。」楊樹達曰：「春秋繁露制度篇曰：『故君子仕則不稼，田則不漁。』按後漢書黄香傳引田令云：『商則不農。』又劉般傳云：『永平中，下令禁民二業。般上言：郡國以官禁二業，至有田者不漁捕。』又桓譚傳譚上疏云：『先帝禁人二業。』然則後漢時猶嘗行此制也。」

〔二〇〕孟子萬章下：「抱關擊柝者，皆有常職以食焉。」漢書貨殖傳：「昔先王之制，自天子公侯卿大夫士至於皁隸抱關擊柝者，其爵禄、奉養、宫室、車服、棺槨、祭祀、死生之制，各有差品，小不得僭大，賤不得踰貴，夫然，故上下序而民志定。」

〔二一〕詩經小雅大田文。毛傳：「秉，把也。」韓詩外傳四：「天子不言多少，諸侯不言利害，大夫不言得喪，士不言通財貨，不爲賈道，故駟馬之家，不恃雞豚之息，伐冰之家，不圖牛羊之入，千乘之君，不通貨財，冢卿不修幣施，大夫不爲場圃，委積之臣不貪市井之利。是以貧窮有所懽，而孤寡有所措其手足也。詩曰：『彼有遺秉，此有滯穗，伊寡婦之利。』」

〔二二〕漢書食貨志：「漢興，接秦之敝。」

〔二三〕白虎通三正篇引尚書大傳曰：「王者一質一文，據天地之道。」史記平準書太史公曰：「一質一文，終始之變也。」漢書叙傳答賓戲：「迺文迺質，王道之綱。」案：論語雍也篇：「質勝文則野，文勝質則史。文質彬彬，然後君子。」又顏淵篇：「文猶質也，質猶文也。」此文質説之所本。

〔二四〕「弊」，明初本作「幣」；「更法」，原作「家法」，姚範曰：「『家』字疑誤。」器案：這是由於「更」或作「叓」，和「家」字形相近而錯了的。本書周秦篇：「故衣弊而革才（裁），法弊而更制。」語意和這裏相同，字正作「更」，今據改正。淮南子泰族篇：「故聖人事窮而更爲，法弊而改制，非樂變古易常也，將以救敗扶衰，黜淫濟（止也）非。」也可參證。（華氏活字本、太玄書室本「家法」作「法易」，勞幹校記引沈延銓本作「法易」，今所見沈本作「家法」，不作「法易」。）

〔二五〕漢書董仲舒傳：「捄溢扶衰。」師古曰：「『捄』，古『救』字。」

〔二六〕王先謙曰：「盧云：『弊疑幣。華本改幣。』案文義，作『幣』是。事類賦錢部引作『幣』，藝文類聚寶玉部、御覽八百七珍寶部、八百三十六資産部、九百四十鱗介部引並作『弊』，『幣』、『弊』古字通用。下文『幣數變』、『幣數易』，正作『幣』。」器案：明初本及玉海一八〇引作「幣」，「幣」、「弊」古混用。史記太史公自序：「維幣之行，以通農商。」索隱：「『維弊之行』，上弊音幣帛之幣，錢也。」是其證。漢書食貨志上：「通其變，使民不倦。」李奇曰：「器幣有不便於時，則變更通利之，使民樂其業而不倦也。」即此文「幣與世易」之意，亦本篇下文言「幣數變」之意也。又案：通鑑三三：「古者以龜、貝爲貨，今以錢易之，民以故貧，宜可改幣。」胡三省注：「貝，搏蓋翻，海介蟲也；居陸名贆，在水名蜬。古者，貨貝而寶龜，周有泉，至秦廢貝而行錢；其後，王莽以龜貝爲貨，蓋祖此説也。」埤雅：「獸爲友，貝二爲朋。」貝中肉如科斗而有首尾，貝之字從貝從八，言貝，目之所背也。」鹽鐵論曰：「教與俗改，幣與世易。」夏后氏以玄貝，殷人以紫石。」孔穎達曰：「『爾雅：貝，居陸贆，在水蜬，大者魧，小者鰿。今之細貝，亦有紫色者，出日南。玄貝，貽貝黑色者。餘蚳，黄白文。餘泉，白黄文，白質黄文也。詩成貝錦，則紫貝也。紫貝，以紫爲質，黑爲文點也。貾博而頯，中廣，兩頭鋭。蜠大而險，鰿小而隋，隋狹而長。』贆，音標。蚴，音含。鯢，音況。鰿，音積。蚳，音治。貾，音葩。頯，匡軌翻。蜠，音囷。」

〔二七〕御覽九四一、通鑑三三注引「后」下有「氏」字。

〔二八〕周書王會篇：「共人玄貝。」孔晁注：「玄貝，貽貝也。」

〔二九〕通鑑三三注引「周人」作「殷人」。爾雅釋魚：「玄貝，貽貝。」郭璞注：「黑色貝也。」郝懿行義疏：「王會篇：『共人玄貝。』孔晁注以共人爲吴、越，玄貝即貽貝也。鹽鐵論錯幣篇云：『夏后氏以玄貝，周人以紫石。』按紫石即紫貝，如彼所説，則殷人蓋白貝歟？」器案：管子山權數篇：「梁山之陽，綪緆夜石之幣，天下無有。」又揆度篇：「桓公問於管子曰：『吾聞海内玉幣有七筴，可得而聞乎？』管子對曰：『陰山之礝碈，一筴也；燕山之紫山白金，一筴也；發朝鮮之文皮，一筴也；汝漢之右衢黄金，一筴也；江陽之珠，一筴也；秦明山之曾青，一筴也；禺氏邊山之玉，一筴也。』」又輕重丁篇：「因使玉人刻石而爲璧，尺者萬泉，八寸者八千，七寸者七千；珪中四千，瑗中五百。璧之數已具。」蓋紫石、玉幣之屬，即古之泉刀，儀禮士相見禮：「凡執幣者不趨。」賈公彦疏：「案小行人合六幣，玉馬皮圭璧帛皆稱幣。」郝懿行謂「紫石即紫貝」，非是。

〔三〇〕史記平準書：「物盛而衰，固其變也。……太史公曰：『物盛則衰，時極而轉。一質一文，終始之變也。』」

〔三一〕盧文弨曰：「大典『征』作『正』。」禮記玉藻：「山澤列而不賦。」

〔三二〕「則」字原無，今據下句文例補。

〔三三〕「無」上原無「所」字，楊樹達曰：「元本作『易所無』，是。」器案：楊校引元本，即今定爲明初本，尋御覽八三六引正有「所」字，今據補正。孟子公孫丑下：「古之爲市也，以其所有，易其所無者。」

〔三四〕詩經衛風氓：「氓之蚩蚩，抱布貿絲。」毛傳：「布，幣也。」鄭箋：「幣者，所以貿物也。」周禮載師注：「先鄭曰：『里布者，布參印書，廣二寸，長二尺，以爲幣，貿易物。』」

〔三五〕此句下，張之象本、沈延銓本、金蟠本有「刀布之幣」四字。說文貝部貝下云：「古者，貨貝而寶龜，周而有泉，到秦廢貝行錢也。」漢書師丹傳：「古者，以龜貝爲貨，今以錢易之，民以故貧，宜可改幣。」

〔三六〕張之象注曰：「司馬貞曰：『古者，寶龜貨貝。食貨志有十朋五貝，皆用爲貨。貝各有多少，兩貝爲朋，故直二百一十六，元龜十朋，故直二千一百六十，已下各有差也。錢本名泉，言貨之流如泉也，故周有泉府之官。及景王乃鑄大錢。刀者，錢也，食貨志有契刀、錯刀。契刀長二寸，直五百。錯刀以黃金錯，直五千。其形如刀，故曰刀，以其利於人也。布泉者，言貨流布，故周禮有三夫之布。食貨志貨布長二寸五分，首長八分，足枝長八分。布者，布於民間也。』」

〔三七〕漢書董仲舒傳：「今漢繼秦之後，如朽木糞牆矣，雖欲善治之，亡可奈何。法出而姦生，令下而詐起，如以湯止沸，抱薪救火，愈甚亡益也。」

〔三八〕荀子大略篇：「上好義，（從王念孫校。）則民闇飾矣；上好富，則民死利矣。」即此文所本。賈子新書大政篇：「聖明則士闇飾矣。」

〔三九〕史記平準書：「至文帝時，……令民縱得自鑄錢。」

〔四〇〕說文手部：「擅，專也。」後禁耕篇：「吳王專山澤之饒。」又下文云：「王者外不障海澤。」國疾篇云：

「外障山海。」障即管也，見下注〔五五〕。

〔四一〕盧文弨曰：「『奸』，張本作『姦』，下『奸僞』同。」器案：後刺權篇：「姦猾交通山海之際。」輕重篇：「誅姦猾。」漢書武帝紀：「元狩六年詔：『姦猾爲害。』」又田蚡傳：「灌夫通姦猾，侵細民。」又主父偃傳：「外銷姦猾。」字俱作「姦猾」，謂姦邪猾亂也。後世有「老姦巨猾」語，本此。

〔四二〕張之象注曰：「食貨志曰：『孝文五年，爲錢益多而輕，乃更鑄四銖錢，其文爲半兩，除盜鑄錢令，使民放鑄。』吳王濞傳曰：『吳王濞者，高帝兄劉仲之子也。上患吳、會稽輕悍，無壯王以填之，諸子少，乃立濞於沛爲吳王。孝惠、高后時，天下初定，郡國諸侯，各務自拊循其民。吳有豫章郡（據顔師古引韋昭說，當衍「豫」字。）銅山，濞則招致天下亡命者，益鑄錢，煮海水爲鹽，以故爲賦，國用益饒。』佞幸傳曰：『鄧通者，蜀郡南安人也，以擢船爲黄頭郎，文帝悦焉。上使善相者相通，曰：當貧餓死。文帝曰：能富通者在我也，何謂貧乎？於是賜通蜀嚴道以鑄錢。鄧氏錢布天下，其富如此。』食貨志曰：『吳以諸侯即山鑄錢，富埒天子，後卒叛逆。鄧通，大夫也，以鑄錢財過王者。故吳、鄧錢布天下。』」

〔四三〕張之象、金蟠注曰：「食貨志曰：『建元以來，用少，縣官往往即山鑄錢，民益盜鑄，不可勝數。因有司言，造銀錫白金。以爲天用莫如龍，地用莫如馬，人用莫如龜。故白金三品：其一龍文，直三千；其二馬文，直五百；其三龜文，直三百。』」按漢書張湯傳：「縣官空虚，湯承上指，請造白金及五銖錢。」

〔四四〕史記平準書：「赤側錢賤，民巧法用之。」這裏說「民多巧新幣」，意同。漢書食貨志下：「賈誼諫曰：『法使天下公得顧租鑄銅錫爲錢，敢雜以鉛鐵爲它巧者其罪黥。然鑄錢之情，非殽雜爲巧，則不可得贏。』」史記平準書又寫道：「百姓抏獘以巧法。」又酷吏傳：「事益多，民巧法。」「巧」用法也同。本書相刺篇：「巧僞良民。」淮南子本經篇：「飾智以驚愚，設詐以巧上。」高誘注：「巧，欺也。」俞樾謂：「『民多巧』三字衍文。」非是。

〔四五〕倪邦彦本、正嘉本、張之象本、太玄書室本、沈延銓本、金蟠本「衡三」作「衡二」，都是形近之誤。史記平準書：「於是悉禁郡國無鑄錢，專令上林三官鑄。」就是指的這件事。集解：「漢書百官表：『水衡都尉，武帝元鼎二年初置，掌上林苑，屬官有上林均輸、鍾官、辨銅令。』然則上林三官，其是此三令乎！」又見漢書食貨志下、通典卷十、文獻通考卷十五。案漢置水衡都尉、水衡丞掌上林苑，也就等於周代的林衡、水衡二官。國語齊語：「山立三衡。」韋昭注：「周禮有山虞林衡之官。衡，平地，掌平其政也。」

〔四六〕「匠」原作「近」，據孫詒讓説校改。孫云：「『吏近』義不可通，『近』當爲『匠』，謂鑄泉之工匠也。干禄字書：『匠俗作近。』（亦見唐易州御注道德經及僧定太等造像記。）『近』與『近』相似故因而致誤。」

〔四七〕因物類推，來比較錢貨的輕重厚薄。漢書文帝紀：「皆以此令，比類從事。」

〔四八〕漢書武帝紀元狩六年詔曰：「日者，有司以幣輕多姦，農傷而末衆，又禁兼并之塗，故改幣以約之，廢期有月，而山澤之民未諭。」這裏所謂「信故疑新」，即漢武帝詔「未諭」之説也。又王莽傳中：「是時，百姓便安漢五銖錢，以莽錢大小兩行，難知，又數變改，不信。」其事頗與此同。説略本楊樹達。

〔四九〕「貞」原誤作「真」，上文云：「姦貞並行。」即指此，今據改正。

〔五〇〕古書常以「半」、「倍」對言，半就是二分之一，倍就是一的兩倍。本書水旱篇：「用不具則田疇荒，穀不殖，用力鮮，功自半，器便與不便，其功相什而倍也。」管子制分篇：「以半擊倍。」吴子料敵篇：「以半擊倍。」孟子公孫丑上：「故事半古之人，功必倍之。」吕氏春秋任地篇：「半其功，可使倍。」淮南子兵略篇：「故費不半而功自倍也。」陸機文選豪士賦序：「故曰：才不半古，而功已倍之。」晉書蔡謨傳：「征西將軍庾亮移鎮石城議：『方之於前，倍半之舉也。昔石生不能敵其半，而征西欲當其倍，愚所疑也。』」宋書曆志下：「祖沖之辯戴法興難新曆云：『倍半相違。』」這些都很好地説明了古人以「半」「倍」對文的用法。

〔五一〕張之象本、沈延銓本、金蟠本「或」作「惑」，古通。漢書食貨志下：「民用錢，郡縣不同，或用輕錢，百加若干，或用重錢，平稱不受。法錢不立，吏急而壹之虖？則大爲煩苛，而力不能勝；縱而弗呵虖？則市肆異用，錢文大亂。」錢文猶言錢法，荀子禮論篇：「文之至也。」楊注：「文謂法度也。」賈誼所言，足與此文互證。

〔五二〕「故」原作「政」，今據孫詒讓説校改。俞樾曰：「錢之善惡，豈得謂『無增損於政』乎？『於政』二字疑衍文。『鑄僞金錢以有法』，『以』讀爲『已』，謂鑄僞金錢有重法，而錢之善惡仍如故，見其無益也。漢書食貨志曰：『盜鑄金錢罪皆死，而吏民之犯者不可勝數。』即此義矣。」孫云：「俞讀『以』爲『已』，是也，而疑『於政』二字爲衍，則非。此當作『而錢之善惡無增損於故』，今本『故』譌爲『政』，義遂不可通。」

〔五三〕黄季剛曰：「『用人』當作『用者』解。」

〔五四〕這當是春秋師説。史記商君傳：「利不百，不變法；功不十，不易器。」漢書韓安國傳：「利不十者不易業，功不百者不變常。」意義和此相近。這裏也是文學引春秋師説來反對變法改制的意思。又蕭望之傳：「五帝三王，教化所不施，不及以政。」

〔五五〕禮記王制：「名山大澤不以封。」注：「與民同財，不得障管，亦賦稅之而已。」三國志吴書顧雍傳：「吴壹等因此漸作威福，遂造作榷酤障管之利。」

禁耕*第五

大夫曰：「家人有寶器，尚函匣而藏之，況人主之山海乎〔一〕？夫權利〔二〕之處，必在深山窮澤之中，非豪民不能通其利。異時〔三〕，鹽鐵未籠〔四〕，布衣有朐邴〔五〕，人君有吴王，皆鹽鐵初議也〔六〕。吴王專山澤之饒，薄賦其民〔七〕，賑贍窮乏〔八〕，以成私威。私威積而逆節〔九〕之心作。夫不蚤絶其源而憂其末，若決吕梁〔一〇〕，沛然，其所傷必多矣。太公曰：『一家害百家，百家害諸侯，諸侯害天下，王法禁之〔一一〕。』今放民於權利〔一二〕，罷鹽鐵以資暴彊，遂其貪心，衆邪羣聚，私門成黨〔一三〕，則強禦〔一四〕日以不制，而并兼之徒姦形成也〔一五〕。」

文學曰：「民人〔一六〕藏於家，諸侯藏於國，天子藏於海内〔一七〕。故民人以垣牆〔一八〕爲藏閉，天子以四海爲匣匱。天子適諸侯，升自阼階，諸侯納管鍵，執策而聽命，示莫爲主也〔一九〕。是以王者不畜聚，下藏於民，遠浮利，務民之義；義禮立，則民化上〔二〇〕。若是，雖湯、武生存於世，無所容〔二一〕其慮。工商之事，歐冶之任，何姦之能成？三桓專魯〔二二〕，六卿分晉〔二三〕，不以鹽鐵〔二四〕。故權利深者，不在山海，在朝廷；一家害百家，在蕭牆〔二五〕，而不在朐邴也。」

大夫曰：「山海有禁而民不傾，貴賤有平〔二六〕而民不疑。縣官設衡立準，人從所欲〔二七〕，雖使五尺童子〔二八〕適市，莫之能欺。今罷去之，則豪民擅其用而專其利。決市閭巷〔二九〕，高下在口吻〔三〇〕，貴賤無常，端坐〔三一〕而民豪，是以養强抑弱而藏於跖〔三二〕也。彊養弱抑，則齊民消〔三三〕，若衆穢〔三四〕之盛而害五穀。一家害百家，不在朐邴，如何也？」

文學曰：「山海者，財用之寶路〔三五〕也。鐵器者，農夫之死士〔三六〕也。死士用，則仇讎滅，仇讎滅〔三七〕，則田野闢，田野闢而五穀熟。寶路開，則百姓贍而民用給，民用給則國富。國富而教之以禮〔三八〕，則行道有讓〔三九〕，而工商不相豫，人懷敦樸以〔四〇〕相接，而莫相利。夫秦、楚、燕、齊，土力不同，剛柔異勢〔四一〕，巨小之用，居句〔四二〕之宜，黨〔四三〕殊俗易，各有所便。縣官籠而一之，則鐵器失其宜，而農民失其便。器用不便，則農夫罷於壄而草萊不辟；草萊不辟，則民困乏。故鹽冶之處，大傲〔四四〕皆依山川，近鐵炭〔四五〕，其勢咸遠而作劇。郡中卒踐更者〔四六〕，多不勘〔四七〕，責取庸〔四八〕代。縣邑或以户口〔四九〕賦鐵，而賤平其準。良家〔五〇〕以道次〔五一〕發僦運鹽、鐵，煩費〔五二〕，百姓病苦之。愚竊見一官之傷千里，未覩其在胸臆也。」

* 管子國蓄篇寫道：「以田畝籍，謂之禁耕。」尹知章注：「是止其耕稼也。」篇中，文學欲以「縣官籠而一之，則鐵器失其宜，而農民失其便。器用不便，則農夫罷於野而草萊不辟；草萊不辟，則民困乏」，造成這樣的後果，歸咎於鹽鐵官營，以攻桑弘羊。而桑弘羊則揭露文學的目的，是「罷鹽、鐵以資暴强」，讓「豪民擅其用而專其利」，認爲如不堅決地給以打擊，就會「强禦日以不制」。這明確地揭示了這場以鹽、鐵爲辯論中心的實質。

〔一〕通典卷十、文獻通考卷十五作：「家人有寶器，尚猶柙而藏之，況天地之山海乎？」「家人」就是下文「民人」的意思。史記季布傳索隱：「家人，謂居家之人也。」漢書惠帝紀注：「家人，言庶人之家。」又欒布傳注：「家人，言編户之人也。」又汲黯傳注：「家人，猶言庶人家也。」又董賢傳注：「家人，猶庶人也。」通鑑六注：「家人，猶今所謂齊民也。」明初本、華氏本「匣」作「匱」。

〔二〕「權利」，本書習用常語，就是權勢、利益的意思。荀子勸學篇：「權利不能傾也，羣衆不能移也。」史記鄭世家：「語有之，以權利合者，權利盡而交疏。」又武安侯傳：「宗族賓客，各爲權利。」又主父偃傳：「嚴安上書：『貴仁義，賤權利。……爲知巧權利者進。』」又貨殖傳：「若至力農畜工虞商賈，爲權利以成富，大者傾郡，中者傾縣，下者傾鄉里者，不可勝數。」這裏指「豪民」掌握了爲數不少的勞動力，「衆邪羣聚，私門成黨」，他們可以指揮這些勞動力，即復古篇所謂「成姦僞之業，遂朋黨之權」是也。

〔三〕史記平準書索隱：「異時，昔時也。」漢書項籍傳注師古曰：「異時，猶言先時也。」

〔四〕漢書張湯傳：「籠天下鹽鐵。」師古曰：「籠羅其事，皆令利入官。」案即收歸國有之意。

〔五〕此文原作「布衣有朐邴、朐邴人吴王皆鹽鐵初議也。君有吴王專山澤之饒」，今據張之象本、沈延銓本、金蟠本校改。通典、文獻通考亦作「布衣有朐邴，人君有吴王」。朐邴即史記貨殖傳的曹邴氏，漢書貨殖傳作丙氏。王先謙漢書補注引鹽鐵論此文説道：「案『朐』即『宛朐』，春秋曹國地也，在今曹州府菏澤縣西南。故史記作曹邴，而當時謂之朐邴也。」案曹邴氏以鐵冶起。王應麟姓氏急就篇上：「朐氏，見姓苑，鹽鐵論：『布衣有朐邴。』」説未可從。

〔六〕「初議」猶言新議，就是説關於鹽、鐵的問題，就提到新的議事日程上來了。秦、漢人往往把「初」字當作「新」字用，史記商君傳：「秦民之國都言初令之不便者以千數。」索隱：「謂鞅新變之法令爲初令。」正義：「初令，謂鞅之新法。」又佞幸傳：「弦次初詩。」索隱：「按初詩即所新造樂章。」又大宛傳：「乃遣使柏始昌、吕越人等，歲十餘輩出此初郡。」漢書張騫傳同，師古曰：「文山以上初置者。」初郡即新建之郡。又漢書元帝紀：「以渭城壽陵亭部原上爲初陵。」又成帝紀：「行幸初陵，赦作徒。」又哀帝紀：「以渭城西北原上永陵亭部爲初陵。」初陵都指新陵，都是「初」作「新」字用之證。

〔七〕漢書荆燕吴傳贊：「吴王擅山海之利，能薄斂以使其衆，逆亂之萌，自其子興。」宋祁曰：「『斂』上當有『賦』字。」

〔八〕「乏」原作「小」，今據通典十引改。這由於「乏」本作「𣥂」，因缺誤爲「小」。

〔九〕「逆節」，叛逆的行徑，蓋漢時功令用語。漢書景十三王傳：「凡殺無辜十六人，至一家母子三人，逆節絶理。」杜欽傳：「三垂蠻、夷，無逆理之節。」主父偃傳：「今以法割削，則逆節萌起。」賈捐之傳：「背叛逆節。」趙廣漢傳：「逆節傷化。」西域傳上：「前親逆節。」

〔一〇〕呂氏春秋愛類篇：「昔上古龍門未開，呂梁未發。」高誘注：「呂梁，在彭城呂縣，大石在水中，禹決而通之，號曰呂梁。」淮南子本經篇：「龍門未開，呂梁未發。」高誘注：「呂梁，在彭城呂縣，石生水中，禹決而通之，民所由得度也，故曰呂梁也。」莊子達生篇釋文引司馬彪注及水經河水注都以爲在離石縣西。兩説不同，未知孰是。

〔一一〕續漢書百官志五注引太公陰符：「武王問太公：『願聞治亂之要。』太公曰：『其本在吏。』……武王曰：『民亦有罪乎？』太公曰：『民有十大於此，除者則國治而民安。』武王曰：『十大何如？』太公曰：『民勝吏，淳大臣，一大也；民宗强，侵陵羣下，二大也；民甚富，傾國家，三大也；民尊親其君，天下歸慕，四大也；衆暴寡，五大也；民有百里之譽，千里之交，六大也；民以吏威爲權，七大也；恩行於吏，八大也；民服信，以少爲多，奪人田宅，贅人妻子，九大也；民之基業畜産，爲人所苦，十大也。所謂一家害一里，一里害諸侯，諸侯害天下。』」「一里」，此文作「百家」，蓋出别本。

〔一二〕張之象本、沈延銓本、金蟠本「今」作「令」。通典十、文獻通考十五、經濟類編引「放」作「縱」。論語里仁篇：「放於利而行多怨。」集解：「孔安國曰：『放，依也。』」

〔一三〕淮南子氾論篇：「私門成黨，而公道不行。」高誘注：「黨，羣。」説苑君道篇：「私門盛而公家毁。」

〔一四〕詩經大雅蕩：「曾是彊禦。」毛傳：「彊禦，彊梁禦善也。」史記周本紀集解引牧誓鄭玄注：「彊禦，謂強暴也。」春秋繁露必仁且智篇：「其強足以覆過，其禦足以犯詐。」

〔一五〕王先謙曰：「通典『也』作『矣』。」按文獻通考、經濟類編作「而兼并之徒奸形成矣」。漢書武帝紀：「又禁兼并之塗。」李奇曰：「謂大家兼役小民，富者兼役貧民，欲平之也。」文選張平子雜詩注：「兼并，謂大家役小民，富者兼役平民也。」通鑑綱目集覽二二：「謂大家并役小民之力，富者兼有貧者之財。」

〔一六〕通典十引「民人」作「人庶」，文獻通考十五作「庶人」，當是避「民」字諱改。

〔一七〕韓詩外傳十：「王者藏於天下，諸侯藏於百姓，農民藏於囷庾，商賈藏於篋匱。」説苑反質篇：「天子藏於四海之内，諸侯藏於境内，大夫藏於其家，士庶人藏於篋櫝。」漢書蕭望之傳：「古者藏於民，不足則取，有餘則予。」説略本楊樹達。

〔一八〕新序雜事三：「燕惠王遺樂毅書：『國有封疆，猶家之有垣牆。』」

〔一九〕孫人和曰：「國策趙策三云：『天子巡狩，諸侯辟舍，納于（當衍）筦鍵，攝衽抱几，視膳於堂下，天子已食，退而聽朝也。』史記魯仲連傳作『納筦籥』，索隱云：『辟舍，避正寢。案禮，天子適諸侯，必舍於祖廟。』敦煌本春秋後語作『納莧籥』，『莧』即『筦』之誤字。」器案：賈子新書禮篇：「禮，天子適諸侯之宫，諸侯不敢自阼階者，主之階也。天子適諸侯，諸侯不敢有宫，不敢爲主人也。」禮記坊記：「故天子四海之内無客禮，莫敢爲主焉。故君適其臣，升自阼階，即位於堂，示民不敢有室也。」又見白虎通巡狩篇。

〔二〇〕「義禮立，則民化上」，通典十、文獻通考十五作「利立而人怨上」。器案：此文當作「義立則民化上，利立而人怨上」，鹽鐵論與通典、通考各脱一句。此承上文利義爲言也。

〔二一〕釋名釋姿容：「容，用也。」吕氏春秋審分篇：「諂諛詖賊巧佞之人無所竄其姦矣。」高誘注：「竄猶容也。」

〔二二〕史記魯周公世家：「冬十月，襄仲殺子惡及視而立俀，是爲宣公，……魯由此公室卑，三桓强。」集解：「服虔曰：『三桓，魯桓公之族：仲孫，叔孫，季孫。』又：『悼公之時，三桓勝，魯如小侯，卑於三桓之家。』」漢書張敞傳：「季氏顓魯。」師古曰：「『顓』與『專』同。」

〔二三〕史記晉世家：「昭公六年卒，六卿强，公室卑。」索隱：「韓、趙、魏、范、中行及智氏爲六卿。後韓、趙、魏爲三卿而分晉政，故曰三晉。」又：「頃公十二年，晉之宗家祁傒孫、叔嚮子相惡於君，六卿欲弱公室，乃遂以法盡滅其族，而分其邑爲十縣，各令其子爲大夫，晉益弱，六卿皆大。」漢書五行志下之下：「六卿分晉。」師古曰：「晉出公八年，春秋之傳終矣，出公十七年卒，卒後八十年至靖公，爲韓、趙、魏所滅，而三分其地。蓋晉之衰也，六卿擅權，其後，范氏、中行氏、智氏滅，而韓、趙、魏兼其土地人衆，故猶言『六卿分晉』也。」陶潛聖賢羣輔録：「趙無恤襄子，范吉射昭子，智瑶襄子，荀寅文子，魏多襄子，韓不信簡子，此六族世爲晉卿，並有功名，實弱晉，號曰六卿。」

〔二四〕通典十、文獻通考十五引「鐵」作「冶」，後文有「鹽冶之處」。

〔二五〕論語季氏篇：「吾恐季孫之憂，不在顓臾，而在蕭牆之内也。」集解：「鄭玄曰：『蕭牆，謂屏也。』」

〔二六〕「平」，即本議篇「行姦賣平」之「平」。

〔二七〕「人從所欲」，通典十、文獻通考十五引作「而人得其所」。

〔二八〕古代以身高七尺爲成人，淮南子精神篇：「吾生有七尺之形。」即其證。至於兒童，或稱五尺，或稱六尺。如墨子旗識篇：「五尺童子爲童旗。」孟子滕文公上：「從許子之道，則市賈不貳，國中無僞，雖使五尺之童適市，莫之或欺。」荀子仲尼篇：「仲尼之門，五尺之豎子，言羞稱乎五伯。」韓非子解老篇：

「五尺之愚童子。」戰國策楚策：「悉五尺至六十，三十餘萬。」吕氏春秋重己篇：「使五尺豎子引其棬，而牛恣所以之，順也。」淮南子主術篇：「若指之桑條以貫其鼻，則五尺童子牽而周四海者，順也。」漢書賈誼傳：「五尺以上，不輕得息。」如淳曰：「五尺，謂小兒也。」楊雄解嘲：「五尺童子，羞比晏嬰與夷吾。」這是稱童子爲五尺之證。論語泰伯篇：「可以託六尺之孤。」集解：「孔安國曰：『六尺之孤，謂幼少之君也。』」漢書賈誼傳：「可以寄六尺之孤。」應劭曰：「六尺之孤，未能自立者也。」後漢書明帝紀及李燮傳注並云：「六尺謂年十五以下也。古人以二歲半爲一尺。」這是稱六尺之證。又案：孟子趙岐注云：「不相欺愚小也。」七經孟子考文云：「古本作『不相欺愚小也，愚小，謂五尺之童也』。」

〔二九〕東觀漢記卷二三：「更始在長安，官爵多羣小，里閭語曰：『使兒居市決，作者不能得。』傭之市空返，問何故，曰：『今日騎都尉往會日也。』由是四方不復信向京師。」則西漢末年猶行市決之制。市決者，蓋即楊雄法言學行篇所謂「一鬨之市，必立之平」者也。漢書杜周傳：「君爲天下決平，不循三尺法。」蓋決市猶決刑，都必須持平也。

〔三〇〕左傳宣公十五年：「諺曰：『高下在心。』」義與此同。蓋存之於心，則曰在心；發之於口，則曰在口吻也。漢書東方朔傳：「吐脣吻。」隋書梁毗傳載劾楊素封事：「榮枯由其脣吻。」「脣吻」即「口吻」也。

〔三一〕「端坐」，猶言安坐。三國志吴書虞翻傳：「端坐悒悒。」晉書東海王越傳：「端坐京輦，以失據會。」

〔三二〕莊子有盜跖篇，寓言也，言跖爲柳下惠之弟。尋柳下惠展禽者，始見於魯僖公時，去孔丘之生於魯襄公二十一年者，約一百年，此於孔丘當爲「所聞」及「所傳聞」之世，時代初不相值，跖蓋虛構之人物耳。後人羌以爲故實，如司馬遷於伯夷列傳歎蹠之「橫行天下，竟以壽終」；李奇謂：「跖，秦大盜也。」張守節謂：「蹠者，黄帝時大盜名」是皆鑿矣。跖、蹠同字。

〔三三〕史記平準書：「亂齊民。」索隱：「晉灼曰：『中國被教整齊之人也。』」又見漢書食貨志下，如淳曰：「齊，等也，無有貴賤謂之齊民，若今言平民矣。」文選長笛賦注：「消，鑠也。」

〔三四〕「穢」，蕪穢，田中雜草。吕氏春秋辨土篇：「弗除則蕪，除之則虚，則草竊之也。」高誘注：「蕪，穢也。」文選招魂：「牽於俗而蕪穢。」集注：「王逸曰：『不治曰蕪，多草曰穢。』」淮南子繆稱篇：「穢生於弗耨。」韓詩外傳二：「田穢稼惡。」漢書嚴延年傳延年報張敞書：「河南莠盛苗穢，何可不除。」

〔三五〕「寶」下原無「路」字，今據張敦仁説校補。張云：「按通典十引『寶』下有『路』字，此脱，當依補。下文云『寶路開則百姓贍』云云，與此相承。張之象本添『而寶路開』於『寶路開』之上，（沈延銓本、金蟠本同。）拾補又添『五穀熟』於其上，云：『三字脱，當有。』盧意以爲『五穀熟而寶路開』方始成文，不知『寶路開』自蒙此句，『開』者，謂不管山海，與『五穀熟』迥不相蒙也。拾補誤於張之象本，又失校通典此句，故所説全非。」案：文獻通考十五亦有「路」字。

〔三六〕二「死士」字，原作「死生」，今據張敦仁説校改。張云：「案通典十引二『生』字皆作『士』，此誤，當依改。拾補『生』改『士』，不云通典，亦非。」案：文獻通考十五亦作「士」。

〔三七〕通典十、文獻通考十五不重「仇讎滅」，下文「田野闢」、「國富」亦不重，皆當爲「小二」失去之故也。

〔三八〕論語子路篇：「子適衛，冉有僕。子曰：『庶矣哉！』冉有曰：『既庶矣，又何加焉？』曰：『富之。』曰：『既富矣，又何加焉？』曰：『教之。』」

〔三九〕通典十、文獻通考十五引此句作「禮行則道有讓」。

〔四〇〕「以」下原有「自」字，通典十、文獻通考十五引無，今據删訂。

〔四一〕「土力」原作「士力」，華氏活字本、張之象本、沈延銓本作「土力」，今據改正。「土力」即園池篇之「地力」，史記平準書及貨殖傳云：「李克盡地力。」史記孟荀列傳、漢書食貨志云：「李悝盡地力之教。」論衡率性篇：「夫肥沃墝埆，土地之本性也。肥而沃者性美，樹稼豐茂；墝而埆者性惡，深耕細鋤，厚加糞壤，勉致人功，以助地力，其樹稼與彼肥沃者相似類也。」其所謂「土地之本性」，即地力之義，蓋存於中者謂之地性，發於外者謂之地力。方岳山莊書事：「且言土力貧，年登苦艱阨。」正用土力。通典十、文獻通考十五引「勢」作「氣」。周禮考工記：「地有氣。」鄭玄注：「氣，剛柔也。」

〔四二〕「句」原作「局」，今據通典十、文獻通考十五引改正。盧文弨曰：「『居局』，今依通典作『倨句』。」張敦仁曰：「案『局』當作『句』，此考工記車人爲耒之倨句也。『居』『倨』同字，通典十引作『倨』，蓋杜改之以合於周禮字耳。管子弟子職云：『居句如矩。』可爲此作『倨』之證。拾補從通典，『句』是而『倨』非。」器案：「居句」就是曲直的意思，這裏指犂類之曲直而言。禮記樂記：「倨中矩，句中鉤。」荀子宥坐篇：「埤下裾拘。」楊倞注：「『裾』與『倨』同，方也。『拘』讀爲『鉤』，曲也。」案説苑雜言篇作「卑下句倨」，家語三恕篇作「卑下倨拘」。大戴禮記曾子立事篇：「與其倨也寧句。」淮南子兵略篇：「倨句詘伸。」賈子新書容經：「故身之倨佝，手之高下，顔色聲氣，各有宜稱，所以明尊卑，别疎戚也。」

〔四三〕漢書食貨志上：「五家爲鄰，五鄰爲里，四里爲族，五族爲黨，五黨爲州，五州爲鄉，鄉萬二千五百户也。」

〔四四〕張之象本，沈延銓本、毛扆校本「傚」作「校」，金蟠本作「校」，太玄書室本作「抵」。陳遵默曰：「『傚』

『校』聲借，荀子大略：『其行效，其立效，其坐效，其置顔色、出辭氣效。』即借爲『傚』。『傚』之爲『校』，猶『效』之爲『傚』也。」

〔四五〕漢書食貨志下：「冶熔炊炭。」

〔四六〕漢書昭帝紀注：「如淳曰：『更有三品：有卒更，有踐更，有過更。古者，正卒無常，人皆當迭爲之，一月一更，是謂卒更也；貧者欲得顧更錢者，次直者出錢顧之，月二千，是謂踐更也；天下人皆直戍邊三日，亦名爲更律，所謂繇戍也，雖丞相子亦在戍邊之調，不可人人自行三日戍，又行者當自戍三日，不可往便還，因便住，一歲一更，諸不行者出錢三百入官，官以給戍者，是謂過更也。律説卒踐更者，居也，居更縣中五月乃更也。後從尉律，卒踐更一月，休十一月也。』」

〔四七〕沈延銓本「勘」作「堪」。

〔四八〕「庸」通「傭」。史記欒布傳：「窮困賃傭於齊。」漢書欒布傳「傭」作「庸」。管子治國篇：「耕耨者有時，而澤不必足，則民倍貸以取庸矣。」韓非子外儲説左上：「取庸作者進美羹。」淮南子繆稱篇：「取庸而强飯之，莫之愛也。」漢書景帝紀：「吏發民若取庸采黄金珠玉者，坐臧爲盗。」注：「韋昭曰：『取庸，用其資以顧庸。』」又周勃傳：「取庸苦之，不與錢。」師古曰：「庸謂賃也。」

〔四九〕漢書元帝紀：「今所爲初陵，勿置縣邑。」又百官公卿表上：「皇后公主所食曰邑。」又貢禹傳：「禹以爲古民無賦，算口錢起武帝，征伐四夷，重賦於民，民産子三歲，則出口錢，至於生子輒殺，甚可悲痛。宜令兒七歲去齒，乃出口錢，年二十迺算。」貢禹所言武帝始算口錢事，正與此合。漢書昭帝紀：「元鳳四年春，……毋收四年五年口賦。」如淳曰：「漢儀注：『民年七歲至十四出口賦錢，人二十三，二十錢以食天子，其三錢者，武帝加口錢以補車騎馬。』」這裏説「縣邑或以户口賦鐵」，則且算及年七歲至十四之兒童矣。

〔五〇〕漢書地理志下：「漢興，六郡良家子選給羽林期門。」如淳曰：「醫商賈百工不得豫也。」又馮奉世傳：「以良家子選爲郎。」史記李將軍傳：「廣以良家子從軍擊胡。」索隱：「如淳曰：『良家子，非醫巫商賈百工也。』」續漢書百官志二：「羽林中郎將，比二千石。……羽林郎比三百石。本注曰：『無員，掌宿衛侍從，常選漢陽、隴西、安定、北地、上郡、西河，凡六郡良家補。』」器案：漢陽即漢書地理志下之天水郡，原注云：「武帝元鼎三年置，莽曰填戎，明帝改曰漢陽。」此所謂「良家」者，蓋指此六郡而言。

〔五一〕「道次」猶言「縣次」，漢書百官公卿表上：「縣……有蠻、夷曰道。」漢書地理志凡道三十二，蓋漢之道，猶今之少數民族自治縣也。此六郡中以道名者，凡十有二，爲全漢之時三分居一而強；實則地處邊郡，少數民族多與漢人雜處，不必定著於此十二道也。此實爲内郡所無之一大特點，故時人於徵發之事，不謂之「縣次」，而謂之「道次」也。「縣次」者，漢書武帝紀云：「元光五年八月，徵吏民有明當世之務、習先聖之術者，縣次續食，令與計偕。」又元帝紀：「元始二年，……起官寺市里，募徙貧民，縣次給食，至徙所云云。」又匈奴傳下：「載以常車。」劉德曰：「縣易車也。舊司農出錢市車，縣次易牛也。」又食貨志下：「南陽、漢中以往，各以地比給初郡吏卒。」師古曰：「地比謂依其次第。自近及遠曰比。」道次、縣次，與地比義近，亦謂自出發地出車，縣或道則依其次第，自近及遠易牛也。

〔五二〕「煩費」下，原有「邑或以户」四字，今據盧文弨説删。

復古*第六

大夫曰：「故扇水都尉[一]彭祖寧歸[二]，言：『鹽、鐵令品[三]，令品甚明。卒徒衣食縣官[四]，作鑄鐵器，給用甚衆，無妨於民。而吏或不良，禁令不行，故民煩苦之。』令[五]意總一鹽、鐵[六]，非獨爲利入也，將以建本抑末，離朋黨[七]，禁淫侈，絶并兼之路也。古者，名山大澤不以封[八]，爲下之專利也。山海之利，廣澤之畜，天地[九]之藏也，皆宜屬少府；陛下不私，以屬大司農[一〇]，以佐助百姓。浮食奇民[一一]，好欲擅山海之貨，以致富業[一二]，役利細民[一三]，故沮事議者衆[一四]。鐵器兵刃，天下之大用也，非衆庶所宜事也[一五]。往者，豪強大家，得管[一六]山海之利，采鐵石鼓鑄[一七]，煮海爲鹽[一八]。一家聚衆，或至千餘人，大抵盡收放流人民也[一九]。遠去鄉里，棄墳墓，依倚大家，聚深山窮澤之中[二〇]，成姦僞之業，遂朋黨之權，其輕爲非亦大矣[二一]！今者[二二]，廣進賢之途，練[二三]擇守尉，不待去鹽、鐵而安民也。」

文學曰：「扇水都尉所言，當時之權[二四]，一切[二五]之術也，不可以久行而傳世，此非明王所以君國子民[二六]之道也。詩云：『哀哉爲猶，匪先民是程，匪大猶是經，維邇言是聽〔二七〕。』此詩人刺不通於王道，而善〔二八〕爲權利者。孝武皇帝〔二九〕攘九夷〔三〇〕，平百越〔三一〕，師旅數起，糧食不足。故立田官，置錢，入穀射官〔三二〕，救急贍不給〔三三〕。今陛下繼大功之勤，養勞勌〔三四〕之民，此用麋鬻〔三五〕之時；公卿宜思所以安集百姓〔三六〕，致利除害，輔明主以仁義，修潤洪業之道。明主即位以來，六年於兹，公卿無請減除不急之官〔三七〕，省罷機利〔三八〕之人。人權縣太久〔三九〕，民良〔四〇〕望於上。陛下宣聖德，昭明光，令郡國賢良、文學之士〔四一〕，乘傳〔四二〕詣公車〔四三〕，議五帝、三王之道，六藝〔四四〕之風，册陳安危利害之分，指意粲然。今公卿辨議，未有所定，此所謂守小節而遺大體〔四五〕、抱小利而忘大利者也〔四六〕。」

大夫曰：「宇棟之内〔四七〕，鷰雀不知天地之高〔四八〕；坎井之鼃，不知江海之大〔四九〕；窮夫否〔五〇〕婦，不知國家之慮；負荷之商，不知猗頓之富。先帝計外國之利，料〔五一〕胡、越之兵，兵敵〔五二〕弱而易制，用力少而功大，故因勢變以主〔五三〕四夷，地濱山海，以屬〔五四〕長城，北略河外，開路〔五五〕匈奴之鄉，功未卒。蓋文王受命伐崇〔五六〕，作邑于豐；武王繼之，載尸以行〔五七〕，破商擒紂，遂成王業。曹沫棄三北之恥〔五八〕，而復侵地；管仲負當世之累〔五九〕，而立霸功〔六〇〕。故志大者遺小，用權者離俗〔六一〕。有司思師望〔六二〕之計，遂先帝之業，志在絶胡、貉，擒單于，故未遑扣扃〔六三〕之義，而録拘儒〔六四〕之論。」

文學曰：「鷰雀離巢宇而有鷹隼之憂，坎井之鼃離其居而有蛇鼠之患，況翱翔千仞而游四海乎？其禍必大矣！此李斯所以折翼[六五]，而趙高没淵[六六]也。聞文、武受命，伐不義以安諸侯大夫[六七]，未聞弊諸夏以役夷、狄也。昔秦常舉天下之力以事胡、越[六八]，竭天下之財以奉其用，然衆不能畢[六九]；而以百萬之師，爲一夫之任，此天下共聞也。且數戰則民勞，久師則兵弊[七〇]，此百姓所疾苦，而拘儒之所憂也。」

* 這篇所記述的辯論，以「復古」標題，如實地揭示了這次論戰的實質是復古與反復古的鬭争。荀子王制篇寫道：「衣服有制，宫室有度，人徒有數，喪祭械用有等宜，聲則非雅聲者舉廢，道則非舊文者舉息，械則非舊器者舉毁，夫是之謂復古。」由是可見，所謂「復古」，結合着這次争論來看，不過是賢良、文學擬就已成事實，維持民間得擅鹽鐵之利，原封不動而已。在這次論戰中，賢良提倡「復諸古而已」（執務篇），文學揚言「復古之道」（利議篇），目的是要求「公卿」們「輔明主以仁義」，而詆毁「鹽鐵令品」。桑弘羊針鋒相對地給予駁斥，指出鹽、鐵官營，「非獨爲利入也，將以建本抑末，離朋黨，禁淫侈，絶并兼之路」，並援引了王制「古者，名山大澤不以封，爲下之專利也」的話，證明政府搞鹽、鐵官營，是根據古制制訂的。這一駁斥使文學們無言以對，被迫轉入其它話題。

〔一〕漢書昭帝紀注：「師古曰：『前爲此官，今不居者，皆謂之故也。』」案「扇」疑「三」字聲近錯了的。漢書地理志安定郡有三水縣，原注云：「屬國都尉治，有鹽官。」漢書百官公卿表：「典屬國，秦官，掌蠻、夷降者，武帝元狩三年，昆邪王降，復增屬國，置都尉、丞、侯千人。」案安定即漢武帝所置五屬國之一，三水爲安定屬國都尉治。凡屬國皆以都尉治之，則彭祖乃屬國都尉也，以其治在三水，故稱三水都尉也。三水有鹽官，故彭祖能言其利弊也。水經河水注：「屬國都尉治三水縣西南，去安定郡三百四十里，侍郎張奐爲安定屬國都尉，治此。」案後漢書張奐傳：「永壽元年，遷安定屬國都尉。」宋李復潏水集五回嚴司理：「昔年在同州，見太守孫亞夫，出一金印，刻曰『三水王印』，其印差小，字畫亦與此（指「陽邑侯印」）略同。」未知即此安定之三水否也。勞榦居延漢簡考釋則以「扇水」爲「肩水」之誤。

〔二〕姚範曰：「漢書哀紀：『予寧三年。』高紀服虔注：『吉曰告，凶曰寧。』百官表有彭祖，爲京兆尹，在元鳳四年。」器案：哀紀注：「師古曰：『寧謂處家持喪服。』」高帝紀上注：「李斐曰：『休謁之名，吉曰告，凶曰寧。』」姚範引作服虔，誤。又馮野王傳注：「如淳曰：『律：吏二千石以上告歸、歸寧，道不過行在所者，便道之官，無辭。』」此彭祖寧歸，蓋爲過長安謁者，故御史大夫桑弘羊得聞其有關鹽、鐵令品的反映。史記李斯傳：「三川守李由告歸咸陽。」李由的父親李斯家在咸陽，故著其歸宿的地方；若彭祖蓋爲過長安謁者，故不言寧歸長安也。後漢書陳忠傳：「尚書令祝諷、尚書孟布等奏，以爲『孝文皇帝定約禮之制，光武皇帝絶告寧之典……』，忠上疏曰：『高祖受命，蕭何創制，大臣有寧告之科，合於致憂之義。建武之初，新承大亂，凡諸國政，多趣簡易，大臣既不得告寧，而羣司營禄念私，鮮循三年之喪，以報顧復之恩者。』」

〔三〕「鹽、鐵令品」謂有關鹽、鐵法令條文。漢書百官公卿表上：「少府屬官有若盧。」注：「如淳曰：『若盧，官名也，藏兵器。品令曰：若盧郎中二十人，主弩射。』」疑此文「令品」亦當作「品令」。漢代凡屬法令條文，有謂「品」者，漢書哀帝紀：「詔諸名田畜奴婢過品者，皆没入縣官。」又匈奴傳上：「故約，漢常遣翁主，給繒絮、食物有品以和親。」注：「師古曰：『品謂等差也。』」有謂「品式」者，漢書宣帝紀：「樞機周密，品式備具，上下相安，莫有苟且之意也。」又孔光傳：「光以高第爲尚書，觀故事品式，數歲，明習漢制及法令。」有謂「程品」者，漢書任敖傳：「吹律調樂，入之音聲，及以比定律令，（臣瓚曰：『謂以比故取類以定法律與條令也。』）若百工，天下作程品。」注：「師古曰：言吹律調者，以定法令，及百工程品，皆取則也。」史記酷吏傳：「於是作沈命法曰：『羣盜起不發覺，發覺而捕弗滿品者，二千石以下至小吏主者皆死。』」正義：「品，程限也。」漢書酷吏傳注師古曰：「品，率也，以人數爲率也。」史記太史公自序：「張蒼爲章程。」集解：「瓚曰：『茂陵書：丞相爲工用程數其中。言百工用材多少之量及制度之程品者是也。』」有謂「儀品」者，漢書梅福傳：「叔孫通遁秦歸漢，制作儀品。」又韓延壽傳：「因與議定嫁娶喪祭儀品。」有謂「條品」者，漢書王莽傳中：「公卿大夫元士食其采，多少之差，咸有條品。」論衡程材篇：「五曹自有條品。」又有謂「科品」者，後漢書安帝紀：「元初五年詔曰：『舊令制度，如有科品。』」又有謂「法品」者，續漢書百官志五劉昭注補引劉劭爵制曰：「春秋傳有庶長鮑，商君爲政，備其法品爲十八級，合關内侯、列侯，凡二十等，其制因古義云云。」及此言「令品」，都是説以法令形式規定的制度。漢書食貨志下：「莽知民苦之，復下詔：『夫鹽，食肴之將，……鐵，田農之本，……先聖知其然也，故斡之，每一斡爲設科條防禁，犯者辠至死。』」王莽所言「鹽、鐵科條」，即此之「鹽、鐵令品」也。太玄書室本、經濟類編不重「令品」二字。玉海一八一引同今本。

〔四〕「卒徒衣食縣官」，就是卒徒衣食仰給於公家的意思。史記平準書：「胡降者皆衣食縣官。」又：「衣食皆仰給縣官。」漢書外戚傳上：「幸得以庶人衣食縣官足矣。」

〔五〕「令」原作「今」，今據張敦仁説校正。張云：「案『今』當作『令』，後刺權篇『令意所禁微』，兩見。」

〔六〕「鐵」原作「錢」，盧文弨曰：「當作『鐵』。」器案：後輕重篇亦有「總一鹽、鐵」語，今據改正。

〔七〕「朋黨」泛指友朋，楚辭離騷注：「朋謂之黨。」韓非子孤憤篇：「臣利在朋黨用私。」史記蘇秦傳：「蘇秦説趙王曰：『塞朋黨之門。』」又蔡澤傳：「蔡澤説應侯曰：『禁朋黨以勵百姓。』」御覽一五七引太公六韜：「友之友謂之朋，朋之朋謂之黨，黨之黨謂之羣。」

〔八〕禮記王制：「名山大澤不以封。」史記吴王濞傳：「太史公曰：『古者，諸侯地不過百里，山海不以封。』」

〔九〕「地」原作「下」，今據張敦仁説校改。張云：「案『下』當作『地』，見史記平準書、漢書食貨志。」

〔一〇〕急就篇第二十七章：「司農少府國之淵，遠取財物主平均。」史記平準書索隱：「韋昭曰：『少府，天子私所給賜經用也。公用屬大司農。』」漢書毋將隆傳：「隆奏言：『大司農錢自乘輿，不以給共養，共養勞賜，壹出少府。蓋不以本臧給末用，不以兵力供浮費，别公私，示正路也。』」又食貨志注：「大司農供軍國之用，少府以養天子也。」案：私有專利之義，孟子公孫丑下：「有私壟斷焉。」韓非子有度篇：「私平陸之都。」義都與此同。

〔一一〕「奇」原作「豪」，今據張敦仁説校改。張云：「『豪』當作『奇』，見平準書、食貨志。『奇民』者，奇衺之民也。小司馬索隱云：『包愷音羈，諸侯也，非農工之儔，故言奇。』其義似誤矣。」案明馮天馭刻本文獻通考十五用史記、漢書此文，作「浮食寄民」。又案：漢書地理志下：「漢興，立都長安，……浮食者多，民去本就末。」潛夫論浮侈篇：「今察洛陽，浮末者什於農夫，虚僞游手者什於浮末。」則浮食指商賈，與游手者有别，游手則不事事者也。

〔一二〕史記平準書、漢書食貨志「業」作「羨」。索隱：「羨，饒也。與『衍』同義。」

〔一三〕晏子春秋諫下：「不顧細民。」韓非子姦劫弑臣篇：「細民思治，……細民安亂。」「細民」猶言「小民」，韓非子亡徵篇：「小民右仗者。……刑戮小民而逆其使。」這都是封建統治階級對勞動人民侮辱之稱。案：史記平準書：「富商大賈，或蹛財役貧。」集解：「漢書音義曰：『蹛，停也。』一曰貯也。」索隱：「蕭該按字林云：『貯，塵也，音佇。』此謂居積停滯塵久也。或作貯，子貢發貯鬻財是也。」蹛財役貧，即此「役利細民」之謂也。

〔一四〕史記平準書：「武帝元狩間，大農上鹽鐵丞孔僅、咸陽言：『山海，天地之藏也，皆宜屬少府；陛下不私，以屬大農佐賦。願募民自給費，因官器作，煮鹽，官與牢盆。浮食奇民，欲擅管山海之貨，似致富羨，役利細民。其沮事之議，不可勝聽。』」索隱：「沮，止也。僅等言山海之藏，宜屬大農，奇人欲擅利，必有沮止之議，此不可聽許也。」又見漢書食貨志下。此文大夫與文學論難語，即據孔咸之言爲説。漢書趙充國傳注、文選舞鶴賦注並云：「沮，壞也。」

〔一五〕漢書食貨志下：「莽病細民苦之，復下詔曰：『夫鹽，食肴之將；酒，百藥之長，嘉會之好；鐵，田農之本；名山大澤，饒衍之臧；五均賒貸，百姓所取平，卬以給澹；錢布銅冶，通行有無，備民用也：此六者，非編户齊民所能家作，必卬於市，雖貴數倍，不得不買；豪民富賈，即要貧弱。先聖知其然也，故斡之，每斡爲設科條防禁，犯者辠至死。』」

〔一六〕史記平準書集解：「張晏曰：『若人執倉庫之管籥。』或曰：『管，固。』」漢書食貨志上：「顓川澤之利，管山林之饒。」師古曰：「管，主也。」通鑑五：「淳鹵管齊。」注：「管，掌也。」

〔一七〕漢書終軍傳注：「如淳曰：『鑄銅鐵，扇熾火，謂之鼓。』」左傳昭公二十九年：「遂賦晉國一鼓鐵，以鑄刑鼎。」杜注：「令晉國各出功力，共鼓石爲鐵。」正義：「冶石爲鐵，用橐扇火，動橐謂之鼓。」

〔一八〕「煮海爲鹽」，原作「煮鹽」，御覽八六五引作「煮海爲鹽」，與上句「采鐵石鼓鑄」相儷爲文，今據改正。

〔一九〕通典十、文獻通考十五引「大抵盡收放流人民也」句作「大抵盡流放之人」。史記吴王濞傳：「濞則招致天下亡命者益鑄錢，煮海水爲鹽，以故無賦，國用富饒。……即山鑄錢，煮海水爲鹽，誘天下亡人，謀作亂。……吴所誘皆無賴子弟亡命，鑄錢姦人，故相率以反。」

〔二〇〕王先謙曰：「（此數句）原書當作『盡放流人民，遠去鄉里，棄墳墓，依倚大家，聚深山窮澤之中』，多『收』字『也』字，則文氣不順。『收』『放』形近致衍，又誤加『也』字耳。」器案：史記陸賈傳：「陸生因進説他曰：『足下中國人，親戚昆弟、墳墓在真定。』」漢書元帝紀：「永光四年十月詔：『安土重遷，黎民之性，骨肉相附，人情所願也。頃者，有司緣臣子之義，奏徙郡國民以奉園陵，令百姓遠棄先祖墳墓，破業失産，親戚别離，人懷思慕之心，家有不安之意，是以東垂被虚耗之害，關中有無聊之民，非長久之策也。』」又見荀悦漢紀，俱言棄先祖墳墓，非人情之所願也。

〔二一〕盧文弨曰：「『大』，大典作『殆』。」張敦仁曰：「華本『大』改『殆』。」明初本作「殆」。

〔二二〕「者」原作「自」，盧文弨曰：「當作『日』。」今據郭沫若校本改。太玄書室本作「宜」。

〔二三〕張之象本、沈延銓本、金蟠本「練」作「揀」。案「練」「揀」音義同，六韜有選將練士篇，韓非子和氏篇：「以奉選練之士。」吕氏春秋愛類篇：「選卒練士。」又七月紀：「簡練桀雋。」淮南子道應篇：「選練甲卒。」文選月賦注：「練，擇也。」

〔二四〕「權」上原有「利」字，今删。淮南子泰族篇：「今商鞅之啓塞，申子之三符，韓非之孤憤，張儀、蘇秦之縱橫，皆掇取之權，一切之術也。」文與此相似，正無「利」字。這是涉下文「善爲權利」而譌衍的。權謂輕重之宜，漢書韓安國傳：「其勢不相權也。」師古曰：「輕重不等也。」

〔二五〕漢書平帝紀注：「師古曰：『一切者，權時之事，非經常也。猶以刀切物，苟取整齊，不顧長短縱橫，故言一切。』」文選琴賦注：「一切，權時也。」

〔二六〕「君國子民」，就是爲國之君以民爲子的意思。史記殷本紀：「君國子民。」漢書嚴安傳：「非所以子民也。」師古曰：「子謂養之如子也。」

〔二七〕詩經小雅小旻文。

〔二八〕陳遵默曰：「『善』當作『喜』。」

〔二九〕漢書惠帝紀：「孝惠皇帝，高祖太子也。」師古曰：「孝子善述父之志，故漢家之謚，自惠帝以下皆稱『孝』也。」又昌邑王傳：「田延年前，離席按劍曰：『且漢之傳謚，常爲「孝」者，以長有天下，令宗廟血食也。』」又見霍光傳。

〔三〇〕論語子罕篇：「子欲居九夷。」集解：「馬融曰：『九夷，東方之夷有九種也。』」皇侃義疏：「東有九夷：一玄菟，二樂浪，三高麗，四滿飾，五鳧更，六索家，七東屠，八倭人，九天狎。」

〔三一〕文選過秦論注：「百越，非一種，若今言百蠻也。」

〔三二〕姚範曰：「『射官』句，『射』字誤。」器案：「入穀射官」，即「入物補官」，「射」讀與「射利」、「射覆」、「射策」之「射」同。蓋官階有大小，入穀有多少，官家懸的以糴民，人民量力以補官，故謂之「射官」也。漢書食貨志上：「今募天下入粟縣官，得以拜爵，得以除罪，如此，富人有爵，農民有錢，粟有所渫。夫能入粟以受爵，皆有餘者也。取於有餘，以供上用，則貧民之賦可損，所謂損有餘補不足，令出而民利者也。」

〔三三〕史記平準書：「自是之後，嚴助、朱買臣等招來東甌，事兩越，江、淮之間蕭然煩費矣。唐蒙、司馬相如開路西南夷，鑿山通道千餘里，以廣巴、蜀，巴、蜀之民罷焉。彭吴賈滅朝鮮，置滄海之郡，則燕、齊之間靡然發動。及王恢謀馬邑，匈奴絶和親，侵擾北邊，兵連不解，天下苦其勞，而干戈日滋，行者齎，居者送，中外騷擾而相奉，百姓抏獘以巧法，財賂衰耗而不贍，入物者補官，出貨者除罪，選舉陵遲，廉恥相冒，武力進用，法嚴令具，興利之臣，自此始也。」漢書賈捐之傳：「至孝武皇帝元狩六年，太倉之粟紅腐而不可食，都内之錢貫朽而不可挍，迺探平城之事，録冒頓以來數爲邊害，籍兵厲馬，因富民以攘服之，西連諸國，至于安息，東過碣石，以玄菟、樂浪爲郡，北郤匈奴，萬里更起營塞，制南海以爲八郡，則天下斷獄萬數，民賦數百，造鹽鐵酒榷之利，以佐用度，猶不能足。」漢書高帝紀：「日不暇給。」師古曰：「給，足也。日不暇足，言衆事繁多，常汲汲也。」又禮樂志：「日不暇給。」師古曰：「給，足也，言事務殷多，日日修造，尚不能足，故無暇也。」

〔三四〕説文力部：「券，勞也，從力卷省聲。」段注：「輈人：『終日馳騁左不楗。』注：『書楗或作券，鄭云券今倦字也。』據此，則漢時已『倦』行『券』廢也。」

〔三五〕楊樹達曰：「禮記月令：『仲秋之月，……是月也，養衰老，授几杖，行麋粥飲食。』此以爲喻。」器案：呂氏春秋仲秋紀作「麋粥」，字同。麋粥，所以養衰老。呂覽高誘注：「今之八月比户賜高年鳩杖粉粢是也。」漢書惠帝紀：「元年詔：『縣道民……其年九十已上，……賜物及當稟鬻米者。』」又武帝紀：「建元元年詔：『民年九十已上，已有受鬻法。』」師古曰：「給米粟以爲糜鬻。」陸賈新語慎微篇：「曾子孝於父母，昏定晨省，調寒温，適輕重，勉之於糜粥之間，行之於衽席之上，而德美重於後世。」續漢書禮儀志中：「仲秋之月，縣道皆案户比民，年始七十者，授之以玉杖，餔之糜粥。」然漢雖有養老餔糜粥之政，而文帝時吏稟當受鬻者，或以陳粟，（見漢書文帝紀元年詔。）安帝時雖有糜粥，糠粃相半，（見後漢書安帝紀元初四年詔。）則郡縣多不認真奉行，率視爲具文而已。

〔三六〕詩經小雅鴻雁序：「鴻雁，美宣王也。萬民離散，不安其居，而能勞來還定安集之，至於矜寡，無不得其所焉。」

〔三七〕漢書昭帝紀：「元平元年春二月詔：『天下以農桑爲本，日者，省用，罷不急官，減外繇，耕桑者益衆，而百姓未能家給，朕甚愍焉。』」師古曰：「不急官，謂非要職者。」又翼奉傳：「罷省不急之用。」後園池篇：「不急之作。」能言篇：「慕於不急。」義同。

〔三八〕後園池篇：「設機利。」史記貨殖傳：「仰機利而食。」正義：「言仰機巧之利也。」又云：「設智巧，仰機利。」又太史公自序：「争於機利。」正義：「争於機利，謂機巧之利也。」「機利」即相機興利。

〔三九〕張敦仁曰：「華本删重『人』字。案下『人』當作『者』，此句與上句連續。」器案：明初本删重「人」字。張之象本、沈延銓本、金蟠本作「人權縣太久」句，縣音懸，義較長，今從之。「權」即「權衡」之「權」，「權縣」即戰國策秦策上所謂「縣衡」，鮑彪注曰：「縣衡，輕重等也。」「權」亦「等輕重」之工具，曰「縣衡」，即「輕重等」，曰「權縣」，蓋謂有待於等輕重也。「人權縣太久」，故下文曰「民良望於上」也。史記李斯傳：

「方今天下之權，命懸於胡亥。」言「權懸」，即此文所本。

〔四〇〕文選謝靈運哀傷詩注：「良，甚也。」

〔四一〕漢書昭帝紀：「始元五年六月詔：『其令三輔、太常舉賢良各二人，郡、國文學高第各一人。』」案此即次年二月參與鹽、鐵論議之六十餘人也。

〔四二〕張之象注曰：「如淳曰：『律：四馬高足爲置傳，四馬中足爲馳傳，四馬下足爲乘傳，一馬二馬爲軺傳，急者乘一乘傳。』顏師古曰：『傳者，若今之驛，古者以車謂之傳車，其後又單置馬，謂之驛騎。』」

〔四三〕漢書百官公卿表上：「衛尉，秦官，……屬官有公車司馬。」師古曰：「漢官儀云：『公車司馬，掌殿司馬門，夜徼宫中，天下上事及闕下，凡所徵召皆總領之。令秩六百石。』」後漢書丁鴻傳注：「公車，署名，公車所在因以名。諸待詔皆居以待命。」

〔四四〕史記滑稽傳：「孔子曰：『六藝於治，一也：禮以節人，樂以發和，書以道事，詩以達意，易以神化，春秋以道義。』」「六藝」，後世稱爲「六經」。

〔四五〕明初本、華氏活字本「小節」作「末節」。說苑尊賢篇：「覩小節固足以知大體矣。」又案荀子榮辱篇：「所謂以狐父之戈钃牛矢也。」楊倞注云：「時人舊有此語。」凡古書用「所謂」處，義俱同，此亦其比。

〔四六〕韓非子十過篇：「顧小利，則大利之殘也。」

〔四七〕「宇棟之内」，原作「宇宙之内」，今改。淮南子覽冥篇：「鳳皇之翔至德也，雷霆不作，風雨不興，川谷不澹，草木不摇，而燕雀佼之，以爲不能與之争於宇宙之間。」高誘注：「宇，屋簷也。宙，棟，梁也。易曰：『上棟下宇。』」器案：說文宀部：「宙，舟輿所極覆也。」宙没有棟梁意義。從高注引易「上棟下宇」這句話來看，知道淮南原文作「宇棟」，不作「宇宙」，傳寫誤「宇棟」爲「宇宙」，又因於注文「棟，梁也」上加「宙」字。古書凡以「宇宙」連文的，都是説上下四方的意思，從没有把它當作「屋簷棟梁」看待的，而且不知「宙棟梁也」之爲不通也。從高注知道淮南原文當作「宇棟」，不作「宇宙」。鹽鐵論此文，本之淮南，原作「宇棟」，傳鈔者習見「宇宙」，鮮見「宇棟」，因錯成「宇宙」了。通鑑五：「秦之始伐趙也，魏王問於大夫，皆以爲秦伐趙，於魏便。……子順曰：『秦，貪暴之國也，勝趙必復他求，吾恐於時魏受其師也。先人有言：「燕雀處屋，子母相哺，呴呴焉相樂也，自以爲安矣。竈突炎上，棟宇將焚，燕雀顔不變，不知禍之將已也。」』」此正以燕雀與棟宇之關係言之，與此文可以互參。淮南子氾論篇：「上棟下宇，以避風雨。」高誘注：「棟，屋穩也。宇，屋之垂也。」案「垂」即「邊」。

〔四八〕句末原有「也」字，今據下三句文例删。

〔四九〕莊子秋水篇：「井鼃不可以語於海者，拘於虚也。」莊子下文作「埳井之鼃」，釋文：「埳音坎，司馬云：『埳井，壞井也。』」

〔五〇〕華氏活字本、攖寧齋鈔本「否」作「匹」。顧廣圻曰：「『否』字是也，讀爲『鄙』。」

〔五一〕「料」，猶言計量。漢書蒯通傳、賈誼傳、馮奉世傳注俱云：「料，量也。」史記韓信傳：「『大王自料勇悍仁强，孰與項王？』」新序善謀篇「料」作「斷」。新序雜事一：「宋玉對楚王問：『豈能與之斷天地之高？』」文選「斷」作「料」。則「料」又作斷定解。

〔五二〕商君書戰法篇：「若兵敵彊弱（「弱」字衍），將賢則勝，將不如則敗。」以「兵敵」連文，即此文所本。

〔五三〕「主」作「攻擊」解。漢書王陵傳注：「晉灼曰：『主，擊也。』」

〔五四〕文選東京賦注：「屬，逮也。」

〔五五〕禁耕篇：「實路開則百姓贍而民用給。」漢書谷永傳：「直言之路開。」則「開路」亦漢人習用語。開，通也。

〔五六〕「蓋」原作「善」，形近而誤，今改。「蓋」作發語詞用，領起下面文、武、曹、管四事，下文「故志大」云云的「故」字，正和「蓋」呼應。張之象本、金蟠本以「善」字屬上斷句，未當。後刺復篇「蓋賢良長歎息焉」，史記孝文本紀：「遺詔曰：『朕聞蓋天下萬物之萌生，靡不有死。』」「蓋」俱發語詞。詩經大雅文王有聲：「文王受命，有此武功，既伐于崇，作邑于豐。」史記周本紀：「明年，伐崇侯虎，而作豐邑。」正義：「皇甫謐云：『夏鯀封，虞、夏、商、周皆有崇國。崇國蓋在豐、鎬之間，詩云：「既伐于崇，作邑于豐。」是國之地也。』」

〔五七〕淮南子齊俗篇：「武王伐紂，載尸而行。」史記龜策傳：「（文王）得太公望，興卒聚兵，與紂相攻，文王病死，載尸以行，太子發代將，號爲武王，戰於牧野，破之華山之陽。紂不勝，敗而還走。圍之象郎，自殺宣室。」

〔五八〕淮南子氾論篇：「昔者，曹子爲魯將兵，三戰不勝，亡地千里。使曹子計不顧後，足不旋踵，刎頸於陳中，則終身爲破軍擒將矣。然而曹子不羞其敗，恥死而無功，柯之盟，揄三尺之刃，造桓公之胸，三戰所亡，一朝而反之，勇聞於天下，功立於魯國。」「曹子」即「曹沫」，史記齊太公世家、魯世家、管仲傳、荆軻傳、戰國策燕策下同，穀梁傳莊公十三年、吕氏春秋貴信篇、新序雜事四作「曹劌」，「沫」「劌」音近通用。漢書高帝紀上注：「服虔曰：『師敗曰北。』韋昭曰：『古背字也，背去而走也。』」

〔五九〕攖寧齋鈔本「世」作「時」，漢書武帝紀：「元封五年詔：『士或有負俗之累而立功名。』」晉灼曰：「負俗，謂被世譏論也。」師古曰：「累音力瑞反。」又鄒陽傳：「死而負累。」

〔六〇〕戰國策齊策下：「魯仲連遺燕將書曰：『管子拜三行之過，據齊國之政，一匡天下，九合諸侯，爲五霸首，名高天下，光照鄰國。曹沫爲魯君將，三戰三北，而喪地千里，……曹子以一劍之任，劫桓公於壇位之上，顔色不變，而辭氣不悖，三戰之所喪，一朝而反之，天下震動，諸侯驚駭，威信吴、楚，傳名後世。』」

〔六一〕「離俗」就是不同於世俗的意思。吕氏春秋有離俗覽，漢書司馬相如傳子虛賦：「絶殊離俗。」文選七啓：「飛遁離俗。」集注：「淮南子曰：『單豹背世離俗。』」

〔六二〕楚辭天問：「師望在肆昌何識？」王逸注：「師望，謂太公也。」

〔六三〕「扣扃」，即扣門獻策之意。楚辭離騷：「吾令帝閽開關兮，倚閶闔而望予。」王逸注：「帝謂天帝。閽，主門者也。閶闔，天門也。言己求賢不得，疾讒惡佞，將上訴天帝，使閽人開關，又倚天門，望而距我，使我不得入也。」此用其意。漢書趙廣漢傳：「叩堂户曉賊。」又梅福傳：「昔秦武王好力，任鄙叩關自鬻。」叩户、叩關，義與此同。周禮地官司關：「凡四方之賓客叩關，則爲之告。」鄭玄注：「叩關，謂謁關人也。」孔穎達正義：「叩猶至也。」又漢書楊雄傳上甘泉賦：「選巫咸兮叫帝閽。」服虔注曰：「令巫祝叫呼天門也。」後漢書張衡傳思玄賦：「叫帝閽使闢扉兮。」注：「閽，主門者。」叫閽義與叩扃同。

〔六四〕後漢書左周黄列傳論：「處士鄙生，忘其拘儒。」注：「拘儒，猶褊狹也。」案：荀子修身篇：「勞苦之事，則偷儒轉脱。」注：「或曰：『偷』當爲『輸』，楊子方言云：『儒輸，愚。』郭璞注謂：『懦，撰也。』」輸儒即拘儒，倒言之則曰儒輸也。

〔六五〕史記淮南衡山傳：「匈奴折翅傷翼。」東觀漢記九馮異傳：「璽書勞異曰：『垂翅回溪，奮翼澠池。』」義與此同。此承上文「鸞雀離巢」句而言，以喻其敗亡如鸞雀之折翼傷翅也。

〔六六〕「没淵」，承上「坎井之鼃」句言。

〔六七〕「安諸侯」指伐紂，「安大夫」指伐崇。

〔六八〕漢書伍被傳：「被曰：『往者，秦爲無道……遣蒙恬築長城，東西數千里，暴兵露師，常數十萬，死者不可勝數，僵尸滿野，流血千里，於是百姓力屈，欲爲亂者，十室而五……又使尉佗踰五嶺，攻百越；尉佗知中國勞極，止王南越。行者不還，往者莫返，於是百姓離心瓦解，欲爲亂者，十室而七。』」

〔六九〕「衆」讀爲「終」，楚辭屈原遠遊：「羡韓衆之得一。」又東方朔七諫自悲：「見韓衆而宿之兮。」王逸注俱云：「『衆』一作『終』。」史記秦始皇本紀：「三十二年……因使韓終、侯公、石生求仙人不死之藥。」又：「三十六年……今聞韓衆去不報。」正義：「衆，音終。」即二字古通之證。

〔七〇〕管子幼官篇：「數戰則士疲，數勝則君驕。」又見兵法篇。韓詩外傳十：「里克曰：『數戰則士疲，數勝則主驕。』」淮南子道應篇、新序雜事五並載里克此言。史記蘇秦傳：「蘇代説燕王曰：『數戰則民勞，久師則兵敝。』」又李斯傳：「數戰則民勞，久師則兵敝。」説略本楊樹達。

鹽鐵論校注卷第二

非鞅*第七

大夫曰："昔商君〔一〕相〔二〕秦也，内立法度，嚴刑罰，飭政教，姦僞無所容〔三〕。外設百倍〔四〕之利，收山澤之稅〔五〕，國富民强，器械完飾，蓄積有餘。是以征敵伐國〔六〕，攘地斥境，不賦百姓而〔七〕師以贍。故利〔八〕用不竭而民不知，地盡西河〔九〕而民不苦。鹽、鐵之利，所以佐百姓之急，足〔一〇〕軍旅之費，務蓄積以備乏絶，所給甚衆，有益於國〔一一〕，無害於人。百姓何苦爾，而文學何憂也？"

文學曰："昔〔一二〕文帝之時，無鹽、鐵之利而民富；今有之而百姓困乏，未見利之所利也，而見其害〔一三〕也。且利不從天來，不從地出〔一四〕，一〔一五〕取之民間，謂之百倍，此計之失者也。無異於愚人反裘而負薪，愛其毛，不知其皮盡也〔一六〕。夫李梅實多者，來年爲之衰〔一七〕；新穀熟而〔一八〕舊穀爲之虧。自天地不能兩盈〔一九〕，而況於人事乎？故利於彼者必耗於此，猶陰陽〔二〇〕之不並曜，晝夜之有〔二一〕長短也。商鞅峭法〔二二〕長利，秦人不聊生，相與哭孝公〔二三〕。吴起長兵攻取，楚人搔動〔二四〕，相與泣悼王。其後楚日以危，秦日以弱。故利蓄而怨積，地廣而禍構，惡在利用不竭而民不知，地盡西河而人不苦也？今商鞅之册〔二五〕任於内，吴起之兵用於外，行者勤於路，居者匱於室，老母號泣，怨女歎息，文學雖欲無憂，其可得也〔二六〕？」

大夫曰：「秦任商君，國以富强，其後卒并六國而成帝業。及二世之時，邪臣擅斷〔二七〕，公道〔二八〕不行，諸侯叛弛，宗廟隳亡。春秋曰：『末言爾〔二九〕，祭仲亡也。』夫善歌者使人續其聲，善作者使人紹其功〔三〇〕。椎車之蟬攫〔三一〕，負子〔三二〕之教也。周道之成，周公之力也。雖有裨諶之草創〔三三〕，無子産之潤色，有文、武之規矩，而無周、吕之鑿枘〔三四〕，則功業不成。今以趙高之亡秦而非商鞅，猶以崇虎亂殷〔三五〕而非伊尹也。」

文學曰：「善鑿者建周而不拔〔三六〕，善基者致高而不蹷。伊尹以堯、舜之道爲殷國基〔三七〕，子孫紹位，百代不絶。商鞅以重刑峭法爲秦國基，故二世而奪。刑既嚴峻矣，又作爲相坐之法〔三八〕，造誹謗〔三九〕，增肉刑〔四〇〕，百姓齋栗〔四一〕，不知所措手足也〔四二〕。賦斂既煩數矣，又外禁山澤之原，内設百倍之利，民無所開説〔四三〕容言。崇利而簡義，高力而尚功，非不廣壤進地也，然猶人之病水〔四四〕，益水而疾深，知其爲秦開帝業〔四五〕，不知其爲秦致亡道也。狐剌〔四六〕之鑿，雖公輸子不能善其枘。畚〔四七〕土之基，雖良匠不能成其高。譬若秋蓬被霜，遭風則零落〔四八〕，雖有十子産〔四九〕，如之何？故扁鵲不能肉白骨〔五〇〕，微、箕不能存亡國也。」

大夫曰：「言之非難，行之爲難〔五一〕。故賢者處實而效功，亦非徒陳空文〔五二〕而已。昔商君明於開塞之術〔五三〕，假當世之權，爲秦致利成業，是以戰勝攻取，并近滅遠，乘燕、趙，陵齊、楚〔五四〕，諸侯斂衽〔五五〕，西面而向風〔五六〕。其後，蒙恬征胡，斥地千里，踰之河北，若壞朽折腐。何者？商君之遺謀，備飭素脩也〔五七〕。故舉而有利，動而有功。夫畜積籌策，國家之所以强也。故弛廢而歸之民，未覩巨計而涉大道也〔五八〕。」

文學曰：「商鞅之開塞，非不行也；蒙恬卻胡千里，非無功也；威震〔五九〕天下，非不强也；諸侯隨風西面，非不從也；然而皆秦之所以亡也。商鞅以權數危秦國，蒙恬以得千里亡秦社稷，此二子者，知利而不知害，知進而不知退，故果身死而衆敗。此所謂戀朐〔六〇〕之智而愚人之計也，夫何大道之有？故曰：『小人先合而後忤〔六一〕，初雖乘馬，卒必泣血〔六二〕。』此之謂也。」

大夫曰：「淑好之人，戚施[六三]之所妬也；賢知之士，闒茸[六四]之所惡也。是以上官大夫短屈原於頃襄[六五]，公伯寮愬子路於季孫[六六]。夫商君起布衣，自魏入秦[六七]，期年而相之，革法明教，而秦人大治。故兵動而地割[六八]，兵休而國富。孝公大説，封之於、商[六九]之地方五百里，功如丘山[七〇]，名傳後世。世人不能爲，是以相與嫉其能而疵其功也。」

文學曰：「君子進必以道，退不失義，高而勿矜，勞而不伐，位尊而行恭，功大而理順，故俗不疾其能，而世不妬其業。今商鞅棄道而用權，廢德而任力，峭法盛刑，以虐戾爲俗，欺舊交[七一]以爲功，刑公族[七二]以立威，無恩於百姓，無信於諸侯，人與之爲怨，家與之爲讐[七三]，雖以獲功見封，猶食毒肉愉飽[七四]而罹其咎也。蘇秦合縱連横，統理[七五]六國，業非不大也；桀、紂與堯、舜並稱，至今不亡，名非不長也，然非者不足貴。故事不苟多，名不苟傳也[七六]。」

大夫曰：「縞素不能自分於緇墨，賢聖[七七]不能自理於亂世。是以箕子執囚[七八]，比干被刑。伍員相闔閭以霸，夫差不道，流而殺之[七九]。樂毅信功於燕昭，而見疑於惠王[八〇]。人臣盡節以徇名，遭世主之不用。大夫種輔翼越王，爲之深謀，卒擒强吴，據有東夷，終賜屬鏤而死[八一]。驕主背恩德，聽流説[八二]，不計其功故也，豈身[八三]之罪哉？」

文學曰：「比干剖〔八四〕心，子胥鴟夷〔八五〕，非輕犯君以危身，强諫以干名也。憯怛之忠誠，心動於内，忘禍〔八六〕患之發於外，志在匡君救民，故身死而不怨。君子能行是不能禦非，雖在刑戮之中，非其罪也〔八七〕。是以比干死而殷人怨，子胥死而吴人恨。今秦怨毒商鞅之法〔八八〕，甚於私仇，故孝公卒之日，舉國而攻之，東西南北〔八九〕莫可奔走，仰天而歎曰：『嗟乎，爲政之弊，至於斯極也〔九〇〕！』卒車裂族夷，爲天下笑〔九一〕。斯人自殺，非人殺之也。」

* 當先秦百家争鳴時代，諸子百家，各自站在自己的立場，「思以其道易天下」，「彼亦一是非，此亦一是非」，正如淮南子氾論所論述的：「夫弦歌鼓舞以爲樂，盤旋揖讓以修禮，厚葬久喪以送死，孔子之所立也，而墨子非之。兼愛尚賢，右鬼非命，墨子之所立也，而楊子非之。全性保真，不以物累形，楊子之所立也，而孟子非之。」高誘注寫道：「非，譏也。」於是這種叫做「非」的文體，就應運而生。有對某種社會現象進行非譏的，如非命、非相是；有對某種學派進行非譏的，如非儒、非墨是；有對某些有影響的人物進行非譏的，如非十二子是。這種文體，到了漢代，還一直爲人們所利用着，如本書的非鞅篇和王充論衡的非韓篇，就是一個顯明的例子。

淮南子要略寫道：「秦國之俗，貪狼强力，寡義而趨利，可威以刑，而不可化以善，可勸以賞，而不可厲以名，被險而帶河，四塞以爲固，地利形便，畜積殷富，孝公欲以虎狼之勢而吞諸侯，故商鞅之法生焉。」

史記商君列傳集解引劉向新序論寫道：「秦孝公保崤、函之固，以廣雍州之地，東并河西，北收上郡，國富民彊，長雄諸侯，周室歸籍，四方來賀，爲戰國霸君，秦遂以彊，六世而并諸侯，亦皆商君之謀也。夫商君極身無二慮，盡公不顧私，使民內急耕織之業以富國，外重戰伐之賞以勸戎士，法令必行，內不阿貴寵，外不偏疏遠，是以令行而禁止，法出而姦息。故雖書云『無偏無黨』，詩云『周道如砥，其直如矢』，司馬法之勵戎士，周后稷之勸農桑，無以易此，此所以并諸侯也。故孫卿曰：『四世有勝，非幸也，數也。』然無信，諸侯畏而不親。夫霸君若齊桓、晉文者，桓不倍柯之盟，文不負原之期，而諸侯畏其彊而親信之，存亡繼絶，四方歸之，此管仲、舅犯之謀也。今商君倍公子卬之舊恩，棄交魏之明信，詐取三軍之衆，故諸侯畏其彊而不親信也。藉使孝公遇齊桓、晉文，得諸侯之統，將合諸侯之君，驅天下之兵以伐秦，秦則亡矣。天下無桓、文之君，故秦得以兼諸侯。衛鞅始自以爲知霸王之德，原其事不論也。昔周召施善政，及其死也，後世思之，『蔽芾甘棠』之詩是也。嘗舍於樹下，後世思其德，不忍伐其樹，況害其身乎？管仲奪伯氏邑三百户，無怨言。今衛鞅內刻刀鋸之刑，外深鈇鉞之誅，步過六尺者有罰，棄灰於道者被刑，一日臨渭而論囚七百餘人，渭水盡赤，號哭之聲，動於天地，畜怨積讎，比於丘山，所逃莫之隱，所歸莫之容，身死車裂，滅族無姓，其去霸王之佐亦遠矣。然惠王殺之，亦非也，可輔而用也。使衛鞅施寬平之法，加之以恩，申之以信，庶幾霸者之佐哉！」

以上所舉兩段文章，對於商鞅思想之產生的歷史背景及其作用，是有一定參考價值的。

本篇描述兩方對於商鞅這樣一個具體歷史人物的評價，亦即對於當時所謂「商鞅之法」的全部內容的評價。文學認爲秦之亡天下，由於鞅之變法；大夫則以爲秦之王天下，由於鞅之變法，一是一非，立場截然不同，「商鞅之中於讒誹也二千年」（章太炎訄書）！著者桓寬也是對於商鞅持否定態度的，因而以非鞅作爲本篇標題。

〔一〕史記商君傳正義：「秦封於商，故號商君。」呂氏春秋長見篇高誘注：「鞅，衛之公孫也，故曰公孫鞅，或曰衛鞅。」通鑑卷二注引劉原父曰：「公孫非姓氏，以其出於衛，父爲衛侯，則稱爲公子，祖爲衛侯，則稱爲公孫。」

〔二〕王先謙曰：「通典十『相』作『理』，則原是『治』字。」案：文獻通考十五亦作「理」，此唐人避諱改。

〔三〕韓非子姦劫弒臣篇：「商君説秦孝公以變法易俗而明公道，賞告姦，困末作而利本事。」

〔四〕沈延銓本「設」作「飭」。呂氏春秋至忠篇：「又爲王百倍之臣。」高誘注：「子培之賢，百倍於人。」與這裏的「百倍」義相同。戰國策秦策下：「百倍之國。」又趙策下：「百倍之國。」韓詩外傳五：「挾百倍之欲。」用法也同。

〔五〕漢書司馬遷傳：「蘄孫昌爲秦王鐵官。」秦有鐵官，當是從商君開始的。這篇譏非商君文章的主題，正是推究鹽、鐵之利是從商君開始的。

〔六〕王先謙曰：「『征敵伐國』，通典十作『征伐敵國』，是。」器案：文獻通考十五亦作「征伐敵國」。尋戰國策秦策下：「征敵伐國，莫敢不聽。」句法與此同。漢書五行志下：「秦孝公始用商君攻守之法，東侵諸侯。」

〔七〕通典十、文獻通考十五「而」作「軍」。

〔八〕「用」上原無「利」字，明初本、華氏活字本「用」作「利」，通典十引「用」上有「利」字。盧文弨曰：「『故』下當有『利』字。」器案：盧説是，今據通典引補，下文「惡在利用不竭而民不知，地盡西河而民不苦也」

就是承此而言，正有「利」字。

〔九〕明初本、華氏活字本無「地」字。西河，指黄河以西地方，即當時秦國統治的疆土。資治通鑑卷十胡三省注：「河自砥柱以上、龍門以下爲西河。」戰國策齊策下蘇子説齊閔王：「秦王垂拱而受西河之外。」又燕策上：「蘇代約燕昭王，西河之外云云。」西河之外，指黄河以東地方，即指非秦國疆土。

〔一〇〕通典十、文獻通考十五「足」作「奉」。案：後漢書和帝紀：「章和二年四月戊寅詔：『昔孝武皇帝致誅胡越，故權收鹽鐵之利，以奉師旅之費。』」字亦作「奉」，當從通典、通考改作。

〔一一〕通典十、文獻通考十五「國」作「用」。

〔一二〕「昔」原作「蓋」，今據盧説王校改。王先謙曰：「盧云：『蓋當作昔。』案通典十、文獻通考十五作『昔』。」

〔一三〕明初本、華氏活字本「害」上有「所」字，通典十、文獻通考十五引也有。

〔一四〕慎子逸文：「法非天下，非從地出，發於人間，合乎人心而已。」（守山閣叢書本）淮南子主術：「法者非天墮，非地生。」禮記問喪：「非從天降也，非從地出也。」通典十引此文作「利非從天來，不由地出」。

〔一五〕能言篇：「一歸之於民。」「一」字義與此同，就是完全、都的意思。吕氏春秋貴直篇：「一若此乎？」高誘注：「一猶皆也。」

〔一六〕新序雜事二：「魏文侯出遊，見路人反裘而負芻。文侯曰：『胡爲反裘而負芻？』對曰：『臣愛其毛。』文侯曰：『若不知其裏盡而毛無所恃邪？』」説文衣部：「表，上衣也，從衣毛。古者衣裘，故以毛爲表。」

〔一七〕王先謙曰:「通典十引同。案初學記果木部引作『桃李實多者來歲爲之穰』,御覽九百六十七、九百六十八果部引並同。藝文類聚果部桃下引作『桃李之實多者,來歲足穰』。案凡物豐盛曰穰,下云『自天地不能兩盈』,若作『穰』,則非其義,作『衰』是也。『梅』一作『桃』,蓋所據本有異。」器案:齊民要術三引亦作「桃李實多者,來年爲之穰」。

〔一八〕「而」原作「者」,王先謙曰:「案文義不當有『者』字,此妄人所加,以配上句。通典十無『者』字。」器案:呂氏春秋博志篇:「新穀熟面陳穀虧。」爲次公此文所本,今據改正。劉子新論類感章:「新穀登而舊穀缺。」字也作「而」。

〔一九〕通典十、文獻通考十五「兩盈」作「滿盈」,不可從。呂氏春秋情欲篇:「天地不能兩,而況於人類乎?」此文所本。史記日者傳:「天不足西北,星辰西北移;地不足東南,以海爲池。」此天地不能兩盈之説也。呂氏春秋博志篇:「草與稼不能兩成,新穀熟而陳穀虧。」字都作「兩」。

〔二〇〕「陰陽」指「日月」,説文易部引秘書説:「日月爲易,象陰陽也。」刺復篇:「日月不並明。」

〔二一〕通典十、文獻通考十五「有」作「代」,盧文弨曰:「『有』當作『代』。」

〔二二〕韓非子五蠹篇:「十仞之城,樓季弗能踰者,峭也;千仞之山,跛牂易牧者,夷也。故明主峭其法而嚴其刑也。」淮南子原道篇:「夫峭法刻誅者,非霸王之策也。」文選西征賦注引許慎淮南注:「陗,峻也。」陗、峭字同。峭法,嚴峻的法律。

〔二三〕哭孝公,未詳所出,蓋文學的誣罔之辭,和下文所言「秦日以弱」云云,都是不符合歷史真實的。

〔二四〕張之象本、沈延銓本、金蟠本、兩漢別解「搔動」作「騷動」,古通。淮南子泰族篇:「外内搔動。」字也作

「搔動」，與此同。

〔二五〕張之象注曰：「『册』通作『策』，謀也，籌也。」器案：史記秦始皇本紀：「因遺册。」賈子新書、文選過秦論都作「因遺策」，即其證。

〔二六〕明初本、華氏活字本「也」作「乎」。

〔二七〕斷，指決斷國家政事。又叫做「制斷」，楚策：「制斷君命。」淮南子主術篇：「非平正無以制斷。」又叫做「主斷」，周書史記解：「擅國而主斷。」韓非子姦劫弒臣篇：「大臣猶將得勢，擅事主斷而各爲其私急。」韓非子亡徵：「大臣甚貴，偏黨衆强，壅塞主斷而重擅國者，可亡也。」韓非子外儲説右下：「子之相燕，貴而主斷。」戰國策楚策：「州侯相楚，貴甚矣而主斷。」又：「大臣主斷國。」又衛策：「緤錯主斷於國。」本書周秦篇：「百官以峭法斷割於外。」義與此同。

〔二八〕公道，見上注〔三〕，荀子君道篇：「公道達而私門塞。」又見韓詩外傳六。

〔二九〕「末言爾」，原作「未言介」，今據公羊傳改正。盧文弨曰：「『未』當作『末』，『介』當作『爾』，據公羊桓十五年傳正。」張敦仁曰：「按『介』當作『尒』，『尒』、『爾』同字；『也』作『矣』。凡此書之春秋皆公羊，（具見各篇。）文有異者，（如「矣」、「也」不同是也。其「末」、「尒」之類，乃傳寫譌，不在此限。）蓋次公所稱，與何劭公所注非一本。（故後執務篇稱傳曰「予積也」，而説之以「行積而成君子」，何劭公注僖四年傳則作「序績也」，而云「序，次也；績，功也」，判然有異，於此可決。但如備胡篇之「歸鄆」，何作「運」，和親篇之「誥鼬」，何作「浩油」，論功篇之「茅戎」，「茅」，何作「貿」，疑後人有以左傳字亂之者。蓋次公不必盡同於何休，又不得竟合於左氏也。今亦未敢輒定。）其不在經傳者，則公羊家之説。」俞樾曰：「『介』當作『爾』，『爾』古作『尒』，故誤爲『介』也。此本桓十五年公羊傳文，傳曰：『秋九月，鄭伯突入於櫟。櫟者何？鄭之邑也。曷不言入於鄭？末言爾。曷爲末言爾？祭仲亡矣。』即此文所引也。」器案：「末言爾」爲公羊傳習用語，猶如説不足道也。此傳何休注云：「末者，淺也。」公羊僖三年傳：「此大會也，曷爲末言爾？」何休注：「末者，淺耳。」公羊成十六年傳：「然則何以不言師敗績？末言爾。」何休注：「末，無也，無所取於言師敗績也。」又案：漢書鄒陽傳：「昔者，鄭祭仲許宋人立公子突以活其君，非義也，春秋記之，爲其以生易死，以存易亡也。」

禮記學記：「善歌者使人繼其聲，善教者使人繼其志。」鄭玄注：「言爲之善者，則使人樂放傚。」

〔三〇〕「椎車」原作「推車」，今據張敦仁説校改。張云：「按『推』當作『椎』，後遵道篇『而椎車尚在也』，世務篇『無徒守椎車之語』，不誤，散不足篇『古者，椎車無柔』，亦不誤。椎車者，但斲一木使外圓，以爲車輪，不用三材也。『蟬攫』即『柔』，『柔』即三材之牙也。（廣雅釋器：『輻轗，輮輞也。』淮南子説林訓作『蟬匷』，『蟬』『輻』同字，『攫』『轗』『匷』亦同字。即三材之牙者，據周禮注鄭司農云。）韓非子八説云：『古者，寡事而備簡，樸陋而不盡，故有珧銚而椎車者。』又云：『故智者不乘椎車，聖人不行椎政。』此語出於彼。（今本韓非、淮南亦誤『椎』爲『推』，皆當訂正。）」器案：抱朴子外篇鈞世：「輜軿妍而又牢，未可謂之不及椎車也。」字亦作「椎車」。又韓非子八説篇因「椎車」而提出「椎政」的説法，「椎政」也是古代質樸之政。漢書周勃傳注應劭曰：「今俗名拙語爲椎儲。」把拙樸之語叫做「椎儲」，正和把拙樸之車叫做「椎車」，意義是一樣的。陸機羽扇賦：「玉輅基於椎輪。」蕭統文選序：「椎輪爲大輅之始。」「椎輪」也就是「椎車」。

〔三二〕郭沫若曰：「負子當是人名，無可考。山海經大荒西經：『西北海之外，大荒之隅，有山而不合，名曰不周負子。』殆古代神話中之人神而移以爲山名者。其詳失傳。」器案：白虎通義疾病篇：「天子病曰不豫，言不復豫政也。諸侯曰負子，子，民也，言憂民不復子之也。」史記魯世家：「史策祝曰：『惟爾元孫王發，勤勞阻疾。若爾三王，是有負子之責於天，以旦代王發之身。』」集解：「孔安國曰：『負子之責，謂疾不可救也。』」負子，公羊傳作「負兹」，桓公十六年公羊傳：「屬負兹。」何休注：「天子有疾稱不豫，諸侯稱負兹，大夫稱犬馬，士稱負薪。」徐彦疏：「諸侯言負兹者，謂負事繁多故致疾。」爾雅釋器：「蓐謂之兹。」郭璞注：「公羊傳曰：『屬負兹。』兹者，蓐席也。」史記周本紀：「衛康叔封布兹。」集解：「徐廣曰：『兹者，籍席之名，諸侯病曰負兹。』」疑椎車之蟬攫，乃古之諸侯因疾病而發明者。

〔三三〕論語憲問篇：「爲命：裨諶草創之，世叔討論之，行人子羽修飾之，東里子產潤色之。」集解：「孔安國曰：『裨諶，鄭大夫名也，謀於野則獲，謀於國則否，鄭國將有諸侯之事，則使乘車以適野，而謀作盟會之辭也。』馬融曰：『子產居東里，因以爲號也。』」皇侃義疏：「裨諶性静怯弱，謂其君作盟會之辭，則入於草野之中以創之獲之。子產才學超過前之三賢，加添潤色周旋會盟之辭也。」

〔三四〕沈濤柴辟亭讀書記：「詩大小雅譜引傳曰：『文王基之，武王鑿之，周公内之。』案『内』讀爲『枘』，鹽鐵論：『有文、武之規矩，而無周、吕之鑿枘，則功業不成。』」案鑿枘的關係，本來是説根據規矩的要求，對於鑿孔與榫頭（枘）的加工，做到密切無間的吻合。引申之，古人則常用來比況如何符合封建統治階級對于作爲封建統治工具——百官有司的要求。淮南子俶真篇：「各欲行其知僞，以求鑿枘於世，而錯擇名利。」楚辭東方朔七諫：「不量鑿而正枘兮，恐榘矱之不同。」楚辭莊忌哀時命：「上同鑿枘於伏戲兮，下合矩矱於虞、唐。」王逸注：「言己德能純美，宜上輔伏戲與同制量，下佐堯、舜與合法度而共治也。」反之，不符合封建統治階級要求的事情，古人則常用圓鑿方枘來形容它。宋玉九辯：「圜鑿而方枘兮，吾固知其鉏鋙而難入。」文選五臣注云：「若鑿圓穴，斫方木内之，而必參差不可入。」

〔三五〕淮南子道應篇：「文王砥德修政，三年，而天下二垂歸之。紂聞而患之，曰：『余夙興夜寐，與之競行，則苦心勞形，縱而置之，恐伐余一人。』崇侯虎曰：『周伯昌行仁義而善謀，太子發勇敢而不疑，中子旦恭儉而知時，若與之從，則不堪其殃，縱而赦之，身必危亡。冠雖弊，必加於頂。及未成，請圖之。』屈商乃拘文王于羑里。」崇侯虎即崇虎，爲殷紂王反對周文王出謀畫策，紂聽其言，導致殷朝的滅亡。左傳僖公十九年：「文王聞崇德亂而伐之。」所謂「崇德亂」，當包括本書所謂「亂殷」在内。

〔三六〕「拔」原作「疲」，今據張敦仁説校改。張云：「按『疲』當作『拔』，與下句『靡』爲韻。老子曰：『善建不拔。』（此書多韻語，如大論篇云：「是以嫫母飾姿而矜夸，西子彷徨而無家。」「夸」「家」爲韻，倒作「夸矜」者誤，拾補正之矣。）」

〔三七〕孟子萬章上：「伊尹耕於有莘之野，而樂堯、舜之道焉。……湯三使往聘之。既而幡然改曰：『與我處畎畝之中，由是以樂堯、舜之道，吾豈若使是君爲堯、舜之君哉！吾豈若使是民爲堯、舜之民哉！吾豈若於吾身親見之哉！』」

〔三八〕韓非子和氏篇：「商君教秦孝公以連什伍，設告坐之過。」史記商君傳：「令民爲什伍而相牧司連坐。」索隱：「牧司，謂相糾發也。一家有罪，而九家連舉，若不糾舉，則十家連坐。」

〔三九〕漢書梅福傳：「上書言：『至秦則不然，張誹謗之罔，以爲漢敺除。』」又路温舒傳：「秦之時，羞文學，好武勇，賤仁義之士，貴治獄之吏，正言者謂之誹謗，遏過者謂之妖言。」漢書文帝紀：「今法有誹謗、訞言之罪。」又灌夫傳：「田蚡曰：『不如魏其、灌夫，日夜招聚天下豪桀壯士與議論，腹誹而心謗。』」則漢代猶承秦制，立誹謗之法。

〔四〇〕漢書刑法志：「陵夷至於戰國，韓任申子，秦用商鞅，連相坐之法，造參夷之誅，增加肉刑大辟，有鑿顛抽脅鑊亨之刑。」

〔四一〕孟子萬章上：「夔夔齋栗。」趙岐注：「敬慎戰懼貌。」

〔四二〕論語子路篇：「刑罰不中，則民無所措手足。」皇侃義疏：「措猶置立也。刑罰既濫，故下民畏懼刑罰之濫，所以跼天蹐地，不敢自安，是無所自措立手足也。」

〔四三〕史記曹相國世家：「醉而後去，終莫得開説。」集解：「如淳曰：『開謂有所啓白。』」漢書杜欽傳：「開一朝之説而穰侯就封。」又鄒陽傳注：「師古曰：『開謂陳説也。』」本書相刺篇：「夫以伊尹之智，太公之賢，而不能開辭於桀、紂。」義同。百子金丹引「開」作「關」，形近而誤。史記張儀傳集解：「『關』亦作『開』。」荀子臣道篇注：「『關』當爲『開』，傳寫誤耳。」由於草書「關」作「関」，與「開」形近，因而古書中二字往往互誤。

〔四四〕御覽八四九引慎子：「飲過度者生水。」生水就是病水。淮南繆稱篇：「大戟去水。」去水就是治生水之病。

〔四五〕論衡書解篇：「商鞅相孝公，爲秦開帝業。」説與此同。漢人對商鞅的評價是很高的，也是符合歷史真實的。唐韓鄂四時纂要序：「復有商鞅，務耕織，遂成秦帝之基。」

〔四六〕盧文弨曰：「『狐』當作『佪』。案申韓篇『若隰括輔檠之正弧刺』，『狐』『弧』皆『佪』之譌。周禮形方氏：『正其封疆，無有華離之地。』注：『華讀爲𦬊哨之𦬊。』𦬊，苦哇切，𦬊，邪不正也。」張敦仁曰：「案『狐』當作『弧』，後申韓篇作『弧』，此蓋本與彼同，拾補以爲皆『𦬊』之譌，未是。次公所用，不必同於鄭周禮注之字也。」（説文亦不載「𦬊」字。）洪頤煊曰：「案申韓篇：『若隱括輔檠之正弧刺也』，『弧』『弧』皆是『𦬊』字之譌。周禮形方氏鄭注：『華讀爲𦬊哨之𦬊，正之使不𦬊邪。』賈疏：『𦬊者，兩頭寬中狹，邪者，謂一頭寬一頭狹。』廣雅釋詁：『刺，衺也。』」器案：廣雅釋詁四：「弧，盭也。」楚辭東方朔七諫：「正法弧而不公。」王逸注：「弧，戾也。」「弧」「狐」「𦬊」字並通。後刺復篇：「鑿枘刺戾而不合。」刺戾也是狐刺之意。

〔四七〕左傳宣公十一年：「稱畚築。」杜預注：「畚，盛土器。」國語周語：「侍而畚挶。」韋昭注：「畚，土籠也。」漢書五行志上注：「應劭曰：『畚，草籠也，讀與本同。』」

〔四八〕晏子春秋内篇雜上：「譬之猶秋蓬也，孤其根而美枝葉，秋風一至，根且拔矣。」淮南子原道篇：「秋風下霜，倒生挫傷。」高誘注：「草木首地而生，故曰倒生。」下文「雖有十子産，如之何」，言就是有十個像子産那樣的人，對此自然規律，還是没有回天之力，而把它莫奈何也。韓非子外儲説右上：「雖有十田成氏，其如君何？」又五蠹篇：「雖有十黄帝，不能治也。」此文語法本之。

〔四九〕刺復篇言：「獨一公孫弘，如之何？」此文言：「雖有十子産，如之何？」兩相對照，有以見文學語言之咄咄逼人也。

〔五〇〕扁鵲，史記有傳，云：「扁鵲者，渤海郡鄭人也，姓秦氏，名越人。」案勃海無鄭縣，「鄭」乃「鄚」之誤。國語吴語：「緊起死人而肉白骨。」左傳襄公二十二年：「所謂生死而肉骨者也。」

〔五一〕尚書説命中：「非知之艱，行之惟艱。」

〔五二〕文選報任少卿書：「思垂空文以自見。」注：「空文，謂文章也。」漢書司馬遷傳：「故作春秋，垂空文以斷禮義。」史記日者傳：「飾虚功，執空文。」

〔五三〕淮南泰族篇：「今商君之啓塞。」許慎注：「啓之以利，塞之以禁，商鞅之術也。」「啓塞」就是「開塞」，此避漢景帝劉啓諱改。今本商君書第七篇，講的就是開塞的道理，略謂「道塞久矣，今欲開之，必刑九而賞一」云云。史記商君傳索隱：「開謂刑嚴峻則政化開，塞謂布恩賞則政化塞。」又案尉繚子曰：「今天下諸國士所率，無不及二十萬之衆者，然而不能濟功名者，不明乎禁舍開塞也。」韓非子心度篇：「故聖人之治民也，法與時移，而禁與治變，能越力於地者富，能起力於敵者强，强不塞者王，故王道在所開，在所塞。」蓋法家都强調開塞之術也。

〔五四〕荀子議兵篇：「秦之衛鞅，世俗所謂善用兵者也。」漢書藝文志兵權謀家有公孫鞅二十七篇。

〔五五〕「斂袵」就是整斂衣襟，表示拱服的意思。戰國策楚策：「江乙曰：『一國之衆，見君莫不斂衽而拜，撫委而服。』」史記留侯世家：「陛下南鄉稱霸，楚必斂袵而朝。」史記貨殖列傳：「海、岱之間，斂袂而往朝焉。」「斂袂」，索隱本作「斂袵」。

〔五六〕左傳僖公十五年：「羣臣敢在下風。」戰國策秦策上：「山東之國，從風而服。」風字義與此同，都是從孔丘所説的「君子之德風」（見論語顔淵篇）引申而來。

〔五七〕「飭」原作「飾」，「脩」原作「循」，孫詒讓曰：「『飾』當作『飭』，『循』當爲『脩』，並因形近而譌。」姚範説同。器案：姚、孫説是，今據改正。後險固篇：「言備之素脩也。」荀子議兵篇：「前行素脩。」俱可爲證。

〔五八〕史記孝文本紀：「俱棄細過，偕之大道。」史記匈奴傳：「俱蹈大道。」

〔五九〕攖寧齋鈔本「震」作「鎮」，當出臆改。漢書杜欽傳：「威震鄰敵。」

〔六〇〕張之象本、沈延銓本、金蟠本、百家類纂、諸子品節、百子類函「戀」作「攣」。黄季剛曰：「『戀』、『攣』、『朐』，並音同。」器案：史記鄒陽傳：「越攣拘之語，馳域外之議。」新序雜事三同，文選獄中上書自明作「拘攣」。莊子大宗師釋文：「拘拘，司馬云：『體拘攣也。』王云：『不申也。』」後漢書曹褒傳注：「拘攣，猶拘束也。」

〔六一〕楊樹達曰：「淮南人間篇：『故聖人先忤而後合，衆人先合而後忤。』」器案：淮南子氾論篇：「故忤而後合，謂之知權；合而後忤，謂之不知權。」又案：史記魏世家索隱：「此蓋古人之言及俗説，故云『故曰』。」荀子富國篇：「故曰：『天地生之，聖人成之。』此之謂也。」楊倞注：「古者有此語，引以明之也。」本書用「故曰」處，義亦如之。

〔六二〕易屯：「上六，乘馬班如，泣血漣如。」孔穎達正義：「處險難之極，而下無應援，若欲前進，即無所之適，故乘馬班如；窮困闉厄，無所委仰，故泣血漣如。」淮南子繆稱篇：「小人在上位，如寢關曝纊，不得須臾寧，故易曰：『乘馬班如，泣血漣如。』言小人處非其位，不可長也。」潛夫論忠實篇：「季世之臣，不思順天，而時主是諛，……此等之儔，雖見貴於時君，然上不順天心，下不得民意，故率泣血號咷，以辱終也。」

〔六三〕詩邶風新臺：「燕婉之求，得此戚施。」毛傳：「戚施，不能仰者。」鄭箋：「戚施面柔，下人以色，故不能仰也。」

〔六四〕文選報任少卿書：「今以虧形爲掃除之隸，在闒茸之中。」注：「闒茸，猥賤也。吕忱字林曰：『闒茸，不肖也。』」文選奏彈劉整：「閻閭闒茸。」集注：「鈔曰：『賈誼弔屈原云：闒茸尊顯兮。注：儜劣也。三蒼云：不肖也。』吕向曰：『闒茸，小人也。』」

〔六五〕史記屈原傳：「令尹子蘭聞之大怒，卒使上官大夫短屈原於頃襄王，頃襄王怒而遷之。」王逸離騷經章句：「同列大夫上官、靳尚妬害其能，共譖毁之，王乃疏屈原。」

〔六六〕「公伯寮愬子路於季孫」，見論語憲問篇，何晏集解：「馬融曰：『愬，譖也。伯寮，魯人，弟子也。』」

〔六七〕韓非子難言：「公叔痤言國器，反爲悖，公孫鞅奔秦。」吕氏春秋長見篇：「魏公叔痤疾，惠王往問之，曰：『公叔之疾，嗟疾甚矣！將奈社稷何？』公叔對曰：『臣之御庶子鞅，願王以國聽之也；爲不能聽，勿使出境。』王不應，出而謂左右曰：『豈不悲哉！以公叔之賢，而今謂寡人必以國聽鞅，悖也夫！』公叔死，公孫鞅西遊秦，秦孝公聽之，秦果用彊，魏果用弱。非公叔痤之悖也，魏王則悖也。」

〔六八〕「地割」原作「割地」，今據盧文弨説校乙。盧云：「『割地』二字疑倒。」器案：戰國策秦策下：「夫商君爲孝公平權衡，正度量，調輕重，決裂阡陌，教民耕戰，是以兵動而地廣，兵休而國富。」史記蔡澤傳同，就是此文所本，也是在「地」字下安動詞，不在「地」字上安動詞，今據乙正。

〔六九〕「於、商」下原衍「安」字，今删。盧文弨曰：「『安』或作『於』，或作『顔』。」陳遵默曰：「案史記商鞅傳，『鞅既破衛還，秦封之於、商十五邑，號商君。』（「於」舊讀閼、烏二音。）索隱云：『於、商二縣名，在弘農。』漢志弘農郡商下云：『秦相衛鞅邑也。』國策（案見秦策上。）等書，或作『商、於』。桓論用史記，本當作『封之於、商之地五百里』，傳者失讀，誤以『於』爲語詞，復各以臆增改『安』『於』『顔』等字於『商』下。其作『商、於』者，雖失本真，猶與本傳不背。至『商安』，乃『商顔』音變，『顔』古讀如『雁』，（『雁行』作『顔行』即其例。）與『安』同聲，故爲『商安』。又讀如『岸』，故商山之岸更爲商顔，史記河渠書：『自徵引洛水至商顔下。』謂至商山之岸下也。應劭云：『商顔，山名。』師古云：『商顔，商山之顔也。商山之岸善崩，故其名特著。』然則『商顔』者，自是商山之岸，或爲商山之稱，不獨非『商、於』二邑，亦且非商一邑也。至『商、於』所以誤爲『商安』、『商顔』者，『於』舊有閼、烏二讀，在音理喉牙兩部固有相轉之事，惟於地則各有處，不相混耳。凡此譌文，並從史記訂正。」器案：陳校是，今據改正。史記楚世家集解：「商、於之地，在今順陽郡南鄉、丹水二縣，有商城在於中，故謂之商、於。」索隱：「地理志丹水及商屬弘農，今言順陽者，是魏、晉始分置順陽郡，商城、丹水俱隸之。」通典州郡七：「南陽郡内鄉縣於中。」即此地。又引荆州圖云：「今縣東七里於村。」東萊大事記解題：「商於，商洛縣在商州東，本周之商國也。於村在鄧州，古於邑也。」又案：「顔」古讀如「岸」，見漢書司馬相如傳大人賦服虔注，從而屠岸賈也有寫作屠顔賈的。「顔」俗讀有「原」音，從而元和郡縣志又把「商顔」寫成「商原山」了。凡此都足以證明陳校是而盧説非，因附及之。

〔七〇〕韓非子喻老篇：「中無主，則禍福雖如丘山，無從識之。」陸賈新語辨惑篇：「喪丘山之功。」淮南子精神篇：「禍福之至，雖如丘山，無由識之矣。」高注：「丘山喻大。」東方朔答客難：「功若丘山。」本書毀學篇：「名巨大山。」義與此同。然則「功如丘山」，是指功大似丘山一般。史記商君傳集解引新序：「畜怨積讎，比于丘山。」漢書王莽傳上：「一言之勞，然猶皆蒙丘山之賞。」又藝文志注引七略：「書積如丘山。」都是以丘山比喻其大。

〔七一〕戰國策秦策下：「應侯曰：『公孫鞅欺舊交，虜魏公子卬。』」史記蔡澤傳作「欺舊友，奪魏公子卬」。論衡禍虚篇：「商鞅欺舊交，擒魏公子卬，後受誅死之禍。」吕氏春秋無義篇：「公孫鞅爲秦將而攻魏，魏使公子卬將而當之。公孫鞅之居魏也，固善公子卬，使人謂公子卬曰：『凡所爲遊而欲貴者，以公子之故也。今秦令鞅將，魏令公子當之，豈且忍相與戰哉？公子言之公子之主，鞅請亦言之主，而皆罷軍。』於是將歸矣，使人謂公子曰：『歸未有時相見，願與公子坐而相去别也。』公子曰：『諾。』魏吏争之曰：『不可。』公子不聽，遂相與坐。公孫鞅因伏卒與車騎以取公子卬。」張之象本、沈延銓本、金蟠本「交」作「友」，臆改。

〔七二〕史記商君傳：「宗室非有軍功，論不得爲屬籍。」正義：「屬籍，謂屬公族宗正籍書也。宗室無軍功者，皆須論言不得入公族籍書也。」則這裏所謂公族，是指秦之宗室。商君傳又寫道：「於是太子犯法，衛鞅曰：『法之不行，自上犯之。』將法太子；太子，君嗣也，不可施刑，刑其傅公子虔，黥其師公孫賈。……行之四年，公子虔復犯約，劓之。」這裏所謂「刑公族」，即指此事。

〔七三〕明初本「讎」作「難」。漢書賈山傳：「人與之爲怨，家與之爲讎。」

〔七四〕俞樾曰：「『愉』讀爲『偷』，古字通。淮南子説林篇：『狗彘不擇甂甌而食，偷肥其體，而顧近其死。』與此『偷飽』義同。」器案：戰國策燕策上：「人之飢所以不食烏喙者，以爲雖偷充腹，而與死同患也。」史記蘇秦傳「偷」作「愈」，這裏的「愉」字，就是「愈」字的變體。

〔七五〕後漢賢篇：「不能統理。」漢書薛宣傳：「御史大夫内承本朝之風化，外佐丞相，統理天下。」文選求通親親表注：「統，總覽也。」

〔七六〕明初本「傳」作「得」，不可據。荀子不苟篇：「君子名不貴苟傳。」此文本之。

〔七七〕正嘉本、太玄書室本、張之象本、沈延銓本、金蟠本「賢聖」作「聖賢」。王先謙曰：「案藝文類聚布帛部、御覽八百十四布帛部並引作『賢聖』。力耕篇：『賢聖治家非一室（案當作「寶」。）。』論儒篇：『賢聖之憂也。』『賢聖』恒言，無庸倒轉。」

〔七八〕陳遵默曰：「『執囚』讀『縶囚』。」

〔七九〕史記伍子胥傳：「乃自剄死。吴王聞之大怒，乃取子胥尸，盛以鴟夷革，浮之江中。」

〔八〇〕史記樂毅傳：「樂毅爲魏昭王使於燕，遂委質爲臣。後以趙、楚、韓、魏、燕之兵伐齊，破之膠西，下齊七十餘城。齊湣王亡走保莒。會燕昭王死，子惠王立，齊田單縱反間於燕；燕惠王乃使騎劫代將，而召樂毅。樂毅知燕惠王之不善代之，畏誅，遂西降趙。」「信」讀「伸」。

〔八一〕戰國策秦策下：「大夫種爲越王墾草創邑，辟地殖穀，率四方之士，專上下之力，以禽勁吴，成霸功，勾踐終倍而殺之。」（又見史記蔡澤傳，「倍」原誤作「棓」，今改。倍，背也，史記作「負」。）史記越王勾踐世家：「人或讒種且作亂，越王乃賜種劍曰：『子教寡人伐吴七術，寡人用其三而敗吴，其四在子，子爲我從先王試之。』種遂自殺。」史記鄒陽傳獄中上書：「越用大夫種之謀，禽勁吴，霸中國，而卒誅其身。」淮南子氾論篇：「大夫種輔翼越王勾踐，而爲之報怨雪恥，擒夫差之身，開地數千里；然而身伏屬鏤而死。」高誘注：「屬鏤，利劍也。一曰，長劍擲施鹿盧鋒，曳地屬録而行之也。」

〔八二〕史記魯周公世家：「管叔及其羣弟流言於國。」集解：「孔安國曰：『放言於國。』」漢書孝昭紀贊顏師古注：「流，放也。」

〔八三〕身，親身，本身，本人。史記項羽本紀：「身送之。」漢書西域傳上：「身在漢久。」風俗通義怪神篇：「使臣身言之。」這些「身」字義俱同。爾雅釋詁：「身，余，我也。」郭注：「今人亦自呼爲身。」通鑑一一八注：「晉人多自稱爲身。」

〔八四〕攖寧齋鈔本「剖」作「割」。器案：史記鄒陽傳獄中上書曰：「臣聞比干剖心，子胥鴟夷。」此文本之，鈔本作「割」，臆改。

〔八五〕國語吳語：「乃使取申胥之尸，盛以鴟夷，而投之於江。」韋昭注：「鴟夷，革囊。」吳越春秋夫差内傳作「盛以鴟夷之器」。賈子新書耳痺篇：「身鴟夷而浮江。」史記伍子胥傳：「乃取伍子胥尸，盛以鴟夷革。」集解：「應劭曰：『取馬革爲鴟夷。鴟夷，榼形。』」又鄒陽傳索隱：「韋昭曰：『以皮作鴟鳥形，名曰鴟夷。鴟夷，皮榼也。』服虔曰：『用馬革作囊也，以裹尸，投之于江。』」漢書鄒陽傳顏師古注：「鴟夷即今之盛酒鴟夷幐。」器案：吕氏春秋贊能篇：「盛之（指管仲。）以鴟夷，置之車中。」史記貨殖傳：「適齊則爲鴟夷子皮。」索隱：「大顏曰：『若盛酒者鴟夷也，用之則多所容納，不用則可卷而懷之，不忤於物也。』」今案：證以漢書楊雄傳所載酒箴，則鴟夷乃盛酒皮囊也。

〔八六〕「禍」字原在「發」字上，今據盧文弨、俞樾説校乙。盧云：「『禍』在『患』上，當乙。」俞云：「『禍』字當在『患之』二字之上，即忘禍患之發於外。」

〔八七〕論語公冶長篇：「子謂公冶長可妻也，雖在縲絏之中，非其罪也。」

〔八八〕商鞅是早期法家的傑出代表，是封建法律的奠基人，唐六典寫道：「魏文侯師李悝，集諸國刑書造法經六篇，商鞅傳之，改法爲律以相秦，增相坐之法，造參夷之誅，大辟加鑿顛、抽脅、鑊亨、車裂之制。」因之，由他增訂的法律，當時就稱爲商君之法、商鞅之法或公孫鞅之法。稱爲商君之法的，如韓非子姦劫弒臣篇寫道：「孝公不聽，遂行商君之法。」又定法篇寫道：「商君之法。」李斯上書寫道：「修商君之法。」戰國策秦策上寫道：「今秦婦人嬰兒皆言商君之法，莫言大王之法。」吕氏春秋無義篇高誘注引戰國策寫道：「鞅欲歸魏，秦人曰：『商君之法急，不得出也。』」史記商君傳寫道：「舍人曰：『商君之法，舍人無驗者坐之。』」稱爲商鞅之法的，如淮南泰族篇寫道：「商鞅之法亡秦。」又要略篇寫道：「故商鞅之法生焉。」稱爲公孫鞅之法的，如韓非子内儲説上七術寫道：「公孫鞅之法也，重輕罪。」

〔八九〕古代言四方，常有不憚其煩而言「東西南北」者。韓詩外傳三：「文王寢疾，五日而地動，東西南北，不出國郊。」淮南子泰族篇：「孔子欲行王道，東西南北七十説而不遇。」本書力耕篇：「自京師東西南北，歷山川，經郡國。」相刺篇：「東西南北七十説而不用。」漢書貢禹傳：「商賈求利，東西南北，各用智巧。」用法俱同。

〔九〇〕史記商君傳：「商君亡，至關下，欲舍客宅。客舍人不知其是商君也，曰：『商君之法，舍人無驗者坐之。』商君喟然歎曰：『嗟乎！爲法之敝，一至此哉！』」

〔九一〕後非鞅篇：「卒車裂族夷爲天下笑。」又褒賢篇：「孔申爲涉博士，卒俱死陳，爲天下大笑。」公羊傳莊公三十二年：「從吾言而飲此，則必可以無爲天下戮笑。」韓非子説疑篇：「身死國亡，爲天下笑。」戰國策秦策下：「身死國亡，爲天下笑。」淮南子精神篇：「夫人主之所以殘亡其國家，捐棄其社稷，身死於人手，爲天下笑，未嘗非爲非欲也。」又氾論篇：「身死人手，而爲天下笑。」又人間篇：「頭爲飲器，國分爲三，爲天下笑。」史記褚先生補龜策傳：「不用忠信，聽其諛臣，爲天下笑。」是戰國、秦、漢人以「爲天下笑」爲最大的恥辱。

晁錯*第八

大夫曰：「春秋之法，君親無將，將而必誅〔一〕。故臣罪莫重於弑君，子罪莫重於弑父。日者〔二〕，淮南、衡山修文學〔三〕，招四方遊士，山東儒墨〔四〕咸聚於江、淮之間，講議集論，著書數十〔五〕篇。然卒於背義不臣，使〔六〕謀叛逆，誅及宗族。晁錯變法易常〔七〕，不用制度，迫蹙宗室〔八〕，侵削諸侯〔九〕，蕃臣〔一〇〕不附，骨肉不親，吴、楚積怨，斬錯東市〔一一〕，以慰三軍之士而謝諸侯〔一二〕。斯亦誰殺之乎？」

文學曰：「孔子不飲盜泉之流，曾子不入勝母之間〔一三〕。名且惡之，而況爲不臣不子乎？是以孔子沐浴而朝，告之哀公〔一四〕。陳文子有馬十乘，棄而違之〔一五〕。傳曰：『君子可貴可賤，可刑可殺，而不可使爲亂〔一六〕。』若夫外飾其貌而内無其實，口誦其文而行不猶〔一七〕其道，是盜〔一八〕，固與盜而不容於君子之域。春秋不以寡犯衆〔一九〕，誅絶之義有所止〔二〇〕，不兼怨惡也。故舜之誅，誅鯀；其舉，舉禹〔二一〕。夫以璵璠之玼〔二二〕，而棄其璞，以一人之罪，而兼其衆，則天下無美寶信士也〔二三〕。晁生言諸侯之地大，富則驕奢，急即合從〔二四〕。故因吴之過而削之〔二五〕會稽，因楚之罪而奪之東海〔二六〕，所以均輕重，分其權，而爲萬世慮也。弦高誕於秦而信於鄭[二七]，晁生忠於漢而讎於諸侯。人臣各死其主，爲其國用，此解楊之所以厚於晉而薄於荆也[二八]。」

* 「晁錯」，史記、漢書本傳作「鼂錯」，或作「朝錯」。漢書景帝紀注師古曰：「『晁』，古『朝』字。」西漢前期著名的政治家晁錯（公元前二〇〇——公元前一五四年），潁川人（今河南禹縣）。史記（卷一〇一）、漢書（卷四九）有傳。他在年輕時，曾刻苦專研了申不害、商鞅等先秦法家的學說，受到他們思想的熏陶。漢文帝劉恒時爲太子家令，深得太子劉啓的信任，被稱爲「智囊」。劉啓（即漢景帝）即位後，晁錯先被任命爲内史，後又升遷爲御史大夫，是漢景帝的主要策畫人物。晁錯曾多次上疏，先後向文帝、景帝提出一系列重要建議。他主張削平藩國，獎勵農耕，抗擊匈奴，在西漢初期尖鋭複雜的政治鬭爭中，堅持了一條打擊地方割據勢力、加强中央集權、鞏固地主階級專政的政治路線。晁錯的政治主張，遭到了强烈反對。景帝三年（公元前一五四年），以吴王劉濞爲首的七國封建割據勢力，打着殺晁錯以「清君側」旗號，發動叛亂，勾結北方匈奴，妄圖推翻漢家中央政權。由於景帝的軟弱，加上大將軍竇嬰和太常袁盎等人的陷害，晁錯成了這次鬭爭中的犧牲品，被景帝殺之東市。

〔一〕春秋公羊傳莊公三十二年：「公子牙今將爾，辭曷爲與親弑者同？君親無將，將而誅焉。」又昭公元年：「今將爾，詞曷爲與親弑者同？君親無將，將而必誅焉。」史記淮南衡山傳：「春秋曰：『臣無將，將而誅。』」正義：「將，將帶羣衆也。」漢書王莽傳：「春秋之義，君親無將，將而必誅焉。」漢人引三傳，往往以本經目之，其例不勝枚舉，當時大抵已經約定俗成了。

〔二〕日者，從前。漢書卜式傳顏師古注：「日者，猶言往日也。」

〔三〕修文學，猶如後代之所謂「治經」。韓非子八説篇寫道：「博習辯智如孔、墨，孔、墨不耕耨，則國何得焉？修孝寡欲如曾、史，曾子（案當作「史」）不戰攻，則國何利焉？匹夫有私便，人主有公利。不作而養足，不仕而名顯，此私便也。息文學而明法度，塞私便而一功勞，此公利也。錯法以道民也，而又貴文學，則民之所師法也疑。賞功以勸民也，而又尊行修，則民之産利也惰。夫貴文學以疑法，尊行修以貳功，索國之富强，不可得也。」又五蠹篇寫道：「儒以文亂法，俠以武犯禁，而人主兼禮之，此所以亂也。夫離法者罪，而諸先生（原作「王」，今從一本。竊疑當作「諸生」，「先」字衍文。）以文學取；犯禁者誅，而羣俠以私劍養。故法之所非，君之所取；吏之所誅，上之所養也。法趣上下，四相反也，而無所定，雖有十黄帝，不能治也。故行仁義者非所譽，譽之則害功；工文學者非所用，用之則亂法。楚之有直躬，其父竊羊，而謁之吏，令尹曰：『殺之。』以爲直於君而曲於父，報而罪之。以是觀之，夫君之直臣，父之暴子也。魯人從君戰，三戰三北，仲尼問其故，對曰：『吾有老父，身死莫之養也。』仲尼以爲孝，舉而上之。以是觀之，夫父之孝子，君之背臣也。故令尹誅而楚姦不上聞，仲尼賞而魯民易降北，上下之利，若是其異也，而人主兼舉匹夫之行，而求致社稷之福，必不幾矣。古者，蒼頡之作書也，自環者謂之私，背私謂之公。公私之相背也，乃蒼頡固以知之矣。今以爲同利者，不察之患也。然則爲匹夫計者，莫如修行義而習文學。行義修則見信，見信則受事；文學習則爲明師，爲明師則顯榮：此匹夫之美也。然則無功而受事，無爵而顯榮，有爲政如此，則國必亂，主必危矣。故不相容之事，不兩立也。斬敵者受賞，而高慈惠之行；拔城者受爵禄，而信廉愛之説；堅甲厲兵以備難，而美薦紳之飾；富國以農，距敵恃卒，而貴文學之士；廢敬上畏法之民，而養游俠私劍之屬：舉行如此，治强不可得也。國平養儒俠，難至用介士，所利非所用，所用非所利，是故服事者簡其業，而游學者日衆，是世之所以亂也。……今修文學，習言談，則無耕之勞，而有富之實，無戰之危，而有貴之尊，則人孰不爲也。是以百人事智，而一人用力，事智者衆則法敗，用力者寡則國貧，此世之所以亂也。」

〔四〕「山東儒墨」，後褒賢篇又作「齊、魯儒墨」，淮南子氾論篇：「總鄒、魯之儒墨。」墨子也是魯人，齊、魯、鄒都在山東，故稱「山東儒墨」。漢書游俠傳：「吴濞、淮南，皆招賓客以千數。」

〔五〕漢書藝文志諸子略：「雜家，淮南内二十一篇，淮南外三十三篇。」西京雜記卷三：「淮南王安教鴻烈二十一篇。鴻，大也，烈，明也，言大明禮教，號爲淮南子。」漢書藝文志詩賦略：「淮南王賦八十二篇。」衡山王著書，未聞。」

〔六〕「使」字原在下「鼂錯變法易常」句上，今從張敦仁説移正。張云：「按『使』當在『謀』上，錯出耳。謂遊士使淮南、衡山謀叛逆也。」

〔七〕史記袁盎鼂錯傳：「語曰：『變古亂常，不死則亡。』豈錯等謂邪？」此文本之。

〔八〕「室」原作「族」，今據張敦仁説校改。張云：「按『族』當作『室』，涉上文『誅及宗族』而誤。華氏本改爲『臣』（明初本同），非。」

〔九〕史記鼂錯傳：「錯父聞之，從潁川來，謂錯曰：『上初即位，公爲政用事，侵削諸侯，别疏人骨肉，人口議，多怨公者，何也？』」又見漢書鼂錯傳。

〔一〇〕史記酷吏傳：「别疏骨肉，使蕃臣不自安。」蕃臣，謂作蕃屏之臣。左傳僖公二十四年：「昔周公弔二叔之不咸，故封建親戚，以蕃屏周。」孔穎達疏：「封立親戚爲諸侯之君，以爲蕃籬屏蔽。」

〔一一〕史記鼂錯傳：「吴楚七國果反，以誅錯爲名，及竇嬰、袁盎進説，上令鼂錯衣朝衣，斬東市。」又見漢書鼂錯傳。

〔一二〕漢書景帝紀：「三年春正月，吴王濞、膠西王卬、楚王戊、趙王遂、濟南王辟光、菑川王賢、膠東王雄渠皆舉兵反，……遣太尉亞夫、大將軍竇嬰將兵擊之，斬御史大夫晁錯以謝七國。」又鼂錯傳：「上默然良久曰：『顧誠何如，吾不愛一人（指錯。）謝天下。』」

〔一三〕説苑談叢篇：「邑名勝母，曾子不入，水名盜泉，孔子不飲，醜其聲也。」史記鄒陽傳：「故縣名勝母，而曾子不入。」集解：「漢書云：『里名勝母。』」索隱：「按淮南子及鹽鐵論並云：『里名勝母，曾子不入，以名不順故也。』尸子以爲孔子至勝母縣，暮而不宿，則不同也。」正義：「淮南子、鹽鐵論皆云里名，尸子及此傳云縣名，未詳也。」器案：司馬貞、張守節所引淮南子，見説山篇，今本作「閭」，疑與此皆「里」字之誤。

〔一四〕論語憲問篇：「陳成子弑簡公，孔子沐浴而朝，告於哀公曰：『陳恒弑其君，請討之。』」

〔一五〕論語公冶長篇：「崔子弑齊君，陳文子有馬十乘，棄而違之。」何晏集解：「崔杼作亂，陳文子惡之，捐其四十匹馬，違而去之。」邢昺疏：「有馬十乘，謂四十匹也。」

〔一六〕禮記表記：「子曰：『事君可貴可賤，可富可貧，可生可殺，而不可使爲亂。』」鄭玄注：「謂違廢事君之禮。」孔穎達疏：「言事君可使之貴，可使之賤，可使之富，可使之貧，可使之生，可使之死，但不可使爲亂也。亂謂廢事君之禮也。」

〔一七〕明初本、正嘉本、太玄書室本、張之象本、沈延銓本、金蟠本「猶」作「由」，「猶」、「由」古通。禮記雜記鄭注：「『猶』當爲『由』。」孟子公孫丑篇音義：「丁曰：『由義當作猶，古字借用耳。』」荀子不苟篇：「不由其道則廢。」

〔一八〕文學指斥「外飾其貌而内無其實，口誦其文而行不猶其道」的官吏「是盜」，「固與盜而不容於君子之域」。漢書景帝紀：「後元二年夏四月詔：『縣丞長吏姦法與盜盜，甚無謂也。』」文穎曰：「與盜，謂盜者當治，而知情反佐與之，是則共盜者無異也。」師古曰：「與盜盜者，共盜爲盜耳。」彼文與本書可互參。

〔一九〕春秋僖公五年：「鄭伯逃歸不盟。」公羊傳：「其言逃歸不盟者何？不可使盟也。不可使盟，則其言逃歸何？魯子曰：『蓋不以寡犯衆也。』」

〔二〇〕公羊傳桓公六年：「陳佗者何？陳君也。陳君則曷爲謂之陳佗？絶也。」何休注：「絶者，國當絶。」包慎言誅絶例目曰：「春秋據二百四十二年已成之事以筆削，其所貶美，皆見末正本，將以垂戒於方來者也。譏貶誅絶四者，春秋之科條也，譏貶輕而誅絶重，而譏貶之中，實寓誅絶。任城何劭公注公羊，於二者分別尤審。誅有三等：曰譴讓，曰刑戮，曰磔棄。絶有四等：曰黜爵，曰奪土，曰覆嗣，曰滅宗廟社稷。禮曰：『大罪有五：逆天地者罪及五世，不畏天而怨懟與弑父弑君者是也；誣文、武者罪及四世，變古易常者是也；逆人倫者罪及三世，不能事母、殺世子母弟、亂嫡庶者是也；誣鬼神者罪及二世，亂昭穆、爲淫祀者是也；殺人者罪止其身。』春秋所書罪止其身者鮮，而罪及二世三世四世者多，而皆統之於誅絶。今就傳文與何氏注，檃括其目，分而録之，舉一反三，自王公以下，其能免者無幾也。故曰：『孔子成春秋而亂臣賊子懼。』」案絶謂諸侯有罪，當絶其世。孔丘所謂「繼絶世」，指此。

〔二一〕左傳僖公三十三年：「舜之罪也殛鯀，其舉也興禹。」

〔二二〕陳遵默曰：「『玼』讀曰『疵』。」

〔二三〕淮南詮言篇：「天下非無信士也，臨貨分財，必探籌而定分。」史記滑稽傳：「楚王曰：『善。齊王有信士若此哉！』」器案：信士，即誠信之士的意思。

〔二四〕漢書鄒陽傳：「鄒使濟北見情實，示以不從之端，則吳必先歷齊，畢濟北，招燕、趙而總之，如此，則山東之從結而無隙矣。」從結，即謂合縱。漢書主父偃傳：「偃説上曰：古者，諸侯地不過百里，彊弱之形易制；今諸侯或連城數十，地方千里，緩則驕奢，易爲淫亂，急則阻其彊而合從，以逆京師。今以法割削，則逆節萌起，前日朝錯是也。」器案：淮南子覽冥篇：「縱横間之，舉兵而相角。」高誘注：「蘇秦約縱，張儀連横。南與北合爲縱，西與東合爲横，故曰：『縱成則楚王，横成則秦帝。』」（戰國策楚策：「蘇秦曰：『從合則楚王，横成則秦帝。』」史記蘇秦傳同。）西漢初期，山東諸侯勾結叛亂，形勢和戰國之六國合縱以抗强秦相似，故當時一般都以吳、楚七國之倡亂比作合縱。

〔二五〕「之」、「其」互訓，本書習見。管子小問篇：「毀其備，散其積，奪之食。」又輕重甲篇：「故伊尹得其粟而奪之流。」韓非子揚權篇：「探其懷，奪之威。」吕氏春秋慎小篇：「使奪之宅，殘其州。」周禮考工記：「以其一爲之厚。」「之」、「其」同義，與此正同。

〔二六〕漢書吳王濞傳：「朝錯爲太子家令，得幸皇太子，數從容言吳過可削，數上書説之。文帝寬不忍罰，以此吳王日益横。及景帝即位，錯爲御史大夫，説上曰：『昔高帝初定天下，昆弟少，諸子弱，大封同姓，故孽悼惠王王齊七十二城，庶弟元王王楚四十城，兄子王吴五十餘城，封三庶孽，分天下半。今吴王前有太子之隙，詐稱病不朝，於古法當誅；文帝不忍，因賜几杖，德至厚也；不改過自新，迺益驕恣，公即山鑄錢，煮海爲鹽，誘天下亡人，謀作亂逆。今削之亦反，不削亦反。削之其反亟，禍小；不削之其反遲，禍大。』三年冬，楚王來朝，錯因言楚王戊往年爲薄太后服，私姦服舍，請誅之。詔赦，削東海郡；及前二年，趙王有罪，削其常山郡；膠西王卬以賣爵事，有姦，削其六縣。漢廷臣方議削吴，吴王恐削地無已，因欲發謀舉事。……諸侯既新削罰，震恐，多怨錯，及削吴會稽、豫章郡書至，則吴王先起兵誅漢吏二千石以下；膠西、膠東、菑川、濟南、楚、趙亦皆反，發兵西。」

〔二七〕淮南子氾論篇：「夫三軍矯命，過之大者也。秦穆公興兵襲鄭，過周而東；鄭賈人弦高將西販牛，道遇秦師於周、鄭之間，乃矯鄭伯之命，犒以十二牛，賓秦師而卻之，以存鄭國。故事有所至，信反爲過，誕反爲功。」又説山篇：「弦高誕而存鄭，誕者不可以爲常。」高誘注：「弦高矯鄭伯之命，以十二牛犒秦師而卻之，故曰『誕而存鄭』。誕非正也，故曰『不可以爲常也』。」

〔二八〕明初本、華氏活字本、正嘉本、倪邦彦本、太玄書室本、張之象本、沈延銓本、金蟠本「楊」作「揚」。張之象、金蟠注曰：「奉使篇曰：『楚莊王伐宋，宋告急於晉，晉景公求壯士解揚往，命宋毋降楚。道過鄭，鄭新與楚和，乃執解揚而獻之楚。楚王厚賜與約，使反其言，命速宋降。三要乃許。於是楚乘解揚以樓車，令呼宋使降。遂倍楚約，而致晉君之命。莊王將烹之。解揚曰：『受吾君命而出，雖死無二。』顧謂楚臣曰：『爲人臣，無忘盡而得死者。』楚王乃赦之。歸晉，爵爲上卿。」案所引文見説苑。

刺權* 第九

大夫曰：「今夫〔一〕越之具區，楚之雲夢，宋之鉅野，齊之孟諸，有國之富而霸王之資也。人君統而守之則强〔二〕，不禁則亡。齊以其腸胃予人，家强而不制，枝大而折榦〔三〕，以專巨海之富而擅魚鹽之利也。勢足以使衆，恩足以卹下，是以齊國内倍〔四〕而外附。權移於臣，政墜於家，公室卑而田宗强〔五〕，轉轂〔六〕游海者蓋三千乘，失之於本而末不可救。今山川海澤之原，非獨雲夢、孟諸也。鼓鑄〔七〕煮鹽，其勢必深居幽谷，而人民所罕至。姦猾交通山海之際，恐生大姦。乘利驕溢，散〔八〕樸滋僞，則人之貴本者寡。大農鹽鐵丞〔九〕咸陽、孔僅〔一〇〕等上請：『願募民自給費，因縣官器〔一一〕，煮鹽予用，以杜浮僞之路。』由此觀之：令意所禁微〔一二〕，有司之慮亦遠矣。」

文學曰：「有司之慮遠，而權家之利近；令意所禁微，而〔一三〕僭奢之道著。自利害〔一四〕之設，三業〔一五〕之起，貴人之家，雲行〔一六〕於塗，轂擊〔一七〕於道，攘公法，申私利，跨山澤，擅官市，非特巨海魚鹽也；執國家之柄，以行海内，非特田常之勢、陪臣〔一八〕之權也；威重於六卿，富累於陶、衛〔一九〕，輿服僭於王公，宮室溢於制度，并兼列宅，隔絶閭巷，閣道〔二〇〕

錯連，足以游觀〔二二〕，鑿池曲道〔二三〕，足以騁騖，臨淵釣魚，放犬走兔，隆豺〔二三〕鼎力〔二四〕，蹋鞠〔二五〕鬭雞〔二六〕，中山素女〔二七〕撫流徵〔二八〕於堂上，鳴鼓巴俞〔二九〕作〔三〇〕於堂下，婦女被羅紈，婢妾曳絺紵，子孫連車列騎〔三一〕，田獵出入，畢弋〔三二〕捷健。是以耕者釋耒〔三三〕而不勤，百姓冰釋〔三四〕而懈怠。何者？己爲之而彼取之，僭侈相效，上升而不息，此百姓所以滋僞而罕歸本也。」

大夫曰：「官尊者禄厚，本美者枝茂。故文王德而子孫封，周公相而伯禽富。水廣者魚大〔三五〕，父尊者子貴。傳曰：『河、海潤千里〔三六〕。』盛德及四海，況之〔三七〕妻子乎？故夫貴於朝，妻貴於室〔三八〕，富曰苟美〔三九〕，古之道也。孟子曰：『王者與人同，而如彼者，居使然也〔四〇〕。』居編户〔四一〕之列，而望卿相之子孫，是以跛夫之欲及樓季〔四二〕也，無錢而欲千金之寶，不亦虚望哉？」

文學曰：「禹、稷自布衣，思天下有不得其所者，若己推而納之溝中，故起而佐堯，平治水土，教民稼穡。其自任天下如此其重也〔四三〕，豈云食禄以養〔四四〕妻子而已乎？夫食萬人之力者，蒙其憂，任其勞〔四五〕。一人失職，一官不治，皆公卿之累也。故君子之仕，行其義〔四六〕，非樂其勢也。受禄以潤賢〔四七〕，非私其利。見賢不隱，食禄不專，此公叔之所以爲文〔四八〕，魏成子所以爲賢也〔四九〕。故文王德成而後封子孫〔五〇〕，天下不以爲黨〔五一〕，周公功成而後受封，天下不以爲貪。今則不然。親戚相推，朋黨相舉，父尊於位，子溢於内，夫貴於朝，妻謁〔五二〕行於外。無周公之德而有其富〔五三〕，無管仲之功而有其侈〔五四〕，故〔五五〕編户跛夫而望疾步也〔五六〕。」

＊本書又有刺復、相刺、刺議等篇，論衡亦有刺孟篇，這些刺字，都是譏刺的意思。本篇譏刺權家，大夫雖然對於擅山海之利的諸侯給以鞭撻，但却站在當官者的立場，認爲「官高禄厚」，理所當然；文學則以爲權家「僭侈相效」，對社會産生了「滋僞而罕歸本」的壞作用。

〔一〕張敦仁曰：「『夫』當作『吴』，此爾雅釋地有其文也，具區不得單言『越之』甚明。」王啓源曰：「吴全有具區，及夫差世廣封勾踐地，始與越共之。爾雅言吴、越之間有具區，張故疑『夫』爲『吴』之誤。案下云：『宋之鉅野，齊之孟諸。』爾雅則云：『魯有大野，宋有孟諸。』此復與爾雅異，知本書非據之爲説。蓋魯地濱宋，而宋得之，齊湣滅宋，而齊有之，其義自通。越滅吴，得全制具區，非字誤也。」器案：淮南子墬形篇：「越之具區。」字亦作「越」。高誘注：「具區在吴、越之間也。」吕氏春秋有始篇：「吴之具區。」（天中記十引作「越」。）高注與淮南注同。那末，具區單言「吴」或「越」都可，張説非，王説是。

〔二〕張之象本、沈延銓本、金蟠本「君」作「主」，「守」作「一」。

〔三〕漢書灌夫傳：「支大於榦，脛大於股，不折必破。」

〔四〕攖寧齋鈔本「倍」作「陪」。

〔五〕明初本、華氏活字本「田宗」作「巨室」。案：本書相刺篇：「昔趙高無過人之志，而居萬人之位，是以傾覆秦國而禍殃其宗。」續漢書百官志五注引太公陰符：「民宗强，侵陵羣下，二大也。」左傳昭公三年：「肸之宗十一族。」杜注：「同祖曰宗。」晏子春秋外篇：「陂池之魚，入於權宗。」説苑政理篇「權宗」作「權家」。此田宗猶言田氏也。華氏活字本作「巨室」，不知其義而妄改也。

〔六〕管子戒篇：「桓公將東游，問於管仲曰：『我游猶軸轉斛，南至琅邪。』」日本安井衡管子纂詁卷十、朱亦芹羣書札記卷四俱謂「轉斛」爲「轉轂」之誤，俱是也。史記平準書：「轉轂百數。」集解：「李奇曰：『轂，車也。』」又貨殖傳：「轉轂以百數。」漢書食貨志下：「轉轂百數。」注引李奇曰：「轂，車也。」又貨殖傳：「轉轂百數。」師古曰：「轉轂，謂以車載物而逐利。」

〔七〕「鑄」原作「金」，當是「鑄」之壞文，前復古篇云：「採鐵石鼓鑄，煮海爲鹽。」後水旱篇：「故民得占租鼓鑄煮鹽之時。」與此文同，今據改正。續漢書百官志五：「出鐵多者置鐵官，主鼓鑄。」注引胡廣曰：「鑄銅爲器械，當鑄冶之時，扇熾其火，謂之鼓鑄。」

〔八〕「散」原作「敦」，今據孫貽穀説校改。盧文弨云：「『敦』，孫貽穀疑『散』。」器案：莊子繕性篇：「澆淳散樸。」淮南子俶真篇：「澆淳散樸。」本書本議篇：「散敦厚之樸。」正是本書作「散樸」的例證，今據改正。漢書循吏傳注：「樸大質也，割之散也。」

〔九〕漢書百官公卿表上：「治粟内史，秦官，掌穀貨，有兩丞。景帝後元年更名大農令，武帝太初元年更名大司農。屬官有太倉、均輸、平準、都内、籍田五令丞，斡官鐵市兩長丞。」如淳曰：「斡音筦，或作『幹』，幹，主也，主均輸之事，所謂斡鹽鐵而榷酒酤也。」續漢書百官志三：「大司農卿一人，中二千石。……本注曰：『郡國鹽官、鐵官，本屬司農，中興皆屬郡縣。』」

〔一〇〕史記平準書：「於是以東郭咸陽、孔僅爲大農丞，領鹽鐵事，桑弘羊以計算用事侍中。咸陽，齊之大煮鹽，孔僅，南陽大冶，皆致生累千金，故鄭當時進言之。……有司言：『三銖錢輕，易姦詐，乃更請諸郡國鑄五銖錢，周郭其下，令不可磨取鋊焉。』大農上鹽鐵丞孔僅、咸陽言：『山海，天地之藏也，皆屬少府，陛下不私，以屬大農佐賦。願募民自給費，因官器作，煮鹽，官與牢盆。浮食奇民，欲擅管山海之貨，以致富羨，役利細民。其沮事之議，不可勝聽。敢私鑄鐵器煮鹽者，釱左趾，没入其器物。郡不出鐵者，置小鐵官，便屬所在縣。』使孔僅、東郭咸陽乘傳舉行天下鹽鐵，作官府。」索隱：「東郭，姓；咸陽，名也。按風俗通：『東郭牙，齊大夫，咸陽其後也。』」漢書百官公卿表下：「元鼎二年，大農令孔僅。」

〔一一〕漢書食貨志下：「大農上鹽鐵丞孔僅、咸陽言：『山海天地之臧，宜屬少府，陛下弗私，以屬大農佐賦，願募民自給費，因官器作鬻鹽，官與牢盆云云。』」即謂此事。案：本書率稱天子爲縣官，時制也。史記絳侯周勃世家：「庸知其盗買縣官器。」索隱：「縣官，謂天子也。所以謂國家爲縣官者，夏官王畿内縣即國都也。王者官天下，故曰縣官也。」案：本書地廣篇：「安知國家之政、縣官之事乎？」以「縣官」與「國家」對文，因明白矣。

〔一二〕後刑德篇：「法之微者，固非衆人之所知也。」漢書匈奴傳下顔師古注：「微謂精妙也。」金蟠本「令意」作「今意」，誤。

〔一三〕「而」原作「有」，正嘉本、太玄書室本、張之象本、沈延銓本、金蟠本、楊沂孫校本都作「而」，今據改正。

〔一四〕後擊之篇：「興利害，算車舡。」器案：利害，指言外事得失。漢書張騫傳：「自騫開外國道以尊貴，其吏士上書言外國奇怪利害求使，天子爲其絶遠，非人所樂，聽其言，予節，募吏民無問所從來，爲其備人衆遺之，以廣其道。……使者争言外國利害，皆有城邑，兵弱易擊。」師古曰：「言服之則利，不討則爲害。」

〔一五〕姚範曰：「三業，疑謂鹽鐵、酒榷、均輸也。」器案：鹽、鐵二事，不當並爲一業。此蓋謂鼓鑄、漁、鹽。

〔一六〕張之象注：「如淳曰：『如雲而行，言其衆多也。』」器案：詩大雅韓奕：「諸娣從之，祁祁如雲。」正義：「其行徐靚祁祁然如雲之衆多。」文選羽獵賦：「車騎雲會。」又鮑明遠詠史詩：「軒蓋已雲至。」俱以雲狀車乘之衆多，與此相同。呂氏春秋重己篇注：「貴人，謂公卿大夫也。」

〔一七〕張之象注：「顔師古曰：『言車乘交馳，其轂相擊也。』」案所引見漢書匈奴傳下注。

〔一八〕史記周本紀集解：「服虔曰：『陪，重也，諸侯之臣於天子，故曰陪臣。』」這裏指田常爲齊之臣，於周天子則爲陪臣。

〔一九〕孫志祖讀書脞録：「困學紀聞曰：『魯仲連書：富比乎陶、衛。延篤注戰國策云：陶朱、公子荆。王劭云：魏冉封陶，商君封衛。今案商君封於商，非封衛也。』王氏之言如此。志祖案：商鞅本衛庶孽公子，故當日有衛鞅之稱，非以其封於衛也。潛夫論論榮篇云『衛鞅，康叔之孫也』可證。然此言陶、衛，自當謂陶朱及子貢爾。鹽鐵論刺權篇亦云：『威重於六卿，富累於陶、衛。』」黄季剛曰：「衛謂子貢。」器案：魯仲連書，即魯仲連遺燕將書，見戰國策齊策下及史記魯仲連傳。御覽四七二引劉劭趙都賦：「爰及富人郭侯之倫，貲衍陶、衛，夸溢無垠。」

〔二〇〕後漢書何敞傳：「繕修館第，彌街絶里。」與此文所言「隔絶閭里」義正相同。淮南子本經篇：「延樓棧道。」高誘注：「棧道，飛閣複道相通。」文選上林賦注：「曲閣，閣道委曲也。」

〔二一〕「游」、「觀」古同義。孟子梁惠王下：「吾何修而可以比於先王觀也？」趙岐注：「當何修治可以比先王之游觀乎？」呂氏春秋季春紀：「禁婦女無觀。」高誘注：「觀，遊。」史記李斯傳獄中上書：「治馳道，興遊觀。」成湯靈臺碑：「游觀河濱。」「遊觀」，今言「遊覽」。

〔二二〕曲道，謂曲池之道也。楚辭招魂：「坐堂伏檻，臨曲池些。」注：「臨曲水清池，可漁釣也。」漢書鼂錯傳：「長戟二不當一，曲道相伏，險阸相薄，此劍楯之地也。」亦言其道之曲折，義與此同。

〔二三〕「隆」讀爲呂氏春秋察微篇「吴、楚以此大隆」之「隆」。韓非子八經篇：「其患家隆劫殺之難作。」這些「隆」字，都借作「閧」。古代從夅從共之字多通假。古文苑楊雄宗正箴：「昔在夏時，太康不恭，有仍二女，五子家降。」（「降」讀如「隆」，與「恭」協韻。）注引楚辭離騷：「太康娱以自縱，不顧難以圖後兮，五子用乎家衖。」「衖」、「縱」協韻，今本作「家巷」，誤。孟子滕文公下、告子下都説：「洚水者，洪水也。」説文水部：「洪，洚水也，从水共聲。洚，从水夅聲。」俱作「户工切」。此古人夅、共同聲之證。「豺」借「材」字。文選西京賦注：「材，伎能也。」這裏的閧材，即好鬬之材的意思。

〔二四〕漢書鄒陽傳：「武力鼎士。」顏師古注、文選注都釋爲「舉鼎之士」。「鼎力」，是説力大可以舉鼎。後除狹篇又作「鼎躍」。漢書東方朔傳：「夏育爲鼎官。」

〔二五〕戰國策齊策上：「六博蹹鞠。」又見史記蘇秦傳，集解：「劉向别録曰：『蹴鞠者，傳言黄帝所作。或曰起戰國之時。蹋鞠，兵勢也，所以練武士知有材也，皆因嬉戲而講練之。』」漢書霍去病傳師古注：「鞠以皮爲之，實以毛，蹵蹋而戲也。」

〔二六〕戰國策齊策上：「鬬雞走犬。」又見史記蘇秦傳。漢書爰盎傳：「鬬雞走狗。」又眭弘傳：「鬬雞走馬。」

又食貨志下：「所忠言：『世家子弟，富人，或鬭雞走狗馬、弋獵博戲亂齊民。』」與此可互參。

〔二七〕史記貨殖傳：「中山地薄人衆，……女子則鼓鳴瑟，跕屣，游媚貴富，入後宮，徧諸侯。」文選思玄賦注：「素女，黄帝時方術之女，黄帝使素女鼓五十絃瑟。」這裏用爲美女的意思。

〔二八〕文選宋玉對楚王問：「引商刻羽，雜以流徵。」徵，亦五聲之一也。

〔二九〕漢書西域傳贊：「作巴俞、都盧……之戲。」師古曰：「巴人，巴州人也。俞，水名，今渝州也。巴俞之人，所謂賨人也，勁鋭善舞，本從高祖定三秦有功，高祖喜觀其舞，因令樂人習之，故有巴俞之樂。」又見禮樂志上及御覽五七四引三巴記。

〔三〇〕王先謙曰：「藝文類聚樂部、御覽五百六十八樂部引『作』上並有『交』字，此脱。」

〔三一〕史記貨殖傳：「連車騎。」又：「連車騎，游諸侯。」又：「或連車騎，交守相。」此文言「連車列騎」，其義一也。

〔三二〕淮南子時則篇：「田獵畢弋。」高誘注：「畢，掩�也。弋，繳射也。」

〔三三〕史記酈食其傳：「農夫釋耒，工女下機。」正義：「耒，手耕曲木。」

〔三四〕老子顯德章：「涣兮若冰之將釋。」漢書景十三王傳：「使夫宗室擯郤，骨肉冰釋。」師古曰：「冰釋，言銷散也。」

〔三五〕淮南子説山篇：「水廣者魚大，山高者木修。」

〔三六〕公羊傳僖公三十一年：「山川有能潤於百里者，天子秩而祭之。觸石而出，膚寸而合，不崇朝而徧雨乎天下者，唯泰山爾。河、海潤於千里。」漢書武帝紀：「建元元年詔：『河、海潤千里。』」

〔三七〕盧文弨曰：「此書多以『之』作『其』字用，如利議篇『莫知之賈』，國疾篇『識之事故』，皆是。」

〔三八〕楊樹達曰：「儀禮喪禮傳：『夫尊於朝，妻貴於室矣。』白虎通爵篇：『故夫尊於朝，妻榮於室。』通典引五經異義：『婦人以隨從爲義，故夫貴於朝，妻榮於室。』釋名釋親屬：『夫受命於朝，妻受命於室也。』」

〔三九〕論語子路篇：「子謂衛公子荆善居室，始有，曰：『苟合矣！』少有，曰：『苟完矣！』富有，曰：『苟美矣！』」皇侃義疏：「苟，苟且也。富有，謂家道遂大富時也。亦云苟且爲美，非是性之所欲，故云苟美矣。」

〔四〇〕孟子盡心上。

〔四一〕漢書高帝紀下：「諸將故與帝爲編户民。」師古曰：「編户者，言列次名籍也。編音鞭。」又司馬相如傳：「非編列之民。」師古曰：「編列，謂編户也。」

〔四二〕韓非子五蠹篇：「十仞之城，樓季弗能踰者，峭也；千仞之山，跛牂易牧者，夷也。」文又見史記李斯傳，集解：「許慎曰：『樓季，魏文侯之弟。』王孫子曰：『樓季，魏文侯之兄也。』」

〔四三〕孟子離婁下：「禹思天下有溺者，由己溺之也；稷思天下有飢者，由己飢之也，是以如是其急也。」又萬章上：「（伊尹）思天下之民，匹夫匹婦有不被堯、舜之澤者，若己推而内之溝中；其自任以天下之重如此。」這裏是合用孟子兩篇文。

〔四四〕張之象本、沈延銓本、金蟠本「養」下有「其」字。

〔四五〕張之象注曰：「韓信曰：『乘人之車者，載人之患；衣人之衣者，懷人之憂；食人之食者，死人之事。』」

案所引見史記淮陰侯傳、漢書韓信傳。

〔四六〕論語微子篇：「君子之仕也，行其義也。」

〔四七〕後漢書宣秉傳：「所得禄奉，輒以收養親族。」

〔四八〕論語憲問篇：「公叔文子之臣大夫僎與文子同升諸公，子聞之曰：『可以爲文矣。』」

〔四九〕韓詩外傳三：「魏成子食禄日千鍾，什一在内九在外，以聘約天下之士，是以得卜子夏、田子方、段干木，此三人皆師友之。」

〔五〇〕此句原作「故周德成而後封子孫」，案此承上文「文王德而子孫封」爲言，今改。

〔五一〕此句原無「天下」二字，今據盧文弨説訂補。盧云：「『孫』下當有『天下』二字。」王先謙曰：「荀子儒效篇云：『兼制天下，立七十一國，姬姓獨居五十三人，而天下不稱偏焉。』此語出於彼。」

〔五二〕羣書治要三一引六韜文韜：「後宮不荒，女謁不聽。」荀子大略篇：「湯旱而禱曰：『婦謁盛歟？』」楊倞注：「婦謁盛，謂婦言是用。」説苑君道篇作「女謁盛耶」。韓非子詭使篇：「近習女謁並行。」這裏的「妻謁」，與「婦謁」、「女謁」意同。漢書谷永傳：「古之王者，廢五事之中，失夫婦之紀，妻妾得意，謁行於内，勢行於外，至傾覆國家，或亂陰陽。」後漢書皇后紀序：「閨房肅雍，險謁不行。」注：「謁，請也。言能輔佐君子，和順恭敬，不行私謁。詩序曰：『雖則王姬，猶執婦道，以成肅雍之德，……而無險詖私謁之心。』」

〔五三〕論語先進篇：「季氏富於周公。」何晏集解：「孔安國曰：『周公，天子之宰，卿士也。』」皇侃義疏：「周公，天子臣，食采於周，爵爲公，故謂爲周公也。蓋周公旦之後也。天子之臣，地廣禄大，故周公宜富。」器案：義疏説迂固，説苑反質篇：「傳曰：『周公位尊愈卑，勝敵愈懼，家富愈儉，故周氏八百餘年。』此之謂也。」正謂周公旦自己，非謂周公旦之後也，鹽鐵論此文，亦其明證。

〔五四〕韓非子外儲説左下：「管仲父出，朱蓋青衣，置鼓而歸，庭有陳鼎，家有三歸。孔子曰：『良大夫也，其侈偪上。』」史記管仲傳：「管仲富擬於公室，有三歸、反坫，齊人不以爲侈。」漢書公孫弘傳：「管仲相齊，有三歸，侈擬于君。」

〔五五〕黄季剛曰：「故，此也。」

〔五六〕這句總應上「居編户之列，而望卿相之子孫，是以跛夫之欲及樓季也」三句。「編户跛夫而望疾步也」，語意不周洽，疑「編户」下脱了四字。

刺復*第十

大夫〔一〕爲色矜而心不懌，曰：「但〔二〕居者不知負載〔三〕之勞，從旁議者與當局者異憂〔四〕。方今爲天下腹居郡〔五〕，諸侯並臻〔六〕，中外未然〔七〕，心憧憧〔八〕若涉大川〔九〕，遭風而未薄〔一〇〕。是以夙夜思念國家之用，寢而忘寐，饑而忘食，計數〔一一〕不離於前，萬事簡閲於心〔一二〕。丞史器小〔一三〕，不足與謀，獨鬱大道〔一四〕，思覩文學，若俟周、邵而望高子〔一五〕。御史案事郡國〔一六〕，察廉〔一七〕舉賢才，歲不乏也。今賢良、文學臻者六十餘人〔一八〕，懷六藝〔一九〕之術，騁意極論〔二〇〕，宜若開光發蒙〔二一〕；信往而乖於今，道古而不合於世務〔二二〕。意者〔二三〕不足以知士也？將多飾文誣能以亂實邪？何賢士之難覩也！自千乘倪寬以治尚書位冠九卿〔二四〕，及所聞覩選舉之士，擢升贊憲甚顯〔二五〕，然未見絶倫比〔二六〕，而爲縣官興滯〔二七〕立功也。」

文學曰：「輸子〔二八〕之制材木也，正其規矩而鑿枘調。師曠〔二九〕之諧五音也，正其六律而宫商調。當世之工匠，不能調其鑿枘，則改規矩，不能協聲音，則變舊律。是以鑿枘刺戾而不合，聲音泛越〔三〇〕而不和。夫舉規矩而知宜，吹律而知變，上也；因循而不作，以俟其人，次也。是以曹丞相日飲醇酒〔三一〕，倪大夫閉口不言〔三二〕。故治大者不可以煩，煩則亂〔三三〕；治小者不可以〔三四〕怠，怠則廢。春秋曰：『其政恢卓，恢卓可以爲卿相。其政察察，察察可以爲匹夫〔三五〕。』夫維綱不張〔三六〕，禮義不行，公卿之憂也。案上之文，期會〔三七〕之事，丞史之任也。

尚書曰：『俊乂在官，百僚師師，百工惟時〔三八〕，庶尹允諧〔三九〕。』言官得其人，人任其事，故官治而不亂，事起而不廢，士守其職，大夫理其位，公卿總要執凡〔四〇〕而已。故任能者責成而不勞，任己者事廢而無功。桓公之於管仲，耳而目之〔四一〕。故君子勞於求賢，逸於用之〔四二〕，豈云殆哉？昔周公之相也，謙卑而不鄰〔四三〕，以勞天下之士〔四四〕，是以俊乂滿朝，賢智充門。孔子無爵位，以布衣從才士七十有餘人，皆諸侯卿相之人也〔四五〕，況處三公之尊以養天下之士哉？今以公卿之上位，爵禄之美，而不能致士，則未有進賢之道。堯之舉舜也，賓而妻之。桓公舉管仲也，賓而師〔四六〕之。以天子而妻匹夫，可謂親賢矣。以諸侯而〔四七〕師匹夫，可謂敬賓〔四八〕矣。是以賢者從之若流〔四九〕，歸之不疑。今當世在位者，既無燕昭之下士〔五〇〕，鹿鳴之樂賢〔五一〕，而行臧文、子椒之意〔五二〕，蔽賢妬能，自高其智，訾人之才，足己而不問〔五三〕，卑士而不友，以位尚賢，以禄驕士，而求士之用，亦難矣！」

大夫繆然不言，蓋〔五四〕賢良長歎息焉。

御史〔五五〕進曰：「太公相文、武以王天下，管仲相桓公以霸諸侯〔五六〕。故賢者得位，猶龍得水，騰蛇游霧〔五七〕也。公孫丞相以春秋説先帝〔五八〕，遽即〔五九〕三公，處周、邵之列〔六〇〕，據萬里之勢，爲天下準繩，衣不重彩，食不兼味，以先天下，而無益於治〔六一〕。博士褚泰〔六二〕、徐偃〔六三〕等，承明詔〔六四〕，建節〔六五〕馳傳〔六六〕，巡省郡國，舉孝、廉〔六七〕，勸元元，而流俗不改。招舉賢良、方正、文學之士，超遷〔六八〕官爵，或至卿大夫〔六九〕，非燕昭之薦士，文王之廣賢也〔七〇〕？然而未覩功業所成。殆非龍蛇之才〔七一〕，而鹿鳴之所樂賢也。」

文學曰：「冰炭不同器〔七二〕，日月不並明〔七三〕。當公孫弘之時，人主方設謀垂意於四夷[七四]，故權譎之謀進，荆、楚之士用[七五]，將帥或至封侯食邑，而勊獲[七六]者咸蒙厚賞，是以奮擊[七七]之士由此興。其後，干戈不休，軍旅相望，甲士糜[七八]弊，縣官用不足，故設險[七九]興利[八〇]之臣起，磻溪熊羆[八一]之士隱。涇、渭[八二]造渠以通漕運，東郭咸陽、孔僅[八三]建鹽、鐵，策諸利，富者買爵販官，免刑除罪[八四]，公用彌多而爲者徇私，上下兼[八五]求，百姓不堪，抏弊[八六]而從法，故憯急[八七]之臣進，而見知、廢格之法起[八八]。杜周[八九]、咸宣[九〇]之屬，以峻文決理[九一]貴，而王温舒[九二]之徒，以鷹隼[九三]擊殺顯。其欲據仁義以道事君者寡[九四]，偷合取容者衆[九五]。獨以一公孫弘，如之何[九六]？」

* 「復」讀如「復逆」之「復」，周禮天官宰夫：「叙羣吏之治，以待賓客之令、諸臣之復、萬民之逆。」鄭玄注：「鄭司農云：『復，請也；逆，迎受王命者；宰夫主諸臣萬民之復逆。』」則「復逆」即後代之所謂「請受」，也就是領奉給的意思。這篇是文學譏刺「今當世在位者」「以公卿之上位，爵禄之美，而不能致士」，反「以禄驕士」，「蔽賢妬能」。

〔一〕「大夫」下原有「曰」字，張敦仁説：「『曰』字當衍。（案諸子品節、諸子彙函、兩漢别解無「曰」字。）此書篇首多云『大夫曰』，故相涉而誤。張之象本改『曰』爲『乃』，（案沈延銓本、金蟠本、毛扆校本同。）似是實非。後擊之篇首『賢良曰文學既拜』，『曰』字亦當衍，（拾補有。）涉救匱篇首『賢良曰』而誤也。」今據删削。

〔二〕黄季剛曰：「但，徒也。」器案：漢書匈奴傳上注：「但，空也。」諸子品節、諸子彙函、兩漢别解無「但」字。

〔三〕張之象本、沈延銓本、金蟠本「載」作「戴」。詩周頌絲衣：「載弁俅俅。」鄭玄箋：「『載』猶『戴』也。」

〔四〕唐書元行沖傳：「當局稱迷，旁觀必審。」語本此。

〔五〕史記季布傳：「河東吾股肱郡。」又見漢書季布傳。通鑑二三引李德裕論亦云：「罷歸股肱郡。」與此言「腹居郡」俱取人體爲喻。國疾篇言「山東天下之腹心」，義與此同。

〔六〕郭沫若曰：「『臻』應作『湊』，形近致譌。」案詳力耕篇注〔五一〕。

〔七〕太玄書室本、諸子品節、諸子彙函、兩漢别解「然」作「洽」。郭沫若曰：「『然』應作『安』，音近致譌。」案：後大論篇：「聖人從事於未然。」此本書作「未然」之證，不必改作。漢書楚元王傳附劉向傳：「夫明者起福於無形，銷患於未然。」又司馬遷傳：「禮禁未然之前，法施已然之後。」又楊雄傳：「不然，壹有隙之後，雖智者勞心於内，辯者轂擊於外，猶不若未然之時也。」又匈奴傳下：「誠先於未然，即蒙恬、樊噲不復施。」宋史職官志：「禁於未然之謂令，施於已然之謂敕。」案未然指事物之未形成者。

〔八〕易咸釋文引王注：「憧憧，往來不絶貌。」

〔九〕易需象：「利涉大川。」

〔一〇〕明初本、華氏活字本「薄」作「泊」，張之象注曰：「通作『泊』。」器案：戰國策楚策：「心摇摇如懸旌，而無所終薄。」語意與此相似，字亦作「薄」。文選謝惠連西陵遇風獻康樂詩注：「『薄』與『泊』，古字通。」

〔一一〕管子七法篇：「剛柔也，輕重也，大小也，實虚也，遠近也，多少也，謂之計數。」注：「凡此十二事，必計之以知其數也。」荀子王制篇：「武侯、嗣公，聚斂計數之君也。」韓非子難一篇：「計數之所出也。」

〔一二〕論語堯曰篇：「簡在帝心。」朱熹集注：「簡，閲也。」

〔一三〕論語八佾篇：「子曰：『管仲之器小哉！』」何晏集解：「言其器量小也。」

〔一四〕漢書宣帝紀：「朕不明六藝，鬱於大道。」孟康曰：「鬱，不通也。」漢舊儀：「五鳳三年正月乙巳朔，策命杜延年爲御史大夫，云：『朕鬱於大道。』」

〔一五〕「高子」原作「子高」，盧文弨曰：「沈諸梁也。」今據陳遵默説校乙。陳云：「案公羊閔二年傳云：『齊桓公使高子將南陽之甲，立僖公而城魯。或曰：自鹿門至於争門者是也。魯人至今以爲美談，曰：猶望高子也。』桓氏通究公羊，本書每用其文，此即其一。如沈諸梁則何可望之有？盧校非也。」案此文「俟周、邵而望高子」，就是期待文學之切，猶如期待周公、邵公和高子一樣。張之象本、沈延銓本、金蟠本「邵」作「召」，下同。

〔一六〕漢書百官公卿表上：「御史大夫，秦官，位上卿，銀印青綬，掌副丞相。有兩丞，秩千石，一曰中丞，在殿中蘭臺，掌圖籍祕書，外督部刺史，内領侍御史，員十五人，受公卿奏事，舉劾按章。」漢舊儀：「其以詔使案事御史，爲駕一封，赦令駕二封，皆獨能奏事，各以所職，劾中二千石以下。」

〔一七〕漢書武帝紀：「元朔元年詔：興廉舉孝，……有司奏：『不舉孝，不奉詔，當以不敬論；不察廉，不勝任也，當免。』」又陳萬年傳：「爲郡吏，察舉至縣令。」師古曰：「屢被察廉及舉薦。」又張敞傳：「敞本以鄉有秩補太守卒史，察廉爲甘泉倉長。」又循吏黄霸傳：「使領郡錢穀計，簿書正，以廉稱。察補河東均輸長，（師古曰：「以廉見察而遷補。」）復察廉爲河南太守丞。」

〔一八〕後雜論篇：「賢良茂陵唐生、文學魯萬生之倫六十餘人，咸聚闕庭。」

〔一九〕「六藝」就是「六經」。史記伯夷傳：「夫學者載籍極博，猶考信於六藝，詩、書雖缺，然虞、夏之文可知也。」又滑稽傳：「六藝於治一也：禮以節人，樂以發和，書以道事，易以神化，春秋以道義。」

〔二〇〕「極論」與後憂邊篇「極言」義同，漢書鼂錯傳：「上親策詔：『各帥其志，以選賢良，明於國家之大體，通於人事之終始，及能直言極諫者，各有人數，以匡朕之不逮。』」這些「極」字，義同，就是盡的意思。

〔二一〕陳遵默曰：「『開光發蒙』，義不相貫，『光』當作『兆』，形誤。『開兆發蒙』者，開其兆蔽，發其蒙覆也。說文：『兆，𤸰蔽也，象儿左右皆蔽形。讀若瞽。』一說：『開光』乃『閞光』之譌，『閞』即『關』字，與『開』形近，古書二字多互誤，『閞』讀爲『貫』，『閞光』者，淮南所云『東閞鴻濛之光』，其義也。『閞光』與『發蒙』，義正相比。」器案：文選聖主得賢臣頌：「進退得關其忠。」集注：「鈔曰：『開者，明白也。』李周翰曰：『關猶用也。』今案鈔『關』爲『開』。」苕溪漁隱叢話前集二一：「蔡寬夫詩話云：『樂天聽歌詩云：長愛夫憐第二句，請君重唱夕陽關。』」今案：白氏長慶集作「開」，是。此「關」「開」二字互誤之證。又案：史記淮南王傳集解：「如淳曰：『發蒙，以物蒙覆其頭而爲發去。』韋昭曰：『如蒙巾發之。』」又汲黯傳正義：「如發蒙覆，……言其易也。」文選長楊賦：「乃今日發蒙，廓然已昭矣。」注曰：「禮記曰：『昭然若發蒙矣。』」

〔二二〕史記始皇紀：「道古以害今，飾虛言以亂實。」漢書董仲舒傳：「善言古者必有驗於今。」後論菑篇：「諸生不可與逐語，信往疑今，非人自是。」

〔二三〕「意者」，猶言「抑或」。韓詩外傳五：「意者天下殆同一也？」又：「意者中國殆有聖人？」漢書楊雄傳解嘲：「意者玄得毋尚白乎？何爲官之拓落也？」文選難蜀父老文：「意者其殆不可乎？」集注：「張銑曰：『意者，耆老自言也。』」張説非是。

〔二四〕漢書兒寬傳：「兒寬，千乘人也。治尚書，事歐陽生。以郡國選詣博士，受業孔安國。貧無資用，嘗爲弟子都養，時行賃作，帶經而鉏，休息輒誦讀，其精如此。以射策爲掌故，功次補廷尉文學卒史。」案漢太常、郎中令、中大夫令、太僕、大理、大行令、宗正、大司農、少府爲正九卿；中尉、主爵都尉、内史，列於九卿。

〔二五〕漢書景帝紀：「又惟酷吏奉憲失中。」又陳湯傳：「罪當在於奉憲。」「憲」即此「贊憲」之「憲」，文選東京賦注：「憲，法也。」奉行法令謂之奉憲，贊佐法令謂之贊憲也。

〔二六〕漢書楊雄傳下：「桓譚以爲絶倫。」師古曰：「無比類。」

〔二七〕漢書董仲舒傳：「興滯補弊。」國語晉語韋昭注：「滯，廢也。」

〔二八〕輪子，即前通有篇、非鞅篇之公輸子。

〔二九〕梁玉繩古今人表攷：「師曠始見逸書太子晉解。左襄十四、晉語八晉主樂大師，字子野。生而無目，見莊子駢拇釋文；故自稱暝臣，見逸書；又稱盲臣，見説苑建本；亦曰晉野，見抱朴子博喻、文選笙賦。」

〔三〇〕淮南子原道篇：「聲出於口，則越而散矣。」文選七發注：「越，散也。」

〔三一〕史記曹相國世家：「參代何爲漢相國，舉事無所變更，一遵蕭何約束。……日夜飲醇酒。卿大夫已下吏及賓客見參不事事，來者皆欲有言。至者，參輒飲以醇酒。間之，欲有所言，復飲之，醉而後去，終莫得開説，以爲常。」又見漢書曹參傳。

〔三二〕漢書兒寬傳："寬爲人温良，有廉知自將，善屬文，然懦於武，口弗能發明也。"漢書東方朔傳兒大夫，師古曰："兒寬也。"蓋兒寬爲御史大夫，故稱兒大夫。漢書賈捐之傳："縣官嘗言『興瘉薛大夫』。"張晏注曰："薛廣德爲御史大夫。"器案：本書雜論篇亦稱桑弘羊爲桑大夫，以其是御史大夫故。

〔三三〕尚書説命中："禮煩則亂。"

〔三四〕"可"下原脱"以"字，今據郭沫若校補。

〔三五〕陸賈新語輔政篇："察察者有所不見，恢恢者何所不容。"陸賈習穀梁春秋，蓋亦用春秋義，與此可互參。文選長楊賦注："恢，大也。"又漁父注："察察，清潔也。"廣雅釋訓："察察，著也。"漢書五行志、夏侯勝傳都有"察察言"一詞。

〔三六〕張之象本、沈延銓本、金蟠本、諸子品節、諸子彙函、百子金丹"維綱"作"綱維"。管子牧民篇："四維不張。"

〔三七〕"案上之文"，猶後人言案牘。文選晉紀總論注引劉謙晉紀應瞻表曰："元康以來，望白署空，顯以台衡之量；尋文謹案，目以蘭薰之器。"即以"文"、"案"連及用之。"期會"，指定期的集會。史記貨殖傳："此寧有政教發徵期會哉？"漢書賈誼傳陳政事疏："簿書不報，期會之間，以爲大故。"又王吉傳：
"上疏云：『公卿幸得遭遇其時，……其務在於期會、簿書、斷獄、聽訟而已，此非太平之基也。』"又韓延壽傳："治城郭，收賦租，先明布告其日，以期會爲大事。"又伍被傳："益發甲卒，急其會日。"金石萃編漢十七韓仁銘："會月三十日如律令。"會日，即期會之日也。

〔三八〕尚書皋陶謨文。蔡沈集傳："大而千人之俊，小而百人之乂，皆在官使。以天下之才，任天下之治，唐、虞之朝，下無遺才，而上無廢事者，良以此也。師師，相師法也。言百僚皆相師法，而百工皆及時以趨事也。百僚百工，皆謂百官，言其人之相師，則曰百僚，言其人之趨事，則曰百工，其實一也。」

〔三九〕尚書益稷文。蔡沈集傳：「尹，正也。庶尹者，衆百官府之長也。允諧者，信皆和諧也。」

〔四〇〕淮南子説山篇：「不知凡要。」又要略篇：「總要舉凡。」文選長楊賦注：「凡，大旨也。」

〔四一〕吕氏春秋知度篇：「趙襄子之時，以任登爲中牟令，上計言於襄子曰：『中牟有士曰膽胥己，請見之。』襄子見而以爲中大夫。相國曰：『意者君耳而未之目耶？爲中大夫若此其易也！非晉國之故。』襄子曰：『吾舉登也，已耳而目之矣，登所舉，吾又耳而目之，是耳目人終無已也。』遂不復問，而以爲中大夫。」又見韓非子外儲説左上。孔叢子記義篇：「昔舜臣堯，官才任賢，堯一從之。左右曰：『人君用士，當自任耳目，而取信於人，無乃不可乎？』堯曰：『吾之舉舜，已耳目之矣，今舜所舉人，吾又耳目之，是則耳目人終無已也。』」即襲吕覽文。漢書外戚傳上注師古曰：「耳，常聽聞而記之也。」

〔四二〕盧文弨曰：「『之』當作『人』。」案張之象本、太玄書室本、沈延銓本、金蟠本、諸子品節、諸子彙函、兩漢別解、百子金丹作「人」。墨子所染篇：「故善爲君者，勞於論人，而佚於治官。」韓非子難二篇：「桓公曰：『吾聞君人者，勞於索人，佚於使人。』」荀子王霸篇：「故君人勞於索之，而休於使之。」又君道篇：「君人勞於索之，而休於使之。」吕氏春秋士節篇：「賢主勞於求人，而佚於治事。」

〔四三〕盧文弨曰：「『鄰』與『吝』同。大戴子張問入官篇：『不先以身，雖行必鄰也。』注：『鄰，鄙。』」洪頤煊曰：「『鄰』是『遴』字之譌。論語泰伯：『如有周公之才之美，使驕而吝。』易蒙：『以往吝。』説文引作『遴』。漢書地理志：『民以貪遴争訟。』師古曰：『遴與吝同。』」

〔四四〕韓詩外傳三：「周公踐天子之位七年，布衣之士，所贄而師者十人，所友見者十二人，窮巷白屋所先見者四十九人，時進善百人，教士千人，官朝者萬人。當此之時，誠使周公驕而且吝，則天下賢士至者寡矣。成王封伯禽於魯，周公誡之曰：『往矣，子無以魯國驕士。吾文王之子，武王之弟，成王之叔父也，又相天子，吾於天下，亦不輕矣。然一沐三握髮，一飯三吐哺，猶恐失天下之士。』」又見説苑尊賢篇，「吝」作「悋」。

〔四五〕孔丘門徒有多少，自來説法不同，有説是七十人的，如孟子公孫丑篇、韓非子五蠹篇、吕氏春秋遇合篇、淮南子泰族篇及要略篇、漢書藝文志和楚元王傳是也；有説是七十二人的，如史記孔子世家、文翁禮殿圖、魯峻冢壁象、後漢書蔡邕傳、家語七十二弟子解和顏氏家訓誡兵篇是也；有説是七十七人的，如史記仲尼弟子傳（索隱：「孔子家語亦有七十七人。」）及漢書地理志是也。由於其數無定，所以這裏統稱之爲「七十有餘人」。

〔四六〕「妻」、「師」通韻，古在灰部。

〔四七〕「而」原作「之」，正嘉本、太玄書室本、張之象本、沈延銓本、金蟠本作「而」，今據改正。

〔四八〕「賢」、「賓」通韻，古在先部。

〔四九〕管子小匡篇：「近國之民，從如流水。」又戒篇：「四方之外歸君，其猶流水乎！」荀子議兵篇：「民歸之如流水。」左傳昭公三年：「其愛之如父母，而歸之如流水，欲無獲民，將焉辟之。」

〔五〇〕戰國策燕策上：「燕昭王收破燕後即位，卑身厚幣以招賢者，欲將以報讎，故往見郭隗先生曰：『齊因孤國之亂，而襲破燕。孤極知燕小力少，不足以報；然得賢士與共國，以雪先生之恥，孤之願也，敢問以國報讎者奈何？』郭隗先生對曰：『帝者與師處，王者與友處，霸者與臣處，亡國與役處。詘指而事之，北面而受學，則百己者至；先趨而後息，先問而後嘿，則什己者至；人趨己趨，則若己者至；馮几據杖，眄視指使，則廝役之人至；若恣睢奮擊，呴藉叱咄，則徒隸之人至矣：此古服道致士之法也。王誠博選國中之賢者，而朝其門下，天下之士必趨於燕矣。』昭王曰：『寡人將誰朝而可？』郭隗先生曰：『臣聞古之君人，有以千金求千里馬者，三年不能得，涓人言於君曰：請求之。君遣之，三月得千里馬，馬已死，買其骨五百金，反以報君。君大怒曰：所求者生馬，安事死馬而捐五百金？涓人對曰：死馬且買之五百金，況生馬乎？天下必以王爲能市馬，馬今至矣。於是不能期年，千里之馬至者三。今王誠欲致士，先從隗始；隗且見事，況賢於隗者乎？豈遠千里哉？』於是昭王爲隗築宮而師之。樂毅自魏往，鄒衍自齊往，劇辛自趙往，士争湊燕。燕王弔死問生，與百姓同其甘苦，二十八年，燕國殷富，士卒樂佚輕戰。於是遂以樂毅爲上將軍，與秦、楚、三晉合謀以伐齊；齊兵敗，閔王出走於外，燕兵獨追北，入至臨淄，盡取齊寶，燒其宮室宗廟，齊城之不下者，唯獨莒、即墨。」又見説苑君道篇，文異。

〔五一〕詩小雅鹿鳴序：「鹿鳴，燕羣臣嘉賓也。既飲食之，又實幣帛筐篚以將其厚意，然後忠臣嘉賓得盡費心矣。」

〔五二〕「臧文」，即臧文仲。論語衛靈公篇：「子曰：『臧文仲其竊位者與！知柳下惠之賢，而不與立也。』」古人行文，爲求整飭，往往把古人名字加以割截者，如漢書宣元六王傳：「子高素有顔、冉之資，臧武之智。」即用論語憲問篇「臧武仲之知」之文，把「臧武仲」截割成「臧武」，與此正同。「子椒」原作「子叔」，張之象本、沈延銓本、金蟠本、諸子品節作「子椒」，今據改正。張敦仁曰：「張之象本『叔』改『椒』。按後訟賢篇云：『遭子椒之譖也。』所改蓋是。」

〔五三〕史記秦始皇本紀：「秦王足已不問，遂過而不變。」案謂自以爲滿足而不問其他。

〔五四〕蓋，發語詞。史記孟子荀卿傳：「蓋墨翟，宋之大夫。」漢書司馬相如傳下言封禪事：「蓋號以況榮。」師古曰：「蓋，發語辭也。」

〔五五〕御史，周官，以中士爲之，是傳命的小臣。戰國時，職掌記録，戰國策趙策上：「張儀爲秦連横説趙王曰：『敝邑秦王使臣敢獻書於大王御史。』」又韓策：「張儀爲秦連横説韓王曰：『……是故秦王使使臣獻書大王御史，須以決事。』」史記滑稽列傳：「淳于髡曰：『賜酒大王之前，執法在前，御史在後云云。』」又藺相如傳：「秦、趙澠池之會，……秦御史前書曰云云，相如顧召趙御史書曰云云。」此皆御史職掌記事之證。漢書百官公卿表上：「御史大夫，秦官，……外督部刺史，内領侍御史，員十五人，受公卿奏事，舉劾按章。」續漢書百官志三：「侍御史十五人，六百石。本注曰：『掌察舉非法，受公卿羣吏奏事，有違失舉劾之。凡郊廟之祠，及大朝會、大封拜，則二人監威儀，有違失則劾奏。』」則羣御史之參加這次會議，一則「察舉非法」，一則「受公卿羣吏奏事」也。

〔五六〕「下」、「侯」通韻，古在侯部。

〔五七〕韓非子難勢篇：「慎子曰：『飛龍乘雲，騰蛇遊霧，雲罷霧霽，而龍蛇與螾螘同矣，則失其所乘矣。』」爾雅釋魚：「螣，螣蛇。」郭注：「龍類也，能興雲霧而遊其中。」

〔五八〕漢書公孫弘傳：「公孫弘，菑川薛人也。少時，爲獄吏，有罪免。家貧，牧豕海上。年四十餘，乃學春秋雜説。武帝初即位，招賢良文學士。是時，弘年六十，以賢良徵爲博士。」史記平準書：「公孫弘以春秋之義繩臣下，取漢相。」

〔五九〕正嘉本、諸子品節、諸子彙函「遽」作「據」，太玄書室本同；又「即」作「位」。本書褒賢篇：「公孫弘即三公之位。」漢書董仲舒傳：「太公起海濱而即三公。」師古曰：「即，就也。」

〔六〇〕史記李斯傳太史公曰：「斯之功且與周、邵同列矣。」諸子品節、諸子彙函、兩漢別解「邵」作「召」。

〔六一〕史記平準書：「公孫弘以漢相，布被，食不重味，爲天下先。然無益於俗，稍騖於功利矣。」又見漢書食貨志下。

〔六二〕漢書儒林胡毋生傳：「弟子遂之者蘭陵褚大，……大至梁相。」又兒寬傳：「初，梁相褚大通五經，爲博士；時寬爲弟子。及御史大夫缺，徵褚大，大自以爲得御史大夫；至洛陽，聞兒寬爲之，褚大笑。及至，與寬議封禪於上前，大不能及；退而服曰：『上誠知人。』」又武帝紀：「元狩二年六月，詔曰：『日者，有司以幣輕多姦，農傷而末衆，又禁兼并之塗，故改幣以約之，稽諸往古，制宜於今，廢期有月，而山澤之民未喻。夫仁行而從善，義立則俗易，意奉憲者所以導之未明與？將百姓所安殊路，而撟虔吏以乘勢以侵蒸庶邪？何紛然其擾也！今遣博士大等六人分循天下，存問鰥寡廢疾，無以自振業者貸與之。諭三老、孝弟，以爲民師。舉獨行之君子，徵詣行在所。朕嘉賢者，樂知其人，廣宣厥道。士有特招，使者之任也，詳問隱處亡位，及冤失職，姦猾爲害，野荒治苛者舉奏。郡國有所以爲便者，上丞相、御史以聞。』」注：「師古曰：『褚大也。』」又食貨志下：「天下大氐無慮皆鑄金錢矣，犯法者衆，吏不能盡誅，於是遣博士褚大、徐偃等，分行郡國，舉并兼之徒、守相爲利者。」又五行志中下：「先是比年遣大將軍衞青、霍去病攻祁連，絶大幕，窮追單于，斬首十餘萬級，還，大行慶賞；乃閔海内勤勞，是歲，遣博士褚大等六人，持節巡行天下，存賜鰥寡，假與乏困，舉遺逸獨行君子詣行在所，郡國有以爲便宜者，上丞相、御史以聞。天下咸喜。」案「泰」、「大」古通。

〔六三〕漢書終軍傳：「元鼎（案當作「元狩」。）中，博士徐偃使行風俗，偃矯制使膠東、魯國鼓鑄鹽鐵。還奏事，徙爲太常丞。」又儒林申公傳：「弟子爲博士十餘人，……徐偃，膠西中尉。」

〔六四〕明詔，對於天子詔書的尊稱，本書及漢人作品中習見的「明天子」、「明王」、「明朝」、「明廷」、「明府」、「明舉」等的「明」字，義都相同。漢書鼂錯傳：「奉陛下之明詔。」沈延銓本「詔」誤「諸」。

〔六五〕通鑑一一注：「周禮：『司節，掌邦節，辨其用以輔王命。』注云：『節者，執以行爲信。邦節，珍圭、牙璋、穀圭、琬圭、琰圭也。守邦國用五節，以玉爲之；守都鄙用角節，以角爲之。邦國之使，節用金；門關之節，用符；貨賄之節，用璽；道路之節，用旌。』審此，則古所執以爲信者，皆謂之節。自秦以來，有璽、符、節，則璽自璽，符自符，節自節，分爲三矣。漢之節，即古之旌節也。鄭氏注以節爲漢宫中諸宫詔符，璽節爲漢之印章，旌節爲漢使者所持節，則知漢所謂節，蓋古之旌節也。賢曰：『節者，所以爲信，以竹爲之，柄長八尺，以旄牛尾爲之，眊三重。此漢制也。』」

〔六六〕通鑑一一注：「如淳曰：『四馬，高足爲置傳，中足爲馳傳，下足爲乘傳，一馬、二馬爲軺傳。急者乘一乘傳。』師古曰：『蓋今之驛，古者以車，謂之傳車；其後，單置馬，謂之驛騎。漢律：諸當乘傳及發駕置傳者，皆持尺五寸木傳信，封以御史大夫章；其乘傳，參封之，參，三也；有期會，累封兩端，端各兩封，凡四封；乘置馳傳，五封之，兩端各二，中央一；軺傳，兩馬再封之；一馬一封，以馬駕軺車而乘傳曰一封軺傳。』史炤所謂『依乘符傳而行』者，本此但擇焉而不精，語焉而不詳耳，終不若顔説簡而明。」華氏本「馳」作「持」，明初本誤作「待」。

〔六七〕漢書武帝紀：「元光元年冬十一月，初令郡國，舉孝、廉各一人。」師古曰：「孝謂善事父母，廉謂清廉、有廉隅者也。」又尹翁歸傳：「舉廉爲緱氏尉，……遷補都内令，舉廉爲弘農都尉。」

〔六八〕超遷，超級升遷。史記賈生傳：「文帝召以爲博士，……超遷，一歲至大中大夫。」又張釋之傳：「今陛下以嗇夫口辯而超遷之。」東觀漢記十一張禹傳：「明帝以其明達法理，有張釋之風，超遷非次，拜廷尉。」

〔六九〕史記平準書：「當是之時，招尊方正、賢良、文學之士，或至公卿大夫。」又見漢書食貨志下。

〔七〇〕張敦仁曰：「張之象本『非』下添『特』字，（案沈延銓本、金蟠本同。）似是實非。此句與下句『文王之廣賢也』連讀，『也』、『邪』同字，前後多有之。（褒賢篇：『固若是也？』尤顯然可證。）」器案：「邪」、「也」古多通用，顔之推顔氏家訓音辭篇即已指出，顔云：「邪者，未定之詞，左傳曰『不知天之棄魯邪？抑魯君有罪於鬼神邪』（案見昭公二十六年。），莊子云『天邪地邪』（案當作『父邪母邪』，見大宗師篇。），漢書云『是邪非邪』（案見外戚傳。）之類是也。而北人即呼爲『也』，亦爲誤矣。」荀子正名篇：「如此者，其求物也？養生也？粥壽也？」楊倞注：「『也』皆當爲『邪』，問之辭。」自明人不知「也」、「邪」二字古通，率以臆改之，此文和前非鞅篇「其可得也」，華氏活字本改爲「其可得乎」，如出一轍。前人謂「明人好刊書而古書亡」者，這又是一個例證了。史記周本紀：「西伯曰文王，遵后稷、公劉之業，則古公、公季之法，篤仁敬老慈少，禮下賢者，日中不暇食以待士，士以此多歸之。伯夷、叔齊在孤竹，聞西伯善養老，蓋往歸之。太顛、閎夭、散宜生、鬻子、辛甲大夫之徒，皆往歸之。」

〔七一〕韓非子難勢篇：「夫有雲霧之勢，龍蛇之材，美也。」

〔七二〕韓非子顯學篇："冰炭不同器而久，寒暑不兼時而至。"東方朔七諫："冰炭不可以相並。"

〔七三〕淮南子説林篇："日月不並出。"

〔七四〕左傳昭公三十二年："天子守在四夷。"漢書蕭望之傳："今少主以元貴靡不得立而還，信無負於四夷，此中國之大福也。"這些四夷義並同。夷，本謂東方少數民族，這裏則泛指四境以外之少數民族爲四夷，猶如説百蠻一樣。

〔七五〕王先謙曰："漢書李陵傳：'陵召見武臺，叩頭自請曰：臣所將屯邊者，皆荆、楚勇士，奇材劍客也，力扼虎，射命中。'此用荆楚士之明證。"

〔七六〕"剋"原作"勉"，今據孫詒讓説校改。孫云："'勉獲'無義，'勉'當爲'剋'，形近而誤。前輕重篇云'克獲之賞以億萬計'，'克'、'剋'字通。"器案：漢書武帝紀："今大將軍仍復克獲，斬首虜萬九千級。"又宣帝紀："校尉常惠將烏孫兵，入匈奴右地，大克獲。"又食貨志下："票騎仍再出擊胡，大克獲。"又金日磾傳："攻祁連山，大克獲。"又匈奴傳下："嚴尤諫曰：'雖有克獲之功，胡輒報之。'"則"克獲"爲當時習用語。

〔七七〕後結和篇："招奮擊。"器案：戰國策秦策下："大王之國，……奮擊百萬。"又魏策上："竊聞大王之卒，……奮擊二十萬。"史記淮南衡山傳："此時有欲從軍者，輒詣京師，被即願奮擊匈奴。"通鑑二注："奮擊，簡軍中之勇士，敢奮力而擊敵者異之。"

〔七八〕"糜"原作"麋"，黄季剛曰："'麋'，'糜'字之誤。"今據改正。器案：説文米部："糜，爛也。"釋名釋飲食："糜，煮米使糜爛也。"是糜有爛意。字又借作靡，荀子富國篇："以靡敝之。"史記主父偃傳"靡敝」索隱：「靡，音糜，敝猶凋敝也。」

〔七九〕易習坎：「王公設險，以守其國，險之時用大矣哉！」

〔八〇〕史記平準書：「及王恢設謀馬邑，匈奴絶和親，侵擾北邊，兵連而不解，天下苦其勞，而干戈日滋，行者齎，居者送，中外騷擾而相奉，百姓抏弊以巧法，財賂衰耗而不贍，入物者補官，出貨者除罪，選舉陵遲，廉恥相冒，武力進用，法嚴令具，興利之臣，自此始也。」集解：「韋昭曰：『桑弘羊、孔僅之屬。』」案又見漢書食貨志下。器案：據史記、漢書所載，當時耗財之事，一是抗擊匈奴，二是鑿通西域，三是開發西南，四是築令居，五是置初郡，六是造渠通漕，七是賑災，八是官多，九是徙奴婢衆，十是養馬，十一是修宫室園林，十二是巡幸，十三是賞賜。興利之事，也有十三起：一是因抗擊匈奴、通西南夷，而募豪民田南夷、入粟；二是東置滄海郡，築衛朔方，而募民入奴婢、入羊；三是抗擊匈奴而賣爵；四是造鹿皮幣、白金三品；五是行天下鹽、鐵作；六是筭緡；七是入粟補官；八是鑄赤側錢及輸、銅三官；九是告緡、治緡；十是送徒入財爲郎；十一是出牝馬課息；十二是置平準；十三是入粟補官、贖罪，給復。

〔八一〕張之象注曰：「尚書中候曰：『吕尚釣磻溪，得玉璜，刻曰：姬受命佐旌。』六韜曰：『文王卜田，史扁爲卜曰：于渭之陽，將大得焉，非熊非羆，非虎非狼，兆得公侯，天遺汝師。文王齋戒三日，田于渭陽，卒見吕尚，坐茅以漁。』武王曰：『勗哉夫子！尚桓桓，如虎如貔，如熊如羆，于商郊，弗迓克奔，以役西土。勗哉天子！』」

〔八二〕「渭」原作「淮」，不聞漢代於淮造渠以通漕運事，今據當時有關文獻訂正。漢書武帝紀：「元光六年春，穿漕渠通渭。」如淳曰：「水轉運曰漕。」又食貨志下：「鄭當時爲渭漕回遠，鑿漕直渠，自長安至華陰。」師古曰：「回，回繞也。」又見史記平準書。又溝洫志：「太始二年，趙中大夫白公復奏穿渠，引涇水，首起谷口，尾入櫟陽，注渭中，袤二百里，溉田四千五百餘頃，因名曰白渠。」由於涇、渭造渠通漕，並給關中地區農田灌溉創造了條件，故漢人常以涇、渭並提，漢書張禹傳：「及富貴，多買田至四百頃，皆涇、渭溉灌極膏腴上賈。」又司馬相如傳上子虚賦：「出入涇、渭。」又楊雄傳上河東賦：「涌渭躍涇。」

〔八三〕「東郭咸陽」原作「東郭偃」，今據張敦仁説校改。張云：「按云『東郭偃』者，誤也，前刺權篇云：『大農鹽、鐵丞咸陽、孔僅等。』後輕重篇云：『咸陽、孔僅增以鹽、鐵。』平準書、食貨志皆云：『於是以東郭咸陽、孔僅爲大農丞，領鹽、鐵事。』此或本作『東郭咸陽』，或本作『咸陽』，後人旁記『東郭』於旁，以致錯入，而又改去『咸陽』字。」

〔八四〕史記平準書：「孝景時，上郡以西旱，亦復脩賣爵令，而賤其價以招民；及徒復作，得輸粟縣官以除罪。……於是，大農陳藏錢經耗，賦稅既竭，猶不足以奉戰士。有司言，……議令民得買爵，及贖禁錮免減罪。諸置賞官，命曰武功爵，級十七萬，凡直三十餘萬金。諸買武功爵官首者，試補吏，先除，千夫如五大夫，其有罪又減二等，爵得至樂卿，以顯軍功，軍功多，用越等，大者封侯卿大夫，小者郎吏，吏道雜而多端，則官職耗廢。」又見漢書食貨志。漢書貢禹傳：「武帝始臨天下，尊賢用士，闢地廣境數千里，自見功大威行，遂從耆欲，用度不足，迺行壹切之變，使犯法者贖罪，入穀者補吏；是以天下奢侈，官亂民貧，盜賊並起，亡命者衆。郡國恐伏其誅，則擇便巧史書，習於計簿，能欺上府者，以爲右職；姦軌不勝，則取勇猛能操切百姓者，以苛暴威服下者，使居大位。故亡義而有財者顯於世，欺謾而善書者尊於朝，誖逆而勇猛者貴於官。故俗皆曰：何以孝弟爲，財多而光榮；何以禮義爲，史書而仕宦；何以謹慎爲，勇猛而臨官。故黥劓而髡鉗者，猶復攘臂爲政於世，行雖犬彘，家富勢足，目指氣使，是爲賢耳。

故謂居官而置富者爲雄桀，處姦而得利者爲壯士，兄勸其弟，父勉其子，俗之壞敗，迺至於是；察其所以然者，皆以犯法得贖罪，求士不得真賢，相、守崇財利，誅不行之所致也。」又蕭望之傳：「聞天漢四年，常使死罪人入五十萬錢，減死罪一等。豪彊吏民，請奪假貸，至爲盜賊以贖罪。其後，姦邪横暴，羣盜並起，至攻城邑，殺郡守，充滿山谷，吏不能禁；明詔遣繡衣使者以興兵擊之，誅者過半，然後衰止。愚以爲此使死罪贖之敗也。」涂本「敗」原誤作「敗」。

〔八五〕「兼」原作「無」，今據張敦仁説校改。張云：「按『無』當作『兼』，公爲上，私爲下，『兼』者，兼此二者也。」器案：張説是。園池篇云：「上下俱殫。」「上下俱衍。」輕重篇云：「上下俱足。」未通篇云：「上下交讓。」論勇篇、刑德篇云：「上下相遁。」論功篇云：「上下相使。」周秦篇云：「上下相殺。」語法與此正同，所謂兼、俱、交、相，都兼上下二者言之。「兼」與「無」形近而誤。

〔八六〕史記平準書：「百姓抏弊以巧法。」索隱：「按三蒼：『抏音五官反。』鄒氏又五亂反。按抏者耗也，消耗之名。言百姓貪弊，故行巧抵之法也。」漢書食貨志下：「百姓抏敝以巧法。」師古曰：「抏，訛也，謂摧挫也。巧法，爲巧詐以避法也。抏音五官反。」又吾丘壽王傳：「海内抏敝，巧詐並生。」師古曰：「抏、訛盡也，音五官反。」文選上林賦：「抏士卒之精。」郭璞注曰：「抏，損也。音翫。」文選四子講德論：「驚邊抏士，屢犯蒭蕘。」沈延銓本「抏」誤「抗」，華氏活字本又臆改爲「撫」。

〔八七〕墨子明鬼下：「凡殺不辜者，其得不祥，鬼神之誅，若此之憯速也。」憯急、憯速義同。

〔八八〕史記平準書：「自公孫弘以春秋之義繩臣下，取漢相，張湯用峻文決理爲廷尉，於是見知之法生，而廢格、沮誹窮治之獄用矣。」集解：「張晏曰：『吏見知不舉，劾爲故縱。』如淳曰：『廢格，廢格天子之法使不行也。」」索隱：「格，音閣，亦如字。按謂廢格天子之命而不行，及沮敗誹謗之者，皆被窮治，故云『廢格、沮誹之獄用矣』。」器案：史記酷吏傳：「趙禹與張湯論定諸律令，作見知，吏傳得相監司。」正義：「謂見罪、知有罪，皆須舉之。」漢書刑法志：「孝武招進張湯、趙禹之屬，條定法令，作見知、故縱、監臨部主之法。」又史記酷吏傳：「天子聞使杜式治，以爲廢格沮事。」集解：「漢書音義曰：『武帝使楊可主告緡，没入其財物，縱捕爲可使者，此爲廢格詔書、沮已成之事。』」索隱：「應劭曰：『沮敗已成之事。格音閣。』」

〔八九〕漢書杜周傳：「杜周，南陽杜衍人也。……周爲廷尉，其治大抵放張湯，而善候司，上所欲擠者，因而陷之，上所欲釋，久繫待問，而微見其冤狀。客有謂周曰：『君爲天下決平，不循三尺法，專以人主意指爲獄，獄者固如是乎？』周曰：『三尺安出哉？前主所是著爲律，後主所是疏爲令，當時爲是，何古之法乎？』至周爲廷尉，詔獄亦益多矣。……廷尉及中都官詔獄逮至六七萬人，吏所增加十有餘萬。周中廢，後爲執金吾，逐捕桑弘羊、衛皇后昆弟子刻深，上以爲盡力無私，遷爲御史大夫。」

〔九〇〕孫人和曰：「『咸宣』，史記酷吏列傳作『減宣』，故張之象本改『咸』爲『減』。（沈延銓本、金蟠本同。）然漢書酷吏傳作『咸宣』，百官公卿表：『元封元年，御史中丞咸宣爲左内史。』師古並曰：『咸音減省之減。』又表：『太初元年，故左内史咸宣爲右扶風。』並作『咸』。是『咸』、『減』古通，毋煩改作。急就篇卷二：『減罷軍。』顏注云：『減氏之先爲晉公族大夫，驪姬之難，晉廢公族，因謂其人爲減氏。減者，省也。漢有減宣。』」案漢書酷吏傳：「咸宣，楊人也。……官事辦，稍遷至御史及丞，使治主父偃及淮南反獄，所以微文深詆，殺者甚衆，稱爲敢決疑。」

〔九一〕峻文決理，就是以深文決斷刑理，見上注〔八六〕引平準書。漢書翟方進傳：「峻文深詆。」又酷吏傳：

「微文深詆。」義並同。

〔九二〕漢書酷吏傳:「王温舒,陽陵人也。……以治獄至廷尉史,事張湯,遷爲御史,督盜賊,殺傷甚多。稍遷至廣平都尉,擇郡中豪敢往吏十餘人爲爪牙,皆把其陰重罪,而縱使督責盜,快其意所欲得,此人雖有百罪弗法,即有避回,夷之亦滅宗。……上聞,遷爲河内太守。……部吏如居廣平時。方略捕郡中豪猾,相連坐千餘家。上書請大者至族,小者乃死,家盡没入償臧。奏行不過二日,得可事論報,至流血十餘里。河内皆怪其奏,以爲神速。盡十二月,郡中無犬吠之盜,其頗不得失之,旁郡追求。會春,温舒頓足歎曰:『嗟乎! 令冬月益展一月,卒吾事矣。』其好殺行威,不愛人如此。」

〔九三〕史記酷吏傳:「是時,趙禹、張湯以深刻爲九卿矣,然其治尚寬,輔法而行,而縱以鷹擊毛摯爲治。」集解:「徐廣曰:『鷙鳥將擊必張羽毛也。』」漢書酷吏義縱傳:「義縱爲定襄太守,郡中不寒而栗。……縱以鷹擊爲治。」師古曰:「言如鷹隼之擊,奮毛羽,執取飛鳥也。」又史記酷吏傳:「郅都獨先嚴酷,致行法不避貴戚,列侯宗室,見都側目而視,號曰蒼鷹。」

〔九四〕論語先進篇:「所謂大臣者,以道事君,不可則止。」

〔九五〕荀子臣道篇:「偷合苟容,以持禄養交而已耳,謂之國賊。」史記白起王翦列傳:「太史公曰:『偷合取容,以至圽(没)身。』」偷合,即苟合也,詳論儒篇注〔二八〕。

〔九六〕通典卷十七選舉五雜議論中載劉秩論:「逮至(漢孝武帝。)晚歲,務立功名,鋭意四夷,故權譎(北宋本誤「調」。)之謀設,荆、楚之士進,軍旅相繼,官用不足,是以聚斂計料之政生,設險興利之臣起。番係嚴熊羆等經淮作渠,(北宋本作「番係嚴熊羆等經淮造渠」,俱有訛衍。)以通漕運。東郭偃、孔僅建鹽鐵諸利策，富者冒爵射官，免刑除罪，公用彌多，而請官者循私，（北宋本作「而爲官者徇私」。）上下並求，百姓不堪，刓弊故巧法。慘急之臣進，而見知、廢格之法。杜周、臧宣之屬，以峻文決理貴，而王溫舒之徒，以鷹擊敢殺彰。而法先王之術、習俎豆之容者，無所任用。」即據鹽鐵論爲言，兩唐書劉秩傳無文，今據寒齋藏明倫以訓刻本，而以北宋本校其異同焉。

論儒*第十一

御史曰：「文學祖述〔一〕仲尼，稱誦〔二〕其德，以爲自古及今，未之有也。然孔子脩道魯、衛〔三〕之間，教化洙、泗上之〔四〕，弟子不爲變，當世不爲治，魯國之削滋甚〔五〕。齊宣王褒儒尊學，孟軻〔六〕、淳于髡之徒，受上大夫〔七〕之禄，不任職而論國事〔八〕，蓋齊稷下先生千有餘人〔九〕。當此之時，非一公孫弘也。弱燕攻齊，長驅至臨淄，湣王遁逃，死於莒而不能救〔一〇〕；王建禽於秦，與之俱虜而不能存。若此，儒者之安國尊君，未始有效也。」

文學曰：「無鞭策，雖造父〔一一〕不能〔一二〕調駟馬。無勢位〔一三〕，既舜、禹不能治萬民。孔子曰：『鳳鳥不至，河不出圖，吾已矣夫〔一四〕！』故軺車〔一五〕良馬，無以馳之；聖德仁義，無所施之。齊威、宣之時，顯〔一六〕賢進士，國家富强，威行敵國。及湣王，奮二世之餘烈〔一七〕，南舉楚、淮，北并巨宋，苞十二國〔一八〕，西摧三晉〔一九〕，卻彊秦，五國賓從，鄒、魯之君，泗上諸侯皆入臣。矜功不休，百姓不堪。諸儒諫不從〔二〇〕，各分散，慎到、捷子〔二一〕亡去，田駢如薛〔二二〕，而孫卿適楚〔二三〕。内無良臣，故諸侯合謀而伐之。王建聽流説〔二四〕，信反間〔二五〕，用后勝之計〔二六〕，不與諸侯從親，以亡國。爲秦所禽，不亦宜乎？」

御史曰：「伊尹以割烹事湯〔二七〕，百里以飯牛要穆公，始爲苟合〔二八〕，信然〔二九〕與之霸王〔三〇〕。如此，何言不從？何道不行？故商君以王道説孝公〔三一〕，不用，即以彊國之道，卒以就功。鄒子以儒術干世主，不用，即以變化始終之論〔三二〕，卒以顯名。故馬效千里，不必胡、代；士貴成功，不必文辭。孟軻守舊術〔三三〕，不知世務，故困於梁、宋〔三四〕。孔子能方不能圓〔三五〕，故飢於黎丘〔三六〕。今晚世〔三七〕之儒勤德，時有乏匱，言以爲非，困〔三八〕此不行。自周室以來，千有餘歲，獨有文、武、成、康，如言必參一焉〔三九〕，取所不能及而稱之，猶躄者能言遠不能行也〔四〇〕。聖人異塗同歸〔四一〕，或行或止，其趣一也〔四二〕。商君雖革法改教，志存於彊國利民。鄒子之作，變化之術，亦歸於仁義〔四三〕。祭仲自貶損以行權〔四四〕，時也。故小枉大直，君子爲之〔四五〕。今硜硜然〔四六〕守一道，引尾生〔四七〕之意，即晉文之譎〔四八〕諸侯以尊周室不足道，而管仲蒙恥辱以存亡〔四九〕不足稱也。」

文學曰：「伊尹之干湯，知聖主也。百里之歸秦，知明君也。二君之能知霸主，其冊〔五〇〕素形於己，非暗而以冥冥決事也〔五一〕。孔子曰：『名不正則言不順，言不順則事不成〔五二〕。』如何其苟合而以成霸王也？君子執德〔五三〕秉義而行，故造次必於是，顛沛必於是〔五四〕。孟子曰：『居今之朝，不易其俗，而成千乘之勢，不能一朝居也〔五五〕。』寧窮饑居於陋巷〔五六〕，安能變己而從俗化〔五七〕？闔廬殺僚，公子札去而之延陵，終身不入吴國〔五八〕。魯公殺子赤，叔眄〔五九〕退而隱處，不食其禄〔六〇〕。虧義得尊，枉道取容，効死〔六一〕不爲也。聞正道不行，釋事而退，未聞枉道以求容也。」

御史曰：「論語〔六二〕：『親於其身爲不善者，君子不入也〔六三〕。』有是言而行不足從也。季氏爲無道，逐其君〔六四〕，奪其政，而冉求、仲由臣焉。禮：男女不授受〔六五〕，不交爵。孔子適衛，因嬖臣〔六六〕彌子瑕以見衛夫人〔六七〕，子路不説。子瑕，佞臣〔六八〕也，夫子因之，非正也。男女不交，孔子見南子〔六九〕，非禮也。禮義由孔氏〔七〇〕，且貶道以求容，惡在其釋事而退也？」

文學曰：「天下不平，庶國不寧，明王之憂也。上無天子，下無方伯〔七一〕，天下煩亂，賢聖之憂也。是以堯憂洪水，伊尹憂民，管仲束縛〔七二〕，孔子周流〔七三〕，憂百姓之禍而欲安其危也。是以負鼎俎、囚拘、匍匐以救之〔七四〕。故追亡者趨，拯溺者濡〔七五〕。今民陷溝壑〔七六〕，雖欲無濡，豈得已哉？」

御史默不對。

* 春秋末期，奴隸制走向滅亡，封建制日益興起，在社會大變動的推動下，文化思想領域裏，出現了一個「百家争鳴」的局面，「各思以其道易天下」，較有影響的爲「九流十家」。所謂儒家，就是「九流十家」中的一家。「孔子修成、康之道，述周公之訓，以教七十子，使服其衣冠，脩其篇籍，故儒者之學生焉。」（淮南子要略）由孔丘所創立的儒家學派，曾經打入了所謂「顯學」（韓非子顯學篇）的行列。到了秦始皇統一天下，「焚書坑儒」，給予儒家以沉重打擊。漢承秦制，尊法賤儒，但也不是完全如董仲舒所説的「獨任執法之吏」（漢書董仲舒傳）。隨着漢景帝平定了「清君側」的吴、楚七國之亂，漢武帝平定了「修文學」的淮南、衡山之亂，中央集權逐步鞏固起來。漢武帝時，「海内艾安，府庫充實，而四夷未賓，制度多闕，上方欲用文武，求之如弗及」（漢書公孫弘卜式兒寬傳贊）。漢武帝就接受了董仲舒「推明孔氏，抑黜百家」（漢書董仲舒傳）的建議，這就發出了儒家歷史地位逐漸發生變化的信號。因之，在漢昭帝始元六年，也就是漢武帝死後才六年，就大張旗鼓地召集了這次全國性的鹽、鐵會議。會議雖然是討論鹽、鐵問題，但其中有純儒和反純儒之争。

論儒是歷史上第一次對孔丘、孟軻進行的批判。論戰一開始，文學們以純儒的觀點「祖述仲尼，稱頌其德，以爲自古及今，未之有也」，以孔、孟之道爲「憂百姓之禍而欲安其危」的「治國平天下」之道。御史、大夫持反純儒的觀點，指出：「儒者之安國尊君，未始有效。」「孟軻守舊術，不知世務。」因而不合時宜。

〔一〕禮記中庸：「仲尼祖述堯、舜，憲章文、武。」漢書藝文志：「儒家者流，……，祖述堯、舜，憲章文、武，宗師仲尼。」師古曰：「祖，始也；述，修也。……言以堯、舜爲本始而遵修之。」

〔二〕沈延銓本「誦」作「頌」。

〔三〕張之象本、沈延銓本、金蟠本「魯、衛」作「齊、魯」。

〔四〕禮記檀弓上：「吾與女事夫子於洙、泗之間。」鄭玄注：「洙、泗，魯水名。」

〔五〕孟子告子下：「魯繆公之時，公儀子爲政，子柳、子思爲臣，魯之削也滋甚。」淮南子齊俗篇：「魯國服儒者之禮，行孔子之術，地削名卑，不能親近來遠。……魯治禮而削，知禮而不知體也。」

〔六〕史記田完世家脱「孟軻」二字，臧庸拜經日記十謂當據此補。説本楊樹達。

〔七〕論語鄉黨篇：「朝與上大夫言，闇闇如也。」皇侃義疏：「上大夫，卿也。」

〔八〕此蓋當時客卿之待遇。

〔九〕史記田完世家：「宣王喜文學遊説之士，自如騶衍、淳于髡、田駢、接予、慎到、環淵之徒七十六人，皆賜列第爲上大夫，不治而議論，是以齊稷下學士復盛，且數百千人。」風俗通義窮通篇：「齊威、宣之時，聚天下賢士於稷下，尊寵之，若鄒衍、田駢、淳于髡之屬甚衆，號曰列大夫，皆世所稱，咸作書以刺世。」

〔一〇〕史記田敬仲完世家：「燕、秦、楚、三晉合謀，各出鋭師以伐，敗我濟西，王解而卻，燕將樂毅遂入臨淄，盡取齊之寶藏器。湣王出亡之衛，衛君辟宫舍之，稱臣而共具，湣王不遜，衛人侵之。湣王去走鄒、魯，有驕色，鄒、魯弗内，遂走莒。楚使淖齒將兵救齊，因相齊湣王，淖齒遂殺齊湣王。」

〔一一〕史記秦本紀：「衡父生造父，造父以善御幸於周繆王。」

〔一二〕御覽三五九引「能」下有「以」字，下句同。

〔一三〕「勢」原作「世」，張之象本、沈延銓本、金蟠本、楊沂孫校本及御覽三五九引作「勢」，今據改。本書貧富篇：「況以勢位求之者乎？」是本書作「勢位」之證。慎子威德篇：「堯爲匹夫，不能使其鄰家，至南面而王，則令行禁止。由此觀之，賢不足以服不肖，而勢位足以屈賢矣。」即此文所本。韓非子功名篇：「明君之所以立功成名者四，……四曰勢位。」又難勢篇引慎子：「吾以此知勢位之足恃，而賢智之不足慕也。」韓詩外傳一：「名號傳乎世者，不待勢位而顯。」這些都是以「勢位」連文。「勢位」就是權勢祿位的意思。

〔一四〕論語子罕篇文。皇侃義疏：「聖人王，則有龍馬及神龜負應王之圖書，從河而出，爲瑞也。如龍圖授伏犧，龜書畀姒禹也。」

〔一五〕漢書食貨志下注：「軺，小車也。」

〔一六〕「宣」上原無「威」字，「顯」上原有「不」字，今據張敦仁說補、删。張云：「按『宣』上當有『威』字，『顯』上當無『不』字。下文云：『及湣王奮二世之餘烈。』『二世』者，威也宣也，『餘烈』者，『顯賢進士』也，今本脱衍不可通。」器案：漢書儒林傳：「至於威、宣之際，孟子、孫卿之列，咸遵夫子之業而潤色之，以學顯於當世。」鄧展曰：「威、宣，齊二王。」此即張説所本。

〔一七〕史記陳涉世家：「奮六世之餘烈。」此文本之，涂本「奮」作「奪」，誤。漢書地理志下：「士有申子、韓非刻害餘烈。」師古曰：「烈，業也。」

〔一八〕戰國策齊策下：「今大王之所從十二諸侯，非宋、衛也，則鄒、魯、陳、蔡。」又楚策：「舉宋而東指，則泗上十二諸侯，盡王之有也。……若夫泗上十二諸侯，左縈而右拂之，可一旦而盡也。」淮南子齊俗篇：「泗上十二諸侯，皆率九夷以朝。」史記田敬仲完世家：「泗上十二諸侯皆來朝。」索隱：「邾、莒、宋、魯之比。」又張儀傳索隱：「謂邊近泗水之側，當戰國之時，有十二諸侯，宋、魯、邾、莒之比也。」通鑑注：「泗水出魯國卞縣西南，至方與入沛，宋、魯、鄒、滕、薛、郳等國國於其間。」器案：此言泗上諸侯，猶春秋左傳桓公六年言「漢東之國」也。戰國策秦策上：「楚包九夷。」李斯諫逐客書：「包九夷。」「包」字用法與此同。

〔一九〕漢書地理志下：「晉文公後十六世，爲韓、趙、魏所滅，三家皆自立爲諸侯，是爲三晉。」通鑑注一：「三家分晉國，時因謂之三晉，猶後之三秦、三齊也。」

〔二〇〕荀子彊國篇有荀卿子説齊相文，當是荀子諫齊語。

〔二一〕張敦仁曰：「拾補改『子』爲『予』。按漢書古今人表中：『捷子。』藝文志：『道家，捷子二篇，齊人。』史記孟荀列傳：『接子，齊人。』索隱云：『接子，古著書人之稱號。』（「捷」、「接」同字。）皆作『子』。唯田敬仲世家作『予』，乃譌字，而盧誤據之也。」

〔二二〕淮南子人間篇：「唐子短陳駢子於齊威王，威王欲殺之，陳駢子與其屬出亡奔薛。」「陳駢」就是「田駢」。漢書藝文志：「道家，田子二十五篇。」原注：「名駢，齊人，遊稷下，號『天口駢』。」

〔二三〕史記荀卿傳：「荀卿，趙人，年五十，始來遊學於齊。……田駢之屬皆已死。齊襄王時，而荀卿最爲老師，齊尚脩列大夫之缺，而荀卿三爲祭酒焉。齊人或讒荀卿，荀卿乃適楚。」荀悦前漢紀卷十六：「忠順不失，夙夜匪懈，順理處和，以輔上德，是謂良臣。」

〔二四〕本書相刺篇：「牽於流説。」荀子致仕篇：「流言流説，流事流謀。」注：「流者，無根源之謂。」

〔二五〕周禮秋官士師職：「掌士之八成，……三曰邦諜。」注：「爲異國反間。」賈公彦疏：「異國欲來侵伐，先遣人往閒候，取其委曲，反來説之，其言諜諜然，故謂之邦諜。用兵之策，勿善於此。故孫子兵法云：『興師十萬，日費千金，内外騷動，以争一日之勝，而受爵禄金寶於人者，非民之將，故三軍之事，莫密於反間。殷之興也，伊摯在夏，周之興也，吕牙在殷，唯聖賢將能用間以成此兵之要者也。』」

〔二六〕風俗通義皇霸篇：「到王建，用后勝之計，又賓客多受秦金，勸王朝秦，不修戰備，秦兵平步入臨淄，民無敢格者，遷王建於共。」

〔二七〕孟子萬章上：「伊尹以割烹要湯。」

〔二八〕陸賈新語辨惑篇：「行不敢苟合，言不爲苟容。」文選報任少卿書：「苟合取容。」又離騷注：「偷，苟也。」

〔二九〕黄季剛曰：「然，乃也。」郭沫若讀「然」爲「然後」。

〔三〇〕史記孟荀列傳：「伊尹負鼎，而勉湯以王，百里奚飯牛車下，而繆公用霸，作先合，然後引之大道。」即此文所本。説本楊樹達。

〔三一〕漢書叙傳答賓戲：「商鞅挾三術以鑽孝公。」應劭曰：「王霸、富國、强兵，爲三術也。」師古曰：「王，一也；霸，二也；富國强兵，三也。」

〔三二〕詳後論鄒篇。

〔三三〕孟子滕文公上：「孟子道性善，言必稱堯、舜。」又滕文公下：「吾爲此懼，閑先聖之道，距楊、墨，放淫辭……以承三聖者。」三聖謂夏禹、周公、孔子也。史記孟子傳：「孟軻乃述唐、虞三代之德，是以所如者不合。」

〔三四〕史記孟荀傳：「孟軻困於齊、梁。」

〔三五〕論衡狀留篇：「且圓物投之于地，東西南北，無之不可。……方物集地，一投而止。……賢儒，世之方物也。」南齊書沈憲傳：「此人方圓可施。」言其能隨方就圓也。

〔三六〕蔣超伯南漘楛語二：「爾雅釋丘：『淮南有州黎丘。』注：『今在壽春縣。』劉端臨經傳小記云：『鹽鐵論：孔子能方不能圓，故飢於黎丘。即此。蓋哀公二年，蔡遷於州來，州來即州黎。孔子自陳適蔡，絶糧于是。』郝疏亦以劉説爲允。」器案：吕氏春秋疑似篇：「梁北有黎丘部。」太平寰宇記以爲在河南虞城縣北，應當就是孔子絶糧的地方。

〔三七〕「晚世」，猶言近世，淮南子氾論篇：「晚世之兵。」又覽冥篇注：「晚世，春秋之後，戰國之末。」

〔三八〕正嘉本、倪邦彦本、太玄書室本、張之象本、沈延銓本、金蟠本、楊沂孫校本「困」作「因」。

〔三九〕「參一」，謂參考往事，而定於一。莊子齊物論：「參萬歲而一成純。」「參」「一」字用法與此正同。

〔四〇〕淮南子説山篇：「寇難至，躄者告盲者，負而走，兩人皆活，得其所能也。」

〔四一〕周易繫辭：「天下同歸而殊塗。」

〔四二〕孟子告子下：「三子者，不同道，其趨一也。」趙岐注：「此三人雖異道，所履則一也。」

〔四三〕史記孟荀傳：「騶衍覩有國者益淫侈，不能尚德，若大雅整之於身，施及黎庶矣，乃深觀陰陽消息，而作怪迂之變，終始大聖之篇，十餘萬言。其語閎大不經，……然要其歸，必止乎仁義節儉。」鄒子即騶衍。

〔四四〕張之象、金蟠注曰:「公羊傳曰:『祭仲者何? 鄭相也。先鄭伯有善乎鄶公者,通乎夫人,以取其國而遷鄭焉,而野留。莊公死,已葬,祭仲將往省於留,塗出於宋,宋人執之,謂之曰:爲我出忽而立突。祭仲不從其言,則君必死,國必亡;從其言,則君可以生易死,國可以存易亡。少遼緩之,則突可故出,而忽可故反,然後有鄭國。古人之有權者,祭仲也。』」

〔四五〕御覽八三〇引尸子:「孔子曰:『詘寸而信(原誤「倍」,今改。)尺,小枉而大直,吾爲之也。』」淮南子氾論篇:「詘寸而伸尺,聖人爲之;小枉而大直,君子行之。」説略本楊樹達。

〔四六〕論語子路篇:「硜硜然,小人哉。」皇侃義疏:「硜硜,堅正難移之貌也。」又憲問篇:「鄙哉硜硜乎。」何晏注:「此硜硜,徒信己而已。」

〔四七〕淮南子氾論篇:「尾生與婦人期而死之。」高誘注:「尾生,魯人,與婦人期於梁下,水至溺死也。」漢書陳平傳:「今有尾生、孝己之行。」師古曰:「尾生,古之信士,一説即微生高。」

〔四八〕論語憲問篇:「晉文公譎而不正。」何晏集解:「鄭玄曰:『譎者,詐也,謂召於天子,而使諸侯朝之。仲尼曰:以臣召君,不可以訓,故書曰天王狩于河陽。是譎而不正也。』」

〔四九〕漢書韋賢傳:「春秋紀齊桓南伐楚,北伐山戎。孔子曰:『微管仲,吾其被髮左衽矣。』是故棄桓之過而録其功,以爲伯首。」公羊傳僖公十七年:「桓公嘗有繼絶存亡之功。」何休注:「存邢、衛、杞。」淮南子泰族篇:「管子憂周室之卑,諸侯之力征,夷、狄伐中國,民不得寧處,故蒙恥辱而不死,將欲以憂夷、狄之患,平夷、狄之亂也。」

〔五〇〕「册」通「策」。沈延銓本作「策」。

〔五一〕戰國策趙策上：「豈空揜于衆人之言，而以冥冥決事也。」又見史記蘇秦傳，此文本之。文選江淹擬雜詩注：「冥冥，闇昧貌。」

〔五二〕論語子路篇文。

〔五三〕漢書成紀：「詔曰：『朕執德不固。』」

〔五四〕論語里仁篇：「君子無終食之間違仁，造次必於是，顛沛必於是。」集解：「馬融曰：『造次，急遽也。顛沛，僵仆也。』」

〔五五〕語本孟子告子下，困學紀聞八：「鹽鐵論引孟子曰：『居今之朝，不易其俗，而成千乘之勢，不能一朝居也。』又云：『今之士，今之大夫，皆罪人也。』又云：『王者與人同，而如彼者，居使然也。』與今本不同。」翁元圻注曰：「案程大昌考古編：『孝經曰：富貴不離其身，然後能保其社稷。後漢詔引其語，除去不字，或疑東漢近古。』其語近是。今觀鹽鐵論文學所引孟子乃曰：『居今之朝，不易其俗，而成千乘之勢，不能一朝居。』與今孟子文意皆大異。蓋當時借其語爲證，或不盡循其故。不可便謂鹽鐵論爲漢語，而非今孟子之傳也。」

〔五六〕論語雍也篇：「子曰：『賢哉回也！一簞食，一瓢飲，在陋巷，人不堪其憂，回也不改其樂，賢哉回也！』」劉寶楠正義：「説文云：『陋，阨陜也。』陜與狹同。顏子家貧，所居陋狹，故曰陋巷。古人稱巷有二義，里中道謂之巷，人所居亦謂之巷，顏子陋巷，即儒行所云『一畝之宫，環堵之室』，解者以爲街巷之巷，非也。」楊雄解嘲：「或枉千乘於陋巷。」

〔五七〕張之象本、沈延銓本、金蟠本「化」作「也」。

〔五八〕公羊傳襄公二十九年：「僚者，長庶也，即之。季子使而反，至而君之爾。闔廬曰：『先君之所以不與子國而與弟者，凡爲季子故也。將從先君之命與？則國宜之季子者也；如不從先君之命與？則我宜立者也。僚惡得爲君乎？』於是使專諸刺僚，而致國乎季子。季子不受，曰：『爾弑吾君，吾受爾國，是吾與爾爲篡也。爾殺吾兄，吾又殺爾，是父子兄弟相殺，終身無已也。』去之延陵，終身不入吳國。」

〔五九〕華氏活字本、毛扆校本「眄」作「肸」，與公羊傳、穀梁傳及新序節士篇合。

〔六〇〕穀梁傳宣公十七年：「冬十有一月壬午，公弟叔肸卒。其曰公弟叔肸，賢之也。其賢之何也？宣弑而非之也。非之則胡爲不去也？曰兄弟也，何去而之？與之財，則曰我足矣。織屨而食，終身不食宣公之食。」范甯集解：「宣公殺子赤，叔肸非責之。」

〔六一〕漢書蘇武傳：「效死於前。」師古曰：「效，致也。」文選求自試表：「志在效命。」集注：「鈔曰：『效，猶致也。』」

〔六二〕張之象本、沈延銓本、金蟠本「語」下有「云」字。

〔六三〕論語陽貨篇文。

〔六四〕史記魯周公世家：「昭公九月戊戌，伐季氏遂入，平子登臺請曰：『君以讒不察臣罪誅之，請遷沂上。』弗許，『請囚於鄪。』弗許，『請以五乘亡。』弗許。子家駒曰：『君其許之！政自季氏久矣，爲徒者衆，衆將合謀。』弗聽。郈氏曰：『必殺之。』叔孫氏之臣戾謂其衆曰：『無季氏，與有孰利？』皆曰：『無季氏，是無叔孫氏。』戾曰：『然救季氏。』遂敗公師。孟懿子聞叔孫氏勝，亦殺郈昭伯。郈昭伯爲公使，故孟氏得之。三家共伐公，公遂奔。」

〔六五〕「授」下原無「受」字，張之象本、沈延銓本、金蟠本有，今據補。禮記坊記：「禮，非祭，男女不交爵。」又：「故男女授受不親。」鄭玄注：「不親者，不以手相與也。交爵，謂相獻酢。」孟子離婁上：「男女授受不親。」

〔六六〕荀悦前漢紀卷十六：「便辟苟容，順意從諛，是謂嬖臣。」

〔六七〕論語雍也篇：「子見南子，子路不説。」「南子」就是「衛夫人」。衛夫人之稱南子，或許和南威、南后（鄭褎）的「南」字有關。

〔六八〕荀悦前漢紀卷十六：「傾險讒害，誣下惑上，專權擅寵，唯利是務，是謂佞臣。」

〔六九〕吕氏春秋貴因篇：「孔子道彌子瑕見釐夫人，因也。」高誘注：「或云釐爲南子謚。然據其行，不可謚爲釐。」淮南子泰族篇：「孔子欲行王道，東西南北，七十説而無所偶，故因衛夫人、彌子瑕，而欲通其道。」許慎注：「衛夫人，衛靈公夫人南子也。彌子瑕，衛之嬖臣。」

〔七〇〕盧文弨曰：「『氏』下當有『出』字。」案：孟子梁惠王下：「禮義由賢者出。」此盧説所本。張之象本、沈延銓本、金蟠本有「出」字。

〔七一〕「上無天子，下無方伯」，公羊傳莊公四年、僖公元年、又二年、又十四年、宣公十一年都有此文。莊公四年何休注：「有而無益於治曰無，猶易曰：『闃其無人。』」又案：淮南子要略篇、韓詩外傳九、白虎通誅伐篇、説苑修文篇俱有此文。

〔七二〕韓非子難一篇：「桓公解管仲之束縛而相之。」淮南子修務篇：「管仲束縛。」高誘注：「管仲傅相齊公子糾，不死子糾之難而奔魯，束縛以歸，齊桓公用之而伯也。」

〔七三〕呂氏春秋遇合篇：「孔子周流海内，再干世主。」論衡儒增篇：「孔子不能容於世，周流游説七十餘國，未嘗得安。」後漢書范升傳：「孔子尚周流游觀，至於知命，自衛反魯，乃正雅、頌。」又逸民梁鴻傳：「纘仲尼兮周流。」文選羽獵賦注：「周流，周匝流行也。」

〔七四〕韓詩外傳五：「孔子抱聖人之心，彷徨乎道德之域，逍遥乎無形之鄉，倚天理，觀人情，明終始，知得失，故興義厭勢利以持養之。於時，周室微，王道絶，諸侯力征，强劫弱，衆暴寡，百姓靡安，莫之紀綱，禮義廢壞，人倫不理。於是孔子自東自西，自南自北，匍匐救之。」案：詩經邶風谷風：「凡民有喪，匍匐救之。」鄭箋：「言盡力也。」孔穎達正義：「問喪注云：『匍匐猶顛蹷。』」禮記孔子閒居：「凡民有喪，匍匐救之。」孔穎達正義：「言凡人之家有死喪，鄰里匍匐往救助之。」説略本楊樹達。

〔七五〕呂氏春秋舉難篇：「救溺者濡，追逃者趨。」

〔七六〕孟子梁惠王下：「老弱轉於溝壑。」國語吴語：「將轉於溝壑。」注：「轉，入也。」

憂邊*第十二

大夫曰：「文學言：『天下不平，庶國不寧，明王之憂也。』故王者之於天下，猶一室之中也，有一人不得其所，則謂〔一〕之不樂〔二〕。故民流〔三〕溺而弗救，非惠君也。國家有難而不憂，非忠臣也。夫守節死難者，人臣之職也；衣食饑寒者，慈父之道也。今子弟遠勞於〔四〕外，人主爲之夙夜不寧，羣臣盡力畢議〔五〕，册滋〔六〕國用。故少府丞令請建酒榷，以贍邊，給戰士〔七〕，拯民於難也。爲人父兄者，豈可以已乎！內省衣食以䘏〔八〕在外者，猶未足，今又欲罷諸用，減奉邊之費，未可爲慈父賢兄也。」

文學曰：「周之季末〔九〕，天子微弱，諸侯力政〔一〇〕，故國君不安，謀臣奔馳。何者？敵國衆而社稷危也。今九州同域，天下一統〔一一〕，陛下優遊巖廊〔一二〕，覽羣臣極言至論〔一三〕，內詠雅、頌〔一四〕，外鳴和鑾〔一五〕，純德〔一六〕粲然，並於唐、虞，功烈〔一七〕流於子孫。夫蠻、貊之人，不食之地〔一八〕，何足以煩慮，而有戰國之憂哉？若陛下不棄，加之以德，施之以惠〔一九〕，北夷必內向，款塞〔二〇〕自至，然後以爲胡制於外臣〔二一〕，即匈奴没齒〔二二〕不食其所用矣〔二三〕。」

大夫曰：「聖主思中國之未寧，北邊之未安，使故廷尉評等問人間所疾苦〔二四〕，拯䘏貧賤，周贍不足。羣臣〔二五〕所宣明王之德，安宇內〔二六〕者，未得其紀〔二七〕，故問諸生。諸生議不干天則入淵〔二八〕，乃欲以閭里之治，而況國家之大事，亦不幾〔二九〕矣！發於畎畝〔三〇〕，出於窮巷，不知冰水之寒，若醉而新寤，殊不足與言也。」

文學曰：「夫欲安民富國之道，在於反本，本立而道生〔三一〕。順天之理，因地之利，即不勞而功成。夫不修其源而事其流，無本以統之，雖竭精神，盡思慮，無益於治。欲安之適足以危之，欲救之適足以敗之。夫治亂之端，在於本末而已，不至〔三二〕勞其心而道可得也。孔子曰：『不通於論者難於言治，道不同者，不與相謀〔三三〕。』今公卿意有所倚〔三四〕，故文學之言，不可用也。」

大夫曰：「吾聞爲人臣者盡忠以順職，爲人子者致孝以承業。君有非，則臣覆蓋之。父有非，則子匿逃之〔三五〕。故君薨，臣不變君之政，父没，則子不改父之道也〔三六〕。春秋譏毁泉臺，爲其隳先祖之所爲，而揚君父之惡也〔三七〕。今鹽、鐵、均輸，所從來久矣〔三八〕，而欲罷之，得無害先帝之功，而妨聖主之德乎？有司倚於忠孝之路，是道殊而不同於文學之謀也。」

文學曰：「明者因時而變，知者隨世而制〔三九〕。孔子曰：『麻冕，禮也，今也純，儉，吾從衆〔四〇〕。』故聖人上賢不離古，順俗而不偏宜。魯定公序昭穆，順祖禰〔四一〕，昭公廢卿士，以省事節用〔四二〕，不可謂變祖之所爲，而改父之道也？二世充大阿房以崇緒〔四三〕，趙高增累〔四四〕秦法以廣威〔四五〕，而未可謂忠臣孝子也。」

* 西漢王朝，自從劉邦建立封建制中央集權的政權以來，北方不斷對中原地區進行侵擾，嚴重地威脅着漢王朝的封建統治和中原地區人民的安全。西漢王朝自開國以來，就把憂邊問題作爲國家的頭等大事來

考慮。漢武帝即位以後，來自北方的威脅依然存在，「兵連禍結，三十餘年」（漢書匈奴傳下嚴尤語），爲了鞏固西漢王朝中央集權的封建統治，保證中原地區人民的安全，採取了「興鹽、鐵，設酒榷，置均輸，蕃貨長財，以佐助邊費」（本議篇）的措施。本篇所叙的是賢良和文學對此問題的争論。

〔一〕王先謙曰：「盧云：『當作爲，謂譌。』案『謂』、『爲』古通，非譌字。」

〔二〕説苑貴德篇：「故聖人之於天下也，譬猶一堂之上也，今有滿堂飲酒者，有一人獨索然向隅而泣，則一堂之人皆不樂矣。聖人之於天下也，譬猶一堂之上也，有一人不得其所者，則孝子不敢以其物薦進。」（又見立節篇）漢書刑法志：「古人有言曰：『滿堂而飲酒，有一人鄉隅而悲泣，則一堂皆爲之不樂。』王者之於天下，譬猶一堂之上也，故一人不得其平，爲之悽愴於心。」

〔三〕「流」下原有「沈」字，今據王先謙説校删。王云：「『沈』字當删，『流』、『沈』字古書通用。疑本作『流溺』，後人改注『沈』字於下，遂兩存之。」

〔四〕「勞於」原作「於勞」，今從孫詒讓、黄季剛、郭沫若説乙正。

〔五〕漢書鄒陽傳：「今臣盡智畢議，……畢議願知。」張晏曰：「盡其計議，願王知之。」又嚴助傳：「愛身之死，而不畢其愚。」師古曰：「畢，盡也，盡言其愚也。」又東方朔傳：「非有先生論：『發憤畢誠。』」師古曰：「畢，盡也。」漢書叙傳：「王命論：『英雄陳力，羣策畢舉。』」後誅秦篇：「靡不畢至。」義同。

〔六〕張之象本、沈延銓本、金蟠本「滋」作「兹」，古通。漢書項籍傳：「諸侯並起兹益多。」史記項羽本紀「兹」作「滋」。漢書匈奴傳上：「兹欲鄉和親。」師古曰：「兹，益也。」即借「兹」爲「滋」。

〔七〕漢書賈捐之傳：「造鹽、鐵、酒榷之利，以佐用度，猶不能足。」

〔八〕張之象本、沈延銓本、金蟠本「卹」作「恤」，古通。詩唐風羔裘序：「不卹其民也。」釋文：「本或作『恤』。」

〔九〕「季末」就是季世或末世的意思。後漢書黨錮傳序：「叔末澆訛，王道陵缺。」注：「叔末，猶季末也。」國語晉語注：「季，末也。」

〔一〇〕商君書開塞篇：「力征諸侯者退德。」漢書五行志七中之下：「京房易傳曰：『天子弱，諸侯力政。』」師古曰：「政亦征也。言專以武力相征討。」又藝文志：「王道既微，諸侯力政。」又游俠傳：「陵夷至於戰國，合從連横，力政爭彊。」師古曰：「力政者，棄背禮義，專任威力也。」又兩粵傳：「諸侯力政。」師古曰：「力政，謂以兵力相加也。」

〔一一〕後繇役篇：「今中國爲一統。」史記秦始皇本紀：「法令由一統。……今海内賴陛下神靈，一統皆爲郡縣。」又李斯傳：「足以滅諸侯，成帝業，爲天下一統。」漢書董仲舒傳：「春秋大一統者，天地之常經，古今之通誼也。」師古曰：「一統者，萬物之統，皆歸於一也。春秋公羊傳隱公元年：『春，王正月。何言乎王正月？大一統也。』此言諸侯皆繫統天子，不得自專也。」又王吉傳：「春秋所以大一統者，六合同風，九州共貫也。」義俱同。又本書錯幣篇：「故統一，則民不二也。」復古篇、輕重篇：「統一鹽鐵。」「統一」與「一統」義同。

〔一二〕淮南子本經篇：「與一世而優游。」高誘注：「優游，猶委從也。」漢書兒寬傳：「今將舉大事，優游數年。」又王褒傳：「聖主得賢臣頌：『太平之責塞，優游之望得。』」「巖廊」就是巖峻的廊廟，也就是高峻的朝廷。漢書董仲舒傳：「蓋聞虞、舜之時，游於巖郎之上，垂拱無爲而天下太平。」師古注引文穎曰：

「巖郎，殿下小屋也。」晉灼曰：「堂邊廡。巖郎，謂嚴峻之郎也。」戰國策齊策下：「巖下有貫珠者，襄王呼而問之。」巖下即巖廊之下也。宋李誠營造法式總釋下引義訓：「屋垂謂之宇，宇下謂之廡，步檐謂之廊，檐槐謂之庮。」

〔一三〕「覽羣臣極言至論，内詠雅、頌」，原作「覽羣極言至内論雅、頌」，今據張敦仁説校改。張云：「按『内論』當倒，『論』字上屬句絶，『内』下脱一字，未詳。『内□雅、頌』，四字爲一句，與下文『外鳴和鑾』相對。」器案：張校是，今據乙正。「内」下蓋脱「詠」字，説詳下條注。吕氏春秋直諫篇：「言極則怒，……不肖主無賢者，無賢則不聞極言。」高誘注：「極，盡也。人能受逆耳之盡言者少，故怒之。」史記孝文本紀：「能直言極諫者。」極諫即極言也。漢書元帝紀：「媮合苟從，未肯極言。」又李尋傳：「極言無有所諱。」後漢書陰識傳：「入雖極言正議，與賓客語，未嘗及國事。」「極言」與「至論」義同。文選上吴王書李善注引劉瓛周易注：「至，極也。」漢書董仲舒傳：「武帝制曰：『欲聞大道之要，至論之極。』」「至論」即「至言」，賈山有至言，見漢書本傳。漢書梅福傳：「孝文皇帝好忠諫，説至言。」賈子新書先醒篇：「君好諂諛，而惡至言。」賈誼以至言與諂諛對言，梅福以至言與忠諫並舉，則至言即直言也。

〔一四〕張敦仁説「内」字下脱一字。器案：太玄書室本作「内詠雅、頌」，今據補。漢書司馬相如傳：「方將增太山之封，加梁父之事，鳴和鑾，揚樂頌，上咸五，下登三。」義與此相同，可以爲證。

〔一五〕漢書五行志上：「登車有和鸞之節。」師古曰：「和，鈴也，以金爲之，施於衡上。鸞，亦以金爲鸞鳥而銜鈴焉，施於鑣上。動皆有聲，以爲舒疾之節也。」「鑾」就是「鸞」，「鸞」以形言，「鑾」以質言。張之象本、沈延銓本、金蟠本作「鸞」。

〔一六〕詩經周頌維天之命：「文王之德之純。」孔穎達正義：「謂德之純美無玷缺。」漢書禮樂志：「惟慕純德。」

〔一七〕禮記祭法：「此皆有功烈于民者也。」左傳襄公十九年：「銘其功烈。」孟子公孫丑上：「功烈如彼其卑也。」國語晉語六注：「烈，功也。」功烈同義詞連用。

〔一八〕禮記檀弓：「成子高曰：『死則擇不食之地而葬。』」鄭注：「不食，謂不墾耕。」史記春申君傳：「此皆廣川大水山林谿谷，不食之地也，王雖有之，不得爲地。」

〔一九〕姚範曰：「按此亦迂疎塞白之語耳。」

〔二〇〕漢書宣帝紀：「款塞來享。」應劭曰：「款，叩也，皆叩塞門來服從也。」又司馬相如傳、匈奴傳師古注俱云：「款，叩也。」

〔二一〕胡制者，仍其俗而不改，如屬國之例也。云胡制者，所以别於漢制也。史記南越傳：「懼入見，要用漢法，比内諸侯。」漢書終軍傳：「賜南越大臣印綬，壹用漢法，以新改其俗。」然則當時製訂對域内諸少數民族政策，固有與漢制不同而因地制宜者也。王先謙曰：「儀禮：『他國之人，則曰外臣。』文意言北夷款塞自至，然後以外臣。」器案：制即下文「知者隨世而制」之「制」，「制」古通「政」，謂製定政策方針也。管子明法篇：「政不二門。」韓非子有度篇用其文，作「制不共門」。又内儲説下：「魯孟孫、叔孫、季孫相戮力，劫昭公，遂奪其國而擅其制。」「擅其制」即「擅其政」也。這裏是説，針對匈奴這個具體對象，而酌定制胡的政策方針，使就外臣之列也。當時，稱内附的少數民族爲内臣，史記司馬相如傳：「邛、筰、冉、駹、斯榆之君，皆稱爲内臣。」其稱外臣者，蓋謂典屬國所治者。史記朝鮮傳：「會孝惠、高后時，天下初定，遼東太守即約滿爲外臣。」漢書匈奴傳上：「匈奴新困，宜使爲外臣，朝請於邊。」又南粤傳：「高皇帝幸賜臣佗璽，以爲南粤王，使爲外臣，時内貢職。」

〔二二〕論語憲問篇：「没齒無怨言。」集解：「孔安國曰：『齒，年也。』」義疏：「没，終；齒，年也。」漢書蕭望之傳注：「没齒，終身也。」

〔二三〕「食」讀如左傳昭公七年「食土之毛」之「食」，「食」謂食其土之所出。國語鄭語：「主芣騩而食溱、洧。」韋注：「食謂居其土，食其水也。」穆天子傳四：「庚辰，至於滔水，濁繇氏之所食。」郭璞注：「山海經曰：『有川名三淖，昆吾氏之所食。』亦此類。」這些「食」字，義都相同。

〔二四〕「使故」，原作「故使」，今改正。張之象注曰：「『評』，古本作『平』。」案張所謂「古本」，本無是本，特欺人之語耳。漢書昭帝紀：「始元元年閏月，遣故廷尉王平等五人，持節行郡國，舉賢良，問民所疾苦寃失職者。」此即其事。師古注曰：「前爲此官，今不居者皆謂之故也。」今據此乙「故使」爲「使故」。漢書百官公卿表下：「孝昭始元五年，軍正齊王平子心爲廷尉。」則王平字子心，齊人也。

〔二五〕「羣」原作「君」，張敦仁曰：「華本『君』改『羣』。」今從華本，明初本亦作「羣」，此承上文「覽羣臣極言至論」而言也。

〔二六〕漢書武帝紀：「元朔元年冬十一月詔：『嘉與宇内之士，臻於斯路。』」師古曰：「天地四方爲宇。」

〔二七〕禮記樂記鄭玄注：「紀，總要之名。」國語周語：「紀農協功。」韋注：「紀猶綜理也。」白虎通三綱六紀篇：「紀者，理也。」

〔二八〕淮南子修務篇：「所謂言者，齊於衆而同於俗，今不稱九天之頂，則言黄泉之底，是兩末之端議，何可以公議乎？」楊雄解嘲：「深者入黄泉，高者入無間。」

〔二九〕韓非子姦劫弑臣篇：「是猶盲而欲黑白之情，必不幾矣。」漢書賈山傳：「此皆國家之不幾者矣。」應劭曰：「言不可庶幾也。」李奇曰：「不但幾微，乃著見也。」師古曰：「言漢朝之安，諸侯不當妄起邪意，應説是也。」潛夫論巫列篇：「請謁以求苟免，必不幾矣。」案「幾」讀爲「冀」，「不幾」猶言「無希望」。這裏的「不幾」，也當從應説，就是説諸生有點妄想的意思。

〔三〇〕孟子告子下：「舜發於畎畝之中。」

〔三一〕論語學而篇：「君子務本，本立而道生。」

〔三二〕水旱篇：「議者貴其辭約而指明，可於衆人之聽，不至繁文稠辭，多言害有司化俗之計。」「不至」義與此同，就是「不在」的意思。春秋繁露王道篇：「春秋紀纖芥之失，反之王道，追古貴信結言而已，不至用牲盟而後成約。」史記儒林申公傳：「爲治不至多言，顧力行何如耳。」通志「不至」作「不在」，是其明證。前漢紀卷十作「不致於」，蓋不知其義而臆改之。漢書伍被傳：「吾以爲不至若此，專發而已。」師古曰：「言不須爲此詐，直自發兵而已。」又霍去病傳：「上嘗欲教之吴、孫兵法。對曰：『顧方略何如耳，不至學古兵法。』」（前漢紀卷十三載此事，删「不至」句，蓋亦不得其解而去之也。）又匡衡傳：「顧當得不耳，何至上書。」「至」義與此同，「何至」即「何在」也。後國疾篇：「何至切切如此乎？」與匡衡傳義同。

〔三三〕論語衛靈公篇：「子曰：『道不同，不相爲謀。』」

〔三四〕「倚」借作「踦」。韓非子亡徵篇：「亡、王之機，必其治亂、其彊弱相踦者也。」戰國策趙策上：「齊、秦非復合，則必有踦重者矣。」踦就是偏的意思。

〔三五〕孟子萬章下：「君有過則諫，反覆之而不聽則去。」

〔三六〕論語學而篇：「三年無改於父之道。」

〔三七〕張之象注曰：「春秋曰：『夫人姜氏薨，毁泉臺。』公羊傳曰：『泉臺者何？郎臺也。郎臺則曷爲謂之泉臺？未成爲郎臺，既成爲泉臺。毁泉臺何以書？譏也。何譏爾？築之譏，毁之譏，先祖爲之，已毁之，不如勿居而已矣。』」案張引公羊傳，文公十六年文也。

〔三八〕漢書食貨志下：「故管氏之輕重，李悝之平糴，弘羊均輸，壽昌常平，亦有從徠。」師古曰：「言所從徠久矣。」

〔三九〕史記趙世家：「趙武靈王曰：『先王不同俗，何古之法？帝王不相襲，何禮之循？虙戲、神農，教而不誅，黄帝、堯、舜，誅而不怒，及至三王，隨時制法，因事制禮，法度制令，各順其宜，衣服器械，各便其用，故禮也不必一道，而便國不必古。』」

〔四〇〕論語子罕篇文。集解：「孔曰：『冕，緇布冠也。古者，績麻三十升布以爲之。純，絲也，絲易成，故從儉。』」

〔四一〕公羊傳定公八年：「（從祀先公）從祀者何？順祀也。文公逆祀，去者三人；定公順祀，叛者五人。」何休注：「諫不以禮而去曰叛。去與叛皆不書者，微也。不書禘者，後祫亦順，非獨禘也。言祀者，無已長久之辭。不言僖公者，閔公亦得其順。」

〔四二〕孫詒讓曰：「此即指春秋昭五年『舍中軍』而言，公羊傳云：『舍中軍者何？復古也。』又襄十一年傳：

『作三軍。』傳云：『三軍者何？三卿也。古者，上卿、下卿，上士、下士。』是『舍三軍』即是廢中卿、中士，故云『廢卿士，省事節用』，與公羊復古之義亦相近。」

〔四三〕史記秦始皇本紀：「二世還至咸陽，曰：『先帝爲咸陽朝廷小，故營阿房宮，爲室堂未就，會上崩，罷其作者，復土酈山，酈山事大畢；今釋阿房宮弗就，則是章先帝舉事過也。』復作阿房宮，外撫四夷，如始皇計。」

〔四四〕張之象本、沈延銓本、金蟠本無「增」字。

〔四五〕史記秦始皇本紀：「於是二世乃遵用趙高申法令，乃陰與趙高謀曰：『大臣不服，官吏尚彊，及諸公子必與我争，爲之奈何？』高曰：『臣固願言而未敢也。先帝之大臣，皆天下累世名貴人也，積功勞，世以相傳久矣。今高素小賤，陛下幸稱舉，令在上位管中事，大臣鞅鞅，特以貌從臣，其心實不服。今上出，不因此時案郡縣守尉，有罪者誅之，上以振威天下，下以除去上平生所不可者。今時不師文而決於武力，願陛下遂從時毋疑，即羣臣不及謀。明主收舉餘民，賤者貴之，貧者富之，遠者近之，則上下集而國安矣。』二世曰：『善。』乃行誅大臣及諸公子，以罪過連逮少近官三郎，無得立者。」

鹽鐵論校注卷第三

園池*第十三

大夫曰：「諸侯以國爲家，其憂在內。天子以八極〔一〕爲境，其慮在外。故宇〔二〕小者用菲，功臣者用大。是以縣官開園池，總山海，致利以助貢賦，修溝渠，立諸農〔三〕，廣田牧〔四〕，盛苑囿。太僕〔五〕、水衡、少府〔六〕、大農，歲課諸入田牧〔七〕之利，池籞〔八〕之假〔九〕，及北邊置任田官〔一〇〕，以贍諸用，而猶未足〔一一〕。今欲罷之，絶其源，杜其流，上下俱殫，困乏之應也，雖好省事節用，如之何其可也〔一二〕？」

文學曰：「古者，制地〔一三〕足以養民，民足以承其上。千乘之國〔一四〕，百里之地，公侯伯子男，各充其求贍其欲〔一五〕。秦兼萬國之地，有四海之富，而意不贍，非宇小而用菲，嗜〔一六〕欲多而下不堪其求也。語曰：『廚有腐肉，國有饑民，廄有肥馬，路有餧人〔一七〕。』

今狗馬之養，蟲獸之食〔一八〕，豈特腐肉肥馬〔一九〕之費哉！無用之官，不急之作〔二〇〕，服〔二一〕淫侈之變，無功而衣食縣官者衆，是以上不足而下困乏也。今不減除其本而欲贍其末，設機利，造田畜，與百姓争薦草〔二二〕，與商賈争市利〔二三〕，非所以明主德而相國家也。夫男耕女績〔二四〕，天下之大業也〔二五〕。故古者分地而處之，制〔二六〕田畝而事之。是以業無不食之地，國無乏作〔二七〕之民。今縣官之〔二八〕多張苑囿、公田、池澤，公家有鄣假〔二九〕之名，而利歸權家。三輔〔三〇〕迫近於山、河〔三一〕，地狹人衆，四方並湊〔三二〕，粟米薪菜〔三三〕，不能相贍。公田轉假，桑榆菜果不殖，地力不盡，愚〔三四〕以爲非。先帝之開苑囿、池籞，可賦歸之於民，縣官租税而已。假税殊名，其實一也。夫如是，匹夫之力，盡於南畝，匹婦之力，盡於麻枲〔三五〕。田野闢〔三六〕，麻枲治，則上下俱衍，何困乏之有矣？」

大夫默然，視其〔三七〕丞相、御史。

＊ 園池，即周官囿人之所掌，秦、漢時又有所發展。史記平準書：「而山川園池市井租税之人，自天子以至于封君湯沐邑，皆各爲私奉養焉，不領於天下之經費。」漢書高帝紀：「二年，故秦苑囿園池，令民得田之。」顔師古注：「養鳥獸曰苑，苑有垣曰囿，所以種植謂之園。」園池實包括山川園池而言。漢書百官公卿表上：「太僕屬官……又邊郡六牧師苑令各三丞。」顔師古注：「漢官儀：『牧師諸苑三十六所，分置北邊、西邊，分養馬三十萬頭。』」續漢書百官志五：「邊縣……其郡有鹽官、鐵官、工官、都水官者，

隨事廣狹，置令長及丞，……有水池及魚利多者，置水官，主平水、收漁稅。」園池不僅設置在京師所在的三輔地區，而且遍布在全國各地。漢書孫寶傳：「時帝舅紅陽侯立使客因南郡太守李尚佔墾草田數百頃，頗有民所假少府陂澤，略皆開發。」這是南郡有園池之證。又昭帝紀：「元鳳三年正月，罷中牟苑，賦貧民。」顏師古注：「在滎陽。」這是河南郡有園池之證。又平帝紀：「元始元年六月，置少府海丞、果丞各一人。」顏師古注：「海丞，主海稅；果丞，主諸果實也。」果丞所掌，應是指朐忍和魚復的「橘官」之類而言（見漢書地理志上），這是巴郡有園池之證。至於養馬苑，則多分佈在緣邊郡縣。景帝紀：「六年六月，匈奴入上郡，取苑馬。」如淳注：「漢儀注：『太僕牧師諸苑三十六所，分布北邊、西邊，以郎爲苑監，官奴婢三萬人，養馬三十萬疋。』」地理志下：「北地郡靈川有河奇苑、號非苑；歸德有堵苑、白馬苑；郁郅有牧師苑官。西河郡鴻門有天封苑。遼東郡襄平有牧師官。」平帝紀：「元始二年春，罷安定呼池苑以爲安民縣。」這些，都是牧師諸苑之見於漢書者。這些園池，規模都是很大的。御覽一九六引漢舊儀：「上林苑中，廣長三百里，……其中離宮七十所，皆養千乘萬騎。」司馬相如還爲它寫了一篇上林賦，有道是：「俶儻瑰瑋，異方殊類，珍怪鳥獸，萬端鱗萃，充牣其中，不可勝記。」完全不是誇大之辭，這不過是一個典型例子罷了。這些園池，是屬於最高統治階層的私房財富，不納入國家賦稅之中。食貨志上：「山川園池市肆租稅之入，自天子至封君之湯沐邑，皆各爲私奉，不領於天下之經費。」顏師古注：「言各收其所賦稅以自供，不入國朝之倉廩府庫也。」這些園池的收入，是一筆很大的數字，就連國家的賦稅，也不能與之比擬。本書貧富篇曾以「食湖池，管山海」相提並論，這不是無稽之談。御覽六二七引桓譚新論：「漢定以來，百姓賦斂，一歲爲四十餘萬萬，吏俸用其半，餘二十萬萬，藏於都內爲禁錢。少府所領園地作務之八十三萬萬，以給宮室供養、諸賞賜。」御覽一九六引漢舊儀：「武帝時使上林苑中官奴婢及天下民貧貲不滿，五十萬徙置苑中，人日五錢，到帝得七十億萬，以給軍，擊西域。」這筆龐大的收入，西漢王朝往往用爲收買人心或抗擊侵擾的開支。後者，如漢舊儀所記述的，正當漢武帝之時。至於前者，如漢書文帝紀載：「六年，弛山澤。」顏師古注曰：「弛，解也，解而不禁，與衆庶共其利。」又武帝紀：「建元元年秋七月，詔罷苑馬，以賜貧民。」顏師古注：「養馬之苑，舊禁百姓不得芻牧采樵，今罷之。」又宣帝紀：「地節三年冬十月，又詔池籞未御幸者，假與貧民。」又元帝紀：「初元元年詔，江海陂湖園池屬少府者，以假貧民，勿租賦。」（又見翼奉傳）又賈山傳：「至言：陛下即位，……去諸苑以賦農夫。」魏相傳：「宣帝時，奏請……弛山澤陂池。」顏師古注：「弛，放也，言不禁障也。」由是可見，這筆收入，除了爲抗擊侵擾的戰爭提供經費而外，還對鞏固封建中央集權制也起了重大的作用。文學的争園池，除了破壞抗擊侵擾而外，還有一個目的，這就是如田蚡傳所說的：「波彼田園（師古曰：『波』讀曰『陂』。」），宗族賓客，爲權利，横潁川。」以及本書禁耕篇所反映的：「權利之處，必在深山窮澤之中，非豪民不能通其利。」想把園池奪歸豪民手中。如果這樣，那就會再一次出現「布衣有朐邴，人君有吴王」的混亂局面。桑弘羊堅持了「如之何其可」的寸步不讓的嚴峻態度，堅决主張政治、經濟力量集中於中央政權。

〔一〕淮南子原道篇：「廓四方，柝八極。」高誘注：「八極，八方之極也。」文選聖主得賢臣頌：「周流八極。」王逸九思：「周八極兮歷九州。」漢書司馬相如傳注：「師古曰：『四方四維謂之八方也。』」

〔二〕淮南子俶真篇：「夫牛蹏之涔，無尺之鯉，塊阜之山，無丈之材，所以然者何也？皆其營宇狹小，而不能容巨大也。」（劉晝新論觀量篇作「營宇隘」。）即此文所本。宇謂器宇、器量。莊子庚桑楚：「宇泰定者，發乎天光。」釋文：「宇，器宇也。」晉書武紀：「帝宇量弘厚，容納讜正。」

〔三〕「諸農」指大司農屬官。漢書百官公卿表上：「治粟内史，秦官，……武帝太初元年，更名大司農，屬官有太倉、均輸、平準、都内、籍田五令丞，斡官鐵市兩長丞。」

〔四〕「牧」原作「收」，今據王先謙説校改。王云：「『收』當爲『牧』，西域篇：『擅田牧之利。』『牧』、『收』二字形近致譌，下『田牧』同。」器案：王校是，「田」謂田官所掌，「牧」謂牧師所掌，牧師見題解，田官見下注〔一〇〕。

〔五〕漢書百官公卿表上：「太僕，秦官，……屬官……邊郡六牧師苑令各三丞，……皆屬焉。」

〔六〕漢書百官公卿表上：「少府，秦官，掌山海池澤之税，以給共養。（注，應劭曰：「禁錢以給私養，自別爲藏。少者小也，故稱曰少府。」師古曰：「大司農供軍國之用，少府以養天子也。」）屬官，胞人、都水、均官三長丞。又上林中十池監。」

〔七〕「牧」原作「收」，今據王先謙説校改。

〔八〕漢書宣帝紀：「又詔：『池籞未御幸者，假與貧民。』」蘇林曰：「折竹以繩緜連，禁禦使人不得往來，律名爲籞。」應劭曰：「池者，陂池也；籞者，禁苑也。」又元帝紀：「初元二年三月，詔罷……水衡禁囿，宜春下苑，少府佽飛外池、嚴籞池田，假與貧民。」注：「晉灼曰：『嚴籞，射苑也。』許慎曰：『嚴（案今説文作「籞」。）弋射者所蔽也。』池田，苑中田也。」

〔九〕「假」，就是把池籞假貸給貧民，縣官從而收其租税。漢書食貨志上：「豪民侵陵，分田劫假。」師古曰：「分田，謂貧者無田，而取富人田耕種，共分其所收也。假亦謂貧人賃富人之田也。劫者，富人劫奪其税，侵欺之也。」又王莽傳中：「分田劫假。」師古曰：「假亦謂貧人賃富人之田也。」

〔一〇〕原重「任」字，明初本、張之象本、沈延銓本、金蟠本不重。盧文弨曰：「疑衍。」今據删。漢書元帝紀：「初元五年夏四月，罷……北假田官。」李斐曰：「主假賃見官田與民，收其假税也，故置田農之官。」又西域傳上有渠犁田官北邊，指與匈奴接壤地方。本書利議篇：「作世明主，憂勞萬民，思念北邊之未安。」漢書食貨志下有北邊騎士，又云：「於是天子北至朔方，東封泰山，巡海上，旁北邊以歸。」

〔一一〕張之象本、沈延銓本、金蟠本無「而」字，「未」作「不」。

〔一二〕孟子梁惠王下：「如之何其可也？」又告子下：「如之何其可也？」趙岐注前云：「安可哉？」注後云：「豈可哉？」

〔一三〕本書未通篇：「古者，制田百步爲畝，民井田而耕，什而籍一。」削地即制田也。國語齊語：「制地分民。」

〔一四〕左傳哀公十四年、論語先進篇俱言「千乘之國」，即「百里之地」之諸侯也。禮記王制：「公侯田方百里。」孟子萬章下：「天子之制，地方千里，公侯皆方百里，伯七十里，子男五十里，凡四等。不能五十里，不達於天子，附於諸侯，曰附庸。」

〔一五〕公羊傳桓公十五年：「王者無求。」何休注：「王者千里，畿内租税，足以共費，四方各以其職來貢，足以尊榮，當以至廉無爲，率先天下，不當求，求則諸侯貪，大夫鄙，士庶盜竊。」

〔一六〕「嗜」原作「者」，御覽三六引作「嗜」，今據改正。蓋「嗜」原作「耆」，漢書景帝紀：「減耆欲。」又貢禹傳：「從耆欲。」師古注俱云：「『耆』讀曰『嗜』。」「耆」、「者」形近，因而致譌。

〔一七〕孟子梁惠王上：「庖有肥肉，廄有肥馬，民有饑色，野有餓莩，此率獸而食人也。」華氏活字本「餧」作

「餒」。

〔一八〕漢書元帝紀：「初元元年九月詔：『太僕減穀食馬，水衡省肉食獸。』二年三月詔：『罷黄門乘輿狗馬。』」又食貨志下：「其没入奴婢，分諸苑養狗馬禽獸。」案：禮記儒行：「鷙蟲攫搏。」孔穎達疏：「蟲是鳥獸通名。」

〔一九〕「肥馬」原作「秣馬」，此句「腐肉肥馬」，俱承上文「廚有腐肉，……廄有肥馬」而言，不能一承一不承，今爲改正。

〔二〇〕漢書元帝紀：「初元三年六月詔：『……勞於非業之作，衛於不居之宫。』」師古曰：「不急之事，故云非業也。」又：「建昭五年春三月詔：『……與不急之事，以妨百姓。』」

〔二一〕姚範曰：「『服』上疑脱三字。」

〔二二〕管子八觀篇：「薦草多衍。」尹知章注：「薦，茂草也。」莊子齊物篇：「麋鹿食薦。」釋文：「薦，司馬云：『美草也。』崔云：『甘草也。』郭璞云：『三蒼云：六畜所食曰薦。』」韓非子内儲説上篇：「獸鹿唯薦草而就。」漢書趙充國傳：「今虜亡其美地薦草。」師古曰：「薦，稠草。」

〔二三〕孟子公孫丑下：「以左右望而罔市利。」趙岐注：「左右覘望，見市中有利，罔羅而取之。」

〔二四〕張之象本、沈延銓本、金蟠本「績」作「織」。

〔二五〕水旱篇：「農，天下之大業也。」案：漢書文帝紀：「二年正月詔：『夫農，天下之本也。』二年九月詔：『農，天下之大本也。』十三年六月詔：『農，天下之本務莫大焉。』」景帝紀：「後三年詔：『農，天下之本也。』」溝洫志：「武帝元鼎六年詔：『農，天下之本也。』」義俱與此同。

〔二六〕「制」原作「利」，郭沫若曰：「『利』當爲『制』，『制』古作『剬』，形近而譌。」器案：郭説是，上文正言「制地足以養民」，又未通篇「古者，制田百步爲畝」云云，即此所謂「制田畝而事之」也，今據改正。

〔二七〕「乏作」就是「非正業之作」。漢書元帝紀：「初元三年詔：『勞於非業之作，衛於不居之宫。』」師古曰：「不急之事，故云非業也。」案「乏作」與「非業之作」意同，「非業」即「非正業」，於文「反正爲乏」，故云「乏作」也。明初本作「乏食」，臆改。

〔二八〕王先謙曰：「『之』字衍。」

〔二九〕禮記王制注：「名山大澤不以封者，與民同財，不得障管，亦賦稅之而已。」孔穎達疏：「其諸侯不得障塞管領。」假謂假賃，見上注〔九〕。

〔三〇〕漢書百官公卿表上：「右扶風與左馮翊、京兆尹，是爲三輔。」服虔曰：「皆治在長安城中。」

〔三一〕楊樹達曰：「書盤庚疏引鄭玄曰：『祖乙居耿，土地迫近山川，嘗圮焉。』此蓋尚書家舊説，而桓用之。西域篇云：『吴、越迫于江海。』句例正同。」案：山指華山，河指黄河。史記項羽本紀：「關中阻山、河四塞。」

〔三二〕史記貨殖傳：「武昭治咸陽，因以漢都。長安諸陵，四方輻湊，並至而會，地小人衆，故其民益玩巧而事末也。」又云：「夫三河在天下之中，若鼎足，王者所更居也，建國各數百千歲，土地小狹，民人衆，都國諸侯所聚會。」

〔三三〕張敦仁曰：「『菜』當作『采』，『薪采』語出公羊傳，（案見哀公十四年。）亦見毛詩板三章傳。『薪采』與『粟米』相對。下文『菜果』別見。」

〔三四〕沈延銓本無「愚」字，非是。「愚」者，文學自稱之詞。結和篇：「愚竊見其亡。」與此同。

〔三五〕吕氏春秋上農篇：「是以春秋冬夏，皆有麻枲絲繭之功。」説文：「枲，麻也。」

〔三六〕張之象本、沈延銓本、金蟠本「闢」作「辟」。

〔三七〕經濟類編無「其」字。

輕重*第十四

御史進曰：「昔太公封於營丘〔一〕，辟草萊而居焉。地薄人少，於是通利末之道，極女工〔二〕之巧。是以鄰國交於齊，財畜貨殖，世爲彊國〔三〕。管仲相桓公，襲先君之業，行輕重之變〔四〕，南服彊楚而霸諸侯。今大夫君〔五〕修太公、桓、管之術，總一鹽、鐵，通山川之利而萬物殖。是以縣官用饒足〔六〕，民不困乏，本末並利，上下俱足，此籌計之所致，非獨耕桑農也。」

文學曰：「禮義者，國之基也，而權利者，政之殘也〔七〕。孔子曰：『能以禮讓爲國乎？何有〔八〕？』伊尹、太公以百里興其君，管仲專於〔九〕桓公，以千乘之齊，而不能至於王〔一〇〕，其所務非也。故功名隳壞而道不濟。當此之時，諸侯莫能以德，而争於公利〔一一〕，故以權相傾。今天下合爲一家〔一二〕，利末惡欲行？淫巧惡欲施？大夫君以心計〔一三〕策國用，構〔一四〕諸侯，參以酒榷，咸陽、孔僅增以鹽、鐵，江充〔一五〕、楊可〔一六〕之等，各以鋒銳〔一七〕，言利末之事析秋毫〔一八〕，可爲〔一九〕無間矣。非特管仲設九府〔二〇〕，徼山海〔二一〕也。然而國家衰耗，城郭空虛。故非特崇仁義無以化民，非力本農無以富邦〔二二〕也。」

御史曰：「水有猵獺而池魚勞〔二三〕，國有强禦〔二四〕而齊民消。故茂林之下無豐草，大塊之間無美苗〔二五〕。夫理國之道，除穢鋤豪〔二六〕，然後百姓均平，各安其宇〔二七〕。張廷尉論定律令，明法以繩天下，誅姦猾，絕并兼之徒，而强不凌弱，衆不暴寡〔二八〕。大夫君〔二九〕運籌策，建〔三〇〕國用，籠天下鹽、鐵諸利，以排富商大賈，買官贖罪，損有餘，補不足〔三一〕，以齊黎民。是以兵革東西征伐，賦斂不增而用足。夫損益之事，賢者所覩，非衆人之所知也。」

文學曰：「扁鵲撫息脈而知疾所由生〔三二〕，陽氣盛，則損之〔三三〕而調陰，寒氣盛，則損之而調陽，是以氣脈調和，而邪氣〔三四〕無所留矣。夫拙醫不知脈理之腠、血氣之分，妄刺〔三五〕而無益於疾，傷肌膚而已矣。今欲損有餘，補不足，富者愈〔三六〕富，貧者愈貧矣。嚴法任刑，欲以禁暴止姦，而姦猶不止，意者非扁鵲之用鍼石，故衆人未得其職也〔三七〕。」

御史曰：「周之建國也，蓋千八百諸侯〔三八〕。其後，彊吞弱，大兼小，並爲六國。六國連兵結難數百年〔三九〕，内拒敵國，外攘四夷。由此觀之：兵甲不休，戰伐不乏，軍旅外奉，倉庫内實。今以天下之富，海内之財，百郡之貢，非特齊、楚之畜，趙、魏之庫也。計委量入〔四〇〕，雖急用之，宜無乏絶之時。顧大農等以術體躬稼〔四一〕，則后稷之烈〔四二〕，軍四出而用不繼，非天之財少也？用鍼石，調陰陽，均有無，補不足，亦非也〔四三〕？上大夫君〔四四〕與〔四五〕治粟都尉管領大農事，灸刺稽滯，開利百脈，是以萬物流通，而縣官富實。當此之時，四方征暴亂，車甲之費，克獲之賞，以億萬計〔四六〕，皆贍大司農。此者扁鵲之力，而鹽、鐵之福也。」

文學曰：「邊郡山居谷處，陰陽不和，寒凍裂地，衝風〔四七〕飄鹵〔四八〕，沙石凝積，地勢無所宜。中國，天地之中，陰陽之際也，日月經其南，斗極〔四九〕出其北，含衆和之氣，産育庶物。今去而侵邊，多斥不毛〔五〇〕寒苦之地，是猶棄江皋河濱〔五一〕，而田於嶺坂菹澤也。轉倉廩之委，飛〔五二〕府庫之財，以給邊民。中國困於繇賦〔五三〕，邊民苦於戍禦。力耕不便種糴，無桑麻之利，仰中國絲絮而後衣之，皮裘蒙毛〔五四〕，曾不足蓋形〔五五〕，夏不失複〔五六〕，冬不離窟，父子夫婦内藏於專室〔五七〕土圜〔五八〕之中。中外空虚，扁鵲何力？而鹽、鐵何福也？」

＊　輕重之學，是我國古代一種重要的政治、經濟理論，包括的内容比較廣泛，舉凡古代封建國家權衡輕重所採取的政治、經濟、財政、貿易的政策或措施，都屬於這一理論的應用範疇。在管子一書中，對於「行輕重之變」，有比較詳細的論述。這次鹽、鐵會議中，突出地反映了漢武帝所制定的政策是多方面地採取了輕重理論。輕重理論的特點，就在於如何主動地掌握對立事物的基本矛盾，利用其相反而又相成的辯證關係，統籌兼顧，從而獲得比較合理的解決辦法，不是一成不變的，而是隨時間推移、地方各别而有所畸輕畸重，以便於鞏固封建地主的政權，維護地主階級的利益。正如桑弘羊自己所闡發的那樣：「時世不同，輕重之務異」，「輕重之制異，而利害之分明」（俱詔聖篇）。他深知「輕之爲重，淺之爲深，有緣而然」（刑德篇），只有力排儒生胡謅的「損益無輕重」（崇禮篇）的讕言，才能「執準守時，以輕重御民」，「御輕重而役諸侯」（俱力耕篇）。本書所提及的問題，諸如質文、刑德、陰陽、義利、因革、損益、本末、上下、公私、内外、高下、遠近、深淺、剛柔、息耗、虛實、有無、多少、盛衰、成敗、貧富、言行、行止、語默，以及物資集散、商品貴賤、調濟盈虛、有餘和不足，如此等等，都是屬於這一理論範疇的「太公、管仲之術」。採取這些政策措施的結果是：「總一鹽、鐵，通山川之利而萬物殖。是以縣官用饒足，民不困乏，本末並利，上下俱足。此籌計之所致。」這又是所謂的「損益之事」，只能爲「賢者所覩，非衆人之所知也」。就連文學也不得不承認：「故因吴之過而削之會稽，因楚之罪而奪之東海，所以均輕重，分其權，而爲萬世慮也。」（晁錯篇）這表明桑弘羊輔佐漢武帝推行的輕重政策，是繼承和發展了自春秋以來屬於管子這一流派的政治經濟思想的。桑弘羊充分發揮了他那「心計」的專長，又採取了「興利害」（擊之篇）的堅決措施，使有關輕重理論政策的推行，得到保證。這「籌計」二字，很好地説明了輕重理論的全部涵義；這「損益之事」，充分地説明了輕重政策的具體措施。在這一理論指導之下，當時

取得的成績是驚人的、輝煌的。至於文學的「鹽、鐵何福」的非難，是毫無力量的。

〔一〕藝文類聚五一、職官分紀五〇引「營丘」下有「之墟」二字。呂氏春秋長利篇：「太公望封於營丘之渚。」

〔二〕張之象本、沈延銓本、金蟠本「女工」作「女紅」，後並同。

〔三〕史記貨殖傳：「太公望封於營丘，地潟鹵，人民寡。於是太公勸其女功，極技巧，通魚鹽，則人物歸之，繈至而輻湊。故齊冠帶衣履天下，海、岱之間，斂袂而往朝焉。」

〔四〕史記貨殖傳：「管子修之，設輕重九府，則桓公以霸，九合諸侯，一匡天下。」正義：「管子之輕重，謂錢也。夫治民有輕重之法，周有大府、玉府、内府、外府、泉府、天府、職内、職金、職幣，皆掌財幣之官，故云九府也。」又管仲傳：「貴輕重。」索隱：「輕重謂錢也，今管子有輕重篇。」又齊太公世家：「設輕重、魚鹽之利。」索隱：「按管子有理人輕重之法七篇，輕重，謂錢也。」疑今所傳輕重甲至庚七篇，本都冠以「治人」二字，如它篇冠「山」字之比，尹知章作注時，以其犯唐諱而删去之，而唐人所見者，自有不删之本，故司馬貞舉之，或曰理人輕重，或曰輕重也。又漢書食貨志下：「令有緩急，故物有輕重。」李奇曰：「上令急於求米，則民重米，緩於求米，則民輕米。」管子輕重篇尹知章注：「輕重猶貴賤也。凡物多則賤，少則貴，物之情也。操多少以御貴賤，運財者之所務也。」

〔五〕「君」原作「各」，今據姚鼐、黄季剛説校改。張敦仁曰：「本篇又云：『大夫君以心計策國用。』又云：『大夫各運籌策。』又云：『上（此字誤，未詳。器案：不誤，詳下注。）大夫君與（此字誤，見下。器案：亦不誤，見下注。）治粟都尉。』凡二『各』字，二『君』字，皆當作『名』，名者，桑大夫之名也，即云今大夫弘羊耳。蓋始元議文本如此，而次公沿之者。一譌而爲『各』，再譌而爲『君』。」姚鼐曰：「『各』乃『君』字之誤，篇内稱『大夫君』者非誤也。稱弘羊『大夫君』，猶稱『相君』矣。張以『各』與『君』皆爲『名』字之誤者，非。」黄季剛曰：「按『君』不誤，御史對文學言，無庰其長名之理，即文學亦不能庰三公之名。」器案：漢書孫寶傳：「御史大夫張忠署寶主簿，……寶曰：『高士不爲主簿，而大夫君以寶爲可。』」則漢人習稱御史大夫爲「大夫君」，與此正同，今據改正。漢書劉屈氂傳「君侯」，如淳曰：「漢儀注：『列侯爲丞相，故稱君侯。』」又王訢傳「使君」，師古曰：「爲使者，故謂之使君。」「君」字用法，與此正同。

〔六〕張敦仁曰：「按『足』字當衍。華本删『縣』字，非。」

〔七〕漢書食貨志上：「今背本而趨末，食者甚衆，是天下之大殘也。」師古曰：「殘謂傷害也。」

〔八〕論語里仁篇文。

〔九〕張之象本、沈延銓本、金蟠本無「管仲專於」四字。案：孟子公孫丑上：「管仲得君如彼其專也。」此桓文所本，張本等删去，非是。

〔一〇〕史記管晏傳太史公曰：「管仲，世所謂賢臣，然孔子小之，豈以爲周道衰微，桓公既賢，而不勉之至王，乃稱霸哉！」吕氏春秋順民篇：「是用萬乘之國，其霸猶少，桓公則難與往也。」高誘注：「往，王也。言其難與致與王也。」新序雜事四：「桓公用管仲則小也，故至於霸而不足以王。故孔子曰：『小哉，管仲之器。』蓋善其遇桓公，惜其不能以王也。」越絶書越絶外傳計倪篇：「一乎仲，二乎仲，斯可致王，但霸，何足道。」

〔一一〕「公利」，原作「公私」，今據陳遵默説校改。陳云：「『公私』與上下不諧，『私』疑當作『利』，『公』與

『功』通，詩：『以奏膚公。』毛傳：『公，功也。』『公利』即『功利』，『德』與『功利』相反，争於功利，則莫能以德矣。」器案：陳校是。管子國蓄篇：「有功利不得鄉。」荀子王霸篇：「挈國以呼功利。」注：「功，役使；利，貪求之也。」史記平準書：「然無益於治，稍鶩於功利矣。」漢書食貨志上：「外事四夷，内興功利，役費並興，而民去本。……然而無益於俗，稍務於功利矣。」又云：「時大司農中丞耿壽昌以善爲算，能商功利。」師古曰：「商，度也。」又溝洫志：「商延年皆明計算，能商功利。」此當時言功利之事，今據改正。

〔一二〕淮南子覽冥篇：「天下合而爲一家。」史記吴王濞傳：「天下同姓爲一家。」

〔一三〕漢書食貨志下：「弘羊，洛陽賈人之子，以心計，年十三侍中。」師古曰：「不用籌算。」荀悦漢紀作「以能心計」。通鑑十九胡三省注：「心計者，不必用籌算而知其數也。」案：徐岳數術記遺：「計數既捨數術，宜從心計。」甄鸞注：「言捨數術者，謂不用算籌，宜以心計之。……或問曰：『令甲乙各驅羊一羣，人問各多少，甲曰：我得乙一口，即與乙等。乙曰：我得甲一口，即加半多於甲。問各幾何？』答曰：『甲九口，乙十一口。』」顔師古、胡三省之説都本於此也。史記貨殖傳：「乃用范蠡、計然。」集解：「徐廣曰：『計然者，范蠡之師也，名研，故諺曰研、桑心算。』」漢書叙傳：「答賓戲：『研、桑心計於無垠。』」孟康曰：「研，古之善計也。桑，桑弘羊也。」後漢書孔融傳：「上書薦禰衡曰：『弘羊潛計。』」潛計亦謂心計。漢書梁丘賀傳：「以能心計爲武騎。」則當時能心計者，不止弘羊一人也。

〔一四〕「構」借作「遘」。漢書司馬遷傳：「媒孽其短。」臣瓚曰：「媒謂遘合會之。」左傳桓公十六年：「構急子。」注：「構會其過。」文選爲曹公作書與孫權：「實爲佞人所構會也。」

〔一五〕漢書江充傳：「江充字次倩，趙國邯鄲人也。……初，充召見犬臺宫，自願以所常被服冠見上，上許之。……上以充爲謁者，使匈奴，還，拜爲直指繡衣使者，督三輔盗賊，禁察踰侈，貴戚近臣多奢僭，充皆舉劾，奏請没入車馬，令身待北軍擊匈奴。奏可。」這裏所説江充禁服，當指此事。

〔一六〕「楊可」原作「耕谷」，今據張敦仁説校改。盧文弨曰：「『耕谷之』三字衍，雲谷雜記引無。」張云：「『耕谷』蓋『楊可』二字之誤。楊可告緡，江充禁服，後國病篇連言之。雲谷雜記不足據也。」楊樹達曰：「按褒賢篇云：『趙綰、王臧之等。』救匱篇云：『葛繹、彭侯之等。』句例正同，明『之』非衍字。張説得之。」

〔一七〕鋒鋭，猶言猛烈，後備胡篇：「辟鋒鋭而取罷極。」義與此同。

〔一八〕史記平準書：「於是以東郭咸陽、孔僅爲大農丞，領鹽、鐵事，桑弘羊以計算用事侍中。咸陽，齊之大煮鹽，孔僅，南陽大冶，皆致生累千金，故鄭當時進言之。弘羊，雒陽賈人子，以心計，年十三侍中。故三人言利事析秋豪矣。」索隱：「按言百物豪芒，至秋皆美細。今言弘羊等三人，言利事纖悉，能分析其秋豪也。」案又見漢書食貨志下。通鑑十九注：「毫至秋而鋭小，言其剖析細微，雖秋毫之小，亦可分而爲二也。」

〔一九〕正嘉本、倪邦彦本、太玄書室本、張之象本、沈延銓本、金蟠本、百家類纂、諸子品節、百子類函、諸子彙函、諸子拔萃「爲」作「謂」。

〔二〇〕史記管晏傳集解：「劉向别録曰：『九府書，民間無有。』」索隱：「按九府，蓋錢之府藏，其書論鑄錢之輕重，故云輕重九府。」

〔二一〕史記平準書：「齊桓公用管仲之謀，通輕重之權，徼山海之業，以朝諸侯，用區區之齊，顯成霸名。」漢書嚴安傳：「民離本而徼末矣。」師古曰：「徼，要求也。」

〔二二〕「邦」字不諱，疑出後人所改。

〔二三〕王先謙曰：「御覽九百十二獸部引『猵』作『獱』，注云：『獱音頻。』又云：『獨曰獱，羣曰獺。』案『猵』『獱』同字。淮南子兵略篇：『畜池魚者必去猵獺。』」器案：御覽引注，乃是纂修御覽或修文殿御覽諸書時隨文所加，不是鹽鐵論舊有注文。淮南子許慎注云：「猵，獺之類，食魚者也。」孟子離婁上：「爲淵驅魚者，獺也。」

〔二四〕詩經大雅蕩：「曾是彊禦。」毛傳：「彊梁禦善也。」孔穎達疏：「彊梁者，任威使氣之貌。禦善者，見善事而抗禦之，是心不嚮善、不從教化之人也。」

〔二五〕齊民要術一原注引「茂林」作「茂木」。說苑談叢篇：「高山之巔無美木，傷於多陽也；大樹之下無美草，傷於多陰也。」左傳襄公二十九年：「松柏之下，其草不殖。」

〔二六〕史記樂書：「蕩滌邪穢。」後漢書楊震傳：「政以得賢爲本，理以去穢爲務。」曹操自明本志令：「故在濟南，始除殘去穢。」穢字義與此同。離騷注：「穢，行之惡也。」

〔二七〕楚辭招魂：「高堂邃宇。」王逸注：「宇，屋也。」此文「各安其宇」，猶通有篇之言「各安其居」。明初本、華氏本「宇」作「家」，臆改。

〔二八〕漢書景帝紀：「後二年夏四月詔：『彊毋攘弱，衆毋暴寡。』」續漢書百官志五劉昭注引蔡質漢儀：「詔書舊典，刺史班宣，周行郡國，省察治政，黜陟能否，斷理寃獄，以六條問事，非條所問，即不省。一條：强宗、豪右田宅踰制，以强陵弱，以衆暴寡。二條：二千石不奉詔書，遵承典制，倍公向私，旁詔牟利，侵漁百姓，聚斂爲姦。三條：二千石不衈疑獄，風厲殺人，怒則任刑，喜則任賞，煩擾苛暴，剥戮黎元，爲百姓所疾，山崩石裂，妖祥訛言。四條：二千石選署不平，苟阿所愛，蔽賢寵頑。五條：二千石子弟，怙恃榮勢，請託所監。六條：二千石違公下比，阿附豪强，通行貨賂，割損政令。」

〔二九〕「君」原誤作「各」，上文「大夫君以心計策國用」，下文「上大夫君」，均作「大夫君」，今據改正。

〔三〇〕張之象本、沈延銓本、金蟠本「建」作「達」。

〔三一〕老子七十七章：「天之道，損有餘而補不足。」

〔三二〕淮南子泰族篇：「所以貴扁鵲者，非貴其隨病而調藥，貴其擪息脉血，知病之所從生也。」高誘注：「言人之喘息脉之病可知。」漢書王嘉傳注：「案脈，案謂切診也。」撫脈即案脈。

〔三三〕正嘉本、張之象本、沈延銓本、金蟠本「之」作「乏」。下同。

〔三四〕淮南子泰族篇：「邪氣無所留滯。」素問論評虚實論：「邪氣盛則實，精氣奪則虚。」漢書東方朔傳：「心氣動則精神散而邪氣及。」

〔三五〕刺，針灸也。淮南子精神篇：「吾安知夫刺灸而欲生者之非惑也。」

〔三六〕張之象本、沈延銓本、金蟠本「愈」作「益」。下同。

〔三七〕「鍼石」，涂本原誤作「鐵石」。「未得其職」就是「未得其所」的意思。漢書趙廣漢傳：「廣漢爲京兆尹，廉明威制豪彊，小民得職。」師古曰：「得職，得其常所也。」

〔三八〕漢書賈山傳：「昔者，周蓋千八百國。」周禮大司徒職正義引孝經説：「周千八百諸侯。」禮記王制正義引五經異義公羊説：「殷三千諸侯，周千八百諸侯。」案吕氏春秋愛類篇：「禹於是疏河決江，爲彭蠡之障，乾東土，所活者千八百國。」則傳説中的夏禹時也有千八百國之説，此俱言其多耳。蓋中國古代以三爲多數，凡爲三之倍數的，也是説其多。

〔三九〕史記孝文本紀：「夫久結難連兵，中外之國，將何以自寧？」漢書匈奴傳下：「兵連禍結，三十餘年。」

〔四〇〕禮記王制：「以三十年之通制國用，量入以爲出。」漢書食貨志下：「計本量委。」又魏相傳：「量入制用，以備凶災。」

〔四一〕漢人行文，凡以「顧」字置於句首的，一般都作「特」字解。史記張耳陳餘傳：「顧其勢初定，未敢參分而王。……顧爲王實不反，獨吾等爲之。」淮陰侯傳：「顧王策安所決耳。……顧諸君不察耳。……顧恐臣計未足用。……顧力不能耳。」漢書孫寶傳：「顧受將命，分當相直。」這些「顧」字，顔師古注漢書，或訓爲「念」，或訓爲「反」，都是不對的。又案漢書公孫弘傳注顔師古曰：「躬謂身親行之。」

〔四二〕王先謙曰：「則，法也。」器案：漢書元帝紀建昭四年詔：「承先帝之休烈。」師古曰：「烈，業也。」

〔四三〕「陰陽」二字原無，今據上文意補。水旱篇：「陰陽調，星辰理，風雨時。」執務篇：「陰陽調，風雨時。」又：「調陰陽而息盜賊。」皆足爲證。姚範曰：「『亦』疑『者』。」王先謙曰：「上云『非天之財少也』，此云『亦非也』，『亦』下有奪文。文學言『妄刺而無益於疾』，故御史答以『用鍼石，調均有無，補不足，亦非妄刺而無益於疾也』，如此，上下文乃貫串。」黄季剛曰：「二『也』字讀爲『邪』。」器案：姚、王説未諦，黄説是，今從之。

〔四四〕姚範曰：「『君』字衍。」案「君」字非衍文，已見上注〔五〕。上大夫謂卿也。漢書佞幸鄧通傳：「官至上大夫。」又石奮傳：「奮爲太中大夫二千石，以上大夫禄歸老於家。」又司馬遷傳：「上大夫壺遂。」索隱：

「遂爲詹事，秩二千石，故位上大夫也。」案百官表有太中大夫，無上大夫，則上大夫即太中大夫也。論語鄉黨篇：「朝與上大夫言。」皇侃義疏：「上大夫，卿也。」

〔四五〕張敦仁曰：「按『與』當作『爲』。平準書、食貨志皆云：『而桑弘羊爲治粟都尉領大農。』（元封元年）可證。」陳遵默曰：「與，以也，不必破字。」

〔四六〕張之象本、沈延銓本、金蟠本無「以億萬計」四字。

〔四七〕楚辭九歌：「衝風至兮水揚波。」又：「衝風起兮横波。」五臣注：「衝風，暴風也。」漢書韓安國傳注師古曰：「衝風，疾風之衝突者也。」

〔四八〕文選封燕然山銘：「經磧鹵。」注：「説文曰：『鹵，西方鹹地也。』」

〔四九〕初學記二四、御覽一五六引劉向五經要義：「王者受命創使，建國立都，必居中土，所以總天地之和，據陰陽之正，均統四方，以制萬國者也。」與此説「中國」義同。極，北辰。

〔五〇〕「毛」指植物。穀梁傳定公元年注：「凡地之所生謂之毛。」「不毛」就是不生長植物。公羊傳宣公十二年注：「墝埆不生五穀曰不毛。」漢書西南夷傳注：「不毛，言不生草木。」

〔五一〕漢書賈山傳：「江皋河瀕，雖有惡種，無不猥大。」李奇曰：「皋，水邊淤地也。」

〔五二〕漢書主父偃傳、嚴安傳俱有「飛芻輓粟」語，師古曰：「運載芻稾，令其疾至，故云飛芻也。」

〔五三〕張之象本、沈延銓本、金蟠本「賦」作「役」。

〔五四〕後備胡篇：「衣皮蒙毛。」器案：詩邶風旄丘：「狐裘蒙戎。」史記晉世家：「狐裘蒙茸。」集解：「服虔曰：『蒙茸，以言亂貌。』」正義：「蒙茸，言狼藉也。」「蒙毛」、「蒙戎」、「蒙茸」，義同。

〔五五〕本書力耕篇：「織者不强，無以掩形。」又錯幣篇：「或無以充虚蔽形也。」文子十守篇：「衣足以蓋形禦寒。」「蓋形」、「掩形」、「蔽形」，義同。

〔五六〕洪頤煊曰：「説文：『寑，地室也。從穴復聲。詩曰：陶寑陶穴。』淮南氾論篇：『古者，民澤處復穴。』高誘注：『復穴，重窟也。』禮記月令鄭注：『古者複穴。』正義：『複穴者，謂窟居也。』『寑』『復』『複』三字通用。」王先謙曰：「言當暑不去複衣。」黄季剛曰：「『失』猶『去』也。」器案：洪説是，王説非。上文已經提及「皮裘蒙毛，曾不足蓋形」，那末怎様在夏天具有複衣的條件呢？「複」和「窟」相對爲文，「複」應當讀爲「寑」。後散不足篇「陶桴複穴」的「複」字，就和這裏的「複」字同義。詩大雅緜：「陶複陶穴。」「陶復」與「陶穴」分言，那末，「複」自可單用了。月令正義引庾蔚之云：「複謂地上累土爲之，穴則穿地也。」這裏是説，邊民衣不蔽體，冬天固然不離窟，就是夏天也不去複穴啊。説略本陳遵默。

〔五七〕淮南子本經篇：「民之專室蓬廬，無所歸宿。」高誘注：「專，特小室也。」又修務篇：「獨守專室。」高誘注：「專室，小室也。」

〔五八〕周禮秋官序官司圜注：「鄭司農曰：『圜謂圜土也。』」漢書司馬遷傳：「幽於圜牆之中。」師古曰：「圜牆，獄也。」這裏「土圜」即謂四面土牆蓋的房子。

未通*第十五

御史曰：「内郡〔一〕人衆，水泉薦草〔二〕，不能相贍；地勢温濕，不宜牛馬；民蹠耒〔三〕而耕，負檐而行，勞罷而寡功。是以百姓貧苦，而衣食不足，老弱負輅〔四〕於路，而列卿大夫或乘牛車〔五〕。孝武皇帝平百越以爲園〔六〕圃，卻羌、胡以爲苑囿〔七〕，是以珍怪異物，充於後宫，騊駼〔八〕駃騠〔九〕，實於外廐〔一〇〕，匹夫莫不乘堅良〔一一〕，而民間厭橘柚〔一二〕。由此觀之：邊郡〔一三〕之利亦饒矣！而曰『何福之有』，未通於計也。」

文學曰：「禹平水土〔一四〕，定九州，四方各以土地所生貢獻〔一五〕，足以充宫室，供人主之欲，膏壤萬里，山川之利，足以富百姓，不待蠻貊之地、遠方之物而用足〔一六〕。聞〔一七〕往者未伐胡、越之時，繇賦省而民富足，温衣飽食，藏新食陳，布帛充用，牛馬成羣。農夫以馬耕載，而民莫不騎乘；當此之時，卻走馬以糞〔一八〕。其後，師旅數發，戎馬不足，牸牝入陣〔一九〕，故駒犢生於戰地。六畜不育於家，五穀不殖於野，民不足於糟糠，何橘柚之所厭〔二〇〕？傳曰：『大軍之後，累世不復〔二一〕。』方今郡國，田野有隴〔二二〕而不墾，城郭有宇〔二三〕而不實，邊郡何饒之有乎？」

御史曰：「古者，制田百步爲畝，民井田而耕，什而藉一，義先公而後己，民臣之職也〔二四〕。先帝哀憐百姓之愁苦，衣食不足，制田二百四十步而一畝〔二五〕，率三十而稅一〔二六〕。墮民〔二七〕不務田作，饑寒及己，固其理也。其不耕而欲播，不種而欲穫〔二八〕，鹽、鐵又何過乎？」

文學曰：「什一而藉，民之力也。豐耗美惡，與民共之。民勤，己不獨衍；民衍，己不獨勤〔二九〕。故曰：『什一者，天下之中正也〔三〇〕。』田雖三十，而以頃畝出稅，樂歲粒米狼戾〔三一〕而寡取之，凶年饑饉而必求足。加之以口賦更繇之役〔三二〕，率一人之作，中分其功。農夫悉其所得，或假貸而益之。是以百姓疾耕力作〔三三〕，而饑寒遂及己也。築城者先厚其基而後〔三四〕求其高，畜民者先厚其業而後求其贍。論語曰：『百姓足，君孰與不足乎〔三五〕？』」

御史曰：「古者，諸侯争强，戰國並起，甲兵不休，民曠於田疇，什一而藉，不違其職〔三六〕。今賴陛下神靈，甲兵不動久矣，然則民不齊出於南畝〔三七〕，以口率被墾田而不足，空倉廪而賑貧乏〔三八〕，侵益日甚，是以愈惰而仰利縣官也。爲斯君者亦病矣〔三九〕，反以身勞民；民猶背恩棄義而遠流亡，避匿〔四〇〕上公〔四一〕之事。民相倣傚，田地日蕪〔四二〕，租賦不入，抵扞〔四三〕縣官。君雖欲足，誰與之足乎？」

文學曰：「樹木數徙則矮〔四四〕，蟲獸徙居則壞。故『代馬依北風，飛鳥翔故巢』，莫不哀其生〔四五〕。由此觀之，民非利避上公之事而樂流亡也。往者，軍陣數起，用度不足，以訾〔四六〕徵賦，常取給見民〔四七〕，田家〔四八〕又被其勞，故不齊出於南畝也。大抵逋流〔四九〕，皆在大家，吏正〔五〇〕畏憚，不敢篤〔五一〕責，刻急細民，細民不堪，流亡遠去；中家爲之絶出[五二]，後亡者爲先亡者服事[五三]；録民[五四]數創於惡吏，故相倣傚，去尤甚而就少愈者[五五]多。傳曰：『政寬者民死之，政急者父子離[五六]。』是以田地日荒，城郭空虛。夫牧民[五七]之道，除其所疾，適其所安，安而不擾，使而不勞，是以百姓勸業而樂公賦[五八]。若此，則君無賑於民，民無利於上，上下相讓[五九]而頌聲作[六〇]。故取而民不厭，役而民不苦。靈臺之詩[六一]，非或使之，民自爲之。若斯，則君何不足之有乎？」

御史曰：「古者，十五入大學[六二]，與小役；二十冠而成人，與戎；五十以上[六三]，血脈溢剛，曰艾壯。詩曰：『方叔元老，克壯其猷[六四]。』故商師若烏，周師若荼[六五]。今陛下哀憐百姓，寬力役之政[六六]，二十三始傅[六七]，五十六而免，所以輔耆壯而息老艾也[六八]。丁者治其田里，老者修其唐園[六九]，儉力趣[七〇]時，無饑寒之患。不治其家而訟縣官，亦悖矣。」

文學曰：「十九年已下爲殤[七一]，未成人也；二十而冠；三十而娶，可以從戎事；五十已上曰艾老，杖於家[七二]，不從力役，所以扶不足而息高年也；鄉飲酒之禮[七三]，耆老異饌，所以優耆耄而明養老也。故老者非肉不飽，非帛不暖[七四]，非杖不行。今五十已上至六十，與子孫服輓輸[七五]，並給繇役，非養老之意也。古有大喪者，君三年不呼其門[七六]，通其孝道，遂其哀戚之心也。君子之所重而自盡者，其惟親之喪乎[七七]！今或僵尸〔七八〕，棄衰絰而從戎事，非所以子百姓、順孝悌之心也。周公抱成王聽天下，恩塞海內，澤被四表〔七九〕，矧惟人面〔八〇〕，含仁保德，靡不得其所。詩云：『夙夜基命宥密〔八一〕。』陛下富於春秋〔八二〕，委任大臣，公卿輔政，政教未均，故庶人議也〔八三〕。」

御史默不答也〔八四〕。

* 這篇就與抗擊匈奴侵擾的自衞戰爭密切相關的賦税與繇役問題展開辯論。由於漢武帝進行正義的自衞戰爭，「平百越以爲園圃，卻羌、胡以爲苑囿」，贏得了「甲兵不動久矣」、「邊郡之利亦饒矣」的大好形勢。這對於當時封建社會生產力順利發展，起了重大作用。然而出現這樣的局面，是需要大量的人力和物力的。文學在賦税和繇役問題上大做文章，企圖否定漢武帝的功業，是不足以服人的。

實際上，在賦税問題上，漢武帝時的制度，已經由什而藉一，減輕爲三十而税一。在繇役問題上，則是「二十三始賦，五十六而免」。比古代的「二十與戎事」，「五十以上……曰艾壯」，即至「元老」還要服兵役的制度，縮短了若干年。

〔一〕漢書宣帝紀：「本始元年詔：『內郡國舉文學高第。』」韋昭曰：「中國爲內郡，緣邊有夷狄障塞者爲外郡。」又地理志下：「都邑頗放效吏及內郡賈人，往往以杯器食。」

〔二〕漢書景帝紀：「元年春正月詔曰：『郡國或磽陿，無所農桑繫畜，或地饒廣薦草莽、水泉利，而不得徙。』」如淳曰：「莊周云：『麋鹿食曰薦。』一曰草稠曰薦，深曰莽。」案所引莊周語，見莊子齊物論。

〔三〕淮南子主術篇："一人蹠耒而耕。"高誘注："蹠，蹈。"明初本、華氏本誤作"秉耒"。

〔四〕淮南子人間篇："負輓而浮之河。"與此"負輅"之"負"義同。明初本、華氏本誤作"負戴"。

〔五〕史記平準書："漢興，接秦之弊，丈夫從軍旅，老弱轉糧饟，作業劇而財匱，自天子不能具鈞駟，而將相或乘牛車，齊民無蓋藏。"漢書高五王傳："其後，諸侯唯得衣食租稅，貧者或乘牛車。"又外戚傳上："王媪隨使者詣闕，時乘黄牛車，故百姓謂之黄牛媪。"

〔六〕"園"原作"囿"，今據張敦仁説、王先謙説校改。張云："按'囿'當作'園'，涉下句而誤。"王云："按張説是。御覽九百六十六、九百七十三果部、事類賦果部引並作'園'。"

〔七〕漢書嚴助傳："陛下以四海爲境，九州爲家，八藪爲囿，江海爲池。"義與此同。

〔八〕説文馬部："騊駼，北野之良馬。"漢書楊雄傳注："騊駼馬出北海上。"

〔九〕史記鄒陽傳："食以駃騠。"集解："漢書音義曰：'駃騠，駿馬也，生七日（文選上林賦郭璞注作"三日"。）而超其母。'"索隱："案字林云：'決啼二音，北狄之良馬也，馬父驘母。'"正義："駃騠，音決蹄，北狄良馬也。"

〔一〇〕史記蘇秦傳："大王誠能用臣之愚計，則韓、魏、齊、燕、趙、衛之妙音美人，必充後宫，燕、代橐駝良馬，必實外廄。"又見戰國策楚策。史記李斯傳："鄭、衛之女不充後宫，而駿良駃騠不實外廄。"以"後宫"與"外廄"對言，與此正同。

〔一一〕"乘堅良"即後取下篇之"乘堅驅良"。史記越王句踐世家："乘堅驅良逐狡兔。"後漢書和熹鄧皇后紀："温衣美飯，乘堅驅良。"注："堅謂好車，良謂善馬也。"墨子曰：'聖王爲衣服之法，堅車良馬，不知貴也。』」

〔一二〕說文甘部：「猒，飽也。」

〔一三〕沈延銓本「郡」作「鄙」。案：輕重篇亦云「邊郡山居谷處」，沈延銓本臆改。

〔一四〕尚書舜典：「帝曰：『俞，咨禹，汝平水土，惟時懋哉！』」

〔一五〕史記夏本紀：「禹乃……行山表木，定高山大川，……相地宜所有以貢。」

〔一六〕李榮陛厚岡文集九曰：「按孝武所開諸郡，皆禹九州內地，使無百越、羌、胡，如漢文以前，北不至恒，南不盡衡，何以得膏壤萬里乎？孝武惟不當興可已之兵，求珍異之物；若夫詰戎兵，陟禹跡，服海表，雖仁厚如周家，必以相勵勉。且承平既久，人衆物耗，惟羌、胡美水草，百越土曠，可以蕃馬而容人；我棄之，敵必取之以乘我矣，歷代莫不争。文學見用兵之累，而忘被兵之害，論猶涉一偏；至其引禹相詆，適足以明孝武之善繼也。」

〔一七〕張之象本、沈延銓本、金蟠本無「聞」字。

〔一八〕老子德經：「天下有道，卻走馬以糞；天下無道，戎馬生於郊。」王弼注：「天下有道，知足知止，無求於外，各修其内而已，故卻走馬以治田糞也。」

〔一九〕楊樹達曰：「韓非子解老篇：『戎馬乏則牸馬出。』」器案：牸馬謂牝馬。詩言戎馬，必云「四牡」，車攻言田馬，亦云「四牡」。漢書食貨志：「衆庶街巷有馬，阡陌之間成羣，乘牸牝者擯而不得會聚。」孟康曰：「皆乘父馬，有牝馬間其間則踶齧，故斥不得會同也。」軍旅之事，尤貴整肅，故戎馬皆是四牡，及軍旅數發，戎馬不足，故牸牝入陣耳。

〔二〇〕王引之經傳釋詞曰：「所猶可也。史記淮陰侯傳曰：『非信無所與計事者。』言無可與計事者也。漢書『所』作『可』，是其證矣。大戴禮武王踐阼篇：『席前右端之銘曰：無行可悔。』可，所也。前有所悔，後不復行，故曰無行所悔。説苑敬慎篇作『無行所悔』，是其證也。」器案：此文「所」亦作「可」解，本書結和篇：「何嗣之所利？」漢書蕭望之傳：「何賊之所生？」用法與此正同。

〔二一〕老子道經：「師之所處，荆棘生焉。大軍之後，必有凶年。」漢書嚴助傳、魏相傳都有「軍旅之後，必有凶年」語。又案嚴助傳：「淮南王安上書曰：『四年不登，五年復蝗，民生未復。』」又徐樂傳：「關東五穀數不登，年歲未復。」「復」字義與此同，就是恢復的意思。又晁錯傳：「敗兵之卒，没世不復。」師古曰：「永挫折也。」後國疾篇：「其禍累世不復。」義與此同。

〔二二〕張之象本、沈延銓本、金蟠本「隴」作「壟」，字通。

〔二三〕楚辭招魂注：「宇，屋也。」

〔二四〕張之象本、沈延銓本、金蟠本「藉」作「籍」。案説文耒部：「耡，殷人七十而耡，耡，藉税也。」周禮遂人注：「鄭大夫讀耡爲藉。」詩大雅韓奕：「實畝實藉。」鄭箋：「藉，税也。」左傳宣公十六年：「穀出不過藉。」杜注：「周法，民耕百畝，公田十畝，借民力而治之，税不過此。」禮記王制：「古者，公田藉而不税。」鄭注：「藉之言借也，借民力治公田，美惡取於此，不税民之所自治也。」所言什一之藉，無作「籍」者，張本等臆改，非是。夏小正：「正月初服於公田。古有公田焉者，古者先服公田而後服其田也。」呂氏春秋務本篇高誘注：「古者，井田什一而税，公田在中，私田在外，民有禮讓之心，故願先公田而後私也。」

〔二五〕汪之昌青學齋雜著曰：「井田之制，肇始黄帝，自唐、虞以迄殷、周，溝洫逕涂，九州通行，周禮叙其尺寸深廣尤詳，固無所謂阡陌也。周顯王時，秦孝公用商鞅計，始開阡陌，説者謂改井田舊制，定以二百四十步爲畝。漢書食貨志：『商君壞井田，開阡陌。』顔師古成帝紀注：『阡陌，田間道也。南北曰阡，東西曰陌，蓋秦時商鞅所開也。』然史遷秦本紀云：『商君開阡陌，東地渡洛。』是時，秦所有者雍州之域，即使盡秦地開設阡陌，一依商鞅新法，洛陽以西止耳，洛陽以東，地非秦有，諸國錯峙，各行其便，所謂田疇異畝，雖復先後更張，亦安見一遵秦法，容或有仍舊所定井田者。竊謂洛陽以東開阡陌，原其始當在漢武帝世，食貨志：『武帝末年詔曰：十二夫爲田，一井一屋，故畝五頃。』案井田九百畝，屋三百畝，以千二百畝改五頃，是畝爲二百四十步矣，與商鞅開阡陌後計畝之數適同。禮記王制篇『當今東田』云云。曰東田者，對秦田而言，洛陽居周時九州之中，秦處其西，故對秦田稱東田。禮記正義引盧植曰：『孝文皇帝令博士諸生作此王制之書。』是王制爲漢文時人所作。據王制東田之名，則於時洛陽以東未開阡陌可知。桓書：『先帝制田二百四十步而一畝。』桓氏此論計作在昭帝之時，所稱制田之先帝指武帝無疑。然則洛陽以東之阡陌，開自漢武，此亦顯然之一證矣。」

〔二六〕漢書王莽傳中：「漢世減輕田租，（案見景紀元年五月。）三十而税一，常有更賦，罷癃咸出，而豪民侵陵，分田劫假，厥名三十税一，實什税五也。」

〔二七〕明初本、華氏本、正嘉本、倪邦彦本、張之象本、沈延銓本、金蟠本「墮」作「惰」。

〔二八〕「穫」原作「獲」，張敦仁曰：「華氏本『獲』作『穫』。」案明初本亦作「穫」，今據改正。

〔二九〕盧文弨曰：「張本二『勤』字皆作『饉』，（沈延銓本、金蟠本同。）涂作『勤』，非。前通有篇云：『富者不獨衍，少者不獨饉。』亦以『饉』對『衍』，蓋『饉』有歉義，此又涂本之不可全信者也。」張敦仁曰：「張之象本所改最謬。『勤』『僅』同字，『僅』，少也，『衍』，多也，故以『勤』對『衍』言之，非謂蔬不熟曰饉。前通有篇云：『富者不獨衍，貧者不獨饉。』『饉』蓋『勤』之誤，（集韻二十二稕有「僅」「勵」「堇」三文，「堇」字見史記貨殖列傳，又或作「廑」字，見漢書賈誼傳。通有篇即使歧異，亦必非「饉」字歧異之例，詳於下。）拾補云：『勤，非。』又云：『饉有歉意。』誤於張之象本而爲此說，仍迂曲無所當也。」器案：張說是。漢書楊雄傳注：「『廑』，古『勤』字。」又叙傳注：「『廑』亦『勤』字也。」史記孝文本紀：「今勤身從事。」漢書文帝紀作「今廑身從事」，注：「晉灼曰：『廑』，古『勤』字。」文選長楊賦注：「『廑』，今『勤』字也。」說文广部：「廑，少劣之居，從广堇聲。」引申與人部之「僅」同。漢書賈誼傳：「其次廑得舍人。」師古曰：「『廑』與『僅』同。」史記貨殖傳：「然堇堇物之所有，取之不足以更費。」集解：「應劭曰：『堇，少也。』」蓋「勤」「廑」「僅」皆從「堇」得聲，故從「堇」之字，即有少劣之意。

〔三〇〕公羊傳宣公十五年：「古者曷爲什一而藉？什一者，天下之中正也。」

〔三一〕「狼戾」原作「粱糲」，明初本、華氏本、正嘉本、太玄書室本、張之象本、沈延銓本、金蟠本作「狼戾」，今據改正。孟子滕文公上：「樂歲粒米狼戾。」即此文所本。從「良」從「粱」之字古通，詩經秦風小戎：「五楘梁輈。」漢書地理志注引「梁」作「良」，就是一個例證。從「戾」從「厲」之字古通，墨子非命：「中國爲虛厲。」魯問篇作「國爲虛戾」，莊子人間世：「國爲虛厲。」戰國策趙策：「社稷爲虛戾。」又：「國家爲虛戾。」這都是「厲」「戾」通用的例證。

〔三二〕漢書食貨志上：「今農夫五口之家，其服役者，不下二人，其能耕者，不過百晦，百晦之收，不過百石。春耕夏耘，秋穫冬臧，伐薪樵治，官府給繇役，春不得避風塵，夏不得避暑熱，秋不得避陰雨，冬不得避寒凍，四時之間，亡日休息。又私自送往迎來，吊死問疾，養孤長幼在其中，勤苦如此，尚復被水旱之災，急政暴賦，賦斂不時，朝令而暮改，當具，有者半賈而賣，亡者取倍稱之息，於是有賣田宅鬻子孫以償責者矣。」

〔三三〕漢書伍被傳：「當是之時，男子疾耕，不足於糧餽。」本書又言「力耕」，義並同。

〔三四〕「後」字原無，今據下文句例補。考工記匠人：「牆厚三尺，崇三之。」鄭注：「高厚以是爲率，足以相勝。」淮南子泰族篇：「不益其厚而張其廣者毁，不廣其基而增其高者覆。」

〔三五〕這是論語顏淵篇文。

〔三六〕後漢書光武紀下：「無令失職。」注：「職猶常也。」

〔三七〕史記平準書：「陛下損膳省用，出禁錢以振元元，寬貸賦，而民不齊出於南畝，商賈滋衆。」集解：「李奇曰：『齊，皆也。』」語又見漢書食貨志，師古曰：「言農人尚少，不皆務耕種也。」

〔三八〕周禮大宰注：「賦，口率出錢也。」漢書高紀下：「及郡各以其數率。」師古曰：「率，計也。」又文紀：「十二年三月詔：『以户口率置三老、孝悌、力田常員。』」師古曰：「計户口之數以率之。」明初本、華氏本此兩句作「以此率彼墾田而不足，空倉廩而賑之貧乏」，未可據。

〔三九〕孟子公孫丑上：「今日病矣。」趙岐注：「病，罷也。」

〔四〇〕盧文弨曰：「『匿』疑衍。」

〔四一〕盧文弨曰：「『上公』疑倒。」器案：後取下篇：「民困於下，怠於上公。」（從張敦仁校）周禮地官鄉大夫職：「國中自七尺以及六十，野自六尺以及六十有五，皆徵之。」注：「鄭司農曰：『徵之者，給公上之事也。』」文選報孫會宗書：「灌園治産，以給公上。」李善注引蘇林曰：「充縣官之賦斂。」即此文「上公」之意。上公，猶今言公家也。

〔四二〕「蕪」原作「無」，張之象本、沈延銓本、金蟠本作「蕪」，今據改正。下文「田地日荒」，即承此而言。

〔四三〕「抵扞」，猶言抵抗。文選爲石仲容與孫皓書：「距捍中國。」「扞」「捍」同字。

〔四四〕説文歹部：「殘，病也。」

〔四五〕楊樹達曰：「文選古詩十九首云：『胡馬依北風，越鳥巢南枝。』李善注引韓詩外傳曰：『代馬依北風，飛鳥棲故巢，皆不忘本之謂也。』」器案：後漢書班超傳：「狐死首丘，代馬依風。」注引韓詩外傳曰：「代馬依北風，飛鳥揚故巢也。」淮南子説林篇：「鳥飛反鄉，兔走歸窟，狐死首邱，寒將翔水，各哀其所生。」高誘注：「哀猶愛也。」釋名釋言語：「哀，愛也，愛乃思念之也。」又案：李賢注引韓詩外傳云「飛鳥揚故巢」，與此文「飛鳥翔故巢」之義合。禮記三年問：「今是大鳥獸，則失喪其羣匹，越月踰時焉，則必反巡過其故鄉，翔回焉，鳴號焉，蹢躅焉，踟蹰焉，然後乃能去之。小者至於燕雀，猶有啁噍之頃焉，然後乃能去之。」所言，尤足説明此「翔」字之義。

〔四六〕盧文弨曰：「『訾』『貲』同。」案沈延銓本、金蟠本作「資」。漢書景帝紀顏師古注：「『訾』，讀與『貲』同。」

〔四七〕戰國策韓策：「見卒不過二十萬而已。」史記項羽本紀：「軍無見糧。」正義：「顏監云：『無見在之糧。』」又孝文本紀：「發近縣見卒萬六千人。……太僕見馬遺財足。」索隱：「言太僕見在之馬，今留纔足，充事而已。」又高祖功臣侯者年表：「至太初，百年之間，見侯五。」又蕭相國世家：「軍無見糧。」漢書王嘉傳：「少府水衡見錢多。」師古曰：「見在之錢也。」又王莽傳上：「宣帝曾孫有見王五人。」師古曰：「王之見在者。」這些「見」字用法相同，「見民」就是現在的人民。

〔四八〕文選報孫會宗書：「田家作苦。」「田家」即「農夫」也。

〔四九〕俞樾曰：「『逋流』應作『逋賦』，蓋大家所逋負，吏不敢責，而責之細民，遂至流亡矣。若云『逋流皆在大家』，則義不可通。」案：本書復古篇：「往者，豪强大家，得管山海之利，採鐵石鼓鑄，煮海爲鹽。一家聚衆，或至千餘人，大抵盡收放流人民也。遠去鄉里，棄墳墓，依倚大家，聚深山窮澤之中，成姦僞之業，遂朋黨之權，其輕爲非亦大矣。」與此文可互證，俞説非是。

〔五〇〕「吏正」又見後取下篇。禮記王制：「史以獄成告於正。」鄭注：「周禮鄉師之屬。」文選藉田賦注：「正，長也。」

〔五一〕盧文弨曰：「『篤』，張本『督』，（華氏本、沈延銓本、金蟠本同。）涂『篤』，同。後詔聖篇：『渫篤責而任誅斷。』亦是『篤』字。」案周秦篇：「篤責急也。」亦是「篤」字。

〔五二〕「絶」原作「色」（太玄書室本改作「代」），今改。「絶」讀爲「綴」，「綴」謂綴聯，有繼續意。「絶」，古文作「𢇍」，即「繼」字所從之偏旁。謂細民既去，中家繼之承擔所有支出也。史記叔孫通傳索隱引賈逵云：「立茅以表位爲蕝。」禮記樂記注：「舞者之位謂之綴。」「綴」即「蕝」之異文，「絶」又「蕝」之省文也。説苑尊賢篇：「簡主聞之，絶食而歎。」書鈔四九引作「綴食而歎」。「綴」「絶」聲近，故得通用。「綴」之爲「絶」，亦猶是也。漢書陳湯傳：「又使中家以下，得均貧富。」

〔五三〕春秋繁露王道篇：「梁内役民無已，其民不能堪。使民比地爲伍，一家亡，五家殺刑。其民曰：『先亡者封，後亡者刑。』」漢書石奮傳：「問百年民所疾苦，惟吏多私，徵求無已，去者便，居者擾，故爲流民法，以禁重賦。」師古曰：「言百姓去其本土者則免於吏徵求，在舊居者則見煩擾，故朝廷特爲流人設法，又禁吏之重賦也。」吕祖謙大事記解題曰：「武帝天資英明，巡狩雖於樂佚游，然身之所歷，目之所覩，蠲除民瘼，亦不少矣。」

〔五四〕「録民」謂謹愿之民。詩經周南正義引孝經援神契：「禄者，録也，上所以敬録接下，下所以敬録事上也。」則録有謹愿之義。荀子修身篇：「程役而不録。」楊注：「録，檢束也。」又榮辱篇：「孝弟原慤，軥録疾力。」楊注：「録謂自檢束也。」「録」當借爲「逯」，説文辵部：「逯，行謹逯逯也。」又目部：「睩，目睞謹也。」「録」「逯」「睩」俱從录得聲，都有謹義。「録民」，當即如漢書食貨志下之「愿民陷而之刑戮」的「愿民」，師古曰：「愿，謹也。」案荀子君道篇：「愿慤拘録。」以「愿」與「録」並列，明「録」與「愿」同義。則鹽鐵論之「録民」，即食貨志之「愿民」也。

〔五五〕「者」字原無，今據郭沫若校補。張敦仁曰：「按『多』字當衍，『愈』句絶。後散不足篇云：『吾以賢良爲少愈。』」器案：張證「少愈」是，謂衍「多」字非。漢書萬石君傳：「吏多私徵求無已，去者便，居者擾，故爲流民法以禁重賦。」師古曰：「言百姓去其本土者則免於吏徵求，在舊居者則見煩擾，故朝廷特爲流人設法，又禁吏之重賦也。」所説情況，與此正復相似。沈延銓本删去「倣傚」二字，未可從。「去尤甚」與「就少愈」對言，碩鼠之詩曰：「逝將去女，適彼樂土，樂土樂土，爰得我所。」夫農夫以安土重遷爲務者也，自三代而有逋逃之責，至兩漢而有流民之法，迫使農民於去就問題上，不得不做出彼善於此之抉擇，誰實爲之耶！

〔五六〕孟子盡心下：「有布縷之徵，粟米之徵，力役之徵。君子用其一，緩其二，用其二而民有殍，用其三而父子離。」

〔五七〕管子有牧民篇，又七法篇寫道：「養人如養六畜。」這就是牧民的最好解釋。蓋奴隸主把管理勞動人民當成管理六畜一般。後來封建統治階級亦襲用此詞。漢書食貨志上：「民者，在上所以牧之。」淮南子覽冥篇：「牧民者，猶畜獸也。」文選晉紀總論注引漢名臣奏：「陳風對問曰：『民如六畜，在牧養者耳。』」這是對勞動人民的極大侮辱。

〔五八〕史記貨殖傳：「故物賤之徵貴，貴之徵賤，各勸其業，樂其事，若水之趨下，日夜無休時，不召而自來，不求而民出之。」

〔五九〕「讓」原作「議」，今據張敦仁、俞樾説校改。張云：「按『議』當作『讓』，後取下篇、世務篇皆不誤。」俞樾説同。

〔六〇〕公羊傳宣公十五年：「古者什一而藉。古者曷爲什一而藉？什一者，天下之中正也。多乎什一，大桀、小桀；寡乎什一，大貉、小貉。什一者，天下之中正也，什一行而頌聲作矣。」漢書賈山傳：「用民之力，不過歲三日，什一而藉，君有餘財，民有餘力，而頌聲作。」又王莽傳中：「古者設廬井八家，一夫一婦田百畝，什一而税，則國給民富而頌聲作。」周禮載師疏引五經異義：「今春秋公羊説：『十一而税。過於十一，大桀、小桀；減於十一，大貉、小貉。十一税，天子之正，十一行而頌聲作。』」這裏的「頌聲作」，就是承上「什一藉民」而言，則亦公羊家説也。

〔六一〕張之象注曰：「賈生曰：『文王志之所在，意之所欲，百姓不愛其死，不憚其勞，從之如集。詩曰：經始靈臺，經之營之，庶民攻之，不日成之。經始勿亟，庶民子來。文王有志爲臺，近規之，民聞之者，麏裹而至，問業而作之，日日以衆。命其臺曰靈臺，命其囿曰靈囿，謂其沼曰靈沼，愛敬之至有。詩曰：王在靈囿，麀鹿攸伏，麀鹿濯濯，白鳥翯翯。王在靈沼，於牣魚躍。文王之澤，下被禽獸，洽於魚鼈，咸若攸樂，而況士民乎？』修文篇曰：『積思爲愛，積愛爲仁，積仁爲靈。靈臺之所以爲靈者，積仁也。神靈者，天地之本，而爲萬物之始也。是故文王始接民以仁，而天下莫不仁焉，文德之至也。』」

〔六二〕漢書食貨志上：「八歲入小學，學六甲、五方、書計之事，始知室家長幼之節。十五入大學，學先聖禮樂，而知朝廷君臣之禮。」

〔六三〕禮記曲禮上：「人生十年曰幼學，二十曰弱冠，三十曰壯有室，四十曰强而仕，五十曰艾服官政，六十曰耆指使，七十曰老而傳，八十九十曰耄。」

〔六四〕這是詩經小雅采芑文。

〔六五〕盧文弨曰：「『烏』，張本『荼』；『荼』，張本『烏』，（沈延銓本、金蟠本同。）今並從涂本。孫云：『困學紀聞三亦如此。』」案困學紀聞：「鹽鐵論引詩曰：『方叔元老，克壯其猷。』故商師若烏，周師若荼。蓋謂商用少而周用老也。」

〔六六〕王應麟漢制考：「周禮鄉大夫：『其舍者，國中貴者、賢者、能者、服公事者、老者、疾者，皆舍。』注鄭司農云：『徵之者，給公上之事也。舍者，謂有復除，舍不收役事也。貴者，若今宗室及關内侯皆復也。服公事，謂若今吏有服除也。老者，謂若今八十九十復羨卒也。疾者，謂若今癃不可事者復之。』疏：『四事皆言若今者，並舉漢法況之。』」此下，即引此文以證之。案：孟子盡心下：「有布縷之徵，粟米之徵，力役之徵。」趙岐注：「力役，民負荷厮養之役也。」

〔六七〕「傳」原誤作「賦」，今據楊樹達説校改。楊云：「『賦』當爲『傳』，聲近字誤也。漢書高帝紀云：『二年五月，發關中老弱未傅，悉詣軍。』如淳曰：『律：二十三傅之疇官，各從其父疇學之。漢儀注云：民年二十三爲正，一歲爲衛士，一歲爲材官騎士，習射御騎馳戰陣。又曰：五十六衰老，乃得免爲庶民，就田里。今老弱未傅者皆發之。未二十三爲弱，過五十六爲老。』樹達按：如淳引漢儀注所云，與此文正合。若漢制民年十五以上至五十六出錢之算賦，别是賦税之事，與此言力役之事不相涉。古『賦』『傳』二字雖相通假，然在漢制，則釐然有别，不容混淆也。」器案：楊引漢書高帝紀注引如淳説，又見史記項羽本紀集解引孟康及如淳説，都是説的力役之徵，不是賦税之事，楊説是，今據改正。

〔六八〕漢書武帝紀注：「師古曰：『六十曰耆，五十曰艾。』」

〔六九〕盧文弨曰：「『唐園』又見後孝養篇，吕氏春秋尊師篇亦有之。」器案：管子輕重甲篇：「北郭者盡屨履之甿也，以唐園爲本利。請以令禁百鍾之家不得事鞒，千鍾之家不得爲唐園。」晏子春秋内篇問下：「治唐園，考菲履。」本書孝養篇：「老親之腹非唐園，唯菜是盛。」又取下篇：「廣第、唐園、良田連比者，不知無運踵之業、竄頭宅者之役也。」則唐園者，蓋謂樹藝蔬果麻枲之園地也。唐園、廣第、良田並舉，唐者虚也，蓋曠虚之義，則唐園者，猶言大園子耳。取下篇舉唐園與運踵之業相連而及之，則唐園爲種植考菲履之原料地耳。華氏本作「丘園」，正嘉本、攖寧齋鈔本、倪邦彦本、太玄書室本、張之象本、沈延銓本、金蟠本作「塘園」，皆不知妄改。

〔七〇〕管子國蓄篇：「彊本趣耕。」尹注：「『趣』讀爲『促』。」

〔七一〕莊子齊物論釋文：「年十九以下爲殤。」案：儀禮喪服傳：「年十九至十六爲長殤，十五至十二爲中殤，十一至八歲爲下殤，不滿八歲以下爲無服之殤。」説文歺部：「殤，不成人也。人年十九至十六死爲長殤，十五至十二死爲中殤，十一至八歲死爲下殤。」

〔七二〕禮記王制：「五十杖於家，六十杖於鄉。」就是此文所本。張之象本、沈延銓本、金蟠本改「家」作「鄉」，非是。太玄書室本「已」作「以」。

〔七三〕禮記鄉飲酒義釋文：「鄭云：『鄉飲酒義者，以其記鄉大夫飲賓於庠序之禮，尊賢養老之義也。别録屬吉禮。』」

〔七四〕孟子盡心上：「五十非帛不暖，七十非肉不飽。」

〔七五〕漢書劉屈氂傳：「征和二年春制詔：『御史，故丞相賀，倚舊故，據高執而爲邪，與美田以利子弟賓客，不顧元元，無益邊穀，貨賂上流，朕思之久矣。終不自革，迺以邊爲援，使内郡自省作車，又令耕者自轉，以困農。』」則此弊政始於公孫賀。居延漢簡釋文第三頁：「延壽太初三年中，父以負馬田敦煌，延壽與父俱來，田事已。」可與此文互證。

〔七六〕公羊傳宣公元年：「古者，臣有大喪，則君三年不呼其門。」春秋繁露竹林篇：「先王之制，有大喪者，三年不呼其門，順其志之不在事也。」白虎通喪服篇：「臣下有大喪，不呼其門者，使得終其孝道，成其大禮。」涂本「君」原誤作「居」。

〔七七〕張之象注曰：「曾子曰：『吾聞諸夫子：人未有自致者也，必也親喪乎！』」案：張所引見論語子張篇文。孟子滕文公上：「親喪固所自盡也。」

〔七八〕「今或僵尸」至「順孝悌之心也」，張之象本、沈延銓本、金蟠本脱此二十三字。

〔七九〕韓詩外傳七：「武王崩，成王幼，周公承文、武之業，履天子之位，聽天子之政，征夷、狄之亂，誅管、蔡之罪，抱成王而朝諸侯，誅賞制斷，無所顧問，威動天地，振恐四海，可謂能武矣。」說苑君道篇：「周公踐天子之位，布德施惠，遠而逾明。」

〔八〇〕「人」原作「南」，今從張敦仁說校改。張云：「『南』字誤也，此必本作『人』，後繇役篇：『惟人面之倫，莫不引領而歸其義。』不誤。墨子明鬼引商書：『矧住（此字當作「隹」，省「惟」爲「隹」也。近江氏聲尚書注說之如此。）人面，胡敢異心。』此語出於彼。後漢書章帝紀：『迄惟人面，靡不率俾。』和帝紀：『戒惟人面，無思不服。』亦可證也。」器案：張說是，「人」古文作「同」（見集韻），以形近而譌爲「南」。史記李斯傳：「此禽鹿、視肉，人面而彊行者耳。」亦用「人面」之證。「人面」者，猶後世言「圓顱方趾」之意也。

〔八一〕這是詩經周頌昊天有成命文，毛傳曰：「基，始；命，信；宥，寬；密，寧也。」鄭箋曰：「早夜始順天命，不敢解倦，行寬仁安静之政，以定天下。」

〔八二〕史記李斯傳：「陛下富於春秋。」漢書田蚡傳：「富於春秋。」師古曰：「謂年幼也。齒歷方久，故云『富於春秋』也。」後漢書樂恢傳：「陛下富於春秋。」李賢注：「春秋謂年也。言年少，春秋尚多，故稱富。」

〔八三〕論語季氏篇：「天下有道，庶人不議。」漢書杜延年傳：「庶人私議。」

〔八四〕華氏活字本「默」下有「然」字。太玄書室本「也」作「之」。

鹽鐵論校注卷第四

地廣*第十六

大夫曰："王者包含并覆，普愛無私，不爲近重施，不爲遠遺恩〔一〕。今俱是民也，俱是臣也，安危勞佚不齊，獨不當調邪？不念彼而獨計此，斯亦好議矣？緣邊〔二〕之民，處寒苦之地，距强胡之難，烽燧一動，有没身之累。故邊民百戰，而中國恬卧〔三〕者，以邊郡爲蔽扞〔四〕也。詩云：『莫非王事，而我獨勞〔五〕。』刺不均也。是以聖王懷四〔六〕方獨苦，興師推卻胡、越，遠寇安災〔七〕，散中國肥饒之餘，以調邊境，邊境强則中國安，中國〔八〕安則晏然無事。何求而不默〔九〕也？"

文學曰："古者，天子之立於天下之中，縣内方不過千里〔一〇〕，諸侯列國，不及不食之地，禹貢至於五千里；民各供其君，諸侯各保其國，是以百姓均調〔一一〕，而繇役不勞也。今推胡、越數千里，道路迴避〔一二〕，士卒勞罷。故邊民有刎頸之禍，而中國有死亡之患，此百姓所以囂囂〔一三〕而不默也。夫治國之道，由中及外，自近者始〔一四〕。近者親附，然後來遠；百姓内足，然後卹外。故羣臣論或欲田輪臺，明主不許，以爲先救近務及時本業也。故下詔曰：『當今之務，在於禁苛暴，止擅賦〔一五〕，力本農〔一六〕。』公卿宜承意，請減除不任，以佐百姓之急。今中國弊落不憂，務在邊境。意者地廣而不耕，多種而不耨，費力而無功，詩云：『無田甫田，維莠驕驕〔一七〕。』其斯之謂歟？」

大夫曰：「湯、武之伐，非好用兵也；周宣王辟國千里〔一八〕，非貪侵也，所以除寇賊而安百姓也。故無功之師，君子不行；無用之地〔一九〕，聖王不貪。先帝舉湯、武之師，定三垂〔二〇〕之難，一面而制敵，匈奴遁逃，因河、山以爲防，故去砂石鹹鹵不食之地，故割斗辟〔二一〕之縣，棄造陽之地以與胡，省曲塞〔二二〕，據河險，守要害〔二三〕，以寬徭役，保士民。由此觀之：聖主用心，非務廣地以勞衆而已矣。」

文學曰：「秦之用兵，可謂極矣；蒙恬斥境〔二四〕，可謂遠矣。今踰蒙恬之塞，立郡縣寇虜之地〔二五〕，地彌遠而民滋勞。朔方以西，長安以北，新郡之功，外城〔二六〕之費〔二七〕，不可勝計。非徒是也，司馬、唐蒙〔二八〕鑿〔二九〕西南夷之塗，巴、蜀弊於邛、筰〔三〇〕；横海征南夷〔三一〕，樓船戍東越〔三二〕，荆、楚罷於甌、駱〔三三〕，左將伐朝鮮〔三四〕，開臨屯〔三五〕，燕、齊困於穢貉〔三六〕，張騫通殊遠〔三七〕，納無用，府庫之藏，流於外國；非特斗辟之費、造陽之役也。由此觀之，非人主用心，好事之臣〔三八〕爲縣官計過也〔三九〕。」

大夫曰：「挾〔四〇〕管仲之智者，非爲斯役之使也。懷陶朱之慮者，不居貧困之處〔四一〕。文學能言而不能行，居下〔四二〕而訕上，處貧而非富，大言而不從，高厲而行卑，誹譽訾議，以要名采善〔四三〕於當世。夫祿不過秉握〔四四〕者，不足以言治；家不滿檐石〔四五〕者，不足以計事。儒皆貧羸，衣冠不完，安知國家之政、縣官之事乎？何斗辟造陽也！」

文學曰：「夫賤不害〔四六〕智，貧不妨行。顔淵屢空〔四七〕，不爲不賢。孔子不容〔四八〕，不爲不聖。必將以貌舉人〔四九〕，以才進士，則太公終身鼓刀，寧戚不離飯牛矣〔五〇〕。古之君子，守道以立名，修身以俟時，不爲〔五一〕窮變節，不爲賤易志，惟仁之處，惟義之行。臨財苟得〔五二〕，見利反義〔五三〕，不義而富，無名而貴，仁者不爲也〔五四〕。故曾參、閔子不以其仁易晉、楚之富〔五五〕。伯夷不以其行易諸侯之位，是以齊景公有馬千駟，而不能與之爭名〔五六〕。孔子曰：『賢哉回也！一簞食，一瓢飲，在於陋巷，人不堪其憂，回也不改其樂〔五七〕。』故惟仁者能處約、樂〔五八〕，小人富斯暴，貧斯濫矣〔五九〕。楊子曰：『爲仁不富，爲富不仁〔六〇〕。』苟先利而後義，取奪不厭〔六一〕。公卿積億萬，大夫積千金，士積百金，利己并財以聚〔六二〕；百姓寒苦，流離於路，儒獨何以完其衣冠也？」

＊本篇就邊防問題展開辯論。漢書伍被傳注：「如淳曰：『廣謂斥大之也。』」桑弘羊指出：「先帝舉湯、武之師，定三垂之難」，「非務廣地以勞衆而已矣」，說明這場抗擊匈奴的正義戰爭，不是爲了争地盤，而是爲了保邊疆；就是在「匈奴遁逃」的有利條件之下，漢王朝不僅没有對匈奴有領土的要求，而且還「割斗辟之縣，棄造陽之地以與胡」，充分體現了民族和睦的願望；又「省曲塞，據河險，守要害，以寬徭役，保士民」，充分體現了保境安民的政策。但是，正如文學所指出的那樣，「今中國……務在邊境，……地廣而不耕」，於是「實邊」的確是急待解決的問題。

如何解決「地廣而不耕」的問題，自來政治家都是把他納入富國安民的政策來考慮的。管子在五輔篇寫道：「實壙（同「曠」。）虚，墾田疇，修牆屋，則國家富。」呂氏春秋貴卒篇寫道：「吴起謂荆王曰：『荆所有餘者地也，所不足者民也；今君王以所不足，益所有餘，臣不得而爲也。』於是令貴人往實廣虚之地。」晁錯在上漢文帝的守邊勸農疏中寫道：「以陛下之時，徙民實邊，使遠方無屯戍之事，塞下之民，父子相保，亡係虜之患，利施後世，名稱聖明。」又寫道：「臣聞古之徙遠方以實廣虚也，相其陰陽之和，嘗其水泉之味，審其土地之宜，觀其屮木之饒，然後營邑立城，製里割宅，通田作之道，正阡陌之界，先爲築室，家有一堂二内（内房），門户之閉，置器物焉；民至有所居，作有所用，此民所以輕去故鄉而勸之新邑也。爲置醫巫，以救疾病，以脩祭祀，男女有昏，生死相卹，墳墓相從，種樹畜長，室屋完安，此所以使民樂其處而有長居之心也。」（漢書鼂錯傳）桑弘羊認爲「聖王懷四方獨苦，興師推卻胡、越，遠寇安災，散中國肥饒之餘，以調邊境，邊境强則中國安，中國安則晏然無事」。而文學却説「今中國弊落不憂，務在邊境，……地廣而不耕，多種而不耨，費力而無功。……非人主用心，好事之臣爲縣官計過也」，認爲領土無用，豈非國家民族的罪人嗎！

〔一〕潛夫論救邊篇：「聖王之政，普覆兼愛，不私近密，不忽疎遠。」明初本、華氏本「并覆」作「徧覆」。

〔二〕漢書食貨志下：「緣邊四夷。」

〔三〕淮南子主術篇：「昔孫叔敖恬卧，而郢人無所害其鋒。」莊子徐无鬼：「孫叔敖甘寢秉羽，而郢人投兵。」文選西征賦注：「恬，静也。」

〔四〕漢書項籍傳：「請以國爲扞蔽。」師古曰：「猶爲齊之藩屏。」「扞蔽」猶「蔽扞」。

〔五〕這是詩經小雅北山文。林昌彝硯桂緒録三曰：「廣雅：『賢，勞也。』小雅北山篇：『我從事獨賢。』孟子萬章篇引此詩而釋之曰：『此莫非王事，我獨賢勞也。』案賢可訓勞，賢勞猶劬勞，故毛詩云『賢，勞也』。桓寬鹽鐵論地廣篇亦曰：『詩云：莫非王事，而我獨勞。刺不均也。』鄭箋、趙注並以賢爲賢才，失其義也。」

〔六〕盧文弨曰：「『四』疑『西』。」徐友蘭曰：「案『四』是，『獨苦』對中國言之。」器案：「四」字不誤，「四方」猶言「四邊」，下文兼言胡、越，則不僅指西方可知。

〔七〕「寇」下原有「國」字，今據張敦仁説校删。太玄書室本「災」下又添「弭」字，非。

〔八〕「國」上原無「中」字，張之象本、沈延銓本、金蟠本有，今據補。

〔九〕張之象本、沈延銓本、金蟠本「不默」作「不可得」。盧文弨曰：「下云：『此百姓所以囂囂而不默也。』

似『默』字是。」

〔一〇〕周書作雒篇：「乃作大邑成周於土中，制郊甸六百里，因西土爲方千里。」吕氏春秋慎勢篇：「古之王者，擇天下之中而立國，擇國之中而立宫，擇宫之中而立廟。天下之地方千里以爲國，所以極治任也。非不能大也，其大不若小，其多不若少。」這是文學的「領土無用」論的理論根據。

〔一一〕莊子天道篇：「所以均調天下。」

〔一二〕「迴避」即回辟，猶言迂回辟遠。漢書李廣傳：「東道少回遠。」師古曰：「回，繞也，曲也。」又趙充國傳：「回遠千里。」師古曰：「回謂路紆曲也。」張之象本、沈延銓本、金蟠本「避」妄改「遠」。

〔一三〕漢書董仲舒傳：「此民之所以囂囂苦不足也。」師古曰：「囂讀與嗷同，音敖。嗷嗷，衆怨愁聲也。」賈誼新書過秦中：「天下囂囂，新主之資也。」漢書食貨志下：「天下謷謷然陷刑者衆。」師古曰：「謷謷，衆口愁聲也。音敖。」

〔一四〕公羊傳成公十五年：「曷爲殊會吴？外吴也。曷爲外也？春秋内其國而外諸夏，内諸夏而外夷、狄。王者欲一乎天下，曷爲以外内之辭言之？言自近者始也。」何休注：「明當先正京師，乃正諸夏，諸夏正，乃正夷、狄，以漸治之。」春秋繁露王道篇：「春秋立義，……親近以來遠，故未有不先近而致遠者也。故内其國而外諸夏，内諸夏而外夷、狄，言自近者始也。」這裏的「由中及外，自近者始」之説，就是用公羊義。說略本楊樹達。

〔一五〕通鑑二一注：「帝初擊胡，大司農賦税，專以奉戰士，故有擅賦之法。」

〔一六〕張之象注：「漢紀曰：『征和四年，搜粟都尉桑弘羊與御史大夫（案其時御史大夫爲商丘成）奏言：故輪臺以東，皆故國處，有灌溉田。其旁小國，貴黄鐵綿繒，可以易穀。臣愚以爲可遣屯田詣輪臺，置校尉二人，通利溝渠，田一歲有積穀。募民敢徙者詣田所，就畜積爲産業，稍稍築亭，連城而西，以威西國，輔烏孫，爲便。上乃下詔，深陳既往之悔曰：前有司則欲益民賦以助邊用，是困老弱孤獨也；今又請田輪臺。曩者，朕之不明，興師遠攻，遣貳師將軍。古者出師，卿大夫與謀，參以蓍龜，不吉不行。乃者，遍召羣臣，又筮之卦，得大過，爻在九五，曰：匈奴困敗。方士占星氣，太卜蓍龜皆爲吉，匈奴必破，時不可失。卜諸將，貳師最吉。朕親發貳師，詔之，必無深入。今計謀卦兆皆反謬。貳師軍敗，士卒離散略盡，悲痛常在朕心。今有司請遠田輪臺，欲起亭燧，是唯益擾天下，非所以憂民也。朕不忍聞。當今務在禁苛暴，止擅賦，務本勸農，無乏武備而已。由是不復出軍。封丞相爲富民侯，而勸耕農。自是田多墾闢，而兵革休息。」善謀篇曰：「孝武皇帝自將師，伏兵於馬邑，誘致單于。單于既入塞道，覺之，奔走而去。其後交兵接刃，結怨連禍，相攻擊十年，兵凋民勞，百姓空虚，道殣相望，槥車相屬，寇盗滿山，天下動摇。孝武皇帝後悔之。御史大夫桑弘羊請佃輪臺。詔却曰：『當今之務，務在禁暴，止擅賦，今乃遠西佃，非所以慰民也。朕不忍聞。』封丞相號曰富民侯。遂不復言兵事，國家以寧，繼嗣以定，從韓安國之本謀也。』」案張注引漢紀事，又見漢書西域傳下渠犁國；引善謀篇，見新序善謀下，又見漢書韓安國傳。案輪臺即今之烏魯木齊。

〔一七〕這是詩經齊風甫田文。毛詩序云：「甫田，大夫刺襄公也。無禮義而求大功，不修德而求諸侯，志大心勞，以所求者非其道也。」朱熹集傳云：「田，謂耕治之也；甫，大也；莠，害苗之草也；驕驕，張皇之意。言無田甫田也，田甫田而力不給，則草盛矣。」

〔一八〕崔述豐鎬考信録曰：「詩小雅六月云：『玁狁匪茹，整居焦穫，侵鎬及方，至于涇陽。薄伐玁狁，至于太原。文武吉甫，萬邦爲憲。吉甫燕喜，既多受祉，來歸自鎬，我行永久。』出車云：『王命南仲，往城于方。出車彭彭，旂旐央央。天子命我，城彼朔方。赫赫南仲，玁狁于襄。赫赫南仲，薄伐西戎。』此詠宣王征西北之事也。大雅崧高云：『亹亹申伯，王纘之事，于邑于謝，南國是式。王命召伯，定申伯之宅。王命申伯，式是南邦。因是謝人，以作爾庸。王命召伯，徹申伯土田。』烝民云：『王命仲山甫，式是百辟，出納王命，王之喉舌，衮職有闕，維仲山甫補之。王命仲山甫，城彼東方。仲山甫徂齊，式遄其師。』韓奕云：『王錫韓侯，其追其貊，奄受北國，因以其伯。』此詠宣王經略中原之事也。小雅采芑云：『蠢爾蠻荆，大邦爲讎。方叔元老，克壯其猶。方叔率止，執訊獲醜。顯允方叔，征伐玁狁，蠻荆來威。』大雅江漢云：『江、漢浮浮，武夫滔滔，匪安匪遊，淮夷來求。江、漢湯湯，武夫洸洸，經營四方，告成于王。江、漢之滸，王命召虎，式辟四方，徹我疆土。』常武云：『赫赫明明，王命卿士，南仲大祖，大師皇父，整我六師，以修我戎。王謂尹氏，命程伯休父，左右陳行，戒我師旅，率彼淮浦，省此徐土。徐方既同，天子之功。四方既平，徐方來庭。』此詠宣王經略東南之事也。詩所詠宣王之事，其先後雖未敢盡以篇次爲據，然以其言考之，采芑稱方叔征伐玁狁，蠻荆來威，是玁狁之伐，在東南用師之前也。江漢稱經營四方，告成于王，常武稱四方既平，徐方來庭，是徐、淮之役，在四方略定之後也。以其理推之，西戎逼近畿甸，患在切膚，所當先務，封申城齊，皆關東事，似可稍緩，若淮、漢、荆、徐，則距畿較遠，近者未安，不能遠圖，理之常也。」

〔一九〕漢書西域傳上：「罷弊所恃，以事無用，非久長計也。」師古曰：「無用，謂遠方蠻夷之國。」

〔二〇〕文選羽獵賦：「雖頗割其三垂以贍齊民。」李善注：「三垂，謂西方、南方、東方。武帝侵三垂以置郡，故謂之割。漢書杜欽上書曰：『三垂蠻、夷。』又雄上書曰：『北狄，中國之堅敵，三垂比之縣矣。』爾雅曰：『邊，垂也。』」

〔二一〕張之象本、沈延銓本、金蟠本「斗」作「什」，下並同，二字形近而誤，許慎說文序所謂俗書「人持十爲斗」是也。史記匈奴傳記述這件事也誤作「什」，文云：「漢亦棄上谷之什辟縣造陽地以予胡。是歲，漢之元朔二年也。」集解：「漢書音義曰：『言縣斗辟曲近胡。』」索隱曰：「造陽即斗辟縣中地。」漢書匈奴傳上「什」作「斗」，師古注：「斗，絶也，縣之斗曲入匈奴界者，其中造陽地也。」器案：史記封禪書：「成山斗入海。」索隱：「謂斗絶入海也。」漢書郊祀志上：「盛山斗入海。」師古曰：「斗，絶也。」又匈奴傳下：「匈奴有斗入漢地直張掖郡。」師古曰：「斗，絶也。」又匈奴傳上：「燕亦築長城，自造陽至襄平。」師古曰：「造陽，地名，在上谷界。襄平，即遼東所治也。」資治通鑑六：「燕亦築長城，自造陽至襄平。」注：「韋昭曰：『造陽，地名，在上谷。』余按：漢書所謂『上谷之斗造陽』是也。杜佑曰：『晉太康地志：自北地郡北行九百里，得五原塞；又北出九百里得造陽，即麟州銀城縣。』史記：『秦築長城，自造陽至襄平。』韋昭曰：『造陽地在上谷。』未詳孰是。史記正義曰：『上谷，今嬀州。』王隱地道志曰：『郡在谷之頭，故以上谷名焉。』班志：『襄平縣，遼東郡治所。』」齊召南曰：「案造陽地當在上谷最北，即前文所云『燕亦築長城，自造陽至襄平』者也。據後文，則造陽之北凡九百里，後世如開平州、與州等之地，疑即古之造陽。」沈欽韓漢書疏證曰：「通典：『造陽，在今嬀州北。』唐嬀州，今宣化府懷柔縣治。漢襄平，在今奉天府遼陽州北七十里。」案清奉天府，即今遼寧省。

〔二二〕曲塞，謂長城也。曲，言其曲折。

〔二三〕史記秦始皇本紀：「收要害之郡。」又南越傳：「發兵守要害處。」漢書西南夷傳顏師古注：「要害者，在我爲要，於敵爲害也。」

〔二四〕漢書食貨志下注：「應劭曰：『秦始皇遣蒙恬攘卻匈奴，得其河南造陽之北千里，地甚好，於是爲築城郭，徙民充之，名曰新秦。四方雜錯，奢儉不同，今俗名新富貴者爲新秦，由是名也。』」

〔二五〕漢書食貨志下：「其後，衛青歲以數萬騎出擊匈奴，遂取河南地築朔方。」案：下文之新郡指此。

〔二六〕漢書宣帝紀：「本始元年詔内郡國舉文學高第。」韋昭曰：「中國爲内郡，緣邊有夷、狄障塞者爲外郡。」又匈奴傳上：「於是漢罷外城，以休百姓。」師古曰：「外城，塞外諸城。」

〔二七〕漢書食貨志下：「又興十餘萬人築衛朔方，轉漕甚遠，自山東咸被其勞，費數十百鉅萬，府庫並虚。」

〔二八〕漢書食貨志下：「唐蒙、司馬相如始開西南夷，鑿山通道千餘里，以廣巴、蜀，巴、蜀之民罷焉。」又西南夷兩粵朝鮮傳贊：「西南夷發于唐蒙、司馬相如。」案司馬相如，漢書有傳，亦載其通西南夷道事。唐蒙，番陽令，見漢書西南夷傳。

〔二九〕漢書張騫傳：「然騫鑿空。」蘇林曰：「鑿，開也；空，通也；騫始開通西域道也。」

〔三〇〕漢書西南夷傳：「自滇以北，君長以十數，邛都爲大。自嶲以東北，君長千數，徙、筰都最大。」師古曰：「邛都，今之邛州本其地。筰都後爲沈黎郡。」

〔三一〕横海將軍韓説，見漢書兩粵傳。

〔三二〕樓船將軍楊僕，見漢書兩粵傳。

〔三三〕漢書食貨志下：「武帝因文、景之畜，忿胡、粵之害，即位數年，嚴助、朱買臣等招徠東甌，事兩粵，江淮之間，蕭然煩費矣。」又兩粵傳：「佗以此以兵威財物賂遺閩、粵、西甌、駱役焉。」師古：「西甌，即駱、越也，言西者，以别東甌也。」宋祁曰：「駱，越種也。」

〔三四〕漢書朝鮮傳:「其秋,遣樓船將軍楊僕從齊浮勃海,兵五萬,左將軍荀彘出遼東,誅右渠。右渠發兵距險。」

〔三五〕「屯」原作「洮」,今據黄季剛説校正。黄云:「臨屯,滅朝鮮所置郡。」器案:漢書朝鮮傳:「遂定朝鮮爲真番、臨屯、樂浪、玄菟四郡。」

〔三六〕漢書食貨志下:「彭吴穿穢貊、朝鮮,置滄海郡,則燕、齊之間,靡然發動。」論語子罕篇皇侃義疏:「北有五狄:一月支,二濊貊,三匈奴,四單于,五白屋也。」「穢貉」即「濊貊」。漢書朝鮮傳:「左將軍素、侍中幸,將燕、代卒悍,乘勝軍多驕。樓船將齊卒,入海已多敗亡。」

〔三七〕張騫,漢書有傳,顔師古注引陳壽益部耆舊傳:「騫,漢中成固人也。」

〔三八〕史記楚世家:「好事之君,喜攻之臣,發號用兵,未嘗不以周爲終始。」漢書西南夷兩粤朝鮮傳贊:「三邊之開,皆自好事之臣。」説即本此。

〔三九〕漢書韋玄成傳:「劉歆議曰:『孝武皇帝愍中國罷勞,無安寧之時,迺遣大將軍、驃騎、伏波、樓船之屬,南滅百粤,起七郡;北攘匈奴,降昆邪十萬之衆,置五屬國,起朔方,以奪其肥饒之地;東伐朝鮮,起玄菟、樂浪,以斷匈奴之左臂;西伐大宛,并三十六國,結烏孫,起敦煌、酒泉、張掖,以鬲婼羌,裂匈奴之右臂。單于孤特,遠遁于幕北。四垂無事,斥地遠境,起十餘郡。功業既定,迺封丞相爲富民侯,以大安天下,富實百姓,其規橅可見。』」

〔四〇〕明初本、華氏活字本、拾補本「挾管仲」作「挾管、晏」。

〔四一〕對句,上句末有「也」字,下句末無,亦古書常例。戰國策秦策上:「陳軫曰:『計者事之本也,聽者存亡之機。』」與此句例正同。

〔四二〕論語陽貨篇：「惡居下流而訕上者。」鹽鐵論就是用論語此文而没有「流」字，與漢石經合。漢書朱雲傳：「小臣居下訕上。」也無「流」字。

〔四三〕王先謙曰：「『善』謂人稱善之。『要名采善』，四字連文同意。」案王説是，漢書終軍傳：「干名采譽。」師古曰：「干，求也；采，取也。」「干名采譽」與「求名采善」義同。

〔四四〕論語雍也篇：「子華使於齊，冉子爲其母請粟，……冉子與之粟五秉。」集解：「馬融曰：『十六斛爲秉。』」儀禮聘禮記：「四秉曰筥。」注：「此秉爲刈禾盈手之秉也。」案説文又部：「秉，禾束也。从又持禾。」則秉握爲本義，秉斛爲别義，此本言秉斛，而以秉握爲文者，所以形容其禄之微小耳。

〔四五〕史記淮陰侯列傳：「守儋石之禄者，闕卿相之位。」集解：「晉灼曰：『楊雄方言：海、岱之間名罌爲儋。石，石斗也。』蘇林曰：『齊人名小甖爲儋。石，如今受鮐魚石罌，不過一二石耳。』」漢書蒯通傳：「守儋石之禄。」注：「應劭曰：『齊人名小甖爲儋，受二斛。』晉灼曰：『石，斗石也。』師古曰：『或曰儋者一人之所負擔也。』」又楊雄傳：「乏無儋石之儲，晏如也。」又叙傳：「王命論思，有裋褐之褻，儋石之畜。」「儋」「檐」「擔」通用。明初本作「擔石」。漢書鄒陽傳：「身在貧羸。」師古曰：「衣食不充，故羸瘦也。一曰，羸謂無威力。」

〔四六〕「害」原作「周」，今據盧文弨、俞樾説校改。盧作「害」，云：「『周』譌。」俞云：「『周』字乃『害』字之誤，『不害』猶『不妨』也。」案盧、俞校是。太玄書室本正作「害」。公羊傳宣公六年：「靈公有周狗。」爾雅釋畜郭注引作「害狗」，即二字互誤之證。

〔四七〕論語先進篇：「回也其庶乎，屢空。」何晏集解：「言回庶幾聖道，雖數空匱，而樂在其中矣。」

〔四八〕史記孔子世家：「顏回曰：『夫子之道至大，故天下莫能容。雖然，夫子推而行之，不容何病！不容然後見君子。夫道之不修也，是吾醜也。夫道既已大修而不用，是有國者之醜也。不容何病！不容然後見君子。』」

〔四九〕史記仲尼弟子列傳：「以貌取人，失之子羽。」

〔五〇〕離騷：「呂望之鼓刀兮，遭周文而得舉；甯戚之謳歌兮，齊桓聞以該輔。」王逸注：「呂，太公之氏姓也。鼓，鳴也。或言呂望，太公，姜姓也。未遇之時，鼓刀屠於朝歌也。甯戚脩德不用，退而商賈，宿齊東門外，桓公夜出，甯戚方飯牛，叩角而商歌。桓公聞之，用爲客卿，備輔佐也。」漢書王褒傳聖主得賢臣頌：「伊尹勤於鼎俎，太公困於鼓刀，百里自鬻，甯子飯牛，離此患也。」張之象本、沈延銓本、金蟠本「寧」上有「而」字。

〔五一〕張之象本、沈延銓本、金蟠本「不爲」作「不以」，下同。

〔五二〕正嘉本、太玄書室本、張之象本、沈延銓本、金蟠本「苟得」作「不苟」。王啓源曰：「張改是。」器案：此文自「守道以立名」至「惟義之行」，是所謂君子之所當行，其文每兩句爲一組；自「臨財苟得」至「無名而貴」，是所謂仁者之所不爲，也是每兩句爲一組。「臨財苟得」與「見利反義」一組，若作「不苟」，就應當屬上節君子之行，這樣，文章的格局就被打亂了。張改既屬非是，王說又從而是之，可謂一誤而再誤了。禮記曲禮上：「臨財毋苟得。」

〔五三〕論語憲問篇：「見利思義。」此反用其義。

〔五四〕論語述而篇：「不義而富且貴，於我如浮雲。」

〔五五〕孟子公孫丑下：「曾子曰：『晉、楚之富，不可及也。彼以其富，我以吾仁，彼以其爵，我以吾義，吾何慊乎哉！』」「閔子」二字疑衍。

〔五六〕論語季氏篇：「齊景公有馬千駟，死之日，民無德而稱焉。伯夷、叔齊餓於首陽之下，民到於今稱之。」

〔五七〕論語雍也篇：「子曰：『賢哉回也！一簞食，一瓢飲，在陋巷，人不堪其憂，回也不改其樂。賢哉回也。』」集解：「孔安國曰：『簞，笥也。瓢，瓠也。』」義疏：「簞，竹筥之屬也，用貯飯。瓢，瓠片也。匏，持盛飲也。言顏淵食不重餚，又無雕鏤之器，唯有一簞食、一瓢飲而已也。」

〔五八〕「樂」下原有「貧」字，今删。論語里仁篇：「子曰：『不仁者不可以久處約，不可以長處樂。』」就是此文所本。俞樾曰：「『貧』衍字也，『能處約』語本論語，增一『貧』字，即非其旨。」

〔五九〕論語衛靈公篇：「子曰：『君子固窮，小人窮，斯濫矣。』」

〔六〇〕這是孟子滕文公上所載陽虎語，焦循正義以爲「誤以陽虎爲楊子」。器案：左傳定公九年：「陽虎奔齊，請師以伐魯……鮑文子諫曰：『夫陽虎有寵於季氏，而將殺季孫以不利魯國而求容焉，親富不親仁，君焉用之？』」蓋即據此而言。說苑權謀篇「楊子曰『事之可以之貧，可以之富者，其傷行者也』」云云，語意與此略近。

〔六一〕孟子梁惠王上：「苟爲後義而先利，不奪不饜。」

〔六二〕荀子王制篇：「今將蓄積并聚之於倉廩。」後漢書張衡傳注：「并猶聚也。」

貧富*第十七

大夫曰：「余結髮〔一〕束脩〔二〕，年十三〔三〕，幸得宿衛〔四〕，給事輦轂之下〔五〕，以至卿大夫之位，獲禄受賜，六十有餘年矣〔六〕。車馬衣服之用，妻子僕養之費，量入爲出〔七〕，儉節以居之〔八〕，奉禄賞賜，一二〔九〕籌策之，積浸以致富成業。故分土若一，賢者能守之；分財若一，智者能籌之〔一〇〕。夫白圭之廢著〔一一〕，子貢之三至千金〔一二〕，豈必賴〔一三〕之民哉？運之六寸〔一四〕，轉之息耗〔一五〕，取之貴賤之間耳！」

文學曰：「古者，事業不二，利禄不兼〔一六〕，然諸業不相遠，而貧富不相懸也〔一七〕。夫乘爵禄以謙讓者〔一八〕，名不可勝舉也；因權勢以求利者，入不可勝數也。食湖池，管山海，芻蕘者不能與之争澤，商賈不能與之争利。子貢以布衣致之，而孔子非之〔一九〕，況以勢位求之者乎？故古者大夫思其仁義以充其位，不爲權利以充其私也。」

大夫曰：「山岳有饒，然後百姓贍焉。河、海有潤〔二〇〕，然後民取足焉。夫尋常之污〔二一〕，不能溉陂澤，丘阜之木，不能成宫室〔二二〕。小不能苞〔二三〕大，少不能贍多〔二四〕。未有不能自足而能足人者也，未有不能自治而能治人者也。故善爲人者，能自爲者也，善治人者，能自治者也。文學不能治内，安能理外乎？」

文學曰：「行遠道者[二五]假於車[二六]，濟江、海者因於舟[二七]。故賢士之立功成名，因於[二八]資而假物者也[二九]。公輸子能因人主之材木，以構宫室臺榭，而不能自爲專屋[三〇]狹廬，材不足也。歐冶能因國君之[三一]銅鐵，以爲金鑪[三二]大鍾，而不能自爲壺鼎盤杅[三三]，無其用也。君子能因[三四]人主之正朝[三五]，以和百姓，潤衆庶，而不能自饒其家，勢不便也。故舜耕歷山，恩不及州里[三六]，太公屠牛於朝歌，利不及妻子，及其見用，恩流八荒[三七]，德溢四海。故舜假之堯，太公因之周[三八]，君子能修身以假道者[三九]，不能枉道而假財也。」

大夫曰：「道懸於天，物布於地，智者以衍，愚者以困。子貢以著積顯於諸侯，陶朱公以貨殖尊於當世。富者交焉，貧者贍焉。故上自人君，下及布衣之士，莫不戴其德，稱其仁。原憲、孔伋，當世被饑寒之患，顏回屢空[四〇]於窮巷，當此之時，迫於窟穴，拘於緼袍，雖欲假財信姦佞，亦不能也。」

文學曰：「孔子云：『富而可求，雖執鞭之事，吾亦爲之；如不可求，從吾所好[四一]。』君子求義，非苟富也。故刺子貢不受命而貨殖焉。君子遭時則富且貴，不遇，退而樂道。不以利累己，故不違義而妄取。隱居修節，不欲妨行，故不毁名而趨勢。雖付之以韓、魏之家〔四二〕，非其志，則不居也。富貴不能榮，謗毁不能傷也。故原憲之緼袍〔四三〕，賢於季孫之狐貉；趙宣孟之魚飧〔四四〕，甘於智伯之芻豢〔四五〕；子思之銀珮，美於虞公之垂棘〔四六〕。魏文侯軾段干木之閭〔四七〕，非以其有勢也；晉文公見韓慶，下車而趨〔四八〕，非以〔四九〕其多財，以其富於仁，充於德也。故貴何必財，亦仁義而已矣〔五〇〕！」

* 這篇是就貧富問題展開的辯論。

〔一〕漢書主父偃傳：「結髮游學。」又霍光金日磾傳贊：「霍光以結髮内侍。」文選李陵答蘇武詩注：「結髮，始成人也，謂男年二十、女年十五時，取笄、冠爲義也。」案據此及下引霍光傳，則當時結髮之年並不限於二十歲了。

〔二〕嚴元照娱親雅言五：「『自行束脩以上，吾未嘗無誨焉。』後漢書延篤傳：『吾自束脩以來。』章懷注：『束脩，謂束帶脩飾。』鄭玄注論語曰：『謂年十五以上也。』元照案：古者，十五而入大學。人自十五以上，不可以無教，故聖人云爾。漢人多用束脩，義與鄭注相類，然非謂十五以上者名束脩，如七年曰悼、十年曰幼之例也。大約謂年十五以上乃束脩之時爾。漢書王莽傳上：『安漢公自初束脩。』師古注：『束脩，謂初學官之時。』據兩漢書注，則束脩非十五歲之名明矣。鹽鐵論：『余結髮束脩，年十三，得宿衛。』此言結髮入學官，年十三而得宿衛，束脩非十五歲之名又明矣。」器案：嚴説是，後漢書和帝紀：「永元十三年詔：『幽、并、涼州，户口率少，邊役衆劇，束脩良吏，進仕路狹。』」又和熹鄧皇后紀：「故能束脩，不觸羅網。」注：「言能自約束脩整也。」又馮衍傳：「豈得珪璧其行、束脩其心而已哉！」

注：「不可空自修潔也。」又劉般傳：「束脩至行，爲諸侯師。」注：「束脩，謂謹束脩潔也。」俱説束脩是約束修整之意。通鑑四八胡注：「束脩，謂束髮自脩者也。」則束又有「束髮」一義，與「束帶」之説，俱可供參考。漢書原涉傳：「結髮自修。」與此文義正同。

〔三〕漢書王尊傳：「年十三，求爲獄小吏，數歲給事太守府。」則年十三，當爲漢人初從事宦學之年。風俗通佚文：「采女，案：采者，擇也，以歲八月，雒陽民，遣中大夫與掖庭丞相工閱視童女，年十三以上，二十以下，長壯妖潔，有法相者，載入後宮。」童男年十三得侍中，當亦采女之比。漢書金日磾傳有弄兒，或即是也。蓋未成年爲弄兒，既成年則爲弄臣也。

〔四〕文選報孫會宗書：「幸賴先人餘業，得備宿衛。」李周翰注：「常侍散騎，宿衛官也。」漢書百官公卿表上：「羽林，掌送從次期門，武帝太初元年置。」續漢書百官志二：「羽林中郎將，比二千石。」本注曰：「主羽林郎。」又曰：「羽林郎比三百石。」本注曰：「無員，掌宿衛侍從，常選漢陽、隴西、安定、北地、上郡、西河凡六郡良家補，本武帝以便馬從獵，還宿殿陛巖下室中，故號巖郎。」

〔五〕漢書司馬遷傳：「報任安書：『僕賴先人緒業，得待罪輦轂下。』」師古曰：「言侍從天子之車輿。」文選曹子建上責躬應詔詩表：「馳心輦轂。」注：「喻在轂輦之下，京城之中。」又求通親親表：「入侍輦轂。」集注：「李善曰：『胡廣漢官解故注曰：轂下，諭在輦轂之下，京城之中也。』劉良曰：『輦轂，天子車飾也。』」又吴都賦注：「輦，王者所乘，故京邑之地，通曰輦焉。」史記平準書：「弘羊，雒陽賈人子，以心計，年十三侍中。」沈欽韓漢書疏證曰：「案其進，蓋入羊爲郎之類。」

〔六〕姚鼐曰：「按武帝在位五十四年，加昭帝始元六年，才六十年耳。桑弘羊侍中，必不在武帝即位前，然則，若非『六十』字舛誤，則桓次公造説之謬矣。」説又見姚所著跋鹽鐵論。

〔七〕禮記王制：「以三十年之通制國用，量入以爲出。」漢書魏相傳：「量入制用，以備凶災。」

〔八〕漢書張安世傳：「安世尊爲公侯，食邑萬户，然身衣弋綈，夫人自紡績，家童七百人，皆有手技作事，内治産業，累積纖微，是以能殖其貨，富於大將軍。」所言節儉自持、致富成業之事，可與此參看。

〔九〕漢書楚元王傳附劉向傳：「羣臣多此比類，難一二記。」又楊惲傳：「天子過此，一二問其過，可以得師矣。」春秋繁露竹林篇：「雖數百起，必一二書。」盧文弨曰：「『一二』，言次第不遺也。」案：「一二」，猶言挨一挨二。明初本、華氏活字本作「一一」。

〔一〇〕管子國蓄篇：「分地若一，强者能守；分財若一，智者能收。」

〔一一〕史記貨殖傳記：「白圭樂觀時變」，「積著率歲倍」。正義「著」音「貯」。器案：這裏的「廢著」，就是本之史記。史記貨殖傳載：「子貢既學於仲尼，退而仕於衛，廢著鬻財於曹、魯之間。」就是和這裏的「廢著」是一樣的意思。「廢著」，史記平準書又作「廢居」，「居」和「著」，音義都相近。集解：「徐廣曰：『廢居者，貯蓄之名也。有所廢，有所蓄，言其乘時射利也。』」索隱：「劉氏曰：『廢，出賣；居，停蓄也，是出賣於居者爲廢，故徐氏云『有所廢，有所蓄』是也。』」

〔一二〕張之象本、沈延銓本、金蟠本、兩漢别解「白圭」改「子貢」，「子貢」改「陶朱公」，拾補也改從他們，並云：「『涂誤。』張敦仁曰：「案張之象本『白圭』改『子貢』，『子貢』改『陶朱公』。按所改未是，拾補云『涂誤』者，非也。（涂但依嘉泰本，殊無以意見更改者。即如未通篇：「故商師若烏，周師若荼。」與困學紀聞引同，詩王伯厚所見即嘉泰本，亦其一證。閻百詩乃云：「今本『商荼周烏』。」其所見僅張之象以後本耳。）漢世諸書，頗多異説，此當别有所出，（史記仲尼弟子列傳言「子貢家累千金」。）與下文云『子貢以著積顯於諸侯，陶朱公以貨殖尊於當世』，不必相涉。」

〔一三〕莊子讓王篇：「若伯夷、叔齊者，其於富貴也，苟可得已，則必不賴。」「賴」字用法，正與此同。賴就是取的意思。

〔一四〕王先謙曰：「六寸，算法也。漢書律曆志：『其算法用竹徑一分，長六寸，二百七十一枚而成六觚爲一握。』」器案：六寸即指算籌，説文竹部：「筭，長六寸，計曆數者。从竹从弄，言常弄乃不誤也。」案：數術記遺：「積算。」甄鸞注：「今之常算者也，以竹爲之，長四寸，以效四時，方三分，以象三才。」説與此異。

〔一五〕「息耗」，即「盈虚」、「厚薄」之意。漢書天文志：「故候息耗者，入國色視封疆田疇之整治，城郭室屋門户之潤澤。」又董仲舒傳：「察天下之息耗。」師古曰：「息，生也；耗，虚也。」這些「息耗」都作「盈虚」解。大戴禮記易本命篇：「息土之人美，耗土之人醜。」又見淮南子墬形篇，則作「厚薄」解。

〔一六〕荀子富國篇：「能不兼技，人不兼官。」慎子威德篇：「古者，工不兼事，士不兼官。工不兼事則事省，事省則易勝；士不兼官則職寡，職寡則易守。故士位可世，工事可常。」韓非子難一篇：「一人不兼官，一官不兼事。」史記秦始皇本紀：「秦法不得兼方。」淮南子主術篇：「工無二技，士不兼官。」又齊俗篇：「是以人不兼官，官不兼事，士農工商，鄉别州異。是故農與農言力，士與士言行，工與工言巧，商與商言數。是以士無遺行，農無廢功，工無苦事，商無折貨。」後漢書文苑黄香傳引田令：「商者不農。」又劉般傳：「先是時，下令禁民二業，般上言：『郡國以官禁二業，至有田者不漁捕。』」注：「謂農者不得商賈也。」又桓譚傳：「先帝禁人二業。」又張衡傳：「官無二業，事不並濟。」張之象注曰：「齊俗訓曰：『治世之體易守也，其事易爲也，其禮易行也，其責易償也。是以人不兼官云云。』詮言曰：『賈多端則貧，士多技則窮，心不一也。』」

〔一七〕荀子榮辱篇：「是其爲相縣也，幾直夫芻豢之縣糟糠爾哉。」縣、懸音義俱同，懸，隔也。

〔一八〕「乘」與下句「因」字同義。淮南子兵畧篇：「今乘萬民之力而反爲殘賊。」乘字義與此同。文選謝玄暉雜詩注：「乘，因也。」

〔一九〕論語先進篇：「賜不受命，而貨殖焉，億則屢中。」集解：「賜不受教命，唯財貨是殖，億度是非。」

〔二〇〕公羊傳僖公三十一年：「河海潤于千里。」注：「亦能通氣致雨，潤澤及于千里。」莊子列禦寇：「河潤九里，澤及三族。」

〔二一〕八尺曰尋，倍尋曰常，見文選吴都賦注、西京賦注。説文水部：「小池曰污。」

〔二二〕淮南子俶真篇：「塊阜之山，無丈之材。」此用其意。

〔二三〕「苞」同「包」，晉人石苞字仲容，即取名字相應之義。後能言篇：「蓬頭苞堯、舜之德。」潛夫論交際篇：「處子苞顔、閔之賢。」用「苞」字義與此同。

〔二四〕淮南子泰族篇：「夫大生小，多生少，天之道也。故丘阜不能生雲雨，滎水不能生魚鼈者，小也。」

〔二五〕「遠」下原無「道」字，今據羣書治要四二（以下簡稱治要）、長短經論士篇引補，此唐人所見本如是，子略四引無「道」字，則宋本已脱。荀子勸學篇：「假輿馬者，非利足也，而致千里；假舟檝者，非能水也，而絶江海（據王念孫校）。君子生非異也，善假於物也。」此文本之。

〔二六〕長短經「車」作「車馬」。

〔二七〕長短經「舟」作「舟檝」。

〔二八〕「因」下原無「於」字，今據治要、長短經補。意林三此句作「成名者因于資」，也有「于」字。

〔二九〕長短經無「也」字，下有「何以明之」四字一句。張之象本、沈延銓本、金蟠本、兩漢別解無以上十五字。

〔三〇〕張之象本、沈延銓本、金蟠本「專屋」作「專室」。本書「專屋」、「專室」並用。「專室」已見前輕重篇注〔五七〕。

〔三一〕「國君」下原無「之」字，長短經有，今據補正。王先謙曰：「治要『國君』作『君之』，御覽七百五十七器物部引『國君』下亦有『之』字。案有『之』字是也。『歐冶能因國君之銅鐵』，與『公輸子能因人主之材木』、『君子能因人主之正朝』相配成文，元書有『之』字明矣。」張之象本、沈延銓本、金蟠本、兩漢別解無「銅鐵」二字，更非。

〔三二〕說文：「鑪，方鐘也。」

〔三三〕「壺」原作「一」，「杅」原作「材」，治要引「一」作「壺」，「材」作「杅」，意林、長短經「一」作「壺」，「材」作「盂」，「盂」、「杅」同字，今據改正。張敦仁曰：「『材』當作『杅』。」王先謙曰：「案張説是也。『杅』『材』形近，故『杅』誤爲『材』。『一』當作『壺』，『壺鼎盤杅』四器，若作『一鼎盤材』，則文不成義。治要正作『壺鼎盤杅』，御覽作『壺鼎盤盂』，『盂』『杅』同字，『壺』誤爲『壹』，轉寫者因改爲『一』耳。」器案：國語越語：「觥飯不及壺飧。」説文人部「侊」下引作「侊飯不及一食」，「壺」錯成「一」，與此情況正同。而漢書薛宣傳「壺矢相樂」之誤爲「壺笑相樂」，尤爲人們所習知之校讎掌故也。又案：墨子兼愛下：「琢於盤盂。」魯問篇作「鍾鼎」，則盤盂亦是銅鐵器。

〔三四〕「因」上原無「能」字，今據治要、長短經校補。王先謙曰：「治要『子』下有『能』字，以上文兩『能因』例之，此『因』上元書有『能』字，而轉寫脱去。『正』作『政』，（長短經同。）古通。」

〔三五〕周禮考工記匠人職：「應門二徹參个。」注：「正門謂之應門，謂朝門也。」賈公彥疏：「正門謂之朝門者，爾雅文。以其應門内路門外有正朝，臣入應門至朝處，君臣正治之所，故謂此門爲應門，是以鄭云『謂朝門也』。」

〔三六〕淮南子俶真篇：「舜之耕陶也，不能利其里，南面王，則德施乎四海，仁非不能益也，處便而勢利也。」又見吕氏春秋慎人篇、説苑雜言篇，説略本楊樹達。器案：論語衛靈公篇：「言不忠信，行不篤敬，雖州里行乎哉！」集解：「鄭玄曰：『萬二千五百家爲州，五家爲鄰，五鄰爲里。』」皇侃義疏：「此王畿遠郊内外民居地名也。」資治通鑑六一：「韓遂語樊稠曰：『與足下州里人。』」胡三省注：「韓遂，金城人，與樊稠皆凉州人也。」則州里猶後世之言鄉里。

〔三七〕淮南子泰族篇：「登泰山，履石封，以望八荒。」吕氏春秋諭大篇注：「四荒，四表之荒服也。」又知度篇注：「四荒，荒裔，遠也。」漢書文帝紀：「後二年詔：『四荒之外。』」師古曰：「四荒，言其荒忽去來無常也。爾雅曰：『孤竹、北户、西王母、日下謂之四荒。』」八荒猶言四荒。

〔三八〕長短經「周」作「周文」。

〔三九〕長短經無「者」字。

〔四〇〕論語先進篇：「子曰：『回也其庶乎！屢空。賜不受命而貨殖焉，億則屢中。』」

〔四一〕這是論語述而篇文。「事」原作「士」，華氏活字本改作「士」，古通。詩東山：「勿士行枚。」毛傳：「士，事也。」説文士部：「士，事也。」

〔四二〕張之象本、沈延銓本、金蟠本「付」作「附」。孟子盡心章上：「孟子曰：『附之以韓、魏之家，如其自視欿然，則過人遠矣。』」張敦仁曰：「張之象本『付』改『附』。按所改似是實非，此文出孟子，而此書所稱孟子，多不與今同。『付』『附』同字，必次公自用『付』也。」（隸釋石經殘碑高宗肜日云：「天既付。」史記殷本紀作「附」，梓材釋文云：「付，如字，馬本作『附』。」皆可證也。）

〔四三〕論語子罕篇：「子曰：『衣弊緼袍，與衣狐貉者立而不恥者，其由也與！』」集解：「孔安國曰：『緼，枲著也。』」禮記玉藻：「纊爲繭，緼爲袍。」正義：「純著新絮者爲繭，雜用舊絮者爲袍。」漢書東方朔傳注師古曰：「緼，亂絮也。」

〔四四〕「飧」原作「食」，金樓子立言上也作「食」。盧文弨曰：「當從公羊傳作『飧』。」案公羊傳宣公六年載晉靈公使勇士某往殺趙盾，「勇士入其大門，則無人門焉者，入其閨，則無人閨焉者，上其堂，則無人焉，附而闚其户，方食魚飧」。盧校是，今據改正。淮南子齊俗篇：「故釐負羈之壺餐，愈於晉獻公之垂棘，趙宣孟之束脯，賢於智伯之大鍾。」又此文所本。龍龕手鑑四食部：「餐（俗）餐、飡，二正，倉安反，餐食也。」蓋字原作「飡」，因脱誤而爲「食」也。漢書高后紀：「二年，……列侯幸得賜餐錢奉邑。」韋昭曰：「孰食曰飡，酒肴曰錢，粟米曰奉。稅租奉禄，正所食也。四時得間賜是爲飡錢。飡，小食也。」

〔四五〕孟子告子上：「芻豢之悦我口。」趙岐注：「草食曰芻，穀食曰豢。」吕氏春秋仲秋紀：「案芻豢。」高誘注：「牛羊曰芻，犬豕曰豢。」

〔四六〕金樓子立言上：「故原憲之緼袍，賢於季孫之狐貉；趙孟之内食（當作「魚飧」。），旨於智伯之芻豢；□□□子之銀佩，美於虞公之垂棘。嬙嫱之理，豈可恣歟！」就是本之此文。缺誤處可據此文訂補。又淮南齊俗篇：「故鼇負羈之壺餐，愈於晉獻公之垂棘；趙宣孟之束脯，賢於智伯之大鐘。」義亦相同。庾信擬連珠也説：「子思銀佩，美於虞公之垂棘。」晉獻公以垂棘之璧滅虞，見左傳僖公二年。

〔四七〕吕氏春秋期賢篇：「魏文侯過段干木之閭而軾之。」高誘注：「閭，里也。周禮：『二十五家爲閭。』軾，伏軾也。」又見淮南子修務篇、新序雜事五。

〔四八〕説苑尊賢篇：「晉文侯行地登隧，大夫皆扶之，隨會不扶。文侯曰：『會，夫爲人臣而忍其君者，其罪奚如？』對曰：『其罪重死。』文侯曰：『何謂重死？』對曰：『身死，妻子爲戮焉。』隨會曰：『君奚獨問爲人臣忍其君者，而不問爲人君而忍其臣者邪？』文侯曰：『爲人君而忍其臣者，其罪何如？』隨會對曰：『爲人君而忍其臣者，智士不爲謀，辨士不爲言，仁士不爲行，勇士不爲死。』文侯援綏下車，辭諸大夫曰：『寡人有腰髀之病，願諸大夫勿罪也。』」案晉文公見韓慶下車而趨事，不見他書，或即此事謡傳，並隨會亦非文侯時人，其謡傳必矣。

〔四九〕「非」下原脱「以」字，據郭沫若説校補。

〔五〇〕孟子梁惠王上：「王何必曰利，亦有仁義而已矣。」

毁學*第十八

大夫曰：「夫懷枉而言正，自託於無欲而實不從，此非〔一〕士之情也？昔李斯與包丘子俱事荀卿〔二〕，既而李斯入秦，遂取三公，據萬乘之權〔三〕以制海內，功侔伊、望，名巨泰山；而包丘子不免於甕牖蒿廬〔四〕，如潦歲之鼃，口非不衆也，卒死於溝壑而已。今內無以養，外無以稱，貧賤而好義〔五〕，雖言仁〔六〕義，亦不足貴者也！」

文學曰：「方李斯之相秦也〔七〕，始皇任之，人臣無二〔八〕，然而荀卿〔九〕謂〔一〇〕之不食，覩其罹不測之禍也〔一一〕。包丘子飯麻蓬藜〔一二〕，修道白屋之下，樂其志，安之於〔一三〕廣厦芻豢，無赫赫〔一四〕之勢，亦無戚戚之憂〔一五〕。夫晉獻垂棘，非不美也，宫之奇見之而歎，知荀息之圖之也〔一六〕。智伯富有三晉〔一七〕，非不盛也，然不知襄子之謀之也。季孫之狐貉，非不麗也，而不知魯君之患之也。故晉獻以寶馬釣〔一八〕虞、虢，襄子以城壞誘智伯。故智伯身禽於趙〔一九〕，而虞、虢卒并於晉，以其務得不顧其後，貪土地而利寶馬也。孔子曰：『人無遠慮，必有近憂〔二〇〕。』今之在位者，見利不虞害，貪得不顧恥，以利易身，以財易死。無仁義之德，而有富貴之禄，若蹈坎穽，食於懸門〔二一〕之下，此李斯之所以伏〔二二〕五刑也。南方有鳥名鵷鶵〔二三〕，非竹實不食，非醴泉不飲，飛過泰山，泰山之鴟，俛啄腐鼠，仰見鵷鶵而嚇。今公卿以其富貴笑儒者，爲之〔二四〕常行，得無若泰山鴟嚇鵷鶵乎？」

大夫曰：「學者所以防固辭〔二五〕，禮者所以文鄙行也。故學以輔德，禮以文質。言思可道，行思可樂〔二六〕。惡言不出於口〔二七〕，邪行不及於己。動作應禮，從容中道〔二八〕。故禮以行之，孫以出之〔二九〕。是以終日言，無口過，終身行，無冤尤〔三〇〕。今人主張官立朝以治民〔三一〕，疏爵分禄〔三二〕以褒賢，而曰『懸門腐鼠』，何辭之鄙背〔三三〕而悖於所聞也？」

文學曰：「聖主設官以授任，能者處之；分禄以任〔三四〕賢，能者受之。義貴無高，義取無多。故舜受堯之天下〔三五〕，太公不避周之三公；苟非其人，簞食豆羹猶爲賴民也〔三六〕。故德薄而位高，力少而任重，鮮不及矣〔三七〕。夫泰山鴟啄腐鼠於窮澤幽谷之中，非有害於人也。今之有司，盜主財而食之於刑法之旁，不知機之是發，又以嚇人，其患惡得若泰山之鴟乎〔三八〕？」

大夫曰：「司馬子言：『天下穰穰〔三九〕，皆爲利往。』趙女不擇醜好，鄭嫗〔四〇〕不擇遠近，商人不媿〔四一〕恥辱，戎士不愛死力，士不在親〔四二〕，事君不避其難〔四三〕，皆爲利禄也。儒、墨内貪外矜，往來游説，栖栖然亦未爲得也〔四四〕。故尊榮者士之願也，富貴者士之期也。方李斯在荀卿之門，闒茸與之齊軫〔四五〕，及其奮翼高舉，龍昇驥騖，過九軼二〔四六〕，翱翔萬仞，鴻鵠華〔四七〕騮且〔四八〕同侣，況跛牂〔四九〕燕雀〔五〇〕之屬乎！席天下之權，御宇内之衆，後車〔五一〕百乘，食禄萬鐘〔五二〕。而拘儒〔五三〕布褐不完，糟糠不飽，非甘菽藿而卑廣厦，亦不能得已。雖欲嚇人，其何已〔五四〕乎！」

文學曰："君子懷德，小人懷土[五五]。賢士徇名，貪夫死利[五六]。李斯貪其所欲，致其所惡。孫叔敖早見於未萌，三去相而不悔[五七]，非樂卑賤而惡重禄也，慮患[五八]遠而避害謹也。夫郊祭之牛，養食[五九]朞年，衣之文繡，以入廟堂[六〇]，太[六一]宰執其鸞刀[六二]以啓其毛；方此之時，願任重而上[六三]峻坂，不可得也。商鞅困於彭池[六四]，吴起之伏王尸[六五]，願被布褐而處窮鄙之蒿廬，不可得也。李斯相秦，席[六六]天下之勢，志小萬乘；及其囚於囹圄[六七]，車裂[六八]於[六九]雲陽[七〇]之市，亦願負薪入東門[七一]，行上蔡曲街[七二]徑，不可得也。蘇秦、吴起以權勢自殺，商鞅、李斯以尊重自滅，皆貪禄慕榮以没其身，從車[七三]百乘，曾不足以載其禍也！"

* 這篇辯論，桓寬名之曰毁學，攻擊的目標在於李斯，其原因在於李斯的"毁學"。李斯建議秦始皇："請史官非秦記，皆燒之。非博士官所職，天下敢有藏詩、書、百家語者，悉詣守尉雜燒之。敢有偶語詩、書者，棄市。以古非今者，族。吏見知不舉者，與同罪。令下三十日不燒，黥爲城旦。所不去者，醫藥、卜筮、種樹之書，若欲有學法令，以吏爲師。"（史記秦始皇本紀）不准收藏和傳播儒書。秦始皇接受了李斯這個建議，采取了焚書的堅決措施。後來儒生出來反對，這才發生"坑儒"事件。這次鹽、鐵會議上的文學攻擊李斯在"毁學"二字，確能道出問題要害之所在。

〔一〕"此非"原作"非此"，今據張之象本、沈延銓本、金蟠本乙正，"此"即承上文"夫"字所領起的而言。

〔二〕御覽八四一引「包」作「鮑」，王應麟姓氏急就篇下引仍作「包」。顧廣圻曰：「包邱子者，浮邱伯也。漢書楚元王交傳：『俱受詩於浮邱伯，伯者，孫卿門人也。』注：『服虔曰：浮邱伯，秦時儒生。』是其證。」器案：劉向孫卿書録：「春申君死而孫卿廢，因家蘭陵。李斯嘗爲弟子，已而相秦，及韓非號韓子，又浮丘伯皆受業爲名儒。」也是作「浮丘伯」，古通。

〔三〕張之象本、沈延銓本、金蟠本無「之權」二字。

〔四〕易順鼎經義莛撞三曰：「陸賈新語資質篇：『鮑丘之德行，非不高於李斯、趙高也，然伏隱於蒿廬之下，而不録於世，利口之臣害之也。』」下即引此篇文。

〔五〕張敦仁曰：「『義』當作『議』。」

〔六〕張之象本、沈延銓本、金蟠本「仁」作「好」。器案：此句疑當作「雖好言仁義」，史記貨殖傳：「身貧親老，妻子軟弱，歲時無以祭祀，進酒醵飲食，被服不足以自通，如此不慚恥，則無所比矣。無巖處奇士之行，而長貧賤，好語仁義，亦足羞也。」即此文所本。

〔七〕李斯相秦，據史記秦始皇本紀，三十四年出「丞相李斯」之名，自此以前，不載何人爲相，直至二十八年，始有「列侯武城侯王離……丞相隗狀、丞相王綰、卿李斯……與議於海上」之文，蓋距此已六年矣。而史記李斯傳載「以斯爲丞相」，在三十四年之前，則斯之相秦，最晚當在是年矣。

〔八〕漢書谷永傳：「可謂富貴之極，人臣無二。」又佞幸傳贊：「可謂貴重，人臣無二。」

〔九〕華氏活字本「荀卿」作「孫卿」。

〔一〇〕正嘉本、倪本、太玄書室本、張之象本、沈延銓本、金蟠本、毛扆校本、百家類纂、百子類函「謂」作「爲」。

案憂邊篇：「有一人不得其利，則謂之不樂。」語法相同，字也作「謂」。「謂」「爲」古通。

〔一一〕史記李斯傳：「斯長男爲三川守，諸男皆尚秦公主，女悉嫁秦諸公子。三川守李由告歸咸陽，李斯置酒於家，百官長皆前爲壽，門廷車騎以千數。李斯喟然而歎曰：『嗟乎！吾聞之荀卿曰：物禁太盛。夫斯乃上蔡布衣，閭巷之黔首，上不知其駑下，遂擢至此。當今人臣之位，無居臣上者，可謂富貴極矣；物極則衰，吾未知所稅駕也。』」此文言「荀卿爲之不食」，則當有警告李斯之詞，斯所喟然而歎而稱引荀卿之言者，或即戒之之詞也。漢書司馬遷傳：「報任安書曰：『今少卿抱不測之罪。』」師古曰：「不測，謂深也。」

〔一二〕「蓬藜」當即上文之「蒿廬」，謂貧賤者之居。漢書司馬遷傳注：「藜草似蓬。」玉篇艸部蓬、藜，俱云：「薺類。」二草形相近，故古書多並稱之。

〔一三〕王先謙曰：「『於』當爲『如』。」案「於」猶「如」也，見王引之經傳釋詞。

〔一四〕荀子勸學篇：「無赫赫之功。」漢書何武傳：「所居亦無赫赫名。」文選左太沖詠史詩注：「赫赫，盛也。」

〔一五〕論語述而篇：「小人長戚戚。」漢書楊雄傳：「不戚戚於貧賤。」文選求通親親表集注：「李善曰：『詩曰：戚戚兄弟，莫遠具爾。』鈔曰：『戚戚，憂思也。』」

〔一六〕呂氏春秋權勳篇：「晉獻公使荀息假道於虞以伐虢，荀息曰：『請以垂棘之璧、屈產之乘，以賂虞公而求假道焉，必可得也。』……乃使荀息以屈產之乘爲庭實，而加以垂棘之璧以假道於虞而伐虢。虞公濫於寶與馬而欲許之。宮之奇諫曰：『不可許也。……』虞公弗聽而假之道。荀息伐虢克之，還反伐虞，又克之。」高誘注：「垂棘，美璧所出之地，因以爲名也。」

〔一七〕淮南子齊俗篇：「智伯有三晉而欲不澹。」許慎注：「三晉，智伯兼范、中行地。」史記趙世家：「三國攻晉陽，歲餘，引汾水灌其城，城不没者三版。……襄子懼，乃夜使相張孟同私於韓、魏。韓、魏與合謀，以三月丙戌，三國反滅知氏，共分其地。」

〔一八〕淮南子主術篇：「虞公好寶，而晉獻公以璧馬釣之。」注：「釣，取。」本書力耕篇：「所以誘外國而釣胡、羌之寶也。」釣字義同。

〔一九〕韓非子十過篇：「至於期日之夜，趙氏殺其守隄之吏，而決其水，灌智伯軍。智伯軍救水而亂，韓、魏翼而擊之，襄子將卒犯其前，大敗智伯之軍，而擒智伯。智伯身死軍破，國分爲三，爲天下笑。」張之象本、沈延銓本、金蟠本無「故智伯」三字。

〔二〇〕這是論語衛靈公篇文。

〔二一〕「懸門」，張之象本、沈延銓本、金蟠本作「縣門」，字同。左傳莊公二十八年：「縣門不發。」杜注：「縣門，施於内城門。」又襄公十年：「偪陽人啓門，諸侯之士門焉。縣門發，郰人紇抉之以出。」

〔二二〕張之象本、沈延銓本、金蟠本「伏」作「具」，御覽八四一引作「致」。司馬遷報任安書：「李斯相也具五刑。」

〔二三〕莊子秋水篇：「莊子往見之曰：『南方有鳥，其名鵷鶵，子知之乎？夫鵷鶵發於南海，而飛於北海，非梧桐不止，非練實不食，非醴泉不飲。於是鴟得腐鼠，鵷鶵過之，仰而視之曰嚇。今子欲以子之梁國而嚇我邪？』」就是此文所本。釋文：「司馬云：『嚇，怒其聲，恐其奪己也。』詩箋云：『以口拒人曰嚇。』」這裏的「竹實」，莊子作「練實」（別本作「楝實」。），詩經大雅卷阿鄭箋作「竹實」，與此相同。張之象本、沈延銓本、金蟠本「見」上脱「仰」字。

〔二四〕姚範曰：「『爲』字衍。」陳遵默曰：「『爲』讀『謂』。」郭沫若曰：「『之』猶『其』。」

〔二五〕論語憲問篇：「疾固也。」

〔二六〕孝經聖治章：「言思可道，行思可樂。」

〔二七〕禮記祭義篇：「惡言不出於口，忿言不反於身。」

〔二八〕禮記中庸：「從容中道，聖人也。」

〔二九〕論語衛靈公篇：「君子義以爲質，禮以行之，孫以出之，信以成之。」「孫」同「遜」。明初本、華氏活字本作「遜」。

〔三〇〕孝經卿大夫章：「是故非法不言，非道不行，口無擇言，身無擇行，言滿天下無口過，行滿天下無怨惡。」就是此文所本。盧文弨曰：「『怨』譌『寃』。」華氏活字本「寃尤」作「怨惡」。楊樹達曰：「元本（今定爲明初本。）作『怨惡』，此語本孝經，孝經作『怨惡』，『怨』『寃』同聲通作，非誤字。」

〔三一〕後漢書桓譚傳：「張官置吏，以理萬人。懸賞設罰，以别善惡。」白虎通封公侯篇：「張官設府。」

〔三二〕晏子春秋内篇問上：「裂地而封之，疏爵而貴之。」史記黥布傳：「裂地而王之，疏爵而貴之。」集解：「漢書音義曰：『疏，分也，禹決江疏河是也。』」索隱：「疏，分也。漢書曰：『禹決江疏河。』尚書：『列爵惟五，分之惟三。』按『裂地』是對文，故知『疏』即『分』也。」案：新序雜事五、説苑臣術篇、論衡定賢篇、貞觀政要鑒戒篇俱有此二語。又明初本、華氏活字本「今人主」上有「凡」字。

〔三三〕張之象本、沈延銓本、金蟠本「背」作「倍」。論語泰伯篇：「出辭氣，斯遠鄙倍矣。」就是此文所本。「倍」「背」古通，禮記大學：「上恤孤而民不倍。」注：「『倍』或作『偝』。」這裏，次公可能是用魯論，張本等妄改，非是。朱熹集注曰：「鄙，凡鄙也。『倍』與『背』同，謂背理也。」

〔三四〕張之象本、沈延銓本、金蟠本「任」作「養」。

〔三五〕孟子滕文公下：「非其道，則一簞食不可受於人；如其道，則舜受堯之天下，不以爲泰。」

〔三六〕洪頤煊曰：「論語子張：『未信，則以爲厲己也。』鄭注：『厲讀爲賴。』左傳昭四年：『遂城賴。』公羊、穀梁作『厲』。古『厲』『賴』通用。『賴民』即『厲民』。論語王肅注：『厲，病也。』」

〔三七〕易經繫辭下：「子曰：『德薄而位尊，知小而謀大，力小而任重，鮮不及矣。』」就是此文所本。正嘉本、太玄書室本、張之象本、兩京遺編本、沈延銓本、金蟠本「少」作「小」。王引之經義述聞二曰：「錢氏養新録曰：『德薄而位尊，知小而謀大，力小而任重，兩小字似覺重疊，當從唐石經作力少而任重爲正。後漢書朱馮虞鄭周傳贊注引易，與石經同。三國志王脩傳注引魏略力少任重。』（漢書王莽傳：『自知德薄位尊，力少任大。』今本「少」作「小」，唯北宋景祐本是「少」字。引之案：明王文盛本亦作「少」。）家大人曰：『錢説是也。少與小形聲皆相似，又涉上句知小而誤耳。集解本作力少，（今本作「力小」，乃後人依俗本改之，而虞注尚未改。）引虞注曰：五至初體大過，本末弱，故力少也。又潛夫論貴忠篇及羣書治要、顔師古漢書叙傳注引易注作力少而任重，（荀子儒效篇：「是猶力之少而任重也。」淮南主術篇：「夫舉鼎者，力少而不能勝也。」鹽鐵論毁學篇：「故德薄而位高，力少而任重，鮮不及矣。」明涂禎本如是，張之象本復改「少」爲「小」。）即本繫辭傳文。晉書山濤傳亦曰：德薄位高，力少任重。』」

〔三八〕王先謙曰：「藝文類聚鳥部、御覽九百二十三羽族部引『夫泰山』下並有『之』字，『惡』並作『焉』。」

〔三九〕張敦仁曰：「案『穰穰』，拾補云：『當作壤壤。』（明初本作『攘攘』。）盧據今貨殖列傳云爾，其實非也。漢書張敞傳云：『長安中浩穰。』師古音穰人掌反。然則次公讀史記亦本作『穰』矣。」（大凡駮異之文，洵非必誤，宜各仍其舊。如史記又不得因此文而改爲「穰」也。）徐友蘭曰：「案『穰』『壤』聲音同，莊、列之『大穰』，釋文咸曰：『又作壤。』凡一字重讀者，因聲得義，無嫥字。詩『福穰穰』，爾雅：『穰穰，福也。』釋文又作『穰』。是書引詩，又作『瀼』，可列也。」王國維太史公繫年攷略曰：「此桓寬述桑弘羊語。論鹽、鐵事，在始元六年，而論次之桓寬，乃宣帝時人；此論貨殖傳語，即不出之弘羊之口，亦必爲寬所潤色，是宣帝時民間亦有其書。嗣是馮商、褚先生、劉向、楊雄等均見之，蓋在先漢之末，傳世已不止一二本矣。」

〔四〇〕張敦仁曰：「按『嫗』當作『姬』，（『嫗』字不可通。）史記云：『今夫趙女鄭姬，此盡下皆爲利祿也。』皆司馬子言，大夫取貨殖傳檃栝之。（後孝養篇引孟子，亦檃栝之。）」黄季剛曰：「方言：『嫗，色也。』」器案：南史隱逸鄧郁傳：「白日，神仙魏夫人忽來臨降，乘雲而至，從少嫗三十，並著絳紫羅繡袿襹，年皆可十七八許，色艷桃李，質勝瓊瑤。」此稱少女爲嫗之證。「趙女鄭嫗」，「嫗」字不誤，史記誤作「姬」，當據此訂正。漢書灌嬰傳：「擁趙女。」又元后傳：「舞鄭女。」「鄭嫗」即「鄭女」，避上「趙女」複文，故變言「鄭嫗」也。

〔四一〕張之象本、沈延銓本、金蟠本「媿」作「醜」。盧文弨曰：「當作『醜』。」

〔四二〕「士不在親」，「士」當作「仕」，謂仕宦也。此句謂出仕則以身許國而亡親也。漢書爰盎傳：「夫一旦叩門，不以親爲解，不以在亡爲辭。」義可與此互參。漢書酷吏郅都傳：「常稱曰：『已背親而出，身固當奉職死節官下，終不顧妻子矣。』」太玄書室本「親」下臆補「側」字。

〔四三〕史記仲尼弟子傳：「子路曰：『食其食者，不避其難。』」

〔四四〕論語憲問篇：「丘何爲是栖栖者與？」邢昺疏：「栖栖，猶皇皇也。」

〔四五〕漢書鄒陽傳：「使不羈之士與牛驥同皁。」劉向九歎：「同駑贏與乘駔兮，雜班駮之闒茸。」以喻賢愚雜處，與此文同。

〔四六〕文選宣德皇后令：「不改參辰而九星仰止，不易日月而二儀貞觀。」集注：「王肅曰：『二儀，天地也。』劉良曰：『九星，謂九州也。』」以「九」「二」對文，與此正同。這裏的「九」謂九州，「二」謂二儀，「過九軼二」，蓋形容「龍昇驥騖」之翺翔於天地之間也。明初本作「輻輳二京」，華氏本作「輻湊二京」，蓋不得其義而臆改之。

〔四七〕張之象本、沈延銓本、金蟠本「華」作「驊」。明初本「騮」誤「騶」。

〔四八〕盧文弨曰：「『且』下疑脱『難』字。」俞樾曰：「『且』下當有『不』字。」

〔四九〕韓非子五蠹篇：「千仞之山，跛牂易牧者，夷也。」牂，牝羊。

〔五〇〕吕氏春秋長利篇：「今使燕雀爲鴻鵠鳳皇慮，則必不得矣，其所求者，瓦之間隙，屋之翳蔚也。」史記陳涉世家：「燕雀安知鴻鵠之志哉？」

〔五一〕閻若璩四書釋地三續曰：「詩綿蠻講義云：『古人惟尊貴有後車，微賤則無之。』」

〔五二〕六斛四斗爲鍾。

〔五三〕史記賈生傳鵩鳥賦：「拘士繫俗。」漢書、文選「拘士」作「愚士」，「拘儒」即「愚儒」。愚儒見刑德篇。

〔五四〕盧文弨曰：「『已』當作『以』。」案：「已」「以」古通。明初本「何」作「可」。

〔五五〕論語里仁篇：「君子懷德，小人懷土。」漢書韋賢傳：「嗟我小子，豈不懷土。」

〔五六〕文選鵩鳥賦：「貪夫殉財兮，烈士殉名。」

〔五七〕吕氏春秋知分篇：「孫叔敖三爲令尹而不喜，三去令尹而不憂。」莊子田子方篇、荀子堯問篇、淮南子道應篇、又氾論篇、説苑尊賢篇、又雜言篇，以及史記鄒陽傳、循吏傳、漢書賈山傳都説孫叔敖三爲令尹，三去令尹。

〔五八〕「患」字原脱，今據明初本訂補。

〔五九〕「養食」，張之象本、沈延銓本、金蟠本作「食養」。

〔六〇〕史記莊周傳：「子獨不見郊祭之犧牛乎？養食之數歲，衣以文繡，以入太廟，當是之時，雖欲爲孤豚，豈可得乎！」

〔六一〕姚範曰：「『太』字衍。」

〔六二〕詩經小雅信南山：「執其鸞刀，以啓其毛。」毛傳：「鸞刀，刀有鸞者，言割中節也。」正義：「鸞即鈴也，謂刀環有鈴，其聲中節。故郊特牲曰：『割刀之用，而鸞刀之貴，貴其義也。聲和而後斷，是中節也。』」案西征賦：「饔人縷切，鸞刀若飛。」又案：詩經正義釋「啓毛」爲「開毛」。

〔六三〕「上」原作「止」，擽寧齋鈔本作「上」，今據盧文弨説校改。

〔六四〕史記商君傳：「秦發兵攻商君，殺之於鄭黽池。」集解：「徐廣曰：『黽或作彭。』」索隱：「鄭黽池者，時黽池屬鄭故也。而徐廣云『黽或作彭』者，按鹽鐵論云『商君困於彭池』故也。」正義：「黽池去鄭三百里，蓋秦兵至鄭破商邑兵，而商君東走至黽，乃擒殺之。」史記六國年表：「秦孝公二十四年，商君反，死彤地。」「彤地」應作「彭池」，二字都是形近錯了的。

〔六五〕呂氏春秋貴卒篇：「吴起謂荆王曰：『荆所有餘者地也，所不足者民也，今君王以所不足益所有餘，臣不得而爲也。』於是令貴人往實廣虚之地，皆甚苦之。荆王死，貴人皆來。尸在堂上。貴人相與射吴起。吴起號呼曰：『吾示子吾用兵也。』拔矢而走，伏尸插矢而疾言曰：『羣臣亂王，吴起死矣。』」

〔六六〕御覽六四五引「席」作「藉」。

〔六七〕禮記月令：「孟秋之月，……繕囹圄。」正義：「崇精問曰：『獄，周曰圜土，殷曰羑里，夏曰均臺，囹圄，何代之獄？』焦氏答曰：『月令，秦書，則（秦）獄名也，漢曰若盧，魏曰司空是也。』」

〔六八〕「裂」原作「制」，明初本、華氏活字本作「裂」，御覽六四五引也作「裂」，與淮南子人間篇及許慎注合，今據改正。

〔六九〕沈延銓本、金蟠本無「於」字。

〔七〇〕史記李斯傳説李斯腰斬咸陽市，與此不同。器案：淮南子人間篇：「李斯車裂。」許慎注：「李斯，上蔡人也，爲秦相。趙高譖之二世，車裂之於雲陽。」曹鄴讀李斯傳詩：「不見三尺墳，雲陽草空緑。」都説是李斯車裂於雲陽。胡三省通鑑注五十六：「雲陽，屬左馮翊。」這個地方，在秦、漢時代都置有監獄，張懷瓘書斷上：「程邈字元岑，始爲縣衙獄吏，得罪始皇，幽繫雲陽獄。」從而刑人也往往就在雲陽市，曹子建辨道篇：「淮南王安誅於淮南，而謂之獲道輕舉，鉤弋死於雲陽，而謂之尸逝柩空，其爲虚妄甚矣哉！」

〔七一〕「東」原作「鴻」，據王先謙説校改。王云：「案『鴻』字誤，鴻門與上蔡遠不相涉，御覽六百四十五刑法部引作『東門』是也。史記李斯傳：『斯顧謂其中子曰：吾欲與若復牽黄犬，俱出上蔡東門，逐狡兔，豈可得乎！』此語出於彼。」

〔七二〕御覽引無「曲街」二字。急救篇顔師古注：「里中之道曰曲。」

〔七三〕「從車」，上文作「後車」，義同。

褒賢* 第十九

大夫曰：「伯夷以廉饑，尾生以信死〔一〕。由小器〔二〕而虧大體，匹夫匹婦之爲諒也，經於溝瀆而莫之知也〔三〕。何功名之有？蘇秦、張儀，智足以强國，勇足以威敵，一怒而諸侯懼，安居而天下息〔四〕。萬乘之主，莫不屈體卑辭，重〔五〕幣請交，此所謂天下名士也。夫智不足與謀，而權不能舉當世，民斯爲下也〔六〕。今舉亡而爲有，虚而爲盈〔七〕，布衣穿履〔八〕，深念徐行，若有遺亡，非立功名之士，而亦未免於世俗也。」

文學曰：「蘇秦以從顯於趙，張儀以横任於秦，方此之時，非不尊貴也，然智士隨而憂之，知夫不以道進者〔九〕必不以道退，不以義得者必不以義亡。季、孟之權，三桓之富，不可及也，孔子爲之曰『微』〔一〇〕。爲人臣，權均於君，富侔於國者，亡。故其位彌高而罪彌重，禄滋厚而罪滋多〔一一〕。夫行者先全己而後求名，仕者先辟害而後求禄。故〔一二〕香餌〔一三〕非不美也，龜龍聞而深藏，鸞鳳見而高逝者，知其害身也。夫爲烏鵲魚鱉，食香餌而後狂飛奔走，遯頭〔一四〕屈遰，無益於死。今有司盜秉國法，進不顧罪，卒然有急，然後車馳人趨〔一五〕，無益於死。所盜不足償於臧獲〔一六〕，妻子奔亡無處所，身在深牢〔一七〕，莫知恤視。方此之時，何暇得以〔一八〕笑乎？」

大夫曰：「文學〔一九〕高行，矯然若不可卷；盛節絜言〔二〇〕，皦然若不可涅〔二一〕。然戍卒〔二二〕陳勝釋輓輅〔二三〕，首爲叛逆〔二四〕，自立張楚〔二五〕，素非有回、由處士〔二六〕之行，宰相列臣之位也。奮於大澤，不過旬月〔二七〕，而齊、魯儒墨縉紳〔二八〕之徒，肆其長衣，——長衣，容衣也〔二九〕。——負孔氏之禮器詩、書，委質〔三〇〕爲臣。孔甲爲涉博士〔三一〕，卒俱死陳，爲天下大笑。深藏高逝者固若是也？」

文學曰：「周室衰，禮樂壞，不能統理，天下諸侯交争，相滅亡，并爲六國，兵革不休，民不得寧息。秦以虎狼之心〔三二〕，蠶食〔三三〕諸侯，并吞戰國以爲郡縣，伐能矜功，自以爲過堯、舜〔三四〕，而羞與之同。棄仁義而尚刑罰，以爲今時不師於文而決於武。趙高治獄於内，蒙恬用〔三五〕兵於外，百姓愁苦，同心而患秦。陳王赫然奮爪牙爲天下首事〔三六〕，道雖凶而儒墨或干之者，以爲無王之矣，道擁〔三七〕遏不得行，自孔子以至於兹，而秦復重禁之，故發憤於陳王也〔三八〕。孔子曰：『如有用我者，吾其爲東周乎〔三九〕！』庶幾成湯、文、武之功，爲百姓除殘去賊，豈貪禄樂位哉？」

大夫曰：「文學言行雖有伯夷之廉，不及柳下惠之貞，不過高瞻下視，絜〔四〇〕言污行，觴酒豆肉，遷延〔四一〕相讓，辭小取大，雞廉狼吞〔四二〕。趙綰、王臧之等〔四三〕，以儒術擢爲上卿，而有姦〔四四〕利殘忍之心。主父偃以口舌取大官〔四五〕，竊權重，欺紿宗室，受諸侯之賂，卒皆誅死。東方朔自稱辯略，消堅釋石〔四六〕，當世無雙〔四七〕；然省其私行，狂夫不忍爲，況無東方朔之口，其餘無可〔四八〕觀者也？」

文學曰：「志善者忘惡，謹小者致大。俎豆之間足以觀禮，閨門之内足以論行〔四九〕。夫服古之服，誦古之道，舍此而爲非者〔五〇〕，鮮矣。故君子時然後言，義然後取〔五一〕，不以道得之不居也〔五二〕。滿而不溢，泰而不驕〔五三〕。故袁盎親於景帝，秣馬不過一駟〔五四〕；公孫弘即〔五五〕三公之位，家不過十乘；東方先生説聽言行於武帝，而不驕溢；主父見困厄之日久矣〔五六〕，疾在位者不好道而富且貴，莫知恤士也，於是取饒衍之餘以周窮士之急〔五七〕，非爲私家之業也。當世囂囂，非患儒之雞廉，患在位者之虎飽鴟〔五八〕咽，於求覽〔五九〕無所孑遺耳〔六〇〕。」

＊這篇辯論，是針對所謂「賢人」的褒貶問題的。在階級社會裏，並不存在什麽超階級的「賢人」。在這次論戰中，他們雙方所褒的「賢人」，都是有各自的政治、道德標準的。比如，他們對於孔甲，就提出了各自不同的褒貶意見。文學把孔甲褒之爲「爲百姓除殘去賊」的「賢人」，桑弘羊則把他貶爲「爲天下笑」的愚人。一褒一貶，乍愚乍賢，足見鬬争之尖鋭複雜了。

〔一〕戰國策燕策上：「廉如伯夷，不取素餐，汙武王之義而不臣焉，辭孤竹之君，餓而死於首陽之山；廉如此者，何肯步行數千里而事弱燕之危主乎？信如尾生，期而不來，抱梁柱而死；信至如至，何肯揚燕、秦之威於齊，而取大功乎哉？」又見史記蘇秦傳。説苑立節篇：「尾生殺身以成其信，伯夷、叔齊殺身以成其廉。」（從宋咸淳刊本）

〔二〕論語八佾篇：「管仲之器小哉！」何晏集解：「言其器量小也。」

〔三〕論語憲問篇：「子曰：『管仲相桓公，霸諸侯，一匡天下，民到於今受其賜；微管仲，吾其被髮左衽矣。豈若匹夫匹婦之爲諒也，自經於溝瀆而莫之知也！』」皇侃義疏：「諒，信也。自經，自縊也。」

〔四〕孟子滕文公下：「景春曰：『公孫衍、張儀豈不誠大丈夫哉？一怒而諸侯懼，安居而天下熄。』」楊樹達曰：「案意林引孟子亦作『息』，然則古本孟子止作『息』，『火』旁後人所加耳。」

〔五〕「幣」上原無「重」字，今據盧文弨説校補。盧云：「疑有『重』字。」器案：盧校是。吕氏春秋長攻篇：「王若重幣卑辭以請糴於吴，則食可得也。」晏子春秋内篇問上：「請卑辭重幣以説諸侯。」史記仲尼弟子傳：「重寶以説其心，卑辭以尊其禮。」（又見家語屈節解）又范雎傳：「卑辭重幣以事秦。」説苑權謀篇：「若我卑辭重幣以請糴於吴。」都有「重」字，可證。今據訂補。太玄書室本作「厚幣」。

〔六〕論語季氏篇：「困而不學，民斯爲下矣。」

〔七〕論語述而篇：「亡而爲有，虚而爲盈。」

〔八〕漢書鮑宣傳：「衣敝履空。」師古曰：「躡空履也。空，穿也。」「穿履」即「空履」。

〔九〕「進」下原無「者」字，據下句文例當有，今補。又上文「張儀以横任於秦」，張之象本、沈延銓本、金蟠本「横」作「衡」。

〔一〇〕張敦仁曰：「按『爲』當作『謂』，此引論語『故夫三桓之子孫微矣』也。」案見論語季氏篇。「爲」「謂」古通，本書習見。又案：左傳襄公二十三年：「若能孝敬，富倍季氏可也。」又定公九年：「君富於季氏，而大於魯國。」後漢書朱穆傳：「運賞則使餓隸富於季孫。」季氏即三桓之一。

〔一一〕潛夫論杰政篇：「其官益大者罪益重，位益高者罪益深。」

〔一二〕盧文弨曰：「張本『故』下有『夫』字。」案沈延銓本、金蟠本「故」作「夫」。

〔一三〕三略上略：「香餌之下，必有死魚。」説苑尊賢：「猶舉杖而呼狗，張弓而祝雞矣，雖有香餌而不能致者，害之必也。」莊子胠篋：「鈎餌罔罟罾笱之知多，則魚亂於水矣。」釋文：「餌，魚餌也。」

〔一四〕張之象本、沈延銓本、金蟠本「頭」作「身」。

〔一五〕漢書朱博傳：「王卿得敕惶怖，親屬失色，晝夜馳騖。」蕭該音義云：「字書曰：『騖，亂馳也。』」

〔一六〕姚範曰：「『於』下有脱字。」

〔一七〕司馬遷報任安書：「深幽囹圄之中。」後漢書王符傳：「掊死深牢。」又黨錮范滂傳：「幽深牢。」

〔一八〕盧文弨曰：「『以』當作『一』。」

〔一九〕「學」下原有「節」字，盧文弨曰：「『節』字衍。」案張之象本、沈延銓本、金蟠本無，今據刪。倪邦彦本作「盛節」，太玄書室本作「抗辭」。

〔二〇〕正嘉本、太玄書室本、張之象本、沈延銓本、金蟠本「絜」作「潔」。

〔二一〕史記屈原傳：「自疏濯淖汙泥之中，蟬蜕於濁穢，以浮游塵埃之外，不獲世之滋垢，皭然泥而不滓者也。」索隱：「泥亦音涅，滓亦音淄，又並如字。」正義：「皭然，上白若反，又子笑反。」器案：據索隱，則讀如論語陽貨之「涅而不淄」也。又據正義「子笑反」音，則皭與皦古音通。

〔二二〕史記陳涉世家：「二世元年七月，發閭左，適戍漁陽九百人，屯大澤鄉。陳勝、吴廣皆次當行。」集解：「徐廣曰：『在沛郡蘄縣。』」

〔二三〕淮南子兵略篇：「秦二世時，百姓之隨逮肆刑挽輅首路死者，一旦不知千萬之數。」許慎注：「輅輓，輦横木也。」史記劉敬傳：「脱輓輅。」集解：「蘇林曰：『一木横鹿車前，二人挽之（漢書有），一人推之。』」索隱：「輓者，牽也，音晚。輅者，鹿車前横木，二人前輓，一人後推之。」

〔二四〕漢書徐樂傳：「雖布衣窮處之士，或首難而危海内，陳涉是也。」師古曰：「首難，謂首唱而作難也。」又馮奉世傳注：「首難，言創首而爲寇難也。」

〔二五〕史記陳涉世家：「三老豪傑皆曰：『將軍身披堅執鋭，伐無道，誅暴秦，復立楚國之社稷，功宜爲王。』陳涉乃立爲王，號爲張楚。」索隱：「按李奇云：『欲張大楚國，故稱張楚也。』」又張耳陳餘傳：「陳王今已張大楚王陳。」器案：張楚又稱大楚，後世稱漢爲大漢、唐爲大唐，如此等等，蓋源於此。史記陳涉世家：「大楚興，陳勝王。」淮南子兵略篇：「戍卒陳勝興於大澤，攘臂袒右，稱爲大楚。」左傳桓公六年杜注：「張，大也。」廣雅釋詁：「張，大也。」

〔二六〕文選鸚鵡賦注：「處士者，隱居放言也。」

〔二七〕漢書車千秋傳：「旬月取宰相封侯。」名山表異録引楊雄疏：「近不過旬月之役。」後漢書楊賜傳：「旬月之間，並見拔擢。」論衡程材篇：「説一經之生，治一曹之事，旬月能之；典一曹之吏，學一經之業，一歲不能立也。」又講瑞篇：「蓂莢、朱草，亦生在地，集於衆草，無常本根，暫時産生，旬月枯折。」「旬月」用法俱同。旬月即滿月也。詩經大雅江漢：「來旬來宣。」毛傳：「旬，徧也。」爾雅釋言：「旬，徧也。」説文日部：「旬，徧也。」漢書翟方進傳有「旬歲」，注：「旬，徧也，滿也。」後漢書何敞傳、三國志魏書劉廙傳有「旬年」，用法亦與此同。

〔二八〕「縉」，張之象本作「薦」。史記五帝本紀：「薦紳先生難言之。」集解：「徐廣曰：『薦紳，即縉紳也，古字假借。』」又封禪書：「縉紳者不道。」集解：「李奇曰：『縉，插也，插笏於紳。紳，大帶。』」索隱：「姚氏云：『縉當作搢，鄭衆注周禮云：縉讀爲薦，謂薦之於紳帶之間。今按鄭意以縉爲薦，則薦亦是進，進而置於紳帶之間，故史記多作薦字也。』」

〔二九〕「長衣容衣也」原作「長衣官之也」，今據張敦仁説校改。盧文弨曰：「『長衣官之也』五字衍。」俞樾説同。明初本、太玄書室本無此五字。姚範曰：「句有誤。」張敦仁曰：「拾補云：『五字衍。』非也，此亦自釋一句。據禮記目録，『長衣』即深衣也，而必釋之者，欲見其爲法服也。『官之』二字乃『容衣』二字形近之譌。後孝養篇云：『雖公西赤不能以（此下衍「養」字。）爲容。』即史記儒林傳所謂『善爲容』者也。華本此處尤多脱。」

〔三〇〕左傳僖公二十三年：「策名委質。」史記晉世家索隱引服虔注云：「古者始仕，必先書其名於策，委死之質所君，然後爲臣，示必死於其君也。」「質」通「贄」，國語晉語：「臣委質于翟之鼓。」韋昭注：「質，贄也。士贄以雉，委贄而退，尚書稱『二生一死質』，故云委死之贄。」

〔三一〕史記孔子世家：「慎年五十七，生鮒，爲陳王涉博士，死於陳下。」又儒林列傳集解：「徐廣曰：『孔子八世孫，名鮒字甲也。』」器案：漢書孔光傳：「順生鮒，鮒爲陳涉博士，死陳下。」孔叢子答問篇：「博士凡仕六旬，老於陳。」下文有將没戒弟子語，與此不同。

〔三二〕淮南子要略篇：「孝公欲以虎狼之勢而吞諸侯。」即此文所本。戰國策西周策：「今秦者虎狼之國也，兼有吞周之意。」高誘注：「秦欲吞滅諸侯，故謂虎狼國也。」又楚策：「夫秦虎狼之國也，有吞天下之心。」又魏策上：「外交强虎狼之秦以侵天下。」又魏策下：「秦與戎翟同俗，有虎狼之心。」史記屈原傳：「秦虎狼之國。」説苑正諫篇：「今秦四塞之國也，有虎狼之心。」

〔三三〕韓非子存韓篇：「諸侯可蠶食而盡。」戰國策趙策上：「稍稍蠶食之。」又趙策下：「秦蠶食韓氏之地。」史記趙世家正義：「蠶食桑葉，漸近必盡也。」

〔三四〕漢書賈山傳：「秦皇帝東巡狩，至會稽、琅邪，刻石著其功，自以爲過堯、舜統。」師古曰：「統，治也。言自美功德，治理天下，過於堯、舜也。」又藝文類聚五九引吾丘壽王驃騎論功論：「昔秦之得天下也，以力而不以德，以詐而不以誠，……遂非唐笑虞，絶滅舊章。」與此相近。

〔三五〕張之象本、沈延銓本、金蟠本「用」作「治」。

〔三六〕史記項羽本紀：「身被堅執鋭首事。」史記陳涉世家：「陳勝雖已死，其所置遣侯王將相，竟亡秦，由涉首事也。」

〔三七〕史記朝鮮傳：「擁閼不通。」「擁遏」即「擁閼」，「擁」借作「壅」。

〔三八〕史記儒林傳：「及至秦之季世，焚詩、書，阬術士，六藝由此缺焉。陳涉之王也，而魯諸儒持孔氏之禮器，往歸陳王。於是孔甲爲陳涉博士，卒與涉俱死。陳涉起匹夫，驅瓦合適戍，旬月以王楚，不滿半歲，竟滅亡，其事至微淺。然而縉紳先生之徒，負孔子禮器，往委質爲臣者，何也？以秦焚其業，積怨而發憤於陳王也。」楊樹達曰：「班序儒林傳，用此節文意。」器案：此節文意，桓寬本之司馬子，班序亦本之史記，楊謂班序用此，可謂本末倒置矣。

〔三九〕這是論語陽貨篇文。何晏集解：「興周道於東方，故曰東周也。」皇侃義疏：「魯在東，周在西，云東周者，欲於魯而興周道，故云『吾其爲東周』也。」

〔四〇〕明初本、正嘉本、太玄書室本、張之象本、沈延銓本、金蟠本「絜」作「潔」。

〔四一〕左傳襄公十四年注：「遷延，退却。」

〔四二〕孫人和曰：「宋蔡元度毛詩名物解卷七引『吞』作『貪』。」器案：埤雅六：「雞廉狼吞。雞飽而食，食每有所擇，故曰小廉如雞。」

〔四三〕漢書郊祀志上：「上鄉儒術，招賢良趙綰、王臧等，以文學爲公卿，欲議古立明堂城南，以朝諸侯，草巡狩封禪，改曆服色，事未就。竇太后不好儒術，使人微伺趙綰等姦利事，按綰、臧，綰、臧自殺。諸所興爲皆廢。」又田蚡傳：「嬰、蚡俱好儒術，推轂趙綰爲御史大夫，王臧爲郎中令。」又儒林傳：「蘭陵王臧，即從（申公）受詩，已通事景帝爲太子少傅，免去。武帝初即位，臧乃上書宿衛，累遷，一歲至郎中令。及代趙綰，亦嘗受詩申公，爲御史大夫。」

〔四四〕張之象本、沈延銓本、金蟠本「姦」作「奸」。案：上注引漢書郊祀志上言趙綰等姦利事，又張蒼傳：「大爲姦利。」又杜欽傳：「使丹奏咸爲姦利，請案驗。」又鮑宣傳：「爲姦利。」則「姦利」爲當時功令中習用語。散不足篇亦云：「私作産業爲姦利。」

〔四五〕楊樹達曰：「史記劉敬傳：『上罵敬曰：齊虜以口舌得官。』」器案：「以口舌」猶今言耍嘴皮。史記廉頗藺相如傳：「藺相如徒以口舌爲勞，而位居我上。」漢書董仲舒傳：「子及孫皆以學至大官。」又東方朔傳：「因自訟獨不得大官。」又趙充國傳：「慶忌至大官。」案辛慶忌傳，徙爲左將軍，卒官。又食貨志上：「蔡癸以好農，使勸郡國，至大官。」案蔡癸，官至弘農太守。則大官蓋指列卿及郡國守相，秩中二千石、二千石、比二千石，但不至公耳。顔氏家訓止足篇所謂「仕宦不可過二千石」，其實指大官也。

〔四六〕「消堅釋石」，疑當作「消堅釋白」，堅白，謂名家所持堅石白馬之説。莊子駢拇篇：「駢於辨者，纍瓦結繩，竄句游心於堅白同異之間。」史記孟子荀卿列傳：「趙亦有公孫龍，爲堅白同異之辨。」漢書藝文志：「名家：公孫龍子十四篇。」師古曰：「爲堅白之辨者。」案今本公孫龍子有白馬、堅白二篇。又藝文志：「毛公九篇。」師古曰：「劉方别録云：『論堅白同異，以爲可以治天下。』」蓋持辨者，無不侈言消堅釋白耳。

〔四七〕楊樹達曰：「文選答客難：『自以爲智能海内無雙。』」器案：通鑑九：「何曰：『至如信者，國士無雙。』」胡三省注：「師古曰：『爲國家之奇士。』余謂何言漢國之士，僅有信一人，他無與比也。」漢書吾丘壽王傳：「子在朕前之時，知略輻凑，以爲天下少雙，海内寡二。」又匡衡傳：「學者多上書薦衡經明，當世少雙。」東觀漢記十九黄香傳：「窮極道術，京師號曰天下無雙。」語意亦同。

〔四八〕張之象本、沈延銓本、金蟠本「可」作「足」。論語泰伯篇：「其餘不足觀也已。」當是此文所本，作「足」較勝。

〔四九〕禮記坊記：「閨門之内，戲而不歎。」新語道基篇：「聖人懷仁仗義，分明纖微，忖度天地，危而不傾，佚而不亂者，仁義之所治也。行之於親近，而疎遠悦；脩之於閨門之内，而名譽馳於外。」潛夫論務本篇：「盡孝悌於父母，正操行於閨門，所以爲列士也。」閨門之内，猶今言家裏。

〔五〇〕「此」字原無，案荀子哀公篇：「哀公問於孔子曰：『吾欲論吾國之士，與之治國，敢問如何取之邪？』孔子對曰：『生今之世，志古之道，居今之俗，服古之服，舍此而爲非者，不亦鮮乎？』」下文又云：「舍此而爲非者，雖有，不亦鮮乎？」文又見大戴禮記哀公問五義篇、家語五儀篇，「舍」下俱有「此」字，今據訂補。荀子楊倞注云：「此謂古也。」又案：資治通鑑五一：「扶風功曹馬融對曰：『夫妻子以累其心，産業以重其志，舍此而爲非者，有，必不多矣。』」胡三省注：「舍，讀曰捨。」明初本、華氏活字本「古之道」作「堯之道」。

〔五一〕論語憲問篇：「夫子時然後言，人不厭其言；樂然後笑，人不厭其笑；義然後取，人不厭其取。」

〔五二〕論語里仁篇：「不以其道得之，不處也。」這裏就是用的論語，而「處」字作「居」，論衡問孔篇、刺孟篇、後漢書陳蕃傳載蕃上疏，吕氏春秋有度篇高誘注引論語，字都作「居」，抱朴子博喻篇：「不以其道，則富貴不足居。」亦用論語文，當都是本之今文。

〔五三〕論語堯曰篇：「泰而不驕。」又曰：「君子無衆寡，無小大，無敢慢，斯不亦泰而不驕乎！」

〔五四〕史、漢本傳不載此事。

〔五五〕漢書董仲舒傳：「太公起海濱而即三公。」師古曰：「即，就也。」

〔五六〕「矣」原作「此」，王先謙曰：「詳文義，不當有『此』字，蓋衍文。」黄季剛曰：「『此』當作『也』。」今案：「此」當作「矣」，史記主父偃傳：「主父曰：『臣結髮游學，四十餘年，身不得遂，親不以爲子，昆弟不收，賓客棄我，我阸日久矣。丈夫生不五鼎食，死即五鼎亨耳。吾日暮途遠，故倒行暴施之。』……上拜主父爲齊相。至齊，遍召昆弟賓客，散五百金與之，數之曰：『始吾貧時，昆弟不我衣食，賓客不我内門；今吾相齊，諸君迎我，或千里，吾與諸君絶矣，毋復入衍之門。』」此文的「我阸日久矣」，就是鹽鐵論所本，今據改正。「見」與「被」意同。

〔五七〕論語雍也篇：「君子周急不濟富。」

〔五八〕「鴟」原作「鵂」，張之象本、沈延銓本、金蟠本作「嗌」。盧文弨曰：「當作『嗌』，涂作『鵂』，未詳。」孫詒讓曰：「『鵂』疑『鵄』之誤，干禄字書『鴟』俗作『鵄』，與『鵂』形近而誤。此以虎鴟之噬咽，喻在位者之貪。盧校從俗本作『嗌咽』，則與『虎飽』之文不相對矣。」器案：孫校是，龍龕手鑑二鳥部：「鵄通鴟。」亦足爲證，今據改正。黄季剛曰：「『鵂』蓋『鸓』之誤。」

〔五九〕張之象注曰：「『覽』通作『攬』，撮持也。」孫詒讓曰：「『覽』與『攬』通。」黄季剛曰：「『覽』讀爲『擥』。」器案：漢書五行志上：「擥仲舒。」師古曰：「『擥』字與『攬』同，謂引取之。」又陳湯傳曰：「擥城郭之兵。」師古曰：「擥，總持之也，其字从手。」又王莽傳中：「務自擥衆事。」師古曰：「『擥』與『攬』同，其字从手。」

〔六〇〕詩大雅雲漢：「周餘黎民，靡有孑遺。」毛傳：「孑然遺失也。」正義：「孑然，孤獨之貌。」明初本「耳」作「歟」。

鹽鐵論校注卷第五

相刺*第二十

大夫曰：「古者，經井田〔一〕，制廛里〔二〕，丈夫治其田疇，女子治其麻枲，無曠地，無遊人。故非商工〔三〕不得食於利末，非良農〔四〕不得食於收穫，非執政不得食於官爵。今儒者釋耒耜而學不驗〔五〕之語，曠日彌久〔六〕，而無益於治〔七〕，往來浮游〔八〕，不耕而食，不蠶而衣，巧僞〔九〕良民〔一〇〕，以奪〔一一〕農妨政，此亦當世之所患也。」

文學曰：「禹慼〔一二〕洪水，身親其勞，澤行路宿〔一三〕，過門不入〔一四〕。當此之時，簪墮不掇，冠挂不顧〔一五〕，而暇耕乎〔一六〕？孔子曰：『詩人疾之不能默，丘疾之不能伏〔一七〕。』

是以東西南北七十説而不用，然後退而修王道，作春秋〔一八〕，垂之萬載之後，天下折中焉〔一九〕，豈與匹夫匹婦〔二〇〕耕織同哉！傳曰：『君子當時不動，而民無觀也。』故非君子莫治小人，非小人無以養君子〔二一〕，不當〔二二〕耕織爲匹夫匹婦也。君子耕而不學，則亂之道也。」

大夫曰：「文學言治尚於唐、虞，言義高於秋天，有華言〔二三〕矣，未見其實也。昔魯穆公之時，公儀爲相，子思、子柳〔二四〕爲之卿，然北削於齊，以泗爲境，南畏楚人，西賓秦國〔二五〕。孟軻居梁，兵折於齊，上將軍死而太子虜，西敗於秦，地奪壤削，亡河内、河外〔二六〕。夫仲尼之門，七十子之徒，去父母，捐室家〔二七〕，負荷而隨孔子，不耕而學，亂乃愈滋。故玉屑滿篋，不爲有寶；詩書負笈〔二八〕，不爲有道。要在安國家，利人民，不苟繁文〔二九〕衆辭而已。」

文學曰：「虞不用百里奚之謀而滅，秦穆用之以至霸焉。夫不用賢則亡，而不削何可得乎〔三〇〕？孟子適梁，惠王問利，答以仁義〔三一〕。趣舍不合，是以不用而去，懷寶而無語〔三二〕。故有粟不食，無益於饑；覩賢不用，無益於削。紂之時，内有微、箕二子，外有膠鬲、棘子〔三三〕，故其不能存〔三四〕。夫〔三五〕言而不用，諫而不聽，雖賢，惡得有益於治也？」

大夫曰：「橘柚生於江南，而民皆甘之於口，味同也；好音生於鄭、衛〔三六〕，而人皆樂之於耳，聲同也。越人子臧〔三七〕、戎人由余，待譯〔三八〕而後通，而並顯齊、秦，人之心於善惡同也。故曾子倚山而吟，山鳥下翔〔三九〕；師曠鼓琴，百獸率舞〔四〇〕。未有善而不合、誠而不應者也。意〔四一〕未誠與？何故言而不見從，行而不合也？」

文學曰：「扁鵲不能治不受鍼藥之疾，賢聖不能正不食諫諍之君〔四二〕。故桀有關龍逢而夏亡〔四三〕，紂有三仁而商滅〔四四〕，故〔四五〕不患無由余、子臧之論〔四六〕，患無桓、穆之聽耳。是以孔子東西無所遇〔四七〕，屈原放逐於楚國也〔四八〕。故曰：『直道而事人，焉往而不三黜？枉道而事人，何必去父母之邦〔四九〕。』此所以言而不見從、行而不得合者也〔五〇〕。」

大夫曰：「歌者不期於利聲，而貴在中節；論者不期於麗辭，而務在事實。善聲而不知轉〔五一〕，未可爲〔五二〕能歌也；善言而不知變，未可謂能説也。持規而非矩，執準而非繩，通一孔〔五三〕，曉一理，而不知權衡，以所不覩不信人〔五四〕，若蟬之不知雪〔五五〕，堅據古文〔五六〕以應當世，猶辰參之錯，膠柱而調瑟〔五七〕，固而難合矣。孔子所以不用於世，而孟軻見賤於諸侯也。」

文學曰：「日月之光，而盲者不能見；雷電〔五八〕之聲，而聾人不能聞。夫爲不知音者言，若語於瘖聾，何特蟬之不知重〔五九〕雪耶？夫以伊尹之智，太公之賢，而不能開辭於桀、紂，非説者非〔六〇〕，聽者過也。是以荆和抱璞而泣血，曰：『安得良工而剖之〔六一〕！』屈原行吟澤畔〔六二〕，曰：『安得皋陶而察之！』夫人君莫不欲求賢以自輔，任能以治國，然牽於流説〔六三〕，惑於道諛〔六四〕，是以賢聖蔽掩，而讒佞用事，以此亡國破家，而賢士饑於巖穴也〔六五〕。昔趙高無過人之志〔六六〕，而居萬人之位，是以傾覆秦國而禍殃其宗，盡失其瑟，何膠柱之調也？」

大夫曰：「所謂文學高第者〔六七〕，智略能明先王之術，而姿質足以履行其道。故居則爲人師，用則爲世法。今文學言治則稱堯、舜，道行則言孔、墨〔六八〕，授之政則不達〔六九〕，懷古道而不能行，言直而行枉〔七〇〕，道是而情非，衣冠有以殊於鄉曲，而實無以異於凡人。諸生所謂中直者，遭時蒙幸〔七一〕，備數〔七二〕適然耳，殆非明舉所謂〔七三〕，固未可與論治也。」

文學曰：「天設三光以照記〔七四〕，天子立公卿以明治〔七五〕。故曰：公卿者，四海之表儀〔七六〕，神化之丹青〔七七〕也。上有輔明主之任，下有遂聖化之事，和陰陽，調四時，安衆庶，育羣生〔七八〕，使百姓輯睦〔七九〕，無怨思之色，四夷順德，無叛逆之憂，此公卿之職，而賢者之所務也。若伊尹、周、召三公之才，太顛、閎夭九卿〔八〇〕之人。文學不中聖主之明舉，今之執政，亦未能稱盛德也。」

大夫不説〔八一〕，作色不應也。

文學曰：「朝無忠臣者政闇，大夫無直士者位危。任座〔八二〕正言君之過，文侯改言行，稱爲賢君。袁盎面刺絳侯之驕矜〔八三〕，卒得其慶。故觸死亡以干主之過者，忠臣也；犯顔以匡公卿之失者，直士也。鄙人不能巷言面違〔八四〕。方今入穀之教令〔八五〕，張而不施，食禄多非其人，以妨農商工〔八六〕，市井之利，未歸於民，民望不塞〔八七〕也。且夫帝王之道，多墮壞而不脩，詩云：『濟濟多士〔八八〕。』意者誠任用其計，非苟陳虚言而已。」

* 這篇是大夫和文學對面相刺的記録。

〔一〕孟子滕文公上：「方里而井，井九百畝，其中爲公田；八家皆私百畝，同養公田。公事畢，然後敢治私事，所以别野人也。」

〔二〕周禮載師：「以廛里任國中之地。」鄭玄注：「廛里者，若今云邑居。廛，民居之區域也；里，居也。」説文广部：「廛，二畝半也，一家之居。」

〔三〕「商工」，謂自産自銷之手工業者，非謂商人與工人。

〔四〕穀梁傳桓公十四年：「國非無良農工女也。」

〔五〕楊樹達曰：「新語懷慮篇：『世人不學詩、書，行仁義，乃論不驗之語，學不然之事。』」器案：「淮南子氾論篇：『不用之法，聖王弗行；不驗之語，聖王弗聽。』」論衡死僞篇：「不驗之語。」賈公彦周禮正義序周禮廢興：「林孝存以爲武帝知周官末世瀆亂不驗之書，故作十論、七難以排棄之。」

〔六〕韓非子説難篇：「曠日離久。」史記韓非傳作「曠日彌久」。戰國策燕策下、史記刺客傳、又滑稽傳俱有此語。

〔七〕「治」原作「理」，本篇後文「言治尚於唐、虞」，「任能以治國」，「言治則稱堯、舜」，「固未可與論治也」，「天子立公卿以明治」，字俱作「治」，此避唐諱回改未盡者，今輒爲改正。

〔八〕後漢書班固傳：「西都賦：『浮遊近縣。』」李賢注：「浮遊，謂周流也。」

〔九〕正嘉本、張之象本、沈延銓本、金蟠本「僞」作「爲」，古通。

〔一〇〕漢書循吏傳：「諸持鉏鉤田器者，皆爲良民，吏無得問；持兵者，乃爲盜賊。」

〔一一〕沈延銓本「奪」誤「督」。

〔一二〕「慼」原作「蹙」，王先謙曰：「『蹙』字無義，『蹙』當爲『慼』字之誤，『禹慼洪水』者，『禹憂洪水』也。御覽四百三十一人事部引作『慼』，『慼』字之誤。北堂書鈔衣冠部引作『治』，則淺人妄改耳。」黄季剛曰：「『蹙』讀爲『蹙迫』之『蹙』。」器案：王説是，文選難蜀父老：「夏后氏慼之，乃堙洪塞源，決江疏河。」漢書司馬相如傳下作「戚」，即此文所本，今據改正。

〔一三〕「路宿」當作「露宿」，韓非子外儲説右上：「於是太子乃還走避舍，露宿三日。」露宿謂野宿也。

〔一四〕孟子滕文公上：「禹疏九河，瀹濟、漯而注諸海，決汝、漢，排淮、泗而注之江，然後中國可得而食也。當是時也，禹八年於外，三過其門而不入。」

〔一五〕淮南子原道篇：「禹之趨時也，履遺而弗取，冠挂而弗顧。」吴越春秋越王無余外傳：「禹傷父功不成，循江泝河，盡濟暨淮，乃勞身焦思以行，七年，聞樂不樂，過門不入，冠挂不顧，履遺不躡。」御覽七七引傅子：「禹治洪水，冠挂不顧者，不以下憂累其上也。」劉子惜時篇：「禹之趨時也，冠挂而不顧。」

〔一六〕孟子滕文公上：「禹疏九河，瀹濟、漯而注諸海，決汝、漢，排淮、泗而注之江，然後中國可得而食也。當是時也，禹八年於外，三過其門而不入，雖欲耕得乎？……聖人之憂民如此，而暇耕乎？」

〔一七〕論衡對作篇：「孔子曰：『詩人疾之不能默，丘疾之不能伏。』」此文未見所出，蓋論衡即本之鹽鐵論。

〔一八〕漢書楚元王傳附劉向傳：「丘東西南北之人也。」師古曰：「東西南北，言周遊以行其道，不得專在本邦。」淮南泰族篇：「孔子欲行王道，東西南北七十說而不遇。」漢書楊雄傳：「或七十說而不遇。」注：「應劭曰：『孔丘也。』」案莊子天運篇載孔子謂老聃，說他自己所干者七十二君。古代所用數字，凡爲三的倍數的，也是表示多的意思，這是一種誇大的寫法，不必實指。如莊子外物篇：「七十二鑽而無遺策。」史記五帝本紀：「炎帝嘗百草，作方書，一日而遇七十二毒。」又高祖本紀：「左股有七十二黑子。」又封禪書：「古者，封泰山、禪梁父者七十二家。」（梁書許懋傳懋以爲「裁得二十餘主」。）又田敬仲完世家集解引新序：「稷下先生淳于髡之屬七十二人皆輕騶忌。」又滑稽傳：「於是乃朝諸縣令長七十二人。」古樂府相逢狹路間、雞鳴俱云：「鴛鴦七十二。」孟郊和薔薇歌：「花開七十有二行。」凡此也是同樣的例證。後人又有舉成數而說孔丘干七十君的，如說苑善說篇、史記十二諸侯年表、漢書儒林傳序都有此說。呂氏春秋遇合篇更有「所見八十餘君」之說。王充論衡就指出了這不是實指，論衡儒增篇：「孔子所至，不能十國，言七十，增之也。」

〔一九〕張之象本、沈延銓本、金蟠本「載」作「世」。說苑貴德篇：「孔子歷七十二君，冀道之一行，而得施其德，使民生於全育，烝庶安土，萬物熙熙，各樂其終。卒不遇。故覩麟而泣，哀道不行，德澤不洽，於是退作春秋，明素王之道，以示後人，思施其惠，未嘗輟忘。是以百王尊之，志士法焉，誦其文章，傳今不絶，德及之也。」史記孔子世家：「孔子布衣傳十餘世，學者宗之，自天子王侯，中國言六藝者，折中於夫子，可謂至聖矣。」索隱：「宋均云：『折，斷也；中，當也。』」漢書貢禹傳禹上書言得失云：「四海之内，天下之君，微孔子之言，亡所折中。」漢書師丹傳：「折中定疑。」師古曰：「折，斷也，取其言以斷事之中。」

〔二〇〕論語憲問：「豈若匹夫匹婦之爲諒也，自經於溝瀆而莫之知也。」邢昺疏：「匹夫匹婦，謂庶人也，無別妾媵，唯夫婦相匹而已。」

〔二一〕孟子滕文公上：「無君子莫治野人，無野人莫養君子。」

〔二二〕「不當」原作「當不」，姚範曰：「『當不』字倒。」俞樾曰：「『當不』應作『不當』。」案姚、俞説是，今據乙正。太玄書室本「當」作「憂」，臆改。

〔二三〕文選曹子建七啓：「正流俗之華説。」李善注：「論衡曰：『虚談竟於華葉之言，無根之流，安危之際，文人不與，徒能華説之效也。』」李周翰注：「華説，謂不實者也。」「華言」即「華説」也。

〔二四〕「子柳」原作「子原」，明初本、華氏本作「子柳」，今據改。盧文弨曰：「『子原』，説苑雜言篇作『子庚』，乃泄柳字。」案孟子告子下：「魯繆公之時，公儀子爲政，子柳、子思爲臣，魯之削也滋甚。」「子柳」就是「泄柳」。史記循吏傳：「公儀休者，魯博士也，以高第爲魯相。」

〔二五〕史記六國年表：「秦始小國僻遠，諸夏賓之。」又楚世家：「賓之南海。」又蘇秦傳：「六國從親以賓秦。」戰國策趙策上作「以儐畔秦」。案「賓」「儐」俱借「擯」字，謂擯斥也。這裏「西賓秦國」，是説「西爲秦國所擯斥」。

〔二六〕孟子梁惠王上：「梁惠王曰：『及寡人之身，東敗於齊，長子死焉；西喪地於秦七百里；南辱於楚。』」史記魏世家：「惠王三十年，魏伐趙，趙告急於齊。齊宣王用孫子計，救趙擊魏。魏遂大興師，使龐涓將，而令太子申爲上將軍。……與齊人戰，敗於馬陵。齊虜魏太子申，殺將軍涓，軍遂大破。」則上將軍即魏太子申，此文謂「上將軍死而太子虜」，疑誤。閻若璩四書釋地又續曰：「梁河内，今之河内、濟源等縣。梁亦有河外，蘇秦傳：『大王之地，北有河外。』注云……『謂河南地』是也。河東、西亦謂之河内、外，左傳僖十五年：『賂秦伯以河外列城五，内及解梁城。』魏世家『無忌曰：所亡於秦者河外、河内』是也。至河内、外，則梁之河北、河南地，蘇代曰『秦正告魏，我陸攻則擊河内，水攻則滅大梁』是也。」

〔二七〕陸賈新語慎微篇：「棄二親，捐骨肉。」潛夫論讚學篇：「是故無董、景之才，倪、匡之志，而欲强捐身出家，曠日師門者，必無幾矣。」

〔二八〕「詩書」原作「誦詩書」，當衍一字。盧文弨删「詩」字。張之象本、沈延銓本、金蟠本作「詩書」，無「誦」字，則「詩」讀爲「持」，詩譜序正義引詩含神霧：「詩者，持也。」是「詩」字有「持」義，「持書」與「負笈」對文，意較明白。張、沈、金本可從，今據删改。或原文本作「持書」，轉寫誤爲「詩書」，又以「詩書」與「負笈」對文不妥，遂於「詩書」上加「誦」字也。論衡書解篇：「或曰：『古今作書者非一，各穿鑿失經之實，傳違聖人質，故謂之蕞殘，比之玉屑。故曰：蕞殘滿車，不成爲道；玉屑滿篋，不成爲寶。』」御覽八〇二引阮子：「雖金玉滿堂，明珠滿室，饑不爲寶，非國之用。」文與此相似，亦以四字爲句。

〔二九〕「繁文」原作「文繁」，今據黄季剛説乙正。

〔三〇〕孟子告子下：「虞不用百里奚而亡，秦穆公用之而霸，不用賢則亡，削何可得與？」盧文弨曰：「『而』下『不』字衍。」黄季剛曰：「『不』字不誤。」器案：黄説是。這是針對上文「北削於齊」、「地奪壤削」而言，「不」字非衍。説略本陳遵默。

〔三一〕孟子梁惠王上：「孟子見梁惠王，王曰：『叟，不遠千里而來，亦將有以利吾國乎？』孟子對曰：『王何必曰利，亦有仁義而已矣。』」

〔三二〕原句上有「夫」字。姚範曰：「疑有誤脱，與下『故有粟不食』云云，不相承。」王先謙曰：「『夫』字衍。」器案：王説可從，今據删。論語陽貨篇：「懷其寶而迷其邦。」此文本之。

〔三三〕盧文弨曰：「『棘子』當即『箕子』。」張敦仁曰：「拾補誤。上句已言『内有微、箕二子』矣，此言『外有』，決非『箕子』可知，當别有所出。華氏本『棘』改『諸』，因其不可解而爲之，非有本也。」器案：莊子逍遥遊：「湯之問棘也。」釋文：「棘，李云：『湯時賢人。』又云：『是棘子。』」這個棘子，應當是湯時那個棘子的後人。列子湯問篇作「殷湯問於夏革」，張湛注：「『革』字，莊子音『棘』。」殷敬順釋文：「『革』音『棘』，夏棘字子棘，爲湯大夫。」明初本、華氏本改作「諸子」，非是。

〔三四〕姚範曰：「『故其』句有誤。」明初本、華氏本此句作「其不能」，亦難通。

〔三五〕張之象本、沈延銓本、金蟠本無「夫」字。

〔三六〕吕氏春秋淫辭篇高誘注：「鄭、衛之音，皆新聲，非雅樂，凡人所説也。」淮南子原道篇：「揚鄭、衛之浩樂。」高誘注：「鄭聲，鄭（字當作「衛」），衛靈公會晉平公事，見韓子十過篇、史記樂書、論衡紀妖篇，與鄭無涉，此當涉上文「鄭聲」而誤。）會晉平公，説新聲，使師延爲桑間、濮上之樂。濮在衛地，故鄭、衛之浩也，必爲鄭爲之俗樂。」漢書禮樂志注：「應劭曰：『桑間，衛地；濮上，濮水之上，皆好新聲。』」

〔三七〕「子臧」，原作「夷吾」，今據張敦仁説校改。張云：「此句有誤，史記列傳云：『管仲夷吾者，潁上人也。』又案鄒陽傳：『是以秦用戎人由余而霸中國，齊用越人蒙而彊威、宣。』索隱云：『越人蒙，未見所出，漢書作子臧。又張晏云：子臧或是越人，蒙字也。』此下句連言『戎人由余』，似即取彼語。『夷吾』或『子臧』之誤也。下文又云：『不患無由余、夷吾（依上則亦當作「子臧」。）之倫，患無桓、穆（依上則當作「穆、威」。）之聽耳』，亦有誤。」器案：張校是。潛夫論論榮篇：「由余生於五狄，越蒙産於八蠻，（「蒙」舊誤「象」，從汪繼培校改。）而功施齊、秦，德立諸夏。」亦作「蒙」，不作「夷吾」，名「蒙」字「子臧」，義正相應。王引之春秋名字解詁云：「越人蒙，字子臧，臧亦藏字。蒙，包藏也。毛詩鄘風：『君子偕老。』傳：『蒙，覆也。』昭十三年左傳杜注：『蒙，裹也。』皆包藏之義也。」據此，則「夷吾」爲「子臧」之誤，可無疑義。且夷吾果越人，「待譯而後通」，而有八十六篇之管子傳世，尤令人不可思議者，此亦一旁證也。然俗語不實，流爲丹青，好事之徒，則有據此而謂管仲爲烏程人者也。明人陳絳金罍子云：「鹽鐵論：『越人夷吾，戎人由余，待譯而後通，並顯齊、秦。』管仲亦越人乎？然並管在齊有管至父，先此有管子奚矣。宋習西吴里語云：『舊傳齊管仲，烏程棲賢山人；晏嬰，長興晏子鄉人。』曰舊傳，不著出何書，證以桓氏之言，則亦有因也。」陳絳欲援桓氏之言，以證成管仲爲烏程人之事出有因，而不知桓書傳本之有誤也。

〔三八〕説文言部：「譯，傳譯四方之語者。」

〔三九〕王先謙曰：「藝文類聚人部引『倚』作『傍』。」器案：莊子外物篇：「人親莫不欲其子之孝，而孝未必愛，故孝己憂而曾參悲。」呂氏春秋必己篇用莊子此文，高誘注：「曾參，其至孝見疑於父，故爲之傷悲也。」論衡感虚篇：「曾子見疑而吟，……吟歌與歎等。」文選蘇子卿古詩注引倉頡篇：「吟，歎也。」又案：張之象注引淮南子説山篇：「曾子攀柩車，引輴者爲之止也。」高誘注：「曾子至孝，送親喪，悲哀，攀援柩車，而挽者感之，爲之止。」

〔四〇〕書鈔一〇九引韓子：「師曠鼓琴，有玄鶴銜明月珠，在庭中舞，失珠，曠掩口而笑。」今韓子十過篇載鼓琴鶴舞，脱失珠事。漢志小説家有師曠六篇，原注：「見春秋，其言淺薄，本與此同，似因託也。」這裏説「師曠鼓琴，百獸率舞」事，當即出師曠一書中。

〔四一〕論語學而篇：「求之與？抑與之與？」熹平石經「抑」作「意」。戰國策秦策上：「誠病乎？意亦思乎？」又燕策下：「意君曰余且慝以成而過。」與此文「意」字，俱通作「抑」。

〔四二〕「食」就是受納的意思。後能言篇：「食文學之至言。」晏子春秋外篇：「君其食諂人言乎？」漢書谷永傳：「不食膚受之愬。」師古曰：「食猶受納也。」説略本楊樹達。華氏本「食」改作「受」，非是。王先謙曰：「治要『諫諍』作『善言』。」

〔四三〕「夏亡」原作「亡夏」，今從明初本、華氏本、治要乙正。

〔四四〕「紂」原作「殷」，今從治要改正。「仁」原作「人」，張之象本、沈延銓本、金蟠本及治要引作「仁」，今據改正。論語微子篇：「微子去之，箕子爲之奴，比干諫而死。孔子曰：『殷有三仁焉。』」

〔四五〕「故」字原無，今據治要引補。

〔四六〕「子臧」原作「夷吾」，今據張敦仁説校改，説見前注〔三七〕。「論」原作「倫」，今據治要引校改。

〔四七〕「遇」原作「適遇」，今據治要引删「適」字。王先謙曰：「治要無『適』字。疑『適』、『遇』形近致衍。」

〔四八〕「也」字原無，據治要引補。

〔四九〕原脱「何必去父母之邦」句，治要引有，與論語微子篇合，今據訂補。

〔五〇〕此兩句原作「終非以此言而不見從，（明初本、華氏本「從」作「用」。）行而不合者也」，今從治要引校正。

〔五一〕散不足篇也有「變羽之轉」的説法，「轉」就是「調」的意思。淮南子原道篇高誘注：「激、揚、抮、轉，皆曲名也。」又齊俗篇：「其歌樂而無轉，其哭哀而無聲。」又氾論篇：「譬猶不知音者之歌也，濁之則鬱而無轉，清之則燋而無謳。」又修務篇：「故秦、楚、燕、魏之歌也，異轉而皆樂。」高注：「轉，音聲也。」文選謝玄暉和伏武昌登孫權故城：「歌梁想遺轉。」集注：「陸善經曰：『轉，歌聲。』今案音訣，『轉』爲『囀』也。」又繁休伯與魏文帝牋：「能喉轉引聲。」集注：「今案五家本『轉』爲『囀』也。」吴均贈周散騎興嗣詩：「製賦已百篇，彈琴復千轉。」這些「轉」字，意義都相同。南朝時有「五更轉」歌調，後來叫做「五更調」。

〔五二〕沈延銓本、金蟠本「爲」作「謂」。

〔五三〕禮記中庸：「生乎今之世，返古之道，災及其身。」鄭注：「謂曉一孔之人，不知今王之新政可從。」即本此。孔穎達正義：「孔，穴所出，事有多塗，今惟曉一孔之人，不知餘孔通達，惟守此一處也。」淮南子俶真篇：「然而奚仲不能爲逢蒙、造父不能爲伯樂者，是皆諭於一曲，而不通於萬方之際也。」又繆稱篇：「察一曲者，不可與言化。」高誘注：「一曲，一事也。」所言「一曲」，義與此同。華氏本「一孔」作「一經」，非是。

〔五四〕王先謙曰："『以所不覩不信人』，事類賦蟲部引作『以所不覩而不信』，御覽九百四十四蟲豸部與此同。"器案：埤雅十一、五色線上引也作"以所不覩而不信"。

〔五五〕吕氏春秋任數篇："無骨者不可令知冰。"高誘注："無骨之蟲，春生秋死，不知冬寒之有冰雪。"淮南子繆稱篇："察一時者不可以言大。"高注："猶蟬不知雪也。"

〔五六〕古文，謂古代書籍。史記五帝本紀贊："總之，不離古文者近是。"索隱："古文，即帝德、帝系二書也。"又十二諸侯年表序："爲成學治古文者要删焉。"索隱："爲成學治文者要删焉。"又吴太伯世家贊："余讀春秋古文。"又自序："年十歲則誦古文。"索隱："案遷及事伏生，是學誦古文尚書。劉氏以爲左傳、國語、系本等書，是亦名古文也。"許慎説文解字序："其偁易孟氏、書孔氏、詩毛氏、禮周官、春秋左氏、論語、孝經，皆古文也。"段玉裁注："古書之言古文者有二，一謂壁中經籍，一謂倉頡所製文字，雖命名本相因，而學士當區别，如古文尚書、古文禮，此等猶言古本，非必古本字字皆古籀，今本則絶無古籀字也。且如許書，未嘗不用魯詩、公羊傳、今文禮，然則云『皆古文』者，謂其所説字形字音字義，皆合倉頡、史籀，非謂皆用壁中古本明矣。"案：段説是，史記十二諸侯年表序之"治古文"，索隱作"治文"，治文，即論語學而之"學文"，馬融曰："文者，古之遺文。"

〔五七〕淮南子齊俗篇："今握一君之法籍，以非傳代之俗，譬由膠柱而調瑟也。"史記廉頗傳："王以名使括，若膠柱而鼓瑟耳。"胡三省通鑑注五云："鼓瑟者，絃有緩急，調絃之緩急，在柱之轉運，若膠其柱，則絃不可得而調，緩者一於緩，急者一於急，無活法矣。"華氏活字本"錯"上有"舛"字。

〔五八〕王先謙曰："『電』無聲，疑『霆』字之誤。"黄季剛曰："『雷』、『電』連類而言。"

〔五九〕盧文弨曰：「『重』疑衍。」器案：盧説非。重謂厚多也，文選東京賦注：「重，多也。」厚多之雪謂之重雪，猶大地謂之重壤（文選琴賦注），大海謂之重溟（文選天台山賦），厚酒謂之重酒（吕氏春秋三月紀注），牢錦謂之重錦（左傳閔公二年）也。

〔六〇〕「者非」原作「也非」，明初本、華氏活字本作「之罪也」，今據張之象本、沈延銓本、金蟠本校改。家語辯物篇：「孔子曰：『吴子爲夷德，可欺而不可以實，是聽者之蔽，非説者之拙也。』」

〔六一〕韓非子和氏篇：「楚人和氏得玉璞楚山中，奉而獻之厲王。厲王使玉人相之，玉人曰：『石也。』王以和爲誑，而刖其左足。及厲王薨，武王即位，和又奉其璞而獻之武王。武王使玉人相之，又曰：『石也。』王又以和爲誑，而刖其右足。武王薨，文王即位，和乃抱其璞而哭於楚山之下，三日三夜，泪盡而繼之以血。王使人問其故，曰：『天下之刖者多矣，子奚哭之悲也？』和曰：『吾非悲刖也，悲夫寶玉而題之以石，貞士而名之以誑，此吾所以悲也。』王乃使人理其璞而得寶焉，遂命曰和氏之璧。」明初本、華氏本「剖」作「别」。

〔六二〕楚辭漁父：「屈原既放，游於江潭，行吟澤畔。」又九章：「俾山川以備禦兮，命咎繇使聽直。」王逸注：「使聖人咎繇聽我之言忠直與否也。」「咎繇」一作「臯陶」，當即此文所本。東方朔七諫：「誰使正其真是兮，雖有八師而不可爲。」王注：「八師謂禹、稷、卨、臯陶、伯夷、倕、益、夔也。」劉向九歎：「立師曠俾端詞兮，命咎繇使並聽。」華氏本「原」下有「之」字。

〔六三〕後遵道篇：「牽儒墨論。」刺議篇：「牽於間言。」史記六國年表：「學者牽於所聞。」又司馬相如傳：「拘文牽俗。」正義：「牽引隨俗之化。」漢書鄒陽傳：「此二國豈係於俗，牽於世，繫奇偏之浮辭哉？」

又：「不牽於卑亂之語。」後漢書隗囂傳：「而欲牽儒生之説，棄千乘之基。」案：史記孝武本紀：「牽拘於詩書古文而不敢騁。」又六國年表：「學者牽於所聞。」又封禪書：「牽拘於詩書古文而不能騁。」牽字義與此同，謂拘泥也。

〔六四〕荀子勸學篇：「以不善先人者謂之諂，以不善和人者謂之諛。」本書論誹篇：「道諛日進而上不聞。」「道諛」就是「諂諛」。莊子天地篇：「世俗之所謂然而然之，所謂善而善之，則不謂之道諛之人也。」史記越句踐世家：「吴已殺子胥，導諛者衆。」義都相同。漢書賈山傳：「是以道諛媮合苟容。」師古曰：「『道』讀曰『導』，導引主意於邪也。」隨文衍義，未當。

〔六五〕史記屈原傳：「人君無愚智賢不肖，莫不欲求忠以自爲，舉賢以自佐，然亡國破家相隨屬，而聖君治國，累世而不見者，其所謂忠者不忠，而所謂賢者不賢也。」漢書司馬遷傳：「顯巖穴之士，……寧得自引深藏於巖穴耶？」

〔六六〕盧文弨曰：「『志』、『智』同。」黄季剛曰：「『志』，古文『識』字。」案黄説是。

〔六七〕高第，就是成績優異的意思。漢書馮野王傳：「上使尚書選第中二千石，而野王行能第一。」師古曰：「定其高下之差也。」資治通鑑二九注：「選第者，選其有行能者，而第其高下之次也。」顔、胡釋「第」字是。漢書朱博傳：「州牧位次九卿，九卿缺，以高第補，其中材則苟自守而已。」以「高第」與「中材」對言，義更爲明白。漢書谷永傳：「其夏，皆令諸方正對策，語在杜欽傳，……永與杜欽爲上第焉。」文選王元長永明九年策秀才文集注：「鈔曰：『高第，秀才明經中高第者也。』李周翰曰：『高第明經，謂德行高遠，明於經術之道第一者也。』」通鑑五〇注：「有道高第，舉有道，對問爲上第也。」結合第一、上第之義觀之，則所謂高第之義自明也。史記循吏傳：「公儀休者，魯博士也，以高第爲魯相。」漢書孔光傳：「博士選三科高第爲尚書，……光以高第爲尚書。」此博士高第也。漢書宣帝紀：「本始元年詔：『內郡國舉文學高第各一人。』」又循吏黃霸傳：「宣帝下詔曰：『詔制御史，其以賢良高第揚州刺史霸爲潁川太守。』」此賢良、文學高第也。又鼂錯傳：「對策者百餘人，唯錯爲高第。」此對策高第也。又朱博傳：「舉博櫟陽令，徙雲陽、平陵三縣，以高第入爲長安令。……遷琅邪太守，以高第入守左馮翊。」又翟方進傳：「逢信已從高第郡守歷京兆、太僕爲衛尉矣。」又儒林嚴彭祖傳：「彭祖爲宣帝博士，至河南、東郡太守，以高第入爲左馮翊。」又循吏召信臣傳：「出補穀陽長，舉高第遷上蔡長。」此令長郡守高第也。又朱博傳：「故事：選郡國守相高第爲中二千石。」此守相高第也。又云：「故事：居部九歲，舉爲守相，其有異材、功效著者，輒登擢。」所云「異材功效著者」云云，即高第之確詁也。又杜欽傳：「陳咸爲少府，在九卿高第。」此九卿高第也。後漢書蔡邕傳：「到署祭酒，甚見敬重，舉高第，補侍御史。」此祭酒高第也。抱朴子外篇審舉篇：「時人語曰：『高第良將怯如雞。』……良將高第，試其膽武，猶復試之以策，況文士乎？」此良將高第也。「高第良將怯如雞」，言其不稱舉，與這裏的文學高第「不中聖主之明舉」，正是一流人物。

〔六八〕張之象本、沈延銓本、金蟠本「言」作「稱」。

〔六九〕論語子路篇：「授之以政，不達。」皇侃義疏：「達猶曉也。」

〔七〇〕「行」下原有「之」字，俞樾曰：「『之』字衍。」今據刪定。

〔七一〕「幸」原作「率」，今據王先謙說校改。王云：「『率』當爲『幸』，形相近而誤。」今案：王說可從。史記袁盎鼂錯傳太史公曰：「遭孝文初立，資適逢世。」集解：「張晏曰：『資，才也，適值其世，得騁其才。』」漢書叙傳上：「因勢合變，偶時之會。」顔師古曰：「偶當時之會。」義俱與此相近，可以互參。明初本「率」作「舉」。

〔七二〕淮南子俶真篇：「有之可以備數，無之未有害於用也。」案：史記秦始皇本紀：「博士雖七十人，特備員弗用。」漢書魏相傳：「臣相幸得備員。……臣相幸得備位。」又韓延壽傳：「幸得備位，爲郡表率。」「備數」「備員」「備位」，義俱相近。

〔七三〕漢時舉人有狀，後漢書朱浮傳注引漢官儀博士舉狀曰：「生事愛敬，喪没如禮，通易、尚書、孝經、論語，兼綜載籍，窮微闡奥，隱居樂道，不求聞達，身無金痍痼疾，卅六屬不與妖惡交通，王侯賞賜，行應四科，經任博士。下言某官某甲保舉。」通典十三引督郵板狀文同，惟「闡奥」下有「師事某官，見授門徒五十五人以上」十四字，又二七引作「師事某官，經明受謝，見授門徒，尚五十人以上，正席謝坐，三郡三人」二十六字。此博士舉狀，其他舉狀，當亦類此。此言「明舉所謂」，即指舉狀所言也。

〔七四〕「照記」，白氏六帖事類集二一引作「照明」，姚範曰：「『記』字誤。」案淮南子繆稱篇：「目之精者，可以消澤，而不可以昭認。」又齊俗篇：「日月之所照認。」「照記」與「昭認」、「照認」同，也就是「昭告」的意思。白帖作「照明」，臆改。説略本陳遵默。明初本、華氏本作「照臨」，太玄書室本作「照臨記」，俱未可從。

〔七五〕白帖引「公卿」作「三公」，「明治」作「明理」，避唐諱改。

〔七六〕白帖引「表儀」作「表宜」。文選報任安書李善注引東方朔别傳：「大夫者，天下表儀，萬人法則。」

〔七七〕淮南子主術篇：「故聖人事省而易治，求寡而易澹，不施而仁，不言而信，不求而得，不爲而成，塊然保真，抱德推誠，天下從之，如響之應聲，景之像形，其所修者本也。刑罰不足以移風，殺戮不足以禁姦，唯神化爲貴。」又兵略篇：「廟戰者帝，神化者王。……神化者，法四時也。」又案：楊子法言君子篇：「聖人之言，炳如丹青。」漢書王莽傳下：「明告以生活丹青之信。」師古曰：「丹青之信，言明著也。」文選爲宋公修張良廟教：「修飾丹青。」又阮籍詠懷詩注引東觀漢記：「光武詔曰：『明設丹青之信，廣開束手之路。』」此文「丹青」，亦粉飾之意。

〔七八〕韓非子揚權篇：「至於羣生，斟酌用之，萬物皆盛，而子與其寧。」此「羣生」謂「萬物」。又姦劫弒臣篇：「故其治國也，正明法，陳嚴刑，將以救羣生之亂，去天下之禍。」此「羣生」謂「百姓」。淮南子主術篇：「是故人君者，上因天時，中盡地財，下用人力，是以羣生遂長，五穀蕃殖。」「羣生」亦謂「萬物」。此文「羣生」，兼有「百姓」「萬物」二義。淮南子原道篇：「呴諭覆育萬物羣生。」禮記樂記作「煦嫗覆育萬物」。蓋單言之曰「萬物」，重言之則曰「萬物羣生」也。明初本「育」誤作「囿」。

〔七九〕沈延銓本「睦」作「穆」。

〔八〇〕漢太常、郎中令、中大夫令、太僕、大理、大行令、宗正、大司農、少府爲正九卿，中尉、主爵都尉、内史列於九卿。見漢書百官公卿表。

〔八一〕沈延銓本「説」作「悦」。

〔八二〕吕氏春秋自知篇：「魏文侯燕飲，皆令諸大夫論己。或言君之智也。至於任座，任座曰：『君不肖君也。得中山不以封君之弟，而以封君之子，是以知君之不肖也。』文侯不説，知於顏色。任座趨而出。

次及翟黄，翟黄曰：『君賢君也。臣聞其主賢者，其臣之言直。今者，任座之言直，以是知君之賢也。』文侯喜曰：『可反歟？』翟黄對曰：『奚爲不可？臣聞忠臣畢其忠，而不敢遠其死，任座殆尚在於門。』翟黄往視之，任座在於門，以君令召之。任座入，文侯下階而迎之，終座以爲上客。」又見新序雜事一，二人事互易。漢書古今人表也作「任座」，師古曰：「『座』音才戈反。」據此，則字當作「痤」，與戰國策魏策的公叔痤、范痤字同。鬼谷子摩篇：「正，直也。」

〔八三〕史記袁盎傳：「絳侯爲丞相，朝罷趨出，意得甚。上禮之恭，常自送之。袁盎進曰：『陛下以丞相何如人？』上曰：『社稷臣。』盎曰：『絳侯所謂功臣，非社稷臣。社稷臣，主在與在，主亡與亡。方吕后時，諸吕用事，擅相王，劉氏不絶如帶。是時，絳侯爲太尉，主兵柄，弗能正。吕后崩，大臣相與共畔諸吕，太尉主兵，適會其成功。所謂功臣，非社稷臣。丞相如有驕主色，陛下謙讓，臣主失禮，竊爲陛下不取也。』後朝，上益莊，丞相益畏。」

〔八四〕孫詒讓曰：「『巷言面違』義難通，疑當作『善言庸違』。堯典：『静言庸違。』史記五帝本紀『静言』作『善言』。蓋漢時今文家説如此。次公引書多從今文也。『善』與『巷』草書相近，傳寫誤『善』作『巷』，校者不憭，又改『庸違』作『面違』，遂不可通耳。」黄季剛曰：「『面違』當云『面從』。」郭沫若曰：「『違』與『韙』通，猶言面諛腹誹。」器案：「巷言」不誤。陸賈新語至德篇：「君子之爲治也，塊然若無事，寂然若無聲，官府若無吏，亭落若無民，閭里不訟於巷，老幼不愁於亭，近者無所議，遠者無所聽。」史記始皇本紀三十四年，李斯議燒詩、書百家語云：「入則心非，出則巷議。」漢書藝文志：「小説家者流，蓋出於稗官，街談巷語、道聽塗説者之所造也。」如淳曰：「王者欲知閭巷風俗，故立稗官，使稱説之。」這些「巷訟」、「巷講」、「巷語」，當和這裏的「巷言」義同，即本書未通篇之所謂「庶人議」也。這裏的「鄙人不能巷言面違」，是説我們既不能在閭巷人民中議論執政的是非，又不能當着公卿的面「犯顔以匡公卿之失」。

〔八五〕「方今入穀之教令」，原作「方今人主穀（明初本、華氏活字本「穀」作「用」。）之教令」，張之象本「方今入主穀之」句注云：「穀，禄也。」王先謙曰：「『穀』當爲『𣪊』，『𣪊』亦『張』也。『施』與『弛』同。『𣪊之教令』句，『張而不弛』句，謂鹽鐵法令不改也。」黄季剛曰：「『人主穀』當作『入穀』，食貨志：『始令吏得入穀補官，郎至六百石。』」案黄説是，本書復古篇亦有「入穀射官」之文，今據校正。

〔八六〕「商工」即上文「非工商不得食於利末」之「工商」，非謂工與商。

〔八七〕文選盧諶贈劉琨詩：「下塞民望。」李善注：「塞，滿也。」

〔八八〕這是詩經大雅文王文，毛傳：「濟濟，多威儀也。」

殊路*第二十一

大夫曰：「七十子躬受聖人之術，有名列於孔子之門，皆諸侯卿相之才，可南面〔一〕者數人云〔二〕。政事者冉有、季路，言語宰我、子貢〔三〕。宰我秉事〔四〕，有寵於齊，田常作難，道不行，身死庭中，簡公殺於檀臺〔五〕。子路仕衛，孔悝作亂，不能救君出亡，身菹於衛；子貢、子皐遁逃，不能死其難〔六〕。食人之重禄不能更〔七〕，處人尊官不能存，何其厚於己而薄於君哉？同門共業，自以爲知古今之義，明君臣之禮。或死或亡，二三子[八]殊路，何道之悖也！」

文學曰：「宋殤公[九]知孔父之賢而不早任，故身死。魯莊知季有[一〇]之賢，授之政晚而國亂[一一]。衛君近佞遠賢，子路居蒲[一二]，孔悝爲政。簡公不聽宰我而漏其謀。是以二君身被放殺，而禍及忠臣。二子者有事而不與其謀，故可以死，可以生，去止其義一也。晏嬰不死崔、慶之難[一三]，不可謂不義；微子去殷之亂，可謂不仁乎[一四]？」

大夫曰：「至美素璞，物[一五]莫能飾也。至賢保真，僞文莫能增也。故金玉不琢[一六]，美珠不畫[一七]。今仲由、冉求無檀柘之材，隋、和[一八]之璞，而强文之，譬若雕朽木[一九]而礪鈆刀[二〇]，飾嫫母[二一]畫土人也[二二]。被以五色，斐然成章[二三]，及遭行潦[二四]流波，則沮矣。夫重懷古道，枕籍詩、書，危不能安，亂不能治，郵里[二五]逐雞，雞亦無黨也[二六]？」

文學曰：「非學無以治身，非禮無以輔德。和氏之璞，天下之美寶也，待礛諸[二七]之工而後明。毛嬙，天下之姣人也[二八]，待香澤脂粉而後容[二九]。周公，天下之至聖[三〇]人也，待賢師學問而後通[三一]。今齊世庸士之人[三二]，不好學問，專以己之愚而荷負臣任[三三]，若無檝舳，濟江海而遭大風，漂没於百仞之淵，東流無崖[三四]之川，安得沮而止乎？」

大夫曰：「性有剛柔，形有好惡，聖人能因而不能改。孔子外變二三子之服，而不能革其心。故子路解長劍，去危冠，屈節於夫子之門〔三五〕，然攝齊〔三六〕師友，行行〔三七〕爾，鄙心〔三八〕猶存。宰予晝寢〔三九〕，欲損三年之喪〔四〇〕。孔子曰：『糞土之牆，不可杇也』，『若由不得其死然〔四一〕』。故內無其質〔四二〕而外學其文，雖有賢師良友，若畫脂鏤冰〔四三〕，費日損功。故良師不能飾戚施〔四四〕，香澤不能化嫫母也〔四五〕。」

文學曰：「西子〔四六〕蒙以不潔，鄙夫掩鼻；惡人盛飾，可以宗祀上帝。使二人不涉聖人之門，不免爲窮夫，安得卿大夫之名？故砥所以致於刃〔四七〕，學所以盡其才也。孔子曰：『觚不觚，觚哉，觚哉〔四八〕！』故人事〔四九〕加則爲宗廟器〔五〇〕，否則斯養〔五一〕之爨材〔五二〕。干、越〔五三〕之鋌不厲〔五四〕，匹夫賤之；工人施巧，人主服〔五五〕而朝也。夫醜者自以爲姣，故飾〔五六〕；愚者自以爲知，故不學。觀笑〔五七〕在己而不自知，不好用人，自是之過也。」

＊　這篇主要內容是關於宰我、子路之死的討論。「殊路」就是不同的道路的意思。後雜論篇：「意指殊路。」史記禮書：「殊路而同歸。」漢書武帝紀：「元朔六年詔：『所繇殊路。』元狩六年詔：『百姓所安殊路。』」又董仲舒傳：「廉恥殊路。」又司馬遷傳：「趣舍異路。」則此爲當時習用語。田常是春秋末期新興地主階級代表，他適應封建勢力發展的需要，在齊國推行了一系列革新措施。左傳昭公三年記晏子答叔向一段話，他說：「此季世也，吾弗知，齊其爲陳氏矣。公棄其民，而歸於陳氏。

齊舊四量，豆、區、釜、鍾，四升爲豆，各自其四，以登於釜，釜十則鍾。陳氏三量，皆登一焉，鍾乃大矣；以家量貸而以公量之。山木如市，弗加於山。魚、鹽、蜃蛤，弗加於海。民參其力，二入於公，公聚朽蠹，而三老凍餒。國之諸市，屨賤踊貴。民人痛疾，而或燠休之，其愛之如父母，而歸之如流水，欲無獲民，將焉辟之？」由於田常採取了這些符合人民願望的措施，贏得了齊國人民的擁護，終於在公元前四八一年殺了齊簡公，掌握了齊國的政權，這是齊國新興地主階級向奴隸主貴族奪權的行動，在當時是進步的，符合歷史發展的。在這次鬬爭中，孔丘弟子宰我（即宰予）參加了反對田常奪權的鬬爭，最終被田常殺掉了。

關於田常殺宰我事，韓非子難言篇寫道：「宰予不免於田常。」李斯上二世書寫道：「田常爲簡公臣，爵列無敵於國，私家之富，與公家均，布惠施德，下得百姓，陰取齊國，殺宰予於庭，即弒簡公於朝，遂有齊國，此天下所明知也。」（史記李斯傳）呂氏春秋慎勢篇寫道：「陳成常果攻宰予於庭中，而弒簡公於朝。」高誘注：「宰予字子我。」淮南人間篇寫道：「陳成常果攻宰予於庭中，而弒簡公於朝。」許慎注：「宰予，孔子弟子，仕於齊。」史記仲尼弟子列傳寫道：「宰我爲臨菑大夫，與田常作亂，以夷其族，孔子恥之。」説苑正諫篇寫道：「田常果攻宰予於庭，賊簡公於朝。」這些，都和本書相合。由於當時夥同一道反對田常的，還有一個監止，（又作闞止，據説也字子我，但找不出字義上「止」與「我」有何關係。）所以史記田敬仲完世家把二人分别得很清楚，寫道：「子我者，監止之宗人也。」又寫道：「田氏之徒追殺子我及監止。」則宰予參加這次反革新活動，是爲了維護奴隸主政權、反對新興地主階級勢力，也是無可懷疑的。然而晚出的「古文春秋左氏傳」，即當時公認爲「左氏不傳春秋」（俱見漢書楚元王傳附劉向傳）的左傳昭公十四年，却把此事全算在闞止賬上，把宰予撇開，想把孔丘認爲可恥的事情一筆抹煞，妄圖以一手掩蓋天下耳目。於是，後來司馬貞在爲弟子傳作索隱時，遂據此獻疑，認爲：「按左氏傳，無宰我與田常作亂之文，然有闞止字子我，而因争寵，遂爲陳恒所殺，恐字與宰予相涉，因誤云然。」自從司馬貞造爲此説，一犬吠影，百犬吠聲，强聒不休，真如桑弘羊所説的「季夏之蛙」一樣，像雲谷雜記一、容齋續筆十五、困學紀聞十一、劉貴陽經説殘稿、陔餘叢考五、過庭録九都紛紛爲孔門鳴寃叫屈。但許多確鑿可憑的材料，如韓非、李斯諸人，吕氏、淮南、史記、説苑諸書，尤其是出自儒生、公羊學家桓寬所整理的本書，都異口同聲地説是孔丘的弟子宰予，不是比左傳的單文孤證更爲可靠嗎？

這一重大政治事件的發生，簡公、宰我都死了，孔丘「沐浴而朝，告於哀公曰：『陳恒弑其君，請討之。』公曰：『告夫三子。』孔子曰：『以吾從大夫之後，不敢不告也。君曰告夫三子者！』之三子告，不可。孔子曰：『以吾從大夫之後，不敢不告也』」。左傳昭公十四年也記載了這事：「齊陳恒弑其君壬於舒州。孔丘三日齊而請伐齊三，公曰：『魯爲齊弱久矣，子之伐之將若之何？』對曰：『陳恒弑其君，民之不與者半，以魯之衆，加齊之半，可克也。』公曰：『子告季孫。』孔子辭退而告人曰：『吾以從大夫之後也，故不敢不言。』」孔丘的這種做法，遭到了魯國三家新興地主階級的抵制。公元前四八〇年，蒯聵勾結衛國大夫孔悝，把衛出公驅逐出國而自立爲國君，衛國奴隸主階級内部出現了一片混亂局面。這時，子路正在做孔悝的邑宰。子路是一個「暴虎馮河，死而無悔」的一介勇夫，參加了這次奴隸主階級的内訌，結果被人剁成肉泥，做成肉醬，成了奴隸制度的殉葬品。無論宰我也好，子路也好，一個反對田常奪權，一個參加衛國内訌，他們的死，殊路而同歸，都是爲維護和復辟奴隸制而賣命。

〔一〕論語雍也篇：「子曰：『雍也可使南面。』」集解：「苞氏曰：『可使南面者，言任諸侯，可使治國政也。』」吕氏春秋士容篇：「士……南面稱寡，而不以侈大。」高誘注：「南面，君位也；孤，寡，謙稱也。

士之如此者，使即南面之君，亦處義而已，不以奢侈廣大也。」大戴禮記子張問入官篇：「三君子南面臨官。」史記樗里子傳：「請必言子於衛君，使子爲南面。」説苑修文篇：「孔子言雍也可使南面，南面者，天子也。」

〔二〕正嘉本、太玄書室本、張之象本、沈延銓本、金蟠本「云」作「可」，屬下爲句。盧文弨曰：「當作『可』。」器案：作「云」是，「云」者，語助詞。韓非子外儲説左上：「如是羹且美，錢布且易云也。」史記封禪書用「云」字作語助詞者，無慮十餘處，如「其詳不可得而記聞云」，「其牲用駵駒、黄牛、羝羊各一云」，「諸神祠皆聚云」，「文公獲若石云」，「其聲殷云」，用法與此正同。

〔三〕論語先進篇：「子曰：『從我於陳、蔡者，皆不及門也。德行：顔淵、閔子騫、冉伯牛、仲弓。言語：宰我、子貢。政事：冉有、季路。文學：子游、子夏。』」

〔四〕盧文弨曰：「誤以闞止爲宰予。」案盧説不可據，説已詳解題。

〔五〕史記田敬仲完世家正義：「檀臺，在青州臨淄縣東北一里。」

〔六〕張之象注曰：「檀弓曰：『孔子哭子路於中庭，有人弔者，而夫子拜之，既哭，進使者而問故。使者曰：醢之矣。遂命覆醢。』盗跖（莊子盗跖篇）曰：『子以甘言説子路，而使從之，使子路去其危冠，解其長劍，而受教於子，天下皆曰孔丘能止暴禁非，其卒之也，子路欲殺衛君而事不成，是子教之不至也。』至公篇（説苑）曰：『子羔爲衛政，刖人之足。衛之君臣亂，子羔走郭門，郭門閉，刖者守門，曰：於彼有缺。子羔曰：君子不踰。曰：於彼有竇。子羔曰：君子不遂。曰：於此有室。子羔入，追者罷。子羔將去，謂刖者曰：吾不能虧損主之法令，而親刖子之足；吾在難中，此乃子之報怨時也，何故逃我？刖者曰：『斷足固我罪也，無可奈何。君之治臣也，傾側法令，先後臣以法，欲臣之免於法也，臣知之；獄決罪定，臨當論刑，君愀然不樂，見於顔色，臣又知之；君豈私臣哉？天生仁人之心，其固然也。此臣之所以脱君也。』孔子聞之曰：『善爲吏者樹德，不善爲吏者樹怨，公行之也。其子羔之謂歟！』」案此事又見韓非子外儲説左下、家語致思篇。

〔七〕盧文弨曰：「『更』，償也，與庚同。」

〔八〕二三子，猶如説你們或他們。論語述而篇：「二三子以我爲隱乎？」又子罕篇：「無寧死於二三子之手乎！」又先進篇：「非我也，夫二三子也。」孟子梁惠王下：「二三子何患乎無君。」左傳昭公三年：「二三子先卜鄰矣，違卜不祥。」文選曹子建贈丁翼詩：「吾與二三子，曲宴此城隅。」又陸士衡贈馮文羆詩：「昔與二三子，遊息承華南。」又江文通雜體詩：「眷我二三子，辭義麗金雘。」這裏用爲他們的意思。

〔九〕「殤」原作「襄」，今據盧文弨、張敦仁説校改。盧氏拾補作「殤」，云：「『襄』譌。」張云：「『襄』當作『殤』，下句『魯莊知季有之賢』，『有』當作『子』，此見於公羊桓二年傳何休注，而次公稱之者，必舊説也。公羊季子（閔元年）、季友（僖十六年）一人而異義，故此必云『季子』，不知者改『子』爲『友』，因譌成『有』字。」（拾補作「友」字，非。）案：公羊桓公二年何休注：「傳道此者，明殤公知孔父賢，而不能用，故致此禍；設使殤公不知孔父賢，焉知孔父死已必死？設使魯莊公不知季子賢，焉知以病召之？皆患安存之時則輕廢之，急然後思之，故常用不免。」

〔一〇〕盧文弨「有」改「友」，云：「『有』譌。」楊沂孫曰：「『有』當作『友』。」器案：太玄書室本、張之象本、沈延銓本、金蟠本作「友」，「有」「友」古通。論語學而篇「有朋」釋文云：「『有』或作『友』。」荀子大略篇楊注：「『友』與『有』同。」

〔一二〕張之象注：「説苑尊賢篇曰：『國家之任賢而吉，任不肖而凶，案往世而視已事，其必然也如合符，此爲人君者不可以不慎也。國家惛亂而良臣見。魯國大亂，季有之賢見。僖公即位而任季子，魯國安寧，外内無憂，行政二十一年，季子之卒，後邾擊其南，齊伐其北，魯不勝其患，將乞師於楚以取全耳。故傳曰：患之起，必自此始也。公子買不可使成，衛公遂不聽君命而擅之，晉内侵於臣下，外困於兵亂，弱之患也。僖公之性，非前二十一年常賢，而後乃漸變爲不肖也。此季子存之所益，亡之所損也。夫得賢失賢，其損益之驗如此，而人主急於所用，甚可疾痛也。夫智不足以見賢，無可奈何矣。若智能見之，而强不能決，猶豫不用，而大者死亡，小者亂傾，此甚可悲哀也。以宋殤公而不知孔父之賢乎？安知孔父死已必死，趨而救之？趨而救之者，是知其賢也。以魯莊公不知季子之賢乎？安知疾將死，召季子而授之國政？授之國政者，是知其賢也。此二君知能見賢，而皆不能用，故宋殤公以殺死，魯莊公以賊嗣。使宋殤公蚤任孔父，將靖鄰國，而況自存乎？』」器案：春秋繁露精華篇：「是故任非其人而國家不傾者，自古至今，未嘗聞也。故吾按春秋而觀成敗，乃切悁悁於前世之興亡也。任賢臣者，國家之興也。夫知不足以知賢，無可奈何矣。知者不能任，大者以死亡，小者以亂危，其若是何耶？以莊公不知季子賢耶？安知病將死召而授以國政？以殤公爲不知孔父賢耶？安知孔父死已必死，趨而救之？二主知皆足以知賢，而不決不能任，故魯莊以危，宋殤以弑。使莊公早用季子、而宋殤素任孔父，尚將興鄰國，豈直弑哉？此吾所悁悁而悲者也。」春秋繁露此文，就是本書及何休公羊傳注所本，説苑也是用的董仲舒説。

〔一三〕史記仲尼弟子傳：「子路爲蒲大夫。」索隱：「蒲，衛邑，子路爲之宰也。」

〔一三〕淮南子精神篇：「晏子與崔杼盟，臨死地而不易其義。」高誘注：「晏子名嬰，字平仲，齊大夫也，崔杼殺齊莊公，盟諸侯曰：『不唯崔、慶是從者，如此盟。』晏子曰：『嬰所不唯忠於君，而利社稷者是從，亦如之。』故曰『臨死地而不易其義』者也。」事詳左傳襄公二十五年。

〔一四〕論語微子篇：「微子去之，箕子爲之奴，比干諫而死。孔子曰：『殷有三仁焉。』」

〔一五〕楊沂孫曰：「『物』上當有『僞』字。」

〔一六〕張敦仁曰：「『金』當作『全』，全玉者，考工記玉人所謂『天子用全』者也。禮器、郊特牲皆云：『大圭不琢。』鄭注皆云：『琢當爲篆。』鄭意以爲即典瑞瑑圭璋璧琮之『瑑』，『篆』『瑑』同字也。或當次公時禮家有如字說之者。拾補云：『當作瑑。』未是。」器案：漢書董仲舒傳：「良玉不瑑。」師古曰：「瑑謂雕刻爲文也。」楊子法言寡見篇：「良玉不彫，美言不文。」疑此文「金玉」當作「良玉」，此概舉玉之良者言之，不限於天子所用之「全玉」也。

〔一七〕楊沂孫曰：「『珠』當作『姝』。」張之象注曰：「『畫』音與『壞』同。反質篇曰：『孔子卦得賁，喟然仰而嘆息，意不平。子張進，舉手而問曰：師聞賁者吉卦，而歎之乎？孔子曰：賁非正色也，是以歎之。吾思也，質素白當正白，黑當正黑，文質又何？吾亦聞之，丹漆不文，白玉不雕，寶珠不飾，何也？質有餘者，不受飾也。』」器案：楊說非。淮南子說林篇：「白玉不琢，美珠不文，質有餘也。」高誘注：「性自然，不復飾。」此與說苑反質篇俱作「珠」，「不畫」即「不飾」、「不文」之意。

〔一八〕漢書司馬遷傳：「材懷隨、和。」師古曰：「隨侯，珠也。和氏，璧也。」楚辭王褒九懷：「瓦礫進寶兮，損棄隨、和。」洪興祖補注：「隨侯之珠，和氏之璧。」「隋」即「隨」，隋時省「隨」作「隋」，所謂「惡『走』省

『隨』」是也。

〔一九〕論語公冶長篇：「宰予晝寢。子曰：『朽木不可雕也，糞土之牆不可杇也。』」

〔二〇〕韓詩外傳七：「鈆刀畜之，而干將用之。」史記賈生傳：「鉛刀爲銛。」索隱：「鉛，錫也。」楚辭東方朔七諫：「鈆刀進御兮，遥棄太阿。」王逸注：「鈆音沿，青金也。」王褒九諫：「鈆刀御兮，頓棄太阿。」漢書叙傳：「答賓戲：『鈆刀皆能一斷。』」

〔二一〕荀子賦篇：「嫫母、力父，是之喜也。」楊注：「嫫母，醜女，黄帝時人。」吕氏春秋遇合篇：「嫫母執乎黄帝。黄帝曰：『屬女德而弗忘，與女正而弗衰，雖惡奚傷。』」高誘注：「惡，醜也。」

〔二二〕莊子田子方篇：「吾所學者直土梗耳。」釋文引司馬云：「土梗，土人也。」案土人即土偶。

〔二三〕論語公冶長篇：「吾黨之小子狂簡，斐然成章。」

〔二四〕左傳隱公三年：「潢汙行潦之水。」正義引服虔曰：「行潦，道路之水。」

〔二五〕續漢書百官志五注引漢官儀：「五里一郵，郵間相去二里半。」

〔二六〕「雞」原作「難」，楊沂孫曰：「『難』當作『誰』。」黄季剛曰：「疑當作『鄰里逐雞，雞亦無黨也』」。連雞不能俱棲，（案見戰國策秦策上。）明無黨矣。」器案：「郵」字不必改。黄改「難」爲「雞」，可從。釋「黨」爲「朋黨」之「黨」，則未確。「連雞不能俱棲」之説，見戰國策秦策上，引此爲喻，與上文文意不屬。此處「黨」字，仍是「里黨」、「鄉黨」之「黨」，這裏是説，郵里之間之雞，雖被人亂逐，亦能各識其家而競入也。是以「逐雞」取譬「御民」。荀悦申鑒政體篇：「睹孺子之驅雞也，而見御民之方。孺子驅雞者，急則驚，緩則滯，方其北也，遽要之則折而過南，方其南也，遽要之則折而過北，迫則飛，疎則放，志閑則比之，流緩而不安則食之，不驅之驅，驅之至者也，志安則循路而入路。」蓋漢時談「御民」之術，自有「驅雞」之喻，故前則桑弘羊，後則荀悦，都得據以爲言也。

〔二七〕「礛諸」原作「鑑識」，今據張敦仁説校改。張云：「『鑑識』當作『礛諸』，淮南子説山訓：『玉待礛諸而成器。』説林訓：『璧瑗成器，礛諸之功。』此語出於彼。説文作『厱』，云：『厱諸，治玉石也，讀若藍。』廣雅釋器云：『礛儲，礪也。』『礛』、『厱』、『儲』同字。」

〔二八〕王先謙曰：「莊子齊物論：『麗姬、毛嬙。』成玄英疏：『毛嬙，越王嬖妾。』」案詩陳風月出篇：「佼人僚兮。」釋文：「『佼』字又作『姣』。」説文女部、文選思玄賦注俱云：「姣，好也。」

〔二九〕王先謙曰：「北堂書鈔儀飾部引『香澤脂粉』作『脂粉香澤』。」器案：韓非子顯學篇：「故善毛嬙、西施之美，無益吾面，用脂澤粉黛，則倍其初。」此文本之。

〔三〇〕史記孔子世家太史公曰：「自天子王侯，中國言六藝者，折中於夫子，可謂至聖矣。」漢書杜欽傳：「周公身有至聖之德。」

〔三一〕韓詩外傳五：「周公學乎虢叔。」新序雜事五：「周公學乎太公。」

〔三二〕後遵道篇有「庸人」，與此「齊世庸士之人」義同。文選魏都賦注：「庸謂凡常無奇異也。」

〔三三〕張之象本、沈延銓本、金蟠本「荷負」作「負荷」。文選東京賦注：「荷，負也。」

〔三四〕「崖」通作「涯」。詩經小雅北山釋文：「『涯』本作『崖』。」左傳成公十四年釋文：「『涯』本作『崖』。」爾雅釋丘釋文：「『崖』本作『涯』。」太玄書室本作「涯」。

〔三五〕張之象注曰：「仲尼弟子列傳曰：『子路性鄙，好勇力，志伉直，冠雄雞，佩豭豚，陵暴孔子。孔子設禮，稍誘子路。子路後儒服委質，因門人請爲弟子。』建本篇（說苑）曰：『孔子謂子路曰：汝何好？子路曰：好長劍。孔子曰：非此之問也。請以汝之所能，加之以學，豈可及哉！子路曰：學亦有益乎？孔子曰：夫人君無諫臣則失政，士無教交則失德，狂馬不釋其策，操弓不返於檠，木受繩則直，人受諫則聖，受學重問，孰不順成，毀仁惡士，且近於刑，君子不可以不學。子路：南山有竹，弗揉自直，斬而射之，通於犀革，又何學爲乎？孔子曰：括而羽之，鏃而砥礪之，其入不益深乎？子路拜曰：敬受教哉！』貴德篇（說苑）曰：『子路持劍，孔子問曰：由安用此乎？子路曰：善古者，固以善之；不善古者，固以自衞。孔子曰：君子以忠爲質，以仁爲衞，不出環堵之内，而聞千里之外，不善以忠化，冠暴以仁圍，何必持劍乎？子路曰：由也請攝齊以事先生矣。』」案張注所引建本篇文，又見家語子路初見篇；所引貴德篇文，又見家語好生篇。

〔三六〕論語鄉黨篇：「攝齊升堂。」集解：「孔安國曰：『衣下曰齊。』」皇侃義疏：「裳下縫也。」

〔三七〕論語先進篇：「子路行行如也，……曰：『若由也不得其死然。』」集解：「鄭玄曰：『行行，剛强之貌也。』」

〔三八〕「鄙心」猶言小人之心。吕氏春秋尊師篇：「子張，魯之鄙家也。」「鄙家」即「鄙人」。淮南子修務篇高注：「鄙人，小人也。」

〔三九〕論語公冶長篇：「宰予晝寢，子曰：『朽木，不可雕也，糞土之牆，不可杇也，於予與何誅！』」

〔四〇〕論語陽貨篇：「宰我問：『三年之喪，期已久矣，君子三年不爲禮，禮必壞，三年不爲樂，樂必崩。舊穀既没，新穀既升，鑽燧改火，期可已矣。』子曰：『食夫稻，衣夫錦，於女安乎？』曰：『安！』『女安，則爲之。夫君子之居喪，食旨不甘，聞樂不樂，居處不安，故不爲也。今女安，則爲之。』宰我出。子曰：『予之不仁也。子生三年，然後免於父母之懷。夫三年之喪，天下之通喪也；予也有三年之愛於其父母乎？』」

〔四一〕論語先進篇「由」下有「也」字，本書訟賢篇用這句話，也沒有「也」字。案左傳僖公二十八年：「是糞土也。」國語周語下：「蕩以爲魁陵糞土溝瀆。」俱以糞土連文。本草土部黄土條陳藏器曰：「張司空言：『三尺以上曰糞土，三尺以下曰土。』」

〔四二〕王先謙曰：「御覽五百八十五文部引『質』作『實』。」案御覽五八四引也作「實」。但是法苑珠林六七、書鈔八三、一三五、御覽六〇七引都作「質」，「質」字是對的，「質」「文」對言，這是古今常語，不必從後引作「實」。

〔四三〕意林、太平御覽卷六十八引桓譚新論：「畫水鏤冰，與時消釋。」

〔四四〕法苑珠林引「戚施」作「西施」，涉下文而誤。「戚施」注見非鞅篇注〔六三〕。

〔四五〕法苑珠林引「化」作「加」。淮南子修務篇：「啳睽哆噅，籧蒢戚施，雖粉白黛黑，弗能爲美者，嫫母、仳倠也。」高誘注：「嫫母、仳倠，古之醜女。」

〔四六〕「曰西子」三字原無，今補。正嘉本、攖寧齋鈔本、倪邦彦本、太玄書室本、張之象本、沈延銓本、金蟠本、楊沂孫校本「文學」下有「曰」字。仔細研究這裏的文勢，上文是大夫之言，這裏是文學之言，應該是有「曰」字。「蒙」上的「西子」二字，據孟子離婁下：「孟子曰：『西子蒙不潔，則人皆掩鼻而過之；雖有惡人，齋戒沐浴，則可以祀上帝。』」這裏正用孟子之文，應當有「西子」二字。法苑珠林引上文「戚施」

作「西施」，當緣此而誤。御覽六〇七引韓子：「加脂粉則膜母進御，蒙不潔則西施棄野，學之爲脂粉亦厚矣。」金樓子立言下：「加脂粉則宿瘤進，蒙不潔則西施屏。」都説「西子蒙不潔」，今據訂補。

〔四七〕尚書禹貢正義引鄭玄注云：「礪，磨刀刃石也，精者曰砥。」

〔四八〕這是論語雍也篇文。

〔四九〕「人事」原作「事人」，今從張敦仁説乙正。太玄書室本此句作「士加琢則爲宗廟器」。

〔五〇〕論語公冶長篇：「子貢問曰：『賜也何如？』子曰：『汝器也。』曰：『何器也？』曰：『瑚璉也。』」集解：「苞氏曰：『瑚璉者，黍稷器也，夏曰瑚，殷曰璉，周曰簠簋，宗廟器之貴者也。』」

〔五一〕太玄書室本、張之象本、沈延銓本、金蟠本「斯」作「廝」。「斯」「廝」古通。

〔五二〕「爨材」原作「疊才」，今據孫詒讓説校改。孫云：「案此釋論語雍也篇義。蓋亦以觚爲爵，與馬融説同。（集解馬曰：「觚，禮器，一升曰爵，二升曰觚。」）『斯養』即『廝養』；『斯』『廝』古今字，哀二年左傳：『去斯役。』釋文云：『斯本作廝。』『疊才』當作『爨材』，俗書『爨』或作『㸑』，（見唐秋日宴石淙序。）『㸑』或作『爂』，（見魏大饗碑，「疊」亦「㸑」之俗體。）形近而誤。蓋觚以木爲之，（考工記：「梓人爲飲器，觚三升。」）言木加以人事刻鏤，則爲觚，薦之宗廟；否則爲棄材，斯養取以爲薪給爨烹而已。（史記張耳陳餘傳集解引韋昭云：「析薪爲廝，炊烹爲養。」故云廝養之爨材。）此蓋西漢論語經師古義，與何氏集解及皇侃義疏引王肅等説並微異。」

〔五三〕張之象本、沈延銓本、金蟠本「干」誤「于」。尸子勸學篇：「昆吾之金，而銖父之錫，使干、越之工鑄之以爲劍。」荀子勸學篇：「干、越、夷、貉之子。」楊注：「干、越猶言吴越，吕氏春秋：『荆有次非，得寶劍於干、越。』高誘曰：『吴邑也。』」莊子刻意篇：「干、越之劍。」司馬彪曰：「干，吴也。」戰國策趙策：「吴干之劍。」説者謂干即「邗溝」之邗也。

〔五四〕張之象本、沈延銓本、金蟠本「厲」作「礪」。

〔五五〕古代管帶劍叫做「服」。周禮考工記，桃氏爲劍，分上中下三制：「上制，上士服之；中制，中士服之；下制，下士服之。」鄭玄注：「人各以其形貌大小帶之。」史記李斯傳：「陛下服太阿之劍。」吕氏春秋順民篇：「服劍臂刃。」高注：「服，帶。」淮南子修務篇：「苗山之鋋，羊頭之銷，雖水斷龍舟，陸剸兕甲，莫之服帶。」又：「服劍者期於銛利。」又説山篇：「稱以楚頃襄王劍，則貴人争帶之。」高誘注：「託之爲楚頃襄王之所服，故貴人慕而争帶之。」大戴禮記武王踐阼篇劍銘曰：「帶之以爲服。」李尤寶劍銘：「縉紳咸服，翼宣儀刑。」吴越春秋闔廬内傳：「服此劍可以折衝伐敵。」列子湯問篇：「其祖得殷帝之寶劍，一童子服之，却三軍之衆。」張協七命：「楚之陽劍，歐冶所營，……此蓋希世之神兵，子豈能從我而服之乎？」晉書張華傳：「焕曰：『本朝將亂，張公當受其禍，此劍當係徐君墓樹耳，靈異之物，終當化去，不永爲人服也。』」陶弘景刀劍録於漢高帝斬蛇劍、漢平帝衎劍、漢光武秀霸劍、魏武帝孟德劍、齊王芳劍、劉備劍、梁武帝劍，俱用服字，都管帶劍叫做服。

〔五六〕張之象本、沈延銓本、金蟠本「飾」上有「不」字。

〔五七〕司馬遷報任安書：「重爲天下觀笑。」顔師古注：「觀視之而笑也。」明初本「笑」作「醜」。

訟賢*第二十二

大夫曰：「剛者折，柔者卷〔一〕。故季由以强梁死〔二〕，宰我以柔弱殺。使二子不學，未必不得其死。何者？矜己而伐能，小知而巨牧〔三〕，欲人之從己，不能以己〔四〕從人，莫視而自見，莫賈而自貴，此其所以身殺死而終菹醢〔五〕也。未見其爲宗廟器〔六〕，覩其爲世戮也。當此之時，東流亦安之乎〔七〕？」

文學曰：「騏驥之輓鹽車〔八〕，垂頭於太行之坂〔九〕，屠者持刀而睨之。太公之窮困，負販於朝歌也，蓬頭相聚而笑之。當此之時，非無遠筋〔一〇〕駿才也，非文王、伯樂莫知之〔一一〕賈也。子路、宰我生不逢伯樂之舉，而遇狂屠，故君子傷之。若『由不得其死然』，『天其祝予〔一二〕』矣。孔父累華督之難〔一三〕，不可謂不義。仇牧涉宋萬之禍〔一四〕，不可謂不賢也。」

大夫曰：「今之學者，無太公之能，騏驥之才，有以蜂蠆介毒而自害也〔一五〕。東海成顒〔一六〕、河東胡建〔一七〕是也。二子者以術蒙舉，起卒伍，爲縣令。獨非自是，無與合同。引之不來，推之不往〔一八〕，狂狷〔一九〕不遜，忮害不恭〔二〇〕，刻轢公主〔二一〕，侵陵大臣。知其不可而强行之，欲以干名。所由不軌，果没其身。未覩功業所至而見東觀〔二三〕之殃，身得重罪，不得以壽終。狡〔二三〕而以爲知，訐而以爲直，不遜以爲勇，其遭難，故〔二四〕亦宜也。」

文學曰：「二公懷精白〔二五〕之心，行忠正之道，直己以事上，竭力以徇公，奉法推理，不避强禦〔二六〕，不阿所親〔二七〕，不貴妻子之養，不顧私家之業。然卒不能免於嫉妬之人，爲衆枉所排也。其所以累不測〔二八〕之刑而功不遂也。夫公族不正則法令不行〔二九〕，股肱不正則姦邪興起。趙奢行之平原〔三〇〕，范雎行之穰侯〔三一〕，二國治而兩家全。故君過而臣正，上非而下譏，大臣正，縣令〔三二〕何有〔三三〕？不反〔三四〕諸己而行〔三五〕非於人，執政之大失也。夫屈原之沉淵，遭子椒〔三六〕之譖也；管子得行其道，鮑叔之力也〔三七〕。今不覩鮑叔之力，而見汨羅之禍，雖欲以壽終，無其〔三八〕能得乎？」

* 張敦仁曰：「目録『訟』作『頌』。」「頌」「訟」古通，史記吕后紀：「未敢訟言誅之。」索隱：「訟，誦說也。」漢書東方朔傳：「因自訟獨不得大官。」自訟就是自己稱頌自己。這篇是大夫與文學接着前篇「二三子殊路」問題，提出對於所謂賢者的評價。

文學以爲「子路、宰我生不逢伯樂之舉，而遇狂屠，故君子傷之。若『由不得其死然』，『天其祝予』矣」，認爲他們「卒不能免於嫉妬之人，爲衆枉所排也。其所以累不測之刑而功不遂也」。

大夫則認爲「二子不學，未必不得其死」。即是說，子路、宰我不接受孔丘的思想，就不一定成爲奴隸制的殉葬品。並進而指出「今之學者，……知其不可而强行之，……其遭難，故亦宜也」。

〔一〕淮南子氾論篇：「太剛則折，太柔則卷。」漢書雋不疑傳：「凡爲吏太剛則折，太柔則廢。」

〔二〕老子：「彊梁者不得其死。」

〔三〕「牧」原作「收」，義不可通，二字因形近而誤，詳園池篇注〔四〕，今改正。

〔四〕「已」下原有「之」字，姚範曰：「『之』字衍。」今據删。

〔五〕楚辭屈原九章涉江：「比干菹醢。」注：「『菹』一作『葅』。」文選答蘇武書：「韓彭葅醢。」注：「説文：『葅，肉醬也。』」禮記檀弓上：「夫子哭子路於中庭，有人弔者，而夫子拜之，既哭，進使者而問故，使者曰：『醢之矣。』」説文：「醢，肉醬也。」

〔六〕論語公冶長：「子貢曰：『賜也何如？』子曰：『汝器也。』曰：『何器也？』曰：『瑚璉也。』」集解：「苞氏曰：『瑚璉者，黍稷器也，夏曰瑚，殷曰璉，周曰簠簋，宗廟器之貴者也。』」

〔七〕盧文弨曰：「『東』疑『乘』，子路欲從浮海，故大夫云然。」張敦仁曰：「案拾補大誤。文學言『東流無崖之川』，故大夫云爾。『亦』者，亦前篇也。戰國趙策蘇秦説李兑章：『東流至海，氾濫無止。』文學之語出於彼。」

〔八〕「騏驥」原誤作「騏驎」，王先謙曰：「藝文類聚獸部、御覽八百九十七獸部、事類賦獸部引『驎』並作『驥』，『輓』並作『負』。案文學以騏驥、太公並論，故下文『大夫云：無太公之能，騏驥之才』，正與此言相抵，是此文作『騏驥』甚明，『驎』字誤。御覽八百二十八資産部亦作『驥』，『輓』字與此同。」器案：後漢書馬援傳注引「驎」作「驥」，太玄書室本、張之象本、沈延銓本、金蟠本、楊沂孫校本都作「驥」，本書利議篇也説：「梔驥鹽車。」今據改正。戰國策楚策：「汗明曰：『君亦聞驥乎？夫驥之齒至矣，服鹽車而上太行，蹄申膝折，尾湛胕潰，漉汁灑地，白汗交流，中阪遷延，負棘而不能上。伯樂遭之，下車攀而哭之，解紵衣以冪之。驥於是俛而噴，仰而鳴，聲達於天，若出金石者，何也？彼見伯樂之知己也。』」即此文所本。後漢書注引「輓」作「負」。

〔九〕「太行」下原無「之阪」二字，今補。王先謙曰：「案此文語意不了，『太行』下應有『之阪』二字。戰國楚策：『夫驥之齒至矣，服鹽車而上太行，蹄申膝折，尾湛胕潰，漉汁灑地，白汗交流，中阪遷延，負轅不能上。伯樂遭之，下車攀而哭之。』『阪』『坂』字同，謂山陂極峻者。驥至阪不能上，方始垂頭，非上太行即垂頭也。唐儲光羲詩：『峻阪悲騏驥。』李白詩：『鹽車上峻阪。』並用此語。藝文類聚獸部、御覽資産部、獸部、事類賦獸部引本書『太行』下並有『之阪』二字，此脱。」器案：後漢書注引「太行」下也有「之阪」二字，下尚有「見伯樂則噴而長鳴」八字，御覽八二八引亦有此八字。

〔一〇〕拾補作「筋」，云：「『筋』俗。」

〔一一〕盧文弨曰：「『之』猶『其』。或云：『知、之二字倒。』」

〔一二〕公羊傳哀公十四年：「顔淵死，子曰：『噫，天喪予！』子路死，子曰：『噫，天祝予！』」何休注：「祝，斷也。天生顔淵、子路，爲夫子輔佐，皆死者，天將亡夫子之證。」

〔一三〕張之象注：「左傳曰：『宋華父督見孔父之妻於路，目逆而送之，曰：美而艷。宋督攻孔氏，殺孔父死，取其妻。公怒，督懼，遂弑死公。君子以爲督有無君之心，然後動於惡，故史書弑其君。』春秋曰：『春王正月戊申，宋督弑其君與夷，及其大夫孔父。』公羊傳曰：『及者何？累也。弑君多矣，舍此無累者乎？曰：有，仇牧、荀息皆累也。舍仇牧、荀息無累者乎？曰：有。有則此何以書？賢也。何賢乎孔父？孔父可謂義形於色矣。其義形於色奈何？督將弒殤公，孔父生而存，則殤公不可得而弒也。故於是先攻孔父之家。殤公知孔父死，己必死，趨而救之，皆死焉。孔父正色而立於朝，則人莫敢過而致難於其君者，孔父可謂義形於色矣。』」器案：穀梁傳桓公二年范寧注：「累謂從也。」疏引麋信云：「累者，從也。」

〔一四〕公羊傳莊公十二年：「秋，八月甲午，宋萬弒其君捷。宋萬，宋之卑者也，卑者以國氏。及其大夫仇牧，以尊及卑也。仇牧，閑也。」何休注：「仇牧扞衛其君，故見殺也。」

〔一五〕黄季剛曰：「『也』當作『者』。」案文選補亡詩注：「介，助也。」太玄書室本「以」作「似」，古通。

〔一六〕張敦仁曰：「此云『成、胡』，箴石篇云：『則恐有盛、胡之累。』『成』『盛』同字而歧異。」成願待考。

〔一七〕漢書胡建傳：「胡建，字子孟，河東人也。……後爲渭城令，治甚有聲。值昭帝幼，皇后父上官將軍安與帝姊蓋主私夫丁外人相善，外人驕恣，怨故京兆尹樊福，使客射殺之，客藏公主廬，吏不敢捕。渭城令建將吏卒圍捕。蓋主聞之，與外人、上官將軍多從奴客往，犇射追吏。吏散走，主使僕射劾渭城令游徼傷主家奴。建報亡它坐。蓋主怒，使人上書告建侵辱長公主，射甲舍門，知吏賊傷奴，辟報，故不窮審。大將軍霍光寢其奏。後光病，上官氏代聽事，下吏捕建，建自殺。吏民稱冤。至今渭城立其祠。」

〔一八〕淮南子修務篇：「引之不來，推之不往。」史記汲黯傳：「招之不來，麾之不去。」

〔一九〕論語子路篇：「狂者進取，狷者有所不爲也。」集解：「苞氏曰：『狂者進取於善道，狷者守節無爲。』」

〔二〇〕淮南子齊俗篇：「今世之爲禮者，恭敬而忮。」許慎注：「忮，害也。」漢書匡衡傳：「或忮害，好陷人於罪。」又：「今之僞薄，忮害不讓極矣。」師古曰：「忮，堅也，謂酷害之心堅也。」又酷吏甯成傳：「汲黯爲忮。」師古曰：「忮，意堅也。」

〔二一〕漢書灌嬰傳：「轢轢宗室，侵犯骨肉。」師古曰：「轢轢，謂蹈踐之也。」文選孫子荆爲石仲容與孫皓書：「陵轢沙漠。」劉良曰：「陵，乘；轢，踐也。」説文車部：「轢，車所踐也。」

〔二二〕「東觀」，張之象本、沈延銓本、金蟠本作「兩觀」，張之象、金蟠注並引家語始誅篇孔子誅少正卯於兩觀之下爲説。案説苑指武篇：「孔子爲魯司寇，七日而誅少正卯於東觀之下。」淮南子氾論篇高誘注：「少正，官；卯，其名也；魯之諂人。孔子相魯，七日，誅之於東觀之下。」那麽，漢人説孔子誅少正卯事，自作「東觀」，家語晚出之書，不可信賴。説略本楊樹達。

〔二三〕張敦仁曰：「華本（明初本同。）『狡』改『絞』，張之象本（沈延銓本、金蟠本同。）改『徼』。案論語釋文云：『徼，古堯反；鄭本作絞，古卯反。』此蓋亦作『絞』，而在鄭前也。後雜論篇云：『直而不徼。』今論語皆作『絞』，然則『絞』、『徼』同字攷歧異歟？」案論語陽貨篇：「惡徼以爲知者，惡不孫以爲勇者，惡訐以爲直者。」即此文所本。

〔二四〕張之象本、沈延銓本、金蟠本「故」作「固」，古通，史記魯周公世家：「咨於固實。」集解：「徐廣曰：『固一作故。』」

〔二五〕漢書食貨志上注：「縞，皓素也，繒之精白者也。」又賈山傳：「天下之士，莫不精白以承休德。」師古曰：「厲精而爲潔白也。」楚辭九章：「精色内白。」王注：「其色精明，内懷潔白。以言賢者亦然，外有精明之貌，内有潔白之志。」急就篇顔師古注：「素謂絹之精白者。」

〔二六〕詩大雅烝民：「不畏彊禦。」後漢書陳蕃傳：「不畏彊禦陳仲舉。」彊禦，强梁禦善之人。

〔二七〕孟子公孫丑上：「汙不至阿其所好。」趙岐注釋「阿其所好」爲「阿私所愛」。

〔二八〕漢書司馬遷傳：「今少卿抱不測之罪。」師古曰：「不測謂深也。」文選注：「不測，謂生死不可知。」

〔二九〕詩周南麟趾：「麟之角，振振公族。」

〔三〇〕張之象、金蟠注曰：「趙奢傳曰：『奢，趙之田部吏也，平原君家不肯出租，奢以法治之，殺用事者九人。平原君怒，將殺奢。奢曰：縱君家而不奉公，則法削，法削國弱，諸侯加兵，是無趙也，君安得有此富乎？平原君以爲賢，言之於王，治國賦，國賦大平。』」

〔三一〕張之象注曰：「范雎傳曰：『范雎日益親，復説用數年矣，因請間説曰：臣居山東時，聞齊之有田文，不聞其有王也；聞秦之有太后、穰侯、華陽、高陵、涇陽，不聞其有秦王也。夫擅國之謂王，能利害之謂王，制殺生之謂王，今太后擅行不顧，穰侯出使不報，華陽、涇陽等擊斷無諱，高陵進退不請，四貴備而國不危者，未之有也。爲此四貴者下，乃所謂無王也。然則權安得不傾，令安得從王出乎？臣聞善治國者，乃内固其威，而外重其權。穰侯使者，操王之重，決制於諸侯，剖符於天下，征敵伐國，莫敢不聽。戰勝攻取，則利歸於陶國，弊御於諸侯，戰敗則結怨於百姓，而禍歸於社稷。詩曰：木實繁者披其枝，披其枝者傷其心。大其都者危其國，尊其臣者卑其主。崔杼、淖齒管齊，射王股，擢王筋，縣之於廟梁，宿昔而死。李兑管趙，囚主父於沙丘，五日而餓死。今臣聞秦太后、穰侯用事，高陵、華陽、涇陽佐之，卒無秦王。此亦淖齒、李兑之類也。且夫三代所以亡國者，君專授政，縱酒馳騁弋獵，不聽政事。其所授者，妬賢嫉能，御下蔽上，以成其私，不爲主計，而主不覺悟，故失其國。今自有秩以上至諸大吏，下及王左右，無非相國之人者，是王獨立於朝，臣竊爲王恐萬世之後，有秦國者，非王子孫也。昭王聞之大懼，曰：「善。」於是廢太后，逐穰侯、高陵、華陽、涇陽君於關外。秦王乃拜范雎爲相。收穰之印，使歸陶國，使縣官給車牛以徙，千乘有餘。到關，關閱其寶器，寶器珍怪，多於王室。秦封范雎以應，號爲應侯。」

〔三二〕盧文弨曰：「似有脱文。」徐友蘭曰：「案『大臣』蒙上『君上大夫』，所謂『侵陵大臣』；『縣令』蒙上『臣下』，謂『成、胡爲縣令』；『反諸己』蒙上『過』『非』；『非於人』蒙上『譏』『正』；文無可增。」論語先進篇：「所謂大臣者，以道事君，不可則止。」

〔三三〕「有」原作「肯」，今據盧文弨説校改。

〔三四〕明初本、涂本、攖寧齋鈔本、正嘉本「反」作「及」。

〔三五〕盧文弨曰：「『行』疑『但』。」

〔三六〕涂本、攖寧齋鈔本、正嘉本「子椒」作「子柳」，非是。離騷：「余以蘭爲可恃兮。」又：「椒專佞以慢諂兮。」又：「覽椒、蘭其若茲兮。」注都説：「子椒、子蘭也。」又王逸序寫道：「譏刺椒、蘭。」公羊傳文公九年：「冬，楚子使椒來聘。椒者何？楚大夫也。」史記屈原傳載譖原的有令尹子蘭，新序節事篇載譖原的有司馬子椒。漢書楊雄傳載反離騷寫道：「脩靈既信椒、蘭之唼佞兮。」蘇林注：「椒、蘭，令尹子椒、子蘭也。」潛夫論明闇篇：「屈原得君而椒、蘭構讒。」後漢書孔融傳載曹操激厲融書寫道：「屈原憚楚，受譖於椒、蘭。」注云：「子椒、子蘭，云見史記。」今史記無「子椒」。

〔三七〕史記管晏列傳：「管仲夷吾者，潁上人也，少時，常與鮑叔牙游，鮑叔知其賢，管仲貧困，常欺鮑叔，鮑叔終善遇之，不以爲言。已而鮑叔事齊公子小白，管仲事公子糾。及小白立爲桓公，公子糾死，管仲囚焉，鮑叔遂進管仲。」

〔三八〕攖寧齋鈔本、正嘉本、太玄書室本、張之象本、沈延銓本、金蟠本、拾補本「無其」作「惡其」，明初本無「無」字。黄季剛曰：「『無』字不煩改。」孫人和曰：「『無其』連用語也。『無其能得乎』，猶言『能得乎』。古書或作『亡其』，莊子外物篇曰：『抑固寠邪？亡其略弗及邪？』吕氏春秋審爲篇：『君將攖之乎？亡其不與？』並爲轉語詞也。張之象改『無』爲『惡』，而抱經從之，是逐狂東走也。」

遵道*第二十三

大夫曰〔一〕：「御史！」

御史未應。

謂丞相史〔二〕曰：「文學結髮〔三〕學語，服膺不舍〔四〕，辭若循環〔五〕，轉若陶鈞〔六〕。文繁如春華，無効如抱風〔七〕。飾虚言〔八〕以亂實，道古以害今。從之，則縣官用廢，虚言不可實而行之；不從，文學以爲非也，衆口囂囂〔九〕，不可勝聽。諸卿都大府〔一〇〕日〔一一〕久矣，通先古，明當世，今將何從而可矣？」

丞相史進曰：「晉文公譎而不正，齊桓公正而不譎〔一二〕，所由不同，俱歸於霸。而必隨古不革〔一三〕，襲故不改，是文質不變〔一四〕，而椎車尚在也。故或作之，或述之〔一五〕，然後法令調於民，而器械便於用也。孔對三君殊意〔一六〕，晏子相三君異道〔一七〕，非苟相反，所務之時異也。公卿既定大業之路，建不竭之本，願無顧細故之語，牽儒、墨論也。」

文學曰：「師曠之調五音〔一八〕，不失宮商。聖王之治世，不離仁義。故有改制之名，無變道〔一九〕之實。上自黄帝，下及三王，莫不明德教，謹庠序〔二〇〕，崇仁義，立教化。此百世〔二一〕不易之道也〔二二〕。殷、周因循〔二三〕而昌，秦王變法而亡。詩云：『雖無老成人，尚有典刑〔二四〕。』言法教也〔二五〕。故没而存之，舉而貫之，貫而行之，何更爲哉？」

丞相史曰：「説西施之美無益於容，道堯、舜之德無益於治〔二六〕。今文學不言所爲治，而言以〔二七〕治之無功，猶不言耕田之方，美富人之囷倉也。夫欲粟者務時，欲治者因世。故商君昭然獨見存亡不可與世俗同者，爲其沮功〔二八〕而多近也。庸人安其故，而愚者果所聞。故舟車之治〔二九〕，使民三年而後安之〔三〇〕。商君之法立，然後民信之〔三一〕。孔子曰：『可與共學，未可與權〔三二〕。』文學可令扶繩循刻，非所與論道術之外也〔三三〕。」

文學曰：「君子多聞闕疑〔三四〕，述而不作〔三五〕，聖達而謀大〔三六〕，叡智而事寡。是以功成而不隳，名立而不頓。小人智淺而謀大，羸弱而任重，故中道而廢〔三七〕，蘇秦、商鞅是也。無先王之法，非聖人之道，而因於己，故亡。易曰：『小人處盛位，雖高必崩。不盈其道，不恒其德，而能以善終身，未之有也。是以初登于天，後入于地〔三八〕。』禹之治水也，民知其利，莫不勸其功〔三九〕。商鞅之立法，民知其害，莫不畏其刑。故夏后功立而王，商鞅法行而亡。商鞅有獨智之慮，世乏獨見之證〔四〇〕。文學不足與權當世，亦無負累蒙殃也〔四一〕。」

＊　道就是孟子所謂「遵先王之法」的意思。文學主張治國必遵「先王之法」、「聖人之道」，「舉而貫之，貫而行之，何更爲哉」！丞相史則認爲儒者「道迂而難遵」，極力反對他們的「隨古不革，襲故不改」。

〔一〕黄季剛曰：「『曰』當作『目』。」器案：「曰」字在這裏是叫呼之意，黄説未可從。

〔二〕丞相史，即後雜論篇「羣丞相、御史」中人。漢書百官公卿表：「相國、丞相，皆秦官，……文帝二年，復置一丞相，有兩長史，秩千石。」這裏所謂丞相史，當即丞相長史。

〔三〕漢書李廣傳：「臣結髮而與匈奴戰。」師古曰：「言始勝冠，即在戰陳。」又儒林傳：「結髮事師數十年。」師古曰：「言從結髮爲童丱，即從師學，著其早也。」文選謝玄暉郡内登望：「結髮倦爲旅。」集注：「李善曰：『漢書曰：霍光結髮内侍。』鈔曰：『結髮，謂始冠，二十成人時也。』」

〔四〕禮記中庸：「得一善，則拳拳服膺而弗失之矣。」漢書東方朔傳：「答客難：『服膺而不釋。』」師古曰：「服膺，俯服其胸臆也。」荀子勸學篇：「功在不舍。」楊倞注：「『舍』與『捨』同。」

〔五〕戰國策燕策：「蘇代約燕昭王曰：『必令其言如循環。』」吴師道曰：「言其無窮，不可致詰也。」又見史記蘇秦傳。文選張華勵志詩注引范子計然：「度如環，無有端，周迴如循環，未始有極。」漢書梅福傳：「從諫若轉圜。」師古曰：「轉圜，言其順易也。」器案：今謂循環無端之言爲車轂轆語。

〔六〕史記鄒陽傳：「獨化於陶鈞之上。」集解：「漢書音義曰：『陶家名模下圓轉者爲鈞，以其能制器爲大小，比之於天。』」索隱：「張晏云：『陶，冶；鈞，範也；作器下所轉者爲鈞。』韋昭曰：『陶，燒瓦之竈。鈞，木長七尺，有絃，所以調爲器具也。』崔浩云：『以鈞制器萬殊，故如造化也。』」又見漢書鄒陽傳注。

〔七〕二「如」字原都作「於」，黄季剛曰：「『於』當作『如』。」今據改正。郭沫若讀「抱」爲「捕」。器案：管子兵法篇：「善者之爲兵，使敵若據虚，若搏景。」漢書主父偃傳：「從之如搏景。」師古曰：「搏，擊也，搏人之陰景，言不可得也。」又谷永傳：「遼遼如係風捕景，終不可得。」義都與此同。又案：「風」從「凡」聲，古音在第七部，音方愔反，今入「東」韻。漢人尚循詩三百篇協韻之舊，如司馬相如上林賦「風」與「籛」協韻，枚乘七發「風」與「林」「心」「音」，又與「林」「潯」「心」「禽」協韻，東方朔七諫「風」與「潭」協韻，楊雄蜀都賦「風」與「金」協韻，李尤牖銘「風」與「陰」協韻，張衡思玄賦「風」與「心」「參」協韻，與此文「風」與「今」協韻，正同。又案：漢書叙傳答賓戲：「馳辯如濤波，摛藻如春華。」師古曰：「藻，文辭也。」亦以「春華」形容文辭，字正作「如」，今據改正。

〔八〕張敦仁曰：「『言』字當衍。」器案：史記秦始皇本紀：三十四年，李斯曰：「語皆道古以害今，飾虚言以亂實。」此次公所本，張氏以爲「言」字是衍文，錯了。

〔九〕漢書董仲舒傳：「此民之所以囂囂苦不足也。」師古曰：「囂讀與嗷同，音敖，嗷嗷，衆怨聲也。」通鑑一七注：「囂，音敖，囂囂，衆怨愁聲也。」

〔一〇〕俞樾曰：「『諸卿』者，大夫以稱丞相史也。『都』之義爲『居』，漢書東方朔傳注曰：『都，居也。』（案朔傳答客難：「都卿相之位。」如淳曰：「都，居也。」）『大府』即謂『丞相府』，言諸卿居丞相府爲日久矣，故下云『通先古，明當世』也。」器案：俞説是，史記滑稽傳與漢書東方朔傳同。又史記酷吏傳：「亞夫爲丞相，禹爲丞相史，府中皆稱其廉平。然亞夫弗任，曰：『極知禹無害，然文深，不可以居大府。』」漢書張湯傳注師古曰：「大府，丞相府也。」又杜周傳注師古曰：「大府，丞相御史之府也。」

〔一一〕正嘉本、張之象本、沈延銓本、金蟠本「日」作「曰」，張之象本、金蟠本並於「曰」字斷句，都不可從。後國病篇「子大夫論京師之日久」，句法與此正同。

〔一二〕論語憲問篇：「晉文公譎而不正，齊桓公正而不譎。」集解：「鄭玄曰：『譎者，詐也。』」

〔一三〕韓非子五蠹篇：「聖人不期循古，不法常可，論世之事，因爲之備。」淮南子氾論篇：「治國有常，而利民爲本；政教有經，而令行爲上。苟利於民，不必法古；苟周於事，不必循舊。夫夏、商之衰也，不變法而亡；三代之起也，不相襲而王。故聖人法與時變，禮與俗化，衣服器械，各便其用，法令制度，各因其宜，故變古未可非，而循俗未足多也。」此文「革」與「改」對文，革亦改也。漢書劉屈氂傳：「終不自革。」師古曰：「革，改也。」本書錯幣篇、非鞅篇之「革法」，殊路篇之「革心」，國疾篇之「革令」，以及論功篇之「不可得而革」，革都作改講。

〔一四〕史記樂書正義：「庾蔚之云：『樂興於五帝，禮成於三王，樂興王者之功，禮隨世之質文。』崔靈恩云：『五帝淳澆不同，故不得相沿爲樂；三王文質不等，故不得相襲爲禮。』」

〔一五〕論語述而：「述而不作。」皇侃義疏：「述者，述於舊章也；作者，新制作禮樂也。」明初本「調」作「行」。

〔一六〕韓非子難三：「葉公子高問政於仲尼，仲尼曰：『政在悦近而來遠。』哀公問政於仲尼，曰：『政在選賢。』齊景公問政於仲尼，仲尼曰：『政在節財。』三公出，子貢問曰：『三公問夫子政一也，夫子對之不同，何？』仲尼曰：『葉都大而國小，民有背心，故曰政在悦近而來遠。魯哀公有大臣三人，外障距諸侯四鄰之士，内比周而以愚於君，使宗廟不掃除、社稷不血食者，必是三臣也，故曰政在選賢。齊景公築雍門，爲路寢，一朝而以三百乘之家賜者三，故曰政在節財。』」又見説苑政理篇、家語辨政篇。漢書武帝紀元朔六年六月詔曰：「朕聞五帝不相復禮，三代不同法，所繇殊路，而建德一也。蓋孔子對定公以徠遠，哀公以論臣，景公以節用。非期不同，所急異務也。」器案：孔子對三公問政，韓非子、説苑、家語皆以爲葉公子高、魯哀公、齊景公，唯漢武帝詔獨以「葉公子高」爲「定公」，尋後漢書崔寔傳政論云：「孔子對葉公以來遠，哀公以臨人，景公以節禮。非其不同，所急異務也。」即本漢武帝詔爲言，則後漢人所見漢武帝詔尚不誤，自臣瓚注漢書，始據誤本爲説，云：「論語及韓子皆言『葉公問政於孔子，孔子答以悦近徠遠』，今云定公，與二書異。」臣瓚既不能正傳本之誤，師古因仍而不深考，所謂以謡傳謡也，亟當據此改正。明初本、華氏本「孔」下有「子」字。

〔一七〕晏子春秋外篇上：「仲尼曰：『靈公汙，晏子事之以整齊；莊公壯，晏子事之以宣武；景公奢，晏子事之以恭儉；君子也。相三君而善不通下，晏子細人也。』」

〔一八〕孟子離婁上：「師曠之聰，不以六律，不能正五音。」趙岐注：「師曠，晉平公之樂太師也。五音，宫、商、角、徵、羽也。」

〔一九〕「道」原作「通」，今據盧文弨説、楊沂孫説校改。盧云：「『通』疑『道』。」楊云：「『通』當作『道』。」器案：漢書董仲舒傳：「仲舒對策曰：『故王者有改制之名，亡變道之實。』」就是此文所本，字正作「道」，今據改正。

〔二〇〕孟子梁惠王上：「謹庠序之教。」趙岐注：「庠序者，教化之宫也，殷曰序，周曰庠。謹脩教化，重申孝悌之義。」

〔二一〕公羊傳莊公四年注：「百世，大言之爾，猶詩云：『嵩高維嶽，峻極于天，君子萬年。』」

〔二二〕漢書董仲舒傳：「仲舒對策曰：『道之大原出於天，天不變，道亦不變。』」

〔二三〕「循」原作「修」，今據俞樾、陳遵默説校改。俞云：「『修』當作『循』，『因循』二字同義，『修』則不倫矣。古書『修』、『循』二字往往互誤，説詳王氏讀書雜志。」陳云：「『因修』與『變法』對言，『修』當作『循』。『循』、『脩』形誤，又改爲『修』也。」

〔二四〕這是詩經大雅蕩文。朱熹集傳曰：「老成人，舊臣也；典刑，舊法也。」

〔二五〕「也」字原無，姚範曰：「『教』下有脱文。」王先謙曰：「『言法教』下當有『也』字爲句。」案王説是，今據補正。

〔二六〕韓非子顯學篇：「故善毛嬙、西施之美，無益吾面；用脂澤粉黛，則倍其初。言先王之仁義，無益於治；明吾法度，必吾賞罰者，亦國之脂澤粉黛也。」

〔二七〕姚範曰：「『以』同『已』。」明初本、華氏本「所爲」下有「以」字。

〔二八〕淮南子修務篇：「力竭功沮。」高誘注：「沮，敗也。」

〔二九〕胡元常曰：「『治』，張本『始』。」

〔三〇〕吕氏春秋樂成篇：「舟車之始見也，三世然後安之。」

〔三一〕史記商君傳：「令既具，未布，恐民之不信己，乃立三丈之木於國都市南門，募民有能徙置北門者予十金。民怪之，莫敢徙。復曰：『能徙者予五十金。』有一人徙之，輒予五十金，以明不欺。卒下令。」

〔三二〕論語子罕篇：「子曰：『可與共學，未可與適道；可與適道，未可與立；可與立，未可與權。』」何晏集解：「雖能有所立，未必能權量其輕重之極也。」

〔三三〕商君書更法篇：「夫常人安於故習，學者溺於所聞，此兩者所以居官而守法，非所與論於法之外也。」攖寧齋鈔本「與」誤作「以」。

〔三四〕論語爲政篇：「子張學干禄，子曰：『多聞闕疑，慎言其餘則寡尤；多見闕殆，慎行其餘則寡悔。言寡尤，行寡悔，禄在其中矣。』」

〔三五〕論語述而篇：「子曰：『述而不作，信而好古，竊比於我老彭。』」

〔三六〕「大」原作「小人」二字，正嘉本、太玄書室本、倪邦彦本、張之象本、沈延銓本、金蟠本、楊沂孫校本都作「大」，今據改正。

〔三七〕論語雍也篇：「力不足者，中道而廢。」

〔三八〕困學紀聞一：「鹽鐵論文學引易曰：『小人處盛位，雖高必崩。不盈其道，不恒其德，而能以善終身，未之有也。是以初登於天，後入於地。』説文引易曰：『地可觀者，莫可觀於木。』今易無之，疑易傳及易緯。」案「不恒其德」，易恒卦爻辭。

〔三九〕説苑君道篇：「河間獻王曰：『禹稱民無食，則我不能使也；功成而不利於人，則我不能勸也。故疏河以導之，鑿江通於九派，灑五湖而定東海，民亦勞矣，然而不怨苦者，利歸於民也。』」

〔四〇〕「乏」原作「不」，案玉篇正部：「𤴓，扶法切，文反正爲𤴓，又無資曰𤴓，今作乏。」説文正部引春秋傳「反正爲乏」，見左傳宣公十五年。「正」與「不」，形近致譌。淮南子氾論篇：「心不知治亂之源者，不可令制法，必有獨聞之聰（從劉績本），獨見之明，然後能擅道而行矣。」彼文言「制法必有獨聞之聰，獨見之明，然後能擅道而行」，此文言「商鞅有獨智之慮」，而「世乏獨見之證」，故「商鞅法行而亡」，正可爲此旁證。

〔四一〕此句原作「亦無累負之殃也」，今據俞樾説校改。俞云：「『負累之殃』，義不可通，『之』乃『蒙』字之誤，下論誹篇：『此獨誰爲負其累而蒙其殃乎？』即承此而言，可知此文當作『負累蒙殃』。」按「累負」亦當從俞樾引論誹篇文乙作「負累」，今倶校正，張之象本、沈延銓本、金蟠本正作「負累」。本書復古篇：「管仲負當世之累而立霸功。」御覽六三五引尚書大傳：「大罪勿纍。」注：「延罪無辜曰纍。」玉篇糸部：「累同纍。」

論誹* 第二十四

丞相史曰：「晏子有言：『儒者華於言而寡於實，繁於樂而舒於民，久喪以害生，厚葬以傷業，禮煩而難行，道迂而難遵，稱往古而訾〔一〕當世，賤所見而貴所聞〔二〕。』此人本枉〔三〕，以己爲式〔四〕。此顏異所以誅黜，而狄山死於匈奴也〔五〕。處其位而非其朝，生乎世而訕其上〔六〕，終以被戮而喪其軀，此獨誰爲負其累而蒙其殃乎？」

文學曰：「禮所以防淫，樂所以移風〔七〕，禮興樂正則刑罰中〔八〕。故堤防成而民無水菑，禮義立而〔九〕民無亂患。故禮義壞，堤防決，所〔一〇〕以治者，未之有也。孔子曰：『禮與其奢也寧儉，喪與其易也寧戚〔一一〕。』故禮之所爲作，非以害生傷業也；威儀〔一二〕節文，非以亂化傷俗也。治國謹其禮，危國謹其法。昔秦以武力吞天下，而斯、高以妖孽累其禍，廢古術，隳舊禮，專任刑法，而儒、墨既喪焉。塞士之塗，壅人之口，道諛日進而上不聞其過，此秦所以失天下而殞社稷也。故聖人爲政，必先誅之，僞〔一三〕巧言以輔非而傾覆國家也。今子安取亡國之語而來乎〔一四〕？夫公卿處其位，不正其道，而以意阿邑順風〔一五〕，疾小人淺淺〔一六〕面從，以成人之過也。故知言之死，不忍從苟合〔一七〕之徒，是以不免於縲紲〔一八〕。悲夫！」

丞相史曰：「檀柘〔一九〕而有鄉，萑葦而有藂〔二〇〕，言物類之相從也。孔子曰：『德不孤，必有鄰〔二一〕。』故湯興而伊尹至，不仁者遠矣〔二二〕。未有明君在上而亂臣在下也。今先帝躬行仁聖之道，以臨海内，招舉俊才賢良之士，唯仁是用，誅逐亂臣，不避所親，務以求賢而簡退不肖，猶堯之舉舜、禹之族〔二三〕，殛鯀放驩兜也。而曰『苟合之徒』，是則主非而臣阿，是也？」

文學曰：「皋陶對舜：『在知人，惟帝其難之〔二四〕。』洪水之災，堯獨愁悴而不能治，得舜、禹而九州寧。故雖有堯明之〔二五〕君，而無舜、禹之佐，則純德不流。春秋刺有君而無主〔二六〕。先帝之時，良臣未備，故邪臣得間。堯得舜、禹而鯀殛〔二七〕驩兜誅，趙簡子得叔向〔二八〕而盛青肩詘。語曰：『未見君子，不知僞臣。』詩云：『未見君子，憂心忡忡。既見君子，我心則降〔二九〕。』此之謂也。」

丞相史曰：「堯任鯀、驩兜，得舜、禹而放殛之以其罪，而天下咸服，誅不仁也〔三〇〕。人君用之齊民，而顏異，濟南亭長也〔三一〕，先帝舉而加之高位，官至上卿；狄山起布衣，爲漢議臣〔三二〕，處舜、禹之位，執天下之中〔三三〕，不能以治，而反坐訕上，故驩兜之誅加而刑戮至焉。賢者受賞而不肖者被刑，固其然也。文學又何怪焉？」

文學曰：「論者相扶〔三四〕以義，相喻以道，從善〔三五〕不求勝，服義不耻窮。若相迷以僞，相亂以辭，相矜於後息〔三六〕，期於苟勝，非其貴者也。夫蘇秦、張儀，熒惑〔三七〕諸侯，傾覆萬乘，使人失其所恃；非不辯，然亂之道也。君〔三八〕子疾鄙夫之不可與事君〔三九〕，患其聽從而無所不至也。今子不聽正義以輔卿相，又從而順之，好須臾〔四〇〕之說，不計其後。若〔四一〕子之爲人吏，宜受上戮〔四二〕，子姑默矣〔四三〕！」

丞相史曰：「蓋聞士之居世也，衣服足以勝身，食飲足以供親，内足以相恤，外不求於人。故身修然後可以理家，家理〔四四〕然後可以治官。故飯蔬〔四五〕糲者不可以言孝，妻子飢寒者不可以言慈，緒業不脩〔四六〕者不可以言理。居斯世，行斯身，而有此三累者，斯亦足以默矣。」

＊文選東方朔非有先生論：「誹謗君之行。」李注：「非上所行也。」這篇以論誹爲名，這是對「誹謗君之行」加以評論；具體内容是賢良文學和御史大夫就顔異、狄山反對漢武帝的政策各抒己見。顔異對於當時「令下有不便者」（史記平準書），當面不説，背後亂説；狄山當「匈奴來請和親」時，就主張「結和親」（漢書陳湯傳），以干擾漢武帝的政策。在陳湯的抵制和建議下，顔異「當（去聲）九卿見令不便，不入言而腹誹，論死。自是之後，有腹誹之法」（平準書）。狄山則面誹漢武帝「今自陛下舉兵擊匈奴，中國以空虚，邊大困貧」。當漢武帝問他：「『吾使生居一郡，能無使虜入盜乎？』山曰：『不能。』曰：『居一縣？』曰：『不能。』復曰：『居一鄣間？』山自度辯窮，且下吏，曰：『能。』乃遣山乘鄣，至月餘，匈奴斬山頭而去。」（張湯傳）這兩件事給當時儒生以很大的打擊。丞相史稱引顔異、狄山「處其位而非其朝，生乎世而訕其上」的事例，希望引起賢良、文學的注意，以此作爲借鑑。文學則認爲「先帝之時，良臣未備，故邪臣得間」，顔異、狄山「知言之死，不忍從苟合之徒，是以不免於縲紲」，並説「禮所以防淫，樂所以移風，禮興樂正則刑罰中」。其意若曰，由於刑罰不中，顔異、狄山才弄得「負其累而蒙其殃」。爲什麽刑罰不中？這就是「廢古術，隳舊禮」所造成的結果。

〔一〕「訾」上原有「言」字，據王先謙、俞樾説校删。

〔二〕晏子春秋外篇：「仲尼之齊，見景公，景公説之，欲封以爾稽，以告晏子。晏子對曰：『不可。彼浩裾自順，不可以教下；好樂緩於民，不可使親治；立命而建事，不可守職；厚葬破民貧國，久喪道哀費日，不可使子民；行之難者在内，而傳者無其外，故異於服，勉於容，不可以道衆而馴百姓。自大賢之滅，周室之卑也，威儀加多，而民行滋薄，聲樂繁充，而世德滋衰。今孔丘盛樂以侈世，飾弦歌鼓舞以聚徒，繁登降之禮、趨翔之節以觀衆，博學不可以儀世，勞思不可以補民；兼壽不能殫其教，當年不能究其禮，積財不能贍其樂；繁飾邪術，以營世君，盛爲聲樂，以淫愚其民；其道也，不可以示世，其教也，不可以導民；今欲封之，以移齊國之俗，非所以導衆存民也。』公曰：『善。』於是厚其禮而留其封，敬見不問其道。仲尼迺行。」又見墨子非儒篇、史記孔子世家、孔叢子詰墨篇。

〔三〕正嘉本、張之象本、沈延銓本、拾補本「此」作「比」，「枉」作「狂」。案説文木部：「枉，衺曲也。」言其人本衺曲，而猶以己爲準則也。

〔四〕「式」原誤「拭」，明初本作「式」，盧文弨曰：「『拭』，大典本『栻』，从『木』。」張敦仁曰：「華氏本『拭』改『式』。」今從明初本、華氏本改正。左傳成公二年：「蠻、夷、戎、狄，不式王命。」

〔五〕張之象、金蟠注曰：「平準書曰：『初，異爲濟南亭長，以廉直，遷至九卿。上與張湯既造白鹿皮幣，問異，異曰：本末不相稱。天子不説。張湯又與異有郤，及人有告異以他議，事下張湯治異。異與客語，客語初令下有不便者，異不應，微反脣。湯奏：當九卿見令不便，不入言而腹誹，論死。自是之後，有腹誹之法。』張湯傳曰：『匈奴來請和親，博士狄山曰：和親便。上問其便。山曰：高帝困平城，乃結和親。孝惠、高后時，天下安樂。及孝文帝欲事匈奴，北邊蕭然苦兵矣。孝景時，吴、楚七國反，景帝寒心者數月，竟景帝不言兵，天下富實。今自陛下舉兵，中國大困。由此觀之，不如和親。上問湯，湯曰：此愚儒無知。狄山曰：臣固愚忠，若御史大夫湯乃詐忠。於是上作色曰：吾使生居一郡，能無使虜入盗乎？曰：不能。曰：居一縣？對曰：不能。復曰：居一鄣間？山自度辯窮，曰：能。於是上遣山乘鄣。至月餘，匈奴斬山頭而去。』」明初本、華氏本「山」下有「所以」二字。

〔六〕論語陽貨篇：「惡居下流而訕上者。」集解：「孔安國曰：『訕，謗毁也。』」

〔七〕淮南子俶真篇注：「風，化也。」

〔八〕論語子路篇：「名不正則言不順，言不順則事不成，事不成則禮樂不興，禮樂不興則刑罰不中，刑罰不中則民無所措手足。」

〔九〕「而」原無，今據上句文例補，華氏本正有「而」字。

〔一〇〕王先謙曰：「『所』當爲『而』。」案：「所」猶「可」也，見王引之經傳釋詞。這裏的「所以」，即「可以」，淮南子主術篇：「然民無掘穴狹廬所以託身者，明主弗樂也。」「所以」即「可以」，與此正同。

〔一一〕這是論語八佾篇文。「戚」同「慼」。

〔一二〕禮記中庸篇：「禮儀三百，威儀三千。」漢書藝文志六藝略：「禮經三百，威儀三千。」師古曰：「威儀三千，乃謂冠、婚、吉、凶，蓋儀禮是也。」

〔一三〕正嘉本、太玄書室本、張之象本、沈延銓本、金蟠本「僞」作「爲」。

〔一四〕戰國策齊策下：「貂勃避席稽首曰：『王惡得此亡國之言乎？』」史記李斯傳：「斯曰：『安得此亡國之言？此非人臣所當議也。』」

〔一五〕「邑」原作「色」，今改。漢書酷吏傳贊：「張湯以知阿邑人主，與俱上下。」蘇林曰：「邑者人相悒納之悒。」師古曰：「如蘇氏之説，邑字音烏合反。然今之書本，或作『色』字，此言阿諛觀人主顔色而上下也。其義兩通。」王念孫曰：「阿邑人主，謂曲從人主之意也。『阿邑』，雙聲字，或作『阿匼』，唐書蕭復傳云『盧杞諂諛阿匼』是也。師古欲從俗本作『色』，以智阿色人主則大爲不詞，乃爲之説曰云云，其失也迂矣。」按王説是，此文作「阿色」，正和師古所見今本漢書是一樣的，今據王説改。又案：文選曹子建七啟：「順風而稱。」集注：「李善曰：『莊子曰：昔黄帝聞廣成子在崆峒之山，故往見之，黄帝順風膝行而進。』鈔曰：『言取下風，尊彼不敢取上也。』」

〔一六〕太玄書室本、張之象本、沈延銓本、金蟠本「淺淺」作「諓諓」。張敦仁曰：「案後國病篇云：『諓諓者，賤也。』與此歧異。公羊文十二年傳云：『惟諓諓善竫言。』（即秦誓「截截善諞言」也。漢書李尋傳、王逸楚辭章句皆作「諓諓」，國語亦有「諓諓」字，説文引尚書又作「戔戔」，見戈部。）與彼篇合。潛夫論救邊云：『淺淺靖言。』與此篇合。『淺』『諓』同字，『竫』『靖』亦同字，當兩存之。力耕篇云：『故伊尹高逝遊薄。』險固篇云：『兼於濟、亳。』『薄』『亳』同字而歧異。訟賢篇云：『東海成顒、河東胡建。』箴石篇云：『則恐有盛、胡之累。』『成』『盛』同字而歧異。散不足篇云：『棧車無柔。』又云：『郡國繇吏素桑楺。』『柔』『楺』同字而歧異。箴石篇云：『亦未見其能用箴石。』餘篇屢見，皆云『鍼』，獨此歧異，『箴』『鍼』亦同字。詔聖篇云：『澹則争止。』餘篇屢見，皆云『贍』，獨此歧異，『澹』『贍』亦同字。皆其例也。」器案：公羊傳文公十二年釋文引賈逵云：「諓諓，巧言也。」漢書李尋傳：「昔秦穆公説諓諓之言，任仡仡之勇，身受大辱，社稷幾亡。」師古曰：「諓諓，小善也。」義與此近。

〔一七〕史記蔡澤傳：「吴起言不取苟合，行不取苟容。」

〔一八〕論語公冶長篇：「雖在縲紲之中。」集解：「孔安國曰：『縲，黑索也；紲，攣也。古者，獄中以黑索拘攣罪人。』」

〔一九〕管子山國軌篇：「有莞蒲之壤，有竹箭檀柘之壤。」「檀柘之壤」，義與「檀柘有鄉」同。漢書地理志下：「南山檀柘。」

〔二〇〕「萑」原作「藿」，正嘉本、張之象本、沈延銓本、金蟠本作「萑」，今據改正。淮南子説林篇：「橘柚有鄉，萑葦有叢。」風俗通義祀典篇：「傳曰：『萑葦有藂。』」説文艸部：「萑，薍也。葦，大葭也。」二字相承，明爲一類。

〔二一〕這是論語里仁篇文。

〔二二〕論語顔淵篇：「舜有天下，選於衆，舉皋陶，不仁者遠矣；湯有天下，選於衆，舉伊尹，不仁者遠矣。」

〔二三〕文選别賦注：「族，類也。」

〔二四〕尚書皋陶謨：「皋陶曰：『都！在知人，在安民。』禹曰：『吁！咸若時，維帝其難之。知人則哲，能官人。安民則惠，黎民懷之。能哲而惠，何憂乎驩兜？何遷乎有苗？何畏乎巧言令色孔壬？』」

〔二五〕張之象本、沈延銓本、金蟠本「明之」作「之明」。

〔二六〕公羊傳僖公二十二年：「宋公與楚人期戰于泓之陽。……已陳，然後襄公鼓之，宋師大敗。故君子大其不鼓不成列，臨大事而不忘大禮，有君而無臣，以爲雖文王之戰，亦不過此也。」何休注：「言朔亦所以起有君而無臣，惟其有王德而無王佐也。」文選四子講德論：「有君而無臣，春秋刺焉。」集注：「李善曰：『公羊傳曰：宋公與楚人期戰於泓之陽，宋師大敗。故君子大其不鼓不成列，臨大辱而不忘大禮，有君而無臣，以爲雖文王之戰，亦不過此也。』鈔曰：『春秋謂穀梁也。凡春秋世，有明君，無賢臣，亦刺之也。』」

〔二七〕「鯀殛」原作「殛鯀」，今據張之象本、沈延銓本、金蟠本校乙，與「驩兜誅」詞例一律。

〔二八〕盧文弨曰：「『叔向』當是『周舍』。」又拾補本「盛青肩」作「盛青眉」。張敦仁曰：「案拾補云『叔向當是周舍』，未是。此必漢世諸書有其語，雖用時代相及求之，如後利議篇云：『故季桓子聽政，柳下惠忽然不見，孔子爲司寇，然後悖熾。』（「悖」「勃」同字也。）周秦篇云：『臧文仲治魯，勝其盜而自矜，子貢曰：民將欺。』（韓詩外傳三「季孫之治魯也」，即此事。）柳下惠與季桓、孔子，臧文與子貢，皆不相及也。劉向所序各篇，往往如此，（劉知幾史通嘗論之。）即其語之尚存於今者。此書稱引廣博，兼取雜説，當時之學，與都水正不甚相遠。」

〔二九〕這是詩經小雅出車文。文選王子淵四子講德論：「世衰道微，僞臣虛稱。」

〔三〇〕孟子萬章上：「舜流共工於幽州，放驩兜於崇山，殺三苗於三危，殛鯀於羽山，四罪而天下咸服，誅不仁也。」

〔三一〕漢書食貨志下：「而御史大夫張湯方貴用事，減宣、杜周等爲中丞，義縱、尹齊、王温舒等用急刻爲九卿，直指夏蘭之屬始出，而大農顏異誅矣。初，異爲濟南亭長，以廉直稱，稍遷至九卿，上與湯既造白鹿皮幣，問異，異曰：『今王侯朝賀以倉璧，直數千，而其皮薦反四十萬，本末不相稱。』天子不説。湯又與異有隙，及人有告異以它議事，下湯治異。異與客語，客語初令下有不便者，異不應，微反脣，湯奏：當異九卿見令不便，不入言而腹非，論死。自是後有腹非之法比。」案：御覽一九四、續漢書百官志注引風俗通：「漢家因秦，大率十里一亭。亭，留也，今縣有亭長；又亭，待也，蓋行旅宿食之所館也。亭吏舊名負弩，改爲亭長，或謂亭父。」

〔三二〕漢書五行志下：「刺殺議臣爰盎事發。」

〔三三〕論語堯曰篇：「堯曰：『咨爾舜，天之曆數在爾躬，允執其中。』」皇侃義疏：「允，信也；執，持也；中，謂中正之道也。」

〔三四〕「扶」就是「會」的意思。史記張儀傳：「而儀振暴其短，以扶其説。」索隱：「案扶，謂説彼之非，成我之是，扶會己之説辭。」東方朔答客難：「與義相扶。」

〔三五〕文選移讓太常博士書：「挾恐見破之私意，而無從善服義之公心。」

〔三六〕張之象本、金蟠本於「後」字斷句，拾補本於「息」字斷句。楊樹達曰：「韓非子外儲説左上云：『鄭有相與争年者，其一人曰：我與黄帝之兄同年。訟此而不決，以後息者爲勝耳。』」器案：韓詩外傳六：「夫隱諱移苟争言，競爲而後息，不能無害其爲君子也，故君子不爲也。」史記平原君傳集解引劉向别録：「『辨者，别殊類，使不相害，序異端，使下相亂，抒意通指，明其所謂，使人與知焉，不務相迷也。故勝者不失其所守，不勝者得其所求，若是，故辨可爲也。及至煩文以相假，飾辭以相惇，巧譬以相移，引人聲使不得及其意，如此害大道。夫繳紛争言而競後息，不能無害君子。」通鑑三注：「言其言戾，紛然而争，欲人先屈，務在人後方止也。」都作「後息」，盧斷句是。

〔三七〕史記張儀傳：「蘇秦熒惑諸侯，以是爲非，以非爲是。」又孔子世家：「匹夫而熒惑諸侯者，罪當誅。」索隱：「謂經營而惑亂也。」春秋繁露五行相勝篇：「夫火者，大朝有邪讒，熒惑其君。」案：莊子齊物論：「是黄帝之所聽熒也。」釋文：「熒，疑惑也。」索隱「經營」之説非。

〔三八〕張之象本、沈延銓本、金蟠本脱「君」字。

〔三九〕論語陽貨篇：「鄙夫可與事君也與哉？其未得之也，患得之；既得之，患失之。苟患失之，無所不至矣。」

〔四〇〕文選北征賦注：「須臾，少時也。」

〔四一〕張之象本、沈延銓本、金蟠本「若」誤作「君」。

〔四二〕漢書武帝紀：「元朔元年詔：『進賢受上賞，蔽賢蒙顯戮，古之道也。』」又景十三王傳：「大惡仍重，當伏顯戮。」又王尊傳：「甫刑之辟，皆爲上戮。」「顯戮」「上戮」義並同。

〔四三〕張之象本、沈延銓本、金蟠本本篇到此爲止，「丞相史曰」云云，劃入下孝養篇。

〔四四〕「家理」原作「家治」，「家理」承上爲言，孝養篇亦有「居家理者」之文，作「家治」則與上文複矣，今改。孝經廣揚名章：「居家理故治可移於官。」即此文所本。

〔四五〕「蔬」原作「葕」，今據洪頤煊說校改。盧文弨曰：「『葕』當作『菽』，下同。」案：菽，香草，與此文義不符，盧說不可從。洪云：「『葕』是『蔬』字之譌。説文：『疏，通也。从㐬从疋，疋亦聲。』蔬菜之『蔬』或作『蔬』，故又譌爲『葕』字，俗本音奸，非也。」明初本、華氏本作「茹」。

〔四六〕「脩」原作「備」，今從陳遵默說校改。陳云：「緒業，事業也。『備』與『理』不貫，疑本作『脩』，『備』俗作『俻』，與『脩』形近。」今案：陳說是，今據改正。潛夫論實邊篇：「守其緒業。」

孝養*第二十五

文學曰：「善養者不必芻豢也〔一〕，善供服者不必錦繡也。以己之所有盡事其親，孝之至也。故匹夫勤勞，猶足以順禮〔二〕，歠菽飲水〔三〕，足以致其敬。孔子曰：『今之孝者，是爲能養，不敬，何以別乎〔四〕？』故上孝養志，其次養色，其次養體〔五〕。貴其〔六〕禮，不貪其養，禮順心和，養雖不備，可也。易曰：『東鄰殺牛，不如西鄰之禴祭也〔七〕。』故富貴而無禮，不如貧賤之孝悌。閨門〔八〕之內盡孝焉，閨門之外盡悌焉，朋友之道盡信焉，三者，孝之至也。居家理者，非謂積財也，事親孝者，非謂鮮肴也，亦和顔色、承意盡禮義而已矣。」

丞相史曰：「八十曰耋〔九〕，七十曰耄。耄，食非肉不飽，衣非帛不暖〔一〇〕。故孝子曰〔一一〕甘毳以養口，輕暖以養體。曾子養曾晳，必有酒肉〔一二〕。無端絻〔一三〕，雖公西赤不能以爲容〔一四〕。無肴饍，雖閔、曾不能以卒養〔一五〕。禮無虛加，故必有其實然後爲之文〔一六〕。與其禮有餘而養不足〔一七〕，寧養有餘而禮不足。夫洗爵以盛水，升降而進糲〔一八〕，禮雖備，然〔一九〕非其貴者也。」

文學曰：「周襄王之母非無酒肉也，衣食非不如曾晳也，然而被不孝之名，以其不能事其父母也〔二〇〕。君子重其禮，小人貪其養。夫嗟來而招之〔二一〕，投而與之，乞者由〔二二〕不取也。君子苟無其禮，雖美不食焉。故禮，主人不親饋，則客不祭〔二三〕。是饋輕而禮重也。」

丞相史曰：「孝莫大以天下一國養〔二四〕，次祿養，下以力。故王公人君，上也；卿大夫，次也。夫以家人〔二五〕言之，有賢子〔二六〕當路於世者，高堂邃宇，安車大馬，衣輕暖，食甘毳。無〔二七〕者，褐衣皮冠，窮居陋巷，有旦無暮，食蔬糲〔二八〕葷茹〔二九〕，臈臘而後見肉〔三〇〕。老親之腹非唐園，唯菜是盛。夫蔬糲，乞者所不取，而子以養親，雖欲以禮，非其貴也。」

文學曰：「無其能而竊其位〔三一〕，無其功而有其祿，雖有富貴，由蹠、蹻〔三二〕之養也。高臺極望，食案方丈〔三三〕，而不可謂孝。老親之腹非盜囊也，何故常盛不道〔三四〕之物？夫取非有非職，財入而患從之，身且死禍殃，安得臈臘而食肉？曾參、閔子無卿相之養，而有孝子之名；周襄王富有天下，而有不能事父母之累。故禮菲而養豐〔三五〕，非孝也；掠困〔三六〕而以養，非孝也。」

丞相史〔三七〕曰：「上孝養色，其次安〔三八〕親，其次全身。往者，陳餘背漢，斬於泜水〔三九〕；五被〔四〇〕邪逆，而夷三族。近世，主父偃〔四一〕行不軌而誅滅，呂步舒〔四二〕弄口而見戮，行身不謹，誅及無罪之親。由此觀之：虛禮無益於己也。文實配行，禮養俱施，然後可以言孝。孝在實質，不在於飾貌；全身在於謹慎，不在於馳語也〔四三〕。」

文學曰：「言而不誠，期而不信，臨難不勇，事君不忠，不孝之大者也〔四四〕。孟子曰：『今之世，今之大夫，皆罪人也，皆逢〔四五〕其意以順其惡〔四六〕。』今子不忠不信，巧言以亂政，導諛〔四七〕以求合。若此者，不容於世。春秋曰：『士守一不移，循理不外援〔四八〕，共〔四九〕其職而已。』故卑位而言高者，罪也〔五〇〕；言不及而言者，傲也〔五一〕。有詔公卿與斯議，而空戰〔五二〕口也？」

* 西漢王朝宣揚「以孝治天下」，上而最高統治者，除開國之君外，其餘都在謚號上帶了一個「孝」字，以示提倡。他們把孝道作爲要求人們身體力行的道德規範，這次鹽鐵會議上，賢良、文學和大夫在這方面的發言，没有根本性的分歧，只是在如何養親才算盡孝的具體問題上有所爭議罷了。

〔一〕禮記祭義：「孝有三：大孝尊親，其次弗辱，其下能養。」又曰：「衆之本教曰孝，其行曰養。」

〔二〕孝經士章：「故以孝事君則忠，以敬事長則順。」又廣要道章：「教民親愛，莫善於孝。教民禮順，莫善於悌。」

〔三〕禮記檀弓下：「孔子曰：『啜菽飲水，盡其歡，斯之謂孝。』」

〔四〕這是論語爲政篇文。

〔五〕論語爲政篇：「子夏問孝，子曰：『色難。』」孟子離婁上：「曾子養曾皙，必有酒肉。將徹，必請所與。問有餘，必曰：『有。』曾皙死，曾元養曾子，必有酒肉。將徹，不請所與。問有餘，曰：『亡矣。』將以復進也。此所謂養口體者也。若曾子，則可謂養志也。」

〔六〕「其」字原無，今據太玄書室本、張之象本、沈延銓本、金蟠本增補。

〔七〕這是周易既濟文。「如」原作「知」，今據張之象本、沈延銓本、金蟠本校改。説苑反質篇：「易稱『東鄰殺牛，不如西鄰之禴祭』，蓋重禮不貴物也。」夏祭曰禴，字又作礿，爾雅釋天：「夏祭曰礿。」釋文引孫炎曰：「礿，薄也，夏時百穀未登，可薦者薄也。」

〔八〕日本傳古文古義孝經有閨門章，其言曰：「閨門之内具禮矣乎。」尋孝經正義御製序並注邢昺正義曰：「孝經者，……各自名家，經文皆同，唯孔氏壁中古文爲異。至劉炫遂以古孝經庶人章分爲二，曾子敢問章分爲三，又閨門一章，凡二十二章。桓譚新論云：『古孝經千八百七十二字，今異者四百餘字。』……其古文二十二章，無出孔壁。先是安國作傳，緣遭巫蠱，未之行也。昶集注之時，尚未見孔傳，中朝遂亡其本，近儒欲崇古學，妄作傳學，假稱孔氏，輒穿鑿更改，又僞作閨門一章。劉炫詭隨，妄稱其善。且閨門之義，近俗之語，必非宣尼正説。案其文云：『閨門之内具禮矣，嚴親嚴兄妻子臣妾繇百姓徒役也。』是比妻子於徒役，文句凡鄙，不合經典。」器案：古文孝經世率斥爲僞作。今此書文學所言「閨門之内盡孝焉，閨門之外盡悌焉」云云，蓋亦古文家言，是漢人固不廢其書也。

〔九〕詩經秦風車鄰毛傳：「八十曰耋。」爾雅釋言：「耋，老也。」郭注：「八十爲耋。」説文老部：「七十曰老，八十曰耋，九十曰耄。」

〔一〇〕孟子盡心下：「五十非帛不煖，七十非肉不飽。」禮記王制：「六十非肉不飽，七十非帛不煖。」

〔一一〕張之象本、沈延銓本、金蟠本「曰」作「日」。案：文選東京賦注：「曰，辭也。」不必改作。漢書丙吉傳：「數奏甘毳食物。」師古曰：「『毳』讀與『脆』同。」

〔一二〕孟子離婁上：「曾子養曾晳，必有酒肉。」

〔一三〕荀子哀公篇：「端衣玄裳，絻而乘路者，志不在食葷。」楊倞注：「端衣玄裳，即朝玄端也。絻與冕同。」器案：端絻，即謂端衣玄裳，絻而乘路，所以祭也。

〔一四〕「以」下原有「養」字，今依張敦仁説校改。張云：「張之象本删『養』字，（沈延銓本、金蟠本、百子類函同。）案此亦改而是者。」案：淮南子齊俗篇：「故公西華之養親也，若與朋友處；曾參之養親也，若事嚴主烈君，其於養一也。」論語先進篇：「『赤，爾何如？』對曰：『端章甫，願爲小相焉。』」集解：「鄭玄曰：『端，玄端也。衣玄端，冠章甫，諸侯日視朝服也。小相，謂相君禮者。』」容，即禮也。

〔一五〕「卒養」，原作「養卒」，今從張之象本、沈延銓本、金蟠本乙正。張敦仁曰：「案此亦改而是者。」又案：這裏所説的曾、閔，就是地廣篇所提到的曾參、閔子，初學記十七引蕭廣濟孝子傳：「閔損與曾參，門徒之中最有孝稱，今言者莫不本之曾、閔。」

〔一六〕「文」字原作「父子」二字，今從黄季剛説校改。黄云：「『父』當爲『文』，『子』羨字也。」楊樹達曰：「『父』乃『文』字之誤，下文云：『文實配行。』可證。」

〔一七〕禮記檀弓上：「子路曰：『吾聞諸夫子：喪禮與其哀不足而禮有餘也，不若禮不足而哀有餘也；祭禮與其敬不足而禮有餘也，不若禮不足而敬有餘也。』」次公所用，蓋逸禮文也。

〔一八〕御覽八五二引「糲」作「糖」。案：「糖」即「餹」，方言十三：「餳謂之餹，凡飴謂之餳。」吕氏春秋異用篇：「仁人之得飴，以養疾侍老也。」高誘注：「飴，餳。」淮南子説林篇：「柳下惠見飴曰：『可以養老。』」

〔一九〕王先謙曰：「御覽八百五十二飲食部引『然』作『焉』，上屬爲句。」

〔二〇〕張敦仁曰：「案『其父母』三字當衍，與上文『周襄王之母』相承接而言之，下文云『而有不能事父母之累』，『父』字亦當衍，其上文不見『母』字，故須言『母』也。公羊僖二十四年傳：『不能乎母也。』此語出於彼，不當連言『父』甚明。」黄季剛曰：「『父母』連類而言。」

〔二一〕陳遵默曰：「『招』與『來』義複。疑本無『來』字，傳者泥於檀弓『嗟來食』之文，因臆增『來』字於『嗟』下。不思『嗟而招之』，『投而與之』，一用檀弓，一用孟子，句勢相對，多綴一字，則不辭也。」

〔二二〕正嘉本、倪邦彦本、太玄書室本、張之象本、沈延銓本、金蟠本、百子類函「由」作「猶」，古通。

〔二三〕禮記坊記：「故食禮，主人親饋，則客祭；主人不親饋，則客不祭。故君子苟無禮，雖美不食焉。易曰：『東鄰殺牛，不如西鄰之禴祭。』實受其福。」

〔二四〕孟子萬章上：「孝子之至，莫大乎尊親；尊親之至，莫大乎以天下養。」

〔二五〕漢書欒布傳：「彭越爲家人時。」師古曰：「家人，猶言編户之人也。」史記欒布傳索隱：「家人，謂居家之人無官職也。」漢書魏豹傳：「秦滅魏，爲庶人。」史記魏豹傳「庶人」作「家人」。

〔二六〕「子」下原有「者」字，今據盧文弨、俞樾説校删。器案：六韜：「殺及當路貴重之臣，是刑上極也。」孟子公孫丑上：「夫子當路於齊。」史記張儀傳：「今秦已當路，子何不往游？」當路，就是居要地、掌握政權的意思。漢書董仲舒傳：「武帝制曰：『當塗之士。』」楊雄解嘲：「當塗者入青雲，失路者委溝壑。」通鑑六六胡注：「當塗，猶言當路也。」

〔二七〕「無」下原有「厭」字，今據俞樾説校删。張敦仁曰：「案『厭』字不當有，下文『食葤糲者葷茹』，『者』字不可通，蓋『者』字本是『厭』字錯出於上，而又誤加『者』於『厭』處也。」俞云：「『厭』字衍，『無者』對上

『有賢子』句爲文，言無賢子當路於世也。」

〔二八〕「蔬」原作「薪」，今改，説詳論誹篇注〔四五〕。「糲」下原有「者」字，今據盧文弨、張敦仁説校删。（徐友蘭謂「『者』當爲『昔』，讀『齰』」。）後漢書伏湛傳注：「糲，麤米也。」九章算術二：「今有粟一斗，欲爲糲米，得幾何？答曰：爲糲米六升。」李籍音義：「糲米，麤也，凡粟五斗得糲米三斗，故粟率五十，而糲率三十。」

〔二九〕儀禮士相見禮鄭注：「葷，辛物，葱薤之屬。」禮記玉藻鄭注：「葷，薑及辛菜也。」説文艸部：「蒜，葷菜也。」「葷，臭菜也。」荀子富國篇楊注：「葷，辛菜也。」又哀公篇注：「葷，葱薤之屬也。」又案：漢書食貨志上注師古曰：「茹，所食之菜也。」又董仲舒傳注師古曰：「食菜曰茹。」

〔三〇〕「肉」下原有「害」字，正嘉本、太玄書室本、倪邦彦本、張之象本、沈延銓本、金蟠本又作「審」，而以「審」字屬下句，非是。今據黄季剛、陳遵默説校删。黄云：「『肉』隸變爲『宍』，遂譌爲『害』，而又連『肉』書之。」陳云：「案『害』字衍。『肉』俗作『宍』，『害』俗作『宮』，兩體相似，校者側記『肉』字，轉寫誤並録之。」器案：黄、陳説是，下文正作「膢臘而食肉」，今據删正。韓非子説林下：「三虱相與訟，一虱過之，曰：『訟者奚説？』三虱曰：『争肥饒之地。』一虱曰：『若亦不患臘之至而茅之燥耳。若又奚患！』於是乃相與聚，嘬其母而食之，彘臞，人乃弗殺。」蓋歲時伏臘乃殺彘也。風俗通義祀典篇：「膢，謹案韓子書：『山居谷汲者，膢臘而買水。』楚俗常以十二月祭，飲食也。又曰嘗新始殺也。食新曰貙膢。」又：「臘，謹案禮傳：『夏曰嘉平，殷曰清祀，周曰大蜡。』漢改爲臘。臘者，獵也，言田獵取獸，以祭祀其先祖也。或曰：『臘者，接也，新故交接，故大祭以報功也。』」

〔三一〕論語衛靈公篇：「臧文仲其竊位者與！知柳下惠之賢而不與立也。」集解：「孔安國曰：『柳下惠，展禽也，知其賢而不舉，爲竊位也。』」

〔三二〕商君書弱民篇：「莊蹻發於內，楚分爲五。」韓子喻老篇：「莊蹊蹻爲盜於境內，而吏不能禁。」（從乾道本）荀子議兵篇：「莊蹻起，楚分爲三四。」楊倞注：「蹻初爲盜，後爲楚將。」吕氏春秋介立篇：「莊蹻之暴郢。」高誘注：「莊蹻，楚成王之大盜。」淮南子主術篇：「明分以示之，則蹠、蹻之姦止矣。」高誘注：「盜蹠，孔子時人。莊蹻，楚威王之將軍，能大爲盜也。」韓詩外傳四：「莊蹻起，楚分爲三四。」史記禮書：「莊蹻起，楚分爲四。」而史記西南夷傳言：「楚威王時，使將軍莊蹻將兵，循江上略巴、蜀、黔中以西。」又見漢書西南夷傳，不言有「蜀」。華陽國志南中志：「周之季世，楚威王遣將軍莊蹻泝沅水，出且蘭，以伐夜郎。」（漢書地理志注、史記西南夷傳正義、藝文類聚七一、御覽七七一、玉潤雜書引作「頃襄王」時。）是莊蹻其人，傳説不一，商君書、荀子、韓詩外傳、史記禮書俱不言何時；韓非子喻老篇、史記西南夷傳索隱以爲楚莊王時；史記、漢書、淮南子注以爲楚威王時；後漢書、華陽國志以爲楚頃襄王時；至吕氏春秋注以爲楚成王時。「成」當從淮南子注作「威」，形近之誤也。成王、莊王在春秋時，威王、頃襄王在戰國時，時代既有差牾；而又或以爲楚王弟，或以爲楚將，或以爲楚盜。蓋其人本楚王弟而爲盜，終爲楚將也。至後漢書以爲莊豪，豪蓋蹻聲之誤。又吕氏春秋異用篇：「跖與企足得飴以開閉取捷。」高注：「企足，莊蹻也。」然則企足蓋莊蹻之字也。乾道本韓非子喻老篇云：「莊蹊蹻爲盜於境内。」即以名字並舉耳，蓋長言之爲企足，短言之則爲蹊也。

〔三三〕孟子盡心下：「食前方丈，侍者數百人。」韓詩外傳九：「食方丈於前（類説作「食前方丈」。），所甘不過一肉。」漢書嚴安傳：「重五味，方丈於前，以觀欲天下。」

〔三四〕漢書翟方進傳：「丞相宜以一不道賊。」如淳曰：「律：『殺不辜一家三人爲不道。』」又蕭望之傳：「諸盜及殺人犯不道者，百姓所疾苦也。」案張斐律表：「逆節絕理，謂之不道。」

〔三五〕禮記坊記：「君子不以菲廢禮，不以美没禮。」

〔三六〕「掠困」原作「涼困」，今從黄季剛説校改。俞樾曰：「『涼困』疑爲『京困』之誤。大囷曰『京』，管子輕重丁篇『有新成囷京者二家』，正以『囷京』連文。此作『京困』，猶彼作『囷京』也。蓋承『禮菲養豐』而言，謂其禮苟菲，則雖有囷京之饒，不足言養也。句中『而』字疑衍。」黄季剛曰：「『涼』當作『掠』，書大傳以『梁』爲『涼』，注讀爲『掠』。此是其比矣。」

〔三七〕「相」下原無「史」字，今據張之象本、沈延銓本、金蟠本校補。張敦仁曰：「張之象本『相』下補『史』字。案自前遵道篇『丞相史進曰』以下，皆丞相史詰難文學，盡後，丞相史默然不對，所補是矣。」

〔三八〕禮記祭義：「衆之本教曰孝，其行曰養。養可能也，敬爲難；敬可能也，安爲難；安可能也，卒爲難。」

〔三九〕「泜」原作「沍」，正嘉本、張之象本、沈延銓本、金蟠本都作「泜」。案史記、漢書陳餘傳都作「泜」。唐人俗寫「氐」作「互」，因誤爲「沍」，今改。

〔四〇〕張之象本、沈延銓本、金蟠本「五」作「伍」。黄季剛曰：「『伍胥』之『伍』亦作『五』。」漢書伍被傳：「伍被，楚人也，或言其先伍子胥後也。被以材能稱，爲淮南中郎。是時，淮南王安好術學，折節下士，招致英儁以百數，被爲冠首。久之，淮南王陰有邪謀，被數微諫。……後事發覺，被詣吏自告與淮南王謀反，縱跡如此。天子以伍被雅辭，多引漢美，欲勿誅。張湯進曰：『被首爲王畫反計，罪無赦。』遂誅被。」

〔四一〕漢書主父偃傳：「主父偃，齊國臨菑人也。學長短從横術。晚迺學易、春秋、百家之言。……偃數上疏言事，遷謁者中郎大夫。歲中四遷。……元朔中，偃言齊王内有淫失之行。上拜偃爲齊相。至齊，徧召昆弟賓客，散五百金予之，數曰：『始吾貧時，昆弟不我衣食，賓客不我内門；今吾相齊，諸君迎我或千里。吾與諸君絶矣，毋復入偃之門。』迺使人以王與姊姦事動王，王以爲終不得脱，恐效燕王論死，迺自殺。偃始爲布衣時，嘗游燕、趙，及其貴，發燕事，趙王恐其爲國患，欲上書言其陰事，爲居中，不敢發；及其爲齊相，出關，即使人上書告偃受諸侯金，以故諸侯子多得以封者。及齊王以自殺聞，上大怒，以爲偃劫其王令自殺，迺徵下吏治。偃服受諸侯之金，實不劫齊王令自殺。上欲勿誅，公孫弘争曰：『齊王自殺，無後，國除爲郡入漢，偃本首惡，非誅偃無以謝天下。』迺遂族偃。」

〔四二〕史記儒林傳記董仲舒弟子有温吕步舒，官丞相長史（又見漢書儒林傳）。史記又載使仲舒弟子吕步舒持節決淮南獄，於諸侯擅專斷不報，以春秋之義正之，天子皆以爲是（又見漢書五行志七上）。史、漢俱不詳吕步舒弄口見戮事。漢書文三王傳：「讒臣在其間，左右弄口，積使上下不和。」弄口，即搬弄是非。

〔四三〕史記李斯傳：「掩馳説之口。」又十二諸侯年表：「馳説者騁其辭。」「馳説」即此「馳語」之義。

〔四四〕張之象注曰：「曾子曰：『身也者，父母之遺體也，行父母之遺體，敢不敬乎？居處不莊，非孝也；事君不忠，非孝也；蒞官不敬，非孝也；朋友不信，非孝也；戰陳無勇，非孝也。五者不遂，烖及於親，敢不敬乎？』」案引文見禮記祭義篇。

〔四五〕「逢」原作「達」，今據張之象本、沈延銓本、金蟠本、楊沂孫本校改，與孟子合。

〔四六〕孟子告子下：「今之大夫，今之諸侯之罪人也。」又曰：「今之大夫皆逢君之惡。」

〔四七〕漢書賈山傳：「是以道諛媮合苟容。」師古曰：「『道』讀曰『導』，導引主意於邪也。」案：本書相刺、論誹、雜論等篇作「道諛」。

〔四八〕左傳文公元年：「要結外援。」又昭公二十六年：「國有外援，下可瀆也。」正義引服虔注：「外援，謂太子任，秦之外甥。」

〔四九〕「共」通「恭」，尚書甘誓：「今予惟恭行天之罰。」史記夏本紀「恭」作「共」。尚書牧誓：「今予發惟恭行天之罰。」史記周本紀「恭」作「共」。左傳僖公十七年釋文：「共姬，本亦作『恭』。」

〔五〇〕孟子萬章下：「位卑而言高，罪也。」

〔五一〕論語季氏篇：「言未及之而言謂之躁。」釋文：「『躁』，魯讀爲『傲』。」荀子勸學篇也作「傲」。

〔五二〕明初本、華氏活字本「戰」作「議」，涉上文而誤。上文言「吕步舒弄口」，漢書陸賈傳：「畏大臣及有口者。」師古曰：「有口，謂辯士。」又張釋之傳：「豈效此嗇夫喋喋利口捷給哉？」又朱雲傳：「充乘貴辨口。」「口」字用法，都與此同。

刺議*第二十六

丞相史曰：「山陵不讓椒跬〔一〕，以成其崇；君子不辭負薪之言，以廣其名〔二〕。故多見者博，多聞者知，距諫者塞〔三〕，專己者孤〔四〕。故謀及下者無失策，舉及衆者無頓功〔五〕。詩云：『詢於芻蕘〔六〕。』故布衣皆得風議〔七〕，何況公卿之史乎？春秋士不載文，而書咺者，以爲宰士也〔八〕。孔子曰：『雖不吾以，吾其與聞諸〔九〕。』僕雖不敏，亦嘗傾耳下風〔一〇〕，攝齊句指〔一一〕，受業徑〔一二〕於君子之塗矣。使文學言之而是，僕之言有何害？使文學言之而非，雖微丞相史，孰不非也〔一三〕？」

文學曰：「以正輔人謂之忠，以邪導人謂之佞。夫佛〔一四〕過納善者，君之忠臣，大夫之直士也。孔子曰：『大夫有争臣三人，雖無道，不失其家〔一五〕。』今子處宰士之列，無忠正之心，枉不能正，邪不能匡，順流以容身〔一六〕，從風〔一七〕以説上。上所言則苟聽，上所行則曲從，若影之隨形，響之於聲〔一八〕，終無所是非。衣儒衣，冠儒冠，而不能行其道，非其儒也〔一九〕。譬若土龍〔二〇〕，文章首目具而非龍也。葶歷似菜而味殊〔二一〕，玉石相似而異類〔二二〕。子非孔氏執經守道之儒，乃公卿面從之儒〔二三〕，非吾徒也。冉有爲季氏宰而附益之，孔子曰：『小子鳴鼓而攻之，可也〔二四〕。』故輔桀者不爲智〔二五〕，爲桀斂者不爲仁。」

丞相史默然不對。

* 此篇文學就丞相史所提出的「使文學言之而非，雖微丞相史，孰不非也」，反脣相譏，直刺丞相史之議爲「順流容身，從風悦上」。

〔一〕張敦仁曰：「『山林不讓椒桂』，『林』字『桂』字皆誤也。『林』當作『陵』，『桂』當作『跬』，『椒跬』，山巔之半步也，故下文云『以成其崇』。」器案：張説可從，今據改正。漢書外戚傳：「上又自爲作賦以傷悼李夫人：『釋輿馬於山椒兮。』」孟康曰：「山椒，山陵也。」文選月賦：「菊散芳於山椒。」李善注：「山椒，山頂也。」又謝惠連泛湖歸出樓中翫月詩注引廣雅：「土高四墮曰椒丘。」楚辭離騷：「馳椒丘且焉止息。」王逸注：「土高四墮曰椒丘。」洪興祖補注引司馬相如上林賦：「出乎椒丘之闕。」云：「椒，山巔也。」荀子勸學篇：「不積蹞步，無以至千里。」楊倞注：「半步曰蹞。蹞與跬同。」

〔二〕史記李斯傳：「上書諫逐客曰：『是以泰山不讓土壤，故能成其大；河、海不擇細流，故能就其深；王者不卻衆庶，故能明其德。』」索隱：「管子（形勢解）云：『海不辭水，故能成其大；泰山不辭土石，故能成其高。』文子曰：『聖人不讓負薪之言，以廣其名。』」

〔三〕大戴禮記子貢問入官篇：「距諫者，慮之所以塞也。」

〔四〕大戴禮記子貢問入官篇：「專獨者，事之所以不成也。」漢書敍傳：「主有專己之威。」

〔五〕淮南子主術篇：「萬人之衆無廢功，千人之衆無絶良。」國語周語注：「頓，敗也。」

〔六〕這是詩經大雅板文。説苑權謀篇：「白屋之士，皆關其謀，芻蕘之役，咸盡其心，故萬舉而無遺籌失策，傳曰：『衆人之智，可以測天，兼聽獨斷，惟在一人，此大謀之術也。』」韓詩外傳三：「夫太山不讓礫石，江、海不辭小流，所以成其大也。詩曰：『先民有言，詢于芻蕘。』博謀也。」韓詩外傳五：「故獨視不若與衆視之明也，獨聽不若與衆聽之聰也，獨慮不若與衆慮之功也；故明王使賢臣輻湊並進，所以通中正而致隱居之士，詩曰：『先民有害，詢于芻蕘。』此之謂也。」漢書賈山傳：「文王之時，豪俊之士，皆得竭其智，芻蕘採薪之人，皆得盡其力，此周之所以興也。」師古曰：「芻，刈草也；蕘，草薪也；言執賤役者也。大雅板之詩曰：『詢于芻蕘。』」

〔七〕詩經小雅北山：「或出入風議。」漢書叙傳下：「從容風議。」師古曰：「『風』讀曰『諷』。」

〔八〕公羊傳隱公元年：「秋七月，天王使宰咺來歸惠公仲子之賵。宰者何？官也。咺者何？名也。曷爲以官氏？宰士也。」

〔九〕這是論語子路篇文。論語「諸」作「之」。原文「諸」下衍「侯」字，今删。說詳通有篇注〔五〕。

〔一〇〕「嘗」原作「當」，姚範曰：「『當』疑『嘗』。」案：二字音形都相近，「嘗」和下面的「矣」字相呼應，今據改正。左傳僖公十五年：「皇天后土，實聞君之言，羣臣敢在下風。」

〔一一〕「句指」，卑恭之貌。楊樹達曰：「淮南修務篇：『今取聖人書，名之孔、墨，則弟子句指而受者必衆矣。』」器案：說苑君道篇：「北面拘指，逡巡而退以求臣，則師傅之材至矣。」「拘指」即「句指」。

〔一二〕「業徑」連文不辭，疑「業」下本無「徑」字，作「受業」，下文文學難詞「執徑守道」，即對此爲言，後人以「業」「經」同義，於「業」下旁注「經」字，轉寫者誤「經」爲「徑」，又誤入正文耳。禮記曲禮上：「請業則起。」鄭玄注云：「業，謂篇卷也。」左傳文公三年：「衛甯武子來聘，公與之宴，爲賦湛露及彤弓，不辭，又不答賦；使行人私焉。對曰：『臣以爲肄業及之也。』」又定公十年：「臣之業在揚水卒章之四言矣。」國語魯語下：「夫歌文王、大明、緜，則兩君相見之樂也，皆昭令德以合好也，皆非使臣之所敢聞也，臣以爲肄業及之，故不敢拜。」又：「穆子曰：『豹之業及匏有苦葉矣，不知其他。』」左傳、國語所說的「業」，都指詩經而言。說文丵部：「業，大版也，所以飾縣鍾鼓，捷業如鋸齒，以白畫之。」許慎只詳其

「縣鍾鼓」之用，而用以寫書之義反無聞焉。秦漢時代，一般書簡對經典則用長簡或大版，即業書之，故儒家之經典、國家之法律，都以二尺四寸簡書之。古代以大版寫「經」，因之，即逕稱「經」爲「業」，如上舉之三例尚矣。至於漢代，如後漢書逸民法真傳：「體兼四業。」李賢注：「謂詩、書、禮、樂也。」漢督郵班碑：「嘖意五業。」類聚三八引王粲荆州文學志：「乃命五業從事宋衷所作文學延朋徒焉。」後漢書儒林謝該傳注引魏略：「樂詳五業並授。」隸釋十二督郵斑碑：「嘖意五業。」「五業」俱指五經，即其證也。

〔一三〕淮南子主術篇：「使言之而是，雖在褐夫芻蕘，猶不可棄也；使言之而非也，雖在卿相人君，揄策於廟堂之上，未必可用。」語法與此相同。論語憲問篇：「微管仲，吾其被髮左衽矣。」左傳昭公元年：「劉子曰：『微禹，吾其魚乎！』」義俱與此同，猶今言没有。

〔一四〕「佛」通「佛」，即輔弼的意思。文選嘯賦：「佛鬱衝流。」笙賦：「中佛鬱以佛悁。」「佛鬱」作「佛鬱」，即其證。

〔一五〕這是孝經諫争章文。唐玄宗注：「争，謂諫也。」

〔一六〕漢書朱雲傳：「雲數上疏，言丞相韋玄成，容身保位，無能往來。」左傳襄公二十五年：「我躬不說。」杜注：「言自今我不能自容説。」孟子盡心上：「有事君人者，事是君則爲容説者也。」吕氏春秋似順篇：「順令以取容。」高誘注：「容，説也。」此文「容身」「説上」對言，義亦相同。

〔一七〕戰國策秦策上：「山東之國，從風而服。」漢書徐樂傳：「偏袒大呼，天下從風。」

〔一八〕左傳昭公十二年：「析父謂子革：『吾子，楚國之望也，今與王言如響，國其若之何！』」管子心術上：

「若影之像形，響之應聲也。」韓詩外傳五：「好惡喻乎百姓，則下應其上如影響矣。」漢書伍被傳：「下之應上，猶景響也。」師古曰：「言如影之隨形，響之應聲。」抱朴子臣節篇：「如影如響，俯伏惟命者，偷容之尸素也。」

〔一九〕張之象本、沈延銓本、金蟠本「其」作「真」。楊樹達曰：「按襄二十九年公羊傳云：『刑人非其人也。』桓擬其句法，張之象妄改。」

〔二〇〕淮南子齊俗篇：「譬若芻狗、土龍之始成，文以青黄，絹以綺繡，纏以朱絲，尸祝袀袨，大夫端冕，以送迎之；及其已用之後，則壤土草薊而已，夫有孰貴之。」許慎注：「土龍以請雨。」案詳續漢書禮儀志。

〔二一〕張之象本、沈延銓本、金蟠本「味殊」作「殊味」。急就篇：「亭歷桔梗龜骨枯。」顔師古注：「亭歷，一名丁歷，一名蕇，一名狗齊。」

〔二二〕淮南氾論篇：「夫亂人者，若芎藭之與藁本也，蛇床之與麋蕪也，此皆相似者。故劍工惑劍之似莫邪者，唯歐冶能名其種；工人眩玉之似碧盧者，唯猗頓不失其情。」吕氏春秋審分篇高誘注：「故芎藭之似藁本，蛇床之類薇蕪，碧盧之亂美玉，非猗頓不能别也。」

〔二三〕尚書益稷：「予違汝弼，汝無面從，退有後言。」「面從」，當面唯唯順從。

〔二四〕論語先進篇：「季氏富於周公，而求也爲之聚斂而附益之。子曰：『非吾徒也，小子鳴鼓而攻之，可也。』」

〔二五〕孟子告子下：「孟子曰：『今之事君者，曰：我能爲君辟土地，充府庫。今之所謂良臣，古之所謂民賊也。君不鄉道，不志於仁，而求富之，是富桀也。我能爲君約與國，戰必克。今之所謂良臣，古之所謂民賊也。君不鄉道，不志於仁，而求爲之强戰，是輔桀也。』」

利議*第二十七

大夫曰：「作世[一]明主，憂勞萬民[二]，思念北邊之未安，故使使者舉賢良、文學高第，詳延[三]有道之士，將欲觀殊議異策，虚心傾耳以聽[四]，庶幾云[五]得。諸生無能出奇計遠圖，伐[六]匈奴安邊境之策，抱枯竹[七]，守空言[八]，不知趨舍之宜，時世之變，議論無所依，如膝癢而搔背，辯訟[九]公門[一〇]之下，訩訩[一一]不可勝聽，如品即口以成事[一二]，此豈明主所欲聞哉？」

文學曰：「諸生對册[一三]，殊路同歸[一四]，指在崇禮義，退財利，復往古之道，匡當世之失，莫不云太平；然未盡可亶用[一五]，宜若[一六]有可行者焉。執事闇於明禮，而喻[一七]於利末，沮事隋[一八]議，計慮[一九]籌策，以故至今未決。非儒無成事，公卿欲成利[二〇]也。」

大夫曰：「色厲而内荏[二一]，亂真者也。文表而枲裏[二二]，亂實者[二三]也。文學裒[二四]衣博帶，竊周公之服；鞠躬踧踖[二五]，竊仲尼之容；議論稱誦，竊商、賜之辭；刺譏言治，竊[二六]管、晏之才。心卑卿相，志小萬乘[二七]。及授之政，昏亂不治。故以言舉人〔二八〕，若以毛相馬。此其所以多不稱舉〔二九〕。詔策曰：『朕嘉宇内〔三〇〕之士，故詳延四方豪俊文學博習之士，超〔三一〕遷官禄。』言者不必有德〔三二〕，何者？言之易而行之難〔三三〕。有舍其車而識其牛，貴其不言而多成事也。吴鐸以其舌自破〔三四〕，主父偃以其舌自殺。鶡鳴夜鳴，無益於明〔三五〕；主父鳴鴟〔三六〕，無益於死。非有司欲成利，文學桎梏於舊術〔三七〕，牽於間言者也。」

文學曰：「能言之，能行之者，湯、武也。能言，不能行者，有司也。文學竊周公之服，有司竊周公之位〔三八〕。文學桎梏於舊術，有司桎梏於財利。主父偃以舌自殺，有司以利自困。夫驥之才千里，非造父不能使；禹之知萬人，非舜爲相不能用。故季桓子聽政，柳下惠忽然不見〔三九〕，孔子爲司寇，然後悖〔四〇〕熾。驥，舉之在伯樂〔四一〕，其功在造父〔四二〕。造父攝轡，馬無駑良，皆可取道。周公之時，士無賢不肖，皆可與言治。故御之良者善調馬，相之賢者善使士。今舉異才而使臧〔四三〕騶御之，是猶扼〔四四〕驥鹽車而責之使疾〔四五〕。此賢良、文學多不稱舉也〔四六〕。」

大夫曰：「嘻〔四七〕！諸生闒茸無行，多言而不用，情貌不相副。若穿踰〔四八〕之盗，自古而患之。是孔丘斥逐於魯君，曾不用於世也。何者？以其首攝〔四九〕多端，迂〔五〇〕時而不要也。故秦王燔去其術而不行，坑之渭中而不用〔五一〕。乃安得鼓口舌〔五二〕，申顔眉〔五三〕，預前論議〔五四〕，是非國家之事也？」

* 本篇記述了桑弘羊和文學圍繞興利問題展開的辯論。當時，興利種種（詳刺復篇注〔八〇〕），是漢武帝加强中央集權、抗擊匈奴的一系列重要措施。在辯論中，文學主張「崇禮義，退財利，復往古之道」，企圖瓦解經濟基礎，以達到復古的目的。桑弘羊堅決站在維護漢武帝政治路綫的立場，同文學進行了針鋒相對的鬭争，痛斥他們「抱枯竹，守空言，不知趨舍之宜，時世之變」，是一批「桎梏於舊術」、「情貌不相副」的人物。指出他們的主張是開歷史倒車，讓他們當路，必然導致國家的「昏亂不治」。會上桑弘羊力排衆議，舌戰羣儒，高度贊揚了秦始皇「燔去其術而不行，坑之渭中而不用」的措施，是從秦以來爲「焚書坑儒」拍手稱快的第一人。

〔一〕詩大雅文王序：「文王受命作周也。」鄭玄箋云：「受天命而王天下也。」這裏的「作世」與「作周」義同，猶如説君臨當世。

〔二〕「民」原作「人」，這是唐人轉鈔時避李世民諱改的，今改正。

〔三〕史記儒林傳：「武帝制曰：『故詳延天下方正博聞之士，咸登於朝。』」又見漢書儒林傳，師古注：「詳，悉也。」又漢書董仲舒傳：「制曰：『詳延特起之士。』」師古曰：「詳，盡也，一曰：審也。」又李尋傳：「博延名士，靡不並進。」「博延」與「詳延」義同。

〔四〕史記秦始皇本紀：「使天下之士傾耳而聽。」

〔五〕漢書董仲舒傳：「功烈休德，未始云獲也。」又鄒陽傳：「又非有奇怪云以待難也。」「云」字用法，都與此同。文選陸士衡答賈長淵詩李善注引應劭漢書注云：「云，有也。」又鄒陽傳注如淳曰：「非有奇材異計，欲以爲亂逆也。」又王莽傳上：「臣莽實無奇策異謀。」

〔六〕「伐」字原無，楊樹達引元本有，是，今據補正。元本今定作明初本。

〔七〕「抱」原作「明」，意林三引作「抱」，後人亦有「抱殘守闕」語，今據改正。盧文弨曰：「『枯竹』謂舊簡。」器案：大論篇也有「呻吟槁簡」語，槁簡即枯竹也。又案：春秋繁露俞序篇：「孔子曰：『吾因其行事而加乎王心焉，以爲見之空言，不如行事博深切明。』」語又見史記太史公自序及漢書司馬遷傳。漢書禮樂志：「孔子曰：『安上治民，莫善於禮。』非空言也。」

〔八〕史記高祖本紀：「空言虛語，非所守也。」漢書高帝紀作「虛言亡實之名，非所取也」。

〔九〕說文辡部：「辡，辠人相與訟也。从二辛，方免切。」禮記曲禮上：「分争辯訟，非禮不決。」漢書龔勝傳：「疾言辯訟。」辯借作辡。

〔一〇〕論語鄉黨篇：「入公門，鞠躬如也，如不容。」皇侃義疏：「公，君也，謂孔子入君門時也。」漢書龔勝傳：「不崇禮義，而居公門。」

〔一一〕荀子天論篇：「君子不爲小人匈匈也輟行。」楊倞注：「匈匈，喧嘩之聲。」漢書高帝紀下：「天下匈匈。」師古曰：「匈匈，喧擾之意。」又項籍傳注師古曰：「匈匈，讙擾之意也。」又東方朔傳答賓戲：「君子不爲小人之匈匈而易其行。」師古曰：「匈匈，讙議之聲。」案說文言部：「詾，訟也（從段注本）。詾，或省。」「匈」又「詾」之借字。

〔一二〕楊沂孫曰：「『以成事』，或是『以成字』。」黄季剛曰：「此説『品』字累三『口』以成也。」器案：說文品部：「品，衆庶也。从三口。」段玉裁注云：「人三爲衆，故從三口。」又：「嵒，多言也，从品相連，……讀與聶同。」段云：「此與言部『讘』音義皆同。」今案：「成事」之「事」，即六書「指事」之「事」，這裏的「品」字，即人多嘴雜之意，與上文「訩訩」正相應。左傳宣公二年：「華元曰：『去之，夫其口衆我寡。』」「口衆」，即「即口以成事」也。太玄書室本「即」誤作「飾」。

〔一三〕張之象、金蟠注曰：「『册』通作『策』。」器案：文選永明九年策秀才文集注：「鈔曰：『策，畫也，略也，言習於智略計畫，隨時問而答之。策有兩種：對策者，應詔也，若上召而問之者曰對策，州縣舉之者曰射策也。對策所興，興於前漢，謂文帝十五年詔舉天下賢良俊士，使之射策。』陸善經曰：『漢武帝始立其科。』」

〔一四〕淮南子修務篇：「此所謂異路而同歸者也。」

〔一五〕太玄經玄瑩：「君子所以亶表也。」注：「亶，盡也。」

〔一六〕孟子盡心上：「宜若登天然，似不可及也。」趙岐注：「將若登天，人不能及也。」案：趙注訓「宜若」爲「將若」，而正文又以「宜」「似」對言，則宜、似同義也。

〔一七〕論語里仁篇：「君子喻於義，小人喻於利。」集解：「孔安國曰：『喻，猶曉也。』」

〔一八〕「隋」，楊樹達引元本（即明初本）作「墮」，正嘉本、倪邦彦本、張之象本、沈延銓本、金蟠本作「隳」。案「隋」、「墮」、「隳」三字古通，詩經衛風氓：「其黄而隕。」毛傳：「隕，隋也。」釋文：「『隋』又作『墮』。」禮記月令：「繼長增高，毋有壞墮。」釋文：「『墮』亦作『隳』。」即其證。

〔一九〕張之象本、沈延銓本、金蟠本「慮」作「利」。經濟類編引「决」下有「也」字。

〔二〇〕「成」下原無「利」字，張之象本、沈延銓本、金蟠本有，今據補。張敦仁曰：「張之象本『成』下補『利』字。案下文云『非有司欲成利』，所補是矣。」

〔二一〕論語陽貨篇：「子曰：『色厲而内荏，譬諸小人，其猶穿窬之盗也與！』」集解：「孔安國曰：『荏，柔也。謂外自矜厲而内柔佞者也。』」

〔二二〕「枲」原作「柔」，今據孫詒讓説校改。孫云：「『柔裏』義不可通，『柔』當爲『枲』，形近而誤。『文表枲裏』，言以文繡爲表衣，而以枲麻爲裏衣也。後散不足篇云『絲裏枲表』，與此詞意正相反而義則同，可以互證。國病篇云：『文表無裏，紈袴枲裝。』義亦略同。」

〔二三〕「者」字原無，攖寧齋鈔本、太玄書室本、張之象本、沈延銓本有，與上句例同，今據補訂。

〔二四〕盧文弨校「裒」作「襃」，云：「『裒』誤。」案説文衣部：「衺衣博裾。」段注謂：「隸作『褒』作『裒』。」不必改字。淮南子氾論篇：「褒衣博帶。」高誘注：「褒衣，謂方與之衣，如今吏人之左衣也。博帶，大帶。」漢書雋不疑傳：「褒衣博帶。」師古曰：「褒，大裾也，言著褒大之衣，廣博之帶也。而説者乃以爲朝服垂褒之衣，非也。」

〔二五〕論語鄉黨篇：「入公門，鞠躬如也，如不容。……攝齊升堂，鞠躬如也，屏氣似不息者。……復其位，踧踖如也。」又：「君在，踧踖如也。」集解：「馬融曰：『踧踖，恭敬貌也。』」義疏：「鞠，曲斂也；躬，身也。」

〔二六〕「竊」原作「過」，形近之誤。此四句平列，都以「竊」爲言，今改正。

〔二七〕漢書刑法志：「天子畿千里，提封百萬井，定出賦六十四萬，并戎馬四萬匹，車萬乘，故稱萬乘之主。」

〔二八〕論語衛靈公篇：「君子不以言舉人。」史記仲尼弟子傳：「孔子聞之曰：『吾以言取人，失之宰予。』」又見韓非子顯學篇、大戴禮記五帝德篇。

〔二九〕稱舉，推薦。漢書朱雲傳：「嘉猥稱雲，欲令爲御史大夫。妄相稱舉，疑有姦心。」又蓋寬饒傳：「以寬饒爲太中大夫，使行風俗，多所稱舉貶黜。」又蕭望之傳：「恭、顯奏望之、堪、更生，朋黨相稱舉。」又何武傳：「於是，武舉公孫禄可大司馬，而禄亦舉武，太后竟自用莽爲大司馬。莽風有司劾奏武、公孫禄互相稱舉，皆免。」

〔三〇〕漢書朱博傳：「漢家至德溥大，宇内萬里。」文選符命論注：「四表曰宇。」

〔三一〕「超」原作「趨」，張之象本、沈延銓本、金蟠本、拾補本作「超」，今據改正。本書刺復篇亦云：「超遷官爵。」詳彼注〔六八〕。

〔三二〕論語憲問篇：「有德者必有言，有言者不必有德。」

〔三三〕左傳昭公十年子皮曰：「非知之實難，將在行之。」僞古文尚書襲之，説命中曰：「非知之艱，行之惟艱。」

〔三四〕淮南子繆稱篇：「吴（御覽一〇〇引如此，今本誤「矣」。）鐸以聲自毁，膏燭以明自鑠。」高誘注：「鐸，大鈴，出於吴。」御覽四五九引韓子：「木鐸以聲自毁，膏燭以明自鑠。」文子上德篇：「鳴鐸以聲自毁，膏燭以明自煎。」

〔三五〕張之象注曰：「鶡鳴，渴鴠也。詩云：『相彼瑦鳴，尚或惡之。』鳴急旦也。增韻曰：『瑦鳴，求旦之鳥，形似雞，晝夜常鳴。』」王先謙曰：「『鶡』一作『鶪』，音轉字變。御覽九百二十一羽族部引此作『鶪旦』。」案張注「渴鳴」之説，見説文鳥部。

〔三六〕史記魯仲連傳正義引魯連子：「先生之言，有似梟鳴。」

〔三七〕史記李斯傳李斯以書對，引申子曰：「有天下而不恣睢，命之曰以天下爲桎梏者，無他焉，不能督責，而顧以其身勞於天下之民，若堯、禹然，故謂之桎梏也。」吕氏春秋七月紀注：「桎梏謂械，在足曰桎，在手曰梏。」又案：本書論儒篇：「孟軻守舊術。」又論誹篇：「廢古術。」又國疾篇：「又安可堅任古術而非今之理也。」術字義俱同，舊術，謂古之道也。禮記樂記：「不接心術。」鄭注：「術猶道也。」

〔三八〕論語衛靈公篇：「子曰：『臧文仲其竊位者與？知柳下惠之賢，而不與立也。』」集解：「孔安國曰：『知其賢而不舉，爲竊位也。』」皇侃義疏：「竊，盗也。臧文仲雖居位，居位不當，與盗位者同，故云『竊位者與』。」明初本、華氏本「位」作「法」，未可據。

〔三九〕盧文弨曰：「二人不同時，或設言。桓子時士師無柳下其人。」器案：此以柳下惠與孔丘同時，與莊子盗跖篇合。

〔四〇〕「悖」與「勃」通。莊子庚桑楚篇：「徹志之勃。」釋文：「『勃』本又作『悖』。」左傳莊公十一年：「禹、湯罪己，其興也悖焉。」釋文：「『悖』本亦作『勃』。」即其證。

〔四一〕莊子馬蹄篇：「伯樂曰：『我善治馬。』」釋文：「樂音洛，姓孫名陽，善馭馬。」

〔四二〕韓詩外傳七：「使驥不得伯樂，安得千里之足？造父亦無千里之手矣。」

〔四三〕「臧」原作「減」，今據孫詒讓説校改。孫云：「『減騶』義不可通，當作『臧騶』，謂『臧獲』與『騶僕』也。莊子盗跖篇又作『臧聚』，『聚』當讀爲『騶』。説文馬部云：『騶，廄御也。』周禮趣馬鄭注云：『趣，養馬者也。』國語楚語説齊有騶馬繻。月令：『命七騶咸駕。』鄭注亦謂即『趣馬』。『趣』、『聚』同從『取』得聲，故『臧聚』即爲『臧騶』。又『臧』俗作『减』，與『減』形近而誤。」器案：韓非子難勢篇：「夫良馬固車，使臧獲御之，則爲人笑；王良御之，而日取千里。」又顯學篇：「發齒吻形容，伯樂不能以必馬；授車就駕而觀其末塗，則臧獲不疑駑良。」淮南子主術篇：「雖有騏驥騄駬之良，臧獲御之，則馬反自恣，而人弗能制矣。」御覽七四六引尸子：「夫馬者，良工御之，則和馴端正致遠道矣；僕人御之，則遲奔毁車矣。」「僕人」就是「臧」。御馬是專業，一般臧僕是不能勝任的。「騶」雖是「廄御」，也非良工，因而與「臧」並言。這些，都可證成孫説，今據改。

〔四四〕「扼」原作「枙」，今據張之象本、沈延銓本、金蟠本校改。戰國策楚策：「汗明曰：『君亦聞驥乎？夫驥之齒至矣，服鹽車而上太行，蹄申膝折，尾湛胕潰，漉汁灑地，白汗交流，中阪遷延，負轅而不能上。伯樂遭之，下車攀而哭之，解紵衣以冪之。驥於是俛而噴，仰而鳴，聲達於天，若出金石聲者，何也？彼見伯樂之知己也。』」

〔四五〕「責之使疾」，原作「使責之疾」，今據王先謙説校改。淮南子俶真篇：「是猶兩絆騏驥而求其致千里也。」語法正同。

〔四六〕張之象本、沈延銓本、金蟠本本篇到此爲止，「大夫曰」云云以下，劃入下國疾篇。

〔四七〕史記張儀傳：「妻子曰：『嘻！子毋讀書游説，安得此辱乎？』」索隱：「鄭玄曰：『嘻，悲恨之聲。』」文選曹子建七啓集注：「鈔曰：『嘻，歎辭也。』陸善經曰：『嘻，不平之聲。』」

〔四八〕「穿踰」，明初本、攖寧齋鈔本作「穿窬」。論語陽貨篇作「穿窬」，皇侃義疏：「小人爲盗，或穿人屋壁，或踰人垣牆。……江熙曰：『田文之客，能爲狗盗，穿壁如踰而入，盗之密也。……峻其牆宇，謂之免盗，而狗盗者往焉。』」則六朝人所見論語，猶有作「穿踰」之本。孟子盡心篇下：「人能充無穿踰之心。」（從焦循正義本）趙岐注云：「穿牆踰屋。」文選三國名臣贊集注：「鈔曰：『魏志陳羣議復肉刑曰：令無淫殺穿踰之姦矣。』」字亦作「穿踰」。

〔四九〕黄季剛曰：「『攝』與『鼠』、『施』聲轉。」案：「首鼠」見史記魏其武安侯傳，「首施」見後漢書鄧訓傳。史記集解引漢書音義曰：「首鼠，一前一卻也。」

〔五〇〕楊樹達曰：「『迂』疑當作『迕』。」

〔五一〕坑儒之處，史記秦始皇本紀以爲「阬之咸陽」，史記儒林傳正義引衛宏詔定古文尚書序以爲在「驪山陵谷中」（漢書儒林傳注引作「驪山阬谷中」），御覽九七八引古文奇字以爲在「驪山硎谷中」，漢書儒林傳注顔師古謂：「今新豐縣温湯之處，號愍儒鄉，温湯西南三里有馬谷，谷之西岸有阬，父老相傳以爲秦阬儒處也。」賈至旌儒廟碑（文苑英華八四七）以爲在「驪山」，「鄉名坑儒」，「開元末」，改「號曰旌儒」。其以爲在咸陽、新豐者，指其縣而言，驪山者，指其山谷而言，愍儒、坑儒者，指其鄉里而言，時有遠近，地有大小，故名有異同耳。此謂「渭中」者，則就地望而言，渭中者，猶河中、漢中、湟中之比，泛指渭水經流區域耳。漢書溝洫志：「復奏穿渠引涇水，首起谷口，足入櫟陽。」注：「渭中袤二百里。」亦言渭中。

〔五二〕莊子盗跖篇：「多辭謬説，不耕而食，不織而衣，摇脣鼓舌，擅生是非，以迷天下之士。」此柳下跖斥孔丘之辭，桑大夫援用以責文學，十分恰切而痛快。

〔五三〕司馬遷報任少卿書：「乃欲仰首伸眉，論列是非，不亦輕朝廷、羞當世之士邪！」漢書薛宣傳：「可復伸眉於後。」師古曰：「伸眉，言無憂也。」

〔五四〕預前論議，參預御前會議。史記酷吏傳：「匈奴來求和親，羣臣議上前。」漢書張湯傳作「匈奴求和親，羣臣議前」。師古曰：「於上前議事。」論議是漢代一種制度，有專員職掌其事。漢書百官公卿表光禄勳有「大夫，掌論議」。惠棟後漢書補注：「齊職儀曰：『秦置諫大夫，屬郎中令，無常員，多至數十人，掌論議，漢初不置，至武帝始因秦置之，無常員，皆名儒宿德爲之。光武增「議」字爲諫議大夫，置三十人。』」漢書龔勝傳：「劾奏勝吏二千石，常位大夫，皆幸得給事中，與論議。」又諸葛豐傳：「使論議士譏臣無補，長獲素餐之名。」

國疾* 第二十八

文學曰：「國有賢士而不用，非士之過，有國者之恥〔一〕。孔子大聖也，諸侯莫能用，當小位於魯，三月，不令而行，不禁而止〔二〕，沛若時雨〔三〕之灌萬物，莫不興起也。況乎位天下之本朝〔四〕，而施聖主之德音教澤乎〔五〕？今公卿處尊位，執天下之要，十有餘年，功德不施於天下，而勤勞於百姓，百姓貧陋困窮，而私家累萬金。此君子所恥，而伐檀〔六〕所刺也。昔者，商鞅相秦，後禮讓，先貪鄙，尚首功〔七〕，務進取，無德厚〔八〕於民，而嚴刑罰於國，俗日壞而民滋怨，故惠王烹菹〔九〕其身，以謝天下。當此之時，亦不能論事矣。今執政患儒貧賤而多言，儒〔一〇〕亦憂執事富貴而多患也。」

大夫視文學，悒悒〔一一〕而不言也。

丞相史曰：「夫辯國家之政事，論執政之得失，何不徐徐道理相喻，何至切切〔一二〕如此乎！大夫難罷鹽、鐵者，非有私〔一三〕也，憂國家之用、邊境之費也。諸生誾誾〔一四〕爭鹽、鐵，亦非爲己也，欲反之於古而輔成仁義也。二者各有所宗，時世異務，又安可堅任古術而非今之理也。且夫小雅非人〔一五〕，必有以易之。諸生若〔一六〕有能安集〔一七〕國中，懷〔一八〕來遠方，使邊境無寇虜之災，租税盡爲諸生除之，何況鹽、鐵、均輸乎！所以貴術儒者，貴其處謙推讓，以道盡人。今辯訟愕愕〔一九〕然，無赤、賜之辭，而見鄙倍〔二〇〕之色，非所聞也〔二一〕。大夫言過，而諸生亦如之，諸生不直謝大夫耳〔二二〕。」

賢良、文學皆離席〔二三〕曰：「鄙人固陋〔二四〕，希涉大庭，狂言多不稱，以逆執事。夫藥酒苦於口而〔二五〕利於病，忠言逆於耳而利於行〔二六〕。故愕愕者福也，諓諓者賊也〔二七〕。林中多疾風，富貴多諛言。萬里之朝，日聞唯唯，而後聞諸生之愕愕，此乃公卿之良藥鍼石〔二八〕。」

大夫色少寬，面文學而蘇賢良〔二九〕曰：「窮巷多曲辯〔三〇〕，而寡見者難喻。文學守死溟涬〔三一〕之語，而終不移。夫往古之事，昔有之語，已可覩矣。今以近世觀之，自以目有所見，耳有所聞，世殊而事異。文、景之際，建元之始，民朴而歸本，吏廉而自重，殷殷屯屯〔三二〕，人衍而家富〔三三〕。今政非改而教非易也，何世之彌薄而俗之滋衰也！吏即少廉，民即寡恥，刑非誅惡，而姦猶不止。世人有言：『鄙儒不如都士〔三四〕。』文學皆出山東，希涉大論。子大夫〔三五〕論京師之日久，願分明政治得失之事，故所以然者也〔三六〕。」

賢良曰：「夫山東，天下之腹心，賢士之戰場也。高皇帝龍飛鳳舉於宋、楚之間，山東子弟〔三七〕蕭、曹、樊、酈、滕、灌之屬爲輔，雖即〔三八〕異世，亦即閎夭、太顛〔三九〕而已。禹出西羌，文王生北夷〔四〇〕，然聖德高世，有萬人之才，負迭〔四一〕羣之任，出入都市〔四二〕，一旦不知返〔四三〕，數然後〔四四〕終於廝役而已。僕雖不生長京師，才駑下愚，不足與大議〔四五〕，竊以所〔四六〕聞閭里長老之言，往者，常民衣服温暖而不靡，器質朴牢而致用，衣足以蔽體，器足以便事〔四七〕，馬足以易步，車足以自載，酒足以合歡而不湛〔四八〕，樂足以理心而不淫，入無宴樂之聞，出無佚游之觀，行即負嬴〔四九〕止則〔五〇〕鋤耘，用約而財饒，本修而民富，送死哀而不華，養生適而不奢，大臣正而無欲，執政寬而不苛；故黎民寧其性，百吏保其官。建元之〔五一〕始，崇文修德，天下乂安。其後，邪臣各以伎藝〔五二〕，虧〔五三〕亂至治，外障山海，内興諸利。楊可〔五四〕告緡〔五五〕，江充禁服〔五六〕，張大夫革令〔五七〕，杜周治獄〔五八〕，罰贖科適，微細〔五九〕並行，不可勝載。夏蘭之屬妄搏，王温舒之徒妄殺，殘吏萌起〔六〇〕，擾亂良民。當此之時，百姓不保其首領〔六一〕，豪富莫必〔六二〕其族姓。聖主覺焉，乃刑戮充等，誅滅殘賊，以殺〔六三〕死罪之怨，塞天下之責〔六四〕，然〔六五〕居民肆然復安。然其禍累世不復，瘡痍至今未息。故百官尚有殘賊〔六六〕之政，而强宰尚有强奪之心。大臣擅權而擊斷〔六七〕，豪猾多黨而侵陵，富貴奢侈，貧賤篡殺，女工〔六八〕難成而易弊，車器難就而易敗，車不累朞，器不終歲，一車千石，一衣十鍾。常〔六九〕民文杯畫案〔七〇〕，机席緝蹹〔七一〕，婢妾衣紈履絲，匹庶粺飯肉食〔七二〕，里有俗，黨有場，康莊〔七三〕馳逐，窮巷蹹鞠〔七四〕，秉耒〔七五〕抱臿〔七六〕，躬耕身織者寡，聚要斂容，傅白黛青者衆〔七七〕。無而爲有，貧而强夸，文表無裏，紈袴〔七八〕枲裝，生不養，死厚送〔七九〕，葬〔八〇〕死殫家，遣女滿車，富者欲過，貧者欲及〔八一〕，富者空減〔八二〕，貧者稱貸。是以民年急而歲促，貧即寡恥，乏即少廉，此所以刑非誅惡而姦猶不止也。故國有嚴〔八三〕急之徵，即生散〔八四〕不足之〔八五〕疾〔八六〕矣。」

* 這篇討論的是所謂「國疾」問題。賢良認爲不僅秦、漢不如三代，就是漢武帝也是前後判若兩人，「建元之始」一漢武帝，「建元之後」又一漢武帝。「建元之始，崇文修德，天下乂安。其後，邪臣各以伎藝，虧亂至治，外障山海，内興諸利。……微細並行，不可勝載。……其禍累世不復，瘡痍至今未息」。他們認爲所謂「國疾」，完全是由漢武帝製定的政策造成的。丞相史指出「諸生闒闒争鹽、鐵」，是「欲反之於古」，斥責他們：「時世異務，又安可堅任古術而非今之

理也？」大夫也斥責：「文學守死溟涬之語，而終不移。」「誦死人之語」，「稱往古而訾當世」，這纔是真正的「國疾」。

〔一〕篇題「疾」原作「病」，張敦仁曰：「目録『病』作『疾』。」今案作「疾」是，本篇末亦作「疾」，今據改正。

〔二〕大戴禮記曾子制言中：「天下無道，循道而行，衡塗而僨，手足不揜，四支不被，此則非士之罪也，有士者之羞也。」又見説苑談叢篇。

〔三〕王先謙曰：「『不令而行，不禁而止』，是孔子相魯三月事，非小位也。事類賦天部引作『嘗居小位，相魯三月』，是也。『居小位』即孟子所謂『委吏乘田』，承上『諸侯莫能用』言。『三月相魯』，下屬爲義。『嘗』、『當』形近致誤。又脱『居』字。『於』亦作『柃』，與『相』形近而誤耳。御覽十一天部作『嘗居上位，相魯三月』，『上』字誤改，而餘文並同。」案太玄書室本「當」作「嘗」。

〔四〕孟子滕文公下：「如時雨降，民大悦。」荀子議兵篇：「若時雨之降，莫不説喜。」

〔五〕「本朝」指朝廷，包括封建王朝及分封諸侯之朝廷而言。若淮南子氾論篇：「立之於本朝之上，倚之於三公之位（上文舉百里奚、伊尹、太公、甯戚）。」高誘注：「本朝，國朝也。」大戴禮記保傅篇：「賢者立於本朝，而天下之豪相率而趨之也（上文舉文王、成湯、越王句踐）。」漢書王褒傳：「聖主得賢臣頌：『去卑辱奥渫而升本朝（上文舉伊尹、太公、百里奚、甯越）。』」劉向九歎：「恐登階之逢殆兮，故退伏於末庭，孽臣之號咷兮，本朝蕪而不治（上文舉龍逢、比干、驪姬）。」這些都是兼舉二者而言的。其用於封建王朝的，如吕氏春秋音辭篇：「本朝不静，草木早槁。」漢書梅福傳：「淮南王安緣間而起，所以計慮不成而謀議泄者，以衆賢聚於本朝，故其大臣勢陵不敢和從也。」師古曰：「本朝，漢朝也。」又薛廣德傳：

「蕭望之薦廣德經行，宜充本朝。」又李尋傳：「唯陛下親求賢士，無彊所惡，以崇社稷，尊彊本朝。」又蕭望之傳：「以望之爲平原太守，望之雅意在本朝，遠爲郡守，内不自得。」又匡衡傳：「令海内昭然，咸見本朝之所貴，道德弘於京師，淑問揚於疆外。」後漢書宋意傳：「蕃國婚姻之盛，過於本朝。」又李固傳：「本朝者，心腹也；州郡者，四支也。」又劉陶傳：「宜還本朝，夾輔王室。」其用於分封諸侯的，如荀子仲尼篇：「與之高、國之位，而本朝之臣莫之敢惡也。」又儒效篇：「秦昭王問孫卿子曰：『儒無益於人之國？』孫卿子曰：『……儒者在本朝則美政，在下位則美俗。』」孟子萬章下：「立乎人之本朝，而道不行。」漢書宣元六王傳：「敕諭東平思王宇曰：『今聞王自修有闕，本朝不和。』」師古曰：「謂東平國之朝也。」則本朝施之於封建王朝或分封諸侯俱可，當隨文尋繹其義而解之，鹽鐵論此文則指漢朝也。至於文選聖主得賢臣頌集注：「本朝則謂本州、本縣也。」此於王褒原文，即已不合，殊爲逞臆之辭。至於宋人，多以本朝對異代而言，與此義又别也。

〔五〕漢書楚元王傳附劉向傳：「宜發明詔，吐德音。」又董仲舒傳：「陛下發德音，下明詔。」又韋賢傳：「孝武皇帝功至著也，爲武世宗，此孝宣所以發德音也。」又匡衡傳：「臣衡材駑，無以輔相善義，宣揚德音。」則漢人以帝王之詔爲德音。後詔聖篇：「發德音。」華氏本「教澤」作「敷澤」，未可據。

〔六〕詩經魏風伐檀序：「伐檀，刺貪也。」漢書司馬相如傳：「悲伐檀。」師古曰：「伐檀，魏國之詩，刺在位貪鄙也。」

〔七〕張之象注曰：「魯仲連曰：『彼秦者，棄禮義而上首功之國也。』譙周曰：『秦用商鞅計，制爵二十等，以戰獲首級者，計而受爵。是以秦人每戰勝，老弱婦人皆死，計功賞至萬數，天下謂之上首功之國，皆以惡之也。』司馬貞曰：『秦法，斬首多爲上功，謂斬一人首賜爵一級，故謂秦爲首功之國也。』」案張注見史記魯仲連傳集解及索隱，又見戰國策趙策下。

〔八〕「厚」原作「序」，今據張敦仁說校改。張云：「『序』，當作『厚』。」陳遵默曰：「案張說是。漢荆州刺史度尚碑『厚』作『序』，三公山碑『厚』作『序』，並與『序』形近。」

〔九〕它書皆言車裂，此獨言烹葅，未詳所本。

〔一〇〕「儒」字原無，今據張之象本、沈延銓本、金蟠本補。

〔一一〕史記商君傳：「且賢君者各及其身顯名天下，安能邑邑待數十百年以成帝王乎？」大戴禮記曾子制言中：「故君子無悒悒於貧，無勿勿於賤，無憚憚於不聞，……知我吾無訢訢，不知我吾無悒悒。」「邑」「悒」古通。說文心部：「悒，不安也。」

〔一二〕論語子路篇：「朋友切切偲偲。」集解：「馬融曰：『切切偲偲，相切責之貌。』」大戴禮記曾子立事篇：「朋友切切。」

〔一三〕「私」原作「利」，今依郭沫若說校改。

〔一四〕史記魯世家：「太史公曰：『余聞孔子稱曰：甚矣，魯道之衰也，洙、泗之間齗齗如也。』」索隱：「齗，音魚斤反，讀如論語『誾誾如也』。齗齗是鬭爭之貌。」案索隱引論語，見鄉黨篇，集解引孔安國曰：「誾誾，中正貌也。」與司馬貞所引義別，蓋出於古文論語、齊論與魯論傳者之不同。

〔一五〕「夫」原作「去」，正嘉本、張之象本、沈延銓本、金蟠本作「夫」，今據改正。漢書司馬相如傳：「掉羣雅。」張揖曰：「詩小雅之材七十四人，大雅之材三十一人。」劉劭人物志九徵：「一全之謂偏材，偏材，小雅之質也。」劉昞注：「徒仁而無義，未能兼濟，各守一行，是以名不及大雅也。」器案：二劉釋小雅是，足與此文參證。此文之「人」，即下文「以道盡人」之「人」，「非人」者，言非人道之至極也。

〔一六〕「若」原作「莫」，王先謙曰：「文義直貫至『何況鹽、鐵、均輸乎』止，『莫』字衍。」郭沫若曰：「『莫』當作『若』。」案郭説是，今據改正。

〔一七〕詩經小雅鴻雁序：「萬民離散，不安其居，而能勞來還定，安集之。」孔穎達疏：「萬民分離逃散，皆不安止其居處，……今還歸本宅安（定）止，安慰而集聚之。」

〔一八〕「懷」下原有「臧之」二字，今據盧文弨説校删。

〔一九〕史記趙世家：「徒聞唯唯，不聞周舍之鄂鄂。」正義：「鄂鄂，直也。」又商君傳：「千人之諾諾，不如一士之諤諤。」家語六本篇：「湯、武以諤諤而昌，桀、紂以唯唯而亡。」「鄂鄂」、「諤諤」與「愕愕」古通。文選三國名臣贊：「神情所涉，豈徒蹇愕而已哉？」集注：「李善曰：『東觀漢記：載憑謝上曰：臣無蹇鄂之節，迺有狂瞽之言。字書：鄂，直言。』音決：『諤或爲鄂。』張銑曰：『愕，直也。』」明初本作「諤諤」。

〔二〇〕論語泰伯篇：「出辭氣，斯遠鄙倍矣。」皇侃義疏：「出言有章，故人不敢鄙穢倍違之也。」

〔二一〕左傳僖公三十二年：「勞師以襲遠，非所聞也。」

〔二二〕「不直」猶今言「不過」，此言諸生不過稍遜大夫一籌耳。史記淮南衡山列傳：「被曰：『不直來爲大王畫耳。』」言不過來爲大王出謀畫策耳。「不直」用法，正與此同。文選顔延年贈王太常詩：「屬美謝繁翰。」李注：「謝猶慚也。」

〔二三〕文選上林賦：「於是二子愀然改容，超若自失，逡巡避席曰：『鄙人固陋，不知忌諱。』」李善注：「廣雅：

『鄙，小也。』」此即寫倣其文，「避席」即「離席」也。

〔二四〕荀子修身篇：「少見曰陋。」

〔二五〕「口」下原無「而」字，今據張之象本、沈延銓本、金蟠本、楊沂孫校本校補。

〔二六〕韓非子外儲說左上：「夫良藥苦於口，而智者勸而飲之，知其入而已己疾也；忠言拂於耳，而明主聽之，知其可以致功也。」史記留侯世家：「忠言逆耳利於行，毒藥苦口利於病。」又淮南衡山傳：「毒藥苦於口利於病，忠言逆於耳利於行。」說苑正諫篇：「孔子曰：『良藥苦於口利於病，忠言逆於耳利於行。』」家語六本篇同。本書能言篇：「藥酒，病之利也。」

〔二七〕「賊」原作「賤」，今據楊樹達、郭沫若說校改。楊云：「古書多以『福』『賊』對文，老子德經第六十五章云：『故以智治國，國之賊；不以智治國，國之福。』荀子大略篇云：『能除患則爲福，不能除患則爲賊。』韓詩外傳七云：『爲善者天報之以福，爲不善者天報之以賊。』後漢書張玄傳云：『事行則爲福，事不行則爲賊。』皆以『福』『賊』對文。史記龜策傳云：『諫者，福也；諛者，賊也。』與此文異義同，尤爲明證。且上文以『病』『行』爲韻，此以『福』『賊』爲韻，若作『賤』，又失其韻矣。」器案：前論誹篇：「疾小人淺淺面從。」「諓諓」「淺淺」古通。公羊傳文公十二年：「惟諓諓善竫言。」何休注：「諓諓，淺薄之貌。」漢書李尋傳：「秦穆公說諓諓之言。」潛夫論救邊篇：「淺淺善靖。」此俱用尚書秦誓「截截善諞言」，而字有異同，蓋今古文之別耳。

〔二八〕左傳襄公二十二年：「孟孫之惡我，藥石也。」杜注：「常志相違戾，猶藥石之療疾。」韓非子喻老篇：「疾在腠理，湯熨之所及也；在肌膚，鍼石之所及也。」

〔二九〕「蘇」下原有「也」字，今據黄季剛説校删。黄云：「『蘇』讀爲『遡』，向也。『也』字羨。」器案：後箴石篇：「盛色而相蘇。」孫詒讓也引此文釋「蘇」爲「向」。荀子議兵篇：「蘇刃者死。」楊倞注：「蘇讀爲傃，傃，向也。」文選西京賦注：「遡，向也。」此黄説所本，今據訂正。「面」讀如史記項羽本紀「馬童面之」之「面」，集解引張晏解「面之」爲「背之」。文選離騷：「偭規矩而改錯。」集注：「王逸曰：『偭，背也。』陸善經曰：『背規矩繩墨之法，而改錯置。』」「偭」「面」古通。這裏就是大夫背着文學而面向賢良講話的意思。張之象本、沈延銓本、金蟠本、楊沂孫校本又改「賢良」爲「丞相史」，所謂求其説不得，又從而爲之辭者也。

〔三〇〕商君書更法篇：「窮巷多怪（一作「恠」），曲學多辨。」史記趙世家：「窮鄉多異，曲學多辯。」文選吴都賦劉淵林注：「曲謂僻也。」

〔三一〕正嘉本、太玄書室本、張之象本、沈延銓本、金蟠本「溟涬」作「渣滓」。案莊子天地篇：「豈兄堯、舜之教民，溟涬然弟之哉？」淮南子本經篇：「江、淮通流，四海溟涬。」高誘注：「溟涬，無岸畔也。」開元占經一引張衡靈憲：「太素之前，幽清玄静，寂寞溟默，不可爲象，厥中爲虚，厥外爲無，如是者永久焉，斯謂溟涬。」玉篇水部：「溟涬，水盛貌。涬，乎冷切。」「溟涬」有不着邊際、大而無當之意，則作「溟涬」自通，無煩改作。明初本作「溟澤」，誤。

〔三二〕「屯」讀爲「軫」，文選羽獵賦：「殷殷軫軫。」注：「盛也。」甘泉賦作「殷轔」，注：「言盛多也。」義並通。黄帝四經稱篇：「其實屯屯。」

〔三三〕漢書食貨志上：「孝景二年，令民半出田租三十而税一也。……然婁敕有司，以農爲務，民遂樂業。至武帝之初，七十年間，國家亡事，非遇水旱，則民人給家足，都鄙廩庾盡滿，而府庫餘財，京師之錢，累百鉅萬，貫朽而不可校，太倉之粟，陳陳相因，充溢露於外，腐敗不可食。衆庶街巷有馬，阡陌之間成羣，乘牸牝者擯而不得會聚。守閭閻者食粱肉，爲吏者長子孫，居官者以爲姓號，人人自愛，而重犯法，先行誼而黜媿辱焉。」三輔黃圖六：「太倉，蕭何造，在長安城外東南。文、景節儉，太倉之粟，紅腐而不可食。」

〔三四〕楊慎譚苑醍醐一曰：「都何以訓美？都者，鄙之對也。左傳曰：『都鄙有章。』淮南子云：『始乎都者，常卒乎鄙。』蓋天子所居輦轂之下，聲名文物之所聚，故其士女，雍容閑雅之態生，今諺云京樣，即古之所謂都，相如傳『車從甚都』是也。邊氓所居蕞爾之邑，狐狸豺狼之所嘷，故其間閻吝嗇村陋之狀出，今諺云野樣，即古之所謂鄙，老子云『衆人皆有以，而我獨頑似鄙』是也。」案張之象此處出「都鄙」注，全本楊說，今故捨張而用楊。通鑑十一：「叔孫通曰：『若真鄙儒也，不知時變。』」注：「鄙言不通。」姚範曰：「都士謂生長京師者，西京賦所云『都人士女』。」

〔三五〕公羊傳宣公六年：「子大夫也，欲視之，則就而視之。」何休注：「古者，士大夫通曰子。」漢書武帝紀元光元年五月詔，稱賢良爲「子大夫」，注師古曰：「子者，人之嘉稱，大夫，舉官稱也，志在優賢，故謂之子大夫也。」又賈誼傳：「子大夫自有過耳。」服虔曰：「子者，男子美稱。」又董仲舒傳：「子大夫明先聖之業。」後漢書肅宗孝章帝紀：「略聞子大夫之志矣。」文選答客難：「今子大夫脩先王之術。」又魏都賦：「而子大夫之賢者。」李善注：「國語：『越王句踐曰：苟聞子大夫之言。』賈逵曰：『親而近之，故曰子大夫。』」又永明九年策秀才文稱秀才爲「子大夫」，李善注：「國語：『越王句踐曰：苟聞子大夫言。』賈逵曰：『親而近之，故曰子大夫也。』」器案：此文「子大夫」，亦是桑弘羊尊稱賢良之辭，姚鼐謂：「以賢良爲太常、三輔所舉，宜先在京師也。」其說甚是。

〔三六〕正嘉本、張之象本、沈延銓本、金蟠本「失」作「識」。「願」原作「顧」，「失」上原無「得」字，今據王先謙説校改。姚範曰：「『顧分明』句『之』字，疑在『故』字下。」王先謙曰：「『顧』當爲『願』，『失』上當有『得』字，張改非。」黄季剛曰：「『顧』，『願』之譌。『政』羨文。『治失』猶『中失』也。」器案：後散不足篇：「願聞散不足。」執務篇：「願聞方今之急務。」字俱作「願」，與此可以互證。

〔三七〕史記項羽本紀：「籍與江東子弟八千人，渡江而去。」史記高祖本紀：「於是少年豪吏如蕭、曹、樊噲等，皆爲收沛子弟二三千人。」

〔三八〕張之象本、沈延銓本、金蟠本「即」作「既」。王先謙曰：「案『雖即』猶『雖則』也。『則』、『即』雙聲字，張改非。」

〔三九〕論語泰伯篇：「武王曰：『予有亂臣十人。』」集解：「馬融曰：『亂，理也，理官者十人也，謂周公旦、召公奭、太公望、畢公、榮公、太顛、閎夭、散宜生、南宫适，其餘一人，謂文母也。』」

〔四〇〕孟子離婁下：「舜生於諸馮，遷於負夏，卒於鳴條，東夷之人也。文王生於岐周，卒於畢郢，西夷之人也。」此謂「文王生北夷」，蓋傳聞異辭。

〔四一〕張之象注曰：「『迭』通作『軼』，相過也。」毛扆曰：「『迭』通作『軼』。」王先謙曰：「『迭』爲『佚』之誤，『佚』、『軼』同字。」

〔四二〕張敦仁曰：「案此句上有脱文，今無以補之。」

〔四三〕韓詩外傳五：「朝廷之士爲禄，故入而不能出；山林之士爲名，故往而不能返。」抱朴子内篇嘉遁：「夫入而不出者，謂之耽寵忘退；往而不反者，謂之不仕無義。」

〔四四〕盧文弨曰：「『後』字衍。」郭沫若讀「數」爲「驟」。

〔四五〕「與」原作「以」，盧文弨曰：「『以』下疑脱一字。」器案：「以」當作「與」，「與」俗字作「与」，與「以」形近致誤，前孝養篇：「有詔公卿與斯議。」即此「與」字之義，謂參與也。今據訂正。漢書董仲舒傳：「仲舒在家，朝廷如有大議，使使者及廷尉張湯就其家而問之。」此次會議，亦大議也。

〔四六〕盧文弨曰：「疑『所』在『以』下。」

〔四七〕潛夫論務本篇：「器足以便事爲善。」

〔四八〕詩經大雅抑：「荒湛於酒。」湛謂沈溺。

〔四九〕「羸」原作「嬴」，今據明初本、華氏本校改，文選過秦論：「羸糧而景從。」李善注：「莊子曰：『今使民曰：某所有賢者，羸糧而趣之。』方言曰：『羸，擔也。』音盈。」

〔五〇〕「則」原作「作」，今據楊樹達説校改。楊云：「『作』當作『則』，聲近之誤，『則』與『即』對文。」器案：散不足篇：「行則服桅，止則就犁。」詔聖篇：「行則頓之，止則擊之。」句法正同，楊校是。

〔五一〕「始」上原無「之」字，今補。「之始」與下文「其後」對文。救匱篇及上文也作「建元之始」。説略本楊樹達。

〔五二〕文選思玄賦注：「手伎曰伎，體才曰藝。」

〔五三〕「虧」讀爲「毁」，周易大有「虧盈」，釋文云：「虧盈，馬本作『毁盈』。」

〔五四〕「可」下原有「勝」字，今據張敦仁説校删。張云：「案『勝』字當衍，（拾補有。）案下文『不可勝載』而誤。」

〔五五〕史記平準書：「楊可告緡徧天下，中家以上，大抵皆遇告。」又酷吏傳：「出告緡令，鉏豪彊并兼之家。」正義：「緡音岷，錢貫也。武帝伐四夷，國用不足，故稅民田宅船乘畜産奴婢等，皆平作錢數，每千錢一算出一等，賈人倍之；若隱不稅，有告之，半與告人，餘半入官謂緡。出此令，用鋤築豪强兼并大賈之家也。一算，百二十文也。」又云：「至冬，楊可方受告緡。」集解：「韋昭曰：『人有告言不出緡者，可方受之。』」索隱：「緡，錢貫也。漢氏有告緡令，楊可主之，謂緡錢出入，有不出算錢者，令得告之也。」漢書武帝紀：「元狩四年冬，初算緡錢。」注：「李斐曰：『緡，絲也，以貫錢也。一貫千錢，出算二十也。』臣瓚曰：『茂陵書：諸賈人末作，貰貸置居邑儲積諸物，及商以取利者，雖無市籍，各以其物自占，率緡錢二千而一算，此緡錢是儲錢也，故隨其用所施，施於吏重者，其算亦多也。』師古曰：『謂有儲積錢者，計其緡貫而稅之。』」又：「元鼎三年十一月，令民告緡者，以其半與之。」注：「孟康曰：『有不輸稅，令民得告言，以半與之。』」又食貨志下：「楊可告緡徧天下，中家以上，大氐皆遇告。」如淳曰：「告緡令，楊可所告言也。」師古曰：「此説非也，楊可據令而發動之，故天下皆被告。」案：顔説是。

〔五六〕漢書江充傳：「上以充爲謁者，使匈奴還，拜爲直指繡衣使者，督三輔盜賊，禁察踰侈，貴戚近臣多奢僭，充皆舉劾，奏請没入車馬，令身待北軍擊匈奴。」此言禁服，蓋即禁察踰侈内容之一也。

〔五七〕張大夫指張湯。漢書張湯傳：「張湯，杜陵人也。……與趙禹共定諸律令，務在深文拘守職之吏。……遷御史大夫。……湯承上指，請造白金及五銖錢，籠天下鹽、鐵，排富商大賈，出告緡令，鉏豪彊并兼之家，舞文巧詆以輔法。」據此，則鹽、鐵雖由弘羊倡始，也是靠張湯才能推行的。謝孝苹鹽鐵論校注小議曰：「按：『革令』疑『挈令』之譌。『革』『挈』形近。漢書張湯傳：『湯決大獄，欲傅古義，乃請博士弟子治尚書、春秋。補廷尉史，平亭疑法。奏讞疑，必奏先爲上分別其原。上所是，受而著讞法廷尉挈令，揚主之明。』挈令，韋昭曰：『在板挈也。』師古曰：『挈，獄訟之要也。書于讞法挈令，以爲後式也。挈音口計反。』革令不辭，革挈形近，所以致訛。」（文史第十七期）器案：謝説是，當據改正。史記酷吏列傳「挈」作「絜」，説文：「絨，樂浪挈令。」段注：「漢張湯傳有廷尉挈令，韋昭曰：在板挈也。後漢應劭傳作『廷尉板令』，史記又作『絜令』，漢燕王旦傳又有光禄挈令。挈當作栔，栔，刻也。」案：漢書溝洫志：「今内史稻田租挈，重不與郡同。」師古曰：「租挈，收田租之約令也。挈音苦計反。」

〔五八〕杜周已見刺復篇注〔八九〕。史記平準書：「杜周治之，獄少反者。」

〔五九〕漢書刑法志：「鉤摭微細，毛舉數事，以塞詔而已。」

〔六〇〕史記平準書：「而御史大夫張湯方隆貴用事，減宣、杜周等爲中丞，義縱、尹齊、王温舒等用慘急刻深爲九卿，而直指夏蘭之屬始出矣。」（又見漢書食貨志下）漢書百官表侍御史有繡衣直指，出討姦猾，治大獄，武帝所制，不常置。服虔曰：「直指，指事而行，無阿私也。」明初本、華氏本「萌起」作「蜂起」。

〔六一〕左傳隱公三年：「若以大夫之靈，得保首領以没。」

〔六二〕荀子議兵篇：「羣下懍然，莫必其命。」韓詩外傳四作「莫冀其命」。

〔六三〕張之象注曰：「殺，所戒切。」案文選長楊賦注：「殺，減也。」漢書溝洫志：「分殺水怒。」通鑑三三注：「殺，所介翻，減也。」後刑德篇：「上殺下殺。」義與此同。

〔六四〕史記秦始皇本紀：「塞萬民之望。」漢書高五王傳：「無以塞天下之望。」又汲黯傳：「塞百姓之心。」又王褒傳：「聖主得賢臣頌：『太平之責塞。』」顔師古注俱曰：「塞，滿也。」

〔六五〕「然」，正嘉本、張之象本、沈延銓本、金蟠本作「故」。楊樹達曰：「本書『然』字皆作『然後』用。論儒篇

『信然與之霸王』同。王先謙云：『當有後字。』非。」

〔六六〕治要引太公六韜：「何謂殘賊？太公曰：『所謂殘者，收天下珠玉美女金錢綵帛狗馬穀粟，藏之不休，此謂殘也。所謂賊者，收暴虐之吏，殺天下之民，無貴無賤，非以法度，此謂賊也。』」正嘉本、張之象本、沈延銓本、金蟠本「賊」作「疾」，非是。

〔六七〕「擊斷」原作「斷擊」，今乙正。戰國策秦策下：「華陽、涇陽，擊斷無諱。」鮑彪注：「擊斷謂刑人。」漢書刑法志：「窮民犯法，酷吏擊斷，姦軌不勝。」又楚元王傳：「劉向上封事：『五侯驕奢僭盛，擊斷自恣。』」徐幹中論考僞篇：「時有拒絶，擊斷嚴厲。」通鑑三五：「於是附莽者拔擢，忤恨者誅滅，以王舜、王邑爲腹心，甄豐、甄阜主擊斷。」字俱作「擊斷」，今據乙正。

〔六八〕「工」，沈延銓本作「紅」。

〔六九〕王先謙曰：「藝文類聚服飾部、北堂書鈔儀飾部引『常』並作『良』。」案御覽四九三引作「令」。

〔七〇〕漢書貢禹傳：「見賜杯案盡文畫。」東觀漢記九：「祭肜，顯宗嘉其功，賜錢百萬及衣冠刀劍，下至杯案食物，大小重疊。」古文苑王褒僮約：「滌杯整案。」章樵注：「案以設飲食之具。」急就篇：「橢杅盤案栝閜盌。」顔師古注：「無足曰盤，有足曰案，所以陳舉食也。」

〔七一〕倪邦彦本、太玄書室本、張之象本、沈延銓本、金蟠本「机」作「几」，古通。左傳襄公十年：「授之以几。」釋文：「本又作『机』。」又昭公元年：「圍布几筵。」釋文：「本亦作『机』。」黄季剛曰：「『緝蹈』猶『雜遝』。」案：治要本「蹈」作「蹀」。

〔七二〕御覽四九三、七一〇引「履絲」下、藝文類聚六九引「肉食」下並有「所以亂治也」五字一句。明初本「粺飯」作「精飯」。案：九章算術二：「今有粟二斗一升，欲爲粺米，問得幾何？答曰：爲粺米一斗一升五十分升之十七。」李籍音義：「粺米精於糲也。凡粟五斗得粺米二斗七升，故粟率五十而粺率二十七。詩云：『彼疏斯粺。』鄭康成注云：『米之率，糲十粺九鑿八，侍御也。』」案詩大雅疏：「九章粟米之法，粟率五十，糲米三十，粺六十七，鑿二十四，御二十一。言粟五升爲糲米三升，已下則米漸細，故數益少。」散不足篇「皤黍食稗」，「稗」即「粺」字。

〔七三〕爾雅釋宮：「五達謂之康，六達謂之莊。」史記孟子荀卿列傳：「爲開第康莊之衢。」正義：「言爲諸子起第宅於要路也。」

〔七四〕「蹋」原作「蹹」，今據張之象本、沈延銓本、金蟠本校改。龍龕手鑑四足部：「蹋、蹹，踐也，履也。」「蹋」字通行，今從張本等。史記衞將軍驃騎列傳：「穿域蹋鞠。」索隱：「今之鞠戲，以皮爲之，中實以毛，蹴蹋爲戲。……漢書作『躅鞠』，三蒼云：『鞠，毛可躅以爲戲。』」正義：「今之打毬也，黄帝所作，起戰國時，程武士，知其材力也，若講武。」案戰國策齊策上言臨淄有「六博、蹹鞠者」。

〔七五〕春秋繁露立元神篇：「秉耒躬耕。」禮記月令正義：「耒者，以木爲之，長六尺六寸，底長尺有一寸，中央直者三尺有三寸，句者二尺有二寸。底謂耒下嚮前曲接耜者頭而著耜。耜，金鐵爲之。」

〔七六〕「臿」原作「插」，今從姚範校改。方言五：「臿，宋、魏之間謂之鏵。」釋名釋用器：「臿，插也，插地起土也。」（從畢沅校本）

〔七七〕「聚」原作「娶」，「斂」下原有「從」字，今從張敦仁説校改。張云：「案『娶』當作『聚』，『從』字當衍。（明初本正無「從」字。）聚其要，（「要」「腰」同字。）斂其容，傅以白，黛以青，（説文曰：「黱，畫眉也。」

「黱」「黛」同字。釋名云：「黛，代也，滅眉毛去之，以此畫代其處也。」可見畫眉曰黛，故即名其所以畫者爲黛，與此互證，而義乃明。）凡四事，與上句云『秉耒、抱插、躬耕、身織者寡』，亦凡四事對文也。此二句，其意與通有篇『田疇不脩，男女矜飾』相類，張之象本不得其解，輒附會之云：『斂古作臉。』絶謬。」器案：戰國策楚策：「彼鄭周之女，粉白墨黑，立於衢閭，非知而見之者以爲神。」粉白墨黑與此傅白黛青義同。

〔七八〕「袴」原作「跨」，華氏活字本、正嘉本、張之象本、沈延銓本、金蟠本作「袴」，今據改正。

〔七九〕張之象本、沈延銓本、金蟠本「送」作「葬」。

〔八〇〕張之象本、沈延銓本、金蟠本「葬」作「送」。

〔八一〕史記孝文本紀：「遺詔：『當今之時，世咸嘉生而惡死，厚葬以破業，重服以傷生，吾甚不取。』」又地理志下：「秦地……郡國輻湊，浮食者多，民去本就末，列侯貴人，車服僭上，衆庶放效，羞不相及，嫁娶尤崇侈靡，送死過度。」又王吉傳：「上疏：『世俗聘妻、送女無節，則貧人不及，故不舉子。』」潛夫論浮侈篇：「富貴嫁娶，車軿各十騎奴侍僮，夾轂節引，富者競欲相過，貧者恥不逮及。」諸書所言，可與此互證。

〔八二〕正嘉本、張之象本、沈延銓本、金蟠本「減」作「藏」。

〔八三〕「嚴」下原有「不」字，今據盧文弨説校删。

〔八四〕「散」原作「前」，今據黄季剛説校改。黄云：「『前』當作『散』，下篇丞相曰：『願聞散不足。』即承此語。」案黄説是，「散」即錯幣篇「散聚均利」之「散」，亦即力耕篇「流有餘而調不足」之意。

〔八五〕「足」下原無「之」字，今據盧文弨説校增。

〔八六〕盧文弨曰：「此篇，總目作『國疾』，當篇作『國疾』，今觀此語，作『國疾』爲是。」徐友蘭曰：「按下篇云：『國病聚不足即政怠，人病聚不足則身危。』作『病』是。」

鹽鐵論校注卷第六

散不足＊第二十九

大夫曰：「吾以賢良爲少愈，乃反其幽明，若胡車相隨而鳴〔二〕。諸生獨不見季夏之蟆乎〔三〕？音聲入耳，秋至而聲無。者〔四〕生無易由言〔五〕，不顧其患，患至而後默，晚矣。」

賢良曰：「孔子讀史記〔六〕，喟然〔七〕而歎，傷正德之廢、君臣之危也。夫賢人君子，以天下爲任〔八〕者也。任大者思遠，思遠者忘近。誠心閔悼，惻隱加爾，故忠心獨而無累。此詩人所以傷而作，比干、子胥遺身忘禍也。其惡勞人若斯之急，安能默乎？詩云：『憂心如惔，不敢戲談〔九〕。』孔子栖栖〔一〇〕，疾固也〔一一〕。墨子遑遑〔一二〕，閔世也。」

大夫默然。

丞相〔一三〕曰：「願聞散不足。」

賢良曰：「宫室輿馬，衣服器械，喪祭食飲，聲色玩好〔一四〕，人情之所不能已也。故聖人爲之制度以防之。間者，士大夫務於權利，怠於禮義；故百姓倣傚，頗踰制度。今故陳之，曰：

「古者，穀物菜果，不時不食〔一五〕，鳥獸魚鼈，不中殺不食〔一六〕。故徼罔〔一七〕不入於澤，雜毛不取。今富者逐驅殲罔罝〔一八〕，掩捕麑鷇，耽湎沈酒鋪百川〔一九〕。鮮羔䍮，幾胎肩〔二〇〕，皮黄口〔二一〕。春鵝秋鶵〔二二〕，冬葵温韮〔二三〕，浚〔二四〕茈〔二五〕蓼蘇〔二六〕，豐薁耳菜〔二七〕，毛果蟲貉〔二八〕。

「古者，采椽茅茨，陶桴〔二九〕複穴〔三〇〕，足禦寒暑、蔽風雨而已。及其後世，采椽不斲，茅茨不翦〔三一〕，無斲削之事，磨礱之功。大夫達棱楹，士穎首〔三二〕，庶人斧成木構而已。今富者井幹增梁〔三三〕，雕文檻楯〔三四〕，堊幔〔三五〕壁飾。

「古者，衣服不中制，器械不中用，不粥於市〔三六〕。今民間雕琢不中之物，刻畫玩好〔三七〕無用之器。玄黄雜青〔三八〕，五色繡衣，戲弄蒲人雜婦〔三九〕，百獸馬戲鬬虎〔四〇〕，唐銻追人〔四一〕，奇蟲胡妲〔四二〕。

「古者，諸侯不秣馬，天子有命，以車就牧〔四三〕。庶人之乘馬〔四四〕者，足以代其〔四五〕勞而已。故行則服桅〔四六〕，止則就犁〔四七〕。今富者連車列騎，驂貳輜軿〔四八〕。中者微輿短轂〔四九〕，繁髦〔五〇〕掌蹄〔五一〕。夫一馬伏櫪〔五二〕，當中家六口之食，亡丁男一人之事〔五三〕。

「古者，庶人耋老而後衣絲，其餘則麻枲而已，故命曰布衣〔五四〕。及其後，則絲裏枲表，直領無褘〔五五〕，袍合不緣〔五六〕。夫羅紈文繡〔五七〕者，人君后妃之服也。繭紬〔五八〕縑練者，婚姻之嘉飾也。是以文繒薄織〔五九〕，不粥於市〔六〇〕。今富者縟〔六一〕繡羅紈，中者素綈冰錦〔六二〕。常民而被后妃之服〔六三〕，褻人而居婚姻之飾。夫紈素之賈倍縑，縑之用倍紈也〔六四〕。

「古者，椎車無柔〔六五〕，棧輿〔六六〕無植〔六七〕。及其後，木軨〔六八〕不衣，長轂數幅〔六九〕，蒲薦〔七〇〕苙蓋，蓋無漆絲〔七一〕之飾。大夫士則單複〔七二〕木具，盤韋柔革〔七三〕。常民漆〔七四〕輿大軨蜀〔七五〕輪。今庶人富者銀黃華左搔〔七六〕，結綏韜杠〔七七〕。中者錯鑣〔七八〕塗〔七九〕采，珥靳飛軨〔八〇〕。

「古者，鹿裘皮冒〔八一〕，蹄足不去〔八二〕。及其後，大夫士狐貉〔八三〕縫腋〔八四〕，羔麑豹祛〔八五〕。庶人則毛絝衳彤〔八六〕，羝襆皮傅〔八七〕。今富者鼲鼦〔八八〕，狐白〔八九〕鳧翁〔九〇〕。中者罽衣金縷〔九一〕，燕鼦代黄〔九二〕。

「古者，庶人賤騎繩控〔九三〕，革鞮皮薦〔九四〕而已。及其後，革鞍氂成〔九五〕，鐵鑣不飾〔九六〕。今富者韇〔九七〕耳銀鑷韅，黄金琅勒〔九八〕，罽繡弁汗，華韉明鮮〔九九〕。中者漆〔一〇〇〕韋紹系，采畫暴乾〔一〇一〕。

「古者，汙尊抔飲〔一〇二〕，蓋無爵觴樽俎〔一〇三〕。及其後，庶人器用即竹柳陶匏〔一〇四〕而已。唯瑚璉〔一〇五〕觴豆〔一〇六〕而後彫文彤漆。今富者銀口〔一〇七〕黄耳〔一〇八〕，金罍〔一〇九〕玉鍾。中者野王紵器〔一一〇〕，金錯蜀杯〔一一一〕。夫一文杯得銅杯十，賈賤而用不殊。箕子之譏，始在天子，今在匹夫〔一一二〕。

「古者，燔黍食稗，而捭豚以相饗〔一一三〕。其後，鄉人飲酒，老者重豆，少者立食〔一一四〕，一醬一肉，旅飲而已。及其後，賓婚相召，則豆羹白飯〔一一五〕，綦〔一一六〕膾熟肉。今民間酒食，殽旅重疊〔一一七〕，燔炙滿案〔一一八〕，臑鼈膾鯉〔一一九〕，麑卵〔一二〇〕鶉鷃〔一二一〕橙枸〔一二二〕，鮐鱧醢醯，衆物雜味。

「古者，庶人春夏耕耘，秋冬收藏，昏晨力作，夜以繼日。詩云：『晝爾于茅，宵爾索綯，亟其乘屋，其始播百穀〔一二三〕。』非膢臘〔一二四〕不休息〔一二五〕，非祭祀無酒肉〔一二六〕。今賓昏酒食，接連相因〔一二七〕，析酲什半〔一二八〕，棄事相隨，慮無乏日。

「古者，庶人糲食藜藿，非鄉飲酒〔一二九〕膢臘〔一三〇〕祭祀無酒肉。故諸侯無故不殺牛羊，大夫士無故不殺犬豕〔一三一〕。今閭巷縣佰〔一三二〕，阡伯屠沽〔一三三〕，無故烹殺，相聚野外。負粟而往，挈肉而歸。夫一豕之肉，得中年〔一三四〕之收；十五斗粟，當丁男半月之食〔一三五〕。

「古者，庶人魚菽之祭〔一三六〕，春秋脩其祖祠〔一三七〕。士一廟，大夫三〔一三八〕，以時有事于五祀〔一三九〕，蓋無出門之祭〔一四〇〕。今富者祈名嶽，望山川〔一四一〕，椎牛擊鼓，戲倡儛像〔一四二〕。中者南居當路〔一四三〕，水上雲臺〔一四四〕，屠羊殺狗，鼓瑟吹笙。貧者雞豕五芳〔一四五〕，衛保〔一四六〕散〔一四七〕臘，傾蓋社場〔一四八〕。

「古者，德行求福，故祭祀而寬。仁義求吉，故卜筮而希。今世俗寬於行而求於鬼，怠於禮而篤於祭，嫚親而貴勢，至妄而信日〔一四九〕，聽訑言〔一五〇〕而幸得，出實物而享虛福。

「古者，君子夙夜孳孳〔一五一〕思其德，小人晨昏孜孜思其力。故君子不素飡〔一五二〕，小人不空食〔一五三〕。今〔一五四〕世俗飾僞行詐，爲民巫祝〔一五五〕，以取釐〔一五六〕謝，堅頜〔一五七〕健舌，或以成業致富，故憚事之人，釋本相學。是以街巷有巫，閭里有祝。

「古者，無杠〔一五八〕樠之寢，牀栘〔一五九〕之案。及其後世，庶人即采木之杠，牒樺〔一六〇〕之樠。士不斤〔一六一〕成，大夫葦莞〔一六二〕而已。今富者黼繡帷幄，塗屏錯跗〔一六三〕。中者錦綈高張，采畫丹漆。

「古者，皮毛草蓐，無茵〔一六四〕席之加，旃蒻〔一六五〕之美。及其後，大夫士復〔一六六〕薦草緣，蒲平〔一六七〕單莞。庶人即草蓐索經〔一六八〕單〔一六九〕藺蘧蒢〔一七〇〕而已。今富者繡茵翟柔〔一七一〕，蒲子〔一七二〕露牀〔一七三〕。中者獏〔一七四〕皮代旃，闒坐〔一七五〕平莞。

「古者，不粥飪〔一七六〕，不市食。及其後，則有屠沽，沽酒市脯魚鹽而已。今熟食徧列〔一七七〕，殽施成市〔一七八〕，作業墮怠，食必趣時，楊〔一七九〕豚韭卵，狗䐡〔一八〇〕馬朘〔一八一〕，煎〔一八二〕魚切肝，羊淹雞寒〔一八三〕，挏馬酪酒〔一八四〕，蹇捕胃脯〔一八五〕，胹羔豆賜〔一八六〕，鷇膹鴈羹〔一八七〕，臭〔一八八〕鮑甘瓠〔一八九〕，熟〔一九〇〕粱貊炙〔一九一〕。

「古者，土鼓凷枹〔一九二〕，擊木拊石〔一九三〕，以盡其歡。及其〔一九四〕後，卿大夫有管磬，士有琴瑟。往者，民間酒會，各以黨俗〔一九五〕，彈箏鼓缶而已。無要妙〔一九六〕之音，變羽之轉〔一九七〕。今富者鐘鼓五樂，歌兒〔一九八〕數曹〔一九九〕。中者鳴竽調瑟，鄭儛趙謳〔二〇〇〕。

「古者，瓦棺容尸，木板堲周〔二〇一〕，足以收形骸、藏髮齒而已。及其後，桐棺不衣，采椁不斲。今富者繡牆〔二〇二〕題湊〔二〇三〕，中者梓棺楩椁〔二〇四〕，貧者畫荒衣袍，繒囊緹橐〔二〇五〕。

「古者，明器有形無實，示民不可用也〔二〇六〕。及其後，則有醯醢〔二〇七〕之藏，桐馬偶人彌祭，其物不備〔二〇八〕。今厚資多藏，器用如生人〔二〇九〕。郡國繇吏，素桑楺偶車〔二一〇〕櫓輪〔二一一〕，匹夫無貌領〔二一二〕，桐人衣紈綈〔二一三〕。

「古者，不封不樹〔二四〕，反虞祭〔二五〕於寢，無壇宇之居〔二六〕，廟堂之位。及其後，則封之，庶人之墳半仞，其高可隱〔二七〕。今富者積土成山，列樹成林，臺榭連閣，集觀增〔二八〕樓。中者祠堂〔二九〕屏閤，垣闕罘罳〔三〇〕。

「古者，鄰有喪，舂不相杵，巷不歌謠〔三一〕。孔子食於有喪者之側，未嘗飽也，子於是日哭，則不歌〔三二〕。今俗因人之喪以求酒肉，幸與小坐而責辨〔三三〕，歌舞俳優〔三四〕，連笑伎戲〔三五〕。

「古者，男女之際尚矣〔三六〕，嫁娶之服，未之以記。及虞、夏之後，蓋表布内絲，骨笄象珥，封君夫人〔三七〕加錦尚褧〔三八〕而已。今富者皮衣朱貉，繁露〔三九〕環佩。中者長裾交禕〔四〇〕，璧瑞簪珥〔四一〕。

「古者，事生盡愛，送死盡哀。故聖人爲制節，非虚加之。今生不能致其愛敬，死以奢侈相高；雖無哀戚之心，而厚葬重幣者，則稱以爲孝，顯名立於世，光榮著於俗〔四二〕。故黎民相慕效，至於發〔四三〕屋賣業〔四四〕。

「古者，夫婦之好，一男一女，而成家室〔四五〕之道。及後，士一妾，大夫二，諸侯有姪娣九女〔四六〕而已。今諸侯百數，卿大夫十數，中者侍御，富者盈室。是以女或曠怨失時，男或放死無匹〔四七〕。

「古者，凶年不備，豐年補敗，仍舊貫而不改作〔二三八〕。今工異變而吏殊心，壞敗成功，以匿厥意。意極乎功業，務存乎面目。積功以市譽，不恤民之急。田野不辟，而飾亭落〔二三九〕；邑居丘墟，而高其郭。

「古者，不以人力徇於禽獸，不奪民財以養狗馬，是以財衍而力有餘。今猛獸奇蟲〔二四〇〕不可以耕耘，而令當耕耘者養食之。百姓或短褐不完，而犬馬衣文繡；黎民或糟糠不接，而禽獸食粱肉〔二四一〕。

「古者，人君敬事愛下，使民以時，天子以天下爲家，臣妾各以其時供公職，古今之通義也。今縣官多畜奴婢，坐稟衣食〔二四二〕，私作產業，爲姦利，力作不盡，縣官失實〔二四三〕。百姓或無斗筲之儲，官奴〔二四四〕累百金；黎民昏晨不釋事，奴婢垂拱遨游〔二四五〕也。

「古者，親近而疏遠，貴所同而賤非類。不賞無功，不養無用。今蠻、貊無功，縣官居肆〔二四六〕，廣屋大第，坐稟衣食。百姓或旦暮不贍，蠻、夷或厭酒肉。黎民泮汗〔二四七〕力作，蠻、夷〔二四八〕交脛肆踞〔二四九〕。

「古者，庶人麁菲草芰〔二五〇〕，縮絲尚韋〔二五一〕而已。及其後，則綦下不借〔二五二〕，鞔鞮革舃〔二五三〕。今富者革中名工，輕靡〔二五四〕使容，紈裏紃下，越端縱緣〔二五五〕。中者鄧里間作蒯苴〔二五六〕。蠢豎〔二五七〕婢妾，韋沓絲履〔二五八〕。走者茸芰絇緰〔二五九〕。

「古聖人勞躬養神，節欲適情，尊天敬地，履德行仁〔二六〇〕。是以上天歆〔二六一〕焉，永其世而豐其年。故堯秀眉高彩〔二六二〕，享國百載〔二六三〕。及秦始皇覽怪迂〔二六四〕，信禨祥〔二六五〕，使盧生求羨門高〔二六六〕，徐市〔二六七〕等入海求不死之藥。當此之時，燕、齊之士，釋鉏耒，争言神仙。方士於是趣咸陽者以千數，言仙人食金飲珠，然後壽與天地相保〔二六八〕。於是數巡狩五嶽、濱海之館，以求神仙蓬萊〔二六九〕之屬。數幸之郡縣，富人以貲佐，貧者築道旁。其後，小者亡逃，大者藏匿；吏捕索掣頓〔二七〇〕，不以道理。名宫之旁，廬舍丘落，無生苗立樹；百姓離心，怨思者十有半〔二七一〕。書曰：『享多儀，儀不及物曰不享〔二七二〕。』故聖人非仁義不載於己，非正道不御〔二七三〕於前。是以先帝誅文成、五利等〔二七四〕，宣帝〔二七五〕建學官，親近忠良，欲以絶怪惡之端，而昭至德之塗也。

「宫室奢侈，林木之蠹也〔二七六〕。器械雕琢，財用之蠹也。衣服靡麗，布帛之蠹也。狗馬食人之食，五穀之蠹也。口腹〔二七七〕從恣，魚肉之蠹也。用費不節，府庫之蠹也。漏積不禁，田野之蠹也。喪祭無度，傷生之蠹也。墮成變故傷功〔二七八〕，工商上通傷農。故一杯棬〔二七九〕用百人之力，一屏風就萬人之功，其爲害亦多矣！目脩〔二八〇〕於五色，耳營於五音，體極輕薄〔二八一〕，口極〔二八二〕甘脆，功積於無用，財盡於不急〔二八三〕，口腹不可爲多。故國病聚不足即政怠，人病聚不足則身危。」

丞相曰〔三四〕：「治聚不足奈何？」

＊這篇，賢良借題發揮，以論奢侈、節儉爲名，欲行復古之實。對這些問題，韓非有一段很尖鋭的批評：「今有構木鑽燧於夏后氏之世者，必爲鯀、禹笑矣；有決瀆於殷、周之世者，必爲湯、武笑矣。然則有美堯、舜、湯、武、禹之道於當今之世者，必爲新聖笑矣。」（韓非子五蠹篇）是非常中肯的。

〔一〕「箴」上原有「鹽鐵」二字，張敦仁在當篇題目下出校語云：「二字衍，目録亦然。」今據删。

〔二〕姚範曰：「『胡車』未詳。且此篇多未審習，俟與博學者考之。」王佩諍曰：「案本書論功篇：『匈奴車無銀黄絲漆之飾。』則匈奴雖尚騎射，何嘗無車，未可執一而論也。」

〔三〕王引之經義述聞爾雅釋蟲蜓蚞螇螰條：「家大人（指王念孫）曰：『鹽鐵論散不足篇：諸生獨不見季夏之螇乎？音聲入耳，秋風至而聲無。螇即螇螰也。螇螰謂之螇，亦猶螻蛄謂之螻、蚸螻謂之螻矣。』」器案：方言十一：「蛥蚗，齊謂之螇螰，楚謂之蟪蛄。」莊子逍遥遊：「蟪蛄不知春秋。」釋文：「司馬云：『惠姑，寒蟬也，一名蝭蟧，春生夏死，夏生秋死。』崔云：『蛁蟧也，或曰山蟬，秋鳴不及春，春鳴不及秋。』」司馬彪、崔譔所説，與此言「秋至而無聲」正合。莊子云「蟪蛄」，此云「螇」者，當時招舉之賢良、文學多「齊、魯儒生」，遂存其方言，所謂「楚人楚言、齊人齊言」也。抱朴子刺驕：「爲春蜩夏蠅之聒耳。」「蠅」蓋亦「螇」之誤。

〔四〕張敦仁曰：「按『者』當作『諸』。」楊沂孫曰：「『者』當是『諸』字。」按攖寧齋鈔本作「諸」。「者」、「諸」古通用。王佩諍曰：「大戴禮衛將軍文子篇：『其者寡人之不及歟？』禮記郊特牲：『或諸遠人乎？』

均以『者』『諸』互易。爾雅釋魚篇龜字下二『者』二『諸』，相互代用，更爲顯然。」

〔五〕詩經小雅小弁：「君子無易由言。」朱熹集傳：「君子不可易於其言。」又大雅抑：「無易由言，無曰苟矣。」朱熹集傳：「易，輕。言不可輕易其言。」

〔六〕漢人往往提到孔子與史記的關係，這個史記都是指的太史公書以前魯國的史記，不是指的太史公書。春秋繁露俞序篇：「仲尼之作春秋，引史記。」漢書藝文志：「孔子與左丘明觀其史記。」又司馬遷傳贊：「孔子因魯史記而作春秋。」論衡謝短篇：「孔子録史記以作春秋。」又超奇篇：「孔子得史記以作春秋。」公羊傳莊公七年何休注：「不脩春秋謂史記也。古者謂史記爲春秋。」又昭公十二年注：「孔子後作春秋，案史記。」春秋左傳序正義引賈逵春秋序：「孔子覽史記，就是非之説，立素王之法。」史記陳杞世家正義引家語：「孔子讀史記，至楚復陳云云。」孟子離婁下趙岐章指：「春秋乃興假史記之文，孔子正之，以匡邪也。」越絶書十四：「夫子作經攬史記。」上面所舉，和這裏的「孔子讀史記」，都是指魯國的「不脩春秋」，即史記。

〔七〕論語先進篇：「夫子喟然歎曰。」説文口部：「喟，太息也。……嘆，一曰太息也。」又欠部：「歎，吟也。」「嘆」「歎」通用。

〔八〕孟子萬章上：「伊尹耕於有莘之野……思天下之民，匹夫匹婦有不被堯、舜之澤者，若己推而納之溝中，其自任以天下之重如此，故就湯而説之以伐夏救民。」

〔九〕這是詩經小雅節南山文。

〔一〇〕漢書叙傳：「是以聖喆之治，棲棲皇皇，孔席不煖，墨突不黔。」師古曰：「（棲棲皇皇）不安之意也。」

案：「棲」「栖」、「皇」「遑」，字俱通用。

〔一一〕論語憲問篇：「微生畝謂孔子：『丘何爲是栖栖者與？無乃爲佞乎？』孔子曰：『非敢爲佞也，疾固也。』」「固」謂固執。

〔一二〕論衡定賢篇：「孔子棲棲，墨子遑遑。」後漢書蘇竟傳：「仲尼棲棲，墨子遑遑。」劉子新論惜時章：「仲尼栖栖，突不暇黔；墨翟遑遑，席不及煖。」

〔一三〕張敦仁曰：「張之象本『相』下添『史』字，下文『丞相曰治聚不足奈何』，亦添『史』字。（沈延銓本、金蟠本同。）按所添皆誤也。此書有『文學曰』，『賢良曰』，『丞相曰』，（即此篇是也。）『丞相史曰』，（丞相屬官，見漢表。）『大夫曰』，（御史大夫也。）『御史曰』，（御史大夫屬官，見漢表。）即本議篇所謂『使丞相、御史與所舉賢良、文學語』者也。而『丞相曰』僅有二語，又聊爲問辭，獨無可否，（與餘人全異。）言猶不言耳，即雜論篇所謂『括囊容身』也。凡後人起代前人詰難，則必爲更端之辭，（具見各篇，不更出。）此兩『丞相曰』在『大夫曰』之間，上有『大夫默然』是更端，下不見丞相之所以更端者，以其非詰難也。唯前孝養篇、後箴石篇、執務篇三『丞相史曰』爲脱去『史』字。（説具於彼。）張之象本一概添之，讀者莫辨矣。今訂正。」器案：張敦仁説箴石、執務兩篇張之象添「丞相」作「丞相史」爲是，其説未當，説詳那兩篇的注文。

〔一四〕韓非子八姦篇：「内事之以金玉玩好。」又亡徵篇：「事車服器玩好。」又内儲説下：「衣服玩好，擇其所欲者爲之。」

〔一五〕禮記王制：「五穀不時，果實未熟，不粥於市。」

〔一六〕禮記王制：「禽獸魚鼈不中殺，不粥於市。」

〔一七〕徼借爲繳，史記司馬相如傳：「微矰出，纖繳施。」又：「徼麋鹿之怪獸。」集解：「漢書音義曰：『徼，遮也。』」文選西都賦：「矰繳相纏。」李注：「周禮曰：『矰，矢也。』鄭玄曰：『結繳於矢謂之矰，矰，高也。』說文曰：『繳，生絲縷也。』」

〔一八〕張之象本、沈延銓本、金蟠本「逐」作「遂」，郭沫若改作「迺」。黄季剛曰：「『殲』當作『纖』，『罝』羨，或『罔』羨。」

〔一九〕「酒」原作「猶」，這是由於二字形近錯了的，今改。尚書微子：「我用沈酗於酒。」崔駰酒箴：「豐侯沈酒，荷罌負缶。」即以「沈酒」連文。「鋪百川」，言酒之多，左傳昭公十二年：「晉侯先穆子曰：『有酒如淮，有肉如坻……』齊侯舉矢曰：『有酒如澠，有肉如陵。』」史記殷本紀：「以酒爲池，縣肉爲林。」漢書張騫傳：「行賞賜，酒池肉林。」俱以水形容酒之多。

〔二〇〕「幾」原作「羢」，「肩」，原作「扁」，今據張敦仁說校改。張云：「按『羢』當作『幾』，（字書未見「羢」字。）『扁』當作『肩』。此句與上句云『鮮羔䍲』，下句云『皮黄口』，文意同。『羔䍲』者，羊之小者也。『胎肩』者，豕之小者也。『黄口』者，鳥之小者也。幾，刉也。（周禮故書作『幾』，見肆師，又見於犬人，而鄭注讀爲『刉』，亦必故書也。皆謂刉性爲幾，故即名其禮爲幾。說文作『畿』，『幾』『畿』同字。周禮又作『刏』，見士師，鄭小子注以『刏』爲正字。然則『幾』即『刏』，而訓爲『刉』也。）皮，剥也。（見廣雅釋言。）鮮者，月令：『天子乃鮮羔。』鄭注改『鮮』作『獻』，當時禮家或如字說之也。列子湯問：『其長子生，則鮮而食之。』義略相近。（墨子節葬『鮮』作『解』，蓋誤。）張之象本於『鮮』字『胎』字斷句，（金蟠本同。）全不可通。」（凡張失讀甚多，皆此類。）器案：月令「鮮羔」，蔡邕月令問答引作「獻羔」，呂氏春秋二月紀作「獻羔」，周禮天官同。「鮮」「獻」古通。爾雅釋山：「小山别大山鮮。」釋文引李云：「鮮或作巘。」詩皇矣：「度其鮮原。」毛傳：「小山别大山曰鮮。」公劉：「陟在則巘。」毛傳：「巘，小山别於大山也。」即其證。又案：呂氏春秋應同篇：「毁卵食胎。」史記孔子世家：「刳胎殺夭。」即此「幾胎肩」之意。禮記禮器：「豚肩不掩豆。」孔穎達正義：「必言肩者，周人貴肩也。」

〔二二〕黄口，指鳥雛。淮南子天文篇：「鷙鳥不搏黄口。」説苑敬慎篇：「孔子見羅者，其所得皆黄口也。」通鑑九四注：「鳥雛始出巢者，口黄未褪。」器案：皮謂食其皮，張以剥釋之，未達一間。

〔二三〕淮南子原道篇注：「屈讀如秋雞無尾屈之屈。」言「秋雞」與此言「秋雛」義同。春鵝秋雛，猶今言子鵝子雞，俱言其肥嫩。

〔二三〕葵韭都是秋菜，此謂「冬葵温韭」，蓋指由温室裏培養出來的非時新味。漢書循吏召信臣傳：「太官園種冬生葱韭菜茹，覆以屋廡，晝夜爇蘊火，待温氣乃生。」師古曰：「廡，周室也。爇，古然字。蘊火，蓄火也。」後漢書和熹鄧皇后紀：「詔曰：『凡供薦新味，多非其節，或鬱養强孰，或穿掘萌芽。』」通鑑四九胡三省注曰：「鬱養强孰者，言物非其時，未及成孰，爲土室，蓄火其下，使土氣蒸暖，鬱而養之，彊使先成孰也。」這裏的「温韭」，正謂從温室裏培養出來的韭菜。則温室養菜，漢時已甚普遍。

〔二四〕黄季剛曰：「『浚』即『葰』。」案説文艸部：「葰，薑屬，可以香口。」文選閒居賦注：「鄭玄儀禮注曰：『葰，廉薑也。』韻略曰：葰，香草也。相惟切。與『葰』同。」

〔二五〕「茈」，茈薑。文選上林賦注：「張揖曰：『茈薑，子薑也。』」説略本楊樹達。張之象本、沈延銓本、金蟠本誤作「芚」。

〔二六〕「蓼蘇」，也是香料之屬。齊民要術八生脡法：「羊肉一斤，猪肉白四兩，豆醬清漬之，縷切生姜，鷄子，春秋用蘇蓼著之。」文選閒居賦：「蓼茭芬芳。」説文艸部：「蓼，辛菜。」急就篇：「葵韭葱䪥蓼蘇薑。」王應麟補注：「蓼於調和有用，内則云：『鶉羹，雞羹，鴽，釀之蓼。』」文選南都賦：「蘇蔱紫薑，拂徹羶腥。」注：「爾雅曰：『蘇，桂荏。』」

〔二七〕「萸」原作「奕」，孫詒讓曰：「案『奕』非菜名，『豐奕』疑當爲『葷萸』。『豐』，俗或捏作『豊』，（易豐卦釋文云：「依字作『豐』，若『曲』下作『豆』，非也。」）『葷萸』與『豐奕』形相似，因而致誤。説文艸部云：『葷，桑耳也。萸，木耳也。』齊民要術説作木耳菹，取桑棗榆樹邊生者。是葷萸種類非一，故通晐云耳菜矣。」黄季剛曰：「『豐』即『葑』，『奕』當作『萸』。『耳』讀爲『芝栭』之『栭』。」案孫、黄説「萸」字是，今據改正。陸游野菜詩：「萬里蕭條酒一盃，夢魂猶自度邛陲；可憐龍鶴山中菜，不伴峨眉栮脯來。」則字又作「栮」。今木耳猶爲羣衆歡迎之乾菜。

〔二八〕「毛果蟲貉」，疑當作「毛倮蟲豸」，意謂各種大小動物。吕氏春秋觀表篇：「地爲大矣，而水泉草木毛羽裸鱗，未嘗息也。」高誘注：「毛者，虎狼之屬也。……裸者，麒麟麋鹿牛羊之屬也，蹄角裸見皆爲裸蟲。」「裸」字又作「倮」，管子幼官篇：「以倮獸之火爨。」尹注：「倮獸，謂淺毛之獸，虎豹之類。」字又作「羸」，漢書五行志中之下：「時則有羸蟲之孽。」師古曰：「蠡螟之類，無鱗甲毛羽，故謂之羸蟲也。」爾雅釋蟲：「有足謂之蟲，無足謂之豸。」漢書五行志中之上：「蟲豸之類謂之孽。」師古曰：「有足謂之蟲，無足謂之豸。」太平御覽有蟲豸部。

〔二九〕孫人和曰："『陶桴』即『陶丘』。『丘』通『區』，『區』通『桴』。"

〔三〇〕正嘉本、張之象本、沈延銓本、金蟠本"複"作"復"。盧文弨曰："『複』當作『復』。"案淮南子氾論篇："古者，民澤處復穴。"高誘注："復穴，重窟也。一説，穴毁隄防崖岸之中，以爲窟室。"禮記月令注："古者複室。"説文穴部："復，地室也。""復""複"俱借"復"字，高説未諦。戰國策齊策下："身窟穴中。"本書輕重篇："冬不離窟。"又貧富篇："迫於窟穴。"

〔三一〕秦、漢人言崇儉者，大都提及"采椽不斲，茅茨不翦"二事，"茅茨不翦"無異文。至於"采椽"，有作"采椽"者，如韓非子五蠹篇、淮南子主術篇、史記始皇本紀、又李斯傳、又太史公自序、説苑反質篇、漢書藝文志是也；有作"棌椽"者，漢書楊雄傳上、又司馬遷傳是也；唯淮南子精神篇又作"樸桷"，高誘注云："樸，采也；桷，椽也。"説文無"棌"字，正作"采"。諸書舊注，或訓爲"櫟"，或解爲"柞"，考玉篇木部："棌，櫟也。"爾雅釋木："樕，樸心。"郭注："櫟樕别名。"據此，則樸、采同物，樸即樸樕也。至"斲"，史記始皇本紀、李斯傳作"刮"，他書俱作"斲"，淮南子精神篇高注云："不斲削，加密石之。"國語晉語："天子之室，斲其椽而礱之，加密石焉，諸侯礱之，大夫斲之，士首之，以采爲椽，而又不斲，儉之至也。"尚書大傳："其桷，天子斲其材而礱之，加密石焉。"於此可見斲之義云。

〔三二〕孫詒讓曰："案禮記禮器鄭注云：『宫室之飾：士首本，大夫達棱。』孔疏引禮緯含文嘉、禮書引尚書大傳並略同。次公語即本伏傳，但彼以達棱、首本，並爲桷飾。穀梁莊二十四年傳説桷云：『大夫斲之，士斲本。』國語晉語説椽云：『大夫斲之，士首之。』椽桷同物，（説文木部："椽方曰桷。"）則固非楹制。此云『大夫達棱楹』，『楹』字疑衍。『穎首』當即穀梁之『斲本』，然『穎』義未詳。"案晉語八："天子之室，斲其椽而礱之，加密石焉。（韋注：「密，密理石，謂砥也。先粗礱之，加以密砥。」）諸侯礱之，（韋注：「無密石也。」）大夫斲之，（韋注：「不礱也。」）士首之。（韋注：「斲其首也。」）」

〔三三〕淮南子本經篇：「大構駕，興宮室，延樓棧道，雞棲井幹，標林欂櫨，以相支持。」高誘注：「雞棲井幹，復室熒井也，刻花置其中也。標林，柱類；欂，枅也；櫨，柱上柎，即梁上短柱也。」文選西京賦薛綜注：「藻井，當棟中交木方爲之，如井幹也。」

〔三四〕「楯」原作「脩」，今據張敦仁説校改。張云：「按『脩』當作『楯』，（「楯」誤爲「脩」，猶「循」「脩」相亂。水旱篇：「故循行於内。」「脩」之誤也。世務篇：「滑稽而不可脩。」「循」之誤也。）應劭漢書注云：『楯，闌横也。』（李善注文選魏都賦及景福殿賦皆引此。）」

〔三五〕「𢅥」原作「憂」，今據王紹蘭説校改。盧文弨曰：「張本『堊』作『亜』。『憂』訛，當作『夒』，即『獿』字。『壁』疑『壁』。」王紹蘭曰：「案『憂』即『𢅥』之譌字。説文巾部：『𢅥，墀地以巾擏之。从巾𡟓聲，讀若水温䰟。』今本篆文𢅥譌作幔，𡟓聲譌作夒聲。（夊部：『夒，貪獸也。一曰，母猴似人。从頁已，止夊其手足。』按即今猱字也。）據女部：『婚，从女昏，昏亦聲。𡟓，籀文婚如此。』車部：『輾，从車𡟓聲，𡟓，古文婚字，讀若閔。』是𡟓爲古文、籀文之婚。𢅥从𡟓得聲，解爲墀地以巾擏之。土部：『墀，涂地也。』𢅥擏疊韻。手部無擏字，揩下云：『一曰摩也，从手昏聲。』其音義與𢅥正同。然則鹽鐵論當爲『堊𢅥壁飾』，（土部：『堊，白涂也。』）謂以白堊𢅥壁爲飾。傳寫者既缺『巾』旁，而譌『𡟓』爲『夒』，又譌『夒』爲『憂』也。漢書楊雄傳：『獿人亡，匠石輟斤而不敢妄斲。』服虔曰：『獿，古之善塗壁者也，施廣領大袖以仰塗，而領袖不汙，有小飛泥誤著其鼻，固令匠石揮斤而斲。知匠石之善斲，故敢使之也。』『獿』亦『𢅥』之譌字。（犬部：『獿，獿狻也。』音誼皆異。）莊子徐无鬼篇『郢人』，則以聲近假借也。『𢅥』『輾』皆從𡟓聲，許既讀『幔』若『閔』，而讀『幔』若『水温䨓』之『䨓』者，玉篇有『奴昆切』，鼎臣作『乃昆切』。是聲與『閔』近，亦與『鄍』近矣。左氏襄三十一年傳：『圬人以時塓館宫室。』土部無『塓』字，亦當作『幔』。」洪頤煊曰：「『亜憂』當是『堊獿』之譌，爾雅釋宫：『牆謂之堊。』説文曰：『堊，白涂也。』釋名釋宫室篇：『堊，亞也，次也，先泥之，次以白灰飾之也。』獿，古之善塗人也。」孫詒讓曰：「案『憂』疑當爲『黝』，聲之誤也。周禮守祧云：『其祧則守祧黝堊之。』鄭司農注云：『黝讀爲幽，幽，黑也。穀梁莊二十三年傳云：『天子諸侯黝堊。』』『黝』『幽』與『憂』，音近故譌。盧以爲『夒』字之誤，未塙。『壁』字疑亦不誤。（韓非子十過云：「四壁堊墀。」）」器案：王紹蘭説與王念孫讀書雜志漢書楊雄傳獿人條説大同，兹不再録。洪説不知獿爲誤字，孫説憂爲黝之誤，俱不當。

〔三六〕禮記王制：「用器不中度，不粥於市；兵車不中度，不粥於市；布帛粗麤不中數，幅廣狹不中量，不粥於市；姦色亂正色，不粥於市；錦文珠玉成器，不粥於市；衣服飲食，不粥於市。」

〔三七〕「玩好」二字，原在下句「玄黄」上，今據楊樹達説校移。楊云：「崇禮篇『玩好不用之器』，可證。」案國語越語下注：「玩好，珍寶也。」

〔三八〕周易説卦：「震……爲玄黄。」正義：「爲玄黄者取其相雜而成蒼色。」禮記祭義：「夫人繅三盆，手遂布于三宫夫人世婦之吉者使繅，遂朱緑之，玄黄之，以爲黼黻文章。」新語道基：「玄黄琦瑋之色。」嵇康養生論：「目惑玄黄。」

〔三九〕姚範曰：「『蒲』字誤。」王佩諍曰：「案『蒲』字不誤。顧炎武天下郡國利病書：『雲南永昌府保山縣有蒲人，牧誓微、盧、彭、濮。諸濮地與哀牢相接。』今按蒲、濮今作僰，近更號僰彝，即舊稱白夷者也。蒲、濮、僰、白，均一聲之轉。天下郡國利病書又曰：『今陸涼有爨王碑，云是楚令尹子文之後，西漢末食邑於爨，遂姓爨氏。』辭海以爲倮倮即爨彝之一種，實即僰人、白彝之别稱，即古之所謂蒲人也。輟耕録載宋徽宗時爨國人來朝，衣裝鞵履巾裹，傅粉墨，舉動如此，使優人效之以爲戲，故後人謂戲爲爨弄。而次公言『戲弄蒲人雜婦』，則由來尚矣。雜劇或亦本種族而非通語耳。」

〔四〇〕漢書霍光傳：「北宫桂宫，弄彘鬬虎。」又韓延壽傳：「又使騎士戲車弄馬盜驂。」孟康曰：「戲車弄馬之技也。」御覽五六九引漢官典職：「正旦，天子幸德陽殿，作九賓樂，舍利從東來，戲於庭，畢，入殿門，激水化成比目魚，跳躍漱水，作霧鄣日，畢，化成黄龍，高丈八，出水遨戲於庭，炫燿日光。以二丈絲繫兩柱中，頭間相去數丈，兩倡女對舞，行於繩上，又蹹局屈身，藏形斗中，鐘聲並唱，樂畢，作魚龍蔓延，（又見續漢書禮儀志中注引蔡質漢儀，御覽同卷引梁元帝纂要：「又有百戲，起於秦、漢，有魚龍蔓延。」原注：「假作獸以戲。」）黄門鼓吹三通。」王嘉拾遺記：「成王之時，南垂之南，有扶婁夷國，或於掌中備百獸之樂，婉轉屈曲於指間，人形或長數分，神怪歘忽，樂府傳此，末代猶在焉。」

〔四一〕楊慎藝林伐山十曰：「唐梯，空梯也，古訓謂唐曰空，莊子『求馬於唐肆』、佛經『佛不唐捐』是也。唐梯，今之上高竿也。追人，追猶追琢，今割截易牛馬首。」方以智通雅三五：「唐梯，今之翻空梯。追人猶言縋人也。升庵以鹽鐵論唐梯爲上高竿，追人爲割截人易牛馬首，按此乃幻人也。今有縋人縮索而上，墜而復上且舞者，有人倒擲，以梯安足上，使一人上梯，從梯蹬中，翻轉蜿蜒而上。胡妲即漢飾女伎，今之裝旦也。奇蟲，總言魚龍曼衍也。」洪頤煊曰：「説文：『唐銻，火齊也。』『唐銻』即『鎕銻』通用字。蓋用珠綵裝飾人物，以爲玩弄之具。玉篇：『鎕銻，餌也。』是以餅爲之。」黄季剛曰：「『銻』當作『餅』，『唐』即『餹』，『餹餅』，餌也。『追』讀爲『琱』，餹餅琱奇蟲胡妲，如今賣餳粗諸色餳肖人物也。」器案：

鍗銻、鍗銻二義，説雖辯，但於此文，實不相稱，要以楊、方二説，頗爲近之。唐梯追人，蓋即漢代尋橦之伎，一事而異名耳。御覽五六九引梁元帝纂要：「又有百戲，起於秦、漢，有……都盧尋橦，（原注：「今之緣竿，見西京賦。」）……跟挂腹旋。（原注：「並緣竿所作，見傅玄西都賦。」）」御覽同卷引石虎鄴中記：「虎正會，殿前作樂，高絙、龍魚、鳳皇、安息五案之屬，莫不畢備。有額上緣橦，至上鳥飛，左回右轉。又以橦着口齒上，亦如之。設馬車，立木橦其車上，長二丈，橦頭安橦木，兩伎兒各坐木一頭，或鳥飛，或倒掛。又衣伎兒作獮猴之形，走馬上，或在脅，或在馬頭，或在馬尾，馬走如故，名爲猨騎。」唐書樂志：「漢世有橦末伎。……梁有獮猴橦戲，今有緣竿伎。」王佩諍曰：「虞書益稷：『夔曰：予擊石拊石，百獸率舞。』是百獸之舞，由來已久。文選張衡西京賦之『巨獸曼衍』，藝文類聚引李尤平樂觀賦亦云然。魏志明帝紀裴注引魚豢魏略：『帝引穀水過九龍殿前，水轉百戲。歲首建巨獸，魚龍曼衍，弄馬倒騎。』則即所謂馬戲者也。太平御覽引竹林七賢傳：『魏文帝於宣武場上爲闌鬥虎。王戎年七歲，亦往觀焉；虎乘間薄闌而吼，其聲震地，觀者辟易顛仆，戎安然不動。』則鬥虎之戲，至魏世猶然。」

〔四二〕御覽五六九引梁元帝纂要：「又有百戲，起於秦、漢，有……怪獸舍利之戲。（原注：「並見西京賦。」）」唐書樂志：「散樂，非部伍之聲，俳優歌舞雜奏。漢天子臨軒設樂，舍利獸從西方來，戲於殿前，激水成比目魚，跳躍潄水，作霧翳日，化成黄龍，脩丈八，出水遊戲，煇熠日光。」陳遵默曰：「説文無『妲』字，徵之他書，當作『但』，賈子匈奴篇：『上使樂府幸假之但樂。』淮南説林訓：『使但吹竽。』『但』蓋優俳之類，『胡但』，胡人之爲但者，其作女邊旦，乃俗人妄改，猶『倡』之爲『娼』、『伎』之爲『妓』也。唯『但』之本義不爲俳優，疑借『誕』字爲之，啁弄欺謾，正優俳所有事也。」王佩諍引吴梅奢摩他室日記未刻稿曰：「妲即唐、五代以後劇曲中之旦字，疑鹽鐵論之『胡旦』，即後人之花旦，歌麻、魚虞，古韻通轉也。」器案：陳説妲字之源，吴説妲義之變，皆是。袁枚隨園詩話卷十五亦以爲此奇妲即「今之花旦」。淮南「使但吹竽」，文子上德篇作「使倡吹竽」，蓋不知「但」之爲義而改之，事雖近而非其朔也。樂府詩集卷八三：「復有但歌四曲，亦出漢世，無弦節，作伎，最先一人作，三人和。魏武帝尤好之。時有宋容華者，清徹好聲，善唱此曲，當時特妙。自晉世後，不復傳，遂絶。」晉書樂志亦載此事。這也是當時作「但」的例證。不過也有作「妲」的。文選繁休伯與魏文帝牋：「謇妲名唱。」集注：「李善曰：『蓋亦當時之樂人。説文曰：嫭，驕也，子庶反。字或作妲，古字假借也。妲，子也反。』音決：『妲，蕭子也反，曹子預反。』吕向曰：『左騏、史妠、謇妲，皆樂人名。』」案文選所存之妲字是，而注家以「子庶」

「子也」「子預」音之，則其字從「且」非從「旦」也；此或以説文無「妲」字之故，因而以「嫭」字解之，而不知其本爲「但」字也。「但歌」者，猶爾雅釋樂所謂「徒歌謂之謡」之「徒歌」也，邵晉涵正義引左傳疏云：「言無樂而空歌，其聲逍遥然也。」案文選王命論注：「但，徒也。」又答蘇子卿書注：「徒，空也。」漢書食貨志：「以所入貢但賒之。」師古曰：「但，空也。」淮南説山篇：「媒但者，非學謾也，但成而生不信。」高誘注：「但猶詐也。」但爲空，引伸則有虚詐義。故淮南子云：「使但吹竽，使氏厭竅，雖中節而不可聽。」明但之爲藝，與吹奏樂器判然兩途矣。文心雕龍樂府篇：「子建、士衡，咸有佳篇（指歌），並無詔伶人，故事謝絲管；俗稱乖調，蓋未思也。」「事謝絲管」，即「無弦節」之謂，亦即「無樂而空歌」之謂也。由此看來，則「但歌」之義灼然可知，而「胡妲」之「妲」，亦從而灼然可知矣。

〔四三〕荀子大略篇：「天子召諸侯，諸侯輦輿就馬，禮也。詩曰：『我出我輿，于彼牧矣。自天子所，謂我來矣。』」楊倞注：「輦謂人輓車，言不暇待馬至，故輦輿就馬也。」案詩小雅出車毛傳：「出車，就馬於牧地。」

〔四四〕「馬」字原在「者」字下，今據王先謙説移正。王云：「『乘』字語意不了，『馬』字當在『乘』下，此誤倒。御覽八百二十三資産部、八百九十七獸部並作『庶人之乘馬者，足以代勞而已』。」

〔四五〕王先謙曰：「御覽同上引，亦無『其』字。」

〔四六〕王先謙曰：「御覽資産部、獸部引『梔』並作『軛』。」案：説文馬部：「駕，馬在軛中。」「梔」借「軛」字。

〔四七〕此謂馬耕也。御覽八二三引此下尚有三輔、遼東耕犁一段六十九字，非本書文。

〔四八〕説文車部：「輜，輜軿，衣車也。軿，車前衣也，車後爲輜。」

〔四九〕周禮考工記：「車人爲車，柯長三尺，……轂長半柯，……行澤者欲短轂，行山者欲長轂，短轂則利，長轂則安。」詩秦風小戎：「文茵暢轂。」毛傳：「暢轂，長轂也。」長轂者兵車，短轂者非兵車，微輿短轂，蓋取其輕利。

〔五〇〕「緐髦」原作「煩尾」，今改。「煩」「緐」音近通用，「尾」「髦」形近而誤。説文系部：「緐，馬髦飾也。」左傳成公二年：「請曲縣繁纓以朝。」杜注：「繁纓，馬飾。」資治通鑑一注：「繁，馬鬣上飾。」

〔五一〕孫人和曰：「『掌』讀爲『堂』，説文：『堂，距也。』堂蹄，以物遮飾其蹄也。」器案：「堂蹄」，今猶有此語，就是拿鐵堂釘在馬蹄上來保護它。走馬之堂蹄，正如門雞之距爪一樣。

〔五二〕御覽八九七引「伏櫪」作「服櫪」，「伏」「服」古通。曹操龜雖壽詩：「老驥伏櫪，志在千里。」漢書李尋傳：「馬不伏歷，不可以趨道。」師古曰：「伏歷，謂伏槽歷而秣之也。」「歷」通「櫪」。

〔五三〕「丁男」，謂丁壯男子，説文頁部「頂」字籀文作「顛」，「丁」「鼎」同義，猶當時之「丁年」，亦「春秋鼎盛」之意也。俱見漢書。爾雅釋詁：「丁，當也。」淮南子齊俗篇：「丈夫丁壯而不耕，婦人當年而不織。」

「丁壯」與「當年」對文同義。「亡」作損失解。風俗通義正失篇：「丁氏家穿井，得一人於井中。」亡一人與得一人，相反爲義也。

〔五四〕初學記二七、御覽八一五引范子計然：「古者，庶人老耋而後衣絲，其餘則麻枲而已，故曰布衣。今富者綺繡羅紈，素綈冰錦也。繡細文而出齊，上價匹二萬，中萬，下五千也。」案左傳昭公三十一年：「麻衣跣行。」史記魯周公世家作「布衣跣行」，此布衣爲麻枲之衣之證。

〔五五〕爾雅釋器：「婦人之褘謂之縭，縭，緌也。」郭注：「褘邪交落帶繫於體，因名爲褘。緌，繫也。」詩豳風東山：「親結其縭。」毛傳：「縭，婦人之褘也。」文選思玄賦注：「在男曰褘，在女曰縭。」漢書景十三王傳：「時愛爲去刺方領繡。」晉灼曰：「今之婦人直領也，繡爲方領，上刺作黼黻文。王莽傳曰：『有人著赤繢方領。』方領，上服也。」器案：釋名釋衣服：「直領，邪直而交下，亦如丈夫胞袍方也。」則男女上服，俱爲直領，今所見出土文物，正復如此。

〔五六〕説文糸部：「緣，衣純也。」段玉裁注：「此以古釋今也。古者曰衣純（上聲），見經典，今曰衣緣（去聲），緣其本字，純其假借字也。緣者，沿其邊而飾之也。」

〔五七〕楚辭招魂：「被文服纖。」王逸注：「文謂綺繡也。」史記貨殖傳：「刺繡文，不如倚市門。」

〔五八〕説文糸部：「䌷，粗緒也。」廣雅釋器：「䌷，紬也。」説文糸部：「紬，大絲繒也。」大典本、華氏活字本「紬」作「細」，不可從。又案：漢書外戚傳上注：「縑即今之絹也，音兼。」

〔五九〕織有「染絲織之」之義，見禮記玉藻注，周禮玉府：「凡王之獻金石兵器文織，貨賄之物，受而藏之。」此文「文繒」，即謂文織之薄繒也。

〔六〇〕禮記王制：「錦文珠玉成器，不粥於市。」

〔六一〕王先謙曰：「御覽八百十五布帛部引『縟』作『綺』。」

〔六二〕「素綈冰錦」原作「素綈錦冰」，今據王先謙校改。王曰：「『錦冰』當作『冰錦』，冰亦素也，故素紈謂之冰紈。綈錦二物，力耕篇『不益錦綈之實』，亦錦綈對文，此誤倒。御覽布帛部引正作『素綈冰錦』。」器案：漢書地理志下：「其俗彌侈，織作冰紈綺繡純麗之物。」如淳曰：「紈，白熟也。純，緣也，謂緣組之屬也。麗，好也。」臣瓚曰：「冰紈，紈細密堅如冰者也。純麗，溫純美麗之物也。」師古曰：「如説非也。冰謂布帛之細，其色鮮潔如冰者也。紈，素也。綺，文繒也，即今之所謂細綾也。純，精好也。麗，華靡也。」後漢書章帝紀：「建初二年，詔齊相：『省冰紈，方空縠，吹綸絮。』」注：「冰，言色鮮潔如冰。」又宦者傳論：「冰紈霧縠之積。」初學記二七、太平御覽卷八一五引范子計然：「今富者綺繡羅紈，素綈冰錦。」釋名釋采帛：「綾，凌也，其文望之如冰凌。」説文糸部：「綈，厚繒也。」

〔六三〕漢書賈誼傳：「今庶人屋壁，得爲帝服；倡優下賤，得爲后飾。」又貢禹傳：「衣服履絝刀劍亂於上。」

〔六四〕太平御覽卷八百十四引范子計然：「白素出三輔，匹八百。」

〔六五〕説文車部：「輮，車網也。」段玉裁注：「車網者，輪邊圍繞如網然。攷工記謂之牙，牙也者，以爲固抱也。又謂之輮，行澤者反輮，行山者仄輮。大鄭曰：『牙，世間或謂之罔。』釋名曰：『輞，罔也，罔羅周輪之外也。關西曰輮，言曲揉也。』按牙亦作枒，木部枒下曰：『一曰車網會也。』所以名牙者，合衆曲而爲之，如襍佩之牙，亦曲體也。亦謂之渠，俗作轑，尚書大傳『大貝如車渠』是也。」

〔六六〕説文木部：「竹木之車曰棧。」周禮春官巾車：「士乘棧車。」考工記：「棧車欲弇。」注：「爲其無革輓，不堅，易拆壞也。」韓非子外儲説左下：「孫叔敖相楚，棧車牝馬。」

〔六七〕廣雅釋器：「箇謂之植。」應當是這裏的「植」字。無植，蓋謂無輿上式較軹轛諸材，僅以竹木縱横編之如棧棚，故曰棧輿也。御覽三五八引「植」作「輗」，或出别本。

〔六八〕説文車部：「軨，車轖間横木。」楚辭九辯：「倚結軨兮長太息，涕潺湲兮下霑軾。」王注：「伏車重軾而涕泣也。」

〔六九〕孫詒讓曰：「案『輻』當爲『輻』，謂數密之輻。『輻』『輻』聲類同。」案孫讀數爲「數罟不入洿池」之「數」，見孟子梁惠王上，趙岐注云：「數罟，密網。」

〔七〇〕楊樹達曰：「『蒲薦』謂以蒲薦輪，所謂蒲輪安車是也。」器案：漢書霍光傳：「韋絮薦輪。」注：「晉灼曰：『御輦以韋緣輪，著之以絮。』師古曰：『取其行安，不摇動也。』」彼文「薦」字，正和這裏的「薦」字意義相同。

〔七一〕「漆」原作「染」，今據孫詒讓説校改。孫云：「此句之『染絲』，下文之『常民染輿大軨蜀輪』，及『中者染韋紹系』，三『染』字並當作『漆』，『漆』俗書或作『柒』，與『染』形相近而誤。（北齊治疾方石刻『漆瘡』字作『柒』，亦見廣韻五質。）『紹系』疑亦當作『絲系』，論功篇云：『匈奴車器，無銀黄絲漆之飾。』是其證。」

〔七二〕洪頤煊曰：「『單複』當是『蟬攫』之訛，非鞅篇：『椎軍之蟬攫，負子之教也。』淮南子説林訓：『古之所爲不可更，則椎車至今無蟬匷。』『椎車』即上文『椎車無鞣』之『椎車』，『單複』與『蟬攫』字形相近，傳寫易譌。廣雅釋器：『轒轋，車輞也。』『蟬攫』即『轒轋』，皆字異而音義並同。」

〔七三〕孫人和曰：「『盤』爲『鞶』之譌，說文：『鞶，以韋束也。』」器案：孫說未當。說文車部：「軥，柔革也。軒，輨（從段注本）内環靼也。」廣雅釋器：「軒謂之鞶。」王念孫疏證云：「鞶之言盤，軒之言紆也。」案廣雅所言，正是此文的解，惜王氏未及舉此爲證。又案爾雅釋器：「輿革前謂之報，後謂之茀。」郭注：「以韋靶車軾，以韋靶後户。」國語晉語八：「絳之富商，韋藩木鍵，以過於朝。」韋注：「韋藩，韋蔽前後也。」言車用韋革，可以爲證。

〔七四〕「漆」原作「染」，今據孫詒讓說校改。

〔七五〕「蜀」同「獨」，爾雅釋山：「獨者蜀。」郭注：「蜀亦孤獨。」方言十二：「一，蜀也，南楚謂之蜀。」郭注：「蜀猶獨也。」說略本楊樹達。

〔七六〕盧文弨曰：「『搔』當作『蚤』。」張敦仁曰：「案『左』字當衍，『搔』當作『瑵』，『華瑵』，東京賦謂之『葩瑵』。」王先謙曰：「案御覽三百五十八兵部引亦作『銀黄華左搔』，盧、張說疑非。」說文玉部：「瑵，車蓋玉瑵。」段玉裁注：「司馬彪輿服志曰：『乘輿、金根、安車、立車，羽蓋華蚤。』劉昭注：『徐廣云：翠羽蓋，黄裏，所謂黄屋車也。金華施橑末，有二十八枚，即蓋弓也。』又張衡東京賦：『羽蓋威蕤，葩瑵曲莖。』薛綜注曰：『羽蓋，以翠羽覆車蓋也。威蕤，羽貌。葩瑵，悉以金作華形，莖皆低曲。』蔡邕獨斷云：『凡乘輿車皆羽蓋金華爪。』『爪』與『瑵』同。又王莽傳曰：『造華蓋，九重高八丈一尺，金瑵。』師古曰：『瑵』讀曰『爪』。玉裁案：『瑵』『蚤』『爪』三字一也，皆謂蓋橑末。……他家云『華瑵』『金瑵』者，謂金華飾之，許云『玉瑵』者，謂玉飾之，故字从玉也。」器案：「華左搔」當作「金華瑵」，「金」「左」形近，又誤植在下也。又案：韓非子解老篇：「隋侯之珠，不飾以銀黄。」山海經西山經：「臯塗之山，……

其陽多丹粟，其陰多銀黃。」楊慎補注、吴任臣廣注都以爲即黃銀，漢代用以爲佩，唐太宗嘗賜房玄齡黃銀帶，其物貴於黃金，出蜀中。李時珍本草綱目：「按方勺泊宅編云：『黃銀出蜀中，色與金無異。』」案能改齋漫録十五、演繁露七亦載此物。景福殿賦：「點以銀黃。」亦謂黃銀。

〔七七〕說文系部：「綏，車中把也。」文選子虚賦：「繆繞玉綏。」注：「張揖曰：『楚王車之綏，以玉飾之也。』郭璞曰：『綏，登車所執，言手纏絞之。』」蓋繆繞正是此結字義。說文革部：「鞈，蓋杠絲也。」桂馥義證：「考工記注：『桯，蓋杠也，杠長八尺。』顔注急就篇：『俾倪，持蓋之杠，在軾中央環爲之，所以止蓋弓之前却也。』續漢書輿服志：『二千石皁蓋，除吏赤畫杠。』鹽鐵論：『結綏韜杠。』馥謂絲用以繫弓。」器案：爾雅釋天：「素錦綢杠。」郭注：「以白地錦韜旗之竿。」邵晉涵正義：「說文：『綢，繆也。』……此言以素地之錦綢纏旗之杠也。」彼文韜字，正與此處義同。

〔七八〕說文金部：「錯，金涂也。」文選南都賦注：「鑣，亦馬銜也。」

〔七九〕塗，塗飾。漢書霍光傳：「作乘輿輦，加畫，繡絪馮，黃金塗。」如淳曰：「以黃金塗飾之。」又外戚傳下：「切皆銅沓，黃金塗。」師古曰：「塗，以金塗銅上也。」續漢書輿服志上：「軿車……黃金塗五末。」

〔八〇〕「軨」原作「鈴」，今據張、王說校改。張敦仁曰：「『鈴』當作『軨』，尚書大傳云：『未命爲士，車不得有飛軨。』鄭曰：『如今窗車也。』（文選劇秦美新注引。）」王先謙曰：「案御覽兵部引正作『珥靳飛軨』，張說是。」器案：說文革部：「靳，當膺也。」段注以爲「服馬靷具」。左傳定公九年：「如驂之靳。」正義：「當胸之皮也。」說文玉部：「珥，瑱也。瑱，以玉充耳也。」此言「珥靳」者，蓋謂以玉填充於靳，如珥之爲也。後崇禮篇：「南越以孔雀珥門户。」珥字用法，與此正同。文選東京賦：「疏轂飛軨。」薛綜

注：「飛軨，以緹紬廣八尺，長拄地，左青龍，右白虎，繫軸頭，取兩邊飾，二千石亦然，但無畫耳。」續漢書輿服志上注亦引薛綜此文，「紬」作「油」，「尺」作「寸」，「拄」作「注」。

〔八一〕御覽六九五引「冒」作「帽」。說文皮部：「皮，剥取獸革者謂之皮，从又爲省聲。」

〔八二〕愚谷迂瑣曰：「在人爲手，在獸即爲蹄足不去，象形。鹽鐵論曰：『鹿裘皮冒，蹄足不去。』」

〔八三〕論語鄉黨：「狐貉之厚以居。」

〔八四〕「縫腋」，疑當作「逢掖」，禮記儒行：「衣逢掖之衣。」鄭注：「逢，猶大也，大掖之衣，大袂禪衣也。」荀子儒效篇：「逢衣淺帶。」楊注：「逢，大也。」說略本楊樹達。謝孝苹曰：「按：史記商君列傳：『千羊之皮，不如一狐之腋。』劉向新序：『簡子曰：昔者吾友周舍有言曰：百羊之皮，不如一狐之腋。』狐貉腋下之裘，最爲輕暖。狐貉縫腋，謂縫製狐貉之腋裘以爲衣。楊說似欠允。」（文史第十七期）

〔八五〕「羔麑豹祛」義不可通，疑當作「羔裘豹祛」，這句話見於詩經唐風羔裘。那篇詩還有「羔裘豹褎」句，鄭風羔裘、禮記玉藻也都有「羔裘豹飾」句，並作「羔裘」，是很好的例證。又左傳昭公十二年：「翠被豹舄。」俱謂以豹皮作服飾耳。

〔八六〕說文糸部：「絝，脛衣也。」段注：「今之所謂套絝也。」案毛絝，即皮套絝也。「彤」疑是「裥」音近錯了的。廣雅釋器：「裕，襣，幝也。」方言四：「無裥之絝謂之襣。」郭注：「裥亦襱字異耳。」說略本陳遵默。

〔八七〕「羝襥皮裨」原作「樸羝皮傅」，義不可通；今以上下文例求之，輒改「樸」爲「襥」，「傅」爲「裨」，俱以形近而訛，「襥羝」亦倒植，今並乙正。爾雅釋器：「裳削幅謂之纀。」郭注：「削殺其幅，深衣之裳。」

說文糸部：「纀，常削幅謂之纀。」玉篇糸部：「纀，裳削幅也。亦作『襆』。」類篇衣部、龍龕手鑑衣部俱云：「襆，短袂衫也。」潛夫論浮侈篇：「碎刺縫紩，作爲笥囊裙襆衣被。」此正漢時有襆衣之證。

〔八八〕「鼲貂」原作「鼲鼯」，力耕篇作「鼲貂」，今據改正。楊樹達曰：「魏志王粲傳注引典略：『鼲貂之尾。』『貂』與『貂』同。」

〔八九〕王佩諍曰：「狐白裘見史記孟嘗君列傳。」器案：集解引韋昭曰：「以狐之白毛爲裘，謂集狐腋之毛，言美而難得也。」漢書匡衡傳：「夫富貴在身，而列士不譽，是有狐白之裘，而反衣之也。」師古曰：「狐白，謂狐腋下之皮，其毛純白，集以爲裘，輕柔難得，故貴也。」禮記玉藻：「君衣狐白裘，錦衣以裼之。……士不衣狐白。」

〔九〇〕「翁」原作「翥」，今據孫詒讓説校改。孫云：「案『鳧翥』，『翥』當爲『翁』，二字下皆從羽，相涉而誤。急就篇云：『春草雞翹鳧翁濯。』顏注云：『鳧者，水中之鳥；翁，頸上毛也。』又云：『言織刺此象，以戊錦繡繒帛之文也。』此鳧翁蓋謂裘飾，與繒帛文同。」案説文羽部：「翁，頸毛也。」段注：「山海經（西山經）：『天帝之山，有鳥黑文而赤翁。』漢郊祀歌：『赤雁集，六紛員，殊翁襍，五采文。』急就篇：『鳧翁。』」水鳥又有信天翁，蓋以其頭毛白著得名，非謂老公之翁也。又案：此以「鳧翁」與「狐白」並舉，則「鳧翁」當亦指裘言，自漢以來，如司馬相如之鸘鷞裘（西京雜記），程據之雉頭裘（御覽六九四、九〇七引晉咸寧起居注），謝萬之鵠氅裘，王恭之鶴氅裘（世説新語企羡），齊文惠太子之孔雀裘（齊書），皆其比也。

〔九一〕周禮春官司服職：「王之吉服，祀四望山川則毳冕。」鄭注：「鄭司農云：『毳，罽衣也。』」漢書高帝紀：

「賈人毋得衣錦繡、綺縠、綺紵、罽。」師古曰：「罽，織毛，若今毼及氍毹之類也。」説文糸部：「䌈，西胡毳布也。」段注：「毳者，獸細毛也，用織爲布，是曰䌈，亦叚『罽』爲之。」金縷者，有金縷玉衣，以葬帝王，見續漢書禮儀志下及注引漢舊儀，但非此所謂。此所指乃以金線刺繡之衣襦，爲封建統治階級生時所服用者。古詩：「妾有繡腰襦，葳蕤金縷光。」沈約謝女出門官賜絹綺燭啟：「臣家本貧敝，事多蹇闕。桓室金縷，本非所宜；孟姬作具，猶若未用。」（又作劉孝儀文）即其明證。至杜秋娘所歌之金縷衣（國史補），尤爲人所共知者也。

〔九二〕説文鼠部：「鼦，鼦鼠，出胡地，皮可爲裘。」御覽六九四引晉令：「山鹿、白狗、遊毛、狐白、貂蟬、黄貂、班白、鼲子、渠搜國裘，皆禁服也。」此文「代黄」，當即指代郡之黄貂。

〔九三〕孫詒讓曰：「案『䩙』疑當作『俴』，詩小戎：『俴駟孔羣。』釋文引韓詩云：『駟馬不著甲曰俴駟。』『俴騎』蓋謂不施鞍勒而徒騎，故用繩控也，與俴駟義略同。」器案：事物紀原九引「控」作「鞚」。

〔九四〕説文革部：「鞮，革履也。胡人履連脛，謂之絡鞮。」段注：「釋名曰：『鞾本胡服，趙武靈王所服也。』」按鞮蓋不施鞍而騎所特用之革履也。盧文弨本「皮薦」，云：「『鳶』訛。」張敦仁曰：「華氏本『鳶』改『薦』。」楊沂孫曰：「『鳶』當爲『薦』。」王先謙曰：「案御覽三百五十八兵部、四百七十二人事部引並作『薦』。」器案：事物紀原引亦作「薦」，今從之。

〔九五〕王先謙曰：「御覽兵部引『氂』作『攻』。」器案：爾雅釋言：「氂，罽也。」「氂成」與下文「罽繡」相對，「成」猶言「織成」，「氂成」謂以氂織成之物也。漢書王莽傳中：「以氂裝衣。」師古曰：「毛之强曲者曰氂，以裝褚毛中，令其張起也。」師古釋氂義非，而王莽「以氂裝衣」，正見漢時毛罽之爲用廣也。

〔九六〕初學記二二引此句下有「其後乃有鏤衢紫茸題頭高橋鞍，或有金銀翠毛之飾」二十一字，或出別本。鏤衢鞍，見御覽三五八引三輔決録；紫茸題頭高橋鞍，見初學記二二、御覽三五八引魏百官名。

〔九七〕正嘉本、倪邦彦本、太玄書室本、張之象本、沈延銓本、金蟠本「鞼」作「韀」。王先謙曰：「盧『鞼』作『韀』。案『韀』與『鞨』同，篇、韻並云：『鞮也。韀耳蓋以革爲之，著馬耳。』」器案：續漢書輿服志上言馬飾有「左右赤珥流蘇」，文選東京賦注：「流蘇，五采毛雜之，以爲馬飾而垂之。」則鞼耳蓋以革飾於馬耳左右如流蘇狀者。其在貴族，以玉爲之，故曰「珥」，此則以革爲之，故逕稱「耳」耳。廣韻二十九葉：「韊，韊馬鞊也。良涉切。」龍龕手鑑革部同。「銀鑷韊」，蓋謂銀製之馬頭飾也。

〔九八〕「琅」，盧文弨曰：「御覽作『馬腦』二字。」器案：疑「琅」下脱「玕」字，御覽所引，或出別本。

〔九九〕御覽三五九引「弇」下有「音奄」二字。「弇汗」就是「韐」，説文革部：「韐，防汗也。」御覽同卷引東觀漢記：「和帝永元三年，西謁園陵，桓郁兼羽林中郎將從，賜馬二疋，並鞍勒防汗。」又引魏百官名：「纖成防汗一具。」又叫做「鄣汗」，御覽同卷引司馬彪戰略：「太和元年，諸葛亮從成都到漢中，（孟）達又欲應亮，遺亮玉玦、織成鄣汗、蘇合香。」「華鞊明鮮」，原作「垂珥胡鮮」，今改正。説文革部：「鞊，搴毳飾也。」御覽三五八、三五九引傅玄馬射賦：「明珂景服，華鞊采鮮。」即本此文。今作「垂珥胡鮮」者，俱字形相近之誤也。又御覽三五九引傅玄良馬賦：「鏤鞍采鞊，織防含華。」「防」即「防汗」也。字又作「茸」，續漢書輿服志上言「駕六馬」，「朱兼樊纓，赤罽易茸，金就十有二」。御覽三五八引魏百官名：「紫茸題頭高橋鞍一具。」

〔一〇〇〕「漆」原作「染」，今據孫詒讓説校改。續漢書輿服志上：「公、列侯、中二千石、二千石夫人……得乘漆布輜輧車。」彼言「漆布」，猶此言「漆韋」也。

〔一〇一〕荀子勸學篇：「雖有槁暴，不復挺者。」楊倞注：「暴乾。」

〔一〇二〕「抔」原作「坏」，御覽四七二引作「杯」，俱「抔」之誤，今改。禮記禮運：「汙尊而抔飲。」鄭注：「汙尊，鑿地爲尊也。抔飲，手掬之也。」

〔一〇三〕王先謙曰：「御覽七百五十九器物部引作『蓋無爵樽觴豆』。」

〔一〇四〕「瓟」原作「瓠」，今據盧文弨説校改。王先謙曰：「案御覽器物部引正作『瓟』。」器案：禮記郊特牲：「器用陶瓟，尚禮然也。」漢書郊祀志下：「其器陶瓟。」師古曰：「陶，瓦器；瓟，瓠也。」又：「玄酒陶瓟。」班固東都賦：「器用陶瓟。」俱「陶瓟」連文之證。

〔一〇五〕論語公冶長集解：「苞氏曰：『瑚璉者，黍稷器也，夏曰瑚，殷曰璉，周曰簠簋，宗廟器之貴者也。』」

〔一〇六〕漢書地理志下：「其田民以籩豆。」師古曰：「以竹曰籩，以木曰豆，若今之檠也。」史記封禪書：「無俎豆之具。」正義：「豆以木爲之，受四升，高尺二寸，漆其中。大夫以上赤雲氣畫，諸侯加象飾口足（孔子世家正義無「口」字），天子以玉飾之也。」左傳哀公元年：「器不彤鏤。」杜注：「彤，丹也。」釋文：「丹，漆也。」

〔一〇七〕「銀口」即以銀飾器口，説文金部：「釦，金飾器口。」古文苑楊雄蜀都賦：「雕鏤釦器，百技千工。」漢舊儀：「太官尚食，黄金釦器，中官私官尚食，用白銀釦器。」後漢書和熹鄧皇后紀：「其蜀、漢釦器，九帶佩刀，並不復調。」李賢注：「釦，以金銀緣器也。」

〔一〇八〕「黄耳」即金銅耳。今出土器物，如樂浪等書所載，及日本梅原末治漢代漆器紀年銘文集録所載者，就有這種東西。

〔一〇九〕詩經周南卷耳：「我姑酌彼金罍。」金罍，酒器。

〔一一〇〕「野王」原作「舒玉」，今據王先謙説校改。王云：「『舒玉』二字無義，與紵器亦不相屬。御覽器物部引作『野王紵器』，蓋此器出野王，與下『蜀杯』爲對。野王漢縣屬河内郡，今河南懷慶府治。『舒』與『野』、『玉』與『王』，並形近而誤。」器案：王校是。漢書貢禹傳注：「如淳曰：『地理志，河内、懷、蜀郡、成都、廣漢，皆有工官。工官主作漆器物者也。』」紵器，謂以絲織品作胎髹漆之器，據梅原末治漢代漆器紀年銘文集録所載，有永始元年畫紵黄釦飯槃，居攝三年畫紵黄釦果盤。

〔一一一〕後漢書和熹鄧皇后紀：「其蜀、漢釦器，九帶佩刀，並不復調。」李賢注：「蜀，蜀郡也；漢，廣漢郡也。二郡主作供進之器，元帝時貢禹上書『蜀、廣漢主金銀器，各用五百萬』是也。釦音口，以金銀緣器也。」

〔一一二〕張敦仁曰：「『譏』當作『嘰』。嘰，唏也。紂爲象箸而箕子嘰，見集韻八微『嘰』字下。潛夫論浮侈篇：『箕子所唏，（今本誤爲「晞」。）今在僕妾。』其語意略倣次公也。（韓非子云「怖」，淮南子云「唏」，「唏」「怖」同字，「唏」「嘰」同義也。今本韓非譌「唏」爲「怖」，不可通。）」器案：淮南子繆稱篇：「紂爲象箸而箕子嘰。」字正作「嘰」，許慎注曰：「嘰，唬也。知象箸必有玉杯，爲杯必極滋味。」説山篇作「唏」，史記十二諸侯年表亦作「唏」。張敦仁云云，可謂知其一而不知其二也。又潛夫論浮侈篇云：「今京師貴戚，衣服飲食，車輿文飾廬舍，皆過王制，僭上甚矣。從奴僕妾，皆服葛子升越，筩中女布，細緻綺縠，冰紈錦繡，犀象珠玉，虎魄瑇瑁，山石隱飾，金銀錯鏤，麞麂履舄，文組綵褋，驕奢僭主，轉相誇詫，箕子所唏，今在僕妾。」又案此文因文杯之賈十倍於銅杯，而引「箕子之譏」以刺奢，足見當時漆器之珍貴了。

漢書地理志下寫道：「其田民飲食以籩豆，都邑頗放吏及内郡賈人，往往以杯器食。」師古曰：「都邑之人頗用杯器者，效吏及賈人也。」彼文所言，可與此互證。

〔一一三〕「捭」原作「燁」，今改。王先謙曰：「御覽八百四十九飲食部引『燁』作『捭』，『捭豚』見禮記禮運。」案禮運：「燔黍捭豚。」即此文所本。廣雅釋器：「燁謂之㷅（炰）。」「捭」就是「燁」的借用字。

〔一一四〕漢書禮樂志：「人性有交接長幼之序，爲制鄉飲之禮，……鄉飲之禮廢，則長幼之序亂，而争鬭之獄蕃。」禮記鄉飲酒義：「鄉飲酒之禮：六十者坐，五十者立侍以聽政役，所以明尊長也；六十者三豆，七十者四豆，八十者五豆，九十者六豆，所以明養老也。」華氏本「少」作「小」。

〔一一五〕戰國策韓策：「張儀爲秦連衡説韓王曰：『民之所食，大抵豆飯藿羹。』」漢書翟方進傳：「飯我豆食羹芋魁。」

〔一一六〕「綦」與「棊」通，謂棊子也。東京夢華録八言以豬羊肉切作棊子片樣。

〔一一七〕詩經小雅賓之初筵：「籩豆有楚，殽核維旅。」毛傳：「殽，豆實也；旅，陳也。」

〔一一八〕方以智通雅三三曰：「案又爲盌案之案，史游槃案並列，孟光舉案齊眉，正謂盌案。周禮玉人：『案十有二寸。』亦非几席也。文選注：『楚漢春秋：淮陰侯曰：漢王賜臣玉案之食。』萬石君對案不食。案正與棜禁之類相同，若今臺上作小几數寸者，上以承爐盒諸物。舉案者，如舉酒巵者，并舟而舉也。舟今之酒衣，杯之盤也。朱博不好酒色，案上三栝，升庵直以案爲椀，恐尚微别。」案札樸四亦有同説。

〔一一九〕「鯉」原作「腥」，據孫詒讓説校改。孫云：「『臑』即『胹』之假字。方言云：『胹，熟也。』『腥』當爲『鯉』，形近而誤。此以『臑鼈』與『膾鯉』相儷，猶詩大雅韓奕云『炰鼈膾鯉』也。若作『膾腥』，則爲魚肉之通語，與『臑鼈』文不相對矣。」器案：孫校是，書鈔一四二、御覽八四九引「腥」正作「鯉」。文選招魂：「肥牛之腱，胹若芳些。……胹鼈炮羔，有柘漿些。」集注：「王逸曰：『胹若，熟爛也。』音決：『胹，下音同。（案指下「胹」字。）』呂延濟曰：『胹，爛熟也。』張銑曰：『胹，煮也。』」

〔二二〇〕「卵」讀爲「鯤」，指調味之物。禮記郊特牲注：「『卵』讀爲『鯤』。」又內則：「濡魚卵醬實蓼。」注：「『卵』讀爲『鯤』，鯤，魚子也。」正義：「知『卵』讀爲『鯤』者，以鳥卵非爲醬之物，卵醬承濡魚之下，宜是魚之般類，故讀爲鯤。」呂氏春秋本味篇：「和之美者，有……長澤之卵。」「卵」字義與此同。則秦、漢以魚子作醬，實爲普遍。

〔二二一〕文選七啓：「山鵽斥鷃。」集注：「鈔曰：『斥鴳似鶉，如大雀，而遊蒿萊之間，其肉亦美味。』陸善經曰：『禮庶羞有鶉鴳。』」又：鷃，「漢南之鳴鶉」。

〔二二二〕張敦仁曰：「按此當作『橙枸』。史記西南夷列傳云：『蜀枸醬。』徐廣曰：『枸一作蒟，音窶。』常璩巴志言果實之珍，有幸枸給客橙。」

〔二二三〕這是詩經豳風七月文。毛傳：「宵，夜。綯，絞也。」鄭箋：「爾，女也。女當晝日往取茅歸，夜作絞索，以待時用。」

〔二二四〕膢臘二祭名。韓子五蠹篇：「山居谷汲者，膢臘而相遺以水。」則此俗由來已久。漢書武帝紀：「太初二年三月，令天下大酺五日，膢五日，祠門户，比臘。」如淳曰：「膢音樓，漢儀注：『立秋貙膢。』」伏儼曰：「膢音劉，劉，殺也。」蘇林曰：「膢，祭名也。貙，虎屬。常以立秋日祭獸，王者亦以此日出獵，還以祭宗廟，故有貙膢之祭也。」師古曰：「續漢書作『貙劉』，膢劉義各通耳。臘者，冬至後臘祭百神也。」

〔一二五〕楊樹達曰：「列女傳母儀傳云：『母師者，魯九子之寡母也，臘日休作者。』」器案：詩小雅甫田：「以我齊明，與我犧羊，以社以方，我田既臧，農夫之慶。」鄭箋云：「謂大蜡之時，勞農以休息之也。」大蜡即臘也。

〔一二六〕史記陳丞相世家：「里中社，平爲宰，分肉食。」是非社祭不得肉食也。

〔一二七〕文選東京賦注：「因，仍也。」

〔一二八〕「析酲」，原作「折酲」，今據盧文弨、孫詒讓説校改。盧云：「『折酲什半』疑『析酲升斗』。」孫云：「案盧校以『折酲』爲『析酲』，是也；疑『什半』爲『升斗』，則非。『什半』謂十人而酲者五也，後文云：『百姓離心，怨思者十有半。』即其證。」器案：漢書禮樂志：「天門十一：『泰尊柘漿析朝酲。』」應劭曰：「酲，病酒也；析，解也。」盧、孫校是，今據改正。

〔一二九〕禮記鄉飲酒：「尊有玄酒，貴其質也。……酒者，所以養老也。」

〔一三〇〕韓非子外儲説右下：「非社臘之時也，奚自殺牛而祠社？」漢書嚴延年傳：「延年母欲從延年臘。」注：「建丑之月爲臘祭，因會飲，若今之蜡節也。」

〔一三一〕禮記王制：「諸侯無故不殺牛，大夫無故不殺羊，士無故不殺犬豕。」又見玉藻。古代無故不飲酒，至漢猶縣爲禁令，漢書文帝紀注引漢律：「三人以上無故羣飲酒，罰金四兩。」

〔一三二〕陳遵默曰：「『縣伯』『屠沽』，並以人言，『縣』即『県』之絫增字，音義與『県』同。後世以引用而用作『懸』字，音借而代爲『寰』字，遂並本音義皆不用，而借『梟』字爲之。説文雖無是義，桓在許前，所見當猶近古。『縣伯』亦屠人之類，桓於閭巷曰『縣伯』，於阡陌曰『屠沽』者，互言耳。一説：『縣伯』原當作

『県伯』，『県』即『梟』本字，讀爲『梟棊』之『梟』，『梟伯』斥謂魁桀之人，其連閭巷言之，即干寶所謂市魁也。（文選晉紀總論注引干寶晉紀。）『県』之爲『梟』，蓋漢人習用，如『鄡邑』又爲『[縣阝]邑』，即其例。後人尠見『県』字，因改爲『縣』。本書多古字故言，傳者每不知妄改，至爲可惜。」器案：後漢書張衡傳應間：「得人爲梟，失士爲尤。」注：「梟猶勝也，猶六博得梟爲勝。」此正以梟喻人事。文選招魂：「成梟而牟，呼五白些。」集注：「陸善經本『梟』爲『県』。」抱朴子刺驕篇：「聞之漢末諸無行，自相品藻次第，羣驕慢傲，不入道檢者爲都魁雄伯。」即此「縣伯」之意。漢書景帝紀：「出入閭巷亡吏體。」

〔一三三〕漢書韓延壽傳：「閭里阡陌有非常，吏輒聞知。」

〔一三四〕漢書食貨志上：「是故善平糴者，必謹觀歲，有上中下孰：上孰，其收自四，餘四百石；中孰，自三，餘三百石；下孰，自倍，餘百石。」張晏曰：「平歲，百畮收百五十石，今大孰，四倍，收六百石，計民食終歲長四百石，官糴三百石，此爲糴三舍一也。自三，四百五十石也，終歲長三百石，官糴二百石，此爲糴二而舍一也。」此文「中年」，即漢志之「中孰」也。

〔一三五〕當時丁男，日食一斗。

〔一三六〕公羊傳哀公六年：「常之母，有魚菽之祭。」何注：「齊俗，婦人首祭事，言魚豆者，示薄陋無所有。」又見史記齊太公世家。

〔一三七〕禮記中庸：「春秋修其祖廟，陳其宗器。」

〔一三八〕禮記王制：「大夫三廟：一昭一穆，與大祖之廟而三。士一廟。」又見禮器。

〔一三九〕禮記王制：「大夫祭五祀。」五祀指司命、中霤、國門、國行、公厲。

〔一四〇〕風俗通義怪神篇：「民不得有出門之祀。」

〔一四一〕陳遵默曰：「『山川』疑當作『大川』。」案尚書舜典：「柴望秩於山川。」則不改亦可。

〔一四二〕漢書禮樂志：「常從象人四人。」韋昭曰：「象人，著假面者也。」御覽五六九引梁元帝纂要：「又有百戲，起於秦、漢，有象人。」原注：「見漢書，韋昭曰：『今之假面。』」西京雜記：「鞠道龍古有黄公術，能制虎，又能立興雲雨，坐變山河。後衰老，飲酒無度，術不能神，爲虎所食。故三輔間以爲戲象。」「像」就是「象人」，也就是後文的「偶人」，即今「木偶」，説略本陳遵默。

〔一四三〕楊樹達曰：「當路，神名。潛夫論巫列篇：『土公、飛户、咎魅、北君、銜聚、當路、直符七神。』是也。又潛夫論有北君，九歌有東君，郊祀志亦云『晉巫祠東君』，疑『南居』乃『南君』之誤。」器案：漢書王莽傳下：「壞徹城西苑中……平樂、當路、陽禄館，凡十餘所。」此上林苑中館，蓋亦取神道爲名。史記封禪書：「其梁巫祠……房中、堂上之屬。」此蓋其比，皆淫祠也。

〔一四四〕文選三國名臣贊：「乃構雲臺。」集注：「李善曰：『淮南子曰：雲臺之高。高誘曰：高際於雲，故曰雲臺。』」案淮南子人間篇許慎注：「雲臺，高至雲也。」

〔一四五〕三國志魏書鍾繇傳注引魏略：「繇爲相國，以五熟鼎範因太子鑄之，釜成，太子與繇書曰：『昔黄帝三鼎，周之九鼎，咸以一體，使調一味，豈若斯釜，五味時芳。』」

〔一四六〕春秋繁露王道篇：「誅受令，恩衛葆，以正囹圄之平也。」「衛葆」與「衛保」同，「衛保」當就是莊子庚桑楚「衛生之經」的「衛生」的意思。

〔一四七〕「散」疑當作「伏」，楊惲報孫會宗書：「田家作苦，歲時伏臘，亨羊炰羔，斗酒自勞。」楊惲所言伏臘置酒作樂，與此正同，蓋漢時風俗如此也。史記秦本紀：「德公二年初伏。」集解：「孟康曰：『六月伏日初也。』」

〔一四八〕禮記祭法：「大夫以下，成羣立社曰置社。」鄭注：「大夫不得特立社，與民族居，百家以上，則共立一社，今時社里是也。」漢書郊祀志上：「民里社各自裁以祠。」

〔一四九〕「日」即「日者」之「日」，史記日者傳集解：「墨子（貴義）曰『墨子北之齊，遇日者』云云，然則古人占候卜筮，通謂之日者。」索隱：「案名卜筮曰日者，以墨所以卜筮卜候時日通名日者故也。」史記陳涉世家：「周文，陳之賢人也，嘗爲項燕視日。」集解：「如淳曰：『視日時吉凶舉動之占也。司馬季主爲日者。』」

〔一五〇〕說文言部：「沇州謂欺曰詑。」戰國策燕策上：「燕王謂蘇代曰：『寡人甚不喜訑言者也。』」「詑」「訑」字通。說略本楊樹達。張之象本、沈延銓本、金蟠本作「馳」，未可據。

〔一五一〕漢書東方朔傳答客難：「日夜孳孳。」師古曰：「孳與孜同。」又貢禹傳注師古曰：「孳與孜同，孜孜，不怠也。」

〔一五二〕詩經魏風伐檀：「彼君子兮，不素餐兮。」毛傳：「素，空也。」文選求自試表注引韓詩：「何謂素餐？素者，質也，人但有質樸而無治民之材，名曰素餐。尸禄者，頗有所知，善惡不言，默然不語，苟欲得禄而已，譬若尸矣。」論衡量知篇：「文吏空胸，無仁義之學，居位食禄，終無以效，所謂尸位素餐者也。素者，空也，空虚無德，食人之禄，故曰素餐。無道藝之業，不曉政治，默坐朝廷，不能言事，與尸無異，故曰尸位。」

〔一五三〕文選顏延年遊覽詩注：「空食，猶素餐也。」

〔一五四〕「今」字原無，今補。

〔一五五〕潛夫論浮侈篇：「詩刺『不績其麻，女也婆娑』。今多不修中饋，休其蠶織，而起學巫祝，鼓舞事神，以欺誣細民，熒惑百姓。」

〔一五六〕文選顏延年宋郊祀歌注引臣瓚曰：「釐謂祭祀餘胙也。」

〔一五七〕「堅頟」即「厚顏」。方言十：「中夏謂之頟，……汝、潁、淮、泗之間謂之顏。」風俗通義十反篇：「既見譏切，不慙坐謝負，而多伐善，以爲己力，惟顏之厚，博而俗矣。」

〔一五八〕方言五：「牀，……其杠，北燕、朝鮮之間謂之樹，自關而西，秦、晉之間謂之杠。」説文木部：「杠，牀前橫木也。」

〔一五九〕廣雅釋器：「𢊁，俎，几也。」「栘」同「𢊁」。

〔一六〇〕「牒樺」原作「葉華」，今改。方言五：「牀，……其杠，……東齊、海、岱之間謂之樺；其上板，衛之北郊，趙、魏之間謂之牒。」

〔一六一〕「斤」作動詞用，「斤成」與上文「斧成」義同。

〔一六二〕説文艸部：「莞，葦也，可以爲席。」漢書東方朔傳：「莞蒲爲席。」師古曰：「莞，夫離也，今謂之葱蒲。以莞及蒲爲席，亦尚質也。」

〔一六三〕跗，指牀脚。莊子秋水篇釋文：「跗，足跗也。」左傳宣公二年：「伯棼射王汰輈及鼓跗著於丁寧。」鼓跗，謂鼓足，周禮有足鼓。

〔一六四〕文選西征賦注引許慎淮南子注：「茵，車中蓐也。」

〔一六五〕「旃」即取下篇「旃席」之「旃」。淮南子主術篇：「匡牀蒻席。」高注：「蒻，細也。」

〔一六六〕王先謙曰：「北堂書鈔儀飾部、御覽七百九服用部引『復』並作『複』。」

〔一六七〕釋名釋牀帳：「蒲平（據經訓堂叢書本），以蒲作之，其體平也。」禮記間傳鄭注：「苄，今之蒲平也。」正義：「蒲平爲席，翦頭爲之，不編納其頭而藏於內也。」淮南子主術篇：「越席不緣。」高注：「越，結蒲爲席也。」

〔一六八〕顧廣圻曰：「索經者，以索爲經。鄭注公食大夫『皆卷自末』云：『末，經所終。』韓詩外傳、説苑雜言皆云：『孔子困於陳、蔡之間，席三經之席。』是其證。」器案：廣雅釋言：「傃，經也。」「素」「索」古以同聲通用，「索」「經」古以同義互訓，因之，索經爲古人連用常語。

〔一六九〕「單」疑當作「簟」，禮記禮器：「莞簟之安，而稾鞂之設。」又郊特牲：「莞簟之安，而越席稾鞂之尚，明之也。」淮南子詮言篇：「席之先雚蕈。」許慎注：「席之先所從生，出于雚與簟葦也。」

〔一七〇〕太平御覽卷七百九引范子計然：「六尺藺席出河東，上價七十。蒲席出三輔，上價百。」説文艸部：「莞，艸也，可以作席。藺，莞屬。」又竹部：「籧篨，粗竹席也。」「蘧蒢」即「籧篨」。明初本、華氏本「蒢」作「除」，借字。

〔一七一〕孫詒讓曰：「案『翟』當作『瞿』，形近而誤。『瞿柔』即『氍㲣』也。釋名釋牀帳云：『裘溲猶婁數，毛相離之謂也。』北堂書鈔一百三十三引聲類云：『氍㲣，織毛爲席也。』（廣韻十虞引作『氍毹』。）一切經音義十四云：『㲣毹，字苑作氍㲣，釋名作裘溲，通俗文云：織毛褥曰㲣氍。』『氍』『㲣』並『瞿』之俗，『瞿』

『裘』一聲之轉，『柔』『溲』『毹』『㲣』音並相近，『㲣』則『溲』之俗也。」

〔一七二〕説文艸部：「『蒻』，蒲子，可以爲平席。」

〔一七三〕「露牀」原作「露林」，今改。「露林」不見他書，形近而誤也。史記滑稽傳：「席以露牀。」「露牀」蓋牀之不施帷幕者，以露牀作席用，與此段言茵席者正合。史記秦始皇本紀有丞相隗狀，索隱：「狀，名，有本作『林』者，非。」誤「狀」爲「林」，與此誤「牀」爲「林」，正復相似。後漢書孝靈帝紀：「得民家露車共乘之。」通鑑五九注：「露車者，上無巾蓋，四旁無帷裳。」露字義與此同。

〔一七四〕張敦仁曰：「華氏本『獏』改『漢』。（字書未見『獏』字。）」器案：明初本作「漢」，攖寧齋鈔本作「獏」，余疑是「灘」字，四川稱青海羊皮爲灘皮。

〔一七五〕張敦仁曰：「『坐』當作『登』。釋名釋牀帳有榻登，（其文云：「榻登，施大牀之前，小榻之上，所以登牀也。」然則不當言坐，明矣。）次之於裘溲貂席之間，即此也。『闒』『榻』同字。」

〔一七六〕「餁」原作「袵」，據張敦仁説校改。張云：「『紝』當作『餁』，下有明文。」

〔一七七〕「列」，列肆，與「市」意同。史記平準書：「弘羊令吏坐市列肆販物。」索隱：「謂吏坐市肆行列之市。」賈誼新書春秋連語篇：「屠者罷列而歸。」漢書食貨志上：「小者坐列販賣。」師古曰：「列者，若今市中賣物行也。」抱朴子審舉篇：「於時，懸爵而賣之，猶列肆，爭津買之，猶市人也。」淮南子氾論篇注：「肆，列也。」

〔一七八〕張敦仁曰：「『施』當作『旅』，上文已有『殽旅重疊』之云矣，而此再見者，彼言其言之所陳，此言其賣之所陳，以每段别爲義也。」

〔一七九〕「煬」字無義，疑「煬」之誤，文選甘泉賦注：「煬，炙也。」

〔一八〇〕楊樹達曰：「説文無『𦞦』字，字當作『䐑』。古『習』聲『枼』聲之字多通假，莊子在宥篇釋文云『𦞦』讀爲『䐑』是也。説文云：『䐑，薄切肉也。』東觀漢記云：『光武至河北，趙王庶兄胡子進狗䐑馬醢。』北堂書鈔百四十五引晉盧諶祭法云：『春祀用大䐑。』按以下文引同書『冬，祀用雉臘兔臘』句例之，『大』乃『犬』字之誤，『犬䐑』即此『狗𦞦』也。」器案：楊説是，「熠爚」字玉篇火部作「煠爚」，都是很好的例證。禮記少儀：「牛羊與之腥，聶而切之爲膾。」鄭玄注：「聶之言䐑也，先藿葉切之，復報切之，則成膾。」這裏所謂「狗𦞦」，當就是狗膾。

〔一八一〕楊樹達曰：「『朘』字今本説文無，老子音義引説文云：『朘，赤子陰也。』與此義不合。此朘假爲臇，説文：『臇，臛也。』文選（曹子建名都篇）注引蒼頡解詁云：『臇，少汁臛也。』『朘』之爲『臇』，猶『俊』之爲『儁』矣。」案文選招魂：「鵠酸臇鳧。」集注：「王逸曰：『臇，小臛也。』吕向曰：『臇，臛也。』」

〔一八二〕文選招魂：「煎鴻鶬些。」集注：「吕向曰：『用膏煎熬。』」

〔一八三〕桂馥札樸三：「鹽鐵論：『羊淹雞寒。』曹子建七啓：『寒芳苓之巢龜。』李善云：『寒，今胵肉也。』案廣韻『胵』與『鯖』同，即五侯鯖。楚辭：『煎鯖臛雀。』」孫詒讓曰：「説文肉部云：『腌，漬肉也。』『淹』即『腌』同聲假借字。釋名釋飲食云：『韓羊、韓雞、韓兔，本法出韓國所爲也。』『雞寒』當即『韓雞』，『韓』『寒』聲近，古多通用。」孫人和曰：「文選七啓：『寒芳苓之巢龜。』注云：『寒，今胵肉也。』下引鹽鐵論及釋名『寒雞』爲證。其實『寒』與『涼』義同，説文酉部云：『醇，雜味也。』廣雅釋器：『醇，漿也。』周禮漿人注云：『玄謂涼今寒粥，若糗飯雜水也。』膳夫注作『涼』。『胵』與『鯖』同。蓋以雞肉參以雜味炊乾之，可以冷食，若今醬雞矣。『寒』『淹』對文，不必取韓國之義也。」器案：「寒」「韓」古通，左傳襄公八年寒浞，漢書古今人表作「韓浞」，即其證。

〔一八四〕「挏馬酪酒」原誤作「蜩馬駱日」，今改。漢書百官表：「武帝太初元年，更名家馬爲挏馬。」應劭曰：「主乳馬，取其汁，挏治之，味酢可飲，因以名官也。」如淳曰：「主乳馬，以韋革爲夾兜，受數斗，盛馬乳，挏取其上肥，因名曰挏馬。禮樂志：『丞相孔光奏省樂官七十二人，給大官挏馬酒。』今梁州亦名馬酪爲馬酒。」晉灼曰：「『挏』音『挺挏』之『挏』。」師古曰：「晉音是也。挏音徒孔反。」禮樂志注李奇曰：「以馬乳爲酒，撞挏乃成也。」師古曰：「挏音動，馬酪味如酒，而飲之亦可醉，故呼馬酒也。」又地理志上太原郡注：「有家馬官。臣瓚曰：『漢有家馬廄，一廄萬匹。時以邊表有事，故分來此。家馬後改曰挏馬也。』師古曰：『挏音動。』」說文手部：「挏，推引也（从段注本），从手同聲，漢有挏馬官，作馬酒。」這裏的「挏」作「蜩」，「酪」作「駱」，都是由於形近錯了的；「日」字則是「酒」字的壞文。顏氏家訓勉學篇載一學士以爲種桐時太官釀馬酒乃熟，也是由於字錯了才鬧出來的笑話。按額爾德特和瑛易簡齋詩鈔卷二有馬挏酒歌，原注云：「蒙古名氣格。」則蒙古作馬酒，猶用古法。說略本陳遵默。

〔一八五〕「胃」原作「庯」，今據孫詒讓說校改。孫云：「案『蹇捕庯脯』疑當作『蹇搏胃脯』。釋名釋飲食云：『脯，搏也，乾燥相搏著也。』說文肉部：『脯，乾肉也。』『膊，薄脯膊之屋上。』『捕』『搏』與『膊』字並通。史記貨殖傳有胃脯，集解晉灼云：『太官常以十月作沸湯燖羊胃，以末椒薑粉（器案：文選西京賦注引「粉」作「坋」，是。）之訖，暴使燥，則謂之脯。』（干禄字書：『「庯」俗作「庯」。』「與「胃」形近。）蓋漢時以胃脯爲珍饌，故次公特舉之也。」

〔一八六〕「賜」或疑是「錫」字之誤。說文豆部：「登，豆飴也。」段注：「方言：『飴謂之餧，餹謂之餹。』郭注：

『以豆屑雜鍚也。』」又食部：「鍚，飴和饊者。从食昜聲。」此文「賜」字，疑原係「食」旁，譌爲「貝」字。楊樹達引元本作「腸」，元本今定爲明初本，華氏本亦作「腸」。案今猶有豆腸之製。

〔一八七〕賈誼新書匈奴篇：「美臛炙膹。」說文肉部：「膹，臛也。臛，肉羹也。」

〔一八八〕「臭」原作「自」，今改。孫詒讓曰：「案『自』疑當爲『台』之譌。『台』與『鮐』通。急就篇云：『鯉鮒蟹鱓鮐鮑鰕。』顏注云：『鮐，海魚也。』鮑亦海魚，加之以鹽而不乾者也。（毛詩小雅行葦篇：「黄耇台背。」鄭箋云：『台之言鮐也。』爾雅釋訓作『鮐背』。）」孫人和曰：「『自』乃『臭』之壞字。釋名釋飲食：『鮑魚，鮑，腐也，埋藏淹使腐臭也。』」器案：後孫説是，鮐已見上文，此不宜複。

〔一八九〕晉書祖逖傳：「耆老歌云：『玄酒忘勞甘瓠脯。』」此文「甘瓠」，當亦是脯。

〔一九〇〕「熟」原作「熱」，今據盧文弨説校改。

〔一九一〕「貊炙」原作「和炙」，今改。釋名釋飲食：「貊炙，全體炙之，各自以刀割，出於胡、貊之爲也。」楊樹達曰：「御覽八百五十九引搜神記云：『羌煮貊炙，翟之食也。自太始以來，中國當之。』然則正當時俗尚之物。」

〔一九二〕張之象注曰：「明堂篇：『土鼓蕢桴葦籥，伊耆氏之樂也。』」經濟類編引「由」作「蕢」。

〔一九三〕史記五帝本紀：「予擊石拊石，百獸率舞。」正義：「孔安國曰：『石，磬，音之清者，拊亦擊也。』」

〔一九四〕「其」字原無，據張之象本、沈延銓本補。

〔一九五〕漢書食貨志上：「五家爲鄰，五鄰爲里，四里爲族，五族爲黨，五黨爲州，五州爲鄉，鄉，萬二千五百户也。」

〔一九六〕「要妙」，微妙。文選魏都賦：「清謳微吟之要妙。」又嘯賦：「音要妙而流響。」又作「幼眇」，漢書元帝紀贊：「窮極幼眇。」師古曰：「幼眇讀曰要妙。」又景十三王傳：「每聞幼眇之聲。」師古曰：「幼音一笑反，眇音妙，幼眇，精微也。」

〔一九七〕文選謝玄暉雜詩注：「音聲謂之轉。」

〔一九八〕史記日者傳：「從姬歌兒，不顧於親。」漢書禮樂志：「至孝惠時，以沛宫爲原廟，皆令歌兒習吹以相和。」

〔一九九〕文選鮑照樂府詩注：「曹，輩也。」

〔二〇〇〕楚辭招魂：「二八齊容，起鄭舞些。」王逸注：「鄭舞，鄭國舞也。」史記貨殖傳：「今夫趙女鄭姬，設形容，揳鳴琴，揄長袖，躡利屣，目挑心招，出不遠千里，不擇老少者，奔富厚也。」漢書東方朔傳：「作俳優，舞鄭女。」

〔二〇一〕禮記檀弓上：「有虞氏瓦棺，夏后氏堲周。」鄭玄注：「火熟曰堲，燒土冶以周於棺也。」

〔二〇二〕禮記檀弓上：「飾棺牆。」鄭玄注：「牆之障柩，猶垣牆障家。」又注：「牆，柳衣也。」

〔二〇三〕吕氏春秋節喪篇：「題湊之室。」高誘注：「室，椁藏也。題湊，複絫。」漢書霍光傳注：「木頭皆向内，故曰題湊。」禮記檀弓釋文：「題，頭也；湊，聚也。」

〔二〇四〕史記滑稽傳：「楩楓豫章爲題湊。」潛夫論浮侈篇寫漢代厚葬之棺槨：「京師貴族，必欲江南檽梓，豫章楩柟。」與此正合。

〔二〇五〕禮記喪大記有飾棺畫荒的制度。鄭玄注寫道：「飾棺者，以華道路及壙中，不欲衆惡其親也。荒，蒙也，在旁曰帷，在上曰荒，皆所以衣柳也。」字又作「幠」，説文巾部：「幠，設色之工，治絲練者。讀若荒。」周禮考工記：「設色之工，畫、繢、鍾、筐、幠。」又有「幠氏」，掌「湅絲」「湅帛」。蓋稱其物謂之「荒」，稱其事則謂之「幠」也。又案：續漢書禮儀志下：「天子登遐，……黄綿緹繒，金縷玉匣，如故事。」注引漢舊儀：「帝崩，……纏緹繒十二重。」此言貧者用緹繒，蓋明其奢僭也。據漢制，則天子以緹繒纏屍，此言囊橐者，蓋格於制度也。儀禮士喪禮云：「冒，緇質長與手齊，經殺掩足。」鄭玄注云：「冒，韜尸者，制如直囊，上曰質，下曰殺。」釋名釋喪制：「以囊韜其形曰冒，覆其形，使勿惡也。」蓋韜尸者本名冒，此云囊橐者，蓋從俗稱也。

〔二〇六〕「可」字原無，書鈔九四引有，今據補。禮記檀弓下：「孔子謂：『爲明器者，知喪道矣，備物而不可用也。』」即此文所本，正有「可」字。檀弓上：「竹不成用，瓦不成味，木不成斲，琴瑟張而不平，竽笙備而不和，有鍾磬而無簨簴，其曰明器，神明之也。」

〔二〇七〕禮記檀弓上：「宋襄公葬其夫人，醯醢百甕。曾子曰：『明器也，而又實之。』」

〔二〇八〕「彌祭」古書無文，疑「禴祭」之誤。易既濟：「九五，東鄰殺牛，不如西鄰之禴祭，實受其福。」王注：「牛，祭之盛者也；禴，祭之薄者也。……祭祀之盛，莫盛修德，故沼沚之毛，蘋蘩之菜，可羞於鬼神，故黍稷非馨，明德惟馨，是以東鄰殺牛，不如西鄰之禴祭，實受其福也。」漢書郊祀志注：「東鄰，謂商紂也；西鄰，周文王也。禴祭，謂禴煮新菜以祭。言祭祀之道，莫盛修德，故紂之牛牲，不如文王之蘋藻。」蓋禴祭者，祭之薄者也，故曰「其物不備」。

〔二〇九〕呂氏春秋節喪篇：「家彌富，葬彌厚，含珠鱗施，玩好寶貨，鍾鼎壺濫，輿馬衣被戈劍，不可勝數，諸養生之具，無不從者。」

〔三〇〕漢書韓延壽傳：「賣偶車馬下里僞物者，棄之市道。」師古曰：「偶謂木土爲之，象真車馬之形也。」案「下里」即「蒿里」，漢書武帝紀注：「師古曰：『死人之里，謂之蒿里，字即爲蓬蒿之蒿，或呼爲下者也。』」又酷吏田延年傳注：「孟康曰：『死者歸蒿里，葬地下，故曰下里。』」

〔三一〕漢書劉屈氂傳：「以牛車爲櫓。」又司馬相如傳上：「泰山爲櫓。」師古曰：「櫓，望樓也。」左傳成公十六年：「楚子登巢車以望晉軍。」杜注：「巢車，車上爲櫓。」此文「櫓輪」，似言偶車其輪之高。

〔三二〕張敦仁曰：「『貌』當作『繞』，繞領，帬也。（見廣雅釋器。）方言作『繞衿』，（郭注：「江東通言下裳。」）『領』『衿』同字，『無繞領』，猶言無帬耳。」拾補改作『無完領』，非。」

〔三三〕馬王堆漢墓出土之桐人，即有衣紈綈者。潛夫論浮侈篇：「今京師貴戚，郡縣豪家，生不極養，死乃崇喪，或至刻金鏤玉，檽梓楩枏，良田造塋，黄壤致藏，多埋珍寶，偶人車馬，造起大冢，廣種松柏，廬舍祠堂，崇侈上僭。」所説厚葬情況，與此可互參。

〔三四〕易繫辭下：「古之葬者，厚衣之以薪，葬之中野，不封不樹。」不封就是不積土爲墳，不樹就是不種墓樹。

〔三五〕儀禮士虞禮鄭玄目録：「虞猶安也。士既葬其父母，迎精而反，日中而祭之於殯宫以安之。」

〔三六〕荀子儒效篇：「君子言有壇宇，……是君子之所以騁志意於壇宇宫庭也。」楊倞注：「累土爲壇。宇，屋邊也。」又禮論篇：「是君子之壇宇宫庭也。」以「壇宇」與「宫庭」連文，與此以「廟堂」對文，義正相比。文選蜀都賦劉淵林注：「壇猶堂也。」

〔三七〕禮記檀弓下：「延陵季子適齊，於其返也，其長子死，葬於嬴、博之間，……其坎深不至於泉，其斂以時服；既葬而封，廣輪揜坎，其高可隱也。」鄭注：「隱，據也。封可手據，謂高四尺。」案此文言「半仞」，正謂四尺。漢書楚元王傳附劉向傳用延陵季子事，注：「臣瓚曰：『謂人立可隱肘也。』」

〔二八〕文選西京賦注：「增，重也。」

〔二九〕漢書霍光傳：「太夫人顯改光時所自造塋制而侈大之，起三出闕，築神道，……盛飾祠堂輦閣，通屬永巷。」又龔勝傳：「勿隨俗動吾冢種柏，作祠堂。」又張安世傳：「賜塋杜東，將作穿復土起冢祠堂。」潛夫論浮侈篇：「廬舍祠堂，崇侈上僭。」

〔三〇〕吕氏春秋安死篇：「世之爲丘壟也，其高大若山，其樹之若林，其設闕庭，爲宮室，造賓阼也，若都邑。以此觀世示富則可矣，以此爲死則不可矣。」則這種厚葬的風氣自秦時已然了。漢書佞幸董賢傳：「又令將作爲賢起冢塋義陵旁，內爲便房，剛柏題湊，外爲徼道，周垣數里，門闕罘罳甚盛。」水經穀水注引此文云：「『垣闕罘罳』，言樹屏隅角所架也。」

〔三一〕禮記曲禮上：「鄰有喪，舂不相；里有殯，不巷歌。」鄭玄注：「助哀也，謂相送杵聲。」文又見禮記檀弓上。

〔三二〕這是論語述而篇文。何晏集解：「喪者哀戚，飽食於其側，是無惻隱之心。一日之中，或哭或歌，是褻於禮容。」

〔三三〕「辨」，盧文弨曰：「『辨』同。」案沈延銓本作「辨」。

〔三四〕楊樹達曰：「史記絳侯周勃世家：『常爲人吹簫給喪事。』集解：『如淳曰：以樂喪家，若俳優。』」器案：集解又引瓚曰：「吹簫以樂喪賓，若樂人也。」羣書治要載崔寔政論：「送終之家，亦無法度，至用檽梓黃腸，多藏寶貨，烹牛作倡，高墳大寢，是可忍也，孰不可忍。」

〔三三五〕王佩諍曰：「按連笑爲滑稽之雄者，據史記滑稽列傳，主文譎諫屬優人者居多，戰國成相，後世連相，疑均從此出。觀荀子所著成相辭，毛奇齡所擬遼連廂詞，漸化而爲嚴肅矣。成連雙聲，魏、晉之蒼鶻擊參軍，此一變也。後世如吴梅村詩所稱之『雪面參軍舞鴝鵒』，即唐人之假官，今人之跳加官也，此又一變也。」器案：戰國策齊策下：「侏儒之笑不乏。」漢書徐樂傳：「俳優朱儒之笑不乏於前。」又谷永傳：「罷歸倡優之笑。」則俳優固以笑樂爲務者也。

〔三三六〕吕氏春秋古樂篇：「樂之所由來者尚矣。」高注：「尚，久也。」史記五帝本紀：「太史公曰：『學者多稱五帝尚矣。』」集解：「尚，上也，言久遠也。」漢書匈奴傳：「別散分離尚矣。」師古曰：「尚，久遠。」此文尚亦久遠意。

〔三三七〕史記貨殖傳：「秦始皇帝令倮比封君。」又：「今有無秩禄之奉，爵邑之入，而樂與之比者，命曰素封。」正義：「言不仕之人，自有園田收養之給，其利比於封君，故曰素封也。」又：「吴、楚七國兵起時，長安中列侯封君，行從軍旅，齎貸子錢。」又漢書食貨志下：「迺著令，令封君以下至三百石吏以上，差出牝馬天下亭。」又：「封君皆氐首仰給焉。」師古曰：「封君，受封邑者，謂公主及列侯之屬也。」則封君之制，秦始皇時已有之，秦不封諸侯，而行九等爵，故稱有秩禄之奉者爲封君也。

〔三三八〕説文衣部：「褧，檾衣也（從段注本）。詩曰：『衣錦褧衣。』示反古。」段注云：「檾者，枲屬，績檾爲衣，是爲褧也。古者，麻絲之作，蓋先麻而後絲，故衣錦尚褧，歸真反樸之意。」案説文引詩，見衛風碩人及鄭風豐，毛傳云：「衣錦，錦，文衣也，夫人德盛而尊，嫁則錦衣加褧襜。」尚即加也。

〔三三九〕「露」原作「路」，今從正嘉本、張之象本、沈延銓本及孫詒讓校改。孫云：「『路』疑當作『露』，同聲假借字，言雜佩珠玉，若冕旒之垂也。（冕旒爲繁露，見逸周書王會篇及崔豹古今注。）」案孫校是，繁露即瑬，也就是垂玉，言其綴而下垂，如露珠兒一般繁多。這裏跟環佩連言，則繁露當是佩類，如後代之珠串，與瑬相似，故蒙其名。說略本陳遵默。

〔二三〇〕漢書鄒陽傳：「何王之門不可曳長裾乎？」說文衣部：「裾，衣袍也。」爾雅釋器：「婦人之褘謂之縭。」注：「褘，邪交絡帶繫於體，因名爲褘。」

〔二三一〕「瑞」原作「端」，今據陳遵默校改。「璧瑞簪珥」，就是說以玉爲簪珥的意思。

〔二三二〕潛夫論務本篇：「養生順志，所以爲孝也。今多違志，儉養約生以待終，終没之後，乃崇飭喪紀以言孝，盛饗賓客以求名。誣善之徒，從而備之。此亂孝弟之真行，而誤後生之痛者也。」

〔二三三〕張之象本、沈延銓本「發」作「廢」。案野客叢書二五引仍作「發」，作「廢」者明人所改。

〔二三四〕漢書貢禹傳：「衆庶葬埋，皆虚地上，以實地下。」治要引崔寔政論：「送終之家，亦無法度，……而俗人多之，咸曰健子，天下企慕，恥不相逮，念親將終，無以奉遺，乃約其供養，豫修亡歿之備，忽老親之饑寒，以事淫佚之華稱，竭家盡業，甘心而不恨。」

〔二三五〕詩經周南桃夭：「之子于歸，宜其家室。」毛傳：「家室，猶室家也。」孔穎達正義：「桓十八年左傳曰：『女有家，男有室。』室家，謂夫婦也。」

〔二三六〕公羊傳莊公十九年：「媵者何？諸侯娶一國，則二國往媵之，以姪娣從。姪者何？兄之子也。娣者何？弟也。諸侯一聘九女。」

〔二三七〕漢書貢禹傳禹奏言：「諸侯妻妾，或至數百人，豪富吏民，畜歌者數十人，是以内多怨女，外多曠夫。」文選洞簫賦注：「放，至也。」

〔二三八〕論語先進篇：「魯人爲長府，閔子騫曰：『仍舊貫，如之何？何必改作！』」「舊貫」就是舊事，老一套的意思。

〔二三九〕陸賈新語至德篇：「君子之爲治也，塊然若無事，寂然若無聲，官府若無吏，亭落若無民。」御覽一九四引風俗通：「謹案春秋國語：『畺有寓望。』謂今亭也，民所安定也。亭有樓，從高省，丁聲也。漢家因秦，大率十里一亭。亭，留也。今語有亭待，蓋行旅宿食之所館也。亭亦平也，訟諍吏留辦處，勿失其正也。亭吏舊名負弩，改爲亭長，或謂亭父。」後漢書仇覽傳注：「落，居也。」

〔二四〇〕「奇蟲」即奇獸，上文之「奇蟲胡妲」，又崇禮篇之「奇蟲珍怪」、「奇蟲不畜之獸」，「奇蟲」俱謂奇獸。後人稱猛虎爲大蟲，猶存古義。

〔二四一〕「粱」字原脱，今補。「粱肉」與「文繡」對文，國語齊語：「食必粱肉，衣必文繡。」就是一個很好的例證。無「粱」字，則文氣不暢。這當由傳寫脱落所致。

〔二四二〕「稟」讀爲「廩」，廩衣食就是由官家供給衣食。明初本作「廩」，下同。漢書貢禹傳：「廩食太官。」師古曰：「謂太官給其食。」急就篇：「稟食縣官帶金銀。」顔師古注：「稟食縣官，官給其食也。」漢書地理志顔注：「稟，給也，『稟』與『廩』同。」坐廩，就是無故而享受供給的意思。文選蕪城賦：「驚沙坐飛。」李善注：「無故而飛曰坐飛。」又張茂先雜詩：「蘭膏坐自凝。」李善注：「無故自凝曰坐。」又張景陽雜詩：「百籟坐自吟。」李善注：「無故自吟曰坐。」這些「坐」字，都和這裏的「坐」字義同。

〔二四三〕「實」謂財貨，這裏是説公家没有掌握物資。説文：「實，富也。从宀貫，貫爲貨物。」段注：「貨物充於屋下，是爲實。」案：左傳文公十八年：「聚斂積實。」杜注：「實，財也。」

〔二四四〕「官奴」即上文「縣官」所畜的「奴婢」，即没入官之奴婢。史記淮南衡山傳：「於是王乃令官奴入宫作皇帝璽、丞相、御史、大將軍軍吏、二千石、都官、令、丞印，及旁近郡太守、都尉印，漢使節法冠。」又霍光傳：「引内昌邑從官、騶宰、官奴二百餘人，常與居禁闥内敖戲。」通鑑三三注：「官婢，蓋以罪没入掖庭，男爲官奴，女爲官婢。」

〔二四五〕通鑑注一〇：「垂拱者，垂衣拱手也。」案：垂拱猶言無所事事。漢書貢禹傳：「諸官奴婢十萬人，游戲無事。税良民以實之，歲費五六巨萬。宜免爲庶人，稟食，令代關東戍卒，北乘邊亭，塞候望。」又景十三王傳：「昭信與去從十餘奴，博飲游敖。」與此言垂拱遨遊合。又案漢書食貨志上：「大農置工巧奴與從事，爲作田器。」據此，則官奴作業，各有所屬，其不屬於規定範圍者，當即此文之所謂「私作産業」也。

〔二四六〕「居肆」與下文「肆踞」同，「居」、「踞」並讀爲「倨」，謂倨傲放肆。漢書叙傳：「踞肆於朝。」義同。

〔二四七〕「泮汗」猶「畔岸」，有勤勞意。漢書司馬相如傳下：「放散畔岸，驤以孱顔。」説略本陳遵默。

〔二四八〕「蠻夷」上原有「今」字，據王先謙説校删。王云：「四句相對爲文，『今』字當衍。」

〔二四九〕韓詩外傳九：「孟子妻獨居踞，孟子入户視之，白其母，曰：『婦無禮，請出之。』」漢書高帝紀上：「不宜踞見長者。」後漢書魯恭傳：「夫戎狄者，四方之異氣也，蹲夷踞肆，與鳥獸無别。」注：「平坐踞傲，肆放無禮也。」

〔二五〇〕張敦仁曰：「按『鹿』當作『麤』，（俗作「麄」，「麁」，見集韻十一模，「鹿」乃「麁」之譌也。説文：「麤，草履也。」「麤」「𪓐」同字。）『芰』『屐』同字。」王先謙曰：「初學記器物部、北堂書鈔儀飾部、御覽六百九十七服章部並引作『麄屝草履』，是也。『麄』與『鹿』、『菲』與『屝』、『芰』與『履』，皆以形近致誤。」

〔二五一〕急就篇：「裳韋不借爲牧人。」顔注：「韋，柔皮也。裳韋，以韋爲裳也。」孫詒讓曰：「『裳韋』，皇象本作『尚韋』。案此章自履、舄、鞜、哀、絨、緞、紃以下至章末，多爲説履舄之名飾，鹽鐵論散不足篇説履云：『古者，庶人鹿菲草芰（即「履」字），縮絲尚韋而已。』是古作履自有尚韋制，與此上下正合。顔不得其説，而改『尚』爲『裳』，釋爲『以韋爲裳』，則不爲履，與上下並不合矣。」器案：孫説是，玉篇革部：「鞝，音掌，扇安皮也。」今尚云「鞝鞋」，「尚」即「鞝」字。

〔二五二〕孫人和曰：「『綦』，説文作『綥』，云：『一曰不借。』『綥』或從其作『綦』。士喪禮及内則鄭注並云：『綦，履繫也。』周禮夏官弁師注：『璂讀如薄借綦之綦，綦，結也。』廣雅釋器：『不借，履也。』又云：『其紟謂之綦。』鄭、張所言綦，若今之鞵帶及草鞋襻矣。云『綦下』者，蓋履下以物貫屨頭而達於足，或從下而繞繫左右使不脱，如婦人之履，其下危宛，因名鞔下也。『不借』，鄭注作『薄借』。釋名釋衣服云：『不借，言賤易有，宜各自蓄之，不假借人也。齊人云搏腊，搏腊，猶把作，麤貌也。』又作『搏腊』，聲並相近。齊民要術及崔豹古今注並云：『不借，草履。』方言云：『麻作。』急就篇、釋名並云：『韋作。』不同者，釋名云『麻韋草皆同名』，是也。混言之，『綦下』即『不借』，分言之，『綦』以紟係爲名，『不借』以麤鹽爲誼。猶之『不借』一名『靰角』，『靰角』不盡於『不借』也。」器案：能改齋漫録十三引政和八年十二月，編類御筆所置禮制局奏：「今討論到履制下項，絇繶純綦。」原注：「綦，履帶也。」則宋時猶有此名。「下」猶言「底」，周官履人：「襌下曰履。」正義云：「下謂底。」史記滑稽傳：「東郭先生……衣敝履不完，行雪中，履有上無下，足盡踐地，道中人笑之。東郭先生應之曰：『誰能履行雪中，令人視之，其上履也，其履下處乃似人足者乎？』」正以履底爲下。漢書楊雄傳上：「履欃槍以爲綦。」晉灼曰：「綦，履跡也。」履跡即綦下也。

〔二五三〕一切經音義十四引倉頡篇：「鞔，履也。」呂氏春秋召類篇：「南家工人也，爲鞔者也。」高注：「鞔，履也。」方言四：「扉履，麤履也。中有木者謂之複舄，禪者謂之鞮。」周禮履人鄭注：「複下曰舄，禪下曰履。」釋名釋衣服：「履亦曰屨，複其下曰舄。舄，腊也，行禮久立地，或泥溼，故複其下使乾腊也。」古今注：「舄以木置履下，乾腊不畏泥溼也。」漢書東方朔傳：「文帝足履革舄。」注：「革，生皮也。」

〔二五四〕後漢書和帝紀：「永元十年詔：『奇巧靡貨，流積公行。』」「靡」義與此同，就是細緻的意思。禮記禮器：「至敬無文，父黨無容。」「容」義與此同，就是外貌、外觀的意思。

〔二五五〕説文糸部：「紈，素也。」段注：「素者，白致繒也。紈即素也，故從丸，言其滑易也。」又：「紃，圜采也。」段注：「圜采，以采線辮之，其體圜也。内則：『織紝組紃。』注：『紃，絛也。』雜記：『紃以五采。』注曰：『紃施諸縫中，若今時絛也。』孔穎達曰：『似繩者爲紃。』」紈裏紃下者，蓋謂鞋幫以紈素爲裏，鞋底則盤采紃成各種圖案也。孫詒讓曰：「案『越』與『絾』聲同字通。急就篇云：『履舄鞜裒絾緞紃。』顔注云：『絾，織綵爲之，一名車馬飾，即今之織成緞，履跟之帖也；絾緞，以絾爲緞也。』皇象碑本『絾』作『越』。此『越端』即以絾飾履之端。説文糸部云：『縱，絾屬。』急就篇注云：『總，絾也，所以緣飾衣裳也。字或作縱，音義皆同。』則縱緣亦絾屬，以緣履也。」器案：漢書賈誼傳：「天子之后以緣其領，孽妾緣其履。」即言以文繡緣履。

〔二五六〕孫人和曰：「『里』當作『鄄』，鄧、鄄，並在今河南南陽境。」器案：孫説是，鄧、鄄俱南陽郡地名，見説文邑部。説文艸部："「苞，艸也，南陽以爲麤履。」段注："曲禮："『苞履不入公門。』注："『苞，藨也，齊衰藨之菲也。』」蓋南陽境内，苞艸質優，故鄧、郢以之作麤履也。文選兩都賦序："「時時間作。」又東都賦注："「間，迭也。」説文艸部："「蒯，艸也。」段注："「左傳引詩曰："『雖有絲麻，無棄菅蒯。』」案儀禮喪服傳疏："「履者，藨蒯之菲也。」段注引左傳，見成公九年。説文艸部："「苴，履中艸。」段注："「賈誼傳："『冠雖敝，不以苴履。』」案漢書賈誼傳顔注云："「苴，履中之藉也。」」

〔二五七〕「蠢豎」原作「秦豎」，今改正。孫人和曰："「『豎』疑當作『豎』。『秦』未詳。」器案："孫校「豎」字是，今從之。「秦」即「蠢」字之誤，淮南子氾論篇："「愚夫蠢婦。」高誘注："「蠢亦愚，無知之貌也。」」

〔二五八〕王佩諍曰："「居延漢簡有韋沓，是漢時邊防軍事中多用之，見勞幹居延漢簡考釋。」器案："漢書楊雄傳下："「革鞜不穿。」師古曰："「鞜，革履。音踏。」革鞜，即韋沓。周禮鞮鞻氏注："「鞮履，四夷舞者所屝也。今時倡蹋鼓沓行者自有屝。」正義以爲「擊鼓沓沓作聲」，則韋沓當以舞者所屝、起舞時應鼓聲沓沓作響，故以沓爲名耳。玉篇革部："「踏，鞮也。」明初本、華氏本「絲」作「系」。漢書賈誼傳："「今民賣僮者，爲之繡衣絲履偏諸緣，内之閑中。」如淳曰："「僮謂隸妾也。」服虔曰："「閑，賣奴婢闌。」」

〔二五九〕「走者茸芰絇絹」，原作「走者茸芰狗官」，今據王紹蘭説校改。王云："「案『走』如『下走』之『走』，猶言『牛馬走』，則『走者』謂賤者。説文艸部："『茸，艸茸茸貌。』則茸謂細耎。履部："『屐，屩也。』則『芰』爲『屐』之假借。士冠禮："『黑屨青絇。』鄭注："『絇之言拘也，以爲行戒，狀如刀衣鼻，在屨頭。』則『狗』爲『絇』之譌字。糸部："『絹，一曰絹也。』网部："『罬，一曰絹也。』『絹』當爲『罬』。則『官』爲『絹』之爛字。此謂賤者著細耎之屐，其屨頭飾絇，以絹罬之。言其奢也。」器案："禮記玉藻："「童子……不屨絇。」荀子哀公篇："「哀公曰："『然則夫章甫絇屨、紳而搢笏者，此賢乎？』」也是説「絇屨」是「搢紳」所著，與此文可互參。又漢書王莽傳上：「於是莽稽首再拜受……句履。」孟康曰：「今齊祀履舄頭飾也，出履一二寸。」師古曰：「其形岐頭。句音巨俱反。」宋祁引韋昭曰：「句，履頭飾，形如刀鼻。音劬。」又蕭望之傳：「下走將歸延陵之皐。」注：「應劭曰：『下走，僕也。』師古曰：『下走者，自謙言趨走之役也。』」則用「走」作「僕役」義，自是當時習慣用法。後漢書安帝紀：「元初五年詔：『至有走卒奴婢被綺縠珠璣。』」所言東漢情況，與此正相似，亦以走卒與奴婢相提並論。御覽六九七引晉令：「士卒百工，履色無過綠青白；婢，履色無過紅青。」所言履色有别，蓋亦承漢制爲之，與此文參看，可見當時在等級制度下履制的全貌。

〔二六〇〕詩經小雅大東：「君子所履。」鄭箋：「君子皆法效而履行之。」

〔二六一〕詩經大雅生民毛傳：「歆，饗也。」

〔二六二〕淮南子修務篇：「堯眉八彩，九竅通洞，而公正無私，一言而萬民齊。」意林引許慎注：「眉理八字也。」白虎通聖人篇：「堯眉八彩，謂直兩眉頭，竪似八字耳。」

〔二六三〕史記五帝本紀：「堯立七十年得舜，二十年而老，命舜攝行天子之政，薦之於天。堯辟位凡二十八年而崩。」集解：「徐廣曰：『堯在位凡九十八年。』」正義：「皇甫謐曰：『堯即位九十八年，通舜攝二十八年也，凡年百一十七歲。』孔安國云：『堯壽百一十六歲。』」此言百載，蓋舉成數而言。

〔二六四〕漢書藝文志神仙家：「或者，專以爲務，則誕欺怪迂之文，彌以益多。」師古曰：「迂，遼也。」又楊雄傳下：「雄見諸子各以其知舛馳，大氐詆訾聖人，即爲怪迂，析辯詭辭，以撓世事。」

〔二六五〕玉篇示部：「禨，祥也。祥，妖怪也。」説文示部：「祥，福也。」段注：「凡統言則災亦謂之祥，析言則善者謂之祥。」

〔二六六〕史記秦始皇本紀：「三十二年，始皇之碣石，使燕人盧生求羨門、高誓。」集解韋昭曰：「羨門，古仙人。」正義：「高誓，亦古仙人。」封禪書作羨門子高，漢書郊祀志作羨門高，是一人不是兩人，與此同。史記司馬相如傳正義張云：「羨門，碣石山上仙人羨門高也。」

〔二六七〕史記秦始皇本紀云燕人徐市，淮南王傳作徐福。

〔二六八〕管子山至數篇：「與天壤同數。」史記蔡澤傳：「與天地終始。」又魯仲連傳：「名與天壤相弊。」正義：「天壤，天地也。齊策：『名與天壤相敝也。』言天壤敝，此名乃敝。」與此言「壽與天地相保」義同。

〔二六九〕史記封禪書：「使人入海求蓬萊、方丈、瀛洲。此三神山者，其傳在勃海中。」

〔二七〇〕後救匱篇：「橫暴掣頓。」史記滑稽傳：「當道掣頓人車馬。」續漢書五行志載梁冀事：「吏卒掣頓，折其要脊。」釋名釋姿容：「掣，制也，制頓之使順己也。」華氏本「掣」誤作「挈」。

〔二七一〕張敦仁曰：「『半』當作『六』。（見史記淮南王列傳，漢書伍被傳同。華氏本改「九」，更誤。）」案明初本亦作「九」。

〔二七二〕這是尚書周書洛誥文。僞孔傳：「奉上謂之享。……奉上之道多威儀，威儀不及禮物，惟曰不奉上。」

〔二七三〕「御」原作「禦」，今據盧文弨校改。案司馬相如子虛賦：「勺藥之和，具而後御之。」東方朔七諫：「鉛刀進御兮，遥棄太阿。」漢書禮樂志：「歲時以備數，然不常御。」又楊雄傳下：「斥芬芳而不御。」本書疾貪篇：「聲色不御。」「御」字義與此同。

〔二七四〕史記封禪書：「齊人少翁以鬼神方見上，……於是乃拜少翁爲文成將軍，……居歲餘，其方益衰，神不至，乃爲帛書以飯牛，詳不知，言曰：『此牛腹中有奇。』殺視得書，書言甚怪。天子識其手書，問其人，果是僞書，於是誅文成將軍。……欒大，膠東宮人，……拜大爲五利將軍，……又以衛長公主妻之，……而五利將軍使，不敢入海，之泰山祠。上使人隨驗，實無所見。五利妄言見其師，其方盡多不讎，上乃誅五利。」

〔二七五〕張敦仁曰：「『宣』當作『皇』，張之象本改『宣帝』作『陛下』，（攖寧齋鈔本、太玄書室本、沈延銓本、金璠本同。）非。」

〔二七六〕韓非子五蠹篇以學者、言古者、帶劍者、近御者、商工之民爲五蠹。潛夫論浮侈篇：「誰能若此者，既不生穀，又坐爲蠹賊也。」

〔二七七〕禮記樂記：「先王之制禮樂也，非以極口腹耳目之欲也，將以教民平好惡，而反人道之正也。」

〔二七八〕潛夫論浮侈篇：「此之費功傷農，可爲痛心。」

〔二七九〕王先謙曰：「御覽七百一服用部引『棬』下注云：『去遠反，説文曰：棬，枋。』」案禮記玉藻：「母沒而杯圈不能飲焉，口澤之氣存焉爾。」漢書地理志下：「都邑頗放效吏及内郡賈人，往往以杯器食。」孟子告子上趙岐注：「桮棬，桮素也。」

〔二八〇〕「脩」原作「修」，今據張敦仁説校改。張云：「按『修』當作『脩』。（集韻六豪、類篇目部皆云：『目不明。』）」

〔二八一〕盧文弨曰：「『薄』疑『煖』。」

〔二八二〕明初本、大典本、攖寧齋鈔本、華氏活字本「極」作「窮」。

〔二八三〕漢書元帝紀：「建昭五年詔：『興不急之事，以妨百姓。』」

〔二八四〕張之象本、沈延銓本、金蟠本「丞相曰」作「丞相史」，並把「丞相史曰」以下移入下救匱篇首。

救匱*第三十

賢良曰：「蓋橈枉者以直〔一〕，救文者以質〔二〕。昔者，晏子相齊，一狐裘三十載〔三〕。故民奢，示之以儉；民儉，示之以禮。方今公卿大夫子孫，誠能節車輿，適衣服，躬親節儉，率以敦樸，罷園池，損田宅，内無事乎市列〔四〕，外無事乎山澤，農夫有所施其功，女工有所粥其業；如是，則氣脈和平，無聚不足之病矣。」

大夫曰：「孤子語孝，躄者語杖，貧者語仁，賤者語治。議不在己者易稱，從旁議者易是，其當局則亂〔五〕。故公孫弘布被〔六〕，倪寬練袍，衣若僕妾，食若庸夫〔七〕。淮南逆於内，蠻、夷暴於外，盜賊不爲禁，奢侈不爲節；若疫歲之巫〔八〕，徒能鼓口耳，何散不足之能治乎？」

賢良曰：「高皇帝之時，蕭、曹爲公，滕、灌之屬爲卿，濟濟〔九〕然斯則賢矣。文、景之際，建元之始，大臣尚有争引〔一〇〕守正之義。自此之後，多承意從欲，少敢直言面議而正刺，因公而徇私。故武安丞相訟園田〔一一〕，爭曲直人主之前。夫九層之臺〔一二〕一傾，公輸子不能正；本朝一邪，伊、望不能復。故公孫丞相、倪大夫側身〔一三〕行道，分祿以養賢，卑己以下士，功業顯立，日力不足，無行人子產〔一四〕之繼。而葛繹〔一五〕、彭侯〔一六〕之等，隳壞其緒〔一七〕，紕〔一八〕亂其紀，毀其客館議堂，以爲馬廄婦舍〔一九〕，無養士之禮，而尚驕矜之色，廉恥陵遲而爭於利矣。故良田廣宅，民無所之；不恥爲利者滿朝市，列田畜者彌郡國，橫暴掣頓，大第巨舍之旁，道路且不通〔二〇〕，此固難醫而不可爲工。」

大夫勃然作色〔二一〕，默而不應。

＊ 此篇討論救匱之道，文學認爲當從「方今公卿大夫子孫」「躬親節儉，率以敦樸」做起；其次，「罷園池，損田宅，內無事乎市列，外無事乎山澤」，這樣，才能消滅「聚不足之病」。他們指責公卿大夫「因公而徇私」，「廉恥陵遲而爭於利」，認爲鹽、鐵官營等政策應該廢除。大夫諷刺他們：「孤子語孝，躄者語杖」，「若疫歲之巫，徒能鼓口耳，何散不足之能治乎」！

〔一〕「橈枉者以直」，原作「橈枉者過直」，與此文義不合。「橈枉者以直」，猶言「矯枉者以直」。淮南子本經篇：「矯枉以爲直。」（又見文子下德篇）春秋繁露玉杯篇：「以矯枉世而直之，矯者不過其正弗能直。」即次公此文所本，今據改正。漢書諸侯王表：「可謂撟枉過其正矣。」師古曰：「『撟』言『矯』同。枉，曲也。正曲曰矯。」後漢書仲長統傳：「逮至清世，則入於矯枉過正之檢。」

〔二〕史記高祖本紀太史公曰：「夏之政忠，忠之敝，小人以野，故殷人承之以敬；敬之敝，小人以鬼，故周人承之以文；文之敝，小人以僿，故救僿莫若以忠。」禮記表記：「虞夏之文，不勝其質；殷周之質，不勝其文。」孔穎達正義引元命包：「三王有失，故立三教以相變。夏人之立教以忠，其失野，故救野莫若敬；殷人之立教以敬，其失鬼，救鬼莫若文；周人之立教以文，其失蕩，救蕩莫若忠。如此循環，周則復始，窮則相承，此亦三王之道，故三代不同也。」

〔三〕禮記檀弓下：「曾子曰：『晏子可謂知禮也已，恭敬之有焉。』有若曰：『晏子一狐裘三十年，遣車一乘，及墓而反國君七個，遣車七乘，大夫五個，遣車五乘；晏子焉知禮？』曾子曰：『國無道，君子恥盈禮焉，國奢則示之以儉，國儉則示之以禮。』」即此文所本。

〔四〕漢書食貨志下：「今弘羊令吏坐市列，販物求利。」師古曰：「市列，謂列肆。」

〔五〕唐書元行沖傳：「當局稱迷，傍觀見審。」語本此。

〔六〕漢書公孫弘傳：「汲黯曰：『弘位在三公，奉祿甚多，然爲布被，此詐也。』」

〔七〕王先謙曰：「北堂書鈔衣冠部引『庸夫』作『傭夫』。案『傭夫』與上『僕妾』對文，言賤者之衣食也。『傭』『庸』古字通用。御覽六百九十三服章部引仍作『庸』。」

〔八〕古代以巫爲醫，因而往往以「巫醫」連舉。周書大聚解：「鄉立巫醫，具百藥以備疾災。」論語子路篇：「人而無恒，不可以作巫醫。」列子力命篇：「醫乎，巫乎，其知之乎！」都是很好的例證。這裏的「疫歲之巫」，也就是以巫而行醫道的。這種巫醫，在當時是不受人們尊重的，吕氏春秋盡數篇：「故巫醫毒藥逐除治之，故古之人賤之也，爲其末也。」史記李將軍傳：「廣以良家子從軍擊胡。」索隱：「如淳曰：

『良家子，非醫巫商賈百工也。』」和本文所指出的「疫歲之巫，徒能鼓口」，都是當時賤視「巫醫」的一些反映。

〔九〕文選東都賦注：「濟濟，多威儀也。」漢書王褒傳注：「濟濟，盛貌也。」

〔一〇〕漢書杜欽傳：「説王鳳塞争引之原。」師古曰：「争引，謂引事類以諫争之也。一曰，下有諫争之言，上引而納之也。」通鑑三〇注引同。又梅福傳：「故京兆尹王章資質忠厚，敢面引廷争。」又酷吏傳贊：「引是非，争大體。」東觀漢記十四馮衍傳：「忠臣不顧争引之患，以達萬機之變。」器案：亦單用「争」，漢書王莽傳上：「臣莽數叩頭省户下白争，未見許。」廣雅釋詁三：「引，道也。」争引，謂諫争輔導也。淮南子兵略篇：「導於左右。」高誘注：「導，諫也。」明初本「有」作「存」。

〔一一〕漢書田蚡傳：「武帝初即位，蚡以舅封爲武安侯。……六年，……上以蚡爲丞相。……嘗請考工地益宅，上怒曰：『遂取武庫。』後迺退。」這裏所説「訟園田」事，或即指此。經濟類編引「曲直」下有「於」字。

〔一二〕呂氏春秋音初篇：「有娀氏有二佚女，爲之九成之臺。」高誘注：「成，猶重。」

〔一三〕詩經大雅雲漢序：「側身脩行。」正義：「側者，不正之言，謂反側也。憂不自安，故處身反側。」江淹獄中上建平王書：「局影凝嚴，側身扃禁。」華氏活字本作「則身」，不可據。

〔一四〕王先謙曰：「言無人修飾潤色之。」

〔一五〕「葛繹」指公孫賀。賀於太初二年代石慶爲丞相，封葛繹侯。詳漢書本傳。

〔一六〕張敦仁曰：「張之象本『彭』改『澎』。（沈延銓本、金蟠本同。）按漢書王子侯表：『澎侯屈氂。』劉屈氂傳注：『服虔曰：澎音彭。』褚先生補史記云：『封彭城（此字衍。）侯。』（將相名臣表：「征和二年。」）『彭』『澎』同字，（如「鼇」「鼇」同字。）不得竟改也。復古篇云：『窮夫否婦。』『否』『鄙』同字；刺復篇云：『豈云殆哉。』論菑篇云：『敬戒不殆。』『殆』『怠』同字；憂邊篇云：『故使廷尉評等。』『評』『平』同字；地廣篇云：『道路迴避。』『避』『僻』同字；毁學篇云：『猶爲賴民也。』『賴』『厲』同字；相刺篇云：『西賓秦國。』『賓』『擯』同字；授時篇云：『三代之盛無亂萌。』『萌』『氓』同字；誅秦篇云：『號周子男君。』『男』『南』同字；險固篇云：『重門擊拓。』『拓』『欜』同字；刑德篇云：『吏舉苛而不止。』『苛』『呵』同字；大論篇云：『聖人不費民之性。』『費』『拂』同字；皆其例也。餘以此求之。」

〔一七〕緒，業，事業。國語周語注：「緒，事也。」案：漢書公孫弘傳：「至賀、屈氂時，壞以爲馬廐、車庫、奴婢室矣。」

〔一八〕玉篇糸部：「紕，纇也。纇，絲節不調也。」說文系部紕下段注：「禮記以爲『紕繆』字。」

〔一九〕張之象注曰：「西京雜記曰：『平津侯自布衣爲宰相，乃開東閣，營客館，以招天下之士。其一曰欽賢館，以待大賢。次曰翹材館，以待大材。次曰接士館，以待國士。其有德任毗贊，佐理陰陽者，處欽賢之館。其有才堪九列、將軍、二千石者，居翹材之館。其有一介之善，一方之藝，居接士之館。而躬自菲薄，所得俸禄以奉待之。』公孫弘傳曰：『時上方興功業，屢舉賢良。弘自見爲舉首，起徒步，數年至宰相封侯。於是起客館，開東閣，以延賢人，與參謀議。弘身食一肉脱粟飯，故人賓客仰衣食，奉禄皆以給之，家無所餘。凡爲丞相、御史六歲，年八十，終丞相位。其後，李蔡、嚴青翟、趙周、石慶、公孫賀、劉屈氂繼踵爲丞相，自蔡至慶，丞相館舍丘虚而已。至賀、屈氂時，壞以爲馬廐、車庫、奴婢室矣。』」器案：漢書嚴助傳：「朝廷多事，婁舉賢良、文學之士，公孫弘起徒步，數年至丞相，開東閣，延賢人，與謀議。」

〔二〇〕前刺權篇：「宫室溢於制度，并兼列宅，隔絶閭巷。」與此所言正同。

〔二一〕漢書宣帝紀「帝作色曰」云云。師古曰：「作，動也，意怒故動色。」

箴石*第三十一

丞相〔一〕曰：「吾聞諸鄭長者〔二〕曰：『君子正顔色，則遠暴嫚；出辭氣，則遠鄙倍矣〔三〕。』故言可述，行可則。此有司〔四〕夙昔所願覩也。若夫劍客論〔五〕、博奕辯〔六〕，盛色而相蘇〔七〕，立權以不相假，使有司不能取賢良之議，而賢良、文學被不遜之名，竊爲諸生不取也。公孫龍〔八〕有言：『論之爲道辯，故不可以不屬意，屬意相寬，相寬其歸爭，爭而不讓，則入於鄙。』今有司以不仁，又蒙素飡，無以更〔九〕責雪恥〔一〇〕矣。縣官所招舉賢良、文學，而及親民偉仕〔一一〕，亦未見其能用箴石而醫百姓之疾也。」

賢良曰：「賈生有言：『懇言則辭淺而不入，深言則逆耳而失指。』故曰：『談何容易〔一二〕。』談且不易，而況行之乎？此胡建所以不得其死，而吴得幾不免於患也〔一三〕。語曰：『五盜執〔一四〕一良人，枉木惡直繩〔一五〕。』今欲下箴石，通關鬲〔一六〕，則恐有盛、胡之累〔一七〕，懷箴橐艾〔一八〕，則被不工之名。『狼跋其胡，載疐其尾〔一九〕。』君子之路，行止〔二〇〕之道固狹耳。此子石所以歎息也〔三〕。」

* 「箴石」上，原衍「鹽鐵」二字，今删。張敦仁曰：「此及後鹽鐵取下，以餘篇例之，蓋皆衍『鹽鐵』二字，目録亦然。」漢書藝文志方技略：「用度箴石湯火所施。」師古曰：「箴，所以刺病也；石，謂砭石，即石箴也。古者，攻病則有砭，今其術絶矣。」晉語：「趙文子曰：『醫及國家乎？』秦和對曰：『上醫醫國，其次疾，固醫官也。』」以醫病喻治國，與此意同。

此篇，丞相就朝廷招舉賢良、文學參加論議國家大事，希望他們能就「國疾」起「箴石」作用；賢良則以爲由於「枉木惡直繩」，「今欲下箴石」，「則被不工之名」，所以「君子之路，行止之道固狹耳」。

〔一〕張敦仁曰：「張之象本『相』下補『史』字。（沈延銓本、金蟠本同。）按此即雜論篇所謂『不能正議』云云者也，所補是。」器案：張、沈、金三本補「史」字，張敦仁説所補是，都不可靠。本書載丞相和丞相史的語言，都表現得截然有分寸，絶不混淆，從而描繪出丞相和丞相史這兩個具體的人物形象。本書記述丞相和丞相史的語言，有四種表現手法：第一，丞相自稱爲「吾」，丞相史自稱爲「僕」；（非對賢良客套也，以有他的頂頭上司在場故也。）第二，丞相自稱「有司」，丞相史自稱「大夫」；第三，丞相稱對方爲「諸生」，丞相史稱對方爲「文學」；第四，丞相祖述道家，丞相史祖述儒家。這些表現手法，都是從各自的身份來決定的，在全書中講若畫一，從未混亂。這裏，上述的四種表現手法都具備了，從而清清楚楚地看出來是丞相的辭令，張本等補「史」字未是。

〔二〕「者」原作「孫」，今據張敦仁説校改。張云：「『孫』字誤也，當作『者』。漢書藝文志：『道家，鄭長者一篇，六國時，先韓子，韓子稱之。』（謂外儲説右上稱「鄭長者聞之」及「鄭長者有言曰」也。）下文全在論語中，不稱曾子者，當時之學尚黄、老，而桑大夫尤輕儒故也。」器案：漢書藝文志注師古曰：「別録云：『鄭人，不知姓名。』」慧苑華嚴經音義下引風俗通：「春秋之末，鄭有賢人者，著書一篇，號鄭長者，謂年長德艾，事長於人，以之爲長者也。」御覽五一〇引袁淑真隱傳：「鄭長者，隱德無名，著書一節，言道家事，韓非稱之，世傳是長者之辭。」

〔三〕論語泰伯篇：「曾子言曰：『君子所貴乎道者三：動容貌，斯遠暴慢矣；正顔色，斯近信矣；出辭氣，斯遠鄙倍矣。』」皇侃義疏：「辭氣，言語聲音也……出言有章，故人不敢鄙穢倍違之也。故顔延之云：『出辭則人樂其文，故鄙倍絶也。』」器案：「倍」「背」同義，故皇侃以「倍違」釋之。説文人部：「倍，反也。」楚辭招魂王逸注：「背，倍也。」明初本、華氏本作「鄙俗」，誤。

〔四〕論語堯曰篇義疏：「有司，謂主典物者也，猶庫吏之屬也。」案後世通稱官吏爲有司。

〔五〕孫詒讓曰：「『劍客論』即史記叙傳所謂『劍論』也。」器案：史記集解：「晉灼曰：『史記吴起傳贊曰：非信仁廉勇，不能傳劍論兵書也。』」漢書司馬遷傳師古注：「劍論，劍術之論也。」

〔六〕論語陽貨篇：「不有博弈者乎，爲之猶賢乎己。」義疏：「博者，十二棊，對而擲采者也。弈，圍棊也。」文選有韋昭博弈論。

〔七〕「蘇」下原有「秦」字，今據孫詒讓説校删。孫云：「『秦』字衍。前國疾篇云：『大夫色少寬，面文學而蘇也。』荀子議兵篇：『蘇刃者死。』楊注云：『蘇讀曰傃，傃，向也，謂相向格鬭也。』此『盛色而相傃』，亦謂盛其辭色而相向辯難也。今本『蘇』下有『秦』字，則不可通，當删。」

〔八〕王先謙曰：「案孔子弟子公孫龍字子石。七國時著書者又一人。據下所言，則平原君之客，非聖門弟子也。後又舉其字爲子石，則二人俱字子石。『龍』當讀如『礱』。」王引之春秋人名解詁：「礱亦厲石也，説文：『礱，礲也，從石，龍聲。』晉語：『趙文子爲室，斲其椽而礱之。』賈逵注云：『礱，磨。』見枚乘諫吴王書注。荀子性惡篇：『鈍金必待礱厲然後利。』楊注云：『礱、厲，皆磨也。』」器案：列子仲尼篇殷敬順釋文：「公孫龍，平原君之客，字子秉。趙人。」莊子徐无鬼篇：「莊子謂惠子曰：『儒、墨、楊、秉四，與夫子爲五。』」然則持堅白異同之説的公孫龍字子秉，與孔丘門人字子石的不同。漢書藝文志名家：「毛公九篇。」注：「趙人，與公孫龍等並游平原君趙勝家。」師古曰：「劉向别録云：『論堅白同異，以爲可以治天下。』此蓋史記所云『藏於博徒』者。」

〔九〕廣雅釋言：「更，償也。」

〔一〇〕史記貨殖傳：「范蠡既雪會稽之恥。」漢書貨殖傳「雪」作「刷」。淮南子氾論篇高誘注：「雪，拭也。」孟子梁惠王上：「願比死者壹洒之。」趙岐注：「王念有此三恥，求策謀於孟子。」音義：「洒之，丁音洗，謂洗雪其恥也。」

〔一一〕漢書宣帝紀：「地節三年詔：『令内郡國舉賢良、方正可親民者。』……神爵四年詔：『令内郡國舉賢良可親民者各一人。』」又哀帝紀：「建平元年二月詔：『舉孝弟惇厚，能直言，通政事，延於側陋，可親民者各一人。』」後漢書左雄傳：「上疏陳曰：『鄉部親民之吏，皆用儒生清白，任從政者。』」然則賢良以舉自基層，故言「可親民」也。唐、宋以來，謂地方令長爲親民官，本此。

〔一二〕文選非有先生論：「談何容易。」李善注：「言談説之道，何容輕易乎。」漢書東方朔傳注師古曰：「不見寬容，則事不易，故曰何容易也。」南齊書王僧虔傳載誡子書：「曼倩有云：『談何容易。』見諸玄志爲之逸，腸爲之抽，專一書轉誦，數十家注，自少至老，手不釋卷，尚未敢輕言。」

〔一三〕吴得疑即婁敬因之以見漢高帝之虞將軍，「虞」「吴」古通，其名爲「得」也。史記劉敬傳載：「上怒，罵劉敬曰：『齊虜以口舌得官，今迺妄言沮吾軍！』械繫敬廣武。」或漢高帝亦因此而遷怒於因虞將軍以進見之劉敬也。其後劉敬得赦，虞當亦無事，故此文言「幾不免於患也」。

〔一四〕漢書景十三王傳：「夫衆煦漂山，聚蟁成雷，朋黨執虎，十夫橈椎。」沈欽韓漢書疏證曰：「韓非子内儲上：『龐恭謂魏王曰：市之無虎也明矣，然而三人言而成虎。』秦策：『莊謂王稽曰：三人成虎，十夫揉椎。』」器案：此文「盗執」，與「執虎」之「執」義同。漢書杜周傳：「議者知大將軍指，皆執吴爲不道。」然則「執言」爲秦漢人習用語，猶如説咬定之意。

〔一五〕本書申韓篇：「曲木惡直繩，姦邪惡正法。」潛夫論考績篇：「諺曰：『曲木惡直繩，重罰惡明證。』」韓非子有度篇：「繩直而枉木斲。」

〔一六〕黄帝内經素問六節藏象論：「人迎與寸口俱盛，四倍已上爲關格。」注：「靈樞經曰：『陰陽俱盛，不得相營，故曰關格。』」關格即關鬲也。

〔一七〕「盛、胡」，盧文弨曰：「未詳。」王先謙曰：「案盛、胡即前訟賢篇東海成顒、河東胡建也。『成』、『盛』古字通。」徐友蘭説同。

〔一八〕孟子離婁上：「猶七年之病，求三年之艾也。」趙岐注：「艾可以爲灸人病，乾久益善。」焦循正義：「毛詩王風：『彼采艾兮。』傳云：『艾所以療疾。』名醫别録云：『艾葉苦，微温，主灸百病。一名冰臺，一名醫草。』」

〔一九〕這是詩經豳風狼跋文。毛詩「疐」作「跋」，朱熹集傳曰：「跋，躐也；胡，頷下懸肉也；載，則也；疐，跲也。老狼有胡，進而躐其胡，退則跲其尾。」

〔二〇〕孟子梁惠王下：「行或使之，止或尼之，行止非人所能也。」

〔二一〕說苑雜言篇：「子石登吳山而四望，喟然而歎息曰：『嗚呼，悲哉！世有明於事情，不合於人心者；有合於人心，不明於事情者。』弟子問曰：『何謂也？』子石曰：『昔者，吳王夫差不聽伍子胥，盡忠極諫，抉目而辜。太宰嚭、公孫雒偷合苟容，以順夫差之志而伐吳，二子沉身江湖，頭懸越旗。昔者，費仲、惡來革，長鼻決耳，崇侯虎順紂之心，欲以合於意。武王伐紂，四子身死牧之野，頭足異所。比干盡忠，剖心而死。今欲明事情，恐有抉目剖心之禍；欲合人心，恐有頭足異所之患；由此觀之：君子道狹耳。誠不逢其明主，狹道之中，又將險危閉塞，無可從出者。』」案此正賢良引公孫龍道狹之言以自喻者，此文不見於今本公孫龍子，當在所亡八篇中。

除狹*第三十二

大夫曰：「賢者處大林，遭風雷而不迷〔一〕。愚者雖處平敞大路，猶暗惑焉。今守、相親剖符〔二〕贊拜，蒞一郡之衆，古方伯之位也〔三〕。受命專制〔四〕，宰割千里，不御於內；善惡在於己，己不能故耳，道何狹之有哉？」

賢良曰：「古之進士也，鄉擇而里選，論其才能，然後官之，勝職任然後爵而祿之〔五〕。故士修之鄉曲〔六〕，升諸朝廷，行之幽隱，明足顯著。疏遠無失士〔七〕，小大無遺功。是以賢者進用，不肖者簡黜。今吏道雜〔八〕而不選，富者以財賈〔九〕官，勇者以死射功〔一〇〕。戲車〔一一〕鼎躍〔一二〕，咸出補吏，累功積日，或至卿相。垂青繩，擐銀龜〔一三〕，擅殺生之柄〔一四〕，專萬民之命。弱者，猶使羊將狼也〔一五〕，其亂必矣。强者，則是予狂夫利劍也〔一六〕，必妄殺生也。是以往者，郡國黎民相乘〔一七〕而不能理，或至鋸頸殺不辜而不能正。執綱紀非其道，蓋博亂愈甚。古者，封賢祿能〔一八〕，不過百里〔一九〕；百里之中而爲都，疆垂不過五十，猶以爲一人之身，明不能照，聰不得達，故立卿、大夫、士以佐之，而政治乃備。今守、相或無古諸侯之賢，而蒞千里之政，主一郡之衆，施聖主之德，擅生殺之法，至重也。非仁人不能任，非其人不能行。一人之身，治亂在己，千里與之轉化〔二〇〕，不可不熟擇也〔二一〕。故人主有私人以財〔二二〕，不私人以官，懸賞以待功，序爵以俟賢，舉善若不足，黜惡若仇讎，固爲其非功而殘百姓也。夫輔主德〔二三〕，開臣途，在於選賢而器使之，擇練〔二四〕守、相然後任之。」

＊ 此篇，大夫就賢良所提「道狹」問題進行答辯，認爲「行止之道」在己，「己不能故耳，道何狹之有」？賢

良則認爲「開臣途，在於選賢而器使之」；其所謂「賢」，乃賢其所「賢」，而非即今據要津之賢也。矛頭指向桑弘羊。

〔一〕尚書舜典：「納于大麓，烈風雷雨不迷。」史記五帝本紀：「舜入于大麓，烈風雷雨不迷。」淮南子泰族篇：「既入大麓，烈風雷雨而不迷。」高誘注：「林屬於山曰麓，堯使舜入林麓之中，遭大風雨而不迷也。」論衡吉驗篇：「堯使舜入大麓之野，……逢烈風疾雨，行不迷惑。」（又見亂龍篇）風俗通義山澤篇：「謹按：尚書：『堯禪舜，納于大麓。』麓，林屬於山者也。」水經濁漳水注：「應劭曰：『鹿者，林之大也。尚書曰：堯將禪舜，納之大麓之野，烈風雷雨不迷，致之以昭華之玉而縣取目焉。』」按應劭所引尚書，當是大傳文。

〔二〕史記高祖本紀：「與諸列侯剖符行封。」漢書敘傳：「與爾剖符。」師古曰：「剖符，謂封之也。」説文竹部：「符，信也。漢制，以竹長六寸，分而相合。」親，猶言親自。漢書董仲舒傳：「孝文親紐帝尊。」用法與此同。

〔三〕漢書朱博傳：「古選諸侯賢者，以爲州伯。書曰：『咨十有二牧。』所以廣聰明，燭幽隱也。今部刺史居牧伯之位，秉一州之統，選第大吏，所薦位高至九卿，所惡立退，任重職大。」又何武傳：「刺史，古之方伯，上所委任，一州表率也。」資治通鑑六〇注：「古語多謂州爲方，故八州八伯謂之方伯。書曰：『惟此陶唐，有此冀方。』詩曰：『徐方不庭。』是也。」

〔四〕韓非子亡徵篇：「專制擅命。」淮南子氾論篇：「行無專制。」高誘注：「專，獨；制，斷也。」

〔五〕通典十三選舉：「周官大司徒職：以鄉三物教萬民而賓興之。詩、書、禮、樂，謂之四術。四術既脩，九年大成。凡士之有善，鄉先論士之秀者，升諸司徒，曰選士。司徒論選士之秀者，而升諸學，曰俊士。既升而不徵者，曰造士。大樂正論造士之秀者，升諸司馬，曰進士。司馬論進士之賢者，及鄉老羣吏獻賢能之書於王，王再拜受之，登於天府，藏於祖廟，内史書其貳而行焉。其在職也，則鄉大夫、鄉老舉賢能而賓其禮，司徒教三物而興諸學，司馬辯官材以定其論，太宰詔廢置而持其柄，内史贊與奪而貳於中，司士掌其板而知其數，論定然後官之，任官然後爵之，位定然後禄之。擇材取士，如此之詳也。」

〔六〕莊子胠篋篇：「治邑屋州閭鄉曲者，曷嘗不法聖人哉？」曲謂里中之道（詳毁學篇注〔七三〕），如漢人之宣曲，晉人之阮曲（見元河南志二晉城闕宫殿古蹟）、唐人之韋曲、杜曲之比。

〔七〕「失」讀爲「軼」，淮南子泰族篇：「聖主在上，……無隱士，無軼民。」

〔八〕「雜」原作「雍」，盧文弨曰：「『雍』，意林『雜』。」（道藏本意林仍作「雍」。）器案：作「雜」是，史記平準書正作「吏道益雜不選而多賈人」，今據改正。

〔九〕意林「賈」作「買」。

〔一〇〕漢書貢禹傳：「俗皆曰：何以孝弟爲？財多而光榮。何以禮義爲？史書而仕宦。何以謹慎爲？勇猛而臨官。」

〔一一〕漢書韓延壽傳：「又使騎士戲車弄馬盜驂。」又衛綰傳：「以戲車爲郎。」師古曰：「戲車，若今之弄車之伎。」張衡西京賦：「建戲車，樹脩旃。」李尤平樂觀賦：「戲車高橦，馳騁百馬。」案今山東臨沂南出土的漢代畫像石刻百戲圖，中有戲車。

〔一二〕鼎躍，即刺權篇之「鼎力」。困學紀聞十二：「『鼎躍』，東方朔所謂鼎官，（漢書東方朔傳：「夏育爲鼎官。」師古曰：「今殿前舉鼎官也。」）鄒陽所謂鼎士也。（漢書鄒陽傳：「武力鼎士。」師古曰：「鼎士，舉鼎之士也。」）」

〔一三〕盧文弨曰：「『繩』或作『綬』。」張敦仁曰：「『繩』當作『純』，謂綬文采純爲圭也。續漢書輿服志作『淳』，漢官儀作『純』，（北堂書鈔引。）『純』『淳』同字。拾補改『繩』爲『綬』，非。此句言『青純』不言『綬』，猶下句言『銀龜』不言『印』。」案御覽六八三引董巴輿服志：「二千石青綬，三采青白紅，淳青圭，長一丈八尺，一百二十首。……凡先合單紡爲一絲，四絲爲扶，五扶爲一首，五首成一文，文采淳爲一圭，首多者絲細，少者麤，皆廣六寸。」又六八三引漢舊儀：「御史，二千石，銀印，龜紐，文曰章。」

〔一四〕意林引作「擅生殺之柄」，下文：「擅生殺之法。」殺生即生殺也。韓非子詭使篇：「所以擅生殺之柄。」漢書嚴助傳：「操殺生之柄。」又王訢傳：「使君顓殺生之柄。」皆謂生與殺也。

〔一五〕燕丹子：「荆軻曰：『太子率燕國之衆而當秦，猶使羊將狼，使狼追虎耳。』」史記留侯世家：「且太子所與皆諸將，皆嘗與上定天下，今使太子將之，此無異使羊將狼也。」

〔一六〕淮南子主術篇：「故不仁而有勇力果敢，則狂而操利劍。」又見春秋繁露必仁且智篇。吕氏春秋當務篇：「辨而不當論，信而不當理，勇而不當義，法而不當務，惑而乘驥也，狂而操吴干將也。大亂天下者，必此四者也。」

〔一七〕文選何遜雜詩注：「乘，陵也。」相乘謂互相侵陵也。

〔一八〕周禮鄉大夫職：「考其德行道藝，而興賢者能者。」鄭司農云：「興賢者，謂若今舉孝廉；興能者，謂若今舉茂才。」

〔一九〕後漢書光武紀：「建武二年，博士丁恭議曰：『古帝王封諸侯，不過百里，故利以建侯，取法於雷。』」白虎通封公侯篇：「諸侯封不過百里，象雷震百里。」潛夫論三式篇：「昔先王撫世，選練明德，以統理民，建正封不過百里，取法於震，以爲賢人聰明，不是過也。又欲德能優而所治纖，則職修理而民被澤矣。」

〔二〇〕淮南子原道篇：「託小以包大，任中以制外，行柔而剛，用弱而强，轉化推移，得一之道，而以少正多。」

〔二一〕潛夫論三式篇：「今之守、相，制地千里，威權勢力，盛於列侯，材明德義，求必過古，而所治逾百里，此所以治多荒亂也。是故守、相不可不審也。」

〔二二〕荀子君道篇：「故明主有私人以金石珠玉，無私人以官職事業。」即此文所本。韓詩外傳四文略同。漢書佞幸傳：「王者不私人以官。」

〔二三〕「輔」原作「傅」，於文不詞，案當作「輔」，形聲俱相近，今改。本書復古篇：「輔明主以仁義。」未通篇：「公卿輔政。」毁學篇：「學以輔德。」相刺篇：「上有輔明主之任。」殊路篇：「非禮無以輔德。」俱足爲證。漢書叙傳：「益求其比，以輔聖德。」

〔二四〕漢書禮樂志注：「練，選也。」

疾貪* 第三十三

大夫曰：「然。爲醫以〔一〕拙矣，又多求謝。爲吏既多不良矣，又侵漁〔二〕百姓。長吏厲諸小吏〔三〕，小吏厲諸百姓。故不患擇之不熟，而患求之與得異也；不患其不足也，患其貪而無厭也。」

賢良曰：「古之制爵禄也，卿大夫足以潤賢厚士，士[四]足以優身及黨[五]，庶人爲官者，足以代其耕而食其禄[六]。今小吏禄薄，郡國繇役，遠至三輔，粟米貴，不足相贍。常居則匱於衣食，有故則賣畜粥業。非徒是也，繇使[七]相遣，官庭攝追[八]，小計[九]權吏，行施乞貸[一〇]，長吏侵漁，上府下求之縣[一一]，縣求之鄉，鄉安取之哉[一二]？語曰：『貨賂下流，猶水之赴下，不竭不止[一三]。』今大川江河飲巨海，巨海受之，而欲谿谷之讓流潦；百官之廉，不可得也。夫欲影正者端其表，欲下廉者先之身[一四]。故貪鄙在率不在下，教訓在政不在民也。」

大夫曰：「賢不肖有質，而貪鄙有性，君子内潔己而不能純教於彼。故周公非不正管、蔡之邪，子産非不正鄧皙之僞也。夫内不從父兄之教，外不畏刑法之罪，周公、子産不能化，必也。今一一[一五]則責之有司，有司豈能縛其手足而使之無爲非哉？」

賢良曰：「駟馬不馴，御者之過也。百姓不治，有司之罪也。春秋刺譏不及庶人，責其率也[一六]。故古者大夫將臨刑，聲色不御，刑以當矣[一七]，猶三巡而嗟嘆之[一八]。其恥不能以化而傷其不全也。政教闇而不著，百姓顛蹶而不扶[一九]，猶赤子臨井焉，聽其入也[二〇]。若此，則何以爲民父母？故君子急於教，緩於刑[二一]。刑一而正百[二二]，殺一夫而慎萬。是以周公誅管、蔡〔二三〕，而子產誅鄧晳也〔二四〕。刑誅一〔二五〕施，民遵禮義矣。夫上之化下，若風之靡草〔二六〕，無不從教。何一一而縛之也？」

＊　此篇就貪鄙問題進行辯論。賢良認爲「貪鄙在率不在下，教訓在政不在民」。只要爲民上者，廉潔奉公，那麽「上之化下，若風之靡草，無不從教」。桑弘羊認爲「貪鄙有性，君子内潔己而不能純教於彼」。雙方各執一端，都帶有片面性，都不足以説服人。

〔一〕「以」通作「已」。

〔二〕韓非子孤憤：「下與之收利侵漁。」漢書宣帝紀：「神雀二年秋八月，詔曰：『吏不廉平則治道衰。今小吏皆勤事而奉禄薄，欲其毋侵漁百姓，難矣。』」如淳曰：「漁，奪也，謂奪其利便也。」師古曰：「漁者，若言漁獵也。」

〔三〕論語子張篇：「君子信而後勞其民，未信，則以爲厲己也。」集解：「王肅曰：『厲，病也。』」孟子滕文公上：「厲民而以自養。」趙岐注：「爲厲病其民，以自奉養。」

〔四〕「足」上原無「士」字，今據張敦仁説校補。張云：「『士』字當重，上『士』句絶，下『士』屬下。」

〔五〕論語雍也篇：「原思爲之宰，與之粟九百，辭。子曰：『毋。以與爾鄰里鄉黨乎！』」集解：「鄭玄曰：『五家爲鄰，五鄰爲里，萬二千五百家爲鄉，五百家爲黨也。』」皇侃義疏：「又恐原憲不肯受，故又説云：汝莫辭，但受之，若無用當還，分與爾鄰里鄉黨也。此是示賢人仕宦，潤澤州鄉之教也。云『鄰里鄉黨』者，内外互言之耳，鄰里在百里之外，鄉黨在百里之内也。」

〔六〕孟子萬章下：「下士與庶人在官者同禄，禄足以代其耕也。」

〔七〕正嘉本、張之象本、沈延銓本、金蟠本、百子彙函「使」作「吏」。

〔八〕攝追，蓋謂以士兵追求。漢書司馬相如傳：「攝弓而馳，荷兵而走。」師古曰：「攝謂張弓注矢而持之也。」

〔九〕「計」指郡國上計的計吏。

〔一〇〕説文蟲部：「蟘，蟲食苗葉者，吏乞貸則生蟘。」惠棟曰：「『吏乞貸』者，周書所謂『奸吏乞貸』也。」

〔一一〕王先謙曰：「詳文義，言『小計權吏』則『行施乞貸』，『長吏則侵漁上下』也。『府』、『下』二字當乙。」

〔一二〕張之象注曰：「荀悦曰：『先王之制禄也，下足以代耕，上足以充祀，故食禄之家，不與下民争利，所以厲其公義，塞其私心；其或犯逾之者，則繩以政法。是以君子慕義，小人無怨。若位苟禄薄，外而不充，憂匱是卹，所求不贍，則私利之制萌矣；放而聽之，則貪利之心濫矣；以法繩之，則下情怨矣。故位必稱德，禄必稱爵。故一物而不稱，亂之道也。今漢之賦禄薄，而吏非員者衆，在位者貪於財産，規奪官民之利，則殖貨無厭，奪民之利，不以爲恥，是以清節毁傷，公義損缺，富者比公室，貧者匱朝夕，非爲所濟俗也。』」案荀悦申鑒時事篇：「或問禄。曰：『古之禄也備，漢之禄也輕。夫禄必稱位；一物不稱，非制也。公禄貶則私利生，私利生則廉者匱而貪者豐也。夫豐貪生私，匱廉貶公，是亂也，先王重之。』曰：『禄可增乎？』曰：『民衆財悉，增之宜矣。』或曰：『今禄如何？』曰：『時匱也。禄依食，食依民，參相澹，必也正貪禄，省閑冗，與時消息，昭惠恤下，損益以度，可也。』」又案：漢書貢禹傳：「鄉部私求，不可勝供。」師古曰：「言鄉部之吏，又私有所求，不能供之。」即言鄉取之於民也。

〔一三〕史記貨殖傳：「故物，賤之徵貴，貴之徵賤，各勸其業，樂其事，若水之趨下，日夜無休時，不召而自來，不求而民出之。」

〔一四〕陸賈新語術事篇：「治末者求其本，端影者正其形。」

〔一五〕「一一」，原作「一二」，下段賢良應文云「何一一而縛之也」，正據此而言，明「一二」本爲「一一」也，今改正。

〔一六〕「率」就是「帥」字，公羊傳昭公二十六年何休注：「立王子朝，獨舉尹氏，出奔并舉召伯、毛伯者，明本在尹氏，當先誅渠帥，後治其黨，猶楚嬰齊。」潛夫論斷訟篇：「春秋之義，責知誅率。」文廷式純常子枝語十五曰：「此西漢春秋經説，即禮不下庶人之義。韓宣子稱春秋爲周禮，此亦其一端也。禮不下庶人者，言上不深責以禮也。晏子春秋内篇諫下：『君子無禮，是庶人也；庶人無禮，是禽獸也。』是庶人亦有當習之禮矣。韓詩外傳卷五云：『王者之政，賢能不待知而舉，不肖不待須臾而廢。公卿大夫之子孫，行絶禮義，則歸之庶人；庶人之子孫，積文學，正身行，能禮儀，則歸之士大夫。』蓋士民之分，以禮義爲主，非人主以私意得而升降之也。白虎通五刑篇云：『刑不上大夫者，據禮無大夫刑，或曰撻笞之刑也。禮不及庶人者，謂酬酢之禮也。』又曰：『刑不上大夫何？尊大夫。禮不下庶人，欲勉民使至於士。』」

〔一七〕漢書賈誼傳注：「如淳曰：『決罪曰當。』」又路温舒傳：「蓋奏當之成，雖咎繇聽之，猶以爲死有餘辜。」師古曰：「當謂處其罪也。」又陳湯傳注：「當謂處正其罪也。」案當猶今言罪有應得。

〔一八〕禮記王制：「三公以獄之成告於王，王三又然後制刑。」鄭玄注：「『又』當作『宥』，宥，寬也。一宥曰不職，再宥曰過失，三宥曰遺忘。」

〔一九〕論語季氏篇：「危而不持，顛而不扶。」

〔二〇〕孟子公孫丑上：「今人乍見孺子將入於井，皆有怵惕惻隱之心。」漢書賈誼傳注：「師古曰：『赤子，言其新生，未有眉髮，其色赤。』」兩漢刊誤引劉奉世曰：「人生則有眉髮矣，顏説誤。匍匐入井，又非所謂新生也。嬰兒體色赤，故曰赤子耳。」

〔二一〕漢書賈山傳：「平獄緩刑，天下莫不説喜。」又路温舒傳：「宣帝初即位，温舒上書，言宜尚德緩刑。」

〔二二〕漢書尹翁歸傳：「其有所取也，以一警百，吏民皆服恐懼，改行自新。」

〔二三〕史記魯周公世家：「其後，武王既崩，成王少，在强葆之中；周公恐天下聞武王崩而畔，周公乃踐阼，代成王攝行政當國。管叔及其羣弟流言於國曰：『周公將不利於成王。』……管、蔡、武庚等，果率淮夷而反。周公乃奉成王命，興師東伐，作大誥，遂誅管叔，殺武庚，放蔡叔。」

〔二四〕淮南氾論篇：「子産誅鄧析，而鄭國之姦禁。」高誘注：「鄧析詭辯，姦人之雄也，子産誅之，故姦禁也。傳曰：『鄭駟歂殺鄧析而用其竹刑。』鄧析制刑，書之於竹，鄭國用之，不以人廢言也。」案高注引傳，見左傳定公九年。洪亮吉春秋左傳詁卷十九云：「『鄧析』，文選注引作『鄧晢』。」案：「析」、「晢」古通，史記仲尼弟子傳：「伯虔，字子析。」索隱：「家語作『伯處字子晢』。」是其證。

〔二五〕明初本「一」作「壹」。

〔二六〕陸賈新語無爲篇：「上之化下，猶風之靡草。」説苑貴德篇：「上之變下，猶風之靡草也。」靡，披靡。

後刑*第三十四

大夫曰：「古之君子，善善而惡惡〔一〕。人君不畜惡民，農夫不畜無用之苗。無用之苗，苗之害也；無用之民，民之賊也。鉏一害而衆苗成，刑一惡而萬民悦〔二〕。雖周公、孔子不能釋刑而用惡。家之有姐子〔三〕，器皿不居，況姐民乎！民者敖〔四〕於愛而聽刑。故刑所以正民，鉏所以别苗也。」

賢良曰：「古者，篤教以導民，明辟〔五〕以正刑。刑之於治，猶策之於御也。良工不能無策而御，有策而勿用〔六〕。聖人假法以成教，教成而刑不施。故威厲而不殺〔七〕，刑設而不犯。今廢其紀綱而不能張，壞其禮義而不能防〔八〕。民陷於罔〔九〕，從而獵之以刑，是猶開其闌牢，發以毒矢也〔一〇〕，不盡不止。曾子曰：『上失其道，民散久矣。如得其情，即哀矜而勿喜〔一一〕。』夫不傷民之不治，而伐己〔一二〕之能得姦，猶弋者睍鳥獸掛罻羅〔一三〕而喜也。今天下之被誅者，不必有管、蔡之邪，鄧晳之僞，恐苗盡而不别，民欺而不治也。孔子曰：『人而不仁，疾之已甚，亂也〔一四〕。』故民亂反之政，政亂反之身，身正而天下定。是以君子嘉善而矜不能〔一五〕，恩及刑人，德潤窮夫，施惠悦爾〔一六〕，行刑不樂也。」

* 本篇是關於用刑的辯論。賢良主張「先德後刑」，「威厲而不殺，刑設而不犯」，桑弘羊堅持「刑一惡而萬民悦」，「人君不畜惡民，農夫不畜無用之苗」的主張。

〔一〕論語子路篇：「不如鄉人之善者好之，其不善者惡之。」何晏集解：「孔安國曰：『善人善己，惡人惡己，是善善明、惡惡著也。』」皇侃義疏曰：「己爲善人，爲善人之所好，故是善善明也。惡人惡己，則非己惡，故是惡惡著也。」漢書諸葛豐傳：「善善惡惡，非得顓之也。」師古曰：「善善，褒賞善人也；惡惡，誅罰惡人也。」

〔二〕盧文弨曰：「『悦』，張本作『説』，（沈延銓本、金蟠本同。）下同。」經濟類編引此二句作「鋤惡草而衆苗成，刑惡民而萬夫悦」。

〔三〕「姐」原作「鉏」，今改正。陳遵默曰：「潛夫論述赦篇：『孺子可令姐。』與此同義。」器案：文選嵇康幽憤詩：「恃愛肆姐。」李善注引説文曰：「姐，嬌也。」今説文女部作「嫭」。長短經知人篇：「姐者類智而非智。」（據荀子大略篇楊倞注引）「姐」就是「嫭」的省文，「鉏」又是「姐」的譌字。這當是涉上文「鉏一害而衆苗成」、下文「鉏所以别苗」的「鉏」字而錯了的。下句「況姐民乎」，原亦誤作「鉏」，今都改正。晉書陸納傳：「好家居，纖兒欲撞壞之耶！」語意與此相近。

〔四〕「敖」原作「教」，今據張敦仁説校改。張云：「『教』當作『敖』，敖者，聽之反也。」

〔五〕辟，法也。

〔六〕王先謙曰：「治要『用』下有『也』字。」

〔七〕荀子議兵篇：「威厲而不試，刑措而不用。」又見宥坐篇。即此文所本。淮南子主術篇：「威厲而不殺，刑錯而不用。」御覽七八引「殺」作「試」，文子精誠篇同。器案：春秋公羊傳隱公十一年：「何隱爾？弒也。」熹平石經「弒」作「試」，釋文作「殺」，音申志反。則「殺」、「試」古音同通用。

〔八〕張之象本「防」作「坊」，云：「古『防』字。」

〔九〕王先謙曰：「治要『罔』作『罪』。」案：孟子滕文公上：「及陷乎罪，然後從而刑之。」爲此文所本。治要本義勝。

〔一〇〕韓詩外傳三：「夫散其本教，而待之刑辟，猶決其牢而發以毒矢也。」漢書王莽傳中：「又置奴婢之市，與牛馬同蘭。」師古曰：「蘭謂遮蘭之，若牛馬蘭圈也。」「闌」、「蘭」古通，闌是正字，蘭是假借字。

〔一一〕這是論語子張篇文。今本「則」作「即」，阮元校勘記曰：「舊唐書懿宗紀引作『即』，即、則古字通。」

〔一二〕論語憲問篇：「克、伐、怨、欲不行焉，可以爲仁矣。」集解：「伐，自伐其功也。」義疏：「伐謂有功而自稱。」

〔一三〕説文网部：「罻，捕鳥網也。」禮記王制：「鳩化爲鷹，然後設罻羅。」鄭玄注：「罻，小網也。」

〔一四〕這是論語泰伯篇文。集解：「包曰：『疾惡太甚，亦使其爲亂。』」

〔一五〕論語子張篇：「君子尊賢而容衆，嘉善而矜不能。」

〔一六〕沈延銓本「悦」作「説」。

授時*第三十五

大夫曰：「共其地，居是世也，非有災害疾疫，獨以貧窮，非惰則奢也；無奇業旁入，而猶以富給，非儉則力也〔一〕。今曰〔二〕施惠悦〔三〕爾，行刑不樂；則是閔無行之人，而養惰奢之民也。故妄予不爲惠，惠惡者不爲仁。」

賢良曰：「三代之盛無亂萌〔四〕，教也；夏、商之季世無順民，俗也。是以王者設庠序，明教化，以防道其民，及政教之洽〔五〕，性仁而喻善。故禮義立，則耕者讓於野〔六〕；禮義壞，則君子爭於朝〔七〕。人爭則亂，亂則天下不均，故或貧或富。富則仁生，贍則〔八〕爭止。昏暮叩人門户，求水火，貪夫不恡，何則？所饒也。夫爲政而使菽粟如水火，民安有不仁者乎〔九〕！」

大夫曰：「博戲馳逐之徒〔一〇〕，皆富人子弟，非不足者也。故民饒則僭侈，富則驕奢，坐而委蛇〔一一〕，起而爲非，未見其仁也。夫居事不力，用財不節，雖有財如水火，窮乏可立而待也。有民不畜，有司雖助之耕織，其能足之乎？」

賢良曰：「周公之相成王也，百姓饒樂，國無窮人〔一二〕，非代之耕織也。易其田疇，薄其税斂，則民富矣〔一三〕。上以奉君親，下無饑寒之憂，則教可成也。語曰：『既富矣，又何加焉？曰：教之〔一四〕。』教之〔一五〕以德，齊之以禮，則民徙〔一六〕義而從善，莫不入孝出悌，夫何奢侈暴慢之有〔一七〕；管子曰：『倉廩實而知禮節，百姓足而知榮辱〔一八〕。』故富民易與適禮〔一九〕。」

大夫曰：「縣官之於百姓，若慈父之於子也，忠焉能勿誨乎？愛之而勿勞乎〔二〇〕？故春親耕以勸農，賑貸以贍不足，通滀水〔二一〕，出輕繫〔二二〕，使民務時也。蒙恩被澤，而至今猶以貧困，其難與適道〔二三〕若是夫！」

賢良曰：「古者，春省耕以補不足，秋省斂以助不給〔二四〕。民勤於財則貢賦省，民勤於力則功築罕〔二五〕。爲民愛力，不奪須臾。故召伯聽斷於甘棠之下，爲妨農業之務也〔二六〕。今時雨澍澤〔二七〕，種懸而不得播，秋稼零落乎野而不得收。田疇赤地〔二八〕，而停落〔二九〕成市，發春〔三〇〕而後，懸青幡而策土牛〔三一〕，殆非明主勸耕稼之意，而春令〔三二〕之所謂也。」

* 古代生產力水平低下，自然力在很大程度上和範圍內，不僅對農業生產，而且對人們思想，起着支配作用。本篇大夫和賢良在辯論如何發展農業生產問題時，雙方都注意到天時對於農業生產的重要性，但

是他們的觀點是不同的。桑弘羊認爲應該「使民務時」，賢良則認爲在於「明主授時」。在賢良看來，農業生産，完全是「靠天吃飯」，而天子是上天的兒子，是「承天行化」的（御覽五三三引桓譚新論），是「代天理物」的（三國志魏書陳思王傳注引魏略），只要舉行一個祭天祭地的儀式，就算上而「敬順昊天」，下而「敬授人時」了；至於農業生産什麽的，農民有什麽困難以及有何天災人禍，天子是不問的。桑弘羊主張的「使民務時」，就是要使農民適應和掌握自然規律，來發展農業生産。在「使民務時」的同時，桑弘羊還强調備耕工作，他説：「春親耕以勸農，賑貸以贍不足，通滀水，出輕繫。」除了動員農民投入生産而外，還在人力、物力、農田水利各方面作了充分的準備、合理的安排，使春耕工作順利進行得到保證。

〔一〕韓非子顯學篇：「今夫與人相善也，無豐年旁入之利，而獨以完結者，非力則儉也。與人相善也，無饑饉疾疢禍罪之殃，獨以貧窮者，非侈則墮也。侈而墮者貧，而力而儉者富。」案：奇業，謂非正業。漢書刑法志：「奇請它比。」師古曰：「奇請，謂常文之外，主者别有所請以定罪也。奇音居宜反。」奇字義與此同。

〔二〕「曰」原作「日」，今據明初本、張之象本、沈延銓本、金蟠本校改。

〔三〕「悦」，沈延銓本、金蟠本作「説」。

〔四〕陳遵默曰：「『萌』讀『氓』。」器案：「萌」、「民」古通。説文：「民，衆萌也。」賈子新書大政下：「民之爲言暝也，萌之爲言盲也。」漢書楚元王傳劉向疏云：「民萌何以勸勉？」師古曰：「『萌』與『甿』同。」又陳勝項籍傳贊：「甿隸之人。」如淳曰：「『甿』，古文『萌』字，萌，民也。」説文來部下引周禮（遂人）

「以興鋤利萌」。史記周本紀：「以振貧弱萌隸。」又司馬相如傳：「以贍萌隸。」漢書霍去病傳：「及厥衆萌。」文選吴都賦注引戰國策：「司馬喜曰：『臣觀人萌謡俗。』」今本中山策「萌」作「民」。説文：「氓，民也，讀若盲。」明初本、華氏活字本誤作「刑」。

〔五〕孟子盡心上：「善政不如善教之得民也，善政民畏之，善教民愛之，善政得民財，善教得民心。」華氏本「治」改「治」。又孟子告子上：「生之謂性。」又盡心上：「君子所性，仁義禮智根於心。」又曰：「堯、舜性之也。」「性」字義與此同。性仁，猶言仁以爲性也。漢書賈誼傳：「中道若性。」又谷永傳：「安服若性。」師古曰：「安心而服行之，如天性自然也。」論語里仁篇：「君子喻於義，小人喻於利。」喻，曉也。

〔六〕史記周本紀：「西伯陰行善，諸侯皆來決事。於是虞、芮之人有獄不能決，乃如周，入界，耕者皆讓畔，民俗皆讓長。虞、芮之人未見西伯，皆慙相謂曰：『吾所争，皆周人所恥，何往爲？祇取辱耳。』遂還，俱讓而去。」案又見詩大雅緜毛傳、書大傳略説、説苑君道篇、家語好生篇。

〔七〕戰國策秦策上：「争名者於朝。」

〔八〕「則」下原有「民」字，今據張敦仁説校删。張云：「『民』字當衍，後詔聖篇不誤。」淮南子齊俗篇：「求澹則争止。」

〔九〕孟子盡心上：「民非水火不生活，昏暮叩人之門户，求水火，無弗與者，至足矣。聖人治天大，使有菽粟如水火。菽粟如水火，而民焉有不仁者乎？」淮南子齊俗篇：「叩門求水，莫弗與者，所饒足也。」

〔一〇〕史記袁盎傳：「劇孟博徒。」集解：「如淳曰：『博盪之徒。』或曰：『博戲之徒。』」又貨殖傳：「博戲，惡戲也，而桓發用之富。」漢書高惠高后文功臣表：「安丘侯張拾，坐搏揜，完爲城旦。」師古曰：「『搏』字或作『博』，一曰：『博，六博也；揜，意錢之屬也。皆謂戲而取人財也。』」又食貨志下：「弋獵博戲亂齊民。」

〔一一〕文選琴賦注：「委蛇，委曲自得之貌。」

〔一二〕「窮」下原有「乏」字，今據盧、王説校删。盧文弨拾補删「乏」字。王先謙曰：「案盧説是也，治要無『乏』字。」張之象本删「窮」字。

〔一三〕孟子盡心上：「易其田疇，薄其税斂，民可使富也。」趙岐注：「易，治也。疇，一井也。庶民治其田疇，薄其賦斂，不踰什一，則民富矣。」案説苑辨物篇：「疇也者，何也？所以爲麻也。麻也者，何也？曰：所以爲衣也。」禮記月令正義引蔡邕月令章句：「麻田曰疇。」韋昭注國語周語、齊語皆云：「麻地曰疇。」然則以田疇並舉者，以其爲衣食之本也。

〔一四〕論語子路篇：「子適衛，冉有僕。子曰：『庶矣哉！』冉有曰：『既庶矣，又何加焉？』曰：『富之。』曰：『既富矣，又何加焉？』曰：『教之。』」

〔一五〕「教之」二字原脱，楊沂孫曰：「『教之』下應有『道之』二字。」今案：治要引有「教之」二字，今據訂補。禮記緇衣：「夫民教之以德，齊之以禮，則民有格心。」就是此文所本，治要有「教之」二字是。楊補「道之」二字，乃據論語爲言，論語爲政篇云：「導之以德，齊之以禮，有耻且格。」

〔一六〕「從義」原作「從義」，今從治要引校改。論語述而篇：「德之不修，學之不講，聞義不能徙，不善不能改，是吾憂也。」又曰：「三人行，必有我師焉，擇其善者而從之，其不善者而改之。」字正作「徙義」「從善」，可以參證。

〔一七〕王先謙曰：「治要『有』下有『乎』字。」

〔一八〕管子牧民、輕重二篇和史記管仲傳都有此語。

〔一九〕「故」下原無「富」字，今據治要補。史記秦始皇本紀：「安民可與行義，而危民易與爲非。」句法與此正同。又此句下，原有「難與適道」四字一句，王先謙以爲「涉下文而誤衍」，治要無，今據刪。攖寧齋鈔本「適」誤作「通」。

〔二〇〕陳遵默曰：「『而』讀爲『能』。」器案：論語憲問篇：「愛之能勿勞乎？忠焉能勿誨乎？」此用其文，能猶而也，説詳王念孫經傳釋詞。

〔二一〕廣韻一屋：「滀，水聚。」玉篇水部：「滀，滯也。」明初本作「畜水」，誤。

〔二二〕禮記月令：「孟夏之月，……斷薄刑，決小罪，出輕繫。」又見呂氏春秋四月紀，高誘注云：「輕繫，不及於刑者，解出之。」

〔二三〕論語子罕篇：「可與共學，未可與適道；可與適道，未可與立；可與立，未可與權。」

〔二四〕孟子梁惠王下：「春省耕而補不足，秋省斂而助不給。」趙岐注：「春省耕，問耒耜之不足。秋省斂，助其力不足也。」沈延銓本「給」臆改「足」。

〔二五〕「功築罕」原作「功業牢」，與上下文義不相應。器案：桓寬此文，本之穀梁，穀梁傳莊公二十九年：「古之君人者，必時視民之所勤，民勤於力則功築罕，民勤於財則貢賦少，民勤於食則百事廢矣。」范寧注：「罕，希。」文學引經據典，正以刺譏漢武帝之興土功也。惜鍾文烝穀梁補注失引此文。國語齊語：「環山於有牢。」後漢書馬融傳注引作「繯於山有罕」，正「牢」「罕」二字易誤之證。

〔二六〕韓詩外傳一：「昔者，周道之盛，邵伯在朝，有司請營邵以居，邵伯曰：『嗟！以吾一身而勞百姓，此非吾先君文王之志也。』於是出就蒸庶於阡陌隴畝之間而聽斷焉。邵伯暴處遠野，廬於樹下。百姓大悦，耕桑者倍力以勸。於是歲大稔，民給家足。其後在位者驕奢，不恤元元，税賦繁數，百姓困乏，耕桑失時。於是詩人見邵伯之所休息樹下，美而歌之。詩曰：『蔽芾甘棠，勿剪勿伐，召伯所茇。』此之謂也。」又見説苑貴德篇及詩甘棠鄭玄箋。

〔二七〕説文水部：「澍，時雨也，所以樹（從段注本）生萬物者也。」一切經音義六引三蒼：「澍，時雨也，百卉霑洽也。」

〔二八〕後漢書臧宫傳注：「赤地，言在地之物皆盡。説苑曰：『晉平公時赤地千里。』」

〔二九〕楊沂孫曰：「『停』當作『亭』。」器案：散不足篇作「亭落」，又云「丘落」。陸賈新語至德篇：「官府若無吏，亭落若無人。」釋名釋宫室：「亭，停也，亦人所停集也。」則作「停落」亦通。又案：史記酷吏傳：「置伯格長。」集解：「徐廣曰：『一作落，古村落字亦作格，街陌屯落皆設督長也。』」

〔三〇〕書鈔一二〇、御覽三四一引「而」作「之」。楚辭九章思美人：「開春發歲兮，白日出之悠悠。」「發春」就是「開春」，如今還有此語。

〔三一〕書鈔、御覽引「策」作「築」。續漢書禮儀志上：「立春之日，夜漏未盡五刻，京師百官皆衣青衣，郡國縣道官，下至斗食令史，皆服青幘，立幡，施土牛耕人於門外，以示兆民。」文選王元長永明九年策秀才文：「祥正而青旗肅事。」集注：「李善曰：『孟春之月，天子駕蒼龍，載青旗，躬耕帝籍。』呂延濟曰：『青旗，籍田之旗也。』」

〔三二〕後漢書崔駰傳：「寔乃强起班春。」注：「班布春令也。」王粲務本論：「末世之吏員，青旛而布春令，有勸農之名，無賞罰之實。」班布春令的事情，在郡國是以他椽兼攝，若在司隸州，據續漢書百官志所載，有月令師，屬於司隸校尉。月令師當即班布春令的專職官。續漢書禮儀志上又載：「立春之日，下寬大書曰：『制詔三公：方春東作，敬始慎微，動作從之。罪非殊死，且勿案驗，皆須麥秋。退貪殘，進柔良，下當用者，如故事。』」注：「月令曰：『命相布德和令。』蔡邕曰：『即此詔之謂也。』」這裏所引，雖是東漢制度，然兩漢更革不大，況立春寬大詔，明言其「如故事」呢。

水旱*第三十六

大夫曰：「禹、湯聖主，后稷、伊尹賢相也，而有水旱之災。水旱，天之所爲，饑穰〔一〕，陰陽之運也，非人力。故太歲〔二〕之數，在陽爲旱，在陰爲水。六歲一饑，十二歲一荒〔三〕。天道〔四〕然，殆非獨有司之罪也。」

賢良曰：「古者，政有德〔五〕，則陰陽調，星辰理，風雨時。故行修〔六〕於內，聲聞於外，爲善〔七〕於下，福應於天。周公載紀〔八〕而天下太平，國無夭傷，歲無荒年。當此之時，雨不破塊，風不鳴條〔九〕，旬而一雨，雨必以夜〔一〇〕。無丘陵高下皆熟。詩曰：『有渰萋萋，興雨祁祁〔一一〕。』今不省其所以〔一二〕然，而曰『陰陽之運也』，非所聞也。孟子曰：

『野有餓〔一三〕殍，不知收〔一四〕也；狗豕食人食，不知檢〔一五〕也；爲民父母，民〔一六〕饑而死，則曰，非我也，歲也，何異乎以刃殺之，則曰，非我也，兵也？』方今之務，在除饑寒之患，罷鹽、鐵，退權利，分土地，趣本業，養桑麻，盡地力也。寡功節用，則民自富。如是，則水旱不能憂，凶年不能累也。」

大夫曰：「議者貴其辭約而指明，可於衆人之聽，不至〔一七〕繁文稠辭，多言害有司化俗之計，而家人語〔一八〕。陶朱爲生，本末異徑，一家數事，而治生之道乃備。今縣官鑄農器，使民務本，不營於末，則無饑寒之累。鹽、鐵何害而罷？」

賢良曰：「農，天下之大業也；鐵器，民之大用也。器用便利，則用力少而得作多，農夫樂事勸功。用不具，則田疇荒，穀不殖，用力鮮，功自半。器便與不便，其功相什〔一九〕而倍也。縣官鼓鑄鐵器，大抵多爲大器，務應員程〔二〇〕，不給民用。民用鈍弊，割草不痛〔二一〕，是以農夫作劇〔二二〕，得獲者少，百姓苦之矣。」

大夫曰：「卒徒工匠，以縣官日作公事，財用饒，器用備。家人合會，褊於日而勤於用，鐵力不銷鍊，堅柔不和。故有司請總鹽、鐵，一其用，平其賈，以便百姓公私。雖虞、夏之爲治，不易於此。吏明其教，工致其事〔二三〕，則剛柔和，器用便。此則百姓何苦？而農夫何疾？」

賢良曰：「卒徒工匠〔二四〕！故民得占租鼓鑄、煮鹽之時〔二五〕，鹽與五穀同賈，器和利而中用。今縣官作鐵器，多苦惡，用費不省，卒徒煩而力作不盡。家人相一，父子戮力〔二六〕，各務爲善器，器不善者不集〔二七〕。農事急，輓運衍〔二八〕之阡陌之間。民相與市買〔二九〕，得以財貨五穀新幣易貨〔三〇〕；或時〔三一〕貰民，不棄作業。置田器，各得所欲。更繇省約〔三二〕，縣官以徒復作〔三三〕，繕治道橋，諸發民便之。今總其原，壹其賈，器多堅䃘〔三四〕，善惡無所擇。吏數不在，器難得。家人不能多儲，多儲則鎮生〔三五〕。棄膏腴之日，遠市田器，則後良時。鹽、鐵賈貴，百姓不便。貧民或木耕手耨，土耰淡食〔三六〕。鐵官賣器不售〔三七〕，或頗賦與〔三八〕民。卒徒作不中呈〔三九〕，時命助之。發徵無限，更繇以均劇，故百姓疾苦之。古者，千室之邑〔四〇〕，百乘之家〔四一〕，陶冶工商，四民〔四二〕之求，足以相更。故農民不離畦畝而足乎田器，工人不斬伐而足乎材木〔四三〕，陶冶〔四四〕不耕田而足乎粟米，百姓各得其便，而上無事焉。是以王者務本不作末，去炫燿，除雕琢，湛〔四五〕民以禮，示民以樸，是以〔四六〕百姓務本而不營於末。」

＊　本篇是從上面授時問題伴隨而來的對農業生産嚴重威脅的自然災害問題進行辯論。

〔一〕穰，就是豐收的意思。漢書食貨志上：「世之有飢穰，天之行也。」師古曰：「穰，豐也。」史記滑稽列傳：

「五穀蕃熟，穰穰滿家。」正義：「野王云：『穰穰，衆多也，夥也。』」又貨殖傳：「太陰在卯，穰；明歲衰惡。至午，旱；明歲美。至酉，穰；明歲衰惡。至子，大旱；明歲美。有水，至卯。」這裏的饑穰循環說，當即本之史記。

〔二〕開元占經二三引淮南子天文篇許慎注：「太陰謂太歲也。」太歲，我國古代天文學家虛構的一顆星，把它的運行軌道和歲星（木星）的軌道相同而方向相反，並把它運行一周的軌道分爲十二個區域，配合子丑寅卯等十二地支，以便紀年。太歲之數，太歲當年運行所至的區域。在陽、在陰，是古代根據太歲當年的干支並配合其它星象推算出來的陰陽屬性，這種推算方法是不科學的。

〔三〕淮南子天文篇：「三歲而改節，六歲而易常。故三歲而一饑，六歲而一衰，十二歲而一荒。」高誘注：「蔬不熟爲荒也。」（正文及注文，俱依太平御覽一七引。）史記貨殖傳：「計然曰：『故歲在金，穰；水，毀；木，饑；火，旱。……六歲穰，六歲旱，十二歲一大饑。』」

〔四〕太玄書室本、張之象本、沈延銓本、金蟠本「道」下有「固」字。

〔五〕王先謙曰：「治要『德』作『得』，無『有』字。」

〔六〕「行修」原作「循行」，今據王先謙說校乙。王云：「治要『循行』作『行脩』。案：『行修』與下『聲聞』對，治要是。」

〔七〕王先謙曰：「治要『善』作『之』。」

〔八〕家語致思篇：「周公載己行化而天下順。」「載」也有「行」意，就是說周公行己以行化，其身正，不令而行，不禁而止。這裏的「載紀」應當與「載己」通。散不足篇：「故聖人非仁義不載於己。」也是本書作

「載己」之證。治要「載紀」作「在上」，蓋不得其義而臆改之。

〔九〕西京雜記下：「董仲舒曰：『太平之世，則風不鳴條，開甲散萌而已；雨不破塊，潤葉津莖而已。』」

〔一〇〕王先謙曰：「北堂書鈔帝王部、白帖雨部引『風不鳴條』在『雨不破塊』上；藝文類聚天部、御覽八百七十二休徵部引『雨不破塊，旬而一雨，雨必以夜』，三句連文，文義應爾。此『風不鳴條』四字，誤倒在下。」器案：埤雅一九、王應麟急就篇補注引與今本同。御覽八七二引符瑞圖：「周公時，天下太平。當此之時，旬而一雨，雨必以夜。」沈延銓本「以」改「一」。

〔一一〕這是詩經小雅大田文。張敦仁曰：「『雨』，毛詩作『雲』，顏之推改爲『雨』。（顏氏家訓書證。）有疑此亦當爲『雲』者。今詳上文語意，似本作『雨』，故下不更引『雨我公田』之云也。凡此書所稱詩皆三家，（俱見各篇。）與毛詩異者不少，又未可必謂後人以今詩改。此處豈三家有作『雨』者耶？（後漢書左雄傳所引亦作「雨」。）」器案：漢書食貨志上唐寫本作「興雨」，毛傳云：「渰，陰雲貌；萋萋，雲行貌。」說文水部：「淒，雲雨起也。」則「萋」借「淒」字。

〔一二〕「以」字原無，今據治要補。王先謙曰：「治要引『所』下有『以』字，是。」

〔一三〕治要「餓」作「死」。這以下都是約舉孟子梁惠王上文。

〔一四〕「收」疑當作「牧」，本書二字互誤，數見不鮮。

〔一五〕治要「檢」作「斂」，今本孟子作「檢」，趙岐注云：「不知以法度檢斂也。」按漢書食貨志贊引亦作「斂」，「檢」、「斂」古通。

〔一六〕「民」，治要作「見」。

〔一七〕「不至」猶言「不在」，詳憂邊篇注〔三三〕。

〔一八〕「家人語」，猶如説嫗媪語。漢書儒林傳：「竇太后好老子書，召問固，固曰：『此家人言耳。』太后怒曰：『安得司空城旦書乎！』」師古曰：「家人言僮隸之屬。」又見史記儒林傳。「家人言」即「家人語」。漢書田蚡傳：「譬如賈豎女子争言，何其無大體也。」意與「家人語」近。

〔一九〕「相什」就是相去十倍的意思。古書中凡「相」字下聯綴一個數字，用來表示某種數量程度的，都是相去若干倍的意思。孟子滕文公上：「夫物之不齊，物之情也，或相倍蓰，或相什百，或相千萬。」趙岐注：「蓰，五倍也；什，十倍也；至於千萬相倍。」韓非子説疑篇：「得人之名一也，而利害相千萬也。」商君書錯法篇：「三王、五霸，其所道不過爵禄，而功相萬者，其所道明也。」吕氏春秋貴當篇：「爲之必繇其道，物莫之能害，此功之所以相萬也。」高誘注：「萬倍也。」文選上書重諫吴王：「此其與秦地相什而民相百。」李善注：「言地多秦十倍，民多百倍。」韓詩外傳四：「人同材均，而貴賤相萬者，盡心致志也。」史記貨殖傳：「凡編户之民，富相什則卑下之，伯則畏憚之，千則役，萬則僕，物之理也。」漢書馮奉世傳：「利害相萬。」師古曰：「相比則爲萬倍也。」潛夫論讚學篇：「人之情性，未能相百，而其明智，有以相萬也。」三國志魏書王肅傳：「肅上疏曰：『又況於深入阻險，鑿路而前，則其爲勢，必相百也。』」這些例證，和此文的用法，都是相同的。這裏的「而倍」字，就是補充説明「相什」是相去什倍的意思。

〔二〇〕淮南説山篇：「有譽人之力儉者，春至旦，不中員呈。」高誘注：「呈作不中科員。」漢書尹翁歸傳：「責以員程，……不中程，輒笞督。」師古曰：「員，數也，計其人及日數爲功程。」説文員部：「員，物數也。」「程」、「呈」古通，説詳下注〔三九〕。

〔二一〕公羊傳莊公三十年：「子司馬子曰：『蓋以操之爲已蹙之矣。』」何注：「操，迫也；已，甚也；蹙，痛也。迫殺之甚痛。」「痛」字義與此同，都是「切」的意思。

〔二二〕荀子非十二子注：「劇，繁也。」

〔二三〕論語子張篇：「百工居肆以成其事。」此文本之。「成」作「致」者，蓋用魯論，説詳通有篇注〔五三〕。華氏本「工」作「士」，誤。

〔二四〕「卒徒工匠」，猶後雜論篇之言：「彼哉！彼哉！」姚鼐以爲衍文，非是。

〔二五〕姚鼐曰：「按『卒徒工匠』四字衍文。言故時民自鼓鑄煮鹽，占其爲鹽、鐵之業，報於官而納租。昭帝紀：『罷榷酤官，令民得以律占租，賣酒，升四錢。』若鹽、錢在民自爲之時，亦如此酤酒之占租矣。又按：説文：『鍇，業也，賈人占鍇。』而食貨志：『公卿言，異時算軺車，賈人之緡錢皆有差。』以説文『緡，業也』之解推之，『緡』乃本字，『鍇』乃借字，『鍇』如今俗語所云『本錢』耳，非藏鏹於家者舉有此算也。此所云『占租鼓鑄，煮鹽』，正食貨志所云『諸作有租，及鑄率緡錢四千算一』者也。而顔監不推『緡』『鍇』同之義，解『緡』爲錢貫者，殆非是矣。」

〔二六〕左傳成公十三年：「勠力同心。」洪亮吉春秋左傳詁曰：「説文：『勠，并力也。从力翏聲。』惠棟曰：『戰國策：勠力同憂。高誘曰：勠力，勉力也。其字从力，今諸本作戮，誤。詛楚文又作繆力，蓋古字假借。』今案：石經、釋文、宋本並作勠，今據改。又國語補音引嵇康云：『勠音留。』」

〔二七〕楊沂孫曰：「『集』當是『售』。」

〔二八〕文選七發李善注：「衍，散也。」漢書五行志下之上：「京師、郡、國，民聚會里巷阡陌，設祭，張博具，歌舞祠西王母。」則阡陌亦民衆聚會之地，故輓運田器於此市買也。華氏本「衍」誤「行」。

〔二九〕史記項羽本紀：「以市於齊。」集解張晏曰：「若市買相貿易以利也。」又汲黯傳：「愚民安知市買長安中物，而文吏强以爲闌出財物於邊關乎？」周禮天官序官庖人：「賈八人。」注：「賈主市買，知物賈。」後漢書劉瑜傳：「賓客市買。」抱朴子道意篇：「市買所具，務於豐泰。」又逸民篇：「市買名品。」則市買爲兩漢六朝人習用語也。

〔三〇〕張敦仁曰：「『貨』當作『貿』。」

〔三一〕張之象本、沈延銓本、金蟠本無「時」字。

〔三二〕漢書食貨志上：「教民相與庸輓犂。」師古曰：「庸功也，言換功共作也。義亦與庸賃同。」按説文用部：「庸，用也，从用庚，庚，更事也。」方言：「庸、佽、比、侹、更、佚，代也。」廣雅釋詁：「庸、比、侹、佽、更、跆、遞、迭，代也。」則「更」、「庸」都有「代」義，這裏「更繇」，就是服繇役者可换功的意思。「更繇省約」，就是説「以徒復作」更繇，則省却赴約往返之勞，所以「民便之」。

〔三三〕漢書宣帝紀：「使女徒復作淮陽趙徵卿、渭城胡組更乳養。」注：「李奇曰：『復作者，女徒也。謂輕罪，男子守邊一歲，女子輭弱不任守，復令作於官，亦一歲，故謂之復作徒也。』孟康曰：『復音服，謂弛刑徒也。有赦令詔書去其鉗釱赭衣，更犯事不從徒加，與民爲例，故當復爲官作，滿其本罪年月日，律名爲復作也。』師古曰：『孟説是也。』」又：「下至郡邸獄復作。」師古曰：「復音扶目反。」又食貨志上：「徒復作得輸粟於縣官以除罪。」師古曰：「復音房目反。」

〔三四〕説文石部：「硻，餘堅也。从石堅省聲。」段注云：「俗作磴，韓退之詩用之。」

〔三五〕盧文弨以「生」字下屬，云：「『鎮』疑『鏥』，與『鏉』、『鏽』、『銹』同。『生』疑『坐』。」張敦仁曰：「『鎮』當作『鉎』，『鉎生』者，鐵衣生也。」（廣韻十五青：「鉎，鐵鉎。」集韻、類篇皆有「鉎」「鋥」二文，云：「鐵衣。」）器案：此文疑本作「多儲則鉎」，因「鉎」字罕見，遂以音近而誤爲「鎮」，又涉偏旁而殘存「生」字耳。今不能輒定，故並存之。

〔三六〕「淡」原作「啖」，今據張敦仁、楊沂孫、姚範説校改。張云：「『啖』當作『淡』，此與上文皆雜鹽鐵而論之，但鹽略鐵詳耳。」楊云：「『啖』或是『淡』。」姚云：「『啖』疑『淡』。」器案：史記叔孫通傳：「攻苦食啖。」集解：「徐廣曰：『啖一作淡。』」索隱：「案孔文祥云：『與帝共攻冒苦難，俱食淡也。』案説文云：『淡，薄味也，音唐敢反。』」又見漢書叔孫通傳，師古曰：「『啖』當作『淡』，謂無味之食也。言共攻擊勤苦之事，而食無味之食也。」據此，則「淡食」爲漢人習用語，今據改正。

〔三七〕通鑑二三八注：「賣物去手曰售。」

〔三八〕「與」通「於」，見王引之經義述聞通説上。華氏本改「於」。

〔三九〕荀子致仕篇：「程者，物之準也。」楊注：「程，度量之總名。」韓非子難一篇：「中程者賞，弗中程者誅。」史記秦始皇本紀：「上至衡石量書，日夜有呈，不中呈，不得休息。」漢書景十三王傳：「不中程輒掠。」師古曰：「程者，作之課也。」又陳萬年傳：「爲地臼木杵，舂不中程。」文選魏都賦：「明宵有程。」李善注：「程猶限也。『程』與『呈』通。」樊安碑：「作呈作式。」冀州從事郭君碑：「先民有呈。」也是「程」作「呈」的例證。

〔四〇〕左傳宣公十五年：「晉侯賞桓子狄臣千室。」「千室」即「千室之邑」。

〔四一〕孟子梁惠王上：「千乘之國，弒其君者，必百乘之家。」趙岐注：「百乘之家，謂大國之卿，食采邑有兵車百乘之賦者也。」又萬章下：「孟獻子百乘之家也。」

〔四二〕説苑政理篇：「春秋曰：『四民均則王道興而百姓寧。』所謂四民者，士農工商也。」按穀梁傳成公元年：「古者有四民：有士民，有商民，有農民，有工民。」惠士奇禮説、惠棟穀梁古義皆以四民始於管子：「古者，四民爲商農工賈。」

〔四三〕張敦仁曰：「此下有脱文。」郭沫若補「材木」二字，今據訂補。

〔四四〕盧文弨以「陶冶」二字上屬爲句，云：「脱『商人』二字。」郭沫若以「陶冶」屬下爲句，今從之。

〔四五〕漢書叙傳上：「㓨湛躬於道真。」文選答賓戲：「湛道德。」李善注：「湛，古沈字。」吕氏春秋爲欲篇：「蠻夷反舌，殊俗異習之國，……桀、紂不能離；不能離而國亡者，逆其天也；逆天而不知其逆也，湛於俗也；久湛而不去則若性。」這些湛字，義與此同。這裏是説，要老百姓沈溺於統治階級倡導的封建禮教之中，而安之若性。漢書董仲舒傳：「漸民以仁。」師古曰：「漸謂浸潤之。」「漸」與「湛」義近。

〔四六〕經濟類篇「是以」作「則」。

新編諸子集成

鹽鐵論校注

下

王利器 校注

中華書局

鹽鐵論校注卷第七

崇禮*第三十七

大夫曰：「飾几杖[二]，脩樽俎[三]，爲賓，非爲主也。炫燿奇怪，所以陳四夷，非爲民也。夫家人有客，尚有倡優[四]奇變之樂，而況縣官乎？故列羽旄，陳戎馬，所[五]以示威武，奇蟲[六]珍怪[七]，所以示懷廣遠[八]、明盛[九]德，遠國莫不至也[一〇]。」

賢良曰：「王者崇禮施德，上仁義而賤怪力，故聖人絶而不言[一一]。孔子曰：『言忠信，行篤敬，雖蠻、貊之邦[一二]，不可棄也[一三]。』今萬方絶國[一四]之君奉贄獻者，懷天子之盛德，而欲觀中國之禮儀，故[一五]設明堂、辟雍[一六]以示之，揚干戚[一七]、昭雅頌以風之。今乃以[一八]玩好不用之器、奇蟲不畜之獸、角抵諸戲[一九]、炫燿之物陳夸之[二〇]，殆與周公之待遠方殊。昔周公處謙以卑士，執禮以治天下[二一]，辭越裳之贄，見恭讓之禮也[二二]；既，與入文王之廟，是見大孝之禮也[二三]。目覩威儀干戚之容，耳聽清[二四]歌雅、頌之聲，心充至德，欣然以歸，此四夷所以慕義内附，非重譯狄鞮[二五]來觀猛獸熊羆也。夫犀象兕虎，南夷之所多也；騾驢馲駞，北狄之常畜也。中國所鮮，外國賤之，南越以孔雀珥門户，崑山之旁以玉璞抵烏鵲[二六]。今貴人之所賤，珍人之所饒，非所以厚中國、明盛德也。隋、和，世[二七]之名寶也，而不能安危存亡。故喻德示威，惟賢臣良相，不在犬馬珍怪[二八]。是以聖王以賢爲寶，不以珠玉爲寶。昔晏子脩之罇俎之間，而折衝乎千里[二九]；不能者，雖隋、和滿篋，無益於存亡。」

大夫曰：「晏子相齊三君，崔慶無道，刼其君，亂其國，靈公國圍[三〇]，莊公弑死，景公之時，晉人來攻，取垂都[三一]，舉臨菑，邊邑削，城郭焚，宫室隳，寶器盡，何衝之所[三二]能折乎？由此觀之：賢良所言，賢人爲寶，則損益無輕重也。」

賢良曰：「管仲去魯入齊，齊霸[三三]魯削，非持[三四]其衆而歸齊也。伍子胥挾弓干闔閭[三五]，破楚入郢，非負其兵而適吴也。故賢者所在國重，所去國輕。楚有子玉得臣，文公側席；虞有宫之奇，晉獻不寐[三六]。夫賢臣[三七]所在，辟除開塞[三八]者亦遠矣。故春秋曰：『山有虎豹，葵藿爲之不採；國有賢士，邊境爲之不害也[三九]。』」

＊這篇就接待少數民族客人的禮節問題展開辯論。賢良主張「王者崇禮施德，上仁義而賤怪力」。大夫主張「列羽旄，陳戎馬，所以示威武，奇蟲珍怪，所以示懷廣遠、明盛德，遠國莫不至」。西漢時期，對待來京師觀光的少數民族賓客，在舉行相見禮的同時，還有豐富多彩的文娛活動。這種文娛活動，有時是以會朝方式出之，有時是以遊園方式出之。即以漢武帝時代而言，漢書武帝紀寫道：「太始三年（公元前九四年）春正月，行幸甘泉宮，饗外國客。」又西域傳贊寫道：「自是之後，明珠、文甲、通犀、翠羽之珍盈於後宮，蒲梢、龍文、魚目、汗血之馬充於黄門，鉅象、師子、猛犬、大雀之羣食於外囿，殊方異物，四面而至。於是廣開上林，穿昆明池，營千門萬户之宮，立神明通天之臺，興起甲乙之帳，落以隋珠和璧。天子負黼依，襲翠被，憑玉几而處其中，設酒池肉林，以饗四夷之客，作巴、俞、都盧、海中、碭極、漫衍、魚龍、角抵之戲以觀視之。」這種聚會，歷史地反映了漢武帝時代四海一家的泱泱大國之風。

〔一〕「取下」上原有「鹽鐵」二字，今據張敦仁説删。

〔二〕禮記曲禮上：「大夫七十而致事，若不得謝，則必賜之几杖。」鄭玄注：「几杖，……所以養其身體也。」孫希旦集解：「賜之几，使於朝中治事之所憑之以爲安也；賜之杖，使於入朝之時持之以自扶也。几杖不入君門，君賜之，則得以入朝。」曲禮上又曰：「謀於長者，必操几杖以從之。」正義：「杖可以策身，几可以扶己，俱是養尊者之物。」史記孝文本紀：「吴王詐病不朝，就賜几杖。」漢書武帝紀：「元朔二年冬，賜淮南王、菑川王几杖，毋朝。」

〔三〕史記樂書：「布筵席，陳樽俎，列籩豆，以升降爲禮者，禮之末節也。」下文作「罇俎」，字同。

〔四〕急就篇顔師古注：「倡，樂也；優，戲人也。」

〔五〕「所」字原無，今依上下文例補。

〔六〕奇蟲，即謂奇獸奇禽，吕氏春秋四月紀：「其蟲羽。」高誘注：「羽蟲，鳳爲之長。」又七月紀：「其蟲毛。」高誘注：「毛蟲之屬，而虎爲之長。」戰國策秦策上：「虎者戾蟲。」

〔七〕淮南子主術篇：「人主好鷙鳥猛獸，珍怪奇物。」高誘注：「金玉爲珍，詭異爲怪，非常爲奇。」

〔八〕後漢書肅宗孝章帝紀：「往者，妖言大獄，所及廣遠，一人犯辜，禁至三屬。」

〔九〕「盛」字原無，今據陳遵默説訂補。陳云：「『明』下疑奪『盛』字，後文『非所以厚中國、明盛德』，即承此言之。」

〔一〇〕史記大宛傳：「是時，上方數巡狩海上，乃悉從外國客，大都多人則過之，散財帛以賞賜，厚具以饒給之，以覽示漢富厚焉。於是大觳抵，出奇戲諸怪物，多聚觀者，行賞賜，酒池肉林，令外國客徧觀各倉庫府藏之積，見漢之廣大傾駭之。及加其眩者之工，而觳抵奇戲歲增變，甚盛益興，自此始。西北外國使更來更去。宛以西皆自以遠，尚驕恣晏然，未可詘以禮，羈縻而使也。」

〔一一〕論語述而篇：「子不語：怪，力，亂，神。」

〔一二〕王先謙曰：「『雖蠻、貊之邦』，治要作『雖之蠻、貊』。」

〔一三〕論語衛靈公篇：「子張問行。子曰：『言忠信，行篤敬，雖蠻、貊之邦，行矣。』」又子路篇：「樊遲問仁。子曰：『居處恭，執事敬，與人忠，雖之夷、狄，不可棄也。』」此合二文言之。

〔一四〕漢書武帝紀：「元封五年詔：『其令州郡察吏民，有茂才異等，可爲將相及使絶國者。』」文選别賦注：

「絶國，絶遠之國也。」

〔一五〕王先謙曰：「治要『獻』下有『見』字，『盛』作『威』，『禮』下無『儀』字，『故』作『宜』。」案治要是。

〔一六〕文選東都賦注：「明堂者，明諸侯之尊卑也。」「立辟雍者何？所以宣德化也。雍以水，象教化流行也。水四周於外，象四海也。」

〔一七〕禮記樂記：「比音而樂之，及干戚羽旄謂之樂。」鄭注：「干，盾也；戚，斧也；武舞所執也。」

〔一八〕「乃」下原無「以」字，今據治要引補。「乃」下有「以」字，文意才明白。無「以」字，則「玩好」二字成爲動詞，和下文所説的貫穿不起來。說略本陳遵默。

〔一九〕王先謙曰：「治要『諸』作『之』。」

〔二〇〕張之象注曰：「刑法志曰：『春秋之後，滅弱吞小，並爲戰國，稍增講武之禮，以爲戲樂，用相夸視，而秦更名角抵，先王之禮，没於淫樂中矣。』應劭曰：『角者，角技也；抵者，相抵觸也。』文穎曰：『抵，當也，名此樂爲角抵者，兩兩相當，角力、角技藝御射，故曰角抵，蓋雜技樂也，巴、俞戲魚龍蔓延之屬也。』顔師古曰：『炫燿之物，眩人也。眩，相詐惑也，讀與幻同。其術本從西域來，即今吞刀、吞火、植瓜、種樹，屠人、戳馬之術皆是也。』漢紀曰：『元封三年春，作角抵戲以享外國朝獻者，三百餘里内人皆觀。』張騫傳曰：『是時，上方數巡狩海上，迺悉從外國客，大都多人過之，則散財帛賞賜，厚具饒給之，以覽視漢富厚焉。大角抵，出奇戲諸怪物，多聚觀者。行賞賜，酒池肉林，令外國客偏觀名倉庫府藏之積，欲以見漢廣大，傾駭之。及加其眩者之工，而角抵奇戲歲增變，其益興自此始。而外國使更來更去，大宛以西皆自恃遠尚驕恣，未可詘以禮，羈縻而使也。』」

〔二一〕此句原作「執禮以治下天下」，盧文弨曰：「『上』『下』字衍。」楊沂孫曰：「『天下』二字衍。」王先謙曰：「治要作『處謙讓以交卑士，執禮德以下天下』。此句下有『故』字。」案攖寧齋鈔本無上「下」字，今據删。

〔二二〕「也」字原無，今據王先謙説訂補。王云：「治要『禮』下有『也』字。案與下『見大孝之禮也』相對，『也』字宜有。」

〔二三〕漢書西域傳贊：「周公之讓白雉。」師古曰：「昔周公相成王，越裳氏重九譯而獻白雉，至，王問周公，公曰：『德不加焉，則君子不饗其質，政不施焉，則君子不臣其遠，吾何以獲此物也？』譯曰：『吾受國之黄耇曰：久矣，天之無烈風雷雨也，意中國有聖人乎？盍往朝之。』然後歸之王，稱先王之神所致，以薦宗廟。」

〔二四〕王先謙曰：「治要『清』作『升』。」

〔二五〕周禮大行人象胥注：「東方曰寄，南方曰象，西方曰狄，北方曰譯。」疏：「譯即易，謂换易言語，使相解也。」禮記王制：「西方曰狄鞮。」疏：「鞮，知也，謂通夷、狄之語，與中國相知。」漢書平帝紀：「元始元年春，越裳氏重譯獻白雉一，黑雉二。」師古曰：「越裳，南方遠國也。譯謂傳言也。道路絶遠，風俗殊隔，故累譯而後迺通。」

〔二六〕六帖二九引此文作「崑崙之下以玉璞抵鵲」，釋睦庵祖庭事苑五引作「崐山之旁以玉璞抵鵲」，俱無「烏」字。御覽三八引論衡：「鍾山之上，以玉抵鵲。」淮南子俶真篇：「鍾山之玉。」高誘注：「鍾山，昆侖也。」清乾隆弘曆詩文十全集二一玉璞抵鵲説：「桓寬鹽鐵論稱『中國所鮮，外國賤之，崑山之旁，以玉抵烏鵲』云云。初讀之，以爲玉璞非抵鵲之物，而鵲亦可以不抵，此不過舉烏有之事，喻貴人之所賤，不足以厚中國、明盛德耳。今乃知誠有其事，而惜寬之未詳言之也。蓋玉出和闐，和闐即崑山之旁支也。和闐之人，備侍衛者有之，問以鵲名，則回語亦有之。且稱回部諸城皆有鵲，而和闐獨無，故詰其故。則云傳自古昔，和闐之地，不可有鵲，有鵲必致刀兵，地不寧，年不豐，是以和闐之人，見鵲必抵之。蓋抵之之方不一，玉璞初非彼所貴，以之抵鵲，誠或有之。是則寬之説不無有自來，而惜未詳言其故耳。夫讀古人之書，豈可以粗心浮氣遇之，而率以評人之是非也哉？如抵鵲之事，非和闐人自述，將終古無知寬之言爲非繆者，予故詳著斯説，以爲鹽鐵論之注。」

〔二七〕「世」字原無，今據王先謙説校補。王云：「治要『和』下有『世』字，是。」案漢書王吉傳：「雖隋、和何以加諸。」師古曰：「隋，隋侯珠；和，和氏璧也。」又叙傳上：「先賤而後貴者，隋、和之珍也。」明初本、華氏本「隋」作「隨」，下同。

〔二八〕王先謙曰：「治要『犬』作『戎』，『怪』下有『也』字。」

〔二九〕韓詩外傳八：「晉平公使范昭觀齊國之政。景公賜之宴，晏子在前，范昭趨曰：『願君之倅樽以爲壽。』景公顧左右曰：『酌寡人樽，獻之客。』晏子對曰：『徹去樽。』范昭不説，起舞，顧太師曰：『子爲我奏成周之樂，願舞。』太師對曰：『盲臣不習。』范昭起，出門。景公謂晏子曰：『夫晉，天下大國也，使范昭來觀齊國之政；今子怒大國之使者，將奈何？』晏子曰：『范昭之爲人也，非陋而不知禮也，是欲試吾君，嬰故不從。』於是景公召太師而問之曰：『范昭使子奏成周之樂，何故不調？』對如晏子。於是范昭歸報平公曰：『齊未可并也。吾試其君，晏子知之。吾犯其樂，太師知之。』孔子聞之曰：『善乎晏子，不出俎豆之間，折衝千里。』詩曰：『實右序有周，薄言震之，莫不震疊。』」又見晏子春秋内篇雜上、新序雜事一。

〔三〇〕「國」原誤作「同」，今據張敦仁、楊沂孫説校改。張云：「『同』當作『國』。此即齊世家之『靈公二十九年，晉兵遂圍臨菑』也，非左傳。此事不見左氏。」

〔三一〕戰國策魏策下：「秦十攻魏，五入國中，邊城盡拔，文臺墮，垂都焚。」又見史記魏世家，集解：「徐廣曰：『一云魏山都焚。句陽有垂亭。』」索隱：「垂，地名，有廟曰都。並魏邑。」

〔三二〕王先謙曰：「『所』字當衍。」案本書以「所」爲「可」，不衍。

〔三三〕「霸」，沈延銓本作「伯」。

〔三四〕「持」原作「恃」，今據明初本、華氏活字本、攖寧齋鈔本校改。

〔三五〕公羊傳定公四年：「伍子胥父誅乎楚，挾弓而去楚，以干闔廬。」穀梁傳：「子胥父誅於楚也，挾弓持矢而干闔廬。」越絶書吴人内傳：「子胥挾弓，身干闔廬。」又越絶外傳紀策考：「子胥曰：『吾背楚、荆，挾弓以去，義不止窮。』」

〔三六〕春秋繁露服制象篇：「虞有宫之奇，晉獻不寐。」説苑尊賢篇：「虞有宫之奇，晉獻公爲之終夜不寐；楚有子玉得臣，文公爲之側席而坐。遠乎賢者之厭難折衝也。」漢書王嘉傳：「昔楚有子玉得臣，晉文爲之側席而坐。」又陳湯傳：「谷永上疏訟湯云：『楚有子玉得臣，文公爲之仄席而坐。』」師古曰：「子玉，楚大夫也。得臣，其名也。春秋僖公二十八年：『子玉帥師與晉文公戰於城濮，楚師敗績，晉師三日館穀，而文公猶有憂色，曰：得臣猶在，憂未歇也。及楚殺子玉，公喜而後可知也。』禮記曰：『有憂者仄席而坐。』蓋自貶也。仄，古側字也。」

〔三七〕「臣」上原脱「賢」字，今據王先謙説校補。

〔三八〕周書文傳篇：「夏箴曰：『小人無兼年之食，遇天饑，妻子非其有也；大夫無兼年之食，遇天饑，臣妾輿馬非其有也。戒之哉，弗思弗行，至無日矣。』不明開塞禁舍者，其如天下何！」淮南子兵略篇：「是故善守者無與禦，而善戰者無與鬭，明於禁舍開塞之道，乘時勢，因民欲，而取天下。」「開塞」字本此。

〔三九〕盧文弨曰：「『害』，大典『割』。」張敦仁曰：「華本『害』改『割』。」（明初本亦作「割」）案淮南子説山篇：「山有猛獸，林木爲之不斬；園有螯蟲，藜藿爲之不采。」漢書蓋寬饒傳：「鄭昌上書頌寬饒曰：『山有猛獸，藜藿爲之不采；國有忠臣，姦邪爲之不起。』」風俗通義正失篇：「傳曰：『山有猛虎，草木茂長。』」鹽鐵論載此文，以爲出自春秋，當是春秋的今文家説。漢人引傳，往往冠以本經的名稱，這是當時的通例。

備胡*第三十八

大夫曰：「鄙語曰：『賢者容不辱。』以世俗言之，鄉曲有桀〔一〕，人尚辟之。今明天子在上，匈奴公〔二〕爲寇〔三〕，侵擾邊境，是仁義犯而藜藿採〔四〕。昔狄人侵太王〔五〕，匡人畏孔子，故不仁者，仁之賊也。是以縣官厲武〔六〕以討不義，設機械以備不仁。」

賢良曰：「匈奴處沙漠之中，生不食之地，天所賤而棄之，無壇宇〔七〕之居，男女之別，以廣野爲閭里，以穹廬[八]爲家室，衣皮蒙毛[九]，食肉飲血，會市行，牧豎居[一〇]，如中國之麋鹿耳[一一]。好事[一二]之臣，求其義，責之禮，使中國干戈至今未息，萬里設備，此兔罝之所刺，故小人非公侯腹心干城也[一三]。」

大夫曰：「天子者，天下之父母也。四方之衆，其義莫不願爲臣妾；然猶脩城郭，設關梁[一四]，厲武士，備衛於宮室，所以遠折難而備萬方者也。今匈奴未臣，雖無事，欲釋備，如之何？」

賢良曰：「吳王所以見禽於越者，以其越近而陵遠也。秦所以亡者，以外備胡、越而内亡其政也。夫用軍於外，政敗於内，備爲所患，增主所憂。故人主得其道，則遐邇偕行[一五]而歸之，文王是也；不得其道，則臣妾爲寇，秦王是也。夫文衰則武勝，德盛則備寡。」

大夫曰：「往者，四夷俱强，並爲寇虐：朝鮮踰徼[一六]，劫燕之東地；東越越[一七]東海，略浙江之南；南越内侵，滑服令[一八]；氐、僰[一九]、冉、駹[二〇]、嶲唐[二一]、昆明之屬，擾隴西、巴、蜀。今三垂[二二]已平，唯北邊未定。夫一舉則匈奴震懼，中外釋備，而何寡也[二三]？」

賢良曰：「古者，君子立仁脩義，以綏其民，故邇者習善，遠者順之。是以孔子仕於魯，前仕三月及齊平[二四]，後仕三月及鄭平[二五]，務以德安近而綏遠。當此之時，魯無敵國之難、鄰境之患。强臣變節而忠順，故季桓隳其都城〔二六〕。大國畏義而合好，齊人來歸鄆、讙、龜陰之田〔二七〕。故爲政而以德，非獨辟害折衝也，所欲不求而自得。今百姓所以囂囂〔二八〕，中外不寧者，咎在匈奴。内無室宇之守，外無田疇之積，隨美草甘水而驅牧〔二九〕，匈奴不變業，而中國以〔三〇〕騷動矣。風合而雲解，就之則亡，擊之則散〔三一〕，未可一世而舉也。」

大夫曰：「古者，明王討暴衛弱〔三二〕，定傾扶危。衛弱扶危〔三三〕，則小國之君悦；討暴定傾，則無罪之人附。今不征伐，則暴害不息；不備，則是以黎民委敵也〔三四〕。春秋貶諸侯之後〔三五〕，刺不卒戍〔三六〕。行役戍備，自古有之，非獨今也。」

賢良曰：「匈奴之地廣大，而戎馬之足輕利，其勢易騷動也。利則虎曳，病則鳥折〔三七〕，辟鋒鋭而取〔三八〕罷極；少發則不足以更適，多發則民不堪其役。役煩則力罷，用多則財乏。二者不息，則民遺怨。此秦之所以〔三九〕失民心、隕社稷也。古者，天子封畿千里〔四〇〕，繇役五百里，勝聲相聞〔四一〕，疾病相恤。無過時之師，無踰時之役〔四二〕。内節於民心，而事適其力。是以行者勸務，而止者安業。今山東之戎馬甲士戍邊郡者〔四三〕，絶殊遼遠〔四四〕，身在胡、越，心懷老母。老母垂泣，室婦悲恨，推其饑渴，念其寒苦〔四五〕。詩云：『昔我往矣，楊柳依依。今我來思，雨雪霏霏。行道遲遲，載渴載饑。我心傷悲，莫之我哀〔四六〕。』故聖人憐其如此，閔其久去父母妻子，暴露中野，居寒苦之地，故春使使者勞賜，舉失職者，所以哀遠民而慰撫老母也〔四七〕。德惠甚厚，而吏未稱〔四八〕奉職承詔以存恤〔四九〕，或侵侮士卒，與之爲市〔五〇〕，並力兼作，使之不以理。故〔五一〕士卒失職，而老母妻子感恨也〔五二〕。宋伯姬愁思而宋國火〔五三〕，魯妾不得意而魯寢災〔五四〕。今天下不得其意者，非獨西宮之女、宋之老母也。春秋動衆則書，重民也〔五五〕。宋人圍長葛，譏久役也〔五六〕。君子之用心必若是。」

大夫默然不對。

* 本篇是關于防備和抗擊匈奴問題的辯論。大夫主張「三垂已平，唯北邊未定」，「今不征伐，則暴害不息」；不備，則是以黎民委敵也」。賢良則認爲匈奴是不懂事的麋鹿，防備是好事之臣所幹的事，只要「人主立仁修義」，匈奴就賓服了，防備和抗擊匈奴，是勞民傷財、「失民心，隕社稷」的危險事情。

〔一〕漢書李尋傳：「庶雄爲桀。」又何并傳：「趙、李桀惡。」又匈奴傳下：「匈奴有桀心。」師古曰：「桀，堅也，言其起立不順。」

〔二〕漢書荆燕吴傳、胡建傳注俱曰：「公，謂顯然爲之也。」後漢書何敞傳：「公縱姦慝。」本書刑德篇：「而民公犯之。」義同。

〔三〕左傳文公七年：「兵作於内爲亂，於外爲寇。」

〔四〕「採」上原有「不」字，今據張敦仁說校删。張云：「案『不』字當衍。賢良引春秋『爲之不採』，故大夫云爾，正是以採難不採也。」

〔五〕孟子梁惠王下：「昔者，太王居邠，狄人侵之，去之岐山之下居焉。」

〔六〕漢書夏侯勝傳：「躬仁誼，厲威武，北征匈奴。」易林隨之復：「穆違百里，使孟厲武。」文選射雉賦注：「厲，嚴整也。」厲武，即整軍之意。漢書匈奴傳上：「是時，天子巡邊，親至朔方，勒兵八十萬騎，以見武節。」

〔七〕漢書禮樂志：「神之揄，臨壇宇。」師古曰：「壇宇謂祭祠壇場及宫室。」淮南子說林篇高注：「楚人謂中庭爲壇。」案淮南子詮言篇：「天下皆流，獨不離其壇域。」「壇域」與「壇宇」義同。本篇下文「匈奴内無室宇之守」，即此「無壇宇之居」之義，亦即漢書主父偃傳「匈奴無城郭之居」之義。

〔八〕漢書匈奴傳上注師古曰：「穹廬，旃帳也，其形穹隆，故曰穹廬。」

〔九〕蒙毛，詳輕重篇注〔五四〕。

〔一〇〕姚範曰：「會市行，注：『行音杭。』按：行當讀去聲，言爲市肆駔儈之行耳。」

〔一一〕漢書主父偃傳：「夫匈奴行盜侵敺，所以爲業，天性固然，上自虞、夏、殷、周，固不程督，禽獸畜之，不比爲人。」又匈奴傳贊：「夷、狄之人，……聖王禽獸畜之。」與此文賢良之言，都是侮辱少數民族的民族沙文主義的語言，這是應當指出的。

〔一二〕漢書西南夷兩粤朝鮮傳贊：「三方之開，皆自好事之臣。」好事，謂好生事。

〔一三〕詩經周南兔罝：「肅肅兔罝，椓之丁丁。赳赳武夫，公侯干城。肅肅兔罝，施于中林。赳赳武夫，公侯腹心。」這裏以兔罝爲刺詩，當是今文家學説。抱朴子審舉篇：「猶復不解，令詩人謚大車素餐之刺，山林無伐檀、兔罝之賢。」亦是用爲刺詩。

〔一四〕呂氏春秋十月紀：「謹關梁。」高注：「關梁所以通塗也。」漢書匈奴傳上：「自中國尚建關梁，以制諸侯，所以絶臣下之覬欲也。」

〔一五〕「偕行」原作「潛行」，義不可通，蓋涉「偕」「潛」二字形近而誤也。周易益卦：「凡益之道，與時偕行。」詩經秦風無衣：「修我甲兵，與子偕行。」此作「偕行」之證，今改。

〔一六〕戰國策韓策：「爲除守徼亭障塞。」漢書朝鮮傳：「朝鮮屬遼東外徼。」又匈奴傳下：「設徼塞，置屯戍，非獨爲匈奴而已。」又佞幸傳注師古曰：「塞者以障塞爲名，徼者取徼遮之義也。」

〔一七〕「越」字原不重，今據陳遵默校補，蓋古書重字傳寫時往往作「小二」，最易爲人遺失也。

〔一八〕張敦仁曰：「『案』『滑服令』三字，未詳其誤。」（下文「氏、僰」云云别爲句，張之象本以「令」字下屬，非也。）器案：金蟠本斷句與張之象本同。章丹楓曰：「漢文帝報南越王尉佗書曰：『服令以南，王自治之。』蓋南越侵及服令而即與之也。『滑』『猾』同音，即蠻、夷猾夏之説也。」器案：漢書南粤王傳「服令」作「服領」，蘇林曰：「山領名也。」如淳曰：「長沙南界也。」通鑑十三注：「服領者，自五嶺以南，荒服之外，因以稱之。」

〔一九〕「僰」原誤分爲「棘人」二字，今據毛扆、盧文弨、楊沂孫説校改。禮記王制：「西方曰棘。」鄭玄注：「『棘』當作『僰』。」其誤與此正同。

〔二〇〕漢書司馬相如傳下難蜀父老文：「朝冉從駹。」師古曰：「今夔州、開州等首領姓冉者，皆舊冉種也。駹音龍。」

〔二一〕漢書地理志上巂唐，益州縣。續漢書郡國志五：「永昌郡，巂唐。」注：「本西南夷，史記曰：『古爲巂、昆明。』」案：續漢書注所引史記，見西南夷傳，漢書張騫傳：「南方閉巂、昆明。」亦只稱巂。華陽國志蜀志：「孝武時，通博南山，度蘭滄水、潛溪，置巂唐、不韋二縣。」

〔二二〕「三垂」，擊之篇作「三陲」，同。文選羽獵賦：「割其三垂。」李善注：「三垂，謂西方、南方、東方，武帝侵三垂以置郡縣，故謂之割。漢書杜欽上書曰：『三垂蠻、夷。』又雄上書曰：『北狄，中國之堅敵，三垂比之縣矣。』爾雅曰：『邊垂也。』」器案：李善引杜欽上書，見漢書本傳；楊雄上書，見漢書匈奴傳；爾雅，見釋詁。杜欽傳注師古曰：「三垂，謂東南西也。」

〔二三〕「夫一舉」云云三句，原作「夫一舉則匈奴中外震懼，備而何寡也」，今據王先謙說校改。王云：「賢良言『德盛則備寡』，故大夫以此言折之。『中外』屬『匈奴』言，於詞不順，當作『匈奴震懼，中外釋備』，傳寫誤倒『中外』二字於『匈奴』下。下文『中外不寧，咎在匈奴』云云，『中外』屬漢言，即其明證。」郭沫若曰：「『夫一舉』云云三句，當作『夫匈奴一舉，則中外震懼，釋備而何宜也』。」

〔二四〕史記孔子世家：「由中都宰爲司空，由司空爲大司。定公十年春，及齊平。」索隱：「及，與也。平，成也。謂與齊和好，故云平。」

〔二五〕公羊傳定公十一年：「冬，及鄭平。」案：公羊傳定公十年：「齊人來歸運、讙、龜陰田。齊人曷爲來歸運、讙、龜陰田？孔子行乎季孫，三月不違，齊人爲是來歸之。」又十二年：「季孫斯、仲孫何忌帥師墮費。曷爲帥師墮郈？帥師墮費？孔子行乎季孫，三月不違。」此言「前仕三月」、「後仕三月」，當亦公羊家遺説。

〔二六〕左傳定公十二年：「仲田爲季氏宰，將墮三都。」杜注：「三都：費，郈，成也。强盛將爲國害，故仲由欲毁之。」

〔二七〕春秋定公十年：「齊人來歸鄆、讙、龜陰田。」杜注：「三邑皆汶陽田也。泰山博縣北有龜山，陰，田在其北也。會夾谷，孔子相，齊人服義而歸魯田。」

〔二八〕漢書董仲舒傳：「此民之所以嚻嚻苦不足也。」師古曰：「嚻讀與嗸同，音敖。嗸嗸，衆怨愁聲也。」案：史記秦始皇本紀：「天下之嗸嗸，新主之資也。」

〔二九〕晁錯守邊勸農疏：「胡人食肉飲酪，衣皮毛，非有城郭田宅之舊居，如飛鳥走獸於廣野，美草甘水則止，草盡水竭則移。」新序善謀下：「御史大夫韓安國曰：且匈奴者，輕疾悍亟之兵也，畜牧爲業，弧弓射獵，逐獸隨草，居處無當，難得而制也。至不及圖，去不可追，來若風雨，解若收電。今使邊鄙久廢耕織之業，以支匈奴常事，其勢不權，臣故曰勿擊爲便。」又見漢書韓安國傳。

〔三〇〕「以」通「已」。

〔三一〕史記主父偃傳：「昔秦皇帝……欲攻匈奴，李斯諫曰：『不可。夫匈奴無城郭之居，委積之守，遷徙鳥舉，難得而制也。輕兵深入，糧食必絶，踵糧以行，重不及事，得其地不足以爲利也，遇其民不可役而守也。勝必殺之，非民父母也；靡敝中國，快心匈奴，非長策也。』秦皇帝不聽，遂使蒙恬將兵攻胡。」晁錯守邊勸農疏：「胡人衣食之業，不著於地，其勢易以擾亂邊境，往來轉徙，時至時去，此胡人之生業，而中國之所以離南晦也。」史記匈奴傳：「故其見敵，則逐利如鳥之集，其困敗則瓦解雲散矣。」

〔三二〕左傳宣公十二年：「夫武，禁暴、戢兵、保大、定功、安民、和衆、豐財者也。」

〔三三〕「衛弱扶危」四字原無，張之象本、沈延銓本、金蟠本有，今據訂補。

〔三四〕文選西征賦注：「委，棄也。」

〔三五〕顧廣圻曰：「『春秋貶諸侯之後』，謂公羊春秋刺諸侯戍人而後至者。襄五年，冬，戍陳，十年，戍鄭虎牢。傳皆云：『孰戍之？諸侯戍之。曷爲不言諸侯戍之？離至不可得而序，故言我也。』何休五年注云：『離至，離别前後至也。』又云：『乃解怠前後至，故不序，以刺中國之無信。』是其證。」

〔三六〕公羊傳僖公二十八年：「公子買戍衛，不卒戍，刺之。不卒戍者何？不卒戍者，内辭也，不可使往也。不可使往，則言其戍衛何？遂公意也。刺之者何？殺之也。殺之，則曷爲謂之刺之？内諱殺大夫，謂之刺之也。」

〔三七〕本書西域篇：「折翅傷翼。」

〔三八〕「取」原作「牧」，張敦仁曰：「『牧』當作『收』。」俞樾曰：「『牧』疑『收』字之誤。言匈奴見漢兵鋒鋭則避去，見漢兵罷極則起而收之。」郭沫若曰：「『牧』殆『攻』字之誤。」器案：史記匈奴列傳：「信教單于，益北絶幕，以誘罷漢兵，徼極而取之，無近塞。」此即桓文所本，「牧」當作「取」，形近之誤，今據改正。索隱曰：「按徼，要也，謂要其疲極而取之。」正義：「徼，要也，要漢兵疲極而取之。無近塞居止。」漢書匈奴傳亦用史記此文，師古曰：「『罷』讀曰『疲』。徼，要也，誘令疲，要其困極，然後取之。」

〔三九〕「以」字原無，今補。守邊勸農疏：「今使胡人數處轉牧，行獵於塞下，……以候備塞之卒，卒少則入，陛下不救，則邊民絶望而有降敵之心；救之，少發則不足，多發，遠縣才至，則胡又已去。聚而不疲，爲費甚大;罷之,則胡復入。如此連年,則中國貧苦而民不安矣。」晁錯之爲此言,蓋亦結合現實與秦事而言者。

〔四〇〕詩商頌玄鳥:「邦畿千里。」此用其文,而易「邦」爲「封」者,蓋漢人避劉邦諱之故。

〔四一〕管子小匡篇:「卒伍之人,人與人相保,家與家相愛,少相居,長相游,祭祀相福,死喪相恤,禍福相憂,居處相樂,行作相和,哭泣相哀;是故夜戰其聲相聞,足以無亂,晝戰其目相見,足以相識,驩欣足以相死;是故以守則固,以戰則勝。」守邊勸農疏:「夜戰聲相知,則足以相救,晝戰目相見,則足以相識,歡愛之心,足以相死。」器案:此文「勝」借作「賸」,唐本玉篇言部引許慎淮南注:「賸,傳也。」今本淮南子繆稱篇:「子産騰辭。」許慎注:「騰,傳也。」「賸」乃正字,「騰」「勝」都是通借字。

〔四二〕繇役篇:「古者,無過年之繇,踰時之役。」案司馬法仁本篇:「役不踰時,寒暑不易服,饑疾不行,所以愛民也。」荀子議兵篇:「師不越時。」楊倞注:「古者行役不踰時也。」韓詩外傳八:「夫賢君之治也,……不奪民力,役不踰時。」白虎通三軍篇:「古者,師出不踰時者,爲怨思也。天道一時生,一時養。人者,天之貴物也,踰時,則内有怨女,外有曠夫。詩云:『昔我往矣,楊柳依依;今我來思,雨雪霏霏。』」春秋公羊隱公六年冬「宋人取長葛」何休注,春秋穀梁隱公五年「宋人圍長葛」范甯注,詩采薇及何草不黄鄭箋,俱有「古者師出不踰時」之文。文選爲石仲容與孫皓書:「師不踰時。」集注:「鈔曰:『踰,越也。三月爲一時。』」

〔四三〕漢書昭帝紀:「始元二年冬,發習戰射士詣朔方,調故吏將屯田張掖郡。」鹽鐵論所云,即指此事。

〔四四〕史記司馬相如傳:「夷、狄殊俗之國,遼絶異黨之地。」

〔四五〕當時抗擊侵擾的戰争，遭到了投降派的多方攻擊，在鹽鐵論裏，除了這篇外，還有後面的執務、繇役兩篇，都是在不同程度上描寫了同樣的題材，宣揚和誇大了戰争的恐怖，爲反對漢武帝「好大喜功」製造輿論。漢書賈捐之傳捐之議棄珠崖也寫道：「當此之時（漢武帝時），寇賊並起，軍旅數發，父戰死於前，子鬬傷於後，女子乘亭鄣，孤兒號於道，老母寡婦，飲泣巷哭，遥設虚祭，想魂乎萬里之外。」後漢書南匈奴傳元和二年詔也寫道：「昔獫狁、獯粥之敵中國，其所由來尚矣。往者，雖有和親之名，終無絲髪之效，墝埆之人，屢嬰塗炭，父戰於前，子死於後，弱女乘於亭鄣，孤兒號於道路，老母寡妻，設虚祭，飲泣淚，想望歸魂於沙漠之表，豈不哀哉？」

〔四六〕這是詩經小雅采薇文。「莫之我哀」，毛詩作「莫知我哀」，陳奂毛詩傳疏云：「或本三家異字。」「今我」原作「我今」，從太玄書室本、張之象本、沈延銓本、金蟠本乙正。

〔四七〕張之象注曰：「漢昭紀曰：『始元元年，赦天下，賜民百户牛酒，遣故廷尉王平等五人，持節行郡國，舉賢良，問民所疾苦，冤失職者。』」「失職」即「失所」。

〔四八〕漢書宣帝紀：「吏之不稱。」師古曰：「稱，副也。」

〔四九〕史記楚世家：「歸鄭之侵地，存恤國中，修政教。」漢書宣六王傳：「子高迺幸左顧存恤，發心惻隱。」

〔五〇〕與之爲市，指軍中立市與士卒交易求利。凡久屯之軍，即有軍市。商君書墾令：「令軍市無有女子，而令其商人自給甲兵，使視軍興。」史記馮唐傳：「軍市之租。」索隱：「案謂軍中立市，市有税，税即租也。」

〔五一〕「故」下原有「也」字，屬上爲句，今據俞樾説校訂。俞云：「『也』疑衍，『故』字當屬下句，作『故士卒失職』，『失職』猶『失所』也。管子明法解：『孤寡老弱，不失其職。』漢書武帝紀曰：『有冤失職，使者以聞。』宣紀曰：『其加賜鰥寡孤獨高年帛，毋令失職。』」

〔五二〕臧琳經義雜記二十：「説文心部云：『感，動人心也，從心咸聲。』訓爲『動人心』，則感動、感恨兩義皆備，今於感恨之感，更加立心，乃俗字，説文所無。」

〔五三〕公羊春秋襄公三十年：「五月甲午，宋災，伯姬卒。」何休注：「伯姬守禮含悲極思之所生。」漢書五行志上：「董仲舒以爲伯姬如宋，五年，宋恭公卒，伯姬幽居守節，三十餘年，又憂傷國家之患禍，積陰生陽，故火生災也。」

〔五四〕王啓源曰：「案公羊春秋：『西宮災。』何休説以『西宮先取楚女，西宮，楚女所居』。故陳蕃亦云：『楚女怨而西宮災。』是西宮之女，非魯妾也。蓋師説之異，非必劭公之是。」孫人和曰：「按王氏未明公羊之誼，故以桓、何二家之説不同，其實非也。公羊僖二十年：『五月乙巳，西宮災。』傳曰：『西宮者何？小寢也。小寢則曷爲謂之西宮？有西宮，則有東宮矣。魯子曰：以有西宮，亦知諸侯之有三宮也。西宮哭，何以書？記災也。』何休注：『西宮者，小寢內室，楚女所居也。禮：諸侯娶三國女。以楚女居西宮，知二國女於小寢內各有一宮也。故云爾。』何説如此。公羊家以爲僖公本聘楚女頃熊爲嫡，齊女聖姜爲媵。（同姓相媵，左氏之誼，公羊不爾。）齊先致其女，脅僖公，使用爲嫡，轉以楚女爲媵。故次公稱魯妾。魯妾即楚女。且下文云『西宮之女』，尤可證明與劭公無異也。後漢書吕强傳强上疏曰：『昔楚女悲愁，則西宮致災。』其説亦同。漢書五行志上云：『董仲舒以爲釐娶於楚，而齊媵之，脅公使立以爲夫人。』是公羊舊誼也。惟董氏又云：『西宮者，小寢，夫人之居也。若曰妾，何爲居此宮？誅去之意也。以天災之，故大之曰西宮也。』則與何説微異。」

〔五五〕公羊傳隱公七年：「夏，城中丘。中丘者何？內之邑也。城中丘何以書？以重書也。」何休注：「以功重，故書也。」結合本書與何休注觀之，則重有二義，一則指重用民力，一則指功力繁重。

〔五六〕穀梁傳隱公五年：「宋人伐鄭，圍長葛。伐國不言圍，何也？久之也。伐不踰時。」公羊傳隱公六年：「冬，宋人取長葛。外取邑不書，此何以書？久也。」何休注：「古者，師出不踰時。今宋更年取邑，久暴師苦衆居外，故書以疾之。」

執務*第三十九

丞相〔一〕曰：「先生之道，軼久〔二〕而難復，賢良、文學之言，深遠而難行。夫稱上聖〔三〕之高行，道至德之美言，非當世之所能及也。願聞方今之急務，可復行於政：使百姓咸足於衣食，無乏困之憂；風雨時，五穀熟，螟螣不生；天下安樂，盜賊不起；流人還〔四〕歸，各反其田里；吏皆廉正，敬〔五〕以奉職，元元各得其理也。」

賢良曰：「孟子曰：『堯、舜之道，非遠人也，而人不思之耳〔六〕。』詩云：『求之不得，寤寐思服〔七〕。』有求如關雎，好德如河廣，何不濟不得之有？故高山仰止，景行行止〔八〕，雖不能及，離道不遠也〔九〕。顏淵曰：『舜獨何人也回何人也〔一〇〕？』夫思賢慕能，從善不休，則成、康之俗可致，而唐、虞之道可及。公卿未思也，先王之道，何遠之有〔一一〕？齊桓公以諸侯思王政，憂周室，匡諸夏之難，平夷、狄之亂，存亡接絶，信義大行，著於天下。邵陵之會，予之爲主。傳曰：『予積也〔一二〕。』故土積而成山阜，水積而成江海，行積而成君子〔一三〕。孔子曰：『吾於河廣，知德之至也〔一四〕。』而欲得〔一五〕之，各反其本，復諸古而已。古者，行役不踰時，春行秋反，秋行〔一六〕春來，寒暑未變，衣服不易，固已還矣。夫婦不失時，人安和如適。獄訟平，刑罰得，則陰陽調，風雨時。上不苛擾，下不煩勞，各脩其業，安其性，則螟螣〔一七〕不生，而水旱不起。賦斂省而農不失時，則百姓足，而流人歸其田里。上清静〔一八〕而不欲，則下廉而不貪。若今則繇役極遠，盡寒苦之地，危難之處，涉胡、越之域，今茲〔一九〕往而來歲旋〔二〇〕，父母延頸而西望，男女怨曠而相思，身在東楚〔二一〕，志在西河，故一人行而鄉曲恨，一人死而萬人悲。詩云：『王事靡鹽，不能藝稷黍，父母何怙〔二二〕？』『念彼恭人，涕零如雨。豈不懷歸？畏此罪罟〔二三〕。』吏不奉法以存撫，倍〔二四〕公任私，各以其權充其嗜欲，人愁苦而怨思。上不恤理，則惡政行而邪氣作；邪氣作，則蟲螟〔二五〕生而水旱起。若此，雖禱祀雩祝，用事百神無時，豈能調陰陽而息盜賊矣〔二六〕？」

* 本篇記録會議所談關於「急務」的問題。丞相首先提出：「願聞方今之急務，可復行於政，使百姓咸足

於衣食，無乏困之憂；……天下安樂，盜賊不起。」賢良主張：「思賢慕能，從善不休，則成、康之俗可致，而唐、虞之道可及。」「而欲得之，各反其本，復諸古而已。」賢良所倡，仍然是復古的論調，不顧是否合時宜。

〔一〕張敦仁曰：「張之象本『相』下補『史』字，（沈延銓本、金蟠本同。）説已見前。」

〔二〕「久」原作「人」，今據攖寧齋鈔本、華氏活字本、拾補本校改。

〔三〕漢書刑法志：「上聖卓然先行敬讓博愛之德者，衆心説而從之。」又司馬相如傳：「難蜀父老曰：『戾夫爲之垂涕，況乎上聖，又烏能已。』」又孫寶傳：「周公上聖，召公大賢。」又叙傳：「幽通賦：『上聖寤而後拔兮，豈望羣黎之所御。』」顔師古注舉文王拘羑里、孔子困於匡爲説。抱朴子擢才篇：「仲尼上聖。」

〔四〕沈延銓本「還」作「旋」。

〔五〕「敬」原誤「故」，今據俞樾説校改。

〔六〕禮記中庸：「子曰：『道不遠人，人之爲道而遠人，不可以爲道。』」論語子罕篇：「子曰：『未之思也，夫何遠之有？』」疑這裏也是統舉中庸、論語二書所載孔子語，「孟子」疑當作「孔子」。史繩祖學齋佔畢一引此，以爲「今皆不見所出」，則宋人所見本已作「孟子」。

〔七〕這是詩經周南關雎文。

〔八〕詩經小雅車舝：「高山仰止，景行行止。」朱熹集傳：「景行，大道也。」

〔九〕王端履重論文齋筆録曰：「此統舉關雎、河廣、車舝三詩義釋之。端履案：鹽鐵之議，起漢始元中，至宣帝時，桓寬推衍增廣爲鹽鐵論，其時，毛詩未立學官，所引皆三家詩説也。」

〔一〇〕孟子滕文公上：「顏淵曰：『舜何人也？予何人也？』有爲者亦若是。」

〔一一〕論語子罕篇：「未之思也，夫何遠之有哉？」釋文：「一讀以『夫』字屬上句。」

〔一二〕公羊傳僖公四年：「其言來何？與桓爲主也。前此者有事矣，後此者有事矣，則曷爲獨於此焉與桓公爲主？序績也。」何休注曰：「序，次也。績，功也。累次桓公之功德，莫大於服楚。」與次公所引，字不同而説亦異。王引之經義述聞謂：「本於嚴氏春秋。」王端履重論文齋筆録曰：「案漢書鄒陽傳：『魯哀姜薨於夷，孔子曰：齊桓公法而不譎。以爲過也。』白虎通：『春秋傳曰：叔姬歸於紀，叔姬者，伯姬之娣，伯姬卒，叔姬卒，叔姬升於嫡，經不譏也。』疑亦皆嚴氏春秋義。」

〔一三〕荀子勸學篇：「積土成山，風雨興焉；積水成淵，蛟龍生焉；積善成德，而神明自得，聖心備焉。」

〔一四〕詩經衛風河廣序：「河廣，宋襄公母歸于衛，思而不止，故作是詩也。」史繩祖學齋佔畢一引鹽鐵論此文及上文孟子曰云云，以爲「今皆不見所出」。

〔一五〕楊沂孫曰：「『得』當作『德』。」

〔一六〕張之象本、沈延銓本、金蟠本「行」作「往」。

〔一七〕説文虫部：「螟，蟲食穀心者。吏冥冥犯法即生螟。蟘，蟲食苗葉者。吏乞貸則生蟘。」

〔一八〕老子第四十五章：「知清静，以爲天下正。」

〔一九〕左傳宣公十二年：「昔歲入陳，今兹入鄭。」孟子滕文公下：「今兹未能，請輕之，以待來年。」吕氏春秋任地篇：「今兹美禾，來兹美麥。」高誘注曰：「兹，年也。」史記蘇秦傳：「今兹效之，明年又復求割也。」

〔二〇〕張之象本、金蟠本「旋」作「還」。漢官儀：「天下人民，皆行三日戍，既到戍所，不可即還，因事留一年。」

〔二一〕史記貨殖傳：「彭城以東，東海、吴、廣陵爲東楚。」漢書高帝紀上注孟康曰：「舊名吴爲東楚。」

〔二二〕這是詩經唐風鴇羽文。

〔二三〕「念彼恭人」四句是小雅小明文。

〔二四〕禮記大學：「上恤孤而民不倍。」注：「民不倍，不相倍棄也。」釋文：「倍亦作偝。」又明堂位注：「負之言偝也。」釋文：「偝，本又作背。」

〔二五〕張之象本、金蟠本「蟲螟」作「螟蟘」，沈延銓本作「螟螣」。

〔二六〕拾補本「矣」作「也」。「矣」，古亦用作疑問詞，見經傳釋詞「矣」猶「乎」條。漢書董仲舒傳：「刑罰不中則邪氣生，邪氣積於下，怨惡畜於上，上下不和，則陰陽繆盭而妖孽生矣，此災異所緣而起也。」

能言第四十

大夫曰：「盲者口能言白黑〔一〕，而無目以别之。儒者口能言治亂，而〔二〕無能以行之。夫坐言不行，則牧童兼烏獲之力，蓬頭〔三〕苞〔四〕堯、舜之德。故使言而近〔五〕，則儒者何患於治亂，而盲人何患於白黑哉？言之不出，耻躬之不逮〔六〕。故卑而言高、能言而不能行者，君子恥之矣〔七〕」。

賢良曰：「能言而不能行者，國之寶也。能行而不能言者，國之用也〔八〕。兼此二者，君子也。無一者，牧童〔九〕、蓬頭〔一〇〕也。言滿天下〔一一〕，德覆四海，周公是也。口言之，躬行之，豈若默然載施〔一二〕其行而已。則執事亦何患何恥之有？今道不舉而務小利，慕於不急以亂羣意，君子雖貧，勿爲可也。藥酒，病之利也；正言，治之藥也〔一三〕。公卿誠能自强自忍，食文學之至言〔一四〕，去權詭，罷利官〔一五〕，一〔一六〕歸之於民，親以周公之道，則天下治而頌聲作〔一七〕。儒者安得治亂而患之乎？」

〔一〕秦、漢人言「別白黑」以喻分別是非。史記蘇秦傳：「請別白黑所以異。」又秦始皇本紀：「別黑白而定一尊。」李斯傳作「辨白黑而定一尊」。急就篇：「抽擢推舉白黑分。」

〔二〕「而」字原無，據上句文例訂補。

〔三〕張之象曰：「『逢須』古本（？）作『逢蒙』；夏太康時人，學射於羿者也。荀子、淮南子及王褒頌又作『逢門』。」嚴元照娛親雅言：「『逢蒙』，淮南道應訓作『逢門』；亦曰『逢門子』，見漢書王褒傳、古今人表；亦曰『蓬蒙』，見莊子山木篇；亦曰『蠭門』，見荀子王霸、正論、呂覽聽言篇、史記龜筴傳；亦作『蠭蒙』，見呂覽具備篇；亦曰『逢須』，見鹽鐵論能言篇。」俞樾曰：「『逢須』未知何謂，舊說以爲『逢蒙』，殆非也。『牧童』對『烏獲』言，是至無力者，『逢須』對『堯、舜』言，必是至無知者。『須』疑即『歸妹以須』之『須』，陸績讀爲『嬬』，云：『妄也。』『須』與『童』正對文成義。『逢』字未詳。又按説文皿部：『櫝盨，負戴器也。』『盨』從『皿』『須』聲，義得相通。『櫝』字，玉篇音『公棟切』，云：『小桮也。』『逢』與『櫝』音相近。『逢須』或即『櫝盨』，殆以器喻人，若言斗筲之比乎？」器案：張之象所引古本，純係臆造，不可爲據。嚴、俞二家説亦未諦。「逢須」當作「蓬頭」，俱形近之誤；「蓬頭」與「牧童」對言，俱泛指，非專名。本書訟賢篇：「蓬頭相聚而笑之。」則「蓬頭」亦本書習用語。漢書楊雄傳下：「當此之勤，頭蓬不暇疏。」師古曰：「蓬謂髮亂如蓬也。」晉書苻生載記：「饗羣臣於太極前殿，百僚無不引滿昏醉，汙服失冠，蓬頭僵卧。」庾信小園賦：「蓬頭王霸之子。」俱作「蓬頭」之證。詩經衛風伯兮：「自伯之東，首如飛蓬。」蓋以「蓬頭」稱勞動人民，猶之稱爲「黔首」之比也。「逢須」當爲「蓬頭」之誤，今輒改正。

〔四〕「苞」同「包」，注見貧富篇注〔一三〕。

〔五〕「故使言而近」，疑當作「故使言而能行」，「行」「近」形相近，又脱「能」字也。

〔六〕論語里仁篇：「古者，言之不出，恥躬之不逮也。」

〔七〕孟子萬章下：「位卑而言高，罪也。立乎人之本朝而道不行，恥也。」

〔八〕荀子大略篇：「口能言之，身能行之，國寶也；口不能言，身能行之，國器也；口能言之，身不能行，國用也；口言善，身行惡，國妖也；治國者，敬其寶，愛其器，任其用，除其妖。」

〔九〕「牧童」原作「烏獲」，今據俞樾説校改。

〔一〇〕「蓬頭」原作「逢須」，今改。

〔一一〕孝經卿大夫章：「言滿天下無口過，行滿天下無怨惡。」

〔二二〕張敦仁曰：「『施』當作『尸』，即板詩之『載尸』也。李善注文選引韓詩曰：『尸祿者，頗有所知，善惡不言，默然不語，苟欲得祿而已，譬若尸矣。』蓋韓板詩之傳也。以彼訂此，『行』當是『祿』之誤。」

〔二三〕説苑正諫篇：「忠言逆耳利於行，良藥苦口利於病。」又見家語六本篇。史記留侯世家：「忠言逆耳利於行，毒藥苦口利於病。」文選爲石仲容與孫皓書注劉良曰：「逆耳，謂忤己之言也。」管子有正言篇，韓非子内儲説下：「古之人難正言，故託之於魚。」史記商君傳：「請終日正言。」

〔二四〕「食」讀如洛誥「惟洛食」之「食」，猶今言把别人的話或文章消化了的意思。左傳昭公二十年：「今據不然，君所謂可，據亦曰可，君所謂否，據亦曰否；若以水濟水，誰能食之！」「食」字義與此同。管子君臣上篇：「主德不立，則婦人能食其意。」尹注：「君意委曲，隨於女謁，若食之充口，故曰婦人能食其意。」又君臣下篇：「明君在上，便僻不能食其意。」漢書谷永傳：「不食膚受之愬。」師古曰：「食猶受納也。」賈山有至言。詳憂邊篇注〔一三〕。

〔二五〕利官，猶言貪官，廣雅釋詁二：「利，貪也。」

〔二六〕吕氏春秋爲欲篇高誘注：「一，同也。」

〔二七〕史記周本紀：「民和睦，頌聲興。」集解：「何休曰：『頌聲者，太平歌頌之聲，帝王之高致也。』」案：集解引何休，見公羊傳宣公十五年注，詳前未通篇注〔六〇〕。

取下*第四十一

大夫曰：「不軌之民，困橈公利，而欲擅山澤。從文學、賢良之意，則利歸於下，而縣官無可爲者。上之所行則非之，上之所言則譏之，專欲損上徇下，虧主而適臣，尚安得上下之義，君臣之禮？而何頌聲能作也？」

賢良曰：「古者，上取有量，自養有度，樂歲不盜，年饑則肆[一]，用民之力，不過歲三日[二]，籍斂，不過十一[三]。君篤愛，臣盡力，上下交讓[四]，天下平。『浚發爾私』[五]，上讓下也。『遂及我私』[六]，先公職也。孟子曰：『未有仁而遺其親，義而後其君也[七]。』君君臣臣，何爲其無禮義乎？及周之末塗，德惠塞而嗜欲衆，君奢侈而上求多，民困於下，怠於上公[八]，是以有履畝之稅，碩鼠之詩作也[九]。衛靈公當隆冬興衆穿池，海春[一〇]諫曰：『天寒，百姓凍餒，願公之罷役也。』公曰：『天寒哉[一一]？我何不寒哉？』人之言曰：『安者不能恤危，飽者不能食饑。』故餘粱肉者難爲言隱約，處佚[一二]樂者難爲言勤苦。夫高堂邃宇、廣廈洞房者，不知專屋狹廬、上漏下濕者之痻[一三]也。繫馬百駟、貨財充內、儲陳納新者[一四]，不知有旦無暮、稱貸者之急也[一五]。廣第[一六]唐園、良田連比者，不知無運踵[一七]之業、竄頭宅[一八]者之役也。原馬[一九]被山、牛羊滿谷[二〇]者，不知無孤豚[二一]瘠犢者之窶也。高枕談臥、無叫號者，不知憂私責[二二]與吏正戚[二三]者之愁也。被紈躡韋[二四]、搏[二五]粱齧肥[二六]者，不知短褐之寒、糠粝[二七]之苦也。從容房闈之間、垂拱持案食者，不知蹠[二八]耒躬耕者之勤也。乘堅驅良[二九]、列騎成行者[三〇]，不知負檐[三一]步行者之勞[三二]也。匡牀旃席[三三]、侍御滿側者，不知負[三四]輅輓舩、登高絶[三五]流者之難也。衣輕暖、被美裘[三六]、處温室、載安車者，不知乘邊城、飄胡代、鄉清風[三七]者之危寒也。妻子好合[三八]、子孫保之者[三九]，不知老母之顦顇、匹婦之悲恨也。耳聽五音、目視弄優[四〇]者，不知蒙流矢、距敵方外者之死也[四一]。東嚮伏几、振筆如[四二]調文者，不知木索[四三]之急、箠楚者之痛[四四]也。坐旃茵[四五]之上，安[四六]圖籍之言若易然[四七]，亦不知步涉者之難也。昔商鞅之任秦也，刑人若刈菅茅[四八]，用師若彈丸[四九]；從軍者暴骨[五〇]長城，戍漕者輦[五一]車相望，生而往，死而旋[五二]，彼獨非人子耶？故君子仁以恕，義以度，所好惡與天下共之，所不施不仁者[五三]。公劉好貨，居者有積，行者有囊[五四]。大王好色，内無怨女，外無曠夫[五五]。文王作刑，國無怨獄。武王行師，士樂爲之死，民樂爲之用。若斯，則民何苦而怨，何求而譏？」

公卿愀然，寂若無人[五六]。於是遂罷議止詞。

奏曰[五七]：「賢良、文學不明縣官事[五八]，猥[五九]以鹽、鐵[六〇]爲不便。請且罷郡國榷沽[六一]、關内鐵官[六二]。」

奏：「可[六三]。」

* 「取下」上原有「鹽鐵」二字，今據張敦仁説校删。此篇就「取下」問題展開辯論。大夫以爲賢良、文學「專欲損上徇下」，無「上下之義，君臣之禮」；賢良以爲「取下」當「有量」，並就當時對立階級的一些情況作了深刻的對照描繪。

辯論至此，「於是遂罷議止詞」。辯論的結果，「罷郡國榷沽、關内鐵官」。

〔一〕「饑」，張之象本、沈延銓本、金蟠本作「譏」，不可據。孫詒讓曰：「此用今文論語義也。隸釋漢石經論語碑末記『盍』，毛、包、周諸家有無不同之文，有『蓋肆乎其肆也』六字，即顔淵篇『盍徹乎如之何其徹也』之異文。小爾雅廣言云：『肆，緩也。』言年饑當緩其徵賦。次公語即本於彼。」器案：管子大匡篇：「歲饑不稅，歲饑弛而稅。」廣雅釋詁二：「弛，緩也。」蓋弛、肆皆徹之通假字，桓氏此文，實本管子。

〔二〕禮記王制篇：「用民之力，歲不過三日。」春秋繁露王道篇：「不奪民時，使民不過歲三日。」

〔三〕公羊傳宣公十五年：「古者，什一而藉。」何休注：「什一以借民力，以什與民，自取其一爲公田。」春秋繁露王道篇：「五帝、三皇之治天下，不敢有君民之心，什一而稅。」

〔四〕張之象本、沈延銓本、金蟠本「讓」下有「而」字。

〔五〕詩經周頌噫嘻：「駿發爾私。」毛傳：「私，民田也，言上欲富其民而讓於下，欲民之大發其私田耳。」百家類纂、百子類函引「浚」作「駿」。

〔六〕詩經小雅大田：「雨我公田，遂及我私。」吕氏春秋務本篇引此詩，高誘注云：「古者，井田十一而稅，公田在中，私田在外，民有禮讓之心，故願先公田而及私也。」

〔七〕這是孟子梁惠王上篇文。

〔八〕「上公」原作「公乎」，今據張敦仁説校改。張云：「案『公乎』當作『上公』。前未通篇『上公之事』兩見，蓋三家詩七月云『上入執公功』，（三家者，但三家之一也。漢書田千秋傳贊不見次公治何家，故無可分析言之。）而出於彼也。（毛詩正義曰：『經當云「執於宮公」，本或「公」在「宮」上，誤耳。今定本云「執宮功」，不爲「公」字。』然則作正義時，毛詩之本，頗有涉三家而舛錯者。毛作『宮功』，故箋云：『宮中之事。』三家作『公功』，則爲公家之事。『上公』者，上至公家也，非毛傳『入爲上』之義。）張之象本『乎』改『事』（沈延銓本、金蟠本同），非。」

〔九〕顧廣圻曰：「『履畝』『碩鼠』爲一事，當出三家詩之序。公羊宣十五年傳云：『税畝者何？履畝而税也。』又云：『什一行而頌聲作矣。』正爲碩鼠詩而言。三家詩、公羊皆今文，宜其説之相近。潛夫論班禄云『履畝税而碩鼠作』，是其證。又潛夫論下云『賦斂重而譚告通，班禄頗而頎父刺，行人乏而綿蠻諷』，皆上見序，下見詩，今本譌舛，致不可讀。」案：履畝之税，即税畝。春秋末期新興地主階級的田賦制度，即按土地面積徵收賦税。魯宣公十五年「初税畝」，它承認了土地私有的合法性，産生了新興地主階級土地所有制，瓦解了奴隸制井田制。

〔一〇〕張之象本、沈延銓本、金蟠本「海春」作「宛春」。案吕氏春秋分職篇、新序刺奢篇載此事都作「宛春」。

〔一一〕王先謙曰：「治要作『天寒乎哉』，『寒乎哉』下，又有『海春曰』三字，此脱。」

〔一二〕「佚」，治要作「逸」，古通。詩經魚麗序：「終於逸樂。」釋文：「『逸』本或作『佚』。」論語季氏篇：「樂佚遊。」釋文：「『佚』本亦作『逸』。」孟子盡心上：「以佚道使其民。」三國志蜀書諸葛亮傳作「以逸道使民」，俱其證。

〔一三〕「瘮」原作「廇」，攖寧齋鈔本作「溜」，張之象本、金蟠本音「溜」。治要作「痛」，百子類函作「瘤」。張敦仁曰：「『廇』當作『病』，以下文例之可知。」器案：當是「瘮」字形近之誤，漢書谷永傳：「榜箠瘮於炮烙。」師古曰：「瘮，痛也。」又異姓諸侯王表：「嚮應瘮于謗議。」服虔曰：「瘮音慘。」師古曰：「瘮，痛也。」則「瘮」爲漢人習用字，今據改正。亦或是「瘤」字之誤，廣雅釋詁一：「瘤，病也。」

〔一四〕未通篇：「藏新食陳。」

〔一五〕「急」下原脱「也」字，據治要補。張敦仁曰：「『急』下當脱『也』字，亦以下文例之。」

〔一六〕初學記二四引魏王奏事：「出不由里門面大道者名曰第。列侯食邑不滿萬户，不得作第，其舍在里中，皆不稱第。」

〔一七〕「運踵」就是「旋踵」，淮南子天文篇高誘注：「運，旋也。」

〔一八〕「竄頭宅」疑當作「竄頭寃頸」。漢書息夫躬傳：「寃頸折翼，庸得往兮。」師古曰：「寃，屈也。」列女傳陶嬰寡傳作歌曰：「黄鵠早寡兮，七年不雙；宛頸獨宿兮，不與衆同。」「寃」「宛」音義俱近。則「寃頸」爲當時習用語，用以形容困戹之辭，與「竄頭」義近。漢書蒯通傳：「常山王奉頭鼠竄以歸漢王。」此文「寃」或「宛」以形近誤爲「宅」，又下脱「頸」字耳。

〔一九〕「原馬」即力耕篇之「騵馬」，詳彼注〔三〇〕。

〔二〇〕史記貨殖傳：「畜至用谷量牛馬。」集解：「韋昭曰：『滿谷則具不復數。』」正義：「言畜衆多，以山谷多少言。」又見漢書貨殖傳，師古曰：「言其數饒，不可計算，故以山谷多少言之。」魏書崔浩傳：「浩著食經，叙云：『牛羊蓋澤，貲累巨萬。』」

〔二一〕史記老子韓非列傳：「當此之時，雖欲爲孤豚，豈可得乎？」索隱：「孤者，小也，特也。」漢書東方朔傳：「孤豚之咋虎。」師古曰：「孤豚，孤特之豚也。」後漢書翟酺傳：「願爲孤豚，豈可得哉！」

〔二二〕張之象本「責」音「債」，沈延銓本作「債」。「責」「債」古通。

〔二三〕漢書韓延壽傳：「又置正、五長。」師古曰：「正若今之鄉正、里正也。」楊沂孫曰：「『戚』恐係『賦』字之誤。」器案：「戚」借「蹙」字，謂蹙迫也。

〔二四〕「韋」即散不足篇之「韋沓」。

〔二五〕「搏」，攖寧齋鈔本、張之象本、沈延銓本、金蟠本作「搏」。案作「搏」義較長，以手搏食，是周、秦風俗，禮記曲禮有「搏飯」之説，又云：「共飯不澤手。」疏云：「古之禮，飯不用箸，但用手。既與人共飯，手宜絜凈，不得臨食始挼莎手乃食，恐爲人穢也。」

〔二六〕史記蔡澤傳：「持粱齧肥。」「齧」原誤分爲「刺齒」二字，從集解、索隱説校改；即此文所本。

〔二七〕張敦仁曰：「案『粝』當作『秳』，説文：『穭，糠也。』『秳』『穭』同字。（「秳」之爲「穭」，猶「栝」之爲「檜」。）『穭』或從米作『𥼶』，（見集韻、類篇。）豈『秳』亦或從米與？字書未見也。凡『𠯑』旁之字，隸變相承作『舌』，又有作『居』者，故譌而爲『后』。」涂本「糠」誤「糖」。

〔二八〕「蹠」疑當作「摭」。

〔二九〕史記越王勾踐世家：「乘堅驅良逐狡兔。」

〔三〇〕此蓋即續漢書輿服志上之鮮明卒，漢魯峻石壁殘畫有鮮明騎，朱浮恭石壁人物有鮮明隊。

〔三一〕攖寧齋鈔本、正嘉本、張之象本、沈延銓本、金蟠本及治要引「檐」作「擔」。漢書董仲舒傳：「乘車者，君子之位也；負擔者，小人之事也。」

〔三二〕「勞」原作「難」，今據治要引改。下文云：「不知負輅輓舩、登高絶流者之難也。」也用「難」字，這裏不當重。説略本陳遵默、孫人和。

〔三三〕「匡牀旃席」原作「同牀旃席」，治要作「匡牀薦席」，今據改。俞樾曰：「『同牀』當作『匡牀』，淮南子主術篇曰：『匡牀蒻席。』」今案淮南子主術篇高誘注曰：「匡，安也。」莊子齊物篇：「與王同筐牀。」釋文云：「本亦作『匡』，司馬云：『安牀也。』一云：『正牀也。』」又案：史記貨殖傳：「旃席千具。」漢書貨殖傳同。

〔三四〕王先謙曰：「治要『負』作『服』。」

〔三五〕文選東京賦注：「直渡曰絶。」

〔三六〕「美」原作「英」，古無「英裘」之説，當作「美裘」，形近之誤也，今改。公羊傳定公四年：「蔡昭公朝於楚，有美裘焉，囊瓦求之。」史記蔡世家同，此古書作「美裘」之證。

〔三七〕王先謙曰：「治要『邊』作『長』，『飄』作『眺』，『鄉』作『向』。」器案：戰國策趙策下：「飄於清風則横行四海。」此文所本，作「眺」未可從。

〔三八〕詩經小雅棠棣：「妻子好合，如鼓瑟琴。」

〔三九〕「保之」下原無「者」字，治要引有，與上下文例合，今據補。「子孫保之」，詩經周頌的天保、烈文兩篇都有此文。

〔四〇〕荀子王霸篇注：「俳優，倡優；侏儒，短人；可戲弄者。」這裏的「倡優」叫「弄優」，正如當時稱「弄臣」、

「弄兒」、「弄田」、「弄車」、「弄馬」是一樣的。

〔四一〕王先謙曰：「治要『距』作『推』，『者』作『亡』。」淮南子本經篇：「德澤施於方外。」高誘注：「延於遠方之外。」文選司馬長卿難蜀父老文：「洋溢乎方外。」集注：「鈔曰：『洋溢普洽於四方之外也。』張銑曰：『方外，遠方也。』」「者」原在「死」字下，今移植之。

〔四二〕楊沂孫曰：「『如』同『而』。」

〔四三〕「調文」原作「文調」，「木索」原作「求索」，今據治要引改。王先謙曰：「治要『伏』作『仗』，『如文調』作『而調文』，『求』作『木』。案『仗几』猶『據几』，謂聽訟者。『而』『如』古字通用。潛夫論實邊篇：『坐調文書，以欺朝廷。』『伏几調文』與『坐調文書』同義。『木索』、『箠楚』對文。並治要是。」器案：淮南子齊俗篇：「調文者處煩撓以爲慧。」（從治要引）此正漢人作「調文」之證。司馬遷報任安書：「其次關木索，被箠楚受辱。」正以「木索」和「箠楚」對文，今據改正。木指三木：梏，拲，桎。索指縲絏。

〔四四〕「者」原在「痛」字下，今移正。

〔四五〕淮南子原道篇：「建鐘鼓，列管弦，席旃茵，傅旄象。」文選西京賦注引許慎注：「茵，車中蓐也。」

〔四六〕張之象本、沈延銓本、金蟠本「安」作「按」。器案：戰國策秦策上：「據九鼎，按圖籍。」齊策上：「挾天子，按圖籍。」字俱作「按」。淮南子時則篇注：「案，視也。」後漢書鍾離意傳注：「案，察之也。」「案」「按」俱從安聲，字通。

〔四七〕王先謙曰：「盧作『若易易然』，云：『俱不重。』案張本重。（沈延銓本、金蟠本同。）孟子公孫丑篇：『今言王若易然。』不重爲是。」案：太玄書室本「然」下有「者」字。

〔四八〕「菅茅」原作「菅芳」，今改。華氏活字本「菅芳」作「草菅」。王先謙曰：「案治要『芳』作『茅』，『芳』『茅』形近而誤。」俞樾曰：「『芳』疑『茅』字之誤。詩東門之池篇釋文曰：『茅已漚爲菅。』故菅茅得連言之。」器案：此即漢書賈誼傳「及秦則不然，……其視殺人若艾（同刈）草菅然」之意，華氏本蓋據此改。師古曰：「菅，茅也。」

〔四九〕彈丸以喻不足輕重。白帖四引東方朔對驃騎將軍難：「以金丸彈不如泥丸，各有所用。」

〔五〇〕漢書溝洫志：「可以省隄防備塞，士卒轉輸，胡寇侵漁，覆車殺將，暴骨原野之患。」

〔五一〕王先謙曰：「治要『輂』作『輜』。」

〔五二〕張之象本、沈延銓本、金蟠本及治要引「旋」作「還」。

〔五三〕楊沂孫曰：「『所不施』句有脱誤。」

〔五四〕孟子梁惠王下：「昔者，公劉好貨。詩云：『乃積乃倉，乃裹餱糧，于橐于囊，思戢用光，弓矢斯張，干戈戚揚，爰方啓行。』故居者有積倉，行者有裹囊也，然後可以爰方啓行。」臧琳經義雜記十曰：「孟子梁惠王下：『故居者有積倉，行者有裹糧也，然後可以爰方啓行。』翻刻宋本作『行者有裹囊也』。案趙注云：『乃積穀於倉，乃裹盛乾食之糧於橐囊也。』然則孟子以『積』字與『裹』字相對，以『倉』字與『囊』字相對，謂積穀於倉，裹糧於囊也。詩云：『乃積乃倉，乃裹餱糧，于橐于囊。』有三『乃』字，二『于』字。曰『餱』又曰『糧』，曰『橐』又曰『囊』，皆重文以助句。至孟子釋之，止『積倉裹囊』四言也。此可見三代人讀經，能知其大義。漢以來儒者始沾沾於字句間。有曲通古人立言之意，而不爲文辭所惑者，惟毛公一人而已。俗本改孟子『裹囊』爲『裹糧』，則詩『于橐于囊』爲贅句矣。考正義釋孟子之言云：『故居者有積穀於倉，行者有糧裹於囊，然後可以曰方開道路而行。』則北宋作疏時，尚作『行者有裹囊』。」

〔五五〕孟子梁惠王下：「昔者，太王好色，愛厥妃。詩云：『古公亶父，來朝走馬，率西水滸，至于岐下。爰及姜女，聿來胥宇。』當是時也，內無怨女，外無曠夫。」

〔五六〕淮南子泰族篇：「官府若無事，朝廷若無人。」

〔五七〕通典十、文獻通考十五作「於是丞相奏曰」。

〔五八〕通典、文獻通考無「事」字。

〔五九〕漢書劉歆傳注：「猥，苟也。」

〔六〇〕「鹽鐵」下原衍「而」字，據盧文弨說校删。通典、文獻通考無「而」字。

〔六一〕張之象本、沈延銓本、金蟠本「沽」作「酤」。通典、文獻通考此句作「宜罷郡國榷酤酒」。

〔六二〕通典、文獻通考無「官」字。

〔六三〕通典、文獻通考「可」下有「於是利復流下，庶人休息」二句十字，此後人增也。姚鼐曰：「其議鹽、鐵，自第一篇至四十一篇末，奏復詔可而事畢矣，四十二篇以下，乃異日御史大夫復與文學論伐匈奴及刑法事，此殆尤是桓之設言。」又跋鹽鐵論云：「自第一篇至四十一篇，奏復詔可而事畢，四十二篇以下，乃異日御史大夫復與文學所論。」

擊之*第四十二

賢良〔一〕、文學既拜，咸取列大夫〔二〕，辭丞相、御史。

大夫曰：「前議公事，賢良、文學稱引往古，頗乖世務。論者不必相反，期於可行。往者，縣官未事胡、越之時，邊城四面受敵〔三〕，北邊尤被其苦。先帝絕三方之難，撫從〔四〕方國，以爲蕃蔽，窮極郡〔五〕國，以討匈奴。匈奴壤界獸圈〔六〕，孤弱無與，此困亡之時也。遼遠不遂，使得復喘息，休養士馬，負給西域。西域迫近胡寇，沮心内解〔七〕，必爲巨患。是以主上欲掃除〔八〕，煩倉廩之費也。終日逐禽，罷而釋之，則非計也。蓋舜紹緒，禹成功。今欲以軍興〔九〕擊之，何如？」

文學曰：「異時〔一〇〕，縣官修輕賦，公用饒，人富給。其後，保〔一一〕胡、越，通四夷，費用不足。於是興利害〔一二〕，算車舡〔一三〕，以訾助邊，贖罪告緡〔一四〕，與人以患矣。甲士死於軍旅，中士罷於轉漕〔一五〕，仍之以科適〔一六〕，吏徵發極矣。夫勞而息之，極而反本，古之道也，雖舜、禹興，不能易也。」

大夫曰：「昔夏后底洪水之災，百姓孔勤，罷於籠臿〔一七〕，及至其後，咸享其功。先帝之時，郡國頗煩於戎事，然亦寬三陲之役。語曰：『見機不遂者隕功。』一日違敵，累世爲患〔一八〕。休勞用供，因弊〔一九〕乘時。帝王之道，聖賢之所不能失也。功業有緒，惡勞而不卒，猶耕者勸休而困止也。夫事輟者無功，耕怠者無獲也。」

文學曰：「地廣而不德〔二〇〕者國危，兵强而凌敵者身亡。虎兕相據〔二一〕，而螻蟻得志。兩敵相抗〔二二〕，而匹夫乘閒〔二三〕。是以聖王見利慮害，見遠存〔二四〕近。方今爲縣官計者，莫若偃兵〔二五〕休士，厚幣結和親〔二六〕，修文德而已。若不恤人之急，不計其難，幣所恃〔二七〕以窮無用之地，亡十獲一〔二八〕，非文學之所知也。」

＊本篇是就要不要抗擊匈奴的侵擾以保境安民的問題展開的辯論。匈奴對中原地區的屠殺和掠奪，給西漢王朝的安全造成嚴重的威脅。西漢王朝奮起抗擊匈奴的侵擾，完全是正義的、必要的。桑弘羊指出：只有打退匈奴的侵擾，鞏固國防，捍衛邊疆，才能使中原地區的生産建設得到發展，社會秩序得到安寧。他還進一步指出：「匈奴壤界獸圈，孤弱無與，此困亡之時也。遼遠不遂，使得復喘息，休養士馬，負給西域。西域迫近胡寇，沮心内解，必爲巨患。」「終日逐禽，罷而釋之，則非計也。」「一日違敵，累世爲患。」

文學主張對内偃兵，對外和親，方今爲縣官計者，莫若偃兵休士，厚幣結和親，修文德而已，矢口否定鞏固國防，捍衛邊疆的重要意義，對匈奴採取妥協投降的政策。

〔一〕「賢良」下原衍「曰」字，今據盧文弨、張敦仁説删訂。盧曰：「『曰』衍。『賢良、文學既拜』云云，（所據爲張之象本。）大典本在下篇（指擊之篇。）首，涂本同。」張云：「『曰』字衍，見上。（卷二刺復注〔一〕。）張之象本改此至『辭丞相、御史』入上篇末，（沈延銓本、金蟠本同。）最謬。」

〔二〕姚鼐曰：「其議鹽、鐵，自第一篇至第四十一篇末奏復詔可，而事畢矣。四十二篇以下，乃異日御史大夫復與文學論伐匈奴及刑法事，此殆尤是桓之設言，而其首曰『賢良、文學既拜，皆取列大夫』。按漢時士初登朝，大抵爲郎而已，罕得大夫，若嚴助、朱買臣之中大夫，乃武帝不次用人之事；昭帝時惟韓延壽以父死難，自文學爲諫大夫。今議鹽、鐵者六十餘人，豈皆取大夫哉？魏相以賢良對策高第得縣令，其即與此對者，固未可決，要之取大夫之事非實，殆桓寬之臆測耳。」案史記樊噲傳集解：「文穎曰：『列大夫即公大夫，爵第七。』」姚鼐以列大夫即中大夫、諫大夫之比，非是。蓋此乃賜爵，非授官也。

〔三〕史記留侯世家：「四面受敵。」文選難蜀父老文：「故北出師以討强胡，南馳使以誚勁越，四面風德。」集注：「鈔曰：『泛論戰四境之意也。』李周翰曰：『四面，四夷也。』」此文「四面」意同。

〔四〕陳遵默曰：「『從』當作『循』。」器案：荀子富國篇：「拊循之。」楊倞注：「『拊』與『撫』同，撫循，慰悦之也。」

〔五〕張敦仁曰：「『郡』當作『羣』，字或作『群』，故譌也。此謂通烏孫、大夏等，詳見於史記、漢書矣。」

〔六〕此言匈奴壤界四面被包圍，如困獸之被圈起一般，三輔黄圖載漢獸圈九，此取以爲譬。

〔七〕漢書趙充國傳：「欲沮解之。」師古曰：「沮，壞也，欲壞其計，令解教之。」此文言歸心沮壞，解散内向之意。

〔八〕史記李斯傳：「大王之賢，由竈上騷除，足以滅諸侯，成帝業，爲天下一統。」集解：「徐廣曰：『騷音埽。』」索隱：「騷音埽。言秦欲并天下，若炊婦埽除竈上之不净，不足爲難。」正義：「言秦國欲東并六國，若炊婦除竈上塵垢，言其易也。」

〔九〕「軍興」原作「小舉」，今改。案興擊爲漢代出兵之法，周禮地官旅師：「平頒其興積。」鄭注：「縣官徵物曰興，今云軍興是也。」晉書刑法志：「魏文侯時，李悝著法經八篇，蕭何又益興、廄、户三篇。」案商君書墾令：「令軍市無有女子，而命其商人自給甲兵，使視軍興。」則軍興自商鞅時已有之，不過在蕭何定漢律時，始以之爲成文法耳。史記司馬相如傳：「用興法誅其渠帥。」集解：「漢書曰：『用軍興法也。』」又：「今聞其乃發軍興制。」索隱：「張揖曰：『興制，謂起軍法制也。』」案唐蒙爲使，而用軍興法制也。」此爲以軍興法抗擊侵擾之證。考本書西域篇：「盗賊並起，……然後遣上大夫衣繡衣以興擊之。」漢書雋不疑傳：「武帝末，郡國盗賊羣起，暴勝之爲直指使者，衣繡衣持斧，逐捕盗賊，……以軍興誅不從命者。」又成帝紀：「陽朔三年夏六月，潁川鐵官徒申屠聖等百八十人，殺長吏，盗庫兵，自稱將軍，經歷九郡。遣丞相長史、御史中丞逐捕，以軍興從事。」師古曰：「逐捕之事，須有發興，皆依軍法。」此爲以軍興法逐捕所謂盗賊之證。夫以所謂盗賊尚以軍興法從之，況其爲抗擊匈奴，而顧可以「小舉擊之」耶？則「小舉」爲「軍興」之誤必矣。蓋「興」以形近而誤爲「舉」，「軍舉」不詞，傳寫者遂以臆改爲「小舉」也。漢書西域傳下載漢武帝詔曰：「又漢使者，久留不還，故興（「興」下原有「師」字，從通鑑删。）遣貳師將軍。」師古曰：「興軍而遣之。」此正爲以軍興擊匈奴之事，且正漢武帝時事也，今據改正。

〔一〇〕漢書司馬相如傳下注：「異時，猶言往時也。」

〔一一〕漢書元帝紀：「竟寧元年春正月詔曰：『虖韓邪單于不忘恩德，鄉慕禮義，復修朝賀之禮，願保塞，傳之無窮，邊垂長無兵革之事。』」又息夫躬傳：「匈奴賴先帝之德，保塞稱藩。」又匈奴傳下：「有急，保漢受降城。」師古曰：「保，守也，於此自守。」又：「西羌保塞。」保字義俱與此同，都是於邊疆自守之義。

〔一二〕刺權篇：「自利害之設，三業之起，貴人之家……攘公法，申私利。」則「利害」亦當時經濟政策措施之一。

〔一三〕漢書武帝紀：「元光六年冬，初算商車。」注：「李奇曰：『始稅商賈車船，令出算也。』」又食貨志下：「大司農上鹽鐵丞孔僅、咸陽言：『異時，算軺車、賈人之緡錢皆有差，請算如故。……非吏比者、三老、北邊騎士軺車一算，商賈人軺車二算，船五丈以上一算，匿不自占，占不悉，戍邊一歲。』」又高帝紀上：「初爲算賦。」如淳曰：「漢儀注：『民年十五以上至五十六，出賦錢人百二十爲一算，爲治庫兵車馬。』」

〔一四〕史記酷吏傳：「出告緡令，鉏豪彊并兼之家。」正義：「緡，音岷，錢貫也。武帝伐四夷，國用不足，故稅民田宅船乘畜産奴婢等，皆平作錢數，每一千錢一算出一等，賈人倍之，若隱不稅，有告之，半與告人，餘半入官謂緡。出此令，用鋤築豪强兼并富商大賈之家也。一算，百二十文也。」

〔一五〕禮記少儀：「師役曰罷。」通鑑八注：「漕，水運也；轉，陸運也。」

〔一六〕漢書武帝紀：「天漢四年春正月，發天下七科讁及勇敢士出朔方。」張晏曰：「吏有罪一，亡命二，贅壻三，賈人四，故有市籍五，父母有市籍六，大父母有市籍七，凡七科也。」「適」、「讁」字同，史記大宛傳：「發天下七科適。」漢書趙充國傳注：「仍，頻也。」

〔一七〕文選高唐賦注：「底，平也。」淮南子要略篇：「禹之時，天下大水，禹身執虆臿（據王念孫校），以爲民先，剔河而道九歧，鑿江而通九路，辟五湖而定東海。」管子度地篇：「籠臿版築各什六。」孟子滕文公上：「蓋歸反虆梩而掩之。」趙岐注：「虆梩，籠臿之屬。」漢書王莽傳上：「父子兄弟負籠荷鍤馳之。」師古曰：「籠，所以盛土也。鍤，鍫也。」宋祁曰：「鍤或作臿。」

〔一八〕左傳僖公三十三年：「一日縱敵，數世之患。」又三十一年：「文不犯順，武不違敵。」這裏合用兩傳文。

左傳成公十七年：「吾能違兵。」杜注：「違，去也。」張敦仁説：「『違』當作『遺』。」非是。

〔一九〕「因弊」原作「困弊」，「困弊」那能「乘時」？「困」應作「因」，形近之誤。「因弊」和「乘時」，語意相偶。淮南子氾論篇：「乘時應變。」「應變」義與「因弊」相近。本書世務篇：「因時而發，乘而可動。」也是以「因」「乘」對舉，今改。説略本陳遵默。

〔二〇〕「德」原作「得」，今據治要改訂。淮南子氾論篇：「亂國之君，務廣其地，而不務仁義，是釋其所以存，而造其所以亡也。」此桓語所本。

〔二一〕治要「據」作「搏」，老子：「猛虎不據。」史記張儀傳：「兩虎相據。」即此文所本。據即相持不下之意。戰國策楚策：「張儀説楚懷王曰：『此所謂兩虎相搏者也。』」文選江文通雜體詩三十首：「幽、并逢虎據。」集注：「李善注引戰國策作『兩虎相據』。」今本楚策「據」作「搏」，與此「據」「搏」互出之例正同。

〔二二〕「抗」原作「機」，今據陳遵默説校改。陳云：「『機』疑本作『抗』，『機』俗作『机』，與『抗』形似，因誤。」器案：陳説是，此涉上「見機」字而誤。黄帝四經稱篇：「兩虎相争，駑犬制其餘。」此文正用其義。

〔二三〕戰國策齊策上：「齊欲伐魏，淳于髡謂齊王曰：『韓子盧者，天下之疾犬也；東郭逡者，海内之狡兔也；韓子盧逐東郭逡，環山者三，騰山者五，兔極於前，犬廢於後，犬兔俱罷，各死其處。田夫見之，無勞勌之苦而擅其功。今齊、魏久相持，以頓其兵，弊其衆，臣恐强秦、大楚承其後，有田父之功。』齊王懼，謝將休士也。」此文用其意。

〔二四〕「存」與下文「恤」字義同。

〔二五〕吕氏春秋蕩兵篇：「古聖王有義兵而無偃兵。」高誘注：「偃，止也。」

〔二六〕姚範曰：「按此時言結和親，真迂儒哉！」

〔二七〕「弊所恃」原作「弊持」，今據俞樾説校改。俞云：「『持』當作『恃』，『弊』下脱『所』字，本作『弊所恃以窮無用之地』，論菑篇曰：『又安能思殺其赤子以事無用，罷弊所恃而達瀛海乎？』與此意同。」器案：俞校是。文選難蜀父老文：「今割齊民以附夷、狄，弊所恃以事無用。」即此文所本。吕向彼注云：「言割中國之人，以事無用夷、狄也。」漢書西域傳上：「罷弊所恃，以事無用。」師古曰：「所恃謂中國之人也，無用謂遠方夷、狄之國。」又公孫弘傳：「罷弊中國，以奉無用之地。」明初本「窮」下有「兵」字。

〔二八〕漢書兩粤傳：「文帝賜佗書：『得一亡十，朕不忍爲也。』」

鹽鐵論校注卷第八

結和*第四十三

大夫曰："漢興以來，修好結和親，所聘遺單于者甚厚〔一〕；然不紀〔二〕重質厚賂之故改節，而暴害滋甚。先帝覩其可以武折而不可以德懷〔三〕，故廣將帥，招奮擊，以誅厥罪；功勳粲然，著於海内，藏於記府〔四〕，何命〔五〕『亡十獲一』乎？夫偷安者後危，慮近者憂邇，賢者離俗〔六〕，智士權行〔七〕，君子所慮，衆庶疑焉。故民可與〔八〕觀成，不可與圖始〔九〕。此有司所獨見，而文學所不覩。"

文學曰："往者，匈奴結和親，諸夷納貢，即君臣外内相信，無胡、越之患。當此之時，上求寡而易贍，民安樂而無事，耕田而食，桑麻而衣，家有數年之稸〔一〇〕，縣官餘貨財，閭里耆老，咸〔一一〕及其澤。自是之後，退文任武，苦師勞衆，以略無用之地，立郡〔一二〕沙石之間，民不能自守，發屯乘城，輓輦而贍之。愚竊見其亡，不覩其成。」

大夫曰：「匈奴以虛名市〔一三〕於漢，而實不從，數爲蠻、貊所紿，不痛之，何故也〔一四〕？高皇帝仗劍定九州〔一五〕，今以九州而不行於匈奴。閭里常民，尚有梟散〔一六〕，況萬里之主與小國之匈奴乎？夫以天下之力勤〔一七〕何不摧〔一八〕？以天下之士民何不服？今有帝名，而威不信於長城之外〔一九〕，反賂遺而尚踞敖〔二〇〕，此五帝所不忍，三王所畢〔二一〕怒也。」

文學曰：「湯事夏而卒服之，周事殷而卒滅之。故以大御小者王，以强凌弱者亡。聖人不困其衆以兼國，良御不困其馬以兼道〔二二〕。故造父之御不失和，聖人之治不倍〔二三〕德。秦攝利銜〔二四〕以御宇內，執脩箠〔二五〕以笞八極，驂服〔二六〕以〔二七〕罷，而鞭策愈加，故有傾銜〔二八〕遺箠之變。士民非不衆，力勤非不多也，皆内倍〔二九〕外附而莫爲用。此高皇帝所以仗劍而取天下也。夫兩主好合，内外交通，天下安寧，世世無患，士民何事？三王何怒〔三〇〕焉？」

大夫曰：「伯翳之始封秦〔三一〕，地爲七十里。穆公開霸〔三二〕，孝公廣業。自卑至上，自小至大。故先祖基之，子孫成之。軒轅戰涿鹿，殺兩皞、蚩尤而爲帝〔三三〕；湯、武伐夏、商，誅桀、紂而爲王。黄帝以戰成功，湯、武以伐成孝。故手足之勤，腹腸之養也。當世之務，後世之利也。今四夷内侵，不攘，萬世必有長患。先帝興義兵以誅强暴，東滅朝鮮，西定冉、駹〔三四〕，南擒百越，北挫强胡，追匈奴以廣北州〔三五〕，湯、武之舉，蚩尤之兵也〔三六〕。故聖主斥地，非私其利，用兵，非徒奮怒也，所以匡難辟〔三七〕害，以爲黎民遠慮。」

文學曰：「秦南禽勁越〔三八〕，北卻强胡，竭中國以役四夷，人罷極而主不恤，國内潰〔三九〕而上不知；是以一夫倡而天下和，兵破陳涉，地奪諸侯〔四〇〕，何嗣之所利〔四一〕？詩云：『雍雍鳴鳱〔四二〕，旭日始旦。』登得〔四三〕前利，不念後咎〔四四〕。故吴王知伐齊之便，不知干遂之患〔四五〕。秦知進取之利，而不知鴻門之難。是知一而不知十也。周謹小而得大，秦欲大而亡小。語曰：『前車覆，後車戒〔四六〕。』『殷鑑不遠，在夏后之世〔四七〕』矣。」

* 本篇還是討論要不要抵抗匈奴的侵擾問題。

在這次會議上，文學仍然反對抗戰，説漢武帝抗擊匈奴是「退文任武，苦師勞衆」，「以强凌弱者亡，聖人不困其衆以兼國」，還不顧匈奴侵擾的事實，硬説「兩主好合，内外交通，天下安寧，世世無患」，頑固地堅持不抵抗政策。桑弘羊清楚地看到了：「漢興以來，修好結和親，所聘遺單于者甚厚；然不紀重質厚賂之故改節，而暴害滋甚。先帝覩其可以武折而不可以德懷，故廣將帥，招奮擊，以誅厥罪。」高度贊揚了漢武帝的抗戰路綫是「興義兵以誅暴强」，「所以匡難避害，以爲黎民遠慮」，「功勳粲然，著於海内，藏於記府」，並斥責文學：「匈奴以虚名市於漢，而實不從，數爲蠻、貊所紿，不痛之，何故也？」

〔一〕漢書匈奴傳上：「文帝三年詔曰：『漢與匈奴約爲昆弟，無侵害邊境，所以輸遺匈奴甚厚。』又孝文六年遺匈奴書：『漢與匈奴約爲兄弟，所以遺單于甚厚。』」（又見史記孝文帝本紀）又武帝紀：「元光二年春，詔問公卿曰：『朕飾子女以配單于，金帛文繡，賂之甚厚。』」尋史記楚世家：「楚頃襄王與秦昭王好會于宛，結和親。」則和親謂和睦親善也。

〔二〕漢書何并傳：「表善好士，見紀潁川。」文選東京賦注：「紀，記也，録也。」姚範以爲「紀」字誤者，非也。

〔三〕大論篇亦云：「折之以武。」新序善謀下：「大行王恢曰：『夫匈奴可以力服，不可以仁畜也。』」漢書韓安國傳作「匈奴獨可以威服，不可以仁畜也」。漢書匈奴傳下：「外國天性忿鷙……難化以善，易肆以惡。」師古曰：「肆謂附屬之也，惡謂威也。」義並同。

〔四〕史記蒙恬傳：「乃書而藏之記府。」張之象本、沈延銓本、金蟠本「記」作「紀」。

〔五〕王先謙曰：「『命』猶『名』。文學有此語，故折之。」明初本、華氏本「命」作「有」，太玄書室本作「言」，俱臆改。

〔六〕吕氏春秋有離俗覽，又介立篇寫道：「今得之而務逃之，介子推之離俗遠矣。」離俗義與此同，謂不同於世俗也。

〔七〕漢書蕭望之傳：「常人可與守經，未可與權也。」

〔八〕涂本、正嘉本、張之象本、沈延銓本、金蟠本「與」作「以」。

〔九〕文選劉子駿移太常博士書注引太公金匱：「夫人可以樂成，難以慮始。」御覽三二九引太公六韜：「百姓可與樂成，難與慮始。」管子法法篇：「故民未嘗可與慮始，而可與樂成功。」商子更法篇：「民不可與慮始，可與樂成功。」（又見史記商君傳）呂氏春秋樂成篇：「民不可與慮化舉始，而可以樂成功。」史記滑稽傳：「西門豹曰：『民可以樂成，不可與慮始。』」這些，都是本文所本。

〔一〇〕後申韓篇：「稸積漂流。」戰國策齊策下：「稸積朽腐而不用。」「稸」即古文「蓄」字。文選高唐賦：「臨大池之稸水。」注引字林：「稸，積也，與畜同。」漢衡方碑：「無儋石之稸。」一切經音義八：「稸，字書作蓄。」又十六引蒼頡篇：「稸，聚也，積也。」又十七：「蓄，古文稸。」明初本、華氏本作「畜」。

〔一一〕盧文弨曰：「『或』疑『咸』。」張敦仁曰：「非也。『或』，有也。文學自言尚有及其澤者存於時耳。」器案：盧說是，云「咸」者，極言之耳。擊之篇：「咸享其功。」句法正同，今據改正。史記陳丞相世家：「絳侯、灌嬰等，咸讒陳平。」漢書陳平傳作「或讒平」，即二字互誤之證。

〔一二〕文選爲石仲容與孫皓書：「列郡大荒。」集注：「李善曰：『班固漢書述曰：「列郡祁連。」』呂向曰：『置郡於大荒也。』」又云：「列郡三十。」集注：「呂向曰：『置郡三十。』」器案：立郡猶列郡，文選景福殿賦注：「列，位也。」位、立義近。

〔一三〕史記楚世家：「因與其新王市。」胡三省通鑑三注：「市謂相要以利，如市道也。」

〔一四〕盧文弨曰：「『何』衍。」張敦仁曰：「非也。大夫謂數見給爲可痛，而以文學不然，故作怪問之辭。」

〔一五〕史記高祖本紀：「於是高祖嫚罵曰：『吾以布衣提三尺劍取天下，此非天命乎？』」漢書異姓諸侯王表：「漢無尺土之階，繇一劍之任，五載而成帝業。」

〔一六〕漢書景帝紀：「六年詔曰：『出入閭里，與民亡異。』」説文門部：「閭，里門也。」顧廣圻曰：「梟散者，貴賤也。韓非子外儲説左下：『博貴梟，勝者必殺梟。殺梟者，是殺其所貴也。儒者以爲害義。』戰國策楚策唐且見春申君章：『夫梟棊之所以能爲者，以散棊佐之也。夫一梟之不勝五散亦明矣。今君何不爲天下梟，而令臣等爲散？』是其證。鄭注考工記有『博立梟棊』也。」器案：易林否之睽：「野猿山鶴，來集六博，三梟四散，主人勝客。」漢書吾丘壽王傳注：「蘇林曰：『博之類不用箭，但行梟散。』」

〔一七〕詩大雅烝民：「威儀是力。」鄭箋：「力，勤也。」下文亦作「力勤」。

〔一八〕「摧」原作「權」，今據盧文弨説校改。

〔一九〕此句原作「而威不信長城」，今據王先謙説校改。王云：「『信』『伸』同。『長城』上當有『於』字，下當有『之外』二字。」

〔二〇〕沈延銓本「敖」作「傲」。韓詩外傳九：「孟子妻獨居踞。孟子入户視之，白其母曰：『婦無禮，請出之。』」漢書高帝紀上：「不宜踞見長者。」後漢書魯恭傳：「夫戎、狄者，四方之異氣也，蹲夷踞肆，與鳥獸無别。」注：「平坐踞傲，肆放無禮也。」蓋古以踞爲倨傲，故云踞傲。散不足篇：「蠻、夷交脛肆踞。」「肆踞」與此「踞敖」義同。史記孝文本紀：「今右賢王離其國，將衆居河南降地，非常故往來近塞，捕殺吏卒，驅保塞蠻、夷，令不得居其故，凌轢邊吏，入盗，甚敖無道，非約也。」此文本之。

〔二一〕張之象本注云：「『畢』一作『必』。」沈延銓本作「必」。盧文昭曰：「『畢』『必』同。」

〔二二〕南史梁邵陵王綸傳：「晝夜兼道，旋軍入赴。」文選西京賦注：「兼，倍也。」

〔二三〕説文人部：「倍，反也。」楚辭招魂注：「背，倍也。」

〔二四〕「銜」原作「衡」，據王先謙説校改。王云：「御覽三百五十九兵部引『衡』作『銜』。案御覽是。銜乃御馬之具，故云『以御宇内』。刑德篇亦云：『轡銜者，御之具也。』『銜以御』，『箠以笞』，語意並相聯貫。衡則非所以御矣。『衡』『銜』形近致誤。下『傾衡遺箠』，『衡』字並當爲『銜』。潛夫論衰制篇：『法令者，人主之銜轡箠策。』以『銜』『箠』連文爲喻，與此正同。」器案：王校是。賈誼過秦論：「振長策而御宇内。」此正次公所本。淮南子氾論篇：「欲以樸重之法治既弊之民，是猶無鏑銜橜策錣而御馯馬也。」高注：「鏑銜，口中央鐵。」

〔二五〕史記秦始皇本紀：「執棰拊以鞭笞天下。」此文本之。

〔二六〕詩經鄭風大叔于田：「兩服上襄，兩驂如舞。」毛傳：「驂之與服，和諧中節。」案：服，中央兩馬夾轅者，在服之左曰驂，右曰騑。

〔二七〕「以」讀爲「已」。

〔二八〕「銜」原作「衡」，據王先謙説校改。王説見前注〔二四〕。

〔二九〕「倍」同「背」。

〔三〇〕明初本、涂本、正嘉本、張之象本、沈延銓本、金蟠本「怒」作「愁」。案：此是針對上文「三王所畢怒」而言，作「愁」者誤。

〔三一〕史記秦本紀：「昔伯翳爲舜主畜，畜多息，故有土，賜姓嬴；今其後亦爲朕息馬，朕其分土爲附庸，邑之秦，使復續嬴氏祀，號曰秦嬴。」

〔三二〕沈延銓本「霸」作「伯」。

〔三三〕「兩皞」原作「兩暤」，今改，此形近之誤也。潛夫論五德志篇兩出「太皞」都作「太暤」，四出「少皞」都作「少暤」，隸書從「皋」之字多作「睪」，荀子解蔽篇楊倞注：「『睪』讀爲『皞』。」即其明證。兩皞指太皞、少皞，又作太昊、少昊，（漢書鄭崇傳注：「『皞』字與『昊』同。」）周書嘗麥解：「赤帝分正二卿，命蚩尤於少昊以臨四方，……蚩尤乃逐帝，争於涿鹿之河（阿），九隅無遺。赤帝大懾，乃説於黄帝，執蚩尤，殺之於中冀。」此即其事。或疑黄帝與兩皞時代不相值，因而史記五帝本紀正義寫道「謂黄帝克炎帝之後」也。

〔三四〕史記西南夷傳：「自筰以東北，君長以什數，冉、駹最大。」索隱：「案應劭云：『汶江郡本冉、駹。』音亡江反。」

〔三五〕句上原有「李牧」二字，今據王先謙説校删。王云：「詳文義與上下不貫，『李牧』二字當衍。漢追匈奴以廣北州，其事下誅秦篇詳之。」器案：管子大匡篇：「北州侯莫來。」尹注：「謂北之州。」

〔三六〕漢人通常稱蚩尤是古代善用兵的人。史記酈生傳：「夫漢王發蜀、漢，定三秦，涉西河之外，援上黨之兵，下井陘，誅成安君，破北魏，舉三十二城，此蚩尤之兵也，非人之力也，天之福也。」本書論功篇：「自以爲蚩尤不能害，黄帝不能斥。」漢人把古代善用兵的人黄帝和蚩尤同等相待，和這裏把蚩尤和湯、武相提並論，意義正復相同。蓋嘗進一步探討這個問題，山海經大荒北經：「蚩尤作兵。」管子地數篇：「葛盧之山發而出水，金從之，蚩尤受而制之，以爲劍鎧矛戟。」世本作篇：「蚩尤以金作兵，一弓，二殳，三矛，四戈，五戟。」御覽八三三引尸子：「造冶者，謂蚩尤也。」冶謂冶金。都説蚩尤作兵。吕氏春秋蕩兵篇、大戴禮記用兵篇又舉「蚩尤作兵」之説而辯之。禮記曲禮上正義引五經異義：「祠者，祠五兵：

戈、戟、劍、盾、弓矢，及祠蚩尤之造兵者。」史記封禪書：「秦始皇祠八神，三曰兵，主祠蚩尤。」漢書郊祀志同。史記高祖本紀：「祠黄帝、祭蚩尤於沛庭。」漢書高帝紀同。裴駰集解、顔師古注並引應劭曰：「蚩尤亦古天子（集解脱此四字），好五兵，故祠祭之。」則蚩尤實爲發明創造五兵之人，故秦、漢人多言「蚩尤之兵」也。又漢書藝文志兵家有「蚩尤二篇」，隋書經籍志云：「梁有黄帝蚩尤兵法一卷。」此皆因有「蚩尤之兵」之説而僞託者。

〔三七〕張之象本、沈延銓本、金蟠本「辟」作「避」。

〔三八〕史記建元以來侯者年表：「北討强胡，南誅勁越。」漢書伍被傳：「南通勁越。」司馬相如難蜀父老文：「北出師以討强胡，南馳使以誚勁越。」

〔三九〕公羊傳僖公十九年：「其言梁亡何？自亡也。其自亡奈何？魚爛而亡也。」何休注：「魚爛從内發。」

〔四〇〕漢書賈山傳：「至言曰：『昔者，秦政力并萬國，富有天下，破六國以爲郡縣，築長城以爲關塞。秦地之固，大小之勢，輕重之權，其與一家之富，一夫之强，胡可勝計也。然而兵破於陳涉，地奪於劉氏者，何也？秦王貪狠暴虐，殘賊天下，窮困萬民，以適其欲也。』」

〔四一〕「何嗣之所利」，猶言「何嗣之能利」，漢書蕭望之傳：「何賊之所生？」句法同。

〔四二〕臧琳經義雜記二六：「詩匏有苦葉：『雝雝鳴鴈。』鹽鐵論結和篇引作『雍雍鳴鳱』。案大射儀：『見鵠於參。』注：『淮南子曰：鳱鵠知來。』釋文：『鳱音干，劉音岸，又音鴈。』説文隹部：『雁，鳥也。』鳥部：『鴈，鵝也。』二字皆從厂聲，厂即説文厈字，（籀文作干。）故劉昌宗鳱音岸，又音鴈，皆一聲之轉也。蓋毛詩古文作『鴈』，三家詩今文作『鳱』，因聲近故文異。」

〔四三〕洪頤煊曰：「『登得』即『貪得』。禮記大學：『一人貪戾。』鄭注：『戾之言利也。』春秋傳曰：『登戾之。』何休注公羊：『登讀若得。』是以『登得』爲『貪得』也。」案春秋傳見隱公五年。華氏本「登」作「豈」，太玄書室本作「言」，俱臆改。

〔四四〕孫人和曰：「蔡元度毛詩名物解卷八引云：『噰噰鳴雁，朝日始旦。登得前利，無蹈後害。』」案埤雅六引作「噰噰鳴雁，朝日始旦。登則前利，無蹈後害」。

〔四五〕史記蘇秦傳：「越王句踐戰敝卒三千人，禽夫差於干遂。」正義：「在蘇州吴縣西北四十餘里萬安山西南一里太湖。夫差敗於姑蘇，禽於干遂，相去四十餘里。」又春申君傳：「吴見伐齊之便，而不知干隧之敗。」即此文所本。「干隧」即「干遂」。

〔四六〕説苑善説篇：「周書曰：『前車覆，後車戒。』蓋見其危。」

〔四七〕詩經大雅蕩：「殷鑑不遠，在夏后之世。」

誅秦*第四十四

大夫曰：「秦、楚、燕、齊，周之封國也；三晉之君，齊之田氏，諸侯家臣〔一〕也；内守其國，外伐不義，地廣壤進，故立號萬乘，而爲諸侯。宗周〔二〕脩禮長文〔三〕，然國翦弱，不能自存，東攝六國，西畏於秦，身以放遷〔四〕，宗廟絶祀。賴先帝大惠，紹興其後，封嘉潁川，號周子男君〔五〕。秦既并天下，東絶沛水〔六〕，並滅朝鮮，南取陸梁〔七〕，北卻胡、狄，西略氐、羌，立帝號，朝四夷。舟車所通，足跡所及〔八〕，靡不畢至。非服其德，畏其威也。力多則人朝，力寡則朝於人矣。」

文學曰：「禹、舜，堯之佐也，湯、文，夏、商之臣也，其所以從八極而朝海内者，非以陸梁之地、兵革之威也。秦、楚、三晉號萬乘，不務積德而務〔九〕相侵，構兵争强而卒俱亡。雖以進壤廣地，如食萴之充腸〔一〇〕也，欲其安存，何可得也？夫禮讓爲國者若江、海〔一一〕，流彌久不竭，其本美也〔一二〕。苟爲無本，若蒿火暴怒而無繼〔一三〕，其亡可立而待，戰國是也。周德衰，然後列於諸侯，至今不絶。秦力盡而滅其族，安得朝人也？」

大夫曰：「中國與邊境，猶支體與腹心也。夫肌膚寒於外，腹心〔一四〕疾於内，内外之相勞，非相爲賜也〔一五〕！脣亡則齒寒〔一六〕，支體傷而心憯怛〔一七〕。故無手足則支體廢，無邊境則内國〔一八〕害。昔者〔一九〕，戎、狄攻太王於邠〔二〇〕，踰岐、梁而與秦界於涇、渭，東至晉之陸渾〔二一〕，侵暴中國，中國疾之。今匈奴蠶食内侵，遠者不離其苦，獨邊境蒙其敗。詩云：『憂心慘慘，念國之爲虐〔二二〕。』不征備，則暴害不息。故先帝興義兵以征厥罪，遂破祁連、天山，散其聚黨，北略至龍城〔二三〕，大圍匈奴，單于失魂，僅以身免，乘奔逐北，斬首捕虜十餘萬。控弦〔二四〕之民，旃裘之長〔二五〕，莫不沮膽，挫折遠遁，遂乃振旅〔二六〕。渾耶率其衆以降〔二七〕，置五屬國以距胡〔二八〕，則長城之内，河、山之外，罕被寇菑〔二九〕。於是下詔令，減戍漕〔三〇〕，寬徭役〔三一〕。初雖勞苦，卒獲其慶。」

文學曰：「周累世積德，天下莫不願以爲君，故不勞而王，恩施由近而遠，而蠻、貊自至。秦任戰勝以并〔三二〕天下，小海内而貪胡、越之地，使蒙恬擊胡，取河南以爲新秦〔三三〕，而忘其故秦，築長城以守胡，而亡其所守。往者，兵革亟動，師旅數起，長城之北，旋〔三四〕車遺鏃相望。及李廣利等輕計，計〔三五〕還馬足，莫不寒心〔三六〕；雖得渾耶，不能更〔三七〕所亡。此非社稷之至計也。」

* 對秦始皇的評價，自來就存在很大分歧。有的認爲秦始皇是「千古一帝」，有的則認爲是「千古罪人」，涇、渭分流，千古異轍。由公羊學家桓寬整理的這次會議記録——鹽鐵論，以誅秦名篇，記録了當時兩派意見。

〔一〕諸侯之臣，於諸侯爲家臣，於天子爲陪臣。

〔二〕「宗周」下原有「室」字，今據陳遵默説删訂。陳云：「此文截然兩層，上言三晉及齊田氏以家臣强大，爲諸侯；此言宗周以脩禮長文，蓟弱不能自存。詩小雅正月云：『赫赫宗周，褒姒威之。』宗周，西周也，多一『室』字，則似三晉、田氏爲諸侯，宗周室矣。意緒不清，『室』字當衍。」

〔三〕漢書武帝紀：「元朔三年詔：『内長文所以見愛也。』」晉灼曰：「『長』音『長吏』之『長』。」張晏曰：

「長文，長文德也。」師古曰：「長之，所以見仁愛之道。見謂顯示。」

〔四〕漢書高帝紀上注：「如淳曰：『秦法，有罪遷徙之於蜀、漢。』」

〔五〕史記周本紀：「太史公曰：『秦滅周。漢興，九十餘載，天子（漢武帝）將封泰山，東巡狩，至河南，求周苗裔，封其後嘉三十里地，號曰周子南君。』」漢書武帝紀：「元鼎四年冬，封周後姬嘉爲周子南君。」師古曰：「子南，其封邑之號，以爲周後，故總言周子南君。」案：「男」、「南」古通。國語周語中：「鄭伯南也。」韋注：「鄭司農云：『南，謂子男。』」左傳昭公十三年：「鄭伯男也。」正義引賈逵曰：「『男』當作『南』，謂南面之君也。」又案：漢書恩澤侯表：「周子南君食邑於潁川長社。」

〔六〕王啟元曰：「按『沛水』當即『浿水』。漢書朝鮮傳：『衛滿東出塞，度浿水，居秦故空地上下障。』此秦絶浿水也。說文：『沛水出遼東番汗塞外，西南入海。』是『沛』是『浿』之本字。」姚範曰：「『沛』字誤。」案：說文水部：「沛，沛水出遼東番汗塞外，西南入海。浿，浿水出樂浪鏤方，東入海。」遼東、樂浪非一郡，西南或東入海，流向亦不同，王以「沛」是「浿」之本字，全是臆說。段玉裁云：「浿水，今朝鮮國之大通江，在平壤城北，平壤即古王險城，漢之朝鮮縣也。隋書曰：『平壤城南臨浿水。』」郭沫若曰：「此當指鴨緑江。」

〔七〕史記秦始皇本紀：「略取陸梁地爲桂林、象郡、南海。」索隱：「謂南方之人，其性陸梁，故曰陸梁。」正義：「嶺南之人，多處山陸，其性强梁，故曰陸梁。」通鑑七注：「班表漢高帝功臣有陸量侯須無，詔以爲列諸侯，自置吏令長，受令長沙王。如淳曰：『陸量，秦始皇本紀所謂陸梁地也。』」

〔八〕禮記中庸：「舟車所至，人力所通。」賈誼新書匈奴篇：「今漢帝中國也，宜以厚德懷服四夷，舉明義博示遠方，則舟車之所至，人迹之所及，莫不爲畜。」

〔九〕張之象本、沈延銓本、金蟠本「務」作「負」。

〔一〇〕張之象注：「廣雅曰：『附子，一歲曰萴子，二歲烏喙，三歲附子，四歲烏頭，五歲天雄。』蘇秦爲燕説齊王曰：『人之饑所以不食烏喙者，以爲雖偷充腹而與死同患也。今燕雖弱小，强秦之少壻也。王利其十城，而深與强秦爲仇。今使弱燕爲雁行，而强秦制其後，以招天下之精兵，此食烏喙之類也。』」案見戰國策燕策。

〔一一〕「海」，大典本、拾補本作「湖」，明初本、華氏活字本、攖寧齋鈔本作「河」。

〔一二〕「美」疑當作「羡」，周禮曲禮注：「羡，長也。」又小司徒注、文選甘泉賦注並云：「羡，饒也。」

〔一三〕桂馥札樸四曰：「方言：『烈，暴也。』案蔡中郎聞燒桐火烈聲，知爲良材。火烈即暴也。鹽鐵論：『苟爲無本，若蒿火暴怒而無繼。』」

〔一四〕「腹心」原作「腹腸」，明初本、華氏本、意林三作「腹心」，較是，今據改正。「腹心」與「肌膚」，相對成文。上文「猶支體與腹心」，這裏正相承爲言。

〔一五〕「賜」原作「助」，形近而誤。公羊傳僖公二年：「宫之奇果諫：『記曰：脣亡則齒寒。虞、郭之相救，非相爲賜。』」何休注：「賜，猶惠也。」穀梁傳僖公五年亦云：「虞、虢之相救，非相爲賜也。」新序善謀上亦云：「虞、虢之相救，非相爲賜也。」合下句「唇亡則齒寒」觀之，此正桓語所本，今據改正。

〔一六〕上注引三書及左傳僖公五年，俱載「脣亡齒寒」語，莊子胠篋篇、吕氏春秋權勳篇、淮南子説林篇作「脣竭齒寒」，戰國策趙策作「脣揭齒寒」。

〔一七〕潛夫論救邊篇：「脣亡齒寒，體傷心痛，必然之事，又何疑焉。」

〔一八〕漢書宣帝紀：「本始元年詔：『内郡國舉文學高第。』」韋昭曰：「中國爲内郡，緣邊有夷、狄障塞者爲外郡。」這裏的「内國」，即「内郡國」之省文耳。

〔一九〕張之象本、沈延銓本、金蟠本無「者」字。

〔二〇〕孟子梁惠王下：「昔者，大王居邠，狄人侵之，事之以皮幣，不得免焉，事之以犬馬，不得免焉，事之以珠玉，不得免焉，乃屬其耆老而告之曰：『狄人之所欲者，吾土地也，吾聞之也，君子不以其所以養人者害人，二三子何患乎無君，我將去之。』去邠，踰梁山，邑于岐山之下居焉。」

〔二一〕史記匈奴傳：「周幽王用寵姬褒姒之故，與申侯有郤。申侯怒，而與犬戎共攻殺周幽王於驪山之下，遂取周之焦穫，而居於涇、渭之間，侵暴中國。……戎、狄以故得入，破逐周襄王，而立子帶爲天子。於是戎、狄或居于陸渾。」

〔二二〕這是詩經小雅正月文。

〔二三〕史記匈奴傳：「五月大會蘢城，祭其先天地鬼神。」索隱：「漢書『蘢城』作『龍城』。」崔浩云：「西方胡皆事龍神，故名大會處爲『龍城』。」

〔二四〕「控弦」就是「引弓」的意思。史記劉敬傳：「當是時，冒頓爲單于，兵彊，控弦三十萬，數苦北邊。」集解：「應劭曰：『控，引也。』」正義：「謂能引弓者三十萬人也。」

〔二五〕文選報任少卿書：「旃裘之君長咸震怖。」李善注：「旃裘，謂匈奴所服也，故言旃裘之君長。」

〔二六〕左傳隱公五年：「入而振旅。」杜注：「振，整也。」字亦作「整」。穀梁莊公八年：「入曰整旅。」管子小匡篇：「春以田，曰蒐，振旅。」尹注：「因寓軍政，而且整旅。」

〔二七〕漢書匈奴傳上：「單于怒昆邪王、休屠王居西方爲漢所殺虜數萬人，欲召誅之。昆邪、休屠王恐，謀降漢。漢使票騎將軍迎之。昆邪王殺休屠王，并將其衆降漢，凡四萬餘人。」「昆邪」即「渾耶」，此爲漢武帝元狩二年事。

〔二八〕漢書韋玄成傳劉歆議曰：「孝文皇帝厚以貨賂，與結和親，猶侵暴無已。甚者，興師十餘萬衆，近屯京師及四邊，歲發屯備虜，其爲患久矣，非一世之漸也。諸侯郡守連匈奴及百粤以爲逆者，非一人也。匈奴所殺郡守都尉，略取人民，不可勝數。孝武皇帝愍中國罷勞，無安寧之時，迺遣大將軍、驃騎、伏波、樓船之屬，南滅百粤，起七郡。北攘匈奴，降昆邪十萬之衆，置五屬國，起朔方，以奪其肥饒之地。東伐朝鮮，起玄菟、樂浪，以斷匈奴之左臂。西伐大宛，并三十六國，結烏孫，起敦煌、酒泉、張掖，以鬲（隔）婼羌，裂匈奴之右臂。單于孤，遠遁于幕北，四垂無事。斥地遠境，起十餘郡。」通鑑十九：「居頃之，乃分徙降者邊五郡故塞外，而皆在河南，因其故俗爲五屬國。」胡注：「五郡，謂隴西、北地、上郡、朔方、雲中也。師古曰：『凡言屬國，存其國號而屬漢朝，故曰屬國。』史記正義曰：『以來降之民徙置五郡，各依其本國之俗而屬於漢，故曰屬國。』」案：漢書百官公卿表上：「典屬國，本秦官，掌歸義蠻、夷。漢因之。」正嘉本、太玄書室本「距」作「治」。

〔二九〕漢書楊雄傳上：「灑沈菑於豁瀆。」師古曰：「『菑』，古『災』字。」玉篇艸部：「『菑』同『甾』。」

〔三〇〕本書取下篇：「戍漕者輦車相望。」繇役篇：「發戍漕，所以審勞佚也。」漢書武帝紀上：「元狩三年，減隴西、北地、上郡戍卒半。」匈奴傳上：「西減北地以西戍卒半。」

〔三一〕張之象本、沈延銓本、金蟠本「徭」作「繇」。

〔三二〕張之象本、沈延銓本、金蟠本「并」作「兼」。

〔三三〕史記平準書：「乃徙貧民於關以西，及充朔方以南新秦中，七十餘萬口。」集解：「服虔曰：『地名，在北方千里。』如淳曰：『長安已北，朔方以南。』瓚曰：『秦逐匈奴以收河南地，徙民以實之，謂之新秦。今以地空，故復徙民以實之。』」漢書食貨志注應劭曰：「秦始皇遣蒙恬攘卻匈奴，得其河南造陽之北千里，地甚好，於是爲築城郭，徙民充之，名曰新秦。四方雜錯，奢儉不同。今俗名新富貴者爲『新秦』，由是名也。」于慎行讀史漫録三：「新秦中即今之河套。」

〔三四〕張之象本、沈延銓本、金蟠本「旋」作「還」。後漢書皇甫規傳：「旋車完封。」李賢注：「言覆軍之將，旋師之日，多載珍寶，封印完全。」案此亦謂覆軍之將，旋師之日，所乘之車也。

〔三五〕「計」字原不重，今據張敦仁説校補。張云：「上當云『輕計』，下當云『計還馬足』，中或尚有脱文，因誤上『計』字爲下『計』字而佚去也。『輕計』，輕爲計也。『計還馬足』，史記大宛傳、漢書李廣利傳詳之矣。」器案：張説是，古書重文，率作「小二」，轉寫時，最易省卻，古書中此例甚多。至云「中尚有脱文」則非是，「計還馬足」，即指「輕計」而落實言之，非「中尚有脱文」也。張之象本、沈延銓本、金蟠本「計」作「騎」，更是臆改。

〔三六〕漢書張湯傳：「孝景時吴、楚七國反，景帝往來東宫間，天下寒心數月。」師古曰：「懼於兵難也。」又李尋傳：「屋大柱小，可爲寒心。」文選爲石仲容與孫皓書：「引領南望，良以寒心。」集注：「李善曰：『高唐賦曰：寒心酸鼻。』鈔曰：『寒心，言戰慄也。』吕延濟曰：『寒心，痛心也。』」

〔三七〕史記貨殖傳：「然堇堇物之所有，取之不足以更費。」集解：「應劭曰：『更，償也。』」廣雅釋言：「更，償也。」

伐功*第四十五

大夫曰：「齊桓公越燕伐山戎，破孤竹，殘令支〔一〕。趙武靈王踰句注，過代谷〔二〕，略滅林胡、樓煩〔三〕。燕襲走東胡，辟地千里，度遼東而攻朝鮮〔四〕。蒙公〔五〕爲秦擊走匈奴〔六〕，若鷙鳥之追羣雀〔七〕。匈奴勢慴，不敢南面〔八〕而望十餘年。及其後，蒙公死而諸侯叛秦，中國擾亂，匈奴紛紛，乃敢復爲邊寇。夫以小國燕、趙，尚猶卻寇虜以廣地，今以漢國之大，士民之力，非特齊桓之衆，燕、趙之師也，然匈奴久未服者，羣臣不并力，上下未諧故也。」

文學曰：「古之用師，非貪壤土之利，救民之患也〔九〕。民思之〔一〇〕，若旱之望雨〔一一〕，簞食壺漿，以逆王師〔一二〕。故憂人之患者，民一心而歸之，湯、武是也。不愛民之死，力盡而潰叛者，秦王是也。孟子曰：『君不鄉道，不由仁義，而爲之强戰，雖克必亡〔一三〕。』此中國所以擾亂，非蒙恬死而諸侯叛秦。昔周室之〔一四〕盛也，越裳氏來獻〔一五〕，百蠻致貢〔一六〕。其後周衰，諸侯力征，蠻、貊分散，各有聚黨〔一七〕，莫能相一，是以燕、趙能得意焉。其後，匈奴稍强，蠶食〔一八〕諸侯，故破走月氏〔一九〕，因兵威，徙小國，引弓之民，并爲一家〔二〇〕，一意同力，故〔二一〕難制也。前君爲先帝畫匈奴之策：『兵據西域，奪之便勢之地，以候其變〔二二〕。以漢之强，攻於匈奴之衆，若以强弩潰癰疽〔二三〕，越之禽吴，豈足道哉！』上以爲然〔二四〕。用君之義〔二五〕，聽君之計，雖越王之任種、蠡不過。以搜粟都尉爲御史大夫，持政十有餘年〔二六〕，未見種、蠡之功，而見靡弊之效，匈奴不爲加俛〔二七〕，而百姓黎民以敝矣。是君之策不能弱匈奴，而反衰中國也。善爲計者，固若此乎？」

* 伐功，就是自稱其功的意思。史記屈原列傳：「楚懷王使屈原（名平）造爲憲令。屈平屬草稿，未定，上官大夫見而欲奪之，屈平不與，因讒之曰：『王使屈平爲令，衆莫不知。每一令出，平伐其功，（漢書匈奴傳下注：「伐謂矜其功力。」）曰：以爲非我莫能爲也。』王怒而疏屈平。」這是「伐功」的出典。在這次會議中，文學妄圖抹殺桑弘羊在輔佐漢武帝方面所作出的重大貢獻，説先帝「用君之議，聽君之計，雖越王之任種、蠡不過。以搜粟都尉爲御史大夫，持政十有餘年，未見種、蠡之功，而見靡弊之效，匈奴不爲加俛，而百姓黎民以弊矣。是君之策不能弱匈奴，而反衰中國也」，以説明桑弘羊佐帝無功，並把矛頭指向漢武帝。然而無情的歷史，却給桑弘羊作了結論，這就是班固在漢書西域傳寫的：「初，貳師將軍李廣利擊大宛，還過杅彌，杅彌遣太子賴丹爲質於龜兹，廣利責龜兹曰：『外國皆臣屬於漢，龜兹

何以得受杅彌質？』即將賴丹入至京師。昭帝乃用桑弘羊前議，以杅彌太子賴丹爲校尉，將軍田輪臺。」這個桑弘羊的前議，在漢武帝時，議而未行；到漢昭帝時，用其議而行之。

〔一〕管子小匡篇：「北伐山戎，制冷支，斬孤竹。」國語齊語：「遂北伐山戎，刜令支，斬孤竹而南歸。」韋昭注：「山戎，今之鮮卑，以其病燕，故伐之。令支、孤竹，二國，山戎之與也。刜，擊也。斬，伐也。令支，今爲縣，屬遼西，孤竹之城存焉。」器案：殘謂翦滅。吕氏春秋遇合篇：「國必殘亡。」又知化篇：「越報吴，殘其國。」又慎小篇：「國殘名辱。」注：「故國殘亡。」戰國策秦策下：「昔智伯瑶殘范、中行。」又衛策：「魏文侯殘中山。」高注並云：「殘，滅也。」案殘通作踐，書序：「遂踐奄。」史記周本紀、魯世家作「殘奄」，釋名釋姿容：「踐，殘也，使殘壞也。」踐又借作翦，書序鄭注：「踐讀爲翦。」禮記玉藻鄭注：「踐當爲翦，聲之誤也。」吕氏春秋慎小篇：「殘其州。」左傳哀公十七年殘作翦，俱其證。

〔二〕漢書匈奴傳上：「晉悼公使魏絳和戎翟，戎翟朝晉。後百有餘年，趙襄子踰勾注而破之，并代，以臨胡、貉。」史不言武靈王踰勾注事。水經灅水注引梅福上事云：「代谷者，恒山在其南，北塞在其北。」管子輕重戊篇：「代王將其士卒，葆於代谷之上。」史記匈奴傳「句注」集解：「山名，在鴈門。」索隱：「韋昭曰：『山名，在應陰館。』」攖寧齋鈔本作「大谷」。

〔三〕史記匈奴傳：「趙武靈王亦變俗胡服，習騎射，北破林胡、樓煩。」索隱：「如淳曰：『林胡，即儋林，爲李牧所滅也。』地理志：『樓煩，縣名，屬鴈門。』應劭曰：『故樓煩胡地。』」正義：「林胡，括地志云：『朔州，春秋時北地也。嵐州，樓煩胡地也。』風俗通云：『故樓煩胡地也。』」

〔四〕史記匈奴傳：「其後，燕有賢將秦開，爲質於胡，胡甚信之，歸而襲破走東胡，東胡卻千餘里。」

〔五〕「蒙公」即蒙恬。漢人對於歷史人物之於國家民族曾作出重大貢獻的，都尊稱之爲公，如蕭何之稱爲蕭公（漢書循吏朱邑傳），貢禹之稱爲貢公（漢書鄭崇傳及蕭育傳），這充分反映了時代的要求、人民的意願。蒙恬這一具體人物，他的名字，是和長城分不開的。本篇大夫稱之爲蒙公，險固篇也稱之爲蒙公，其他如淮南人間篇：「秦始皇……使蒙公、楊翁子將築脩（長）城。」高誘注：「蒙公，蒙恬。」文選羽獵賦：「蒙公先驅。」李善注引漢書音義：「蒙公，蒙恬也。」文選北征賦：「越安定以容與兮，遵長城之漫漫。劇蒙公之疲民兮，爲强秦乎築怨。」蓋以蒙恬築長城備胡，對國家人民作出了重大的貢獻，因而尊之爲公，這是人民批准的，而不是什麽帝王封贈的。

〔六〕史記匈奴傳：「後秦滅六國，而始皇帝使蒙恬將十萬之衆北擊胡，悉收河南地。」

〔七〕左傳文公十八年：「見無禮於其君者，誅之如鷹鸇之逐鳥雀也。」

〔八〕文選過秦論：「胡人不敢南下而牧馬。」賈誼新書匈奴篇：「其南面而歸漢也，猶弱子之慕慈母也。」

〔九〕淮南子兵略篇：「古之用兵者，非利土壤之廣，而貪金玉之略，將以存亡繼絶，平天下之亂，而除萬民之害也。」

〔一〇〕張之象本、沈延銓本、金蟠本「之」下有「者」字，正嘉本、太玄書室本有「者」字，無下「若」字。

〔一一〕史記淮南衡山傳：「百姓願之，若旱之望雨。」漢書司馬相如傳下：「若枯旱之望雨。」

〔一二〕攖寧齋鈔本、張之象本、沈延銓本、金蟠本「逆」作「迎」。孟子梁惠王下：「簞食壺漿，以迎王師。」

〔一三〕孟子告子下：「君不鄉道，不志於仁，而求爲之强戰，是輔桀也。」這裏用其文，而末句不同。

〔一四〕「之」字原無，今補。

〔一五〕後漢書南蠻傳：「交阯之南有越裳國。周公居攝六年，制禮作樂，天下和平，越裳以三象重譯而獻白雉。」

〔一六〕漢書夏侯勝傳：「百蠻率服，款塞自至。」又外戚傳下：「遠聞百蠻，近布海内。」案：百蠻是我國古代泛指我多民族國家内的所有少數民族，百言其多，猶言百濮（左傳文公十六年）、百越之比也。文選過秦論注：「百越，非一種，若今言百蠻也。」漢書匈奴傳：「故有威於百蠻。」又云：「於是而安，何以復長百蠻。」又西域傳：「匈奴，百蠻大國。」師古曰：「於百蠻之中，最大國也。」

〔一七〕誅秦篇：「散其聚黨。」史記朝鮮傳：「燕王盧綰反入匈奴，满亡命，聚黨千餘人。」

〔一八〕文選上書秦始皇：「蠶食諸侯。」注：「春秋保乾圖：『光閩害，蠶食天下。』高誘淮南子注曰：『蠶食無餘也。』」

〔一九〕「氏」上原衍「支」字，今據毛扆、張敦仁、俞越説校删。毛云：「『支』『氏』兩字當删其一。」張云：「『支』字衍也。本作『月氏』，有記『支』字於旁者，（以「支」音「氏」也。）後因錯入耳。拾補云：『涂本無。』或盧筆誤，或所據非涂之元刻也。」俞云：「『支』字衍文。漢書韋玄成傳：『禽月氏。』師古曰：『氏讀曰支。』此作『月支氏』者，殆因讀者以『氏』當『支』，旁注『支』字，遂誤衍耳。」

〔二〇〕史記匈奴傳：「諸引弓之民，并爲一家。」文選報任少卿書：「舉引弓之人，一國共攻而圍之。」李善注：「漢書曰：『匈奴至冒頓，最强大，置左右賢王。』以其善射，故曰引弓之人。」

〔二一〕明初本、擢寧齋鈔本「故」作「固」。

〔二二〕姚範曰：「按此亦千古碩畫，漢書中不言爲弘羊之策，但於西域傳中言請田輪臺耳。」姚鼐曰：「按西域傳但載弘羊請田輪臺，武帝不從。至武帝之通西域，張騫、唐蒙、相如輩之事，豈本出桑弘羊策乎？此亦其可疑者。」

〔二三〕戰國策秦策上：「千鈞之弩潰癰。」漢書韓安國傳：「今以中國之盛，萬倍之資，遣百分之一，以攻匈奴，譬猶以彊弩射且潰之癰也，必不留行矣。」

〔二四〕漢書西域傳下：「征和四年，搜粟都尉桑弘羊與丞相、御史奏言：『故輪臺以東，捷枝、渠犂皆故國，地廣，饒水草，有溉田五千頃以上，地處溫和，田美，可益通溝渠，務使以時種五穀。張掖、酒泉遣騎假司馬爲斥候，屬校尉，事有便宜，因騎置以聞。田一歲有積穀，募民壯健有累重敢徙者詣田所，就畜積爲本業，益墾溉田，稍築列亭，連城而西，以威西國，輔烏孫爲便。臣謹遣徵事臣昌分部行邊，嚴敕太守、都尉，明湊火，選士馬，謹斥候，蓄茭草；願陛下遣使使西國，以安其意。臣昧死請。』」

〔二五〕「義」同「議」。莊子齊物論：「有倫有義。」釋文：「『義』，崔本『議』。」史記司馬相如傳：「義不反顧。」漢書作「議不反顧」。

〔二六〕姚鼐曰：「按弘羊以武帝後元二年爲御史大夫，至此才七年耳，若合其爲大司農時計之，又不止十餘年也。」郭沫若曰：「天漢四年，貶爲搜粟都尉，其後十一年，後元二年爲御史大夫，又其後六年，舉行鹽鐵論。」

〔二七〕孟子梁惠王上：「鄰國之民不加少，寡人之民不加多。」加字用法與此同，即「更加」的意思。

西域*第四十六

大夫曰：「往者，匈奴據河、山之險，擅田牧之利，民富兵强，行入爲寇，則句注之内驚動，而上郡以南咸城。文帝時，虜入蕭關〔一〕，烽火通甘泉〔二〕，羣臣懼不知所出，乃請屯京師以備胡〔三〕。胡西役大宛、康居之屬，南與羣羌通。先帝推讓〔四〕斥奪廣饒之地，建張掖以西，隔絶羌、胡，瓜分其援。是以西域之國，皆内拒匈奴，斷其右臂〔五〕，曳劍而走，故募人田畜以廣用，長城以南，濱塞之郡，馬牛放縱，蓄積布野，未覩其計之所過也。夫以弱越而遂意强吴，才〔六〕地計衆非鈞也，主思臣謀，其往必矣〔七〕。」

文學曰：「吴、越迫於江、海，三川循環之〔八〕，處於五湖〔九〕之間，地相迫，壤相次，其勢易以〔一〇〕相禽也。金鼓未聞，旌旗未舒，行軍未定，兵以〔一一〕接矣。師無輜重〔一二〕之費，士無乏絶之勞，此所謂食於廚倉而戰於門郊者也。今匈奴牧於無窮之澤，東西南北，不可窮極，雖輕車利馬，不能得也，況負重羸兵〔一三〕以求之乎？其勢不相及也。茫茫乎若行九皋〔一四〕未知所止，皓皓乎〔一五〕若無網羅而漁江、海，雖及之，三軍罷弊〔一六〕，適遺之餌也〔一七〕。故明王知其無所〔一八〕利，以爲役不可數行〔一九〕，而權不可久張也，故詔公卿大夫、賢良、文學，所以復枉興微之路。公卿宜思百姓之急，匈奴之害，緣〔二〇〕聖主之心，定安平之業。今乃留心於末計，摧〔二一〕本議，不順上意，未爲盡於忠也。」

大夫曰：「初，貳師不〔二二〕克宛而還也，議者欲使〔二三〕人主不遂忿，則西域皆瓦解而附於胡，胡得衆國而益强。先帝絶奇聽，行武威，還襲宛，宛舉國以降，効其器物，致其寶馬。烏孫之屬駭膽，请爲臣妾〔二四〕。匈奴失魄，奔走遁逃，雖未盡服，遠處寒苦墝埆之地〔二五〕，壯者死於祁連、天山，其孤未復〔二六〕。故羣臣議以爲匈奴困於漢兵，折翅傷翼〔二七〕，可遂擊服。會先帝棄羣臣，以故匈奴不革。譬如爲山，未成一簣而止〔二八〕，度功業而無繼〔二九〕成之理，是棄與胡而資强敵也。輟幾沮成〔三〇〕，爲主計若斯，亦未可謂盡忠也。」

文學曰：「有司言外國之事，議者皆徼〔三一〕一時之權，不慮其後。張騫言大宛之天馬〔三二〕汗血，安息之真玉大鳥〔三三〕，縣官既聞如甘心焉〔三四〕，乃大興師伐宛，歷數期而後克之。夫萬里而攻人之國，兵未〔三五〕戰而物故〔三六〕過半，雖破宛得寶馬，非計也〔三七〕。當此之時，將卒〔三八〕方赤面而事四夷，師旅相望，郡國並發，黎人困苦，姦僞萌生，盗賊並起，守尉不能禁，城邑不能止。然後遣上大夫衣繡衣以興擊之〔三九〕。當此時，百姓元元，莫必其命，故山東豪傑，頗有異心〔四〇〕。賴先帝聖靈斐然。其咎皆在於欲畢匈奴而遠幾〔四二〕也。爲主計若此，可謂忠乎？」

* 這篇是對於開發西域的問題展開的辯論。開發西域，目的在於「斷匈奴之右臂」，孤立匈奴。而西域的開發，首先是收功於屯田政策。屯田政策早在漢文帝時就有人倡議，其辦法是給予徙邊的人以田地房屋，令他們自爲戰守。到了漢武帝，在以桑弘羊爲首的一些政治家輔佐之下，又進一步加以發展，實行了「兵民合一」、「寓兵於農」的屯田制。「無事則驅之爲農而力稼穡，有事則調之爲兵而任征戰」（文獻通考七），「内有亡費之利，外有守禦之備」（漢書趙充國傳），「長城以南，濱塞之郡，馬牛放縱，蓄積布野」。由於屯田而通西域，由於通西域，而促成中國内地和西域地區少數民族的貿易往還和文化交流，從而給祖國這個多民族的大家庭奠定了四海一家的深厚基礎。而文學却説「有司言外國之事，議者皆徼一時之權，不慮其後」，真是無稽之談。

〔一〕史記匈奴傳：「漢孝文皇帝十四年，匈奴單于十四萬騎入朝那蕭關。」蕭關是關中四塞的北塞，漢書李廣傳注：「如淳曰：『在安定朝那縣。』」

〔二〕史記匈奴傳記漢文帝時：「胡騎入代句注邊，烽火通於甘泉、長安，數月。」又孝文本紀集解：「應劭曰：『句注，山險名也，在鴈門陰館。』」通鑑十一注：「括地志：『句注山在代州雁門縣西北三十里。』」杜佑曰：『句注山即代州雁門縣西陘嶺。』」

〔三〕史記傅寬傳集解：「如淳曰：『律謂勒兵而守曰屯。』」文選西都賦李善注：「漢書音義臣瓚曰：『律説云：「勒兵而守曰屯。』」史記匈奴傳：「候騎至雍甘泉。於是文帝以中尉周舍、郎中令張武爲將軍，發車千乘騎十萬，軍長安旁，以備胡寇。……軍臣單于立四歲，匈奴復絶和親，大入上郡、雲中，各三萬騎，所殺略甚衆而去。於是漢使三將軍軍屯北地，代屯句注，趙屯飛狐口，緣邊亦各堅守，以備胡寇。又置三將軍軍長安西細柳、渭北棘門、霸上以備胡。胡騎入代句注，邊烽火通於甘泉、長安，數月。漢兵至邊，匈奴亦去遠塞，漢兵亦罷。」

〔四〕張敦仁曰：「『讓』當作『攘』。」器案：「讓」「攘」古通，史記司馬相如傳：「進讓之道，何其爽與？」漢書司馬相如傳「讓」作「攘」，師古曰：「『攘』，古『讓』字也。」又案：漢書昭帝紀：「始元二年，調故吏將屯田張掖郡。」蓋即爲「建張掖以西」加强防禦工作也。

〔五〕漢書張騫傳：「今單于新困於漢，而昆莫地空，蠻、夷戀故地，又貪漢物，誠以此時厚賂烏孫，招以東居故地，漢遣公主爲夫人，結昆弟，其勢宜聽，則是斷匈奴右臂也。」斷右臂之説，又見漢書匈奴傳及前秦篇注引漢書韋玄成傳。通鑑六八注：「晉志：『漢改周之雍州爲涼州，以地處西方常寒涼也。』地勢西北邪出，在南山之南，南隔西羌，西通西域，於時號爲斷匈奴右臂。」此以人體爲喻，非以地望爲言也。戰國策趙策上：「張儀爲秦連横説趙王曰：『今楚與秦爲昆弟之國，而韓、魏稱爲東藩之臣，齊獻魚鹽之地，此斷趙之右臂也。夫斷右臂而求與人鬭，失其黨而孤居，求欲無危，豈可得哉？』」此又右臂説之所從出。

〔六〕顧廣圻曰：「『才』、『裁』同字。」案華氏活字本作「裁」。

〔七〕拾補本「矣」作「也」。孟子公孫丑上：「雖千萬人，吾往矣。」此用其文，「矣」字不必改。

〔八〕國語越語上韋昭注：「三江，松江、錢唐、浦陽江也。」「三川」即三江。

〔九〕國語越語下韋昭注：「五湖，今太湖也。」案水經沔水注：「虞翻曰：『是湖有五道，故曰五湖。』五湖者，長塘湖、太湖、射貴湖、上湖、滆湖也。」

〔一〇〕張之象本、沈延銓本、金蟠本無「以」字。

〔一一〕「以」同「已」，禮記檀弓鄭玄注：「『以』與『已』，字同。」

〔一二〕漢書韓安國傳注師古曰：「輜，衣車也。重謂載重物事也。故行者之資，總曰輜重。」張之象注曰：「伍子胥曰：『夫吳之與越也，仇讎敵戰之國也，三江環之，民無所移，有吳則無越，有越則無吳，將不可改於是矣。』」器案：呂氏春秋長攻篇：「伍子胥進諫曰：『不可與也。夫吳之與越，接土鄰境，道易人通，仇讎敵戰之國也，非吳喪越，越必喪吳。』」又知化篇：「子胥曰：『夫吳與越也，接土鄰境，壤交通屬，習俗同，言語通，我得其地能處之，得其民能使之。越之於我亦然。』」越絕書越絕請糴內傳：「申胥進諫曰：『不可。夫王與越也，接地鄰境，道徑通達，仇讎敵戰之邦，三江環之，其民無所移，非吳有越，越必有吳。』」

〔一三〕「贏」原作「嬴」，今依張敦仁說校改。張云：「『嬴』當作『贏』。方言云：『攍，儋也。』莊子釋文：『贏，廣雅云：負也。』今在釋言，作『攍』，陸不分析言之耳。又釋詁二云：『攍，擔也。』即本方言。（「儋」「擔」同字。）『嬴』『攍』『贏』，皆同字。」說文廾部：「兵，械也，從廾持斤并力之皃。」段注：「械者，器之總名，器曰兵，用器之人亦曰兵。」

〔一四〕「皋」與「澤」通。詩小雅鶴鳴：「鶴鳴于九皋。」韓詩章句：「九皋，九折之澤。」楚辭九歌注：「澤曲曰皋。」文選上林賦：「亭皋千里。」注：「服虔曰：『皋，澤也。』」

〔一五〕王先謙曰：「『皓皓』當作『浩浩』。」案張之象注云：「古本作『浩浩』。」此爲張之象欺人之談，非真見有所謂古本也。

〔一六〕漢書公孫弘傳：「罷弊中國。」師古曰：「『罷』讀曰『疲』。」

〔一七〕漢書賈誼傳：「適足以餌大國耳。」師古曰：「餌謂爲其所吞食。」又司馬遷傳：「垂餌虎口。」此文餌字義同。

〔一八〕「無所」原作「所無」，盧文弨曰：「『所無』疑倒。」案盧説是，今據乙正。

〔一九〕文選爲石仲容與孫皓書：「役不再舉。」集注：「李善曰：『六韜，太公謂武王曰：聖人舉兵馬，爲天下除患去賊，非利之也，故役不再籍，一舉而畢也。』鈔曰：『謂一戎衣而天下大定也。』李周翰曰：『不再舉，謂一伐必平也。』」

〔二〇〕漢書食貨志上：「末技游食之民轉而緣南畝。」師古曰：「言皆趨農作也。」又游俠樓護傳：「其居位爵禄賂遺所得，亦緣乎盡。」文選魏都賦注：「緣，順也。」這些「緣」字，都作「順」解。此文言「公卿宜思……緣聖主之心」，故下以「不順上意」相責也。

〔二一〕「摧」原作「雖」，張敦仁曰：「『雖』當作『摧』。」今據改正。蔡邕獨斷曰：「上者，尊位所在也；但言上，不敢言尊號耳。」

〔二二〕攖寧齋鈔本「不」作「未」。

〔二三〕「欲使」原作「故使」，張敦仁曰：「『故使』當作『欲使』。」今據改正。

〔二四〕史記司馬相如傳：「南夷之君、西僰之長，……喁喁然皆争歸義，欲爲臣妾。」

〔二五〕沈延銓本「寒苦」作「苦寒」。淮南子原道篇：「昔舜耕於歷山，期年而田者争處磽埆，以封壤肥饒相讓。」字又作「磽确」，漢書食貨志注：「磽，磽确也，謂瘠薄之田也。」又賈山傳：「地之磽者。」注：「墝确，瘠薄也。」

〔二六〕漢書嚴助傳：「四年不登，五年復蝗，民生未復。」又徐樂傳：「關東五穀數不登，年歲未復。」復字義與此同，就是恢復的意思。

〔二七〕漢書息夫躬傳：「宛頸折翼。」

〔二八〕論語子罕篇：「譬如爲山，未成一簣，止，吾止也。譬如平地，雖覆一簣，進，吾往也。」尚書旅獒：「爲山九仞，功虧一簣。」

〔二九〕「繼」原作「斷」，楊沂孫曰：「『斷』當是『繼』之誤。」今據改正。

〔三〇〕漢書趙充國傳注：「師古曰：『沮，壞也。』」又義縱傳：「廢格沮事。」注：「孟康曰：『沮已成之事也。』師古曰：『沮，壞也。』」

〔三一〕「徼」原作「激」，今據張敦仁説校改。張云：「『激』當作『徼』。史記匈奴傳贊云：『患其徼一時權。』此語出於彼。」案索隱云：「音僥，徼者，求也，言求一時權寵。」

〔三二〕漢書西域傳上：「大宛國……多善馬，馬汗血，言其先天馬子也。張騫始爲武帝言之。」

〔三三〕史記大宛傳：「條枝在安息西數千里，……有大鳥，卵如甕。」正義：「漢書云：『條支出獅子、犀牛、孔雀、大雀，其卵如甕，和帝永光十三年，安息王滿屈獻獅子、大鳥，世謂之安息雀。』廣志：『鳥，鶂鷹身，蹄駱，色蒼，舉頭八九尺，張翅丈餘，食大麥，卵大如甕。』」案又見漢書西域傳条支國及安息國。大鳥，指駝鳥。

〔三四〕「甘心」原作「甘水」，今從楊沂孫、張敦仁説校改。楊云：「『甘水』當是『甘心』。『如』與『而』通。」張云：「史記大宛列傳云：『天子既好宛馬，聞之甘心。』此語出於彼。（亦見漢書張騫傳。）『如』『而』同字，前後多有之。」案甘心謂快其意也。左傳莊公九年：「管仲讐也，請受而甘心焉。」漢書汲黯傳：「甘心夷狄之人。」又郊祀志上注師古曰：「甘心，言貪嗜之心，不能已也。」

〔三五〕攖寧齋鈔本、正嘉本、張之象本、沈延銓本、金蟠本「未」作「不」。

〔三六〕漢書司馬相如傳：「士卒多物故。」又蘇武傳：「前已降及物故，凡隨武還者九人。」宋祁曰：「『物』當從南本作『歾』，音没。」案：宋説是，説文歺部：「歾，終也。」

〔三七〕張之象注曰：「劉向曰：『貳師將軍李廣利捐五萬之師，靡億萬之費，經四年之勞，而廑獲駿馬三十匹。雖斬宛王毋寡之首，猶不足以復其費也。』」

〔三八〕盧文弨曰：「當作『卒』，『卒』誤。」

〔三九〕史記酷吏傳：「自温舒等以惡爲治，而郡守、都尉、諸侯、二千石欲爲治者，其治大抵盡放温舒；而吏民益輕犯法，盜賊滋起。南陽有梅免、白政，楚有殷中、杜少，齊有徐勃，燕、趙之間有堅盧、范生之屬，大羣至數千人，擅自號，攻城邑，取庫兵，釋死罪，縛辱郡太守、都尉，殺二千石，爲檄告縣，趣具食。小羣盜以百數，掠鹵鄉里者，不可勝數也。於是天子乃始使御史中丞、丞相長史督之，猶弗能禁也；乃使光禄大夫范昆、諸輔都尉及故九卿張德等，衣繡衣，持節，虎符發兵以興擊。斬首，大部或至萬餘級，及以法誅通行飲食，坐連諸郡，甚者數千人。數歲，乃頗得其渠率，散卒失亡，復聚黨阻山川者，往往而羣居，無可奈何。於是作沈命法，曰：『羣盜起不發覺，發覺而捕不滿品者，二千石以下至小吏，主者皆死。』其後，小吏畏誅，雖有盜不敢發，恐不能得，坐課累府。府亦使其不言。故盜賊寖多，上下相爲匿，以文辭避法焉。」又見漢書王訢傳、雋不疑傳、蕭望之傳、咸宣傳，師古曰：「以興擊，以軍興之法而討擊也。」明初本、華氏本「興」作「與」，誤。

〔四〇〕漢書武帝紀：「天漢二年，泰山、琅邪羣盜徐勃等阻山城，道路不通。遣直指使者暴勝之等衣繡衣，杖斧，分部逐捕。刺史郡守以下皆伏誅。冬十一月，詔關都尉曰：『今豪傑多遠交，依東方羣盜，其謹察出入者。』」案當時稱起義的農民革命隊伍爲豪傑。賈誼過秦論：「山東豪傑遂並起而亡秦族矣。」史記吴王濞傳：「上曰：『吴王即山鑄錢，煮海水爲鹽，誘天下豪傑，白頭舉事，若此，其計不百金豈發乎，何以言其無能爲也？』」與此言「山東豪傑」，義並同。唐人有「緑林豪傑」之稱，即本於此。

〔四一〕太玄書室本「幾」作「戍」，臆改。此「幾」字即上文「輟幾」之「幾」，漢書東方朔傳：「可幾而見也。」師古曰：「幾，庶幾。」義與此同。

世務*第四十七

大夫曰：「諸生妄言！議者令可詳用，無徒守椎車之語，滑稽而不可循〔一〕。夫漢之有匈奴，譬若木之有蠹，如人有疾，不治則寖以深。故謀臣以爲擊奪以困極之。諸生言以德懷之，此有其語而不可行也。諸生上無以似三王，下無以似近秦，令有司可舉而行當世，安蒸庶〔一〕而寧邊境者乎？」

文學曰：「昔齊桓公内附百姓，外綏諸侯，存亡接絶〔三〕，而天下從風。其後，德虧行衰，葵丘之會，振而矜之，叛者九國〔四〕。春秋刺其不崇德而崇力也。故任德，則強楚告服，遠國不召而自至；任力，則近者不親，小國不附。此其效也。誠上觀三王之所以昌，下論秦之所以亡，中述齊桓所以興，去武行文，廢力尚德，罷關梁，除障塞，以仁義導之，則北垂無寇虜之憂，中國無干戈之事矣。」

大夫曰：「事不豫辨〔五〕，不可以應卒。内無備，不可以禦敵。詩云：『誥〔六〕爾民人，謹爾侯度，用戒不虞〔七〕。』故有文事，必有武備〔八〕。昔宋襄公信〔九〕楚而不備，以取大辱焉，身執囚而國幾亡。故雖有誠信之心，不知權變，危亡之道也。春秋不與夷、狄之執中國〔一〇〕，爲其無信也。匈奴貪狼〔一一〕，因時而動，乘可而發，飆舉電至〔一二〕。而欲以誠信之心，金帛之寶，而信無義之詐，是猶親蹠、蹻而扶猛虎也。」

文學曰：「春秋：『王者無敵。』言其仁厚，其德美，天下賓服，莫敢交也〔一三〕。德行延及方外，舟車所臻，足迹所及〔一四〕，莫不被澤。蠻、貊異國，重譯自至。方此之時，天下和同，君臣一德，外内相信，上下輯睦。兵設而不試，干戈閉藏而不用〔一五〕。老子曰：

『兕無所用其角，螫蟲無所輸其毒〔一六〕。』故君仁莫不仁，君義莫不義〔一七〕。世安得跖、蹻而親之乎？」

大夫曰：「布心腹，質情素〔一八〕，信誠内感，義形乎色〔一九〕。宋華元、楚司馬子反之相覩也，符契内合，誠有以相信也〔二〇〕。今匈奴挾不信之心，懷不測之詐，見利如〔二一〕前，乘便而起，潛進市〔二二〕側，以襲無備，是猶措重寶於道路而莫之守也。求其不亡，何可得乎？」

文學曰：「誠信著乎天下，醇德流乎四海，則近者哥〔二三〕謳而樂之，遠者執禽而朝之〔二四〕。故正近者不以威，來遠者不以武，德義修而任賢良也。故民之於事也〔二五〕，辭佚而就勞，於財也，辭多而就寡。上下交讓，道路鴈行〔二六〕。方此之時，賤貨而貴德，重義而輕利，賞之不竊〔二七〕，何寶〔二八〕之守也！」

＊　本篇所謂「世務」，就是「當世之務」的意思。當時，「漢之有匈奴，譬若木之有蠹，如人有疾，不治則寖以深」。所以當時的急務是抗擊匈奴以「安蒸庶而寧邊境」。

文學的論調是「來遠者不以武」，「王者無敵」，胡説什麽「任力則近者不親，小國不附」，空談「去武行文，廢力尚德，罷關梁，除障塞，以仁義導之」，就可以達到「北垂無寇虜之憂，中國無干戈之事」了。

大夫則明確指出「諸生言以德懷之，此有其語而不可行也」，認爲「事不豫辨，不可以應卒。内無備，不可以禦敵」，提出「有文事必有武備」的正確主張，把加强戰備，看成是迫不及待的「當世之務」。

〔一〕「循」原作「修」，今據陳遵默説校改。陳云：「『修』誤，當作『循』，讀如漢書李陵傳『數數自循其刀環』之『循』，循，摩也，猶言捉摸也。滑稽爲物，圜轉不窮，語無定義者似之，故云不可循。」案：史記樗里子傳：「滑稽多智，秦人號曰智囊。」索隱：「滑音骨，稽音雞。鄒誕生解云：『滑，亂也；稽，同也。謂辨捷之人，言非若是，言是若非，謂能亂同異也。』」御覽七六一引崔浩漢紀音義：「滑稽，酒器也，轉注吐酒，終日不已，若今之陽燧尊。」

〔二〕漢書伍被傳：「氾愛蒸庶。」師古曰：「蒸亦衆也。」又景十三王傳：「此乃烝庶之成風。」師古曰：「烝庶，謂衆人也。」又司馬相如傳：「覺寤黎烝。」師古曰：「黎烝，衆庶也。」

〔三〕公羊傳僖公十七年：「桓公嘗有繼絶存亡之功。」何休注：「繼絶，謂立僖公也。存亡，謂存邢、衛、杞。」

〔四〕公羊傳僖公九年：「葵丘之會，桓公震而矜之，叛者九國。震之者何？猶曰振振然。矜之者何？猶曰莫我若也。」何休注：「振振然，亢陽之貌。矜，色自美大之貌。」史記蔡澤傳：「昔者，齊桓公九合諸侯，一匡天下，至於葵丘之會，有驕矜之志，畔者九國。」

〔五〕張之象本、沈延銓本、金蟠本「辨」作「辦」，攖寧齋鈔本亦作「辦」，古通。墨子七患篇：「心無備慮，不可以應卒。」史記仲尼弟子列傳：「子貢謂晉君曰：『臣聞之：慮不先定，不可以應卒。』」索隱：「按卒謂急卒也。言計慮不先定，不可以應卒有非常之事。」又范雎蔡澤傳：「夫物不素具，不可應卒。」義都與此相近。

〔六〕盧文弨曰：「『誥』，張本『詰』，今從詩攷。」器案：華氏本、沈延銓本、金蟠本亦作「詰」，毛詩作「質」，

「質」「詰」音近。

〔七〕這是詩經大雅抑文。朱熹集傳曰：「質，成也，定也；侯度，諸侯所守之法度也；虞，慮也。」

〔八〕穀梁傳襄公二十五年：「古者，雖有文事，必有武備。」史記孔子世家：「有文事者，必有武備；有武事者，必有文備。」

〔九〕「信」原作「倍」，今據張敦仁説校改。張説見下。

〔一〇〕此句原作「春秋不與夷、狄中國爲禮」，今據張敦仁説校改。張云：「『狄』下當脱『之執』二字，『爲禮』二字當衍，（此因上脱而下衍。）公羊僖二十一年之傳也。上文『宋襄公倍楚而不備』，『倍』當作『信』，下文『爲其無信也』，首尾一事。言宋信而楚無信。（張之象本删「夷、狄」二字，拾補添「夷、狄與」三字，皆全失其意。）」器案：沈延銓本、金蟠本也删「夷、狄」二字。公羊傳僖公二十一年：「執宋公以伐宋。孰執之？楚子執之。曷爲不言楚子執之？不與夷、狄之執中國也。」

〔一一〕淮南子要略篇：「秦國之俗貪狼。」許慎注：「狼，荒也。」史記項羽本紀：「貪如狼。」漢書董仲舒傳注師古曰：「狼性皆貪，故謂貪者爲貪狼也。」張之象本、沈延銓本、金蟠本作「貪狠」，不可從。

〔一二〕漢書刑法志：「猋起雲合。」師古曰：「猋，疾風也，如猋之起，言其速也。猋音必遥反。」又蒯通傳：「飄至風起。」師古曰：「飄讀曰猋，謂疾風也。音必遥切。」又韓安國傳：「匈奴輕疾悍亟之兵也，至如猋風，去如收電。」師古曰：「猋，疾風也。音必遥反。」又司馬相如傳上：「雷動猋至。」師古曰：「猋，疾風也。猋音必遥反。」猋借飈字，説文風部：「飈，扶摇風也。」

〔一三〕「莫敢交也」，「交」上原衍「受」字，今據張敦仁説校删。張云：「按此有誤也。『交』『校』同字，『受』即

『交』之複衍者。（今公羊成元年傳云：「莫敢當也。」蓋次公之本，有異複衍例，詳於下。）」器案：淮南子兵略篇：「野無校兵。」許慎注：「敵家之兵，不來相交復也。」漢書嚴助傳載淮南王安上書諫征閩、越：「天子之兵，有征而無戰，言莫敢校也。」師古曰：「校，計也，不敢與計强弱曲直。」史記張耳陳餘傳：「野無交兵。」會注引楓山本、三條本「交」作「校」，正義云：「校，報也。」則正義本亦作「校」。戰國策秦策：「足以校於秦矣。」高誘注：「校，亢也。」

〔一四〕淮南子兵略篇：「人迹所至，舟檝所通，莫不爲郡縣。」漢書嚴助傳：「人迹所及，咸盡賓服。」又公孫弘傳：「舟車所至，人迹所及。」

〔一五〕張之象本、沈延銓本、金蟠本「閉」作「蔽」。又案：「干戈閉藏而不用」與「兵設而不試」對文，「試」即「用」也。後大論篇：「法令設而不用。」語法與此同，字正作「用」。管子君臣上篇：「令出而不稽，刑設而不用。」句法亦同，字亦作「用」。荀子議兵篇：「威厲而不試，刑錯而不用。」又見宥坐篇，此正與之同。

〔一六〕老子德經五十章：「兕無所投其角。」又五十五章：「蜂蠆虺蛇不螫。」這裏當是合用兩章文。

〔一七〕孟子離婁上：「君仁莫不仁，君義莫不義。」

〔一八〕史記蔡澤傳：「披心腹，示情素。」文選謝靈運還舊園詩注引史記此文而釋之曰：「素猶實也。」漢書王褒傳：「抒情素。」又鄒陽傳：「披心腹，見情素。」

〔一九〕公羊傳桓公二年：「何賢乎孔父？孔父可謂義形於色矣。」何休注：「内有義，而外形見於顏色。」

〔二〇〕韓詩外傳二載此事，加以評議云：「君子善其平己也。華元以誠告子反，得以解圍，全二國之命。詩云：『彼姝者子，何以告之。』君子善其以誠相告也。」

〔二一〕張之象注曰：「『如』一作『而』。古『而』字通作『如』字，樂府『艾而張』亦作『艾如張』也。」王先謙曰：「『如』猶『而』。」

〔二二〕張敦仁曰：「案『市』當作『司』。『司』『伺』，同字也。」器案：史記漢興以來將相名臣年表大事記：「高皇帝六年，立大市。」賈誼新書匈奴篇：「夫關市者，固匈奴所犯滑而深求也，願上遣使厚與之和，以不得已許之大市。使者反，因於要險之所，多爲鑿開（關），衆而延之，關吏卒使足以自守。大每一關，屠沽者，賣飯食者，羹臛膹炙者，每物各一二百人，則胡人著於長城下矣。」此文所謂市，即大市也。蓋當時於邊郡向匈奴開放之市場。後漢書南匈奴傳：「遠驅牛馬，與漢合市。」胡三省曰：「合市，與漢和合爲市也。」又烏桓傳：「賞賜質子，歲時互市。」則在後漢時發展而爲合市、互市了。張說非是。

〔二三〕明初本、華氏活字本、正嘉本、倪邦彦本、沈延銓本、金蟠本、百家類纂、百子類函「哥」作「歌」。說文可部：「哥，聲也。從二可。古文以爲『歌』字。」又案：沈延銓本「謳」字在「歌」字上。

〔二四〕淮南子泰族篇：「百姓謳謳而樂之，諸侯執禽而朝之。」左傳莊公二十四年：「男贄大者玉帛，小者禽鳥，以章物也。」

〔二五〕「也」字原無，攖寧齋鈔本有，與下句「於財也」相儷爲文，今據訂補。

〔二六〕淮南子本經篇：「昔容成氏之時，道路雁行列處。」高誘注：「雁行，長幼有差也。」禮記王制：「兄弟之齒雁行。」

〔二七〕論語顏淵篇：「季康子患盜，問於孔子，孔子對曰：『苟子之不欲，雖賞之不竊。』」

〔二八〕沈延銓本「竇」作「莫」。

和親*第四十八

大夫曰：「昔徐偃王行義而滅，魯哀公好儒而削〔一〕。知文而不知武，知一而不知二〔二〕。故君子篤仁以行，然必築城以自守，設械以自備，爲不仁者之害己也。是以古者，蒐獮振旅而數軍實焉〔三〕，恐民之愉佚而亡戒難。故兵革者國之用，城壘者國之固也，而欲罷之，是去表見裏，示匈奴心腹也。匈奴輕舉潛進，以襲空虛，是猶不介而當矢石之蹊〔四〕，禍必不振。此邊境之所懼，而有司之所憂也。」

文學曰：「往者，通關梁〔五〕，交有無，自單于以下，皆親漢内附，往來長城之下。其後，王恢誤謀馬邑〔六〕，匈奴絶和親，攻當路塞〔七〕，禍紛拏而不解〔八〕，兵連而不息，邊民不解甲弛弩，行數十年〔九〕，介胄而耕耘，鉏耰而候望，燧燔烽舉，丁壯弧弦而出鬬，老者超越而入葆〔一〇〕。言之足以流涕寒心，則仁者不忍也。詩云：『投我以桃，報之以李〔一一〕。』未聞善往而有惡來者。故君子敬而無失，與人恭而有禮，四海之内，皆爲兄弟也〔一二〕。故内省不疚，夫何憂何懼〔一三〕！」

大夫曰：「自春秋諸夏之君，會聚相結，三會之後，乖疑相從，伐戰不止；六國從親，冠帶〔一四〕相接，然未嘗有堅約。況禽獸之國乎！春秋存君在楚〔一五〕，詰𦃃〔一六〕之會書公，紿夷、狄也。匈奴數和親，而常先犯約，貪侵盜驅，長詐之國也。反復無信，百約百叛〔一七〕，若朱、象之不移，商均之不化〔一八〕。而欲信其用兵之備，親之以德，亦難矣。」

文學曰：「王者中立而聽乎天下，德施方外，絶國殊俗〔一九〕，臻於闕廷，鳳皇在列樹，麒麟在郊藪〔二〇〕，羣生庶物，莫不被澤。非足行〔二一〕而仁〔二二〕辦之也，推其仁恩而皇之〔二三〕，誠也。范蠡出於越，由余長於胡，皆爲霸王賢佐。故政有不從之教，而世無不可化之民。詩云：『酌彼行潦，挹彼注兹〔二四〕。』故公劉處戎、狄，戎、狄化之。太王去豳，豳民隨之。周公修德，而越裳氏來。其從善如影響。爲政務以德親近，何憂於彼之不改？」

* 和親，是西漢初期處於内有封建割據、外有匈奴侵擾的具體情況下，所採取的和睦親善的對外政策。桑弘羊總結了執行和親政策以來的歷史經驗，指出：「匈奴數和親，而常先犯約，貪侵盜驅，長詐之國也。反復無信，百約百叛。」他强調「兵革者國之用，城壘者國之固也，而欲罷之，是去表見裏，示匈奴心腹也。匈奴輕舉潛進，以襲空虚，是猶不介而當矢石之蹊，禍必不振」。他堅決反對文學們主張的取消邊防建設，敞開國門，讓匈奴如入無人之境，要求採取戰備措施。

文學則堅持「爲政務以德親近」的論調，認爲與匈奴和親必然收到「投桃報李」的效果。這完全是脱離實際的空談。

〔一〕此二句，原作「昔徐偃行王（正嘉本、太玄書室本、張之象本、沈延銓本、金蟠本「行王」作「王行」。）義而滅，好儒而削」，今輒爲改正。韓非子五蠹篇：「齊將攻魯，魯使子貢説之。齊人曰：『子言非不辯也，吾所欲者，土地也，非斯言所謂也。』遂舉兵伐魯，去門十里爲界。故曰：偃王仁義而徐亡，子貢辯智而魯削。」淮南子人間篇：「夫徐偃王爲義而滅，燕子噲行仁而亡，哀公好儒而削，代君爲墨而殘。」高誘注：「哀公，魯君。」這正是次公所本。淮南子氾論篇：「徐偃王被服慈惠，身行仁義，陸地之朝者三十二國，然而身死國亡，子孫無類。」高誘注：「偃王於哀亂之世，脩行仁義，不設武備，楚王滅之，故身死國亡也。」七諫篇曰『荆文誤而徐亡』是也。」孫詒讓曰：「『好儒而削，非徐偃王事，此上當有脱文。相刺篇云：『魯穆公之時，公儀子爲相，子思、子原爲之卿，然北削於齊，以泗爲境。』疑此『好儒』上，即脱『魯穆公』三字。」今案：相刺篇是用孟子，這篇是用韓非子、淮南子。韓非子言「使子貢」，子貢當魯哀公時；高注淮南以爲哀公是魯君，則魯哀公好儒而削之事，秦、漢人都是知道的，自是相傳有之，不必牽引魯穆公爲説。劉子新論隨時章也説：「魯哀公好儒服而削。」

〔二〕史記高祖本紀：「公知其一，未知其二。」文選長楊賦：「知其一，未覩其二。」李善注：「莊子曰：『識其一不知其二，治其内而不治其外。』」

〔三〕左傳隱公五年：「故春蒐、夏苗、秋獮、冬狩，皆於農隙以講事也。三年而治兵，入而振旅，歸而飲至，以數軍實。」杜預注：「蒐，索，擇取不孕者。獮，殺也，以殺爲名，順秋氣也。振，整也。旅，衆也。飲於廟，以數車徒器械及所獲也。」

〔四〕史記刺客傳：「是謂委肉當餓虎之蹊也，禍必不振矣。」索隱：「振，救也。」又見燕策下。淮南子修務篇：「蒙矢石。」高誘注：「石，矢弩也。一曰，發石也。」

〔五〕張敦仁曰：「『梁』當作『市』。史記匈奴傳云：『孝景帝復與匈奴和親，通關市。』又云：『武帝即位，明和親，約吏厚遇，通（此字漢書無。）關市，饒給之。』又云：『尚樂關市，嗜漢財物，漢亦尚關市不絶以中之。』漢書同，可證也。關市者，交關爲市。」器案：史記文帝紀：「孝文皇帝臨天下，通關梁，不異遠方。」則「通關梁」自通，不必改字。世務篇：「罷關梁。」亦作「關梁」。

〔六〕史記匈奴傳：「今帝（漢武帝）即位，明和親約束，厚遇，通關市，饒給之。匈奴自單于以下皆親漢，往來長城下。漢使馬邑下人聶翁壹奸蘭出物，與匈奴交。詳爲賣馬邑城，以誘單于。單于信之，而貪馬邑財物，乃以十萬騎入武州塞。漢伏兵三十餘萬馬邑旁。御史大夫韓安國爲護軍，護四將軍以伏單于。單于既入漢塞，未至馬邑百餘里，見畜布野而無人牧者，怪之，乃攻亭。是時，雁門尉史行徼，見寇，葆此亭，知漢兵謀。單于得，欲殺之。尉史乃告漢兵所居。單于大驚曰：『吾固疑之。』乃引兵還。出曰：『吾得尉史，天也。天使若言。』以尉史爲天王。漢兵約單于入馬邑而縱，單于不至，以故漢兵無所得。漢將軍王恢部出代擊胡輜重，聞單于還，兵多，不敢出。漢以恢本造兵謀而不進，斬恢。自是之後，匈奴絶和親，攻當路塞。往往入盜於漢邊，不可勝數。」案王恢誤謀馬邑事，又詳史記韓長孺傳。

〔七〕「攻當路塞」原誤作「故當路結」，今據陳遵默説校改。陳云：「『故當路』三字，與下不諧。史記建元以來侯者年表序云：『匈奴絶和親，攻當路塞。』桓即用彼文。『故』爲『攻』形誤，『結』亦『塞』之改易。蓋『攻』既誤『故』，傳者不得其説，以『塞』字無義，而又習於『兵連禍結』之常語，因改『塞』爲『結』，不知

『禍紛拏』即『禍結』也，多『結』字，則枝贅。」器案：陳說是。史記汲黯傳：「夫匈奴攻當路塞，絶和親。」又匈奴傳：「匈奴絶和親，攻當路塞。」索隱：「蘇林曰：『直當道之塞。』」漢書匈奴傳上：「匈奴絶和親，攻當路塞。」師古曰：「塞之當行道處者。」俱作「攻當路塞」，今據改正。

〔八〕漢書霍去病傳：「漢、匈奴相紛拏，殺傷大當。」師古曰：「紛拏，亂相持搏也。」文選舞賦注：「紛拏，相著牽引也。」漢書嚴安傳：「禍拏而不解。」師古曰：「拏，相連引也。」後漢書馮衍傳：「禍拏未解，兵連不息。」

〔九〕漢書匈奴傳下：「嚴尤諫曰：『兵連禍結三十餘年。』」

〔一〇〕「葆」就是「堡塞」。史記匈奴傳：「至孝文帝初立，復修和親之事。其三年五月，匈奴右賢王入居河南地，侵盜上郡葆塞。」

〔一一〕這是詩經大雅抑文，鄭箋云：「此言善往則善來，無行而不得其報也。」

〔一二〕論語顏淵篇：「司馬牛憂曰：『人皆有兄弟，我獨亡。』子夏曰：『商聞之矣：死生有命，富貴在天。君子敬而無失，與人恭而有禮，四海之内，皆兄弟也。君子何患乎無兄弟也！』」此用其文，「皆」下有「爲」字，皇疏及文選蘇子卿古詩注引亦有「皆」字，與此正合。

〔一三〕論語顏淵篇：「司馬牛問君子。子曰：『君子不憂不懼。』曰：『不憂不懼，斯謂之君子已乎？』子曰：『内省不疚，夫何憂何懼？』」

〔一四〕漢書司馬相如傳下：「難蜀父老：『封疆之内，冠帶之倫。』」文選西京賦注：「冠帶猶縉紳，謂吏人也。」

〔一五〕公羊傳襄公二十九年：「春，王正月，公在楚。何言乎公在楚？正月以存君也。」何休注：「正月，歲終而復始，執贄存之，故言在。在晉不書，在楚書者，惡襄公久在夷、狄，爲臣子危，録之。」「存」就是存問的意思。

〔一六〕盧文弨曰：「『詰詘』，左傳作『皋鼬』，公羊作『浩油』。」案見定公四年。

〔一七〕管子七法篇、孫子謀攻篇、鄧析子無厚篇、史記淮陰侯世家言「百戰百勝」，申子大體篇言「百爲百當」，史記周本紀言「百發百中」，漢書馮奉世傳言「百下百全」，二「百」用法，與此相同。

〔一八〕淮南子修務篇：「沈湎耽荒，不可教以道，不可喻以德，嚴父弗能正，賢師不能化者，丹朱、商均也。」高誘注：「丹朱，堯子；商均，舜子。弗能化，詩云：『誨爾諄諄，聽我藐藐。』是其類也。」案象，舜弟。

〔一九〕淮南子修務篇：「絶國殊俗。」高誘注：「絶，遠。」漢書孝武本紀注師古曰：「絶國，絶遠之國，謂聲教之外。」

〔二〇〕荀子哀公篇：「古之王者，……鳳在列樹，麟在郊野。」

〔二一〕論語公冶長篇「足恭」，皇侃義疏引繆協云：「足恭者，以恭足於人意。」此文「足」字，義亦如之。足即十足之意。

〔二二〕張之象本、沈延銓本、金蟠本「仁」作「人」，太玄書室本作「勢」。

〔二三〕淮南子泰族篇：「非户辯而家説之也，推其誠心，施之天下而已矣。」此文本之。文選東京賦注：「皇，大也。」太玄書室本「推」作「惟」，明初本「皇」作「廣」，沈延銓本作「懷」，都是臆改。

〔二四〕這是詩經大雅泂文。朱熹集傳：「泂，遠也；行潦，流潦也。言遠酌彼行潦，挹之於彼，而注之於此。」

鹽鐵論校注卷第九

繇役*第四十九

大夫曰："屠者解分〔一〕中理，可横以手而離也；至其抽筋鑿骨，非行金斧不能決〔二〕。聖主循性而化，有不從者，亦將舉兵而征之，是以湯誅葛伯，文王誅犬夷〔三〕。及後戎、狄猾夏，中國不寧，周宣王、仲山甫式遏寇虐。詩云：『薄伐獫狁，至于太原〔四〕。』『出車彭彭，城彼朔方〔五〕。』自古明王不能無征伐而服不義，不能無城壘而禦强暴也。"

文學曰："舜執干戚而有苗服〔六〕，文王底〔七〕德而懷四夷。詩云：『鎬京辟雍，自西自東，自南自北，無思不服〔八〕。』普天之下，惟人面之倫〔九〕，莫不引領而歸其義。故畫地爲境〔一〇〕，人莫之犯。子曰：『白刃可冒，中庸不可入〔一一〕。』至德之謂也。故善攻不待堅甲而克，善守不待渠梁而固〔一二〕。武王之伐殷也，執黄鉞，誓牧之野，天下之士莫不願爲之用。既而偃兵，搢笏〔一三〕而朝，天下之民莫不願爲之臣。既以義取之，以德守之〔一四〕。秦以力取之，以法守之，本末不得，故亡。夫文猶可長用，而武難久行也。」

大夫曰：「詩云：『獫狁孔熾，我是用戒〔一五〕。』『武夫潢潢，經營四方〔一六〕。』故守禦征伐，所由來久矣。春秋大戎未至而豫禦之〔一七〕。故四支強而躬體固，華葉茂而本根據〔一八〕。故飭四境所以安中國也，發戍漕所以審勞佚也。主憂者臣勞，上危者下死〔一九〕。先帝憂百姓不贍，出禁錢〔二〇〕，解乘輿驂，貶樂損膳，以賑窮備邊費〔二一〕。未見報施之義，而見沮〔二二〕成之理，非所聞也。」

文學曰：「周〔二三〕道衰，王迹熄〔二四〕，諸侯争强，大小相淩。是以强國務侵，弱國設備。甲士勞戰陣，役於兵革，故君勞而民困苦也。今中國爲一統，而方内〔二五〕不安，徭役遠而外内煩也。古者，無過年之繇，無逾時之役〔二六〕。今近者數千里，遠者過萬里，歷二期。長子不還，父母愁憂，妻子詠歎，憤懣之恨發動於心，慕思之積痛於骨髓。此杕杜、采薇之所爲作也〔二七〕。」

* 「繇役」，正文作「徭役」，漢書高帝紀上：「常繇咸陽。」應劭曰：「繇者，役也。」師古曰：「繇讀曰傜，古

通用字。」又蓋寬饒傳：「繇使至長安。」師古注：「繇讀與傜同。」在這次會議上，對於由於反抗匈奴侵擾的正義戰争而帶來的繇役，即動員人力的問題，彼此展開了激烈的辯論。文學高唱「偃武修文」的舊調，胡説「文猶可長用，而武難久行」，侈陳「古者，無過年之繇，無逾時之役」，來攻擊「今中國爲一統，而方内不安，繇役遠而内外煩也」。桑弘羊引用文學們死守的儒家經典所記載的大量事實，來證明「自古明王不能無征伐而服不義，不能無城壘而禦强暴」，「故守禦征伐，所由來久矣」，從而説明當時的「飭四境所以安中國也，發戍漕所以審勞也」，爲了抗擊匈奴，保家衛國，這完全是必要的。

〔一〕沈延銓本「分」作「紛」。

〔二〕張之象注曰：「賈誼曰：『屠牛坦一朝解十二牛，而芒刃不頓者，所排擊剥割，皆衆理解也。至於髖髀之所，非斤則斧。夫仁義恩厚，人主之芒刃也；權勢法制，人主之斤斧也。』」案見漢書賈誼傳。

〔三〕孟子梁惠王下：「惟仁者爲能以大事小，是故湯事葛，文王事混夷。」趙岐注：「葛伯放而不祀，湯先助之祀。詩云：『混夷兑矣，唯其喙矣。』謂文王也。」趙注引詩，見大雅緜，又皇矣作「串夷」，焦循孟子正義四：「『串』同『患』，與『混』一音之轉，『串』亦與『犬』一音之轉，故書大傳、説文作『畎夷』。」

〔四〕詩經小雅六月：「薄伐玁狁，至於太原。」文選史孝山出師頌用六月此文，集注引陸善經曰：「薄，詞也。」

〔五〕詩經小雅出車：「王命南仲，往城於方。出車彭彭，旂旐央央。天子命我，城彼朔方。赫赫南仲，玁狁于襄。」案後漢書龐參傳載馬融上書：「昔周宣玁狁侵鎬及方，……而宣王立中興之功，……是以南仲赫赫，列在周詩。」蔡邕諫伐鮮卑議：「周宣王命南仲、吉甫攘獫狁，威荆、蠻。」説與此同。漢書衛青傳注師古曰：「彭彭，衆車聲也。朔方，北方也。」又案：引六月、出車二詩，本漢武帝就衛青抗擊匈奴有功，益封青三千户時策封之文，見史記衛將軍列傳。桑弘羊用之者，蓋欲以王言折文學也。

〔六〕尚書大禹謨：「帝乃誕敷文德，舞干羽于兩階，七旬，有苗格。」韓非子五蠹篇：「當舜之時，有苗不服，禹將伐之，舜曰：『不可。上德不厚而行武，非道也。』乃修教三年，執干戚舞，有苗乃服。」文選魏都賦：「干戚羽旄。」注：「干，盾也；戚，斧也，武舞所執。羽，翟羽也；旄，旄牛尾，文舞所執。」

〔七〕王先謙曰：「北堂書鈔地部引『底』作『宣』。」

〔八〕這是詩經大雅文王有聲文。朱熹集傳：「張子曰：『靈臺辟廱，文王之學也，鎬京辟廱，武王之學也，至此始爲天子之學矣。』無思不服，心服也。孟子曰：『天下不心服而王者，未之有也。』」

〔九〕人面之倫，猶言圓顱方趾之倫。史記匈奴傳：「夷狄之人，被髮左衽，人面獸心。」後漢書肅宗孝章帝紀：「章和元年秋七月壬戌，詔曰：『朕聞明君之德，啓迪鴻化，緝熙康乂，光照六幽，訖惟人面，靡不率俾，仁風翔于海表，威霆行乎鬼區。』」

〔一〇〕沈延銓本「境」作「禁」。通鑑六三：「畫地而守之。」注：「言畫地作限隔也。」

〔一一〕這是禮記中庸文。今本「冒」作「蹈」，「入」作「能」。

〔一二〕淮南子兵略篇：「莫不設渠壍傅堞而守。」又泰族篇：「故守不待渠壍而固，攻不待衝隆而拔。」

〔一三〕淮南子泰族篇：「周處酆、鎬，地方不過百里，而誓紂牧之野，入據殷國，朝成湯之廟，表商容之閭，封比干之墓，解箕子之囚，乃折枹毁鼓，偃五兵，縱牛馬，搢笏而朝天下，百姓歌謳而樂之，諸侯執禽而朝之，得民心也。」此文本之。搢笏就是把朝笏插在腰帶上的意思。

〔一四〕呂氏春秋原亂篇：「武王以武得之，以文持之。倒戈弛弓，示天下不用兵，所以守之也。」漢書陸賈傳：「湯、武逆取而以順守之，文武並用，長久之術也。」

〔一五〕這是詩經小雅六月文，毛詩「戒」作「急」。盧文弨曰：「『戒』當作『悈』。」張敦仁曰：「次公所稱作『戒』，必三家詩如此，毛詩作『急』。爾雅：『悈，急也。』爾雅與此，以『戒』『悈』同字而駁異，猶毛之以『戒』『急』同義而駁異也，不得改而一之。」徐友蘭曰：「爾雅：『悈，急也。』『悈』、『戒』聲同，無庸更。倉頡篇：『革，戒也。』淮南子：『且人有戒形。』注：『戒或作革。』是『戒』、『革』通。禮鄭君注：『革，急也。』列子注：『夏革，字子棘。』謝康樂賦有『我是用棘』語，可爲『用戒』左證。」

〔一六〕這是詩經大雅江漢文。毛詩「潢潢」作「洸洸」。潢潢，武貌。荀子富國篇注：「『潢』與『滉』同。」從黄從光之字古多通。

〔一七〕此句原作「春秋譏戎驪未至豫禦之」，今據盧文弨、張敦仁説校訂。盧云：「『譏』譌，當爲『大』，『至』下脱一『而』字。」張云：「此當『驪』下『未』上有脱文，而『大』字在『未』上也，餘無以補之。莊十八年，夏，公追戎於濟西，公羊傳：『大其未至而豫禦之也。』譏戎驪，非彼傳文。（依拾補則當並衍『驪』字。）」

〔一八〕左傳僖公五年注：「據，盛也。」漢書霍光傳：「黨親連體，根據於朝廷。」與此文「據」字義同。

〔一九〕國語越語：「范蠡曰：『爲人臣者，君憂臣勞，君辱臣死。』」又見史記越王勾踐世家。史記范雎傳：「主憂臣辱，主辱臣死。」

〔二〇〕漢書賈捐之傳：「臣竊以往者羌軍言之，暴師曾未一年，兵出不逾千里，費四十餘萬萬，大司農錢盡，迺以少府禁錢續之。」師古曰：「少府錢主供天子，故曰禁錢。」

〔二一〕漢書食貨志上載武帝時，「胡降者數萬人，皆得厚賞，衣食仰給縣官。縣官不給，天子損膳，解乘輿，出御府禁藏以澹之」。東京賦：「散禁財。」薛綜注：「禁藏也。」案御覽六二七引桓譚新論：「百姓賦斂，一歲爲四十餘萬萬，吏俸用其半，餘二十萬萬，藏於都内，爲禁錢，少府所領園池作務八十三萬萬，以給宫室供養諸賞賜。」案大司農有都内令丞。

〔二二〕漢書趙充國傳注、文選舞鶴賦注並云：「沮，壞也。」

〔二三〕攖寧齋鈔本「周」上有「昔」字。

〔二四〕孟子離婁下：「王者之迹熄而詩亡。」

〔二五〕漢書嚴助傳注：「方内，中國四方之内也。」

〔二六〕韓詩外傳三：「太平之時，民行役者不逾時，男女不失時以偶，孝子不失時以養，外無曠夫，内無怨女，上無不慈之父，下無不孝之子，父子相成，夫婦相保，天下和平，國家安寧。」

〔二七〕詩經小雅采薇序：「采薇，遣戍役也。文王之時，西有昆夷之患，北有玁狁之難，以天子之命，命將率，遣戍役，以守衛中國。故歌采薇以遣之，出車以勞還，杕杜以勤歸也。」又杕杜序：「杕杜，勞還役也。」這是古文家詩説。這裏以小雅爲刺詩，當是今文家説。

險固*第五十

大夫曰：「虎兕所以能執熊羆、服羣獸者，爪牙利而攫便也。秦所以超〔一〕諸侯、吞天下、并敵國者，險阻固而勢居然也〔二〕。故龜猖〔三〕有介，狐貉不能禽；蝮蛇有螫〔四〕，人忌而不輕。故有備則制人，無備則制於人〔五〕。故仲山甫補衮職之闕〔六〕，蒙公築長城之固〔七〕，所以備寇難，而折衝萬里之外也。今不固其外，欲安其内，猶家人不堅垣牆，狗吠夜驚〔八〕，而闇昧妄行也。」

文學曰：「秦〔九〕左殽、函，右隴阺〔一〇〕，前蜀、漢，後山、河，四塞以爲固〔一一〕，金城千里〔一二〕，良將勇士，設利器而守陘隧〔一三〕，墨子守雲梯之械也〔一四〕。以爲雖湯、武復生，蚩尤復起，不輕攻也。然戍卒陳勝無將帥之任，師旅之衆，奮空拳〔一五〕而破百萬之師，無牆籬之難〔一六〕。故在德不在固。誠以仁〔一七〕義爲阻，道德爲塞，賢人爲兵，聖人爲守，則莫能入。如此則中國無狗吠之警，而邊境無鹿駭狼顧〔一八〕之憂矣。夫何妄行而之乎〔一九〕？」

大夫曰：「古者，爲國必察土地、山陵阻險、天時地利，然後可以王霸。故制地城郭，飭溝壘，以禦寇固國。春秋曰：『冬浚洙〔二〇〕。』脩地利也。三軍順天時，以實擊虚，然困〔二一〕於阻險，敵於金城〔二二〕。楚莊之圍宋〔二三〕，秦師敗崤嶔崟〔二四〕，是也。故曰：『天時不如地利〔二五〕。』羌、胡固，近於邊，今不〔二六〕取，必爲四境長患。此季孫之所以憂顓臾，有句踐之變而爲强吴之所悔也。」

文學曰：「地利不如人和，武力不如文德。周之致遠，不以地利，以人和也。百世不奪，非以險，以德也。吴有三江、五湖之難〔二七〕，而兼於越。楚有汝淵、兩堂〔二八〕之固，而滅於秦。秦有隴阺、崤塞，而亡於諸侯。晉有河、華、九阿〔二九〕，而奪於六卿。齊有泰山、巨海，而脅〔三〇〕於田常。桀、紂有天下，兼於滈〔三一〕、亳。秦王以六合困於陳涉。非地利不固，無術以守之也。釋邇憂遠，猶吴不内定其國，而西絶淮水〔三二〕，與齊、晉争强也；越因其罷，擊其虚。使吴王用申胥，修德，無恃極其衆，則句踐不免爲藩臣〔三三〕海崖，何謀之敢慮也〔三四〕？」

大夫曰：「楚自巫山起方城〔三五〕，屬巫、黔中，設扞關〔三六〕以拒秦。秦包商、洛、崤、函〔三七〕，以禦諸侯。韓阻宜陽〔三八〕、伊闕，要成皋、太行，以安周、鄭〔三九〕。魏濱洛築城〔四〇〕，阻山帶河，以保晉國。趙結飛狐〔四一〕、句注〔四二〕、孟門〔四三〕，以存邢〔四四〕、代。燕塞碣石，絶邪谷〔四五〕，繞援遼〔四六〕。齊撫阿、甄，關榮、歷〔四七〕，倚太山，負海、河〔四八〕。關梁〔四九〕者，邦國之固，而山川者〔五〇〕，社稷之寶也。徐人滅舒，春秋謂之『取』〔五一〕，惡其無備〔五二〕，得物之易也。故恤來兵，仁傷刑。君子爲國，必有不可犯之難。易曰：『重門擊柝〔五三〕，以待暴客。』言備之素脩也〔五四〕。」

文學曰：「阻〔五五〕險不如阻義，昔湯以七十〔五六〕里，爲政於天下，舒〔五七〕以百里，亡於敵國。此其所以見惡也。使關梁足恃，六國不兼於秦；河、山足保，秦不亡於楚、漢。由此觀之：衝隆〔五八〕不足爲强，高城不足爲固。行善則昌，行惡則亡。王者博愛遠施，外内合同〔五九〕，四海各以其職來祭〔六〇〕，何擊柝而待？傳曰：『諸侯之有關梁，庶人之有爵禄〔六一〕，非升〔六二〕平之興，蓋自戰國始也。」

＊　這篇就設險固邊問題即國防問題，彼此展開了一場唇槍舌劍的交鋒。大夫總結了「蒙公築長城之固，所以備寇難，而折衝萬里之外」的寶貴經驗，他强調「備之素脩」，提出「有備則制人，無備則制於人」的戰備思想，指出「君子爲國，必有不可犯之難」，從而提出「制地城郭，飭溝壘，以禦寇固國」的戰備措施，並進一步説明了反侵擾的重要戰略意義：「羌、胡固近於邊，今不取，必爲四境長患。」文學則侈談「在德不在固」的論調，竭力宣揚孔丘的「遠人不服則修文德以來之」（論語季氏篇）和孟軻的「固國不以山谿之險」（孟子公孫丑下篇）的觀點。他們認爲「武力不如文德」，「阻險不如阻義」，「衝

隆不足爲强，高城不足爲固」，胡説什麽「誠以行義爲阻，道德爲塞，賢人爲兵，聖人爲守，則莫能入」。他們的這些言論，適足以破壞和取消邊防建設，壞我長城而已。

〔一〕張敦仁曰：「『超』當作『招』。過秦論云：『招八州。』文選注引鄧展曰：『招猶舉也。』蘇林曰：『招音翹。』」

〔二〕史記秦始皇本紀太史公曰引過秦論：「秦地被山帶河以爲固，四塞之國也。自繆公以來至於秦王，二十餘君，常爲諸侯雄，豈世世賢哉？其勢居然也。」勢居就是地位的意思，詳通有篇注〔八〕。

〔三〕正嘉本、張之象本、沈延銓本、金蟠本、百家類纂、百子類函「猖」作「倡」。盧文弨曰：「張本『倡』，涂作『猖』，俱難曉。」張敦仁曰：「案『龜猖』當作『鼊猬』。風俗通十反云：『俯伏甚於鼊蝟。』（『蝟』『猬』同字。）鼊猬，物之至卑下者。言猬之有介者，猬之有毛，如被介也。下句『狐貉不能禽』，『狐貉』二字必有誤，未詳。」徐友蘭曰：「『狐貉』當爲『猵獺』。」俞樾曰：「『猖』疑『瑁』字之誤，『瑁』即玳瑁也。異物志云：『玳瑁生南海，如龜，大者如籧篨，背上有鱗。』」案文選東京賦注：「介，甲也。」

〔四〕藝文類聚九六引廣志：「蝮蛇與土色相亂，長三四尺。其中人，以牙嚙之，截斷皮，出血，則身盡痛，九竅血出而死。」

〔五〕荀子王制篇：「善擇人者制人，不善擇人者人制之。……夫制人之與人制之也，是其爲相懸也亦遠矣。」

〔六〕詩經大雅烝民：「袞職有闕，維仲山甫補之。」鄭玄箋：「袞職者，不敢斥王之言也。王之職有闕，輒能補之者，仲山甫也。」

〔七〕史記蒙恬傳：「秦已并天下，乃使蒙恬將三十萬衆，北逐戎、狄，收河南，築長城，因地形用制險塞，起臨洮，至遼東，延袤萬餘里。」倪邦彦本「難」作「讎」。

〔八〕漢書嚴助傳：「今方内無犬吠之警。」又嚴安傳：「今中國無狗吠之警。」又酷吏王温舒傳：「郡中無犬吠之盜。」又匈奴傳贊：「三世無犬吠之警。」説苑談叢：「犬吠不驚，命曰金城。」

〔九〕華氏本、張之象本、沈延銓本、金蟠本「秦」下有「地」字。

〔一〇〕文選西都賦注、西征賦注引「阺」都作「阸」。文選解嘲注：「應劭曰：『天水有大坂曰龍坻。』」鸚鵡賦注引同。「龍坻」即「隴阺」。

〔一一〕史記蘇秦傳：「説惠王曰：秦四塞之國，被山帶渭，東有關、河，西有漢中，南有巴、蜀，北有代、馬，此天府也。」正義：「東有黄河，有函谷、蒲津、龍門、合河等關，南山（有脱文。）及武關、嶢關，西有大隴山、大震、烏蘭等關，北有黄河南塞，是四塞之國。」又秦始皇本紀引過秦論：「秦地被山帶河以爲固，四塞之國也。」董説七國考三引徐廣曰：「東函谷，南武關，西散關，北蕭關。」

〔一二〕管子桓公問篇：「歸土之利，内之爲城，城外爲之郭，郭外爲之土閬，（尹注：「閬謂隍。」）地高則溝之，下則隄之，命之曰金城。」史記秦始皇本紀引過秦論：「秦王之心，自以爲關中之固，金城千里。」索隱：「金城，言其實且堅也。韓子曰：『雖有金城湯池。』漢書張良亦曰：『關中所謂金城千里，天府之國。』」

〔一三〕説文自部：「陘，山絶坎也。」段注：「河北八陘：一曰軹關陘，二曰太行陘，三曰白陘，四曰滏口陘，五曰井陘，六曰飛狐陘，七曰蒲陰陘，八曰軍都陘。」漢書匈奴傳下：「起亭隧。」師古曰：「隧謂深開小道而行，避敵鈔寇也。」又西域傳下注師古曰：「隧者，依深險之處，開通行道也。」

〔一四〕墨子公輸篇：「王曰：『善哉！雖然公輸盤爲我爲雲梯，必取宋。』於是見公輸盤，子墨子解帶爲城，以褋爲械，公輸盤九設攻城之機變，子墨子九距之。」郭沫若曰：「『墨子守雲梯之械也』，疑古注語攔入正文。」

〔一五〕文選報任少卿書：「更張空拳。」李善注引「拳」作「捲」，「之師」作「之軍」。注又云：「李登聲類云：『拳或作捲。』此言兵已盡，但張空拳以擊耳。何晏白起故事：『白起雖坑趙卒，向使預知必死，則前驅空捲，猶可畏也，況三十萬被堅執鋭乎？』師古曰：『讀爲拳者繆矣，拳則屈指，不當言張。陵時矢盡，故張弩之空弓，非手拳也。』李奇曰：『拳者，弩弓也。』」器案：文選注引「拳」作「捲」，「捲」即「拳」，史記孫子傳：「夫解雜亂紛糾者不控捲。」索隱：「按謂解雜紛糾者，當善以手解之，不可控捲而擊之，捲即拳也。」

〔一六〕史記秦始皇本紀：「楚師深入，戰於鴻門，曾無藩籬之艱。」

〔一七〕「仁」原作「行」，今據太玄書室本改正。

〔一八〕史記蘇秦傳：「秦雖欲深入，則狼顧恐韓、魏之議其後也。」正義：「狼性怯，走常道顧。」漢書食貨志上：「失時不雨，民且狼顧。」鄭氏曰：「民欲有畔意，若狼之顧望也。」李奇曰：「狼性怯，走喜還顧，言民見天不雨，今亦恐也。」師古曰：「李説是也。」又長笛賦注引此文，吕延濟曰：「鹿性多驚。狼顧，反顧也。」

〔一九〕「夫何妄而行之乎」，正嘉本、張之象本、金蟠本作「夫何妄行之有乎」，沈延銓本作「夫何妄行之有」。

〔二〇〕春秋莊公九年：「冬浚洙。」洪亮吉春秋左傳詁一：「京相、服虔並言：『洙水在魯城北，浚深之，爲齊備也。』（水經注）按此，則京、杜皆用服説。」

〔二一〕「困」原作「固」，今據張敦仁説校改。張云：「『固』當作『困』，下文『秦師敗崤嶔』，承此言之。（「敵於金城，楚莊之圍宋」，二句相承言之，文之互也。）」

〔二二〕漢書賈誼傳：「故曰聖人有金城者，比物此志也。」如淳曰：「比謂比方也。使忠臣以死社稷之志，比於金城也。」

〔二三〕史記楚世家：「莊王二十年，圍宋，以殺楚使也。圍宋五月，城中食盡，易子而食，析骨而炊。宋華元出告以情。莊王曰：『君子哉！』遂罷兵去。」

〔二四〕張之象本、沈延銓本、金蟠本「崟」作「巖」。盧文弨曰：「案張從公羊改，穀梁是『巖崟』。」張敦仁曰：「按公羊云『嶔巖』，穀梁云『巖唫』，釋文：『唫本作崟。』『崟』即『嶔』，不得複見，當是初寫時作『崟』，後改之作『嶔』，傳寫乃複見而衍也。（張之象本「崟」改「巖」未是，「巖」不當誤爲「崟」也。）下文『今不敢取』，『敢』者，『取』之複衍，（拾補有。）與此正同。又通有篇：『雖雕文刻鏤。』『雖』即『雕』之複衍。（拾補有。）論誹篇：『稱往古而言訾當世。』『言』即『訾』之複衍。孝養篇：『膢臘而後見肉害。』『害』即『肉』之複衍。（屬下者非。）刺議篇：『侯僕雖不敏。』『侯』即『僕』之複衍。（屬上者非。拾補有。）皆其例也。餘以此求之。刑德篇：『御史大夫曰。』亦改『大夫』爲『御史』而複衍者。（拾補有。）」器案：淮南子墬形篇高注：「殽阪，弘農郡澠池殽欽吟是也。」「殽欽吟」就是「崤嶔崟」。説文山部：「岑，山高而小。崟，山之岑崟也。」段注：「子虛賦：『岑崟參差，日月蔽虧。』又楊雄蜀都賦、張衡南都賦皆有『嶜崟』字，李善讀爲『岑崟』。」

〔二五〕此句原作「天時地利」，今據張敦仁説校補。張云：「『時』下當脱『不如』二字，『故曰』者，猶言『故孟子曰』，（上文「天時地利」亦有誤，當是衍「天時」二字，以語意推之，自可見。）下文『文學曰：地利不如人和』，與此相承接。」

〔二六〕「不」下原有「敢」字，今據盧文弨、張敦仁説校删。論語季氏篇：「季氏將伐顓臾，冉有、季路見於孔子，曰：『季氏將有事於顓臾。』……冉有曰：『今夫顓臾固而近於費，今不取，後世必爲子孫憂。』」此文本之。何晏集解：「馬融曰：『固，謂城郭完堅，兵甲利也。』」

〔二七〕「難」，拾補作「險」。史記河渠書：「於吴則通渠三江、五湖。」集解：「韋昭曰：『五湖，湖名耳，實一湖，今太湖是也，在吴西南。』」索隱：「『三江，按地理志，北江，從會稽毗陵縣北，東入海。中江，從丹陽蕪湖縣東北至會稽陽羡，東入海。南江，從會稽吴縣南，東入海。故禹貢有北江、中江也。……又云：『太湖周五百里，故曰五湖。』」國語吴語韋昭注：「三江，松江、錢塘、浦陽江也。」

〔二八〕淵謂川流渟回之處，左傳襄公三十年有澶淵，昭公十九年有洧淵，與汝淵得名義同。盧文弨曰：「『滿堂』疑『兩棠』，見吕氏春秋。」器案：「兩棠」見吕氏春秋至忠篇，賈誼新書先醒篇同，説苑尊賢篇作「兩堂」，「棠」「堂」同音通用，「滿」當是「兩」字形近錯了的。

〔二九〕「九阿」原作「九河」，御覽九六引作「九阿」，是，今據改正。穆天子傳五：「天子西征升九阿。」郭注：「疑今新安縣十里九坂也。」（從翟云升覆校本）御覽五三引述征記：「黄卷坂者，傍絶澗以昇潼關，長坂十餘里，九坂皆迤邐。長坂，東京賦曰所謂『西阻九阿』者也。」

〔三〇〕「脅」原作「負」，今據御覽九六引改。

〔三一〕「滈」原作「濟」，今據孫詒讓説校改。孫云：「『濟』非殷、周所居，疑當爲『滈』，謂周鎬京也。荀子議兵篇：『古者，湯以薄，武王以滈。』楊注云：『滈與鎬同。』此謂桀兼於亳，紂兼於滈也。」器案：孫説是。荀子王霸篇也説：「湯以亳，武王以鄗。」

〔三二〕「水」原作「山」，陳遵默曰：「『山』疑當作『水』。」今據改正。

〔三三〕韓非子孤憤篇：「主失勢而臣得國，主更稱藩臣。」戰國策魏策上：「今乃有患，西面而事秦，稱東藩。」又見史記蘇秦傳。

〔三四〕史記仲尼弟子列傳載子貢語，「何謀之敢慮」。越絶書陳成恒篇、吴越春秋夫差内傳並同。淮南子氾論篇：「湯、武救罪之不給，何謀之敢慮。」（從治要引）則此爲漢人習用語，猶今言還有什麽主意敢打也。

〔三五〕荀子議兵篇：「楚人……汝、潁以爲險，江、漢以爲池，限之以鄧林，緣之以方城。」楊倞注：「方城，楚北界山名也。」淮南子兵略篇：「昔者，楚人地南卷沅、湘，北繞潁、泗，西包巴、蜀，東裹郯、邳，（從王念孫校。）潁、汝以爲洫，江、漢以爲池，垣之以鄧林，緜之以方城。」許慎注：「方城，楚北塞也，在南陽葉也。」漢書地理志上：「南陽郡葉縣。」原注：「楚葉公邑，有長城號曰方城。」水經注十一引盛弘之荆州記：「葉東界有故城，始犨縣，至瀙水達比陽界，南北聯緜數百里，號爲方城，一謂之長城。」

〔三六〕史記張儀傳載張儀説楚王曰：「不至十日而距扞關，扞關驚則從境以東盡城守矣。」集解：「徐廣曰：『巴郡、魚復縣有扞水關。』」索隱：「扞關，在楚之西界。」正義：「在硤州巴山縣界。」後漢書公孫述傳：「拒扞關之口。」注：「史記曰：『楚肅王爲扞關拒蜀。』故基在今硤州巴山縣。」續漢書郡國志五：「巴郡魚復扞水有扞關。」注：「史記曰：『楚肅王爲扞關以拒蜀。』」水經注十三：「江水自關東逕弱關、捍關。」注：「捍關，廩君浮夷水所置也。弱關，在建平秭歸界。昔巴、楚數相攻伐，藉險置關，以相防捍。」「扞」「捍」同。

〔三七〕文選過秦論：「秦孝公據殽、函之固。」注：「韋昭曰：『崤謂二殽；函，函谷關也。』史記：『張良曰：關中左殽、函，右隴、蜀。』」

〔三八〕史記蘇秦傳：「韓北有鞏、成皋之固，西有宜陽、商阪之塞，東有宛、穰、洧水，南有陘山。」索隱：「鞏、成皋二邑本屬東周，後爲韓邑，地理志二縣並屬河南。」正義：「宜陽，在洛州福昌縣東十四里。」

〔三九〕「周、鄭」就是指韓國，周、鄭故地，爲韓所有，因而即以「周、鄭」稱韓。史記韓世家：「哀侯二年滅鄭，因徙都鄭。」索隱：「按紀年，魏武侯二十一年，韓滅鄭，哀侯入於鄭，晉桓公邑哀侯于鄭。是韓既徙都，因改號曰鄭，故戰國策謂韓惠王曰鄭惠王，猶魏徙大梁稱梁王然也。」

〔四〇〕史記秦本紀：「魏築長城，自鄭濱洛，以北有上郡。」

〔四一〕史記酈生傳：「塞成皋之險，杜太行之道，距飛狐之口。」正義：「成皋，即汜水縣也。太行，山名，在懷州河内縣。案蔚州飛狐縣北百五十里，有秦、漢故郡城，西南有山，俗號爲飛狐口也。」

〔四二〕吕氏春秋有始覽記九塞有句注，高誘注：「句注，在雁門。」

〔四三〕吕氏春秋有始覽記九山有太行、孟門，淮南子墬形篇同，高誘注淮南曰：「説苑曰：『桀之居，左河、泲，右太華，伊闕在其南，羊腸在其北。』今太原晉陽西北九十里，通河西，上郡關曰羊腸坂，是孟門、太行之限也。」又注吕氏春秋上德篇曰：「孟門，太行之險也。」

〔四四〕「邢」原作「荆」，孫詒讓曰：「『荆』非趙地，疑當作『陘』。史記趙世家：『趙希并將胡、代，趙與之陘。』集解：『徐廣云：陘者，山絶之名，常山有井陘，中山有苦陘。』穆天子傳：『至於鈃山之下。』郭注云：『即井鈃山。』此以『荆』爲『陘』，猶穆天子傳以『鈃』爲『陘』，『荆』從『刑』聲，『刑』、『鈃』並從『幵』聲，『陘』從『巠』聲，古音並同部，得相通借也。」器案：孫説甚辯，而實不可從，以山絶而名爲陘者，何止井陘、苦陘二處，即非趙國之所得而全有也。「荆」即「邢」字形近之誤。史記殷本紀：「祖乙遷於邢。」索隱：「邢音耿，近代，本亦作『耿』。今河東皮氏縣有耿鄉。」正義：「括地志云：『絳州龍門縣東南十二里耿城，故耿國也。』」漢書地理志下：「趙國：襄國。本注：『故邢國。』」方輿紀要歷代州郡形勢：「祖乙遷於耿。」注：「今山西河津縣南十三里有耿城。」據此，邢、代既相近，且與上下文言恃險以固境內者正合，則「荆」爲「邢」之誤，可無疑義，今據改正。

〔四五〕五代史四夷傳附録：「胡嶠隨入契丹，至黑榆林，時七月，寒如深冬。又明日，入斜谷，谷長五十里，高崖峻谷，仰不見日，而寒尤甚。」「斜谷」即「邪谷」，明初本即作「斜谷」。

〔四六〕「援」字義不可通，疑「徼」字草書與「援」字形近而誤。文選七命注：「徼，塞也，以木柵水中爲夷、狄之界也。」本書備胡篇：「朝鮮逾徼。」蓋遼河以木柵水中爲界，故謂之「徼遼」，因而謂在彼曰「逾徼」，在我曰「繞徼」也。繞者，公羊傳莊公十年：「宋人遷宿。」「遷之者何？不通也，以地還之也。」何休注：「還，繞也，……先繞取其地，使不得通四方。」此文「繞」字義與之同，蓋次公本治公羊，故用公羊義也。荀子成相篇：「比周還主黨與施。」注：「還，繞也。」禮記檀弓：「右還其封。」注：「還，圍也。」圍亦繞也。周禮夏官大司馬職：「犯令陵政則杜之。」注：「王霸記曰：『杜之者，杜塞使不得與鄰國通。』」即此繞徼之義也。

〔四七〕孫詒讓曰：「『滎、歷』疑當作『濮、歷』，戰國策秦策云：『王之割濮、歷之北屬之燕，斷齊、秦之要，絶楚、魏之背。』」陳遵默曰：「水經濟水注：『濼水出歷城縣故城西南，見左桓傳，亦爲搴邑。』『滎、歷』疑作『濼、歷』。」

〔四八〕孫詒讓曰：「此下當有脱文。」案漢書酈食其傳：「負海、岱，阻河、濟。」師古曰：「負，背也。」

〔四九〕「關梁」原作「梁關」，今據孫詒讓説乙正。孫云：「『梁關』當作『關梁』，下文『使關梁足恃，六國不兼於秦』，即承此文言之。」器案：明初本、太玄書室本、張之象本、沈延銓本、金蟠本正作「關梁」，今據乙正。本書世務篇：「罷關梁。」和親篇：「往者，通關梁。」都是作「關梁」的例證。

〔五〇〕「者」字原無，今據孫詒讓説訂補。孫云：「『山川』下當有『者』字，下文『河、山足保，秦不亡於楚、漢』。」

〔五一〕張之象注曰：「春秋曰：『徐人取舒。』公羊傳曰：『其言取之何？易也。』」案見僖公三年。

〔五二〕上注引公羊傳，何休注云：「易者，猶無守禦之備。」

〔五三〕明初本、正嘉本、張之象本、沈延銓本、金蟠本、百家類纂、百子類函「拓」作「柝」，下同；攖寧齋鈔本、太玄書室本、倪邦彦本誤作「折」。盧文弨曰：「溯原云：『柝、榛。』篆作柘。」徐友蘭曰：「正字作『橐』，橐，橐聲，橐，石聲，柘亦石聲，故叚柘爲之。柝亦叚字，無庸附會。」案這兩句是周易繫辭下文。

〔五四〕荀子議兵篇：「前行素脩。」淮南子繆稱篇：「素修正者，弗離道也。」

〔五五〕左傳隱公四年：「阻兵而安忍。」「阻」字義與此同。文選東京賦注：「阻，依也。」又西征賦注：「阻，恃也。」

〔五六〕「十」原作「千」，正嘉本、張之象本、沈延銓本、金蟠本作「十」，今據改正。孟子梁惠王下、公孫丑上、淮南子泰族篇都作「七十里」，就是很好的例證。

〔五七〕詩經魯頌閟宮：「荆、舒是懲。」鄭箋：「僖公與齊桓舉義兵，北當戎與狄，南艾荆及羣舒，天下無敢禦也。」案：左傳文公十二年：「羣舒叛楚。」杜注：「羣舒偃姓，舒庸、舒鳩之屬，今廬江南有舒城，城西南有龍舒。」孔穎達正義：「世本：『偃姓，舒庸、舒蓼、舒鳩、舒龍、舒鮑、舒龔。』以其非一，故言屬以包之。」尋春秋僖公三年：「夏四月不雨，徐人取舒。」無傳，或即此文所言「舒以百里，亡於敵國」也。舒，説文作郐。

〔五八〕淮南子氾論篇：「隆衝以攻。」高誘注：「隆，高也；衝所以臨敵城，衝突壞之。」「隆衝」即「衝隆」，凡聯綿字，固可上下易位也。淮南子泰族篇：「攻不待衝隆而拔。」（從梁玉繩、孫詒讓説校改）字作「衝隆」，正與此同。詩經大雅皇矣：「與爾臨衝。」毛傳：「臨，臨車也。衝，衝車也。」釋文云：「韓詩作『隆衝』。」

〔五九〕本書訟賢篇：「獨非自是，無與合同。」禮記樂記：「合同而化，而樂興焉。」鄭注：「樂爲同也。」孔穎達正義：「天地萬物，流動不息，合會齊同而變化。」

〔六〇〕漢書韋玄成傳：「四海之内，各以其職來助祭。」宋祁曰：「浙本無『助』字。」又王莽傳上：「蠻、夷殊俗，不召自至，漸化端冕，奉珍助祭。」孝經聖治章：「四海之内，各以其職來祭。」

〔六一〕文廷式曰：「漢時庶人賜爵，蓋用戰國舊制。」

〔六二〕攖寧齋鈔本「升」作「昇」。漢書梅福傳：「升平可致。」張晏曰：「民有三年之儲曰升平。」兔園策注：

「堯時，三年耕餘一年之食，謂之升平；九年耕餘三年食，謂之登平；二十年耕餘七年食，謂之太平。」按：春秋公羊傳隱公元年：「所見異辭，所聞異辭，所傳聞異辭。」何休注：「所見者，謂昭、定、哀，己與父時事也；所聞者，謂文、宣、成、襄，王父時事也；所傳聞者，謂隱、桓、莊、閔、僖，高祖、曾祖時事也。……於所聞之世，見治升平。」公羊傳襄公二十三年注：「所聞之世，內諸夏，治小如大，廩廩近升平。」文學所謂「升平」，實指春秋時期而言，並非「耕餘」之義。此亦公羊家舊説。

論勇*第五十一

大夫曰：「荆軻懷數年之謀而事不就者，尺八匕首〔一〕不足恃也。秦王憚〔二〕於不意，列斷賁、育者〔三〕，介七尺之利也〔四〕。使專諸空拳〔五〕，不免於爲禽；要離無水，不能遂其功〔六〕。世言强楚勁鄭，有犀兕之甲、棠谿之鋋〔七〕也。內據金城〔八〕，外任利兵，是以威行諸夏，强服敵國。故孟賁奮〔九〕臂，衆人輕之；怯夫有備，其氣自倍。況以吴、楚之士，舞利劍，蹶强弩，以與貉虜騁於中原？一人當百，不足道也〔一〇〕！夫如此，則貉無交兵〔一一〕，力不支漢，其勢必降。此商君之走魏，而孫臏之破梁也。」

文學曰：「楚、鄭之棠谿、墨陽〔一二〕，非不利也，犀䩬〔一三〕兕甲，非不堅也，然而不能存者，利不足恃也。秦兼六國之師，據崤、函而御宇內，金石之固，莫耶之利也。然陳勝無士民之資，甲兵之用，鉏耰棘橿〔一四〕，以破衝隆〔一五〕。武昭〔一六〕不擊，烏號〔一七〕不發。所謂金城者，非謂築壤而高土、鑿地而深池也。所謂利兵者，非謂吴、越之鋌〔一八〕，干將之劍也。言以道德爲城，以仁義爲郭，莫之敢攻，莫之敢入，文王是也。以道德爲軸〔一九〕，以仁義爲劍，莫之敢當，莫之敢御〔二〇〕，湯、武是也。今不建不可攻之城，不可當之兵，而欲任匹夫之役，而行三尺之刃，亦細矣！」

大夫曰：「荆軻提匕首入不測之强秦，秦王惶恐失守備，衛者皆懼。專諸手劍摩〔二一〕萬乘，刺吴王，尸孽立正〔二二〕，鎬〔二三〕冠千里。聶政自衛，由韓廷刺其主，功成求得，退自刑於朝，暴尸於市。今誠得勇士，乘强漢之威，凌無義之匈奴，制其死命，責以其過，若曹劌之脅齊桓公〔二四〕，遂其求。推鋒折鋭〔二五〕，穹廬〔二六〕擾亂，上下相遁〔二七〕，因以輕鋭〔二八〕隨其後，匈奴必交臂不敢格也〔二九〕。」

文學曰：「湯得伊尹，以區區之亳兼臣海内；文王得太公，廓酆、鄗以爲〔三〇〕天下；齊桓公得管仲〔三一〕，以霸諸侯；秦穆公得〔三二〕由余，西戎八國服。聞得賢聖而蠻、貊來享，未聞劫殺人主以懷遠也。詩云：『惠此中國，以綏四方〔三三〕。』故『自彼氐、羌，莫不來王』〔三四〕。非畏其威，畏其德也。故義之服無義，疾於原馬〔三五〕良弓；以〔三六〕之召遠，疾於馳傳重驛〔三七〕。」

＊匈奴侵擾中原，是西漢王朝的心腹大患，當漢高帝劉邦剛剛打下天下之際，就已唱出「安得壯士兮守四方」的大風歌了。出於平靖胡塵的願望，桑弘羊在這次會議上提出了行刺單于的設想。本來，「劫殺人主」，也是權謀家出奇制勝之道，於古有之，但這不能從根本上解決安邊的問題。至於文學的議論，也只是重彈其「以道德爲城，以仁義爲郭」，「以道德爲軸，以仁義爲劍」的老調子，認爲這才是「不可攻之城，不可當之兵」，完全是不切實際的空談，當然不能切中桑弘羊的觀點的要害。

〔一〕「尺八」原作「三尺」，今據盧文弨説校改。盧氏拾補作「尺八」，云：「『三尺』譌。案史記刺客傳索隱引作『尺八』，又於吴世家云：『匕首長尺八寸。』」器案：盧校是。刺客傳集解引也作「尺八」，御覽三四六引也作「尺八」。白帖四注引作「匕首，短劍也，長一尺八寸，頭類匕，故曰匕首」，亦作「一尺八寸」。不過，白帖所引，却不類鹽鐵論文。續漢書百官志二注引荀綽晉百官表注引明帝詔：「昔燕太子使荆軻劫秦王，變起兩楹之間。其後，謁者持匕首刺腋，高祖偃武修文，故易之以板。」

〔二〕盧文弨曰：「索隱『憚』作『操』。」器案：是刺客傳集解引，不是索隱，盧氏錯了。

〔三〕「者」字原脱，據史記刺客傳集解引補。此文言秦王，與上文言荆軻，句法相儷，上文正有「者」字。

〔七〕文選補亡詩注：「介，助也。」文選吴都賦劉淵林注：「秦零陵令上書曰：『荆軻挾匕首，卒刺陛下；陛下以神武扶揄長劍以自救。』」彼文所謂長劍，即此所謂「七尺之利也」。漢書藝文志縱横家有「秦零陵令信一篇，難秦丞相李斯。」即其人也。

〔五〕攖寧齋鈔本「空拳」作「空權」，顧千里曰：「『權』字是也，當作『攉』，從手，見六經文字。」

〔六〕吕氏春秋忠廉篇：「要離與王子慶忌居，有間，謂王子慶忌曰：『吴之無道也愈甚，請與王子往奪之國。』王子慶忌曰：『善。』乃與要離俱涉於江，中江，拔劍以刺王子慶忌。王子慶忌捽而投之於江，浮，則又取而投之，如此者三。其卒曰：『汝天下之國士也，幸汝以成而名。』要離得不死，歸於吴，吴王大説。」

〔七〕史記蘇秦傳正義引「鋌」作「劍」，集解：「徐廣曰：『汝南吴房有棠谿亭。』」索隱：「地理志：『棠谿亭在汝南吴房縣。』」正義又曰：「故城，在豫州偃城縣西八十里。」案一切經音義二九引淮南子許慎注：「鋌者，金銀銅鐵等未成器，鑄作兵名曰鋌。」文選七命注：「鋌，銅鐵璞也。」又下文作「吴、越之鋌」，前殊路篇作「干、越之鋌」。

〔八〕管子地度篇：「城外爲之郭，郭外爲之土閬，地高則溝之，下則隄之，命之曰金城。」史記秦始皇本紀索隱：「金城，言其實且堅也。」説苑談叢篇：「犬吠不驚，命曰金城。」

〔九〕御覽三三九引「奮」作「畜」，不可從，「奮臂」即上文「空拳」之意。

〔一〇〕戰國策韓策：「以韓卒之勇，被堅甲，蹠勁弩，帶利劍，一人當百，不足言也。」史記蘇秦傳同，即此文所本。

〔一一〕史記張耳陳餘傳：「野無交兵。」

〔一二〕淮南子修務篇：「服劍者期於恬利，而不期於墨陽、莫邪。」高誘注：「墨陽、莫邪，美劍名。」戰國策韓策：「韓卒之劍戟，皆出於冥山、棠谿、墨陽……。」史記蘇秦傳索隱：「墨陽，匠名。」正義：「墨陽，地名也。」

〔一三〕「軸」即「胄」字，見下注〔一九〕。

〔一四〕吕氏春秋簡選篇："鋤耰白挺。"高誘注："耰，椎。"淮南子氾論篇高誘注："耰，椓塊椎也，三輔謂之儓，所以覆種也。"説文木部："櫌，鉏柄名。"徐鍇繫傳："今俗人尚謂鉏柄爲鉏櫌。"

〔一五〕"衝隆"見險固篇注〔五八〕。

〔一六〕漢書楊胡朱梅傳贊："臨敵敢斷，武昭於外。"師古曰："昭，明也。"則"武昭"爲漢人習用語，蓋指裝備精良，旗幟鮮明，即所謂軍容甚盛之意。這裡是説秦兵軍容甚盛，但不能出擊。

〔一七〕漢書郊祀志上："黄帝采首山銅，鑄鼎於荆山下。鼎既成，有龍垂胡頿下迎黄帝。黄帝上騎，羣臣後宫從上龍七十餘人，龍迺去。餘小臣不得上，迺悉持龍頿，龍頿拔墮，墮黄帝之弓，百姓卬望，黄帝既上天，乃抱其弓與龍頿號，故後世因名其處曰鼎湖，其弓曰烏號。"又司馬相如傳下注："應劭曰：'楚有柘桑，烏棲其上，支下著地，不得飛，欲墮號呼，故曰烏號。'"

〔一八〕御覽三四三引"吴、越"作"吴、楚"。

〔一九〕書鈔五、一二一、類聚二一、御覽三四三又四〇三引"軸"並作"胄"。"軸"即"胄"或字，荀子議兵篇："冠軸帶劍。"楊倞注："'軸'與'胄'同。"百子金丹作"軸"，誤。

〔二〇〕御覽三四三引"御"作"禦"，古通。

〔二一〕"摩"原作"歷"，今改。易繫辭："剛柔相摩。"釋文引京房曰："摩，相磑切也。"馬融曰："摩，切也。"左傳宣公十二年："摩壘而還。"杜預注："摩，近也。"戰國策秦策上："乃摩燕烏集闕。"淮南子人間篇："物類之相摩近而異門户者衆而難識也。"漢書蓋寬饒傳："摩切左右。"禮記樂記鄭注、廣雅釋詁並云："摩，近也。"字又作"劘"，漢書賈鄒枚路傳贊："賈山自下劘上。"孟康曰："劘謂剴切之也。"蘇林曰：「劘音摩，歷也。」案叙傳述賈鄒枚路傳第二十一作「自下摩上」，風俗通皇霸篇、續漢書五行志一並有「自下摩上」語，此文「摩」字，義與之同。「摩」與「歷」，形近而誤，今爲改正。漢書天文志：「歷太白右數萬人戰，主人吏死。」史記天官書「歷」作「摩」，誤與此同。

〔二二〕「尸」與下文「暴尸於市」之「尸」義同。左傳宣公十二年：「荆尸而舉。」杜注：「尸，陳也。」又成公十七年：「以戈殺之，皆尸諸朝。」又昭公十四年：「乃施邢侯而尸雍子與叔魚於市。」注：「尸，陳也，殺而陳其罪。」此文謂暴孽子之尸，立真王之嗣也。孽謂吴王僚，正謂吴王闔廬，即公子光。公羊傳襄公二十九年：「僚者，長庶也。」史記吴太伯世家：「乃立王餘眛之子僚爲王。」索隱：「此文以爲餘眛子，公羊傳以爲壽夢庶子也。」又吴太伯世家：「公子光告專諸曰：『我真王嗣也，當立。』」真王嗣即此正字確詁。

〔二三〕盧文弨曰：「『鎬』當作『縞』。」王先謙曰：「案『鎬』『縞』古書通用，故『縞冠』亦作『鎬冠』。非鞅篇：『縞素不能自分於緇墨。』御覽八百十四布帛部引作『鎬素』，亦其證也。」案禮記玉藻：「縞冠素紕，既祥之冠也。」

〔二四〕「脅」原作「負」，今據盧文弨説校改。盧云：「『負』疑『脅』。」張敦仁曰：「『負』當作『質』。（謂劫之以爲質，公羊僖二十一年何休注：『劫質諸侯。』拾補疑『脅』，未是。）」案盧説是。險固篇：「齊有泰山、巨海，而脅於田常。」從御覽引，今本誤作「負」，此正其比。

〔二五〕「折」原作「拊」，洪頤煊管子義證引王引之曰：「鹽鐵論『推鋒折鋭』，今本『折』譌『拊』，俗書『折』字或作『扸』，因譌而爲『拊』。」案王説是，今據改正。漢書南粤王趙佗傳：「以推鋒陷堅爲將梁侯。」

〔二六〕史記匈奴傳：「匈奴父子，乃同穹廬而卧。」集解：「漢書音義曰：『穹廬，旃帳。』」漢書蘇武傳：「於靬王賜武畜服匿廬。」注：「穹廬，氈帳。」

〔二七〕史記秦始皇本紀：「然後姦僞並起，而上下相遁。」漢書酷吏傳：「上下相遁，至於不振。」廣雅釋詁：「遁，欺也。」

〔二八〕輕銳，謂輕甲利兵。文選東都賦注：「輕銳，謂便捷也。」

〔二九〕莊子天地篇：「罪人交臂歷指。」漢書司馬相如傳下：「匈奴單于怖駭，交臂受事，屈膝請和。」荀子議兵篇：「格者不舍。」注：「格謂拒捍者。」漢書鼂錯傳：「匈奴之弓弗能格。」

〔三〇〕論語里仁篇：「能以禮讓爲國乎？何有！」皇侃義疏：「爲猶治也。……江熙曰：『……人懷讓心，則治國易也。』」

〔三一〕張之象本、沈延銓本、金蟠本「管仲」下有「甯戚」二字。

〔三二〕張之象本、沈延銓本、金蟠本「得」下有「百里奚」三字。張敦仁曰：「張之象本『得』下添『百里奚』三字。按史記匈奴傳云：『秦穆公得由余，西戎八國服於秦，故自隴以西，有緜諸（一也。）、緄戎（二也。）、翟（三也。）、貆（四也。）之戎，岐山、梁山、涇、漆之北，有義渠（五也。）、大荔（六也。）、烏氏（七也。）、朐衍（八也。）之戎。』漢書亦云然，全與百里奚不涉也。張之象本妄加之。又於上句『管仲』之下添『甯戚』二字，使其相配，可謂巨謬矣。」

〔三三〕這是詩經大雅民勞文。

〔三四〕詩經商頌殷武：「自彼氐、羌，莫敢不來享，莫敢不來王。」漢書楊雄傳羽獵賦：「旃裘之王，胡、貉之長，移珍來享。」師古曰：「享，獻也。」

〔三五〕俞樾曰：「『原』當作『騵』，爾雅：『駠馬白腹曰騵。』檀弓篇：『戎事乘騵。』淮南子主術篇：『騎騵馬而服駒駼。』」

〔三六〕明初本、正嘉本、張之象本、沈延銓本、金蟠本、百家類纂、百子類函「以」作「德」。

〔三七〕孟子公孫丑上：「德之流行，速於置郵而傳命。」呂氏春秋上德篇：「故曰：德之速，疾乎以郵傳命。」漢書文帝紀：「二年詔：『餘皆以給傳置。』」師古曰：「傳音張戀反，置者，置傳驛之所，因名置也。」宋祁曰：「傳，傳舍；置，廄置。」案廣雅釋詁：「置，驛也。」續漢書輿服志上注：「臣昭案：東晉猶有郵驛共置，承受傍郡縣文書，有郵有驛，行傳以相付。縣置屋二區，有承驛吏，皆條所受書，每月言上州郡。風俗通曰：『今吏郵書掾、府督郵職掌此。』」

論功*第五十二

大夫曰：「匈奴無城廓〔一〕之守，溝池之固，脩戟强弩之用，倉廩府庫之積，上無義法，下無文理，君臣嫚易，上下無禮，織柳爲室，旃席〔二〕爲蓋，素弧骨鏃〔三〕，馬不粟食，內則備不足畏，外則禮不足稱。夫中國天下腹心，賢士之所總，禮義之所集，財用之所殖也〔四〕。夫以智謀愚，以義伐不義，若因秋霜而振落葉〔五〕。春秋曰：桓公之與戎、狄，驅之爾[六]。況以天下之力乎？」

文學曰：「匈奴車器無銀黄絲漆之飾，素成而務堅；絲無文采裙褘曲襟之制[七]，都成[八]而務完。男無刻鏤奇巧之事，宫室城郭之功。女無綺繡淫巧之貢，纖綺羅紈之作。事省而致用，易成而難弊。雖無脩戟强弩，戎馬良弓，家有其備，人有其用，一旦有急，貫弓[九]上馬而已。資糧[一〇]不見案首，而支[一一]數十日之食。因山谷爲城郭，因水草爲倉廩。法約而易辨[一二]，求寡而易供。是以刑省而不犯，指麾而令從。嫚於禮而篤於信，略於文而敏於事。故雖無禮義之書，刻骨卷木[一三]，百官有以相記，而君臣上下有以相使。羣臣爲縣官計者，皆言其易，而實難，是以秦欲驅之而反更亡也。故兵者凶器，不可輕用也[一四]。其以强爲弱，以存爲亡，一朝爾也[一五]。」

大夫曰：「魯連有言：『秦權使其士，虜[一六]使其民。』故政急而不長。高皇帝受命平暴亂，功德巍巍，惟天同大焉[一七]。而文、景承緒潤色之[一八]。及先帝征不義，攘無德，以昭仁聖之路，純至德之基，聖王累年仁義之積也。今文學引亡國失政之治，而況之於今，其謂匈奴難圖，宜矣！」

文學曰：「有虞氏之時，三苗不服，禹欲伐之，舜曰：『是吾德未喻也。』退而脩政，而三苗服[一九]。不牧[二〇]之地，不羈[二一]之民，聖王不加兵，不事力焉，以爲不足煩百姓而勞中國也。今明主〔二二〕脩聖緒，宣德化，而朝有權使之謀，尚首功〔二三〕之事，臣固怪之。夫人臣席〔二四〕天下之勢，奮國家之用，身享其利而不顧其主，此尉佗、章邯所以成王〔二五〕，秦失其政也。孫子曰：『今夫國家之事，一日更百變，然而不亡者，可得而革也。逮出兵乎平原廣牧，鼓鳴矢流，雖有堯、舜之知，不能更也。』戰而勝之，退脩禮義，繼三代之迹，仁義附矣。戰勝而不休，身死國亡者，吴王是也。」

大夫曰：「順風而呼者易爲氣，因時而行者易爲力〔二六〕。文、武懷餘力，不爲後嗣計，故三世而德衰，昭王南征，死而不還〔二七〕。凡伯囚執，而使不通，晉取郊、沛〔二八〕，王師敗於茅戎〔二九〕。今西南諸夷，楚莊之後〔三〇〕；朝鮮之王，燕之亡民也〔三一〕。南越尉佗起中國，自立爲王，德至薄，然皆亡〔三二〕天下之大，各自以爲一州〔三三〕，倔强倨敖〔三四〕，自稱老夫〔三五〕。先帝爲萬世度，恐有冀州〔三六〕之累，南荆〔三七〕之患，於是遣左將軍樓船平之〔三八〕，兵不血刃，咸爲縣官也。七國之時，皆據萬乘，南面稱王，提珩〔三九〕爲敵國累世，然終不免俛〔四〇〕首係虜於秦。今匈奴不當漢家〔四一〕之巨郡，非有六國之用、賢士之謀。由此觀難易，察然可見也。」

文學曰：「秦滅六國，虜七王，沛然有餘力，自以爲蚩尤不能害，黄帝不能斥〔四二〕。及二世弑〔四三〕死望夷，子嬰係頸降楚，曾不得七王之俛首。使六國並存，秦尚爲戰國〔四四〕，固未亡也。何以明之？自孝公以至於始皇，世世爲諸侯雄，百有餘年〔四五〕。及兼天下，十四歲而亡。何則？外無敵國之憂〔四六〕，而內自縱恣也。自非聖人〔四七〕，得志而不驕佚者，未之有也。」

＊漢武帝時期，經過長期艱苦奮戰，終於打敗了匈奴，給中國統一事業作出了巨大貢獻。在這次會議上，御史大夫高度贊揚了「先帝征不義」，是「爲萬世度」，稱道這次戰争「以義伐不義，若因秋霜而振落葉」，從而深刻地批判了「以仁義」「懷遠」的投降主義謬論。然而文學却竭力鼓吹抗戰必亡的謬論，胡説什麽「兵者凶器，不可輕用也，其以强爲弱，以存爲亡，一朝爾也」，認爲「匈奴難圖」，「羣臣爲縣官計者，皆言其易而實難」；攻擊秦始皇的統一中國、抗擊匈奴，是「外無敵國之憂，而內自縱恣」，「是以秦欲驅之而反更亡也」，來影射漢武帝。

〔一〕盧文弨曰：「『廓』『郭』同。」器案：明初本、張之象本、沈延銓本、金蟠本、諸子品節、諸子彙函、兩漢別解「廓」作「郭」。詩經大雅皇矣：「憎其式廓。」釋文：「『廓』本作『郭』。」説文「鼓」下云：「萬物郭皮甲而出。」段玉裁注云：「郭，今之廓字。」即「廓」「郭」古通之證。

〔二〕盧文弨曰：「『廗』，大典『席』。」張敦仁曰：「華本『廗』改『席』。」按拾補云：「『大典席。』此張守節所云『席下爲帶』者。」王先謙曰：「案御覽一百七十四居處部引亦作『旃席』。」器案：顏氏家訓書證篇：「席中加帶。」文選上林賦注：「『廗』與『席』古字通。」此蓋六朝、唐人習用之俗字。明初本、攖寧齋鈔本亦改作「席」。史記匈奴傳：「匈奴父子，乃同穹廬而卧。」集解：「漢書音義曰：『穹廬，旃帳。』」這裹所謂「旓席爲蓋」，也就是「旓帳」。

〔三〕爾雅釋器：「金鏃翦羽謂之鍭，骨鏃不翦羽謂之志。」郭注：「今之骨骲是也。」漢書地理志下：「儋耳、珠崖郡……兵則矛、盾、刀木、弓、弩、竹矢，或骨爲鏃。」師古曰：「鏃，矢鋒。」

〔四〕史記趙世家：「公子成曰：『臣聞中國者，蓋聰明徇智之所居也，萬物財用之所聚也，聖賢之所教也，仁義之所施也，詩、書、禮、樂之所用也，異敏技能之所試也，遠方之所觀赴也，蠻、夷之所義行也。』」又見戰國策趙策上，此文本之。這裏所謂中國云云，係就中原地區和四方少數民族相比較而言。

〔五〕荀子王霸篇：「及以燕，趙起而攻之，若振槁然。」史記禮書：「舉若振槁。」索隱：「振，動也，擊也。槁，乾葉也。」文選左太沖吴都賦：「麾城若振槁。」

〔六〕公羊傳莊公三十年：「齊人伐山戎。此齊侯也，其稱人何？貶。曷爲貶？子司馬子曰：『蓋以操之爲已蹙矣。』此蓋戰也，何以不言戰？春秋敵者言戰，桓公之與戎、狄，驅之爾。」明初本、正嘉本、張之象本、沈延銓本、金蟠本、諸子品節、諸子彙函「狄」作「狐」，不可據。

〔七〕曲襟即交領，文選魏都賦注：「衿，衣交領也。」王僧達贈答詩「衿」作「襟」。

〔八〕文選東京賦注：「都謂聚會也。」都成，蓋謂以整幅布匹爲之。

〔九〕史記陳涉世家贊：「士亦不敢貫弓而報怨。」索隱：「如字，貫謂上弦也。」史記秦始皇本紀作「彎弓」。又伍子胥傳：「伍胥貫弓執矢嚮使者，使者不敢進。」集解：「貫，烏還反。」索隱：「劉氏音貫爲彎，又音古患反。貫謂滿張弓。」

〔一〇〕左傳僖公四年：「共其資糧屝屨。」孔穎達正義：「少儀云：『君將適他，臣如致金玉貨貝於君，則曰致馬資於有司。』鄭玄云：『資猶用也。』然則諸所費用之物皆爲資也。糧謂米粟行道食也。」案：今言物資，本此。

〔一一〕漢書食貨志上：「邊食足以支五歲，可令入粟郡縣矣。足支一歲以上，可時赦，勿收農民租。」廣韻：「支，支持也。」

〔一二〕韓非子八説篇：「書約而弟子辨。」盧文弨曰：「張本作『辨』。」案諸子品節、諸子彙函、兩漢別解亦作「辨」。

〔一三〕「木」原作「衣」，今改。盧文弨曰：「『衣』，大典『木』。」張敦仁曰：「華本『衣』改『木』。」案：明初本亦作「木」。史記匈奴傳：「逐水草遷徙，毋城郭常處耕田之業，然亦各有分地。毋文書，以言語爲約束。……匈奴之俗，人食畜肉，飲其汁，衣其皮。畜食草飲水，隨時轉移。故其急則人習騎射，寬則人樂無用，其約束輕，易行也。」

〔一四〕老子道經：「夫佳兵者，不祥之器，不得已而用。」韓非子存韓篇：「兵，凶器也，不可不審用也。」吕氏春秋論威篇：「凡兵，天下之凶器也；勇，天下之凶德也；舉凶器，行凶德，猶不得已也。」國語越語：「兵者凶器。」尉繚子武議篇：「兵者凶器也。」淮南子道應篇：「兵者凶器也。」史記律書：「兵凶器。」又越世家：「兵者，凶器也；戰者，逆德也；争者，事之末也。陰謀逆德，好用凶器，試身於末，上帝禁之，行者不利。」漢書嚴助傳：「兵固凶器，明主之所重出也。」又主父偃傳：「兵者，凶器也。」本書論菑篇：「兵者，凶器也。」

〔一五〕漢書趙充國傳：「一朝之變不可諱。」又田延年傳：「衆人所謂當死者，一朝出之。」一朝，猶言頃刻之間。」漢書鼂錯傳：「雖然，兵，凶器；戰，危事也；以大爲小，以彊爲弱，在俛卬之間耳。」義與此同。

〔一六〕「虜」原作「虐」，今改。盧文弨曰：「『虐』，史記作『虜』。」孫人和曰：「案趙策亦作『虜』。」器案：史記魯仲連傳索隱：「言秦人以權詐使其戰士，以奴虜使其人，言無恩以恤下。」漢書項籍傳：「乘勝奴虜使之。」此亦作「虜使」之證。後漢書朱穆傳：「貪聚無厭，遇人如虜。」義亦同。

〔一七〕論語泰伯篇：「大哉！堯之爲君也。巍巍乎！唯天爲大，唯堯則之。」

〔一八〕漢書終軍傳：「必待明聖潤色。」師古曰：「潤色，謂光飾之。」案論語憲問篇：「爲命……東里子産潤色之。」

〔一九〕韓詩外傳三：「當舜之時，有苗不服。以其不服者，衡山在南，岐山在北，左洞庭之波，右彭蠡之水，由此險也，以其不服。禹謂伐之，而舜不許，曰：『吾喻教猶未竭也。』久喻教，而有苗民請服。」（喻、諭同，漢書賈誼傳：「早論教與選左右。」説苑君道篇載此事作「諭」。）又見韓非子五蠹篇、隨巢子、戰國策魏策、呂氏春秋上德篇、淮南子氾論篇。

〔二〇〕漢書嚴助傳：「自三代之盛，胡、越不與受正朔，……以爲不居之地，不牧之民，不足以煩中國也。」師古曰：「地不可居，而民不可牧養也。」器案：本書未通篇「夫牧民之道」云云。管子有牧民篇，義皆同。牧本放牧牲畜之意，管子七法篇：「養人如養六畜。」就是一種直言不諱的解釋。在階級社會裏，統治階級蠛視勞動人民，把他們作爲牛馬看待，把剥削階級對人民的統治，比喻爲牧人對牲畜的飼牧和管理。

〔二一〕漢書司馬遷傳師古注：「不羈，不可羈繫也。」文選報任安書注：「不羈，不可繫也。」器案：漢官儀：

「馬曰羈，牛曰縻。言制四夷如牛馬之受羈縻也。」這是封建社會對待少數民族不平等的説法。

〔二二〕正嘉本、張之象本、沈延銓本、金蟠本「主」作「王」。

〔二三〕戰國策趙策下：「彼秦者，棄禮義而上首功之國也，權使其士，虜使其民。」又見史記魯仲連傳，集解：「譙周曰：『秦用衛鞅計，制爵二十等，以戰獲首級者，計而受爵；是以秦人每戰勝，老弱婦人皆死，計功賞至萬數，天下謂之上首功之國，皆以惡之也。』」索隱：「秦法：斬首多爲上功。謂斬一人首賜爵一級，故秦爲首功之國也。」

〔二四〕漢書賈誼傳：「非有仄室之勢以豫席之也。」臣瓚曰：「席，藉也。」又楚元王傳附劉向傳：「席太后之寵，據將相之位。」師古曰：「席，因也，言若人之坐於席也。」又蒯通傳：「乘利席勝。」師古曰：「席，因也，若人之在席上。」説文广部：「席，藉也。」

〔二五〕漢書主父偃傳：「且夫兵久則變生，事苦則慮易，使邊境之民，靡敝愁苦，將吏相疑而外市，故尉佗、章邯得成其私，而秦政不行，權分二子，此得失之效也。」言秦政之失，則尉佗、章邯之所以成王，亦其一端。尉佗，姓趙氏，秦時用爲龍川令，楚、漢之際，自立爲南粤王，見史記南越傳及漢書南粤傳。章邯，故秦將，項羽封爲雍王，見史記項羽本紀及漢書項籍傳。

〔二六〕荀子勸學篇：「登高而招，臂非加長也，而見者遠；順風而呼，聲非加疾也，而聞者彰。」又見大戴禮記勸學篇、説苑建本、談叢二篇。

〔二七〕左傳僖公四年：「昭王南征而不復。」史記周本紀：「昭王南巡狩不返，卒於江上。」正義：「帝王世紀云：『昭王德衰，南征，濟於漢。船人惡之，以膠船進王。王御船至中流，膠液船解。王及祭公俱没於水中而崩。其右辛游靡，長臂且多力，游振得王。周人諱之。』」

〔二八〕張敦仁曰：「案『沛』字誤也，當作『柳』，侵柳在宣元年，圍郊在昭二十三年，『郊、柳』連言，又『郊』在『柳』上者，何休注公羊隱七年戎伐凡伯傳云：『與郊、柳。』必舊説也，故次公稱之。」器案：春秋公羊隱公七年：「戎伐凡伯于楚丘以歸。凡伯者何？天子之大夫也。此聘也，其言伐之何？執之也。執之則其言伐之何？大之也。曷爲大之？不與夷、狄之執中國也。」

〔二九〕左傳成公元年：「王師敗績於茅戎。」

〔三〇〕史記西南夷傳：「始楚威王時，使將軍莊蹻將兵循江上，略巴、蜀、黔中以西。莊蹻者，故楚莊王苗裔也。蹻至滇池，地方三百里，旁平地肥饒數千里，以兵威定屬楚，欲歸報；會秦擊楚巴、黔中郡，道塞不通，因還以其衆王滇，變服，從其俗以長之。」

〔三一〕史記朝鮮傳：「朝鮮王滿者，故燕人也。」

〔三二〕張敦仁曰：「華本『亡』改『忘』。」「亡」「忘」古通，明初本亦作「忘」。

〔三三〕史記南越傳：「任囂語趙佗曰：『且番禺負山險，阻南海，東西數千里，頗有中國人相輔，此亦一州之主也，可以立國。』」又西南夷傳：「滇王與漢使者言曰：『漢與我孰大？』及夜郎侯亦然。以道不通，故各自以爲一州主，不知漢廣大。」

〔三四〕沈延銓本「敖」作「傲」。「敖」「傲」古通。

〔三五〕史記南越傳：「陸賈至南越，王甚恐，爲書謝，稱曰蠻、夷大長老夫臣佗。」

〔三六〕淮南子泰族篇：「故天子得道，守在四夷，天子失道，守在諸侯；諸侯得道，守在四鄰，諸侯失道，守在四境。故湯處亳七十里，文王處酆百里，皆令行禁止於天下。周之衰也，戎伐凡伯於楚丘以歸。故得道則以百里之地令於諸侯，失道則以天下之大畏於冀州。」器案：冀州與天下互文見義，冀州也指天下，淮南子墬形篇：「少室、太室在冀州。」高誘注：「冀，堯都冀州，冀爲天下之號也。」鹽鐵論即本淮南爲說。山海經大荒北經注：「冀州，中土也。」淮南子覽冥篇：「今夫赤螭青虬之游冀州也。」又：「於是女媧……殺黑龍以濟冀州。」高誘注：「冀，九州中，謂今四海之内。」都以冀州作「天下」用。

〔三七〕「南荆」，指周昭王南征不復事。

〔三八〕史記朝鮮傳：「元封二年秋，遣樓船將軍楊僕，從齊浮渤海，兵五萬人，左將軍荀彘出遼東討右渠。」又南越傳：「元鼎五年秋，衛尉路博德爲伏波將軍，出桂陽下匯水；主爵都尉楊僕爲樓船將軍，出豫章下横浦；故歸義、越侯二人，爲弋船、下厲將軍，出零陵，或下離水，或抵蒼梧；使馳義侯因巴、蜀罪人，發夜郎兵，下牂牁江，咸會番禺。」

〔三九〕姚範曰：「『珩』當作『衡』，連下『爲敵國累世』爲句。」張敦仁曰：「『珩』當作『衡』。（臣瓚注漢書『提衡』云：『衡，平也。』是其義也。）」王啓源曰：「按『珩』『衡』通用，非誤字。」器案：王説是。文選思玄賦：「雜技藝以爲珩。」注：「『珩』與『衡』音義同。蓋韓傳作『珩』，玉藻作『衡』。」管子輕重乙篇：「與天子提衡争秩於諸侯。」韓非子有度篇：「愚智提衡而立。」又飾邪篇：「國亂飾高，自以爲與秦提衡。」又八經篇：「大臣兩重，提衡而不踦曰卷禍。」漢書杜周傳贊：「相與提衡。」如淳曰：「提衡，猶言相提携也。」臣瓚曰：「衡，平也，言二人齊也。」師古曰：「瓚説是也。」

〔四〇〕「俛」字原無，今據郭沫若校補。下文言「曾不得七王之俛首」，即承此而言，郭校是。

〔四一〕古代習慣稱某朝爲某家，其稱漢朝爲漢家者，如漢書武帝紀：「征和二年，上謂大將軍青曰：『漢家庶事草創。』」又宣帝紀：「帝曰：『漢家自有制度，本以霸王道雜之。』」又爰盎傳：「方今漢家法周。」又張湯傳：「明習漢家制度。」又梅福傳：「漢家得賢，於此爲盛。」這些家字，都是「家天下」的意思。

〔四二〕明初本、華氏活字本「斥」作「匡」。

〔四三〕張之象本、沈延銓本、金蟠本「弑」作「殺」。

〔四四〕「國」字原脱，今據趙曦明説校補。盧文弨曰：「脱『國』字，趙敬夫補。」王先謙曰：「案『固』即『國』之誤，當改不當補。」

〔四五〕史記秦始皇本紀：「自繆公以來，至於秦王，二十餘君，常爲諸侯雄，豈世世賢哉？其勢居然也。」此文本之。

〔四六〕孟子告子下：「出則無敵國外患者，國恒亡。」

〔四七〕左傳成公十六年：「自非聖人，外寧必有内憂。」

論鄒*第五十三

大夫曰：「鄒子疾晚世之儒墨，不知天地之弘，昭曠之道，將一曲而欲道九折，守一隅而欲知萬方〔一〕，猶無準平而欲知高下，無規矩而欲知方圓也。於是推大聖終始之運〔一二〕，以喻王公，先列〔一三〕中國名山通谷，以至海外。所謂中國者，天下八十一〔一四〕分之一，名曰赤縣神州，而分爲九州〔一五〕。絶陵陸〔一六〕不通，乃爲一州，有大〔一七〕瀛海圜〔一八〕其外。此所謂八極〔一九〕，而天地〔一〇〕際焉〔一一〕。禹貢亦著山川高下原隰〔一二〕，而不知大道之徑。故秦欲達九州而方〔一三〕瀛海，牧〔一四〕胡而朝萬國。諸生守畦畝之慮，閭巷之固〔一五〕，未知天下之義也。」

文學曰：「堯使禹爲司空，平水土，隨山刊木〔一六〕，定高下而序九州。鄒衍非聖人，作怪誤〔一七〕，熒〔一八〕惑六國之君，以納其說。此春秋所謂『匹夫熒惑諸侯』〔一九〕者也。孔子曰：『未能事人，焉能事鬼神〔二〇〕？』近者不達，焉能知瀛海？故無補於用者，君子不爲；無益於治者，君子不由。三王信經道，而德光〔二一〕於四海；戰國信嘉〔二二〕言，而破亡如丘山〔二三〕。昔秦始皇已吞天下，欲并萬國，亡其三十六郡〔二四〕；欲達瀛海，而失其州縣。知大義如斯，不如守小計也。」

＊　此篇就鄒衍「大九州」之說進行辯論，實質是以古喻今還是借古諷今的問題。大夫認爲爲政之道，應知放眼四海，不能閉關自守，鄒衍之說，大可借鑑；而文學則「守畦畝之慮，閭巷之固」，以爲「知大義」「不如守小計」，以借古諷今。

〔一〕漢書嚴安傳引鄒子曰：「政教文質，所以云救也。當時則用，過則舍之，有易則易也。故守一而不變者，未覩治之至也。」淮南子俶真篇：「論於一曲不通於萬方之際也。」又泰族篇：「夫守一隅而遺萬方，取一物而棄其餘，則所得者鮮，而所治者淺矣。」

〔二〕史記孟子荀卿列傳：「騶衍……乃深觀陰陽消息，而作怪迂之變，終始大聖之篇，十餘萬言。」又封禪書：「齊威、宣之時，騶子之徒，論著終始五德之運。及秦帝，齊人奏之。」漢書郊祀志上：「論著終始五德之運。」如淳曰：「今其書有五德終始，五德各以所勝爲行，秦謂周爲火德，滅火者水，故自謂水德。」又藝文志陰陽家有鄒子四十九篇，鄒子終始五十六篇。又數術略五行類：「其法亦起五德終始，推其極，則無不至。」文選魏都賦注引七略：「鄒子有終始五德，從所不勝。土德後，木德繼之；金德次之；火德次之；水德次之。」「鄒」、「騶」古通。鄒衍終始五德之運，今都不傳。桑弘羊在這裏稱引它，主要是爲了用歷史變動和王朝更替的觀念來批判文學們復古守舊、一成不變的思想。

〔三〕「先列」原作「列士」，今據張敦仁説校改。張云：「『列』上脱『先』字，下衍『士』字。（此篇所言，與史記鄒衍列傳大略相同，今本多誤，故張之象皆失其讀。此以彼義訂之，下同。）」

〔四〕「十」下原脱「一」字，今據張敦仁説校補。

〔五〕「州」原作「川」，今據張敦仁説校改。華氏本、攖寧齋鈔本及困學紀聞十引正作「州」。

〔六〕張敦仁曰：「『陵』字當衍，（説見上。）史記所謂『於是有稗海環之，人民禽獸，莫能相通者』是也。」器案：困學紀聞引仍作「絶陵陸不通」，本書本議篇寫道：「服牛駕馬以達陵陸。」也是本書作「陵陸」之證。淮南子泰族篇：「俯視地理以制度量，察陵陸水澤肥墽高下之宜。」是「陵陸」爲漢人習用語，張説不可從。

〔七〕正嘉本、張之象本、沈延銓本、金蟠本「大」作「八」，不可從。

〔八〕周禮哲簇氏注：「星謂從角至軫。」賈公彦疏云：「右族數之。蓋二十八宿分布四方，自東而北而西而南則一周，故曰圜道也。」漢書高五王傳：「圜悼惠王冢園邑盡以予菑川。」師古曰：「圜謂周繞之。」史記齊悼惠王世家「圜」作「環」，古通。孟子公孫丑下：「環而攻之。」趙岐注：「環城圍之。」吕氏春秋愛士篇：「晉人已環繆公之車矣。」高誘注：「環，圍。」攖寧齋鈔本「圜」誤作「國」。

〔九〕淮南子原道篇：「廓四方，柝八極。」高誘注：「八極，八方之極也。」

〔一〇〕「地」原作「下」，今從張敦仁據史記校改。案史記正義：「言一州縣有稗海，環繞之。凡天下有九州，有大瀛海環繞其外，乃至天地之際也。」

〔一一〕史記孟子荀卿列傳：「騶衍覩有國者益淫侈，不能尚德，若大雅整之於身，施及黎庶矣。乃深觀陰陽消息，而作怪迂之變，終始大聖之篇，十餘萬言。其語閎大不經，必先驗小物，推而大之，至於無垠。先序今以上至黄帝，學者所共術，大並世盛衰。因載其機祥度制，推而遠之，至天地未生，窈冥不可考而原也。先列中國名山大川通谷，禽獸水土所殖，物類所珍，因而推之，及海外人之所不能覩，稱引天地剖判以來，五德轉移，治各有宜，而符應若兹。以爲儒者所謂中國者，於天下乃八十一分居其一分耳。中國名曰赤縣神州。赤縣神州内自有九州，禹之序九州是也，不得爲州數。中國外如赤縣神州者九，乃所謂九州也。於是有裨海環之，人民禽獸，莫能相通者，如區中者，乃爲一州。如此者九，乃有大瀛海環其外，天地之際焉。其術皆此類也。」

〔一二〕漢書地理志上顔師古注：「高平曰原，下溼曰隰。」

〔一三〕郭沫若曰：「『方』即詩『就其深矣，方之舟之』之『方』，意同航。」

〔一四〕文選難蜀父老文：「天子之牧夷狄也。」集解：「劉良曰：『牧，養也。』」

〔一五〕論語述而篇：「儉則固。」集解：「孔安國曰：固，陋也。」孟子告子下：「固矣夫，高叟之爲侍也。」趙岐注：「固，陋也。」

〔一六〕漢書地理志上：「隨山栞木。」師古曰：「『栞』，古『刊』字也。……言禹隨行山之形狀，而刊斫其木以爲表記。」

〔一七〕張敦仁曰：「『誤』當作『迂』，史記所謂『作怪迂之變』者也。」陳遵默曰：「『誤』當作『訏』，聲訛，史記『迂』即『訏』之借。」器案：張、陳説是，史記索隱、正義引都作「迂怪虚妄」，漢書藝文志神仙家：「或者專以爲務，則誕欺怪迂之文，彌以益多。」師古曰：「迂，遠也。」又揚雄傳下：「雄見諸子各以其知舛馳，大氐詆訾聖人，即爲怪迂，析辯詭辭，以撓世事。」此皆當時以「怪迂」或「迂怪」連用之證。法言五百篇：「鄒衍迂而不信。」論衡案書篇：「鄒衍之書，瀇洋無涯，其文少驗，多驚耳之言。」説文言部：「訏，詭譌也。」此陳説所本。但「誤」從「吴」得聲，亦有夸大意，説文口部：「吴，一曰大言也。」國語周語：「迂則誣人。」俗説「大言欺人」，欺人亦誣人也。則「誤」字義亦可通，今故存而不革。

〔一八〕「熒」字原無，史記索隱、正義引都有，今據補訂。莊子齊物論釋文：「熒，疑惑也。」

〔一九〕史記索隱：「桓寬、王充（案見論衡談天篇。）以衍之所言，迂怪虚妄，熒惑六國之君，因納其異説，所謂匹夫而熒惑諸侯者是也。」正義：「鹽鐵論及論衡，並以衍之所言，迂怪虚妄，熒惑六國之君，因納其異説，所謂匹夫而熒惑諸侯也。」史記孔子世家：「孔子趨而進，歷階而登，不盡一等，曰：『匹夫而熒惑諸侯者，罪當誅。』」公羊傳定公十年何休注亦引孔子此語。

〔二〇〕這是論語先進篇文。今本無「神」字。

〔二一〕「光」讀爲「廣」。

〔二二〕郭沫若讀「嘉」爲「訛」。

〔二三〕「而破亡如丘山」，原作「破亡而泥山」，義不可通。「而」字據上句例，當在句首，因傳鈔誤植，又脱去「如」字。「丘山」爲本書習用語，「丘」與「尼」字俗書「𡰥」形近，因誤爲「𡰥」，繼又誤爲「泥」也。「泥山」無義。

〔二四〕史記秦始皇本紀：「始皇曰：『天下共苦戰鬬不休，以有侯王；賴宗廟，天下初定，又復立國，是樹兵也，而求其寧息，豈不難哉！廷尉議是。』分天下以爲三十六郡。」

論菑*第五十四

大夫曰：「巫祝不可與並祀，諸生不可與逐語，信往疑今，非人自是。夫道古者稽之今，言遠者合之近〔一〕。日月在天，其徵在人，菑異之變，夭壽之期，陰陽之化，四時之叙，水火金木，妖祥之應，鬼神之靈，祭祀之福，日月之行，星辰之紀，曲言之故，何所本始？不知則默，無苟亂耳。」

文學曰：「始江都相董生推言陰陽〔一〕，四時相繼，父生之，子養之，母成之，子藏之〔三〕。故春生，仁；夏長，德；秋成，義；冬藏，禮。此四時之序，聖人之所則也。刑不可任以成化，故廣德教。言遠必考之邇，故内恕〔四〕以行。是以刑罰若加於己，勤勞若施於身。又安能忍殺其赤子，以事無用，罷弊所恃，而達瀛海乎？蓋越人美嬴蚌〔五〕而簡太牢，鄙夫樂咋唶〔六〕而怪韶濩。故不知味者，以芬香爲臭；不知道者，以美言爲亂耳。人無夭壽，各以其好惡爲命。羿、敖〔七〕以巧〔八〕力不得其死，智伯以貪狠〔九〕亡其身。天菑之證，禎祥之應，猶施與之望報，各以其類及。故好行善者，天助以福，符瑞是也。易曰：『自天祐之，吉無不利〔一〇〕。』好行惡者，天報以禍，妖菑是也。春秋曰：『應是而有天菑〔一一〕。』周文、武〔一二〕尊賢受諫，敬戒不殆〔一三〕，純德上休，神祇相況〔一四〕。詩云：『降福穰穰〔一五〕，降福簡簡〔一六〕。』日者陽，陽道明；月者陰，陰道冥；君尊臣卑之義。故陽光盛〔一七〕於上，衆陰之類消於下；月望於天，蚌蛤盛於淵〔一八〕。故臣不臣，則陰陽不調，日月有變；政教不均，則水旱不時，螟螣生。此災異之應也。四時代叙，而人則其功，星列於天，而人象其行〔一九〕。常〔二〇〕星猶公卿也，衆星猶萬民也。列星〔二一〕正則衆星齊，常星亂則衆星墜矣。」

大夫曰："文學言剛柔之類，五勝〔二二〕相代生。易明於陰陽，書長於五行。春生夏長，故火生於寅木，陽類也；秋生冬死，故水生於申金〔二三〕，陰物也。四時五行，迭廢迭興，陰陽異類，水火不同器。金得土而成，得火而死，金生於巳，何説何言然乎？"

文學曰："兵者，凶器也。甲堅兵利，爲天下殃。以母制子，故能久長。聖人法之，厭而不陽〔二四〕。詩云：『載戢干戈，載櫜弓矢〔二五〕，我求懿德，肆于時夏〔二六〕。』衰世不然。逆天道以快暴心，僵尸血流，以争壤土。牢人之君，滅人之祀，殺人之子，若絶草木〔二七〕，刑者肩靡〔二八〕於道。以己之所惡而施於人。是以國家破滅，身受其殃，秦王是也。"

大夫曰："金生於巳，刑罰小加，故薺麥夏死〔二九〕。易曰：『履霜，堅冰至〔三〇〕。』秋始降霜，草木隕零，合冬行誅，萬物畢藏。春夏生長，利以行仁。秋冬殺藏，利以施刑。故非其時而樹，雖生不成。秋冬行德，是謂逆天道。月令：『涼風至，殺氣動，蜻蛚鳴〔三一〕，衣裘成。天子行微刑，始貙蔞〔三二〕，以順天令。』文學同四時〔三三〕，合陰陽，尚德而除刑。如此，則鷹隼不鷙，猛獸不攫，秋不蒐獮，冬不田狩者也。"

文學曰："天道好生惡殺，好賞惡罪。故使陽居於實〔三四〕而宣德施，陰藏於虛而爲陽佐輔。陽剛陰柔，季不能加孟。此天賤冬而貴春，申陽屈陰。故王者南面而聽天下，背陰向陽，前德而後刑也。霜雪晚至，五穀猶成。雹霧夏隕，萬物皆傷。由此觀之：嚴刑以治國，猶任秋冬以成穀也。故法令者，治惡之具也，而非至治之風也〔三五〕。是以古者，明王茂其德教，而緩其刑罰也。網漏吞舟之魚〔三六〕，而刑審於繩墨之外〔三七〕，及〔三八〕臻其末，而民莫犯禁也。」

* 本篇就産生自然災害的問題展開激烈論争。文學根據董仲舒的「天人感應論」，把春生夏長秋成冬藏的自然規律，拿來附會仁德義禮，胡説什麽「好行善者，天助以福」，「好行惡者，天報以禍」，這就是「天菑之證，禎祥之應」，並且還攻擊秦始皇推行法治，是「逆天道以快暴心」，所以弄得「國家破滅，身受其殃」，更進而宣揚「古者明王茂其德教，而緩其刑罰」，妄想改變漢武帝的法治。桑弘羊提出「道古者稽之今，言遠者合之近」的進步歷史觀。他向「信往疑今、非人自是」的腐儒提出一連串的問題，問道：「菑異之變，夭壽之期，陰陽之化，四時之叙，水火金木，妖祥之應，鬼神之靈，祭祀之福，日月之行，星辰之紀，曲言之故，何所本始？」「金得土而成，得火而死，金生於巳，何説何言然乎？」這些問題，閃爍着樸素唯物主義的思想，是屈原天問的繼承和發展。當然，桑弘羊用陰陽五行之説來解釋自然現象，認爲自然現象和社會現象之間有直接的相互制約、相互决定的聯繫，這種哲學思想也是錯誤的。

〔一〕荀子性惡篇：「故善言古者，必有節於今；善言天者，必有徵於人。」陸賈新語術事篇：「善言古者合之於今，能述遠者考之於近。」漢書董仲舒傳：「善言天者，必有徵於人；善言古者，必有驗於今。」漢書公孫弘傳：「天人之道，何所本始？」

〔二〕漢書五行志上：「景、武之世，董仲舒治公羊春秋，始推陰陽，爲儒者宗。」案董仲舒所撰春秋繁露一書，有陰陽位、陰陽終始、陰陽義、陰陽出入等篇。

〔三〕春秋繁露五行對篇：「河間獻王問温城董君曰：『孝經曰：夫孝，天之經，地之義。何謂也？』對曰：『天有五行，木火土金水是也。木生火，火生土，土生金，金生水；水爲冬，金爲秋，土爲季夏，火爲夏，木爲春；春主生，夏主長，季夏主養，秋主收，冬主藏，藏，冬之所成也。是故父之所生，其子成之；父之所長，其子養之；父之所養，其子成之；諸父所爲，其子皆奉承而續行之，不敢不致如父之意，盡爲人之道也。故五行者，五行也。由此觀之：父授之，子受之，乃天之道也。故曰：夫孝者，天之經也。此之謂也。』」

〔四〕張之象本、沈延銓本、金蟠本「内」作「由」。郭沫若曰：「『内』當爲『忠』。」器案：漢書高惠高后文功臣表：「是以内恕之君，樂繼絶世。」則「内恕」爲漢人習用語，無煩改作。

〔五〕「贏」原作「羸」，正嘉本、太玄書室本、張之象本、沈延銓本、金蟠本作「贏」，今據改正。

〔六〕咋唶，大聲也。

〔七〕正嘉本、攖寧齋鈔本、太玄書室本、張之象本、沈延銓本、金蟠本「敖」作「奡」。盧文弨曰：「説文：『生敖及豷。』『敖』即『奡』。大典作『傲』。書：『無若丹朱傲。』説文又作『奡』，亦可通。」

〔八〕「巧」原作「功」，今據張敦仁説校改。盧文弨曰：「『功』疑衍。」張曰：「『功』當作『巧』，謂羿巧而敖力也。」徐友蘭說同。

〔九〕「貪狼」原作「貪狼」，今改。「貪狼」與「功力」對言。

〔一〇〕這是易經大有文，繫辭上文同。

〔一一〕公羊傳宣公十五年：「冬，蝝生。未有言蝝生者，此其言蝝生何？蝝生不書，此何以書？幸之也。幸之者何？猶曰受之云爾。受之云爾者何？上變古易常，應是而有天災，其諸，則宜於此焉變矣。」春秋繁露必仁且智篇：「春秋之法，上變古易常，應是而有天災者，謂幸國。」

〔一二〕盧文弨曰：「『武』，大典『王』。」

〔一三〕「殆」與「怠」同，詩商頌玄鳥：「受命不殆。」鄭箋：「受天命而行之不解殆。」即以「殆」爲「怠」。

〔一四〕張之象本、沈延銓本、金蟠本「況」作「貺」。盧文弨曰：「案：況，賜也。」

〔一五〕「穰穰」原作「攘攘」，華氏本作「瀼瀼」，張之象本、沈延銓本、金蟠本作「穰穰」，今據改正。

〔一六〕這是詩經周頌執競文。朱熹集傳：「穰穰，多也；簡簡，大也。」

〔一七〕「光」原作「先」。盧文弨曰：「『先』當作『光』。」今據改正。攖寧齋鈔本「盛」作「勝」。

〔一八〕吕氏春秋精通篇：「月也者，羣陰之本也。月望則蚌蛤實，羣陰盈；月晦則蚌蛤虚，羣陰虧。夫月形乎天，而羣陰化乎淵；聖人形德乎己，而四荒咸飭乎仁。」淮南子天文篇：「月者，陰之宗也，是以月虧而魚腦減，月死而蠃蛖膲。」又說山篇：「月盛衰於上，則蠃蛖應於下。同氣相動，不可以爲遠。」

〔一九〕韓非子解老篇：「列星得之，以端其行。」文選傅玄雜詩：「列宿自成行。」注：「列宿，二十八宿也。」

〔二〇〕「常星」就是「恒星」，漢人避漢文帝劉恒諱，改「恒」作「常」。

〔二一〕論衡率性篇："衆星在天，天有其象；得富貴象則富貴，得貧賤象則貧賤。"

〔二二〕史記曆書："是時，獨有鄒衍，明於五德之傳，而散消息之分，以顯諸侯；而亦因秦滅六國，兵戎極煩，又升至尊之日淺，未暇遑也。而亦頗推五勝，而自以爲獲水德之瑞，更名河曰德水，而正以十月，色上黑。"集解："漢書音義曰：'五行相勝，秦以周爲火，用水勝之也。'"漢書律曆志上："戰國擾攘，秦兼天下，未皇暇也；亦頗推五勝，而自以爲獲水德，乃以十月爲正，色尚黑。"孟康曰："五行相勝，秦以周爲火，用水勝之。"吴越春秋五句踐歸國外傳："大夫句如曰：'天有四時，人有五勝。昔湯、武乘四時之利而制夏、殷，桓、繆據五勝之便而列六國。'"注："五德迭相勝也。"内經素問二五寳命全形論："岐伯曰：'五勝更立，木得金而伐，水得火而滅，土得木而達，金得火而缺，水得土而絶。'"這些，都是談所謂"五勝"之道的。正嘉本、倪邦彦本、太玄書室本、張之象本、沈延銓本、金蟠本作"互勝"，所謂不知而作者也。

〔二三〕白虎通五行篇："金，少陰。"

〔二四〕張之象本、沈延銓本、金蟠本"陽"作"揚"。王先謙曰："御覽二百七十一兵部引'以母'作'其母'，'不陽'作'不傷'。"文廷式純常子枝語二一："寅午戌會火局，火生於寅，木也；申子辰會水局，水生於申，金也。獨金生於巳，不解其故。及論鹽鐵論論菑篇，大夫以此爲問，文學曰：'兵者，凶器也。甲堅兵利，爲天下殃。以母制子，故能久長。聖人法之，厭而不陽。'然後知古義如此，不必以己爲土也。"

〔二五〕正嘉本、張之象本、沈延銓本、金蟠本"櫜"作"櫜"。汪文臺十三經注疏校勘記識語："鹽鐵論引詩'載櫜弓矢'，今詩作'櫜'，'櫜''櫜'通用字也。周禮翦氏釋文：'櫜'本作'櫜'。儀禮士喪禮注：'今文櫜爲橐。』史記項橐，高本戰國策云『項櫜』。」

〔二六〕這是詩經周頌時邁文。朱熹集傳曰：「戢，聚；櫜，韜；肆，陳也。夏，中國也。」

〔二七〕漢書賈誼傳：「故胡亥今日即位，而明日射人，……其視殺人若艾草菅然。」師古曰：「艾讀曰刈。菅，茅也。」

〔二八〕盧文弨曰：「『靡』、『摩』同。」

〔二九〕淮南子墬形篇：「木勝土，土勝水，水勝火，火勝金，金勝木。故禾春生秋死，菽夏生冬死，麥秋生夏死，薺冬生夏死。」高誘注：「薺，水也，水王而生，土王而死也。」

〔三〇〕這是易經坤卦文。象曰：「履霜堅冰，陰始凝也；馴致其道，至堅冰也。」

〔三一〕呂氏春秋六月紀：「涼風始至，蟋蟀居宇。」高誘注：「蟋蟀，蜻蛩，爾雅謂之蛬。」

〔三二〕張敦仁曰：「張之象本『蔞』改『膢』。（沈延銓本、金蟠本同。）按所改非也，次公稱月令，必其明堂月令字如此也。言立秋始殺，而不及於嘗新，不得以他書之『膢』字改之。（謂漢書注及風俗通、古今注之類。續漢書禮儀志又作『劉』。）又前孝養篇、散不足篇皆云『膢臘』。韓子五蠹云：『膢臘而相遺以水。』爲其語之所自出。『膢』者，說文云：『楚俗以二月祭，飲食者也。』（此士庶人之禮也，『膢』在二月，『臘』在冬至後三戌，言『膢臘』者，舉其終始之辭，兩事也。或誤認風俗通之言『膢臘』者爲一事，乃改其引『楚俗以二月』爲十二月，非仲遠本然也。玉篇、廣韻皆云：『膢，冀州八月，楚俗二月。』此必出字林等書，然殊失許氏之意。許意以楚俗證韓子，故『膢』與『臘』接出，『膢』二月對『臘』冬至後三戌也。否則舍冀州八月，專取楚俗二月，乃何理乎？又漢書武帝紀：『太初二年春三月，令天下膢五日。」即此「膢」耳，而注家皆以「貙膢」説之，未爲當也。）尤與此絶不相涉，彼曰『膢』，此在他書亦必曰『貙膢』。（二字連言。）説文：『一曰：始殺食新曰貙膢。』（今本「始殺」作「祈穀」、「貙」作「離」者，誤。）凡云『一曰』，必異義，此固許例之可知者。（此天子之禮也，後漢明帝永平元年六月丁卯，初令百官貙膢，見古今注。言「初」，可知武帝紀注之非。其八月之「膢」，殆又民間放效食新，而轉更後時，正因不得言「貙膢」，故亦曰「膢」，以致牽溷也。雖不詳何始，但叔重之時，未嘗有是，則明矣。）『膢』與『貙膢』，久莫之辨，故附詳於此。（風俗通全引説文，亦以「又曰」爲異義。仲遠自未必謂「貙膢」即「膢」矣，然則其誤在晉以來也。）」

〔三三〕「文學」下原有「曰」字，今據華氏活字本、攖寧齋鈔本删。

〔三四〕説文日部：「日，實也。」段注：「月令正義引春秋元命苞：『日之爲言實也。』釋名曰：『日，實也，光明盛實也。』」

〔三五〕淮南子泰族篇：「故法者治之具也，而非所以爲治也。」史記酷吏傳：「法令者，治之具，而非制治清濁之源也。」

〔三六〕史記酷吏傳：「漢興，破觚而爲圜，斲雕而爲朴，網漏於吞舟之魚，而吏治烝烝，不至於姦，黎民艾安。」漢書酷吏傳作「號爲罔漏吞舟之魚」，師古曰：「言其疏也。」

〔三七〕史記酷吏傳：「救過不贍，何暇論繩墨之外乎？」案韓非子大體篇：「不引繩之外，不推繩之内。」此文又出於彼。

〔三八〕「及」原作「反」，盧文弨曰：「『反』當作『及』。」今案：攖寧齋鈔本作「及」，據以改正。

鹽鐵論校注卷第十

刑德*第五十五

大夫曰：「令者所以教民也，法者所以督姦也。令嚴而民慎，法設而姦禁。罔疏則獸失，法疏則罪漏，罪漏則民放佚而輕犯禁。故禁不必〔一〕，怯夫〔二〕徼倖；誅誠〔三〕，蹠、蹻不犯。是以古者作五刑，刻肌膚〔四〕而民不踰矩。」

文學曰：「道徑衆〔五〕，人不知所由；法令衆，民不知所辟〔六〕。故王者之制法，昭乎如日月，故民不迷；曠乎若大路，故民不惑。幽隱遠方，折乎知之〔七〕，室女童婦〔八〕，咸知所避。是以法令不犯，而獄犴〔九〕不用也。昔秦法繁於秋荼〔一〇〕，而網密於凝脂〔一一〕。然而上下相遁〔一二〕，姦僞萌生〔一三〕，有司治〔一四〕之，若救爛〔一五〕撲焦〔一六〕，而不能禁；非網疏而罪漏，禮義廢而刑罰任也。方今律令百有餘篇〔一七〕，文章繁，罪名重，郡國用之疑惑，或淺或深，自吏明習者，不知所處，而況愚民！律令塵蠹於棧閣〔一八〕，吏不能徧覩，而況於愚民乎！此斷獄所以滋衆，而民犯禁滋多〔一九〕也。『宜犴〔二〇〕宜獄，握粟出卜，自何能穀〔二一〕？』刺刑法繁也。親服之屬甚衆，上殺下殺，而服不過五。五刑之屬三千，上附下附，而罪不過五〔二二〕。故治民之〔二三〕道，務篤其教而已。」

大夫曰：「文學言王者立法，曠若大路。今馳道〔二四〕不小也，而民公犯之，以其罰罪之輕也。千仞〔二五〕之高，人不輕凌，千鈞之重，人不輕舉。商君刑棄灰於道〔二六〕，而秦民治。故盜馬者死〔二七〕，盜牛者加，所以重本而絕輕疾之資也。武兵名食〔二八〕，所以佐邊而重武備也。盜傷與殺同罪，所以累其心〔二九〕而責其意〔三〇〕也。猶魯以楚師伐齊，而春秋惡之〔三一〕。故輕之爲重，淺之爲深，有緣而然。法之微〔三二〕者，固非衆人之所知也。」

文學曰：「詩云：『周道如砥，其直如矢〔三三〕。』言其易也。『君子所履，小人所視〔三四〕。』言其明也。故德明而易從，法約而易行〔三五〕。今馳道經營陵陸，紆周天下，是以萬里爲民穽也〔三六〕。罻羅〔三七〕張而縣其谷，辟陷設而當其蹊，矰弋〔三八〕飾而加其上，能勿離乎？聚其所欲，開其所利，仁義陵遲，能勿踰乎〔三九〕？故其末途，至於攻城入邑，損府庫之金，盜宗廟之器〔四〇〕，豈特千仞之高、千鈞之重哉！管子曰：『四維不張，雖皋陶不能爲士。』故德教廢而詐僞行，禮義壞而姦邪興，言無仁義也。仁者，愛之效也；義者，事之宜也。故君子愛仁〔四一〕以及物，治近以及遠。傳曰：『凡生之物，莫貴於人〔四二〕；人主之所貴，莫重於人。』故天之生萬物以奉人也，主愛人〔四三〕以順天也。聞以六畜禽獸養人，未聞以所養害人者也〔四四〕。魯廄焚，孔子罷朝，問人不問馬，賤畜而重人也〔四五〕。今盜馬者罪死，盜牛者加。乘騎車馬行馳〔四六〕道中，吏舉苛〔四七〕而不止，以爲盜馬，而罪亦死。今傷人持其刀劍而亡，亦可謂盜武庫兵〔四八〕而殺之乎？人主立法而民犯之，亦可以爲逆而〔四九〕輕主約乎？深之可以死，輕之可以免，非法禁之意也。法者，緣人情而制，非設罪以陷人也。故春秋之治獄，論心定罪〔五〇〕，志善而違於法者免，志惡而合於法者誅。今傷人未有所害〔五一〕，志不甚惡而合於法者，謂盜而傷人者耶？將執法者過耶？何於人心不厭也！古者，傷人有創者刑，盜有臧〔五二〕者罰，殺人者死。今取人兵刃以傷人，罪與殺人同，得無非其至意與？」

大夫俛仰未應對。

御史〔五三〕曰：「執法者國之轡銜〔五四〕，刑罰者國之維檝〔五五〕也。故轡銜不飭，雖王良不能以致遠；維檝不設，雖良工不能以絕水。韓子疾有國者〔五六〕不能明其法勢〔五七〕，御其臣下，富國强兵，以制敵禦難，惑於愚儒之文詞，以疑賢士之謀，舉浮淫之蠹〔五八〕，加之功實之上，而欲國之治，猶釋階而欲登高〔五九〕，無銜橛而禦捍馬〔六〇〕也。今刑法設備，而民猶犯之，況無法乎？其亂必也！」

文學曰：「轡銜者，御之具也，得良工而調。法勢者，治之具也，得賢人而化。執轡非其人，則馬奔馳。執軸〔六一〕非其人，則船覆傷。昔吴使宰嚭持軸而破其船，秦使趙高執轡而覆其車。今廢仁義之術，而任刑名〔六二〕之徒，則復吴、秦之事也。夫爲君者法三王〔六三〕，爲相者法周公〔六四〕，爲術者法孔子〔六五〕，此百世不易之道也〔六六〕。韓非非先王〔六七〕而不遵，舍正令而不從，卒蹈陷穽〔六八〕，身幽囚，客死於秦。夫〔六九〕不通大道而小辯〔七〇〕，斯足以害其身而已。」

* 本篇記載雙方就「禮治」與「法治」問題展開的激烈辯論。桑弘羊指出：「令者所以教民也，法者所以督姦也。令嚴而民慎，法設而姦禁。」御史補充指出：「執法者國之轡銜，刑罰者國之維楫也。」充分肯定了法律和刑罰對於治理國家的巨大作用。針對桑弘羊所提出的「法治」，文學則提出了「禮治」，説什麽「治民之道，務篤其教而已」，並引證秦之亡，由於「法繁於秋荼，而網密於凝脂」，「禮義棄而刑罰任也」，來影射本朝「今廢仁義之術而任刑名之徒」，是走亡秦的老路。宣稱「爲君者法三王，爲相者法周公，爲術者法孔子」，這是「百世不易之道」。

這完全是復古倒退的主張。

〔一〕「必」謂果斷。黄帝四經經法：「國無盜賊，詐僞不生；民無邪心，衣食足而刑伐（罰）必也。」韓非子五蠹篇：「賞莫如厚而信，使民利之；罰莫如重而必，使民畏之。」漢書王莽傳下：「貌佷自臧，持必不移。」師古曰：「固持其所見，不可移易。」「必」字義與此同。正嘉本、太玄書室本、張之象本、沈延銓本、金蟠本作「下」，非是。

〔二〕「怯夫」原作「法夫」，與「徼倖」連文，義不可通。戰國策韓策：「夫秦卒之與山東之卒也，猶孟賁之與怯夫也。」（史記張儀傳同）漢書司馬遷傳：「勇者不必死節，怯夫慕義。」又梅福傳：「勇士極其節，怯夫勉其死。」彼二文言怯夫心知慕義，也可舍生不顧而死節；此文言怯夫知禁不必，也可行險徼倖而犯法。徼倖而犯法也，慕義而死節也，都與怯夫之性格貪生怕死者不相稱，然而出於此者，此於文爲「正言若反」的習慣用法也。以彼例此，知此文之原爲「怯夫」，無可疑者。論勇篇：「怯夫有備，其氣自倍。」此本書用「怯夫」之證，今爲改正。

〔三〕「誠」原作「誠」，今據張敦仁説校改。張云：「『誠』當作『誠』」，『誅誠』與上文『禁不必』相對。」今案張説是，淮南子兵略篇：「將不誠必，則卒不勇敢。」王念孫讀書雜志云：「『誠必』與『專一』相對爲文，『勇敢』與『誠必』相因爲義。管子九守篇曰：『用賞者貴誠，用刑者貴必。』荀子致士篇曰：『人主之患，不在乎不言用賢，而在乎不誠必用賢。』吕氏春秋論威篇曰：『又況乎萬乘之國而有所誠必乎？則何敵之有矣。』賈子道術篇曰：『伏義誠必謂之節。』枚乘七發曰：『誠必不悔，決絶以諾。』是古書多以『誠必』連文。」今案：王氏説「誠必」之義，又見荀子致士篇雜志，其説甚是。説苑談叢篇：「或好浮游，或好誠必。」「誠必」與「浮游」相反爲義，則「誠必」連文，亦「果斷」之義也。

〔四〕史記孝文本紀：「十三年五月詔曰：『夫刑至斷支體，刻肌膚，終身不息，何其楚痛而不德也。』」又見漢書刑法志，師古曰：「息，生也。」

〔五〕「徑」原作「德」，治要作「徑」，今據改正。

〔六〕王先謙曰：「『德』字誤，治要作『徑』，『人』作『民』，『民』作『人』，句末並有『也』字。」

〔七〕「折乎知之」，原作「折手知足」，今據治要改正。史記趙世家：「吾有所見子，晰也。」陳仁錫史詮曰：「晰，明也，謂夢中明見子耳。」此文「折」字即借作「晰」，「折乎知之」，就是漢書刑法志所謂「較然易知」的意思。

〔八〕治要「室」作「愚」，義較勝。「愚女」與「童婦」對言，「童」讀如淮南子氾論篇「商樸女童」的「童」。大戴禮記王言篇：「商慤女憧。」「童」和「憧」義同，就是愚昧無知的意思。說略本陳遵默。

〔九〕詩經小雅小宛釋文：「鄉亭之繫曰犴，朝廷曰獄。」

〔一〇〕文選永明九年策秀才文：「傷秋荼之密網。」集注李善注引此文無「昔」字。鈔曰：「秋荼，一云苦菜，二云茅茢。秦刑人如秋霜之煞草。」張銑曰：「荼，草也，其葉繁密，謂刑罰酷暴亦如之。網，刑也，言如張網也。」

〔一一〕田雯古懽堂集雜著八：「鹽鐵論云：『秦法繁於秋荼，而密於凝脂。』此深爲酷刑之喻者。」詩經衛風碩人：「膚如凝脂。」正義引孫炎曰：「膏凝脂，甚言其密。」

〔一二〕史記酷吏傳：「昔天下之網嘗密矣，然姦僞萌起，其極也上下相遁，至於不振。當是之時，吏治若救火揚沸，非武健嚴酷，惡能勝其任而愉快乎？」正義：「顏云：『遁，避也，言吏避於君，民避於吏，至乎喪敗，不可振救。』」就是此文所本。論勇篇也作「上下相遁」。王先謙據藝文類聚刑法部、御覽六三九引「遁」並作「趨」，不可據。賈誼過秦論：「姦僞並起，而上下相遁。」字也作「遁」。

〔一三〕淮南子泰族篇：「趙政（許慎注：「趙政，秦始皇帝。」）晝決獄而夜理書，御史冠蓋，接於郡縣，覆稽趨留，戍五嶺以備越，築脩城以守胡，然姦邪萌生，盜賊羣居，事愈煩而亂愈生。」漢書王吉傳：「詐僞萌生。」師古曰：「萌生，言其事出如草木之初生。」治要引此句作「奸宄並生」。

〔一四〕「治」原作「法」，今據治要引改，史記亦作「治」。

〔一五〕潛夫論救邊篇：「救禍如引手爛。」

〔一六〕戰國策齊策下：「且夫救趙之務，宜若奉漏甕，沃燋釜。」史記田敬仲完世家「燋」作「蕉」，比喻救之急。

〔一七〕晉書刑法志：「叔孫通益律所不及旁章十八篇，張湯越宮律二十七篇，趙禹朝律六篇，合六十篇，又漢時決事集爲令甲以下三百餘篇。」疑此文「百」上脱「三」字。

〔一八〕漢書刑法志：「及至孝武即位，外事四夷之功，内盛耳目之好，徵發煩數，百姓貧耗，窮民犯法，酷吏擊斷，姦軌不勝。於是招進張湯、趙禹之屬，條定法令，作見知故縱、監臨部主之法，緩深故之罪，（孟康曰：「孝武欲急刑，吏深害，及故入人罪者皆寬緩。」）急縱出之誅。其後，姦猾巧法，轉相比況，禁罔寖密，律令凡三百五十九章，大辟四百九條，千八百八十二事，死罪決事比萬三千四百七十二事，文書盈於几閣，典者不能偏覩；是以郡國承用者駮，或罪同而論異，姦吏因緣爲市，所欲活則傅生議，所欲陷則予死比，議者咸冤傷之。……至成帝河平中，復下詔曰：『甫刑云：五刑之屬三千，大辟之罰，其屬二百。今大辟之刑，千有餘條，律令煩多，百有餘萬言，奇請它比，日以益滋，自明習者不知所由，欲以曉喻衆庶，不亦難乎？』」羣書治要引杜恕體論：「至於孝武，徵發煩數，百姓虚耗，窮民犯法，酷吏擊斷，姦宄不勝。於是張湯、趙禹之屬，條定法令，轉相比況，禁罔（從舊校）積密，書盈於机格，典者不能偏視，姦吏因緣爲市，議者咸怨傷之。」文選謝靈運游覽詩注引通俗文：「板閣曰棧。」正嘉本、太玄書室本、張之象本、沈延銓本、金蟠本删此二句。

〔一九〕「禁」下原無「滋多」二字，今據治要訂補。

〔二〇〕張之象本、沈延銓本、金蟠本「宜犴」上有「詩云」二字。

〔二一〕詩經小雅小宛：「交交桑扈，率場啄粟，哀我填寡，宜岸宜獄，握粟出卜，自何能穀？」釋文云：「韓詩（岸）作『犴』，云：『鄉亭之繫曰犴，朝廷曰獄。』」説文豸部「豻」下引詩亦作「犴」。獄、犴皆從犬爲義。「犬所以守」，則「岸」是「犴」之借字。器案：「握粟出卜」之粟，當時謂之糈。離騷云：「巫咸將夕降兮，懷椒糈而要之。」王逸注云：「糈，精米，所以享神。……懷椒糈要之，使占兹吉凶也。」洪興祖補注云：「糈，音所，祭神米也。」史記日者列傳云：「卜而有不審，不見奪糈。」淮南子説山篇云：「巫之用糈藉。」高誘注云：「糈，米，所以享神；藉，菅茅，皆所以療病求福祚。」蓋糈者行卜所用，卜者以之禮神，行卜者持以爲讎。

〔二二〕此文原作「親服之屬甚衆，上附下附，而服不過五；五刑之屬三千，上殺下殺，而罪不過五」，今據張敦仁説校改。張云：「此當云『上殺下殺而服不過五』，下文當云『上附下附而刑不過五』，今本誤互易之也。『上殺下殺』者，五服降殺自己之上、己之下也。『上附下附』者，附，比也，所謂上下比罪者也。不知者移『殺』以連『刑』耳。」王先謙曰：「案張説是也。治要與涂本同，則其誤已久。」案：五服，封建社會規定的喪服制度，依照親疏關係，分五等孝服和守孝時間：斬衰，服三年喪；齊衰，一年；大功，九月；小功，七月；緦麻，三月。

〔二三〕「民」下原無「之」字，今據華氏活字本、楊沂孫校本及治要補。

〔二四〕史記秦始皇本紀：「治馳道。」集解：「應劭曰：『馳道，天子道也，道若今之中道然。』漢書賈山傳曰：『秦爲馳道於天下，東窮燕、齊，南極吴、楚，江、湖之上，濱海之觀，畢至。道廣五十步，三丈而樹，厚築其外，隱以金椎，樹以青松。』」通鑑七注：「孔穎達曰：『馳道，如今御路也，是君馳走車馬之處，故曰馳道。』」

〔二五〕拾補改「千仞」「千鈞」之「千」爲「十」。

〔二六〕史記商君傳集解引新序：「今衛鞅内刻刀鋸之刑，外深鈇鉞之誅，步過六尺者有罰，棄灰於道者被刑。」又索隱引説苑：「秦法棄灰於道者刑。」又李斯傳：「故商君之法，刑棄灰於道者。夫棄灰，薄罪也，而被刑，重罰也。彼唯明主爲能深督輕罪。」正義：「棄灰於道者黥也。」漢書五行志中之下：「秦連相坐之法，棄灰於道者黥。」注：「孟康曰：『商君爲政，以棄灰於道必坋人，坋人必鬬，故設黥刑以絶其原也。』臣瓚曰：『棄灰或有火，火則燔廬舍，故刑之也。』」器案：孟康之説，蓋本之韓非子，韓非子内儲説上：「殷之法刑棄灰於街者。子貢以爲重，問之仲尼，仲尼：『知治之道也。夫棄灰於街必掩人，掩人必怒，怒則鬬，鬬必三族相殘也，此殘三族之道也，雖刑之可也。且夫重罰者，人之所惡也，而無棄灰，人之所易也，使人行之所易，而無離所惡，此治之道。』」是棄灰之法，始於商君，其以爲秦法者，乃商君之法也；其以爲殷法者，蓋秦人立此法而託之於殷也。

〔二七〕魏新律序："「漢賊律有賊伐樹木、殺傷人畜産，及諸亡印。」淮南子説山篇高誘注："「王法禁殺牛，民犯禁殺之者誅。」此亦當在賊律内。後人輯漢律者，於盜律内不載「盜馬者死，盜牛者加」之文，當據此文輯補，其定罪如此之重者，蓋以爲「足食足兵」之保證也。

〔二八〕「武兵」即「武軍」之意。左傳宣公十二年："「潘黨曰："『君盍築武軍？』」杜注："「築軍營以章武功。」後漢書隗囂傳："「討王莽檄云："『有不從命，武軍平之。』」潛夫論救邊篇："「武軍所嚮，無不夷滅。」「名食」之「名」，就是「大」的意思，如「名都」即「大都」、「名山大川」即「大山大川」、「名川大澤」即「大川大澤」。這裏的「武兵名食」，就是説邊防軍之士兵威武、糧秣大盛的意思。漢書食貨志上："「鼂錯復奏言："『陛下幸使天下入粟塞下拜以爵，甚大惠也。竊恐塞卒之食不足用大渫天下粟，邊食足以支五歲，可令入粟郡縣矣；足支一歲以上，可時赦勿收農民租。……』上復從其言。」又食貨志下："「一歲之中，太倉、甘泉倉滿，邊餘穀。」可見當時「佐邊」的糧秣是很充實了。

〔二九〕漢書宣六王傳："「自今以來，王毋復以博等累心。」又匈奴傳下："「質其愛子，以累其心。」師古曰："「累音力瑞反。」淮南子氾論篇："「故因太祖以累其心。」高誘注："「累，恐也。」史記孝文本紀："「有司皆曰："『民不能自治，故爲法以禁之，相坐坐收，所以累其心，使重犯法，所從來遠矣。』」漢書刑法志："「父母妻子同産相坐及收，所以累其心，使重犯法也。」

〔三〇〕漢書胡建傳："「制曰："『司馬法曰："國容不入軍，軍容不入國。何文吏也？三王或誓於軍中，欲民先成其慮也；或誓於軍門之外，欲民先意以待事也。』」師古曰："「慮謂計念也。先意，謂先爲之意也。」彼文「先意」云云，即此「責其意」的意思。

〔三一〕公羊傳僖公二十六年：「公以楚師伐齊，取穀。公至自伐齊。此已取穀矣，何以致伐？未得乎取穀也。曷爲未得乎取穀？曰：患之起，必自此始也。」何休注：「魯内虚而外乞師以犯彊齊，會齊昭侯卒，晉文行霸，幸而得免。孔子曰：『人之生也直，罔之生也幸而免。』故雖得意，猶致伐也。」

〔三二〕「法之微者」，言法意之精微，與刺權篇所言「令意所禁微」意義相同。正嘉本、太玄書室本「微」作「徵」，誤。

〔三三〕這是詩經小雅大東文。朱熹集傳：「砥，礪石，言平也；矢，言直也。」

〔三四〕同上詩文。

〔三五〕韓詩外傳三：「法下易由，事寡易爲。」

〔三六〕孟子梁惠王下：「臣聞郊關之内，有囿方四十里，殺其麋鹿者，如殺人之罪，則是方四十里爲阱於國中，民以爲大，不亦宜乎！」此用其意。

〔三七〕楚辭九章：「矰弋機而在上兮，罻羅張而在下。」王逸注：「矰，繳射矢也。弋亦射也。罻羅，捕鳥網也。言上有罥繳弋射之機，下有張施罻羅之網，飛鳥走獸，動而遇害，喻君法繁多，百姓動觸刑罰也。」淮南子俶真篇：「今矰繳機而在上，罝罦張而在下。」高誘注：「矰弋，射鳥（從楚辭補注引。）短矢也。」禮記王制：「鳩化爲鷹，然後設罻羅。」

〔三八〕「矰弋」原作「矯弋」，今從孫詒讓説校改。正嘉本作「蹻弋」，張之象本、沈延銓本、金蟠本作「繳弋」，盧文弨曰：「當作『繳弋』。」孫詒讓曰：「『矯』當爲『矰』，張之象臆改爲『繳』，與『矯』形聲殊遠，盧校從之，疏矣。」器案：孫校是，上條引楚辭九章及淮南子俶真篇足以爲證，今據校改。

〔三九〕韓詩外傳三：「夫一仞之牆，民不能踰，百仞之山，童子登游焉，陵遲故也。今其仁義之陵遲久矣，能謂民無踰乎？」史記張釋之傳：「陵遲而至二世。」漢書張釋之傳作「陵夷」，師古曰：「陵夷，頹替也。」

〔四〇〕尚書微子正義引漢律：「敢盜郊祀宗廟之物，無多少，死。」漢書張釋之傳：「有人盜高廟坐前玉環，捕得，文帝下廷尉治。釋之案律『盜宗廟服物』者爲奏，奏當棄市。」

〔四一〕張之象本、沈延銓本、金蟠本、楊沂孫校本「仁」作「人」。

〔四二〕後漢書光武紀：「建武十一年詔曰：『天地之性人爲貴。』」語本孝經聖治章。

〔四三〕楊沂孫校本「主愛人」作「人主愛人」。

〔四四〕孟子梁惠王下：「吾聞之也：君子不以其所養人者害人。」吕氏春秋審爲篇：「吾聞之：不以所養害所養。」又見淮南子説林篇、列子説符篇。

〔四五〕論語鄉黨篇：「廄焚，子退朝，曰：『傷人乎？』不問馬。」釋文引王弼曰：「公廄也。」家語曲禮子貢問載此事作「國廄焚」，俱與此合，意林三引此文無「魯」字，臆删。

〔四六〕「行馳」，原作「馳行」，今據張敦仁、楊沂孫説乙正。張云：「『馳行』當作『行馳』，上文『馳道』兩見。如淳注漢書江充傳曰：『令乙：乘騎（今本二字倒。）車馬行馳道中，已論者没入車馬被具。』即其事也。車馬當没入，則非其車馬，故以舉苛而不止爲盜馬，下文所言，謂吏舞令乙文。」張之象本、沈延銓本、金蟠本删「騎」字，非是。

〔四七〕張敦仁曰：「『苛』『呵』同字。」許慎説文解字叙：「廷尉説律，至以字斷法，『苛人受錢』，苛之字止句也。」段玉裁注云：「通典陳羣、劉邵等魏律令序：盜律有『受所監臨受財枉法』，雜律有『假借不廉』，令乙有『所呵人受錢』，科有『使者驗賂』，其事相類，故分爲清賕律。按訶責二字，見三篇言部，俗作『呵』，古多以『苛』字『荷』字代之。漢令乙有『所苛人受錢』，謂者治人之責者，而受人錢，故與『監臨受財』、『假借不廉』、『使者得賂』爲一類。苛從艸可聲，假爲訶字，並非從止句也；而隸書之尤俗者，乃譌爲岢，說律者曰：『此字從止句，句讀同鉤，謂止之而鉤取其錢。』其説無稽，於字意律意皆大失。」

〔四八〕漢書百官公卿表上：「中尉，秦官，……武帝太初元年更名執金吾，屬官有中壘、寺互、武庫、都船四令丞。」續漢書百官志四：「執金吾一人，中二千石。……武庫令一人，六百石。本注曰：『主兵器，丞一人。』」困學紀聞六翁注引白孔六帖：「決獄事曰『甲爲武庫卒，盗强弩，一時與弩異處，當何罪？論曰：兵所居，比司馬，闌入者髡，重武備，貴精兵也。……甲盗武庫兵當棄市乎』云云。」

〔四九〕「而」原作「面」，今據楊沂孫説校改。

〔五〇〕春秋繁露精華篇：「春秋之聽獄也，必本其事而原其志，志邪者不待成，首惡者罪特重，本直者其論輕。」漢書薛宣傳：「春秋之義，原心定罪。」又王嘉傳：「聖王斷獄，必先原心定罪，探意立情。」

〔五一〕此句原作「念傷民未有所害」，與上下文不貫；以前後文意求之，「念」爲「今」字形近之誤，「民」與「人」爲轉寫之誤，今輒爲訂正。

〔五二〕「臧」就是「贓」字。周禮司厲注：「鄭司農云：『今時盗賊臧，加責没入縣官。』」

〔五三〕「御史」原作「御史大夫」，盧文弨曰：「『大夫』二字疑衍。」今案盧説是，據删。前遵道篇：「大夫曰：『御史！』御史未應。」大夫才轉而「謂丞相史」，丞相史把話題接過去了。這裏，因「大夫俛仰未應對」，故御史得間進言耳。以下往返，凡八舉問答之詞，御史始「默然不對」，而大夫乃繼續發言也。

〔五四〕淮南子主術篇：「故法律度量者，人主之所以執下，釋之而不用，是猶無轡銜而馳也。」

〔五五〕漢書賈誼傳：「若夫經制不定，是猶渡江河無維楫。」師古曰：「維所以繫船，楫所以刺船也。」

〔五六〕此句原作「韓子曰疾有固者」，張敦仁曰：「『曰』字當衍。」張之象本、沈延銓本、金蟠本「固」作「國」，今據删改。此下所舉，皆概見韓非子書中。

〔五七〕韓非子難勢篇：「抱法處勢則治，背法處勢則亂。」

〔五八〕韓非子有五蠹篇，其言多本之商君書五蠹篇。所謂五蠹者，謂「學者」也，「言古者」也，「帶劍者」也，「近御者」也，「商工之民」也。此文所斥言之「浮淫之蠹」，蓋即韓非子所指出的「其學者則稱先王之道以藉仁義，盛容服而飾辯説，以疑當世之法，而貳人主之心」之蠹也。

〔五九〕楚辭九章：「欲釋階而登天。」

〔六〇〕韓非子五蠹篇：「如欲以寬緩之政治急世之民，猶無轡策而御馯馬。」淮南子氾論篇：「欲以樸重之法，治既弊之民，是猶無鏑銜橜策錣而御馯馬也。」漢書刑法志：「今漢承衰周、暴秦極弊之流俗，已薄於三代，而行堯、舜之刑，是猶以鞿而御駻突。」如淳曰：「駻音捍。」家語致思篇：「懍懍焉若持腐索之御扞馬。」「禦」「御」古通，「捍」「扞」俱借「駻」字，説文馬部：「駻，馬突也。」張之象本、沈延銓本、金蟠本作「駻」。

〔六一〕俞樾曰：「『軸』當作『舳』，下同。方言：『船後曰舳。』注：『今江東呼柁爲舳。』」器案：潛夫論讚學篇：「水師泛軸，解維則溺，自託舟楫，坐濟江、河。」字也作「軸」，「軸」「舳」同音通用。方言九郭璞注：「舳音軸。」説略本陳遵默。

〔六二〕韓非子二柄篇：「人主將欲禁姦，則審合刑名者言不異事也。」淮南子要略篇：「申子者，韓昭釐之佐。韓，晉別國也，地墩民險，而介於大國之間，晉國之故禮未滅，韓國之新法重出，先君之令未收，後君之令又下，新故相反，前後相繆，百官背亂，不知所用，故刑名之書生焉。」史記老莊申韓傳：「申子之學本於黄、老，而主刑名。著書二篇，號曰申子。」漢書元帝紀：「見宣帝所用，多文法吏，以刑名繩下。」師古曰：「劉向別録云：『申子學號刑名，刑名者，以名責實，尊君卑臣，崇上抑下。宣帝好觀其君臣篇。』」漢書張歐傳：「孝文時，以治刑名侍太子。」又鼂錯傳：「學申、商刑名於軹張恢生。」則此所指「刑名之徒」，謂鼂錯也。

〔六三〕史記高祖本紀：「太史公曰：『三王之道若循環，終而復始。』」

〔六四〕左傳哀公十一年：「仲尼曰：『且子季孫若欲行而法，則周公之典在；若欲苟而行，又何訪焉。』」

〔六五〕史記孔子世家：「太史公曰：『孔子布衣，傳十餘世，學者宗之。』」此亦「定學術於一尊」論者之説也。

〔六六〕論語爲政篇：「子曰：『殷因於夏禮，所損益可知也；周因於殷禮，所損益可知也；其或繼周者，雖百世可知也。』」漢書韋玄成傳：「不易之道也。」師古曰：「易，改也。」

〔六七〕韓非子姦劫弒臣篇：「且夫世之愚學，皆不知治亂之情，讘誺多誦先古之書，以亂當世之治。」又五蠹篇：「然則今有美堯、舜、湯、武、禹之道於當今之世者，必爲新聖笑矣。是以聖人不期循古，不法常行，論世之事，因爲之備。」

〔六八〕「卒蹈」原作「舉陷」，正嘉本、攖寧齋鈔本、倪邦彦本、太玄書室本、張之象本、沈延銓本、金蟠本作「卒蹈」，今據校正。韓非子姦劫弒臣：「智慮不足以避穽井之陷。」禮記中庸：「人皆曰予知，驅而納諸罟獲陷阱之中，而莫知避也。」

〔六九〕「夫」上原有「秦」字，攖寧齋鈔本、九行本、張之象本、沈延銓本、金蟠本「夫」上有「本」字。張敦仁曰：「『身』下脱一字，未詳。『秦』字不當重。（此因上脱而下衍。）『身□幽囚』，四字爲一句。張之象本改下『秦』爲『本』，屬下，（金蟠本同。）非。」案：百家類纂無「秦」字，今據删。

〔七〇〕漢書揚雄傳下：「雖小辯，終破大道。」以「小辯」、「大道」對言，本此。

申韓*第五十六

御史曰：「待周公而爲相，則世無列國。待孔子而後學，則世無儒、墨〔一〕。夫衣小缺，襟裂〔二〕可以補，而必待全匹而易之；政小缺，法令可以防，而必待雅、頌乃治之；是猶舍鄰之醫，而求俞跗〔三〕而後治病；廢汙池之水，待江、海而後救火也〔四〕。迂而不徑，闕而無務，是以教令不從而治煩亂。夫善爲政者，弊則補之，決則塞之，故吴子以法治楚、魏，申、商以法彊秦、韓也。」

文學曰：「有國者選衆而任賢，學者博覽而就善，何必是周公、孔子！故曰法之而已。今商鞅〔五〕反聖人之道，變亂秦俗，其後政耗亂而不能治〔六〕，流失而不可復，愚人縱火於沛澤，不能復振；蜂蠆螫人〔七〕，放〔八〕死不能息其毒也。煩而止之，躁而静之，上下勞擾，而亂益滋。故聖人教化，上與日月俱照，下與天地同流，豈曰小補之哉[九]！」

御史曰：「衣缺不補，則日以甚，防漏不塞，則日益滋。大河之始決於瓠子也，涓涓[一〇]爾，及其卒，氾濫爲中國害，菑梁、楚，破曹、衛，城郭壞沮，稸積漂流，百姓木棲，千里無廬，令孤寡無所依，老弱無所歸。故先帝閔悼其菑，親省河隄，舉禹之功，河流以復，曹、衛以寧。百姓戴其功，詠其德，歌『宣房塞，萬福來』[一一]焉，亦猶是也，如何勿小補哉！」

文學曰：「河決若甕口[一二]，而破千里，況禮決乎？其所害亦[一三]多矣！今斷獄歲以萬計[一四]，犯法茲[一五]多，其爲菑豈特曹、衛哉！夫知塞宣房而福來，不知塞亂原而天下治也。周國用之，刑錯不用，黎民若[一六]，四時各終其序[一七]，而天下不孤[一八]。頌曰：『綏我眉壽，介以繁祉[一九]。』此夫[二〇]爲福，亦不小矣！誠信禮義如宣房，功業已立，垂拱無爲，有司何補，法令何塞也？」

御史曰：「犀銚利鉏[二一]，五穀之利而間草之害也。明理正法，姦邪之所惡而良民[二二]之福也。故曲木惡直繩，姦邪惡正法[二三]。是以聖人審於是非，察於治亂，故設明法，陳嚴刑[二四]，防非矯邪，若隱括[二五]輔檠之正傂[二六]刺也。故水者火之備，法者止姦之禁也。無法勢，雖賢人不能以爲治；無甲兵，雖孫、吴不能以制敵。是以孔子倡以仁義而民從風，伯夷循首陽而民不可化〔二七〕。」

文學曰：「法能刑人而不能使人廉，能殺人而不能使人仁〔二八〕。所貴良醫者，貴其審消息而退邪氣也，非貴其下鍼石而鑽肌膚也。所貴良吏者，貴其絶惡於未萌，使之不爲，非貴其拘之囹圄而刑殺之也〔二九〕。今之所謂良吏者，文察則以禍其民，强力則以厲其下，不本法之所由生，而專己之殘心，文誅假法〔三〇〕，以陷不辜，累無罪，以子及父，以弟及兄，一人有罪，州里驚駭，十家奔亡〔三一〕，若癰疽之相濘〔三二〕，色淫〔三三〕之相連，一節動而百枝摇。詩云：『舍彼有罪，淪胥以鋪〔三四〕。』痛傷無罪而累也。非患銚耨〔三五〕之不利，患其舍草而芸〔三六〕苗也。非患無準平，患其舍枉而繩直也。故親近爲過〔三七〕不必誅，是鋤不用也；疏遠有功不必賞，是苗不養也。故世不患無法，而患無必行之法也。」

＊　上篇，文學攻擊韓非「非先王而不遵」，本篇，又攻擊商鞅「反聖人之道」，他們提出「世不患無法，而患無必行之法」，目的是妄圖以「禮治」代替「法治」。御史熱情贊揚「吴子以法治楚、魏，申、商以法彊秦、韓」，並指出「明理正法，姦邪之所惡而良民之福也」，肯定了「法治」對於當時新興地主階級專政的巨大作用。

〔一〕韓非子難勢篇：「今廢勢背法而待堯、舜，堯、舜至乃治，是千世亂而一治也。」與此文義近。韓非子顯學篇：「世之顯學，儒、墨也。儒之所至，孔丘也。墨之所至，墨翟也。」這裏説「待孔子而後學，則世無儒、墨」，這是一種連類而及的習慣用法。吕氏春秋博志篇：「蓋聞孔丘、墨翟，晝日諷誦習業，夜親見文王、周公旦而問焉。」此即用論語述而篇孔丘自言「久矣，吾不復夢見周公」之文，因孔丘而及墨翟，因周公而及文王，與此正復相同。

〔二〕「幓」原作「襟」，今據孫詒讓説校改。孫云：「『襟裂』疑當作『幓裂』，説文巾部云：『帴，幓裂也。幓，殘帛也。』衣部云：『裂，繒餘也。』『幓裂』謂殘帛，與『全匹』文正對。『幓』『襟』形近而誤。」

〔三〕史記扁鵲傳：「上古之時，醫有俞跗。」索隱：「音臾附，下又音趺。」

〔四〕韓非子説林上：「假人於越而救溺子，越人雖善遊，子必不生矣。失火而取水於海，海水雖多，火必不滅矣，遠水不救近火也。」又難勢篇：「今待堯、舜之賢，乃治當世之民，是猶待粱肉而救餓之説也。」義並與此同。

〔五〕「商鞅」下本有「吴起」二字，今據郭沫若説删。郭云：「因下文只言秦事，『愚人縱火於沛澤』，乃指陳勝、吴廣。」

〔六〕「治」原作「理」，唐人避高宗李治諱改，今改正。

〔七〕淮南子俶真篇：「蜂蠆螫指而不能憯。」又説山篇：「貞蟲之動以毒螫。」

〔八〕禮記祭義鄭玄注、孟子梁惠王趙岐注並云：「放，至也。」

〔九〕孟子盡心上：「夫君子所過者化，所存者神，上下與天地同流，豈曰小補之哉！」

〔一〇〕涓涓，細流貌。金人銘：「涓涓不塞，將成江、河。」

〔一二〕史記河渠書："天子（漢武帝）既臨河決，悼功之不成，乃作歌曰：『瓠子決兮將奈何？皓皓旰旰兮閭殫爲河。……穨林竹兮揵石菑，宣房塞兮萬福來。』"

〔一三〕新序雜事四："欒王鮒曰：『江出汶山，其源若甕口，至楚國，其廣十里，無他故，其下流多也。』"

〔一三〕張之象本、沈延銓本、金蟠本"亦"作"必"。拾補引趙敬夫曰："『必』字是。"

〔一四〕漢書董仲舒傳："一歲之獄，以萬千數。"又賈捐之傳："天下斷獄萬數。"

〔一五〕攖寧齋鈔本、正嘉本、太玄書室本、張之象本、沈延銓本、金蟠本"兹"作"滋"，古通。

〔一六〕爾雅釋詁："若，善也。"尚書伊訓："魚鼈咸若。"又："先民時若。"

〔一七〕史記五帝本紀："以揆百事，莫不時序。"正義："言禹度九土之宜，無不以時得其次序也。"韓詩外傳三："育然各以其序終。"

〔一八〕論語里仁篇："德不孤，必有鄰。"史記游俠傳："今拘學或抱咫尺之義，久孤於世。"

〔一九〕這是詩經周頌雝文。

〔二〇〕"夫"原作"天"，今改。

〔二一〕漢書馮奉世傳："器不犀利。"如淳曰："今俗刀兵利爲犀。"晉灼曰："犀，堅也。"後漢書張衡傳："犀舟勁檝。"詩經周頌臣工："庤乃錢鎛。"毛傳："錢，銚也。"釋文："世本云：『垂作銚鎒。』"管子輕重乙篇："一農之事，必有一耜一銚。"

〔二二〕漢書于定國傳："惡吏負賊，妄意良民。"

〔二三〕劉歆遂初賦："曲木惡直繩兮，亦小人之誠也。"即本此文。

〔二四〕韓非子姦劫弑臣篇：「而聖人者，審於是非之實，察於治亂之情也；故其治國也，正明法，陳嚴刑，將以救羣生之亂，去天下之禍。」

〔二五〕「隱括」，張之象本、沈延銓本、金蟠本作「櫽栝」，張之象注曰：「櫽，揉曲者也。栝，正方者也。輔檠，輔正弓弩者也。弧刺，弓之不正者也。荀子曰：『不得排檠，則不能自正。』（性惡篇）」器案：韓非子外儲説右下：「榜檠者，所以矯不直也。」説文木部：「檠，榜也。」徐鍇曰：「按禮曰：『操弓不反檠。』韓詩外傳曰『道可以爲人之輔檠』是也。」説文又曰：「榜，所以輔弓弩。」徐鍇曰：「正弓弩之體也。」

〔二六〕盧文弨曰：「『弧』當作『瓜』，説見非鞅篇。」「瓜」原作「弧」，今據盧説改正。

〔二七〕張敦仁：「『從』上脱『不』字，『風』字當衍。下句『而民不可化』，『可』字亦當衍。」

〔二八〕淮南子泰族篇：「法能殺不孝者，而不能使人爲孔、曾之行；法能刑竊盜者，而不能使人爲伯夷之廉。」

〔二九〕淮南子泰族篇：「所以貴扁鵲者，非貴其隨病而調藥，貴其擪息脈血，知病之所從生也。所以貴聖人者，非貴隨罪而鑒刑也，貴其知亂之所由起也。」

〔三〇〕文誅，即深文周内之意。漢書汲黯傳：「刀筆之吏專深文巧詆，陷人於罔，以自爲功。」與此文可以互參。

〔三一〕漢書成帝紀：「鴻嘉四年春正月詔：『一人有辜，舉宗拘繫，農民失業，怨恨者衆。』」

〔三二〕王先謙曰：「治要『濘』作『漫』，是。」

〔三三〕左傳成公二年：「貪色爲淫，淫爲大罰。」

〔三四〕這是詩經小雅雨無正文。朱熹集傳：「淪，陷；胥，相；鋪，徧也。」

〔三五〕治要「耨」作「鉏」。

〔三六〕「芸」原作「去」，今據治要改。芸，除草。論語微子篇：「植其杖而芸。」何晏集解：「除草曰芸也。」

〔三七〕爲，有也，「爲過」與「有功」，互文見義。

周秦*第五十七

御史曰：「春秋無名號，謂之云盜〔一〕，所以賤刑人而絶之人倫也。故君不臣〔二〕，士不友，於閭里無所容。故民恥犯之〔三〕。今〔四〕不軌之民，犯公法以相寵，舉棄其親，不能伏節死理〔五〕，循逃相連，自陷於罪，其被刑戮，不亦宜乎？一室之中，父兄之際，若身體相屬，一節動而知於心〔六〕。故今自關内侯〔七〕以下，比地於伍，居家相察，出入相司〔八〕，父不教子，兄不正弟，舍是誰責乎？」

文學曰：「古者，周其禮而明其教，禮周教明，不從者然後等之以刑〔九〕，刑罰中〔一〇〕，民不怨。故舜施〔一一〕四罪而天下咸服，誅不仁也〔一二〕。輕重各服其誅，刑必加而無赦，赦惟疑者。若此，則世安得不軌之人而罪之？今殺人者生，剽攻竊盜者富。故良民内解怠，輟耕而隕心〔一三〕。古者，君子不近刑人〔一四〕，刑人非人也，身放殛而辱後世，故無賢不肖，莫不恥也。今無行之人，貪利以陷其身，蒙戮辱而損禮義，恒於苟生。何者？一日下蠶室〔一五〕，創未瘳，宿衛人主，出入宮殿，由得〔一六〕受奉祿，食大官享賜，身以尊榮，妻子獲其饒。故或載卿相之列，就刀鋸而不見閔，況衆庶乎？夫何恥之有！今〔一七〕廢其德教，而責之以禮義，是虐民也。春秋傳〔一八〕曰：『子有罪，執其父；臣有罪，執其君，聽失之大者也。』今以子誅父，以弟誅兄，親戚相〔一九〕坐，什伍相連〔二〇〕，若引根本之及華葉，傷小指之〔二一〕累四體也。如此，則以有罪反〔二二〕誅無罪，無罪者寡矣〔二三〕。臧文仲治魯，勝其盜而自矜。子貢曰：『民將欺，而況〔二四〕盜乎〔二五〕！』故吏不以多斷爲良，醫不以多刺爲工。子產刑二人，殺一人，道不拾遺，而民無誣心。故爲民父母，以〔二六〕養疾子，長恩厚而已。自首匿〔二七〕相坐之法立，骨肉之恩廢，而刑罪多矣〔二八〕。父母之於子，雖有罪猶匿之，其〔二九〕不欲服罪爾。聞〔三〇〕子爲父隱，父爲子隱〔三一〕，未聞父子之相坐也。聞兄弟緩追以免賊〔三二〕，未聞兄弟之相坐也。聞惡惡止其人〔三三〕，疾始〔三四〕而誅首惡〔三五〕，未聞什伍而相坐也〔三六〕。老子曰：『上無欲而民樸，上無事而民自富〔三七〕。』君君臣臣，父父子子〔三八〕。比地何伍，而執政何責也？」

御史曰：「夫負千鈞之重，以登無極之高，垂峻崖之峭谷，下臨不測之淵，雖有慶忌之捷〔三九〕，賁、育之勇，莫不震慴悼慄〔四〇〕者，知墜則身首肝腦塗山石也〔四一〕。故未嘗灼而不敢握火者，見其有灼也。未嘗傷而不敢握刃者，見其有傷也[四二]。彼以[四三]知爲非，罪之必加，而戮及父兄，必懼而爲善。故立法制辟[四四]，若臨百仞之壑，握火蹈刃[四五]，則民畏忌，而無敢犯禁矣。慈母有敗子，小不忍也。嚴家無悍虜，篤責急也[四六]。今不立嚴家之所以制下，而修慈母之所以敗子，則惑矣[四七]。」

文學曰：「紂爲炮烙之刑，而秦有收帑[四八]之法，趙高以峻文決罪於內，百官以峭法斷割[四九]於外，死者相枕席，刑者相望，百姓側目重足[五〇]，不寒而慄。詩云：『謂天蓋高，不敢不局。謂地蓋厚，不敢不蹐。哀今之人，胡爲虺蜥[五一]！』方此之時，豈特冒蹈刃哉？然父子相背，兄弟相嫚[五二]，至於骨肉相殘，上下相殺。非刑輕而罰不必，令太嚴而仁恩不施也[五三]。故政寬則下親其[五四]上，政嚴則民謀其[五五]主，晉厲以幽[五六]，二世見殺[五七]，惡在峻法之不犯，嚴家之無悍[五八]虜也？聖人知之，是以務和[五九]而不務威。故高皇帝約秦苛法，以[六〇]慰怨毒之民，而長和睦之心，唯恐刑之重而德之薄也。是以恩施[六一]無窮，澤流後世。商鞅、吴起以秦、楚之法爲輕而累之，上危其主，下没其身，或非特慈母乎！」

* 秦帝國之出現，是中國社會發展的飛躍進步，它埋葬了没落的奴隸制社會的舊傳統，開闢了封建制社會

的新紀元。在這一歷史大變動中，否定周肯定秦，實質是堅持進步、反對倒退，堅持革新、反對復辟的問題。周是「禮治」的頑固保壘，秦是「法治」的新的里程碑，以「周秦」名篇，也就是對「禮治」與「法治」問題進行的辯論。御史堅決擁護「立法制辟」的重要措施。

文學繼續宣揚「先禮後刑」的説教，並謂「秦有收孥之法」，「商鞅、吴起，以秦、楚之法爲輕而累之，上危其主，下没其身」，真正目的在於抨擊漢武帝推行的「法治」。

〔一〕穀梁傳昭公二十年：「秋，盗殺衛侯之兄輒。盗，賤也。其曰兄，母兄也。目衛侯，衛侯累也。」范甯注：「凱曰：『諸侯之尊，弟兄不得以屬通。經不書衛公子，而目言衛侯之兄者，惡其不能保護其兄，乃爲盗所殺，故稱至賤殺至貴。』」楊士勛疏云：「釋曰：復發傳何？解殺大夫稱人者，謂誅有罪，故盗三卿云不以上下道，明大夫之例；母兄之殺宜繫於君自殺也，不能保存母兄，令爲盗所殺，故書兩下之文。以至賤而殺至貴，故不得言上下道。稱盗雖同，本事例異，故發傳也。」案：范注引凱者，范凱也，范氏春秋穀梁傳序所謂「兄弟子姪」之等也。

〔二〕禮記曲禮上：「刑人不在君側。」又王制：「公家不畜刑人，大夫弗養，士遇之塗，弗與言也，屏之四方，唯其所之，不及以政，示弗故生也。」

〔三〕「恥」原作「始」，今據郭沫若校改，下文「夫何恥之有」，即承此而言。

〔四〕「今」原作「命」，今據郭沫若校改。

〔五〕漢書刑法志：「無伏節死難之誼。」又王嘉傳：「吏士臨難，莫肯伏節死義。」又諸葛豐傳：「今以四海之大，曾無伏節死誼之臣。」義俱同。

〔六〕吕氏春秋精通篇：「周有申喜者亡其母，聞乞人歌於門下而悲之，動於顔色。謂門者内乞人之歌者，自覺而問焉，曰：『何故而乞？』與之語，蓋其母也。故父母之於子也，子之於父母也，一體而兩分，同氣而異息。」

〔七〕漢書高后紀注如淳曰：「列侯出關就國，關内侯但爵耳，其有加異者，與之關内之邑，食其租税，宣紀曰『德、武食邑』是也。」又百官公卿表上「關内侯」注：「師古曰：『言有邑號，而居京畿，無國邑。』」資治通鑑二注：「關内侯者，依古圻内子男之義也。秦都山西，以關内爲王畿，故曰關内侯也。」

〔八〕淮南子泰族篇：「使民居處相司，有罪相覺，於以舉姦，非不掇也，然而傷和睦之心，而構仇讎之怨。」後漢書左雄傳：「上疏云：『什伍相司。』」周禮司寇：「禁殺戮。」鄭玄注云：「司猶察也。」明初本「司」誤「同」。

〔九〕等，齊一之意。論語爲政篇：「道之以政，齊之以刑，民免而無恥。」「等之以刑」即「齊之以刑」也。荀子王制篇言王者有「等賦」之制，「等賦」之「等」，與「等刑」之「等」義同，亦謂齊一之也。賈子新書有等齊篇，即以「等」「齊」並言。

〔一〇〕論語子路篇：「禮義不興，則刑罰不中；刑罰不中，則民無所措手足。」皇侃義疏云：「不中於道理也。」

〔一一〕左傳昭公十四年：「三人同罪，施生戮死可也。……乃施邢侯，而尸雍子與叔魚於市。」正義引服虔曰：「施罪於邢侯。施猶劾也，邢侯亡，故劾之。」又哀公二十七年：「國人施公孫有山氏。」國語晉語：「秦人殺冀芮而施之。」韋昭注曰：「陳尸曰施。」案漢書楚元王傳附劉向傳載向上封事云：「舜有四放之罰。」亦指此事，又作「四放」。

〔一二〕孟子萬章上：「舜流共工於幽州，放驩兜於崇山，殺三苗於三危，殛鯀於羽山，四罪而天下咸服，誅不仁也。」

〔一三〕江淹恨賦：「孤臣危涕，孽子墜心。」即本此文。「隕心」即「墜心」也。

〔一四〕公羊傳襄公二十九年：「刑人則曷爲謂之閽？刑人非其人也。君子不近刑人，近刑人，則輕死之道也。」穀梁傳：「禮，君子不使無恥，不近刑人。……刑人，非所近也。」

〔一五〕漢書司馬遷傳注師古曰：「蠶室，乃腐刑所居温密之室也。」後漢書光武紀注：「蠶室，宫刑獄名，有刑者畏風，須煖，作窨室蓄火如蠶室，因以爲名。」

〔一六〕「由得」原作「得由」，今據上下文意乙正。「由」通作「猶」。説本陳遵默。

〔一七〕「今」字原無，今據治要引補。

〔一八〕「傳」字原無，今據治要引補。這是成公十六年公羊傳文，今本「臣有罪，執其君」句在「子有罪，執其父」句上。

〔一九〕「相」字原作「小」，今據治要引改正。下文「未聞父子相坐也」，「未聞兄弟相坐也」，兩個「相」字，都承此爲言。這裏所謂親戚，不是指一般沾親帶故的親戚；古人於父子兄弟，都概稱爲親戚。左傳昭公二十年：「親戚爲戮，不可以莫之報也。」韓詩外傳七：「曾子親戚既没，欲孝無從。」這些親戚，都指父母。左傳定公四年：「封建親戚，以藩屏周。」這個親戚指子弟。

〔二〇〕韓非子和氏篇：「商君教秦孝公以連什伍，設告坐之法。」又定法篇：「公孫鞅之治秦也，設告相坐而責其實，連什伍而同其罪。」史記商君傳：「以衛鞅爲左庶長，卒定變法之令，令民爲什伍，而相牧司連坐。」索隱：「劉氏云：『五家爲保，十保相連。』」正義：「或爲十保，或爲五保。」華氏本「伍」作「五」。

〔二一〕治要兩「之」字並作「而」。

〔二二〕「反誅」原作「及誅」，今據治要校改。治要附校云：「一本作『誅及』。」案正嘉本、太玄書室本、張之象本、沈延銓本、金蟠本作「誅及」。

〔二三〕治要作「則以有罪反誅無罪，反誅無罪，則天下之無罪者寡矣」。

〔二四〕「況」下原有「民」字，盧文弨曰：「『下』『民』字疑衍。」案攖寧齋鈔本正無此「民」字，今據删。

〔二五〕困學紀聞十引此文與今本同，並云：「文仲、子貢不同時，斯言誤矣。」盧文弨曰：「子貢與臧文仲不同時，或從後論之。」器案：韓詩外傳三：「季孫子之治魯也，衆殺人而必當其罪，多罰人而必當其過，子貢曰：『暴哉治乎！』……又曰『以身勝人謂之責，責者失身』云云。」這裏的「臧文仲」或是「季孫子」錯了的。

〔二六〕王先謙曰：「治要『以』作『似』，是。」器案：古書「以」「似」通用，易明夷：「文王以之。」釋文：「荀、向作『似之』。」漢書高帝紀：「鄉者夫人兒子皆以君。」如淳曰：「『以』或作『似』。」俱其證。本書大論篇：「有司不以文學。」即「有司不似文學」也。王先謙以「似」爲是，則以「以」爲非矣，殊未達古今之誼也。

〔二七〕漢書宣帝紀：「地節四年詔：『自今子首匿父母，妻匿夫，孫匿大父母，皆勿坐。其父母匿子，夫匿妻，大父匿孫，罪殊死皆上請廷尉以聞。』」師古曰：「凡首匿者，言爲謀首，而藏匿罪人。」後漢書梁統傳：「武帝值中國隆盛，財力有餘，征伐遠方，軍役數興，豪傑犯禁，姦吏弄法，故重首匿之科，著知從之律，以破朋黨，以懲隱匿。宣帝聰明正直，總御海内，臣下奉憲，無所失墜，因循先典，天下稱理。」漢書文帝紀：「元年十二月，盡除收孥相坐律令。」

〔二八〕「多」下原無「矣」字，急就篇補注引同，今據治要引補。

〔二九〕「其」原作「豈」，今據治要引改正。公羊傳文公十五年：「父母之於子，雖有罪，猶若其不欲服罪然。」即此文所本。

〔三〇〕「聞」字原錯在上文「而刑罪多」句下，今據陳遵默説校正。陳云：「『聞』字當在下文『子爲父隱』上，蓋『父母之於子』三句申言『骨肉之恩』，非稱引舊文，多一『聞』字，反爲枝蔓。若『子爲父隱，父爲子隱』，乃論語子路篇文，與『聞兄弟能緩追以免賊』、『聞惡惡止其人，疾始而誅首惡』，爲引公羊文同例。今本『聞』字誤倒在前，又奪『矣』字，以『刑罪多聞』連讀，尤非。」

〔三一〕論語子路篇：「父爲子隱，子爲父隱，直在其中矣。」通典六九引董仲舒春秋決獄：「春秋之義：父爲子隱，子爲父隱。」

〔三二〕拾補「免」作「逸」，云：「據公羊傳改。」王啟源曰：「案公羊閔二年、穀梁隱元年傳俱云：『緩追以逸賊，親親之道也。』此當本公羊，而作『免』，是其所據與何休本異。」孫人和曰：「盧據公羊傳改『免』爲『逸』，按盧改非也。次公所據，不盡與何休注本同。漢書鄒陽傳：『陽見王長君曰：慶父親殺閔公，季子緩追免賊，春秋以爲親親之道也。』即用公羊閔二年傳語，作『免』不作『逸』，正與此同。」

〔三三〕王啟源曰：「案公羊傳：『惡惡止其身，善善及子孫。』此亦本公羊義。漢人所引，則亦多作『其身』者。」器案：「惡惡止其身」，公羊傳成公二十年、昭公二十年俱有此文。

〔三四〕公羊傳隱公二年：「無駭帥師入極。無駭者何？展無駭也。何以不氏？貶。曷爲貶？疾始滅也。始滅昉於此乎？前此矣。前此則曷爲始乎此？託始焉爾。曷爲託始焉爾？春秋之始也。」又四年：「外取邑不書，此何以書？疾始取邑也。」又僖公十七年：「君子惡惡也疾始，善善也樂終。」

〔三五〕公羊傳僖公二年：「虞師、晉師滅夏陽。虞，微國也，曷爲序乎大國之上？使虞首惡也。曷爲使虞首惡？虞受賂，假滅國者道，以取亡焉。」漢書孫寶傳：「春秋之義，誅首惡而已。」

〔三六〕「而」原作「之」，「也」字原無，今並據治要引訂補。

〔三七〕老子德經第五十七章：「我無事而民自富，我無欲而民自樸。」文選東京賦注引老子，「樸」上亦有「自」字。

〔三八〕論語顔淵篇：「齊景公問政於孔子，孔子對曰：『君君臣臣，父父子子。』」皇侃義疏曰：「孔子隨其政惡而言之也。言爲風政之法，當使君行君德，故云君君也，君德謂惠也。臣當行臣禮，故云臣臣也，臣禮謂忠也。父爲父法，故云父父也，父法謂慈也。子爲子道，故云子子也，子道謂孝也。」

〔三九〕「捷」原作「健」，今據張敦仁説校改。張云：「『健』當作『捷』，司馬相如諫獵亦云：『捷如慶忌。』」器案：張説是。漢書東方朔傳：「捷若慶忌。」師古曰：「王子慶忌也。射之，矢滿把，不能中，駟馬追之，不能及也。」

〔四〇〕張之象本、沈延銓本、金蟠本「悼慄」作「悚慄」。案莊子山木篇：「危行側視，振動悼慄。」也是「悼慄」連文，張本等妄改，不可從。説略本陳遵默。

〔四一〕漢書司馬相如傳：「喻巴蜀檄：『肝腦塗中原，膏液潤野草。』」史記淮陰侯傳：「肝膽塗地。」

〔四二〕淮南子氾論篇：「故未嘗灼而不敢握火者，見其有所燒也；未嘗傷而不敢握刃者，見其有所害也。」

〔四三〕「以」同「已」。

〔四四〕「辟」「法」同義。漢書王商傳：「甫刑之辟，皆爲上戮。」「辟」即作「法」解。

〔四五〕張之象本、沈延銓本、金蟠本「蹈」誤「陷」。禮記中庸篇：「白刃可蹈也。」即此文所本。

〔四六〕本書詔聖篇：「渫篤責而任誅斷。」史記李斯傳：「斯以書對曰：『夫賢主者，必且能全道，而行督責之術者也。』」索隱：「督者，察也，察其罪，責之以刑罰也。」「篤」「督」古通，左傳昭公二十二年之司馬督，漢書古今人表作司馬篤，即其證。

〔四七〕韓非子顯學篇：「夫嚴家無悍虜，而慈母有敗子，吾以此知威勢之可以禁暴，而德厚之不足以止亂也。」史記李斯傳：「故韓子曰：『慈母有敗子，而嚴家無格虜者何也？則能罰之加焉必也。』」索隱：「格，彊扞也。虜，奴隸也。」正義：「劉曰：『格，彊扞也。虜，奴隸也。』按嚴整之家，無彊悍似奴虜，子弟皆勤也。」李斯傳又云：「今不務所以不犯，而事慈母之所以敗子也，則亦不察於聖人之論矣。」

〔四八〕漢書文帝紀：「元年十二月，盡除收帑相坐律令。」注：「應劭曰：『帑，子也。秦法：一人有罪，并其室家。今除此律。』師古曰：『帑讀與奴同，假借字也。』」太玄書室本、張之象本、沈延銓本、金蟠本「帑」作「孥」。

〔四九〕斷割，詳非鞅篇注〔二七〕。

〔五〇〕史記秦始皇本紀：「賈生曰：『秦俗多忌諱之禁，忠言未卒於口，而身爲戮没矣。故使天下之士傾耳而聽，重足而立，拑口而不言。』」漢書汲黯傳：「必湯矣，令天下重足而立，仄目而視矣。」師古曰：「重累其足，言懼甚也。仄，古側字也。」又佞幸石顯傳：「公卿以下，畏顯，重足一迹。」師古曰：「言極恐懼，不敢自寬縱。」

〔五一〕這是詩經小雅正月文。毛詩「蹐」作「蹐」。説苑敬慎篇：「孔子論詩，至於正月之六章，懼然曰：『不逢時之君子，豈不殆哉！從上依世則廢道，違上離俗則危身；世不與善，己獨由之，則曰非妖則孽也。是以桀殺關龍逢，紂殺王子比干。故賢者不遇時，常恐不終焉。詩曰：「謂天蓋高，不敢不跼；謂地蓋厚，不敢不蹐。」此之謂也。』」又見家語賢君篇，「跼」作「局」，與此同。後漢書李固傳：「天高不敢不局，地厚不敢不蹐。」荀悦漢紀卷二十五論王商亦引此詩，且曰：「以天之高而不敢舉首，以地之厚而不敢投足……以六合之大，匹夫之微，而一身無所容焉。」

〔五二〕「嫚」原作「漫」，今據治要引校改。史記秦始皇本紀：「下懾伏謾欺以取容。」又建元以來侯者年表：「隨成侯坐謾國除。」索隱：「謂上聞天子狀不實爲謾而國除。」又：「衆利侯坐上計謾罪國除。」漢書薛宣傳：「開謾欺之路。」又貢禹傳：「欺謾而善書者尊於朝。」師古曰：「謾，誑也。謾音慢，又音武連反。」

〔五三〕「也」字原無，今據治要引補。

〔五四〕「其」字據治要引補。

〔五五〕「其」字據治要引補。

〔五六〕張之象曰：「人間訓曰：『昔晉厲公南伐楚，東伐齊，西伐秦，北伐燕，兵横行天下而無所綣，威服四方而無所詘，遂合於諸侯於嘉陵。氣充志驕，淫侈無度，暴虐萬民。内無輔拂之臣，外無諸侯之助。戮殺大臣，親近導諛。明年，出遊匠驪氏，欒書、中行偃劫而幽，諸侯莫之救，百姓莫之哀，三月而死。』」

〔五七〕治要「見殺」作「以弒」。

〔五八〕治要「悍」作「挌」，「挌」就是「格」字，和史記李斯傳引韓子合。説文手部：「挌，枝挌也。」

〔五九〕「和」原作「知」，今據明初本、治要引校改。下文「長和睦之心」，即承此而言。論語學而篇：「禮之用，和爲貴。」漢書匡衡傳：「蓋保民者，陳之以德義，示之以好惡，觀其失而制其宜，故動之而和，綏之而安。」即此和字之義。

〔六〇〕「以」字原無，今據治要引補。

〔六一〕「恩施」原作「施恩」，今據治要引改。王先謙曰：「治要『施恩』作『恩施』，與『澤流』對文，治要是。」

詔聖*第五十八

御史曰：「夏后氏不倍〔一〕言，殷誓，周盟，德信彌衰。無文、武之人，欲修其法，此殷、周之所以失勢，而見奪於諸侯也。故衣弊而革才〔二〕，法弊而更制〔三〕。高皇帝時，天下初定，發德音，行一切之令〔四〕，權也，非撥亂反正之常也〔五〕。其後，法稍犯，不正於理。故姦萌而甫刑作，王道衰而詩刺彰，諸侯暴而春秋譏〔六〕。夫少目之網不可以得魚〔七〕，三章之法不可以爲治。故令不得不加，法不得不多。唐、虞畫衣冠非阿〔八〕，湯、武刻肌膚非故〔九〕，時世不同，輕重之務異也。」

文學曰：「民之仰法，猶魚之仰水，水清則静，濁則擾〔一〇〕；擾則不安其居，静則樂其業；樂其業則富，富則仁生，贍〔一一〕則争止。是以成、康之世，賞無所施，法無所加。非可刑而不刑，民莫犯禁也；非可賞而不賞，民莫不仁也。若斯，則吏何事而理〔一二〕？今之治民者，若拙御之御馬也〔一三〕，行則頓之，止則擊之。身創於箠，吻傷於銜，求其無失，何可得乎？乾谿之役〔一四〕土崩〔一五〕，梁氏内潰〔一六〕，嚴刑〔一七〕不能禁，峻法不能〔一八〕止。故罷馬不畏鞭箠，罷民不畏刑法。雖曾〔一九〕而累之，其亡〔二〇〕益乎？」

御史曰：「嚴牆〔二一〕三刃〔二二〕，樓季難之；山高干雲，牧豎登之。故峻則樓季難三刃〔二三〕，陵夷則牧豎易山巔〔二四〕。夫爍金在爐，莊蹻不顧；錢刀在路，匹婦掇之〔二五〕；非匹婦貪而莊蹻廉也，輕重之制異，而利害之分明也。故法令可仰而不可踰，可臨而不可入。詩云：『不可〔二六〕暴虎，不敢馮〔二七〕河〔二八〕。』爲其無益也。魯好禮而有季、孟之難〔二九〕，燕噲好讓而有子之之亂〔三〇〕。禮讓不足禁邪，而刑法可以止暴。明君據法，故能長制羣下，而久守其國也。」

文學曰：「古者，明其仁義之誓，使民不踰；不教而殺，是虐民也〔三一〕。與其刑不可踰，不若義之不可踰也。聞禮義行而刑罰中，未聞刑罰行〔三二〕而孝悌興也。高牆狹基，不可立也〔三三〕。嚴刑峻法〔三四〕，不可久也。二世信趙高之計，渫篤〔三五〕責而任誅斷，刑者半道，死者日積。殺民多者爲忠，厲民悉者爲能〔三六〕。百姓不勝其求，黔首不勝其刑，海内同憂而俱不聊生。故過任之事，父不得於子；無已之求，君不得於臣〔三七〕。死不再生，窮鼠齧貍〔三八〕，匹夫奔萬乘，舍人折弓〔三九〕，陳勝、吴廣是也。當此之時，天下俱起〔四〇〕，四面〔四一〕而攻秦，聞不一期而社稷爲墟〔四二〕，惡在其能長制羣下〔四三〕，而久守其國也？」

御史默然不對。

大夫曰：「瞽師不知白黑而善聞〔四四〕言，儒者不知治世而善訾議。夫善言天者合之人，善言古者考之今〔四五〕。令何爲施〔四六〕？法何爲加？湯、武全肌骨而殷、周治〔四七〕，秦國用之，法弊而犯。二尺四寸之律〔四八〕，古今一也，或以治，或以亂。春秋原罪〔四九〕，甫刑制獄〔五〇〕。今願聞治亂之本，周、秦所〔五一〕以然乎？」

文學曰：「春夏生長，聖人象而爲令。秋冬殺藏，聖人則而爲法。故令者教也，所以導民人；法者刑罰也，所以禁强暴也。二者，治亂之具，存亡之效也，在上所任。湯、武經〔五二〕禮義，明好惡，以道其民，刑罪未有所加，而民自行義，殷、周所以治也。上無德教，下無法則，任刑必誅，劓鼻盈蔂〔五三〕，斷足盈車〔五四〕，舉河以西，不足以受天下之徒，終而以亡者，秦王也。非二尺四寸之律異，所行反古而悖民心也。」

*張敦仁曰：「目録『詔』作『諸』。」案作「詔」是，文心雕龍詔策篇：「詔者，告也。」「詔聖」，就是告人以所謂聖人之道的意思。一方「詔聖」，一方非聖，一方宣揚聖人之道，一方反對聖人之道，旗幟鮮明，針鋒相對。在這裏，彼此雙方就「禮治」與「法治」問題，繼續展開了一場尖鋭的鬬争。文學美化「成、康之世，賞無所施，法無所加」，説什麽「聞禮義行而刑罰中，未聞刑罰行而孝悌興也」，認爲「反古而悖民心」，必然導致「罷民不畏刑法」、「匹夫奔萬乘」的所謂嚴重後果，以此威脅對方。御史提出「衣弊而革才（裁），法弊而更制」的變革主張，指出「時世不同，輕重之務異」的辯證關係，從而説明「禮讓不足禁邪，而刑法可以止暴」的現實意義，强調堅決執行法治，「故能長制羣下，而久守其國」。桑弘羊繼御史雄辯之後，提出「善言天者合之人，善言古者考之今」的進步歷史觀，强調人是重要因素和現實意義的重要性。

〔一〕「倍」原作「信」，形近而誤，今改。本書世務篇：「宋襄公信楚而不備。」今本「信」誤作「倍」，這是本書二字互誤之證。淮南子氾論篇：「夏后氏不負言，殷人誓，周人盟。逮至當今之世，忍詢而輕辱，貪得而寡羞，欲以神農之道治之，則其亂必矣。」就是此文所本。高誘注：「不負言，言而信也。誓，以言語要誓，亦不違。有事而會，不協而盟。盟者，殺牲歃血以爲信也。」「倍」「背」古通，結和篇：「聖人之治不倍德。」就是「背德」，若作「信德」，則意義完全相反了。荀子大略篇：「誥誓不及五帝，盟詛不及三王，交質子不及五伯。」論衡自然篇：「誥誓不及五帝，要盟不及三王，交質子不及五伯，德彌薄者信彌衰。」

〔二〕盧文弨曰：「『才』當作『裁』，涂：『才』通。」案：倪邦彥本、太玄書室本、張之象本、沈延銓本、金蟠本作「裁」，明初本、華氏本作「財」。左傳襄公十四年注：「革，更也。」

〔三〕淮南子泰族篇：「故聖人事窮而更爲，法弊而改制，非樂變古易常也，將以救敗扶衰，黜淫濟非，以調天地之氣，順萬物之宜也。」

〔四〕「一切」原作「一卒」，正嘉本、攖寧齋鈔本、太玄書室本、張之象本、沈延銓本、金蟠本、百家類纂、百家類函作「三章」。盧文弨曰：「大典亦作『一卒』，未詳。」器案：當作「一切」，音相近之誤，今改。以其爲「一切之令」，故云「權也」。復古篇云：「扇水都尉所言，當時之權，一切之術也。」用法與此相似。凡權時設置之令、之法、之制，皆可謂之一切之令、一切之法、一切之制。漢書貢禹傳：「武帝始臨天下，尊賢用士，闢地廣境數千里，自見功大威行，遂從耆欲，用度不足，迺行壹切之變。」王先謙補注曰：「謂權時之變法。」又王莽傳下：「又下書曰：惟設此壹切之法以來，常安六鄉，巨邑之都，枹鼓稀鳴，盜賊衰少。……今復壹切行此令，盡二年止之，以全元元，救愚姦。」文選求通親親表：「今臣以一切之制，永無朝覲之望。」集注：「李善曰：『漢書音義曰：一切，權時也。』鈔曰：『一者，非久長合於古法，一時間權□□。』」文獻通考自序：「雜征斂者，……皆衰世一切之法也。」諸用「一切」字，義與此同。漢高帝約法三章，至文、景之世，鹽鐵論刑德篇即已指出有「律令百餘篇」，足見「三章之法」，爲權時之法，即「一切之令」也，「不可以爲治，故令不得不加，法不得不多」也。

〔五〕公羊傳哀公十四年：「撥亂世，反諸正，莫近諸春秋。」何注：「撥猶治也。」漢書高帝紀下：「撥亂世，反之正。」師古曰：「反，還也，還之於正道。」又禮樂志：「撥亂反正，日不暇給。」師古曰：「撥去亂俗，而還之於正道也。」

〔六〕漢書刑法志：「周道既衰，穆王眊荒，命甫侯度時作刑，以詰四方。」尚書吕刑篇「甫侯」作「吕侯」。孟子離婁下：「王者之迹熄而詩亡，詩亡然後春秋作。」趙岐注：「太平道衰，王迹止熄，頌聲不作，故詩亡。春秋撥亂，作於衰世也。」

〔七〕淮南子説林篇：「一目之羅，不可以得鳥。」荀悦申鑒時事篇：「語有之曰：『有鳥將來，張羅待之，得鳥者一目也，今爲一目之羅，無時得鳥矣。』」義與此同。涂本「網」作「罔」。

〔八〕御覽六四五引慎子：「有虞之誅，以幪巾當墨，以草纓當劓，以菲履當刖，以艾韠當宫，布衣無領當大辟，此有虞之誅也。斬人肢體，鑿其肌膚謂之刑；畫衣冠，異章服謂之戮。上世用戮而民不犯也，當世用刑而民不從。」

〔九〕故，故意爲之曰故，見通鑑三六。

〔一〇〕淮南子主術篇：「夫水濁則魚噞，政苛則民亂。」

〔一一〕「贍」原作「澹」，治要作「贍」，今據改正。本書授時篇：「富則仁生，贍則争止。」字正作「贍」。

〔一二〕治要「何事而理」作「何事而可理乎」。

〔一三〕「若拙御之御馬也」，原作「若拙御馬」，今據治要改。張之象本、沈延銓本、金蟠本改作「若御拙馬」，非是。漢書王褒傳：「聖主得賢臣頌：『庸人之御駑馬，亦傷吻敝策，而不進於行，匈喘膚汗，人極馬倦。』」王褒所謂「庸人」，即此文「拙御」之意。顏師古曰：「吻，口角也。」

〔一四〕淮南子泰族篇：「楚靈王作章華之臺，發乾谿之役，外内騷動，百姓罷敝，棄疾乘民之怨而立公子比，百姓放臂而去之，餓於乾谿，食莽飲水，枕塊而死。」左傳昭公十二年杜注：「乾谿，在譙國城父縣南。」

〔一五〕史記秦始皇本紀：「秦之積衰，天下土崩瓦解。」正義：「言秦國敗壞，若屋宇崩頹，衆瓦解散也。」又張釋之傳：「且秦以任刀筆之吏，吏争以亟疾苛察相高，……上故不聞其過，……天下土崩。」

〔一六〕公羊傳僖公十九年：「此未有伐者，其言粱亡何？自亡也。其自亡奈何？魚爛而亡也。」魚爛就是内潰的意思。

〔一七〕「嚴刑」二字原無，據郭沫若校補。案後文「嚴刑峻法」，就是承此而言。下既云「峻法不能止」，則上必是「嚴刑不能禁」，郭補「嚴刑」二字是。

〔一八〕「能」字原闕，今據盧文弨校補。

〔一九〕「曾」，治要作「增」，張之象注曰：「『曾』音『增』。」百家類纂、百子類函作「層」。

〔二〇〕王先謙曰：「治要『亡』作『有』，義並通。」

〔二一〕「嚴牆」即「巖牆」，也就是高峻的牆。説本陳遵默。

〔二二〕明初本、攖寧齋鈔本、張之象本、沈延銓本、金蟠本「刃」作「仞」，下同。盧文弨曰：「『刃』與『仞』通。」

〔二三〕「季」下原脱「難」字，今據明初本、攖寧齋鈔本、張之象本、沈延銓本、金蟠本補。楊沂孫曰：「『季』下當有『難』字。」

〔二四〕荀子宥坐篇：「數仞之牆，而民不踰也；百仞之山，而豎子馮而游焉，（廣雅釋詁：「馮，登也。」）陵遲故也。」「陵遲」就是「陵夷」。又見韓詩外傳三、説苑政理篇。韓非子五蠹篇：「故十仞之城，樓季弗能踰者，峭也；千仞之山，跛牂易牧者，夷也。故明王峭其法而嚴其刑也。」史記李斯傳：「是故城高五丈，而樓季不輕犯也；泰山之高百仞，而跛牂牧其上。夫樓季而難五丈之限，豈跛牂也而易百仞之高哉？峭塹之勢異也。」集解：「許慎曰：『樓季，魏文侯之弟。』王孫子曰：『樓季，魏文侯之兄也。』」

〔二五〕韓非子五蠹篇：「布帛尋常，庸人不釋；鑠金百鎰，盜跖不掇。不必害則不釋尋常，必害則手不掇百鎰。」史記李斯傳：「是故韓子曰『布帛尋常，庸人不釋；鑠金百鎰，盜跖不搏者』，非庸人之心重，尋常之利深，而盜跖之欲淺也，又不以盜跖之行爲輕百鎰之重也；搏必隨手刑，則盜跖不搏百鎰，而罰不必行也，則庸人釋尋常。」正義：「鑠金，銷鑠之金也，熱不可取也。」劉子新論利害章：「銷金在鑪，盜者不掬，非不欲也，掬而灼爛。」御覽八三六引此文「莊蹻」作「盜跖」，與韓非子合。

〔二六〕盧文弨曰：「涂本『可』，與詩攷合。」張之象本、沈延銓本、金蟠本作「敢」。

〔二七〕明初本、攖寧齋鈔本「馮」作「憑」。盧文弨曰：「詩攷『憑』。」

〔二八〕這是詩經小雅小旻文。

〔二九〕詳論儒篇注〔五〕。

〔三〇〕史記燕世家：「易王卒，子燕噲立。……齊人殺蘇秦。蘇秦之在燕，與其相子之爲婚，而蘇代與子之交，及蘇秦死，而齊宣王復用蘇代。……燕王大信子之，子之因遺蘇代百金，而聽其所使。鹿毛壽謂燕王：『不如以國讓相子之。』……燕王因屬國於子之，子之大重。……王因收印自三百石吏已上，而效之子之，……噲老不聽政，顧爲臣。國事皆決於子之，三年國大亂，百姓恫恐。將軍市被與太子平謀，將攻子之。……攻子之，不克。將軍市被及百姓反攻太子平，將軍市被死，以徇，因構難數月，死者數萬，衆人恫恐，百姓離志。孟軻謂齊王曰：『今伐燕，此文、武之時，不可失也。』王因令章子將五都之兵，以因北地之衆，以伐燕，士卒不戰，城門不閉。燕王噲死，齊大勝燕。子之亡。二年而燕人共立太子平，是爲燕昭王。」

〔三一〕「使民不踰，不教而殺，是虐民也」，原作「使民不踰上乎（張之象本、沈延銓本、金蟠本作「乎上」。），刑之不教而殺是以虐也」，今據治要改。百家類纂、百子類函改作「使民不踰，踰則刑之，不教而殺，是以虐也」。論語堯曰篇：「不教而殺謂之虐。」

〔三二〕治要「行」作「任」。

〔三三〕「也」原作「矣」，今據治要改。韓詩外傳二：「高牆豐上激下，未必崩也；降雨興，流潦至，則崩必先矣。」又見説苑建本篇。

〔三四〕「嚴刑峻法」，原作「嚴法峻刑」，今據治要引改。陳遵默曰：「按上文『峻法不能止』，即此所出。」

〔三五〕治要「渫」作「深」，「篤」作「督」。案：「篤」「督」古通，左傳昭公二十二年司馬督，漢書古今人表作司馬篤，即其證。「渫」字不誤，「渫」有繁重意。吕氏春秋觀表篇：「今侯渫過我而不辭。」高誘注：「重過爲渫過。」史記匈奴傳：「今聞渫惡民，貪降其進取之利。」渫惡，謂常常作惡。渫字義與此同。淮南子本經篇：「積牒旋石以純脩碕。」高注：「牒，累也。」後漢書王符傳注：「牒即今疊布也。」史記張釋之傳：「諜諜多言。」索隱：「諜音牒。」漢書張釋之傳作「喋喋多言」。方言三、廣雅釋詁俱云：「葉，聚也。」廣雅釋詁：「揲，積也。」則凡從葉得聲之字，都有累積、重疊之意，亦可爲證。

〔三六〕治要「厲」作「斂」。案孟子滕文公上：「則是厲民而以自養也。」趙岐注：「是爲厲病其民以自奉養。」即此文所本。漢書元帝紀注：「悉，盡也。」

〔三七〕「任」原作「往」，今據治要、張之象本、沈延銓本、金蟠本校改。戰國策秦策下：「故過任之事，父不得於子；無已之求，君不得於臣。」即此文所本。

〔三八〕「死不再生」，治要作「知死不再」。荀子堯問篇：「鳥窮則啄，獸窮則攫，人窮則詐。」又見淮南子齊俗篇、文子上德篇。

〔三九〕吕氏春秋適威篇：「子陽極也，好嚴，有過而折弓者，恐必死，遂應猘狗而弑子陽。」又見淮南子氾論篇。

〔四〇〕「天下俱起」，原作「天下期俱起」，「期」字涉下文「一期」而衍，今删。

〔四一〕「四面」原作「方面」，「四」字草書作「の」，與「方」形近而誤，今改。漢書賈山傳：「天下四面而攻之。」又董仲舒傳：「天子大夫者，下民之所視效，遠方之所四面而内望也。」又嚴助傳：「一方有急，四面皆從。」皆作「四面」之證。「四面而攻秦」即「環起而攻之」之意，賈山傳一證，尤爲確切不移。

〔四二〕風俗通義山澤篇：「謹案：尚書：『舜生姚墟。』傳曰：『郭氏之墟。』郭氏古之諸侯，善善不能用，惡惡不能去，故善人怨焉，惡人存焉，是以敗爲丘墟也。」

〔四三〕「長」字原脱，今據治要補。王先謙曰：「『治要』『制』上有『長』字，與上文『不一期』、下文『久』字意相鍼對，此脱。」器案：此承上文「故能長制羣下，而久守其國也」而反詰之，治要是。

〔四四〕張敦仁曰：「華本『聞』改『閒』。」案明初本亦作「閒」。

〔四五〕王先謙曰：「藝文類聚刑法部、御覽六百三十八刑法部引『之』下並有『於』字。」器案：黄帝内經素問：

「善言古者合於今，善言天者合於人。」荀子性惡篇：「故善言古者必有節於今，善於天者必有徵於人。」漢書董仲舒傳：「善言天者必有徵於人，善言古者必有驗於今。」陸賈新語術事篇：「善言古者合之於今，能言遠者考之於近。」

〔四六〕漢書元帝紀：「建昭五年詔：『法設而民不犯，令施而民從。』」潛夫論衰制篇：「法也者，先王之政也；令也者，己之命也。」

〔四七〕張敦仁曰：「此句當有誤。上文云：『湯、武刻肌膚。』蓋本與彼同也。」案此句即下文「湯、武經禮義，明好惡，以道其民，刑罪未有所加，而民自行義，殷、周所以治也」之意，不當有誤。明初本、華氏本下文「犯」上加「不」字，亦非。

〔四八〕漢代以二尺四寸簡寫律，通常舉成數而言，就叫做「三尺法」或「三尺律令」。史記酷吏杜周傳：「君爲天下決平，不循三尺法。」（漢書杜周傳同）集解：「漢書音義曰：『以三尺竹簡書法律也。』」漢書朱博傳：「太守漢令，奉三尺律令以從事。……三尺律令，人事出其中。」隋書刑法志引晉明帝輕典詔：「三尺律令，未窮盡一之道。」

〔四九〕漢書薛宣傳：「春秋之義，原心定罪。」師古曰：「原謂尋其本也。」又王嘉傳：「聖王斷獄，必先原心定罪，探意立情。」

〔五〇〕顧廣圻曰：「『制獄』者，哀矜折獄也。乃今文尚書說。大傳曰：『聽訟雖得其指，必哀矜之，死者不可復生，絶者不可復續也。』書曰：『哀矜折獄。』故次公與『春秋原罪』並言。論語：『片言可以折獄者。』釋文云：魯讀『折』爲『制』。漢書刑法志曰：『書云：伯夷降典，折民惟刑。言制禮以止刑。』其說亦本諸大傳，是其證。伏生、次公及班孟堅皆讀「折」爲「制」者，今本大傳作「哲」，漢書作「悊」，非也。」

〔五二〕張之象本、沈延銓本、金蟠本「所」上有「之」字。

〔五三〕文選陸士衡公讌詩注：「經猶理也。」

〔五三〕淮南子説山篇：「蔂成城。」高誘注：「蔂，土籠也。」孟子滕文公上：「反虆梩而掩之。」趙岐注：「虆梩，籠臿之屬，可以取土者也。」「虆」「蔂」同字。

〔五四〕管子侈靡篇：「斷足滿稽。」

大論*第五十九

大夫曰：「呻吟槁簡〔一〕，誦死人之語〔二〕，則有司不以〔三〕文學。文學知獄之在廷後而不知其事，聞其事而不知其務。夫治民者，若大匠之斲〔四〕，斧斤而行之，中繩則止。杜大夫、王中尉〔五〕之等，繩之以法，斷之以刑，然後寇止姦禁。故射者因槷〔六〕，治者因法〔七〕。虞、夏以文〔八〕，殷、周以武〔九〕，異時各有所施。今欲以敦朴之時，治抏弊之民，是猶遷延〔一〇〕而拯溺，揖讓而救火也。」

文學曰：「文王興而民好善，幽、厲興而民好暴〔一一〕，非性之殊，風俗使然也。故商、周之所以昌，桀、紂之所以亡也，湯、武非得伯夷之民以治，桀、紂非得蹠、蹻之民以亂也，故治亂不在於民〔一二〕。孔子曰：『聽訟吾猶人也，必也使無訟乎〔一三〕！』無〔一四〕訟者難，訟而聽之易。夫不治其本而事其末，古之所謂愚，今之所謂智。以箠楚正亂〔一五〕，以刀筆正文〔一六〕，古之所謂賊，今之所謂賢也。」

大夫曰：「俗非唐、虞之時，而世非許由之民，而欲廢法以治，是猶不用隱括〔一七〕斧斤，欲撓曲直枉也。故爲治者不待自善之民，爲輪者不待自曲之木。往者，應少〔一八〕、伯正之屬潰梁、楚，昆盧、徐穀之徒亂齊、趙，山東、關内暴徒，保人阻險〔一九〕。當此之時，不任斤斧，折之以武〔二〇〕，而乃始設禮修文，有似窮醫，欲以短鍼而攻疽，孔丘以禮説跖也〔二一〕。」

文學曰：「殘材木以成室屋者，非良匠也。殘賊民人而欲治者，非良吏也。故公輸子因木之宜，聖人不費〔二二〕民之性。是以斧斤簡用，刑罰不任，政立而化成。扁鵲攻於湊理〔二三〕，絶邪氣〔二四〕，故癰〔二五〕疽不得成形。聖人從事於未然〔二六〕，故亂原無由生。是以砭石〔二七〕藏而不施，法令設而不用。斷已然、鑿已發者，凡人也。治未形、覩未萌者，君子也。」

大夫曰：「文學所稱聖知者，孔子也，治魯不遂，見逐於齊，不用於衛，遇圍於匡，困於陳、蔡。夫知時不用猶説，强也；知困而不能已，貪也；不知見欺而往，愚也；困辱不能死，恥也。若此四者，庸民之所不爲也，而況君子乎！商君以景監見[二八]，應侯以王稽進[二九]。故士因士，女因媒[三〇]。至其親顯，非媒士之力。孔子不以因進見而能往者[三一]，非賢士才女也。」

文學曰：「孔子生於亂世，思堯、舜之道，東西南北[三二]，灼頭濡足，庶幾世主之悟。悠悠[三三]者皆是，君[三四]闇，大夫妬，孰合有媒[三五]？是以嫫母飾姿而矜夸[三六]，西子彷徨而無家。非不知窮厄而不見用，悼痛天下之禍，猶慈母之伏死子也[三七]，知其不可如何，然惡已[三八]。故適齊，景公欺之，適衛，靈公圍[三九]，陽虎謗之，桓魋害之。夫欺害聖人者，愚惑也；傷毁聖人者，狂狡也。狡惑[四〇]之人，非人也。夫何恥之有！孟子曰：『觀近臣者以所爲主，觀遠臣者以其所主[四一]。』使聖人僞容苟合，不論[四二]行擇友，則何以爲孔子也！」

大夫憮然[四三]内慙，四據[四四]而不言。

當此之時，順風承意之士如編[四五]，口張而不歙[四六]，舌舉[四七]而不下，闇然而[四八]懷重負而見責。

大夫曰：「諾[四九]，膠車倏[五〇]逢雨，請與諸生解[五一]。」

＊「大論」猶如他書書末的「要略」的意思。漢書黄霸傳：「大議廷中。」師古曰：「大議，總會議也。」則大有總義。本書以論爲名，故於全書正文結束時稱爲大論。史記龜策傳末有「大論」，與此正同。後世書籍末尾，往往寫刻「大尾」字樣，義也相同。管子參患篇：「兵有大論。」義正相似。本篇，大夫除强調法治而外，還揭露了「文學所稱聖知者孔子」的頑固、貪婪、愚蠢、無恥。文學亦爲孔子作了辯護。

〔一〕呻吟槁簡，即利議篇「抱枯竹」之意。抱朴子外篇疾繆：「吟詠而向枯簡。」本此。

〔二〕莊子天道篇：「桓公讀書於堂上，輪扁斲輪於堂下，釋椎鑿而上，問桓公曰：『敢問公之所讀者，何言邪？』公曰：『聖人之言也。』曰：『聖人在乎？』公曰：『已死矣。』曰：『然則君之所讀者，古人之糟魄已夫！』」

〔三〕華氏本、正嘉本、張之象本、沈延銓本、金蟠本「以」作「似」。「以」、「似」古通，詩鄘風旄丘：「必有以也。」儀禮特牲饋食禮鄭玄注引作「必有似也」，即其證。

〔四〕老子：「夫代司殺者殺，是謂代大匠斲；夫代大匠斲者，希有不傷其手矣。」孟子告子上趙岐注：「大匠，攻木之工。」

〔五〕張之象注曰：「謂杜周、王温舒也。」

〔六〕「槷」原作「勢」，今據陳遵默説校改。陳云：「『勢』疑當作『槷』。」器案：説文木部：「臬，射墇旳也。」（從段注本）儀禮士冠禮注：「古文『闑』爲『槷』。」小爾雅廣器：「正中者謂之槷。」上林賦：「弦矢分，藝殪仆。」文穎曰：「所射準的爲藝。」詩行葦傳：「已均中蓺。」箋云：「蓺，質也。」淮南子原道篇高誘

注：「質的，射之準埶也。」「埶」即「槷」之省文，「藝」即「槷」之借字，即「臬」字也。

〔七〕管子正世篇：「聖人者，明於治亂之道，習於人事之始終者也。其治人也，期於利民而立，故其位齊也，不慕古，不留今，與時變，與俗化。」商君書壹言篇：「聖人之爲國也，不法古，不循今，因世而爲之制，度俗而爲之法。」

〔八〕盧文弨曰：「『文』當作『質』。」器案：盧説非，説詳下條。

〔九〕盧文弨曰：「『武』當作『文』。」案涂本指禪讓征誅言，與表記不同。」器案：盧説不可從。淮南子氾論篇：「逮至高皇帝，存亡繼絶，舉天下之大義，身自奮袂執鋭，以爲百姓請命于皇天。當此之時，天下雄儁豪英，暴露于野澤，前蒙矢石，而後墮谿壑，出百死而紿一生，以争天下之權，奮武厲誠，以決一旦之命。當此之時，豐衣博帶而道儒墨者，以爲不肖。逮至暴亂已勝，海内大定，繼文之業，立武之功，履天子之圖籍，造劉氏之貌冠，總鄒、魯之儒墨，通先聖之遺教，戴天子之旗，乘大路，建九斿，撞大鐘，擊鳴鼓，奏咸池，揚干戚。當此之時，有立武者見疑。一世之間，而文武代爲雌雄，有時而用也。今世之爲武者，則非文也，爲文者，則非武也，文武更相非，而不知時世之用也。此見隅曲之一指，而不知八極之廣大也。」所説「文武代爲雌雄」之理，雖舉漢高帝爲言，而此亦其適例也。

〔一〇〕淮南子主術篇：「遷延而入之。」高注：「遷延猶倘佯也。」抱朴子用刑篇：「揖讓以救火災，……未見其可也。」即本此文。史記齊悼惠王世家：「失火之家，豈暇先言大人而後救火乎？」

〔一一〕孟子告子上：「是故文、武興則民好善，幽、厲興則民好暴。」

〔一二〕慎子逸文：「王者有易政而無易國，有易君而無易民。湯、武非得伯夷之民以治，桀、紂非得蹠、蹻之民

以亂也，民之治亂在於上，國之安危在於政。」（據守山閣刊本）

〔一三〕這是論語顏淵篇文。

〔一四〕「無」字原無，據張之象本、沈延銓本、金蟠本補。

〔一五〕漢書路温舒傳：「上書言宜尚德緩刑，……棰楚之下，何求而不得。」

〔一六〕漢書蕭何曹參傳贊：「蕭何、曹參，皆起秦刀筆吏。」師古曰：「刀，所以削書也，古者用簡牘，故吏皆以刀筆自隨也。」

〔一七〕張之象本、沈延銓本、金蟠本「隱括」作「檃栝」。說文木部作「檃栝」，假借作「隱括」，尚書大傳：「子貢曰：『檃栝之旁多曲木。』」

〔一八〕張敦仁曰：「『應少』未詳。史記酷吏列傳：『楚有殷中、杜少。』（徐廣曰：『「殷」一作「假」。』漢書作「段」。）未詳此應彼何字。此云『伯正』，下文云『昆盧、徐穀』，亦皆與史記『白政』（漢書作「百正」。）、『堅盧』（漢書同。）、『徐勃』（漢書同。武帝紀字作「敦」，「穀」蓋「敦」形近之譌也。）駁異，今無以訂之。張之象本乃取漢書注於下，名之曰古本，幾使讀者誤謂其曾見鹽鐵論古本，此處與漢書正同，不亦厚誣乎！」（凡張之象本所言古本，盡皆出於懸揣，實非世間真有此本，勿爲所惑，可也。）器案：漢書元后傳：「王賀爲武帝繡衣御史，逐捕魏郡羣盗堅盧等黨與。」又酷吏咸宣傳堅盧下注云：「鄧展曰：『延篤讀堅曰甄。』晉灼曰：『音近甄城。』字書：『已先反。』」

〔一九〕左傳僖公二年：「保於逆旅。」杜注：「保，依也。」漢書荆王劉賈傳：「與彭城相保。」師古曰：「相保，謂依恃以自安固。」左傳隱公四年：「阻兵而安忍。」杜注：「阻，恃也」呂氏春秋誠廉篇：「阻兵而保威。」高誘注：「阻，依；保，恃。」以「保」、「阻」對文，與此正同。太玄書室本、張之象本、沈延銓本、金蟠本「人」作「入」，非。

〔二〇〕結和篇：「先帝覩其可以武折而不可以德懷。」

〔二一〕莊子盜跖篇：「孔子謂柳下季曰：『夫爲人父者，必能詔其子，爲人兄者，必能教其弟；若父不能詔其子，兄不能教其弟，則無貴父子兄弟之親矣。今先生世之才士也，弟爲盜蹠，爲天下害，而弗能教也，丘竊爲先生羞之。丘請爲先生往説之。』」

〔二二〕「費」讀爲「拂」，禮記中庸釋文：「『費』本作『拂』。」即其證。韓非子南面篇：「人主者，明能知治，嚴必行之，故雖拂於民，必立其治。」淮南子精神篇：「矯拂其情。」高誘注：「拂戾其本情。」又泰族篇：「拂其性則法縣而不用。」拂即違戾之意。

〔二三〕明初本、正嘉本、張之象本、沈延銓本、兩京遺編本、金蟠本、百家類纂、百子類函「湊」作「腠」。「湊」、「腠」古通，文心雕龍養氣篇：「湊理無滯。」兩京遺編本「湊理」作「腠理」，即其證。韓非子喻老篇：「良醫之治病也，攻之於腠理。」史記扁鵲傳：「扁鵲曰：『疾之居腠理也，湯熨之所及也。』」素問舉痛篇：「寒則腠理閉。」注：「腠謂津液滲泄之所。」

〔二四〕内經靈樞歲露論：「腠理開則邪氣入，邪氣入則病作。」在古醫書中，「邪氣」與「正氣」相反，一般來説，邪氣即陰陽中不正之氣，也即是四時不正之氣。

〔二五〕張敦仁曰：「華本『癰』改『痤』。」明初本亦作「痤」。案：淮南子説山篇高注：「石針所抵彈人雍痤。」

〔二六〕漢書趙充國傳：「宜及未然爲之備。」師古曰：「未然者，其計未成。」

〔二七〕說文石部：「砭，以石刺病也。」段注云：「以石刺病曰砭，因之名其石曰砭。東山經：『高氏之山，其下多箴石。』郭云：『可以爲砭針治癰腫者。』素問異法方宜論：『東方其志宜砭。』王云：『砭石，謂以石爲鍼。』按此篇以『東方砭石』、『南方九鍼』並論，知古金石並用也，後世乃無此石矣。」

〔二八〕史記商君傳：「迺遂西入秦，因孝公寵臣景監以求見孝公。」索隱：「景姓，楚之族也。」正義：「閹人也，楚族。」

〔二九〕史記范雎傳：「魏人鄭安平聞之，乃遂操范雎亡，伏匿，更名姓曰張禄。當此時，秦昭王使謁者王稽於魏，鄭安平詐爲卒侍王稽，王稽問：『魏有賢人可與俱西游者乎？』鄭安平曰：『臣里中有張禄先生，欲見君言天下事，其人有仇，不敢晝見。』王稽曰：『夜與俱來。』鄭安平夜與張禄見王稽，語未究，王稽知范雎賢，謂曰：『先生待我於三亭之南。』與私約而去。王稽辭魏去，過載范雎入秦。」又曰：「秦封范雎以應，號爲應侯。」雲夢秦簡大事記：「昭王五十二年，王稽、張禄死。」

〔三〇〕張之象注：「子路曰：『士因中，女因媒。』疑下『士』字乃『中』之駁文，下同。」器案：此文不誤，古代稱未結婚之青年男女爲士、女。周易大過：「九二，枯楊生稊，老夫得其女妻。……九五，枯楊生華，老婦得其士夫。」又婦妹：「上六，女承筐無實，士刲羊無血。」詩經衛風氓：「于嗟女兮，無與士耽。士之耽兮，猶可説也；女之耽兮，不可説也。……女也不爽，士貳其行。」荀子非相篇：「婦人莫不願得以爲夫，處女莫不願得以爲士。」楊倞注：「士者，未娶妻之稱，易曰：『老婦得其士夫。』」山海經大荒東經：「思士不妻，思女不夫。」御覽四〇二引韓詩外傳二：「士不中間而見，（注：「中間謂介紹。」）女無媒而嫁者，非君子之行也。」（今本有譌誤。）又見説苑尊賢篇、家語致思篇。淮南子原道篇：「士有一定之論，女有不易之行。」又繆稱篇：「春女思，秋士悲。」文選求自試表：「夫自衒自媒者，士、女之醜行也。」集注：「李善曰『越絶書曰：昔范蠡其始，……大夫石買進曰：衒女不貞，衒士不信』云云。」

〔三一〕此句原作「孔子曰進見而不以能往者」，義不可通。張敦仁曰：「華本『不以』改『以不』（明初本同）。按拾補：『大典以不。』此有誤也。當作『孔子以因進見，（呂氏春秋貴因有其語。）而不能往，非賢才也』。今本所誤，不可通。（此與申韓篇「孔子倡以仁義而民不從」，誤「不從」作「從風」者同，皆傳鈔時未悉詆聖之意而失之也。）」器案：張説未諦，此謂孔子周游列國，不以因進見，如士因士，女因媒，然而能往者，非賢士才女也。這是桑弘羊譏刺孔丘之語。傳鈔者涉上文有「孔子曰」因改「因」爲「曰」，又移「不以」二字於後也。今輒定爲「孔子不以因進見而能往者」，「因」讀如「士因士，女因媒」之「因」。

〔三二〕韓詩外傳五：「孔子抱聖人之心，彷徨乎道德之域，……于時，周室微，王道絶，諸侯力政，强劫弱，衆暴寡，百姓靡安，莫之紀綱，禮義廢壞，人倫不理。于是，孔子自東自西，自南自北，匍匐救之。」禮記檀弓上：「吾聞之：古也，墓而不墳。今丘也，東西南北之人也，不可以弗識也。」注：「東西南北，言居無常處也。」又見家語曲禮公西赤問篇。

〔三三〕史記孔子世家：「桀溺曰：『悠悠者，天下皆是也，而誰以易之？』」集解：「孔安國曰：『悠悠者，周流之貌也。言當今天下治亂同，空舍此適彼，故曰「誰以易之」。』」案「悠悠」，論語微子篇作「滔滔」，古音同在侯部。

〔三四〕攖寧齋鈔本「君」作「主」。

〔三五〕張敦仁曰：「華本『合』改『令』。」案：明初本亦作「令」。

〔三六〕「矜夸」原作「夸矜」，盧文弨曰：「『夸矜』當作『矜夸』。」案：張之象本、沈延銓本、金蟠本正作「矜夸」，今據乙正。

〔三七〕戰國策魏策下：「天子之怒，伏屍百萬，流血千里。……若士必怒，伏屍二人，流血五步。」漢書主父偃傳：「古之人君，一怒必伏尸流血。」伏字義與此同。

〔三八〕惡，發平聲，讀若「烏」。

〔三九〕張敦仁曰：「『圍』字誤也，未詳，（此四句齊景、衞靈、陽虎、桓魋，皆稱其國謚姓名爲一例，未必如張之象本所添有「匡人圍之」在其間也。上文大夫言魯、齊、衞、匡、陳、蔡，亦自爲一例。文學不言魯、匡、陳、蔡，大夫不言陽虎、桓魋，皆順其文之便。）下脱『之』字。張之象本於此處多以意添之，全誤。」器案：張之象本、沈延銓本、金蟠本「適衞」以下作「適衞，靈公簡之；適陳，匡人圍之；適蔡，桓魋害之；適楚，子西謗之」。

〔四〇〕「惑」上原無「狡」字，今據張之象本、沈延銓本、金蟠本訂補。張敦仁曰：「按『惑』字當衍。『之人』者，此人也。張之象本『惑』上添『狡』字，非。」

〔四一〕孟子萬章上：「萬章問曰：『或謂：孔子於衞主癰疽，於齊主侍人瘠環。有諸乎？』孟子曰：『否，不然也，好事者爲之也。於衞主顏讎由，……微服而過宋，是時，孔子當阨，主司城貞子，爲陳侯周臣。吾聞觀近臣以其所爲主，觀遠臣以其所主。若孔子主癰疽與侍人瘠環，何以爲孔子！』」

〔四二〕吕氏春秋論人篇高誘注：「論猶論量也。」

〔四三〕文選西京賦注：「憮然，猶悵然也。」

〔四四〕漢書景十三王傳：「彊令宫人嬴而四據，與羝羊及狗交。」王先謙補注曰：「四據，手及足據地也。」器案：此文四據，則謂以手據地，所以示敬，蓋當時禮貌固如此也。漢書蕭望之傳：「望之不起，因故下手。」蘇林曰：「伏地而言也。」蓋坐時足原據地，下手則手足俱據地，故曰四據也。漢書雋不疑傳「登堂坐定，不疑據地曰」云云。補注：「周壽昌曰：『據地，以手下據。古人席地而坐，不疑因進戒辭，絶先據地以示敬。』王文彬曰：『禮玉藻鄭注：據，按也。』」「據地」即「四據」也。漢書何並傳：「詡據地哭。」古人席地而坐，知四據即據地也。

〔四五〕荀子正論篇：「大侯編後，大夫次之。」戰國策秦策一：「天下編隨而伏。」吴師道曰：「以編次物曰編。」史記酷吏傳：「義縱……奏事中上意，任用與減宣相編。」漢書賈誼傳：「編之徒官。」師古曰：「編，次列也。」「編」義與此相同，蓋指賢良、文學六十餘人如編連也。

〔四六〕莊子山木篇：「則呼張歙之。」釋文：「張，開也；歙，斂也。」荀子議兵篇：「代翕代張。」楊注：「翕，斂也。」「歙」「翕」古通。

〔四七〕「舌舉」原作「舉舌」，今據上句文例乙正。莊子秋水篇：「公孫龍口呿而不合，舌舉而不下。」韓詩外傳四：「口張而不掩，舌舉而不下。」都作「舌舉」，亦可爲證。

〔四八〕陳遵默曰：「『而』讀『如』。」

〔四九〕説文言部：「諾，䧟也。」段注云：「䧟者，應之俗字。」

〔五〇〕「倏」原作「脩」，攖寧齋鈔本作「倏」，今據改。張敦仁曰：「『脩』當作『倏』。焦氏易林有『膠車駕東，與雨相逢，五鞏解墮』云云，（大過之蟲、遯之益。）蓋當時語。故下文云『請與諸生解』。（易林出東漢人手，或即取於此。）」器案：史記張耳陳餘傳：「乃檻車膠致。」此當時有膠車之證。明初本無此字。

〔五一〕漢書灌夫傳：「夫安敢以服爲解。」師古曰：「謂辭之也，若今言分疏也。」又酷吏楊僕傳：「失期内顧，以道惡爲解。」師古曰：「解謂自解説也，若今言分疏。」「解」字用法，正與此同。此則兼有「離析」與「分疏」二義，蓋當時所謂讔語也。文心雕龍有諧讔篇，言之詳矣。

雜論*第六十

客曰：「余覩鹽、鐵之義〔一〕，觀乎公卿、文學、賢良之論，意指殊路，各有所出，或上〔二〕仁義，或務權利。」

異哉〔三〕吾所聞。周、秦粲然，皆有天下而南面焉，然安危長久殊世。始汝南朱子伯〔四〕爲予言：當此之時，豪俊並進，四方輻湊〔五〕。賢良茂陵唐生、文學魯國萬生之倫〔六〕，六十餘人，咸聚闕庭，舒六藝之風〔七〕，論太平〔八〕之原。智者贊其慮，仁者明其施，勇者見其斷，辯者陳〔九〕其詞。誾誾〔一〇〕焉，侃侃〔一一〕焉，雖未能〔一二〕詳備，斯可略觀矣。然蔽於雲霧〔一三〕，終廢而不行〔一四〕，悲夫！公卿知任武可以辟地，而不知廣德〔一五〕可以附遠；知權利可以廣用，而不知稼穡可以富國也。近者親附，遠者説德，則何爲而不成，何求而不得？不出於斯路，而務畜利長威，豈不謬哉！中山劉子雍〔一六〕言王道，矯〔一七〕當世，復諸正，務在乎反本。直而不徼〔一八〕，切而不熛〔一九〕，斌斌〔二〇〕然斯可謂弘博君子矣。九江祝生奮由、路之意，推史魚〔二一〕之節，發憤懣〔二二〕，刺譏公卿，介然直而不撓〔二三〕，可謂不畏强禦矣。桑大夫〔二四〕據當世，合時變，推道術，尚權利，辟略小辯〔二五〕，雖非正法，然巨儒宿學恧然〔二六〕，不能自解〔二七〕，可謂博物通士矣〔二八〕。然攝卿相之位〔二九〕，不引準繩，以道化下，放於利末〔三〇〕，不師始古〔三一〕。易曰：『焚如棄如〔三二〕。』處非其位，行非其道，果隕其性〔三三〕，以及厥宗〔三四〕。車丞相〔三五〕即周、吕〔三六〕之列，當軸處中，括囊不言〔三七〕，容身〔三八〕而去，彼哉！彼哉〔三九〕！若夫羣丞相、御史〔四〇〕，不能正議，以輔宰相，成同類，長同行，阿意苟合，以説〔四一〕其上，斗筲之人，道諛之徒，何足算哉〔四二〕。

* 古代子部諸書，有内篇、雜篇。鹽、鐵本論，致大論篇已畢，此如諸書之有内篇；至此，桓寬復叙述自己撰述此書之由，取與本論有别，故曰雜論，正如諸書之有雜篇一樣。

漢書公孫賀、劉屈氂、車千秋等傳贊寫道：「至宣帝時，汝南桓寬次公治公羊春秋，舉爲郎，至廬江太守丞。博通善屬文。推衍鹽、鐵之議，增廣條目，極其論難，著數萬言，亦欲以究治亂，成一家之法焉。」桓寬對鹽、鐵會議記録的整理，「推衍」加工，「增廣條目，極其論難」，傾向性是非常鮮明的。他對賢良、文學，倍加贊賞，説他們「智者贊其慮，仁者明其施，勇者見其斷，辯者陳其詞」，贊揚他們「直而不徼，切而不熛」，是「弘博君子」。與此同時，却對於桑弘羊横加指責，備極非難，攻擊他「不引準繩，以道化下，放於利末，不師始古」，只知「務蓄利長威」，「而不知德廣可以附遠」，嘲笑他「處非其位，行非其道，果殞其性，以及厥宗」。但是，桑弘羊舌戰羣儒，力排衆議，把那些所謂「巨儒宿學」、「弘博君子」，一個個駁得「啞然，不能自解」，連桓寬也不得不承認「桑大夫據當世，合時變」，「可謂博物通士矣」。「桑弘羊者，不可少也！」李贄的這個論斷是完全正確的。

〔一〕「義」，通作「議」，史記留侯世家：「義不爲漢臣。」新序善謀篇「義」作「議」，又司馬相如傳：「義不反顧。」漢書司馬相如傳「義」作「議」，莊子齊物論：「有倫有義。」釋文：「『義』，崔本作『議』。」是其證。

〔二〕古今曠世文淵十一、古論大觀二九「上」作「尚」，古通。史記主父偃傳：「嚴安上書云：『貴仁義，賤權利。』」

〔三〕張敦仁曰：「漢書載此（在田千秋之傳贊），『哉』作『乎』。」案漢書注師古曰：「論語（子張篇）載子張之言，言不與己志同也，故寬引。」

〔四〕漢書「朱子伯」作「朱生」。

〔五〕正嘉本、張之象本、沈延銓本、金蟠本、兩漢別解、古今曠世文淵「湊」作「輳」，明初本作「腠」，說文有「湊」無「輳」，說文水部：「湊，水上人所會也。」淮南子主術篇：「羣臣輻湊並進。」

〔六〕漢書「倫」作「徒」。

〔七〕「風」原作「諷」，今據漢書校正，古今曠世文淵正作「風」。

〔八〕漢書「論太平」作「陳治平」。

〔九〕漢書「陳」作「騁」。

〔一〇〕漢書「誾誾」作「齗齗」，師古曰：「『齗齗』，辯争之貌。」案「誾誾」、「齗齗」古通，史記魯世家：「洙、泗之間，齗齗如也。」索隱：「齗，音魚斤反，讀如論語『誾誾如也』。」

〔一一〕漢書「侃侃」作「行行」。論語先進篇：「閔子騫侍側，誾誾如也，子路行行如也，冉有、子貢侃侃如也。」皇侃義疏：「誾誾，中正也。侃侃，和樂也。」

〔一二〕漢書無「能」字。

〔一三〕陸賈新語辨惑篇：「邪臣之蔽賢，猶浮雲之障日月也。」東方朔七諫：「浮雲蔽晦兮，使日月乎無光。」又曰：「何氾濫之浮雲兮，蔽此明月。顧皓日之顯行兮，雲蒙蒙而蔽之。」史記龜策傳：「日月之明，而時蔽於浮雲。」

〔一四〕始元六年春，召集此次議會，秋七月，罷榷酒酤，惟鹽、鐵未罷，不得云「終廢而不行」。

〔一五〕「廣德」原作「德廣」，今據上下文詞例（「任武」、「辟地」、「廣用」、「富國」）乙正。玉海一八一「附」作「致」。

〔一六〕漢書「雍」作「推」。或遂以「推言」連文説之，不知此本以「言王道，矯當世」對文也。

〔一七〕「矯」，漢書作「撟」，師古曰：「正曲曰撟諸之也。『撟』讀與『矯』同，其字從手。」

〔一八〕論語陽貨篇：「惡徼以爲智者。」集解：「孔安國曰：『徼，抄也，惡抄人之意以爲己有也。』」明初本「徼」作「激」，沈延銓本、兩漢別解作「澆」，俱臆改。

〔一九〕明初本、華氏活字本、攖寧齋鈔本「㥸」作「愫」。孫人和曰：「『㥸』讀『索』，小爾雅廣詁：『索，空也。』華本改作『愫』，不可從。」

〔二〇〕漢書「斌斌」作「彬彬」，師古曰：「彬彬，文章貌也。」

〔二一〕論語衛靈公篇：「子曰：『直哉！史魚。邦有道如矢，邦無道如矢。』」集解：「孔安國曰：『衛大夫史鰌也。』」

〔二二〕漢書終軍傳：「竊不勝憤懣。」又梅福傳：「發憤懣，吐忠言。」又司馬遷傳：「舒憤懣。」師古曰：「懣，煩悶也，音滿。」

〔二三〕師古曰：「撓，曲也。」

〔二四〕胡三省通鑑注一九：「姓譜：『桑，秦大夫子桑之後。』」

〔二五〕「尚權利，辟略小辯」，漢書作「上權利之略」，陳遵默曰：「古本必以『辟小辯』爲句，『辟』讀爲『闢』，小辯破言，故闢除之，視今本爲勝。」器案：漢書酷吏傳：「壹切爲小治辯。」義與此相近，此詆毁弘羊之辭，非謂其能闢除儒生之小辯也。

〔二六〕「然巨儒宿學恧然，不能自解」，原作「然巨儒宿學惡然大能自解」，今據明初本、華本、兩漢別解及漢書校改「恧」字，又據漢書校改「不」字。張敦仁曰：「華本『惡』改『恧』。漢書無此二字。」又曰：「漢書『大』作『不』。」楊沂孫曰：「『惡然大』三字當有誤。」

〔二七〕師古曰：「解，釋也，言理不出於弘羊也。」器案：史記老子韓非傳：「然（莊周）善屬書離辭，指事類情，用剽剥儒墨，雖當世宿學，不能自解免也。」此正桓文所本，言賢良、文學之徒，恧然媿疚，説理不能超過桑弘羊，以自解免也。

〔二八〕左傳昭公元年：「晉叔向稱子産曰：『博物君子也。』」

〔二九〕漢書「位」作「柄」。

〔三〇〕漢書「利末」作「末利」，師古曰：「放，縱也，謂縱心於利也。一説，放，依也，音方往反。論語稱孔子曰：『放於利而行多怨也。』」

〔三一〕「不師始古」，漢書作「不師古始」。

〔三二〕這是易經離卦文。王弼注：「通近至尊，履非其位，欲進其盛，以炎其上，命必不終，故曰焚如。違離之義，無應無承，衆所不容，貨曰棄如也。」

〔三三〕師古曰：「性，生也。謂與上官桀謀反誅也。」盧文弨曰：「當從之。」徐友蘭曰：「左氏傳蔡公孫姓，釋文：『本作生。』是姓亦生也。」案明初本、倪邦彦本、張之象本、沈延銓本、金蟠本、兩漢别解作「姓」。漢昭帝元鳳元年，御史大夫桑弘羊坐燕王旦事誅。

〔三四〕漢書翟方進傳贊：「懷忠憤發，以隕其宗。」又叙傳上：「秦貨既貴，厥宗亦隧。」「隕宗」、「隧宗」義同。

〔三五〕漢書車千秋傳：「初，千秋年老，上優之，朝見得乘小車入宫殿中，故因號曰車丞相。」

〔三六〕「吕」原作「魯」，今據盧、孫説校改。盧文弨曰：「『即周、魯』，漢書『履伊、吕』。」孫人和曰：「『魯』當作『吕』。非鞅篇：『有文、武之規矩，而無周、吕之鑿枘。』亦以『周、吕』並言。漢書田千秋傳贊作『伊、吕』。」

〔三七〕師古曰：「括，結也。易坤卦六四爻辭曰：『括囊無咎無譽。』言自閉慎，如囊之括結也。」漢書車千秋傳：「武帝崩，昭帝初即位，未任聽政，政事壹決大將軍光。千秋居丞相位，謹厚有重德。每公卿朝會，光謂千秋曰：『始與君侯俱受先帝遺詔；今光治内，君侯治外，宜有以教督，使光毋負天下。』千秋曰：

『唯將軍留意，即天下幸甚。』終不肯有所言。光以此重之。」

〔三八〕漢書朱雲傳：「丞相韋玄成，容身保位，亡能往來。」

〔三九〕師古曰：「論語曰：『或問子西，孔子曰：彼哉！彼哉！』言彼人哉，無足稱也。」案論語憲問篇集解：「馬融曰：『彼哉，彼哉，言無足稱也。』」義疏：「彼哉彼哉者，又答或人，言自是彼人耳，無別行可稱也。」

〔四〇〕張敦仁曰：「『相』下當脱『史』字，此書言『羣丞相史御史』，與漢書言『丞相御史兩府之士』文不必同。此下不言『兩府之士』，漢書上不言『羣』，皆順其文之便。（凡漢書與此不同，蓋孟堅多所潤色矣。）拾補以漢書補，未是。」

〔四一〕師古曰：「『説』讀曰『悦』。」

〔四二〕漢書「算」作「選」。師古曰：「筲，竹器也，容一斗。選，數也。論語（子路篇）云：『子貢問曰：今之從政者何如？孔子曰：噫，斗筲之人，何足選也。』言其材器小劣，不足數也。筲，音所交反。選，音先阮反。噫，歎聲也。噫，音於其反。」錢大昭漢書辨疑曰：「今本論語『選』作『算』，『選』、『算』古字通。邶風：『威儀棣棣，不可選也。』後漢書朱穆傳注絶交論引作『不可算也』。（今本仍作「選」，詩考以爲作「算」，蓋宋本與今本異。）齊風『舞則選兮』，文選舞賦注引作『舞則纂兮』，『纂』即『算』也。周語：『纂修其緒。』史記周本紀作『遵脩』，徐廣曰：『遵一作選。』是『選』『算』同。」器案：「選」、「算」雙聲，故從巽從算之字往往通。周易雜卦：「物撰德。」鄭作「算」，周禮大司馬：「撰司徒。」鄭注：「『撰』讀曰『算』。」説文食部：「『籑』或作『饌』。」是其證。張之象本、沈延銓本、金蟠本、兩漢別解改作「選」。

附録一　佚文

惜芳草者耗禾稼，惠盜賊者傷良人。（齊民要術一）

魯人攻費，曾子辭於費君。（北堂書鈔三四）

案：此事見於説苑尊賢篇，文云：「魯人攻鄪，曾子辭於鄪君，曰：『請出，寇罷而後復來；請姑毋使狗豕入吾舍。』鄪君曰：『寡人之於先生也，人無不聞；今魯人攻我而先生去我，我胡守先生之舍？』魯人果攻鄪，而數之罪十，而曾子之所争者九。魯師罷，鄪君復脩曾子舍而後迎之。」案此即孟子離婁下所載「曾子居武城」事，武城地即在費。

首，短劍也，長一尺八寸，頭類匕，故曰匕首。（白帖四注）

匕首，長尺八寸，頭類匕，故云匕首。（資治通鑑一胡三省注）

案：論勇篇有「尺八匕首不足恃也」語。

今民文杯畫案，婢妾衣羅紈履絲，所以亂治。漢末一筆之柙，雕以黄金，飾以和璧，綴以隋珠，發以翡翠。此筆非文犀之楨，必象齒之管，豐狐之柱，秋兔之翰；用之者，必被珠繡之衣，踐雕玉之履矣。（太平御覽四九三）

良民文杯畫案，婢妾衣紈履絲，匹庶粺飯肉食，所以亂治也。（藝文類聚六九）

案：類聚及御覽引「良民文杯畫案」至「所以亂治也」數句，見今本國疾篇，佚「所以亂治也」一句。至御覽引「漢末一筆之柙」一大段，明曰「漢末」，則非鹽鐵論文可知；御覽六〇五引作傅子，是也。唯「柙」作「匣」，「一發」作「文」，俱較四九三引者爲佳，當據訂正。

庶人乘馬者，足以代勞而已。故行則服軛，止則就犁，下種輒樓，皆取備焉。日種一頃，至今三輔，猶賴其利。遼東耕犁，轅長四尺，迴轉相妨；既用兩牛，兩人牽之，一人耕，一人種，二人輒樓，凡用兩牛六人，一日則種二十五畝，其懸絶如此。（御覽八二三）

案：御覽八九七亦引此文，至「止則就犁」，又緊接着引「一馬之服，當中家六口之家」，與今本散不足篇合。至御覽八二三此條引「下種輒樓」至「其懸絶如此」一大段，今本所無，亦不類鹽鐵論文，不知爲何文錯入。

南越以孔雀珥門户，崐山之旁，以璞玉抵烏鵲，此言貴生於少，賤生於所有。老子曰：「知我者希，則我者貴。」豈虚言哉！（埤雅七）

案：今本崇禮篇有「南越以孔雀珥門户，崐山之旁，以璞玉抵烏鵲」三句，「此言貴生於少」五句無。

敢私煮鹽者鈦左趾。鈦，足鉗。（後村先生大全集四四山甫既别三日復得此詩追餞原注引）

案：史記平準書：「敢私鑄鐵煮鹽者，鈦左趾。」索隱引三蒼云：「鈦，踏脚鉗也。」漢書食貨志下：「敢私鑄鐵器鬻鹽者，鈦左趾。」師古曰：「鈦，足鉗也。音徒計反。」劉克莊蓋誤以漢書及顔注文爲鹽鐵論也。

又案：漢書藝文志諸子略儒家著録「桓寬鹽鐵論六十篇」。今傳本十卷六十篇，與漢志合。今輯得齊民要術以下諸書所引凡八條，其中除三條爲誤引他書者外，其餘五條，或爲今本異文，或爲今本佚文，似可存疑，以待後定。

我很懷疑鹽鐵論原議文尚有溢出今本之外的，桓寬撰次時，采獲未周，致有遺漏，這是很可惜的。漢書公孫田劉王楊蔡陳鄭傳贊寫道：「當時相詰難，頗有其議文。」這説明當時這個議文傳播是很廣泛的。在傳鈔過程中，文有繁簡，字有異同，簡有錯脱，這是必然會發生的問題，可惜桓寬在撰次時，只注意「推衍」「增廣」，没有留心網羅散佚，這一點是必須鄭重指出的。

漢書魏相傳：「魏相，字弱翁，濟陰定陶人也，徙平陵，少學易，爲郡卒史，舉賢良，以對策高第爲茂陵令。」韓延壽傳載魏相對策事較詳，寫道：「韓延壽字長公，燕人也，徙杜陵。少爲郡文學。父義爲燕郎中，刺王之謀逆也，義諫而死，燕人閔之。是時，昭帝富於春秋，大將霍光持政，徵郡國賢良、文學，問以得失。時魏相以文學對策，以爲：『賞罰所以勸善禁惡，政之本也。日者，燕王爲無道，韓義出身彊諫，爲王所殺。義無比干之親，而蹈比干之節，宜顯賞其子，以示天下，明爲人臣之義。』」光納其言，因擢延壽爲諫大夫。」魏相以賢良對策，即指這次會議。相徙平陵，平陵在右扶風，是太常屬縣，與昭帝紀言「其令三輔、太常舉賢良各二人」合，韓延壽傳以爲「時魏相以文學對策」，那是不對的。據史所載昭帝時「徵郡國賢良、文學，問以得失」，僅有這一次，因之，可以肯定魏相對策，就是參加這次會議的發言；因之，我們可以斷言，參加這次會議的賢良，還有魏相其人；他的這部分發言，以其不關鹽、鐵諸事，遂爲傳鈔者所省略，或爲桓寬所刪削，則未可知也。

又案：御覽七〇一引散不足篇「一杯棬用百人之力」，「棬」下注云：「去遠反。說文曰：『棬，枋。』」此非鹽鐵論在宋以前即已有注，此蓋修修文御覽諸人附加之語，而修太平御覽時因仍而未加刊落耳。由此言之，則白帖所引關於「匕首」之解釋，亦當作如是觀耳。

附録二 記事

司馬遷 史記

平準書：「於是以東郭咸陽、孔僅爲大農丞，領鹽、鐵事，桑弘羊以計算用事侍中。咸陽，齊之大煮鹽，孔僅，南陽大冶，皆致生累千金，故鄭當時進言之；弘羊，雒陽賈人子，以心計年十三侍中。故三人言利事析秋豪矣。」

萬石君傳：「元鼎五年秋，丞相有罪罷。（集解：「趙周坐酎金免。」）制詔御史：『萬石君，先帝尊之，子孫孝，其以御史大夫慶爲丞相，封爲牧丘侯。』是時，漢方南誅兩越，東擊朝鮮，北逐匈奴，西伐大宛，中國多事；天子巡狩海内，修上古神祠，封禪，興禮樂，公家用少。桑弘羊等致利，王温舒之屬峻法，兒寬等推文學至九卿，更進用事，事不關決於丞相，丞相醇謹而已。」

班固 漢書

昭帝紀：「始元六年二月，詔有司問郡國所舉賢良、文學民所疾苦。議罷鹽、鐵、榷酤。（應劭曰：「武帝時，以國用不足，縣官悉自賣鹽、鐵、酤酒。昭帝務本抑末，不與天下争利，故罷之。」）秋七月，罷榷酤官。」

昭帝紀：「元鳳元年九月，鄂邑長公主、燕王旦與左將軍上官桀、桀子票騎將軍安、御史大夫桑弘羊皆謀反伏誅。……冬十月，詔曰：『左將軍安陽侯桀、票騎將軍桑樂侯安、御史大夫弘羊，皆數以邪枉干輔政，大將軍不聽，而懷怨望，與燕王通謀，置驛往來相約結。燕王遣壽西長、孫縱之等，賂遺長公主丁外人、謁者杜延年、大將軍長史公孫遺等，交通私書，共謀令長公主置酒伏兵，殺大將軍光，徵立燕王爲天子，大逆毋道。故稻田使者燕倉先發覺，以告大司農敞，敞告諫大夫延年，延年以聞丞相徵事任宫，手捕斬桀。丞相少史王壽誘將安入府門，皆已伏誅。吏民得以安。封延年、倉、宫、壽皆爲列侯。』又曰：『燕王迷惑失道，前與齊王子劉澤等爲逆，抑而不揚，望王反道自新；今迺與長公主及左將軍桀等謀危宗廟。王及公主皆自伏辜。其赦王太子建、公主子文信及宗室子與燕王、上官桀等謀反父母同産當坐者，皆免爲庶人。其吏爲桀等所詿誤、未發覺在吏者，除其罪。』」

百官公卿表下：「武帝天漢元年，大司農桑弘羊。四年，貶爲搜粟都尉。」

百官公卿表下：「武帝後元二年二月乙卯，搜粟都尉桑弘羊爲御史大夫。七年，坐謀反誅。」（周壽昌曰：「車千秋傳作『八年』，以王訢爲御史大夫之年計之，正八年也。作『七』誤。」）

食貨志下：「於是以東郭咸陽、孔僅爲大農丞，領鹽、鐵事。而桑弘羊貴幸。咸陽，齊之太鬻鹽，孔僅，南陽大冶，皆致産累千金，故鄭當時進言之。弘羊，洛陽賈人之子，以心計，年十三侍中。故三人言利事析秋豪矣。」（黄震古今紀要二：「鄭當時，咸陽、孔僅、弘羊皆所薦。」）

食貨志下：「孔僅使天下鑄作器，三年中至大司農，列於九卿。而桑弘羊爲大司農中丞，管諸會計事，稍稍置均輸以通貨物。」（後漢書朱暉傳：「尚書張林上言：『又宜因交阯、益州上計吏，往來市珍寶，收采其利，武帝時所謂均輸者也。』」李賢注：「武帝作均輸法，謂州郡所出租賦，並雇運之直，官總取之，市其土地所出之物，官自轉輸於京，謂之均輸。」王惲玉堂嘉話五：「均輸法起桑弘羊，謂市井百貨，皆輸官坊，商賈不復貿易。」王三聘古今事物考三：「呂東萊曰：『三代之時，鹽雖入貢，與民共之。法自管仲相桓公，始興鹽筴，以奪民利。至漢武帝時，孔僅、桑弘羊祖管仲之法，鹽始禁榷。』」）始令吏得入穀補官即至六百石。自造白金、五銖錢，後五歲而赦吏民之坐盜鑄金錢死者數十萬人，其不發覺相殺者，不可勝計，赦自出者百餘萬人，然不能半自出，天下大氐無慮皆鑄金錢矣。」

食貨志下：「元封元年，卜式貶爲太子太傅。而桑弘羊爲治粟都尉，領大農，盡代僅斡天下鹽、鐵。弘羊以諸官各自市相争，物以故騰躍，而天下賦輸，或不償其僦費，迺請置大農部丞數十人，分部主郡國，各往往置均輸、鹽、鐵官，令遠方各以其物如異時商賈所轉販者，爲賦而相灌輸。置平準於京師，都受天下委輸。召工官治車諸器，皆仰給大農。大農諸官盡籠天下之貨物，貴則賣之，賤則買之，如此，富商大賈無所牟大利，則反本而萬物不得騰躍，故抑天下之物，名曰平準。天子以爲然而許之。於是，天子北至朔方，東封泰山，巡海上，旁北邊以歸；所過賞賜，用帛百餘萬匹，錢金以鉅萬計，皆取足大農。弘羊又請：令民得入粟補吏，及罪以贖；令民入粟甘泉，各有差，以復終身；不復告緡；它郡各輸急處。而諸農各致粟，山東漕益歲六百萬石，一歲之中，太倉、甘泉倉滿，邊餘穀。諸均輸帛五百萬匹。民不益賦，而天下用饒。於是，弘羊賜爵左庶長，黄金者再百焉。是歲，小旱，上令百官求雨。卜式言曰：『縣官當食租衣税而已，今弘羊令吏坐市列販物求利，亨弘羊，天乃雨。』（李贄史綱評要七：「卜式小人也，然『亨弘羊』三字甚確。」）久之，武帝疾病，拜弘羊爲御史大夫。昭帝即位，六年詔郡國舉賢良、文學之士，問以民所疾苦，教化之要。皆對：願罷鹽、鐵、酒榷、均輸官，毋與天下争利，視以儉節，然後教化可興。弘羊難，以爲此國家大業，所以制四夷、安邊、足用之本，不可廢也。迺與丞相千秋共奏罷酒酤。弘羊自以爲國興大利，伐其功，欲爲子弟得官，怨望大將軍霍光，遂與上官桀等謀反，誅滅。」

萬石君傳：「元鼎五年，以御史大夫慶爲丞相，封牧丘侯。是時，漢方南誅兩越，東擊朝鮮，北逐匈奴，西伐大宛，中國多事；天子巡狩海内，修古神祠，封禪，興禮樂，公家用少。桑弘羊等致利，王温舒之屬竣法，兒寬等推文學至九卿，更進用事，事不關決於慶，慶醇謹而已。」

蘇武傳：「武留匈奴凡十九歲，始以彊壯出，及還，須髮盡白。武來歸，明年，上官桀子安與桑弘羊及燕王、蓋主謀反，武子男元與安有謀，坐死。初，桀、安與大將軍霍光争權，數疏過失予燕王，令上書告之。又言蘇武使匈奴二十年，不降，還迺爲典屬國；大將軍長史無功勞，爲搜粟都尉；光顓權自恣。及燕王等反誅，窮治黨與，武素與桀、弘羊有舊，數爲燕王所訟，子又在謀中；廷尉奏請逮捕武，霍光寢其奏，免武官。」

卜式傳：「元鼎中，徵式代石慶爲御史大夫。式既在位，言郡國不便鹽、鐵，而船有算，可罷。上由是不説式。」

張湯傳：「會渾邪等降，漢大興兵伐匈奴，山東水旱，貧民流徙，皆卬給縣官，縣官空虚。湯承上指，請造白金及五銖錢，籠天下鹽、鐵，排富商大賈，出告緡令，鉏豪彊并兼之家，舞文巧詆以輔法。」（何焯義門讀書記曰：「鹽、鐵出於弘羊，告緡出於楊可，然非倚湯不能取信於天子，以酷虐助而成，故惡皆歸之湯。」）

張安世傳：「昭帝即位，大將軍霍光秉政，以安世篤行，光親重之。會左將軍上官桀父子及御史大夫桑弘羊皆與燕王、蓋主謀反誅，光以朝無舊臣，白用安世爲右將軍光禄勳，以自副焉。」

杜周傳：「後爲執金吾，逐捕桑弘羊、衛皇后昆弟子刻深，上以爲盡力無私，遷爲御史大夫。」（王先謙漢書補注曰：「據公卿表，周爲執金吾時，弘羊爲大司農，此蓋桑、衛昆弟子皆在逐捕中，非指弘羊本身。」）

杜延年傳：「左將軍上官桀父子與蓋主、燕王謀爲逆亂，假稻田使者燕倉知其謀，以告大司農楊敞，敞惶懼移病；以語延年，延年以聞，桀等伏辜。延年封爲建平侯。延年本大將軍霍光吏，首發大姦，有忠節，由是擢爲太僕右曹給事中。光持刑罰嚴，延年輔之以寬，治燕王獄時，御史大夫桑弘羊子遷亡，過父故吏侯史吴，後遷捕得伏法。會赦，侯史吴自出繫獄，廷尉王平與少府徐仁雜治反事，皆以爲遷坐父謀反，而侯史吴藏之，非匿反者，迺匿爲隨者也。即以赦令除吴罪。後侍御史治實，以桑遷通經術，知父謀反而不諫争，與反者身無異；侯史吴故三百石吏，首匿遷，不與庶人匿隨從者等，吴不得赦。奏請覆治，劾廷尉、少府縱反者。少府徐仁，即丞相車千秋女壻也，故千秋數爲侯史吴言，恐光不聽，千秋即召中二千石、博士會公車門，議問吴法。議者知大將軍指，皆執吴爲不道。明日，千秋封上衆議。光於是以千秋擅召中二千石以下，外内異言，遂下廷尉平、少府仁獄。朝廷皆恐丞相坐之。延年迺奏記光争，以爲：『吏縱罪人有常法，今更詆吴爲不道，恐於法深。又丞相素無所守持，而爲好言於下，盡其素行也。至擅召中二千石，甚無狀。延年愚以爲丞相久故，及先帝用事，非有大故，不可棄也。間者，民頗言獄深，吏爲峻詆。今丞相所議又獄事也，如是以及丞相，恐不合衆心，羣下讙譁，庶人私議，流言四布，延年竊重將軍失此名於天下也。』光以廷尉、少府弄法輕重，皆論棄市，而不以及丞相，終與相竟。延年論議持平，合和朝廷，皆此類也。見國家承武帝奢侈師旅之後，數爲大將軍光言：『年歲比不登，流民未盡還，宜修孝文時政，示以儉約寬和，順天心，說民意，年歲宜應。』光納其言，舉賢良議罷酒榷、鹽、鐵，皆自延年發之。」

武五子傳：「久之，旦姊鄂邑蓋長公主、左將軍上官桀父子與霍光爭權有隙，皆知旦怨光，即私與燕交通；旦遣孫縱之等前後十餘輩，多齎金寶走馬，賂遺蓋主、上官桀及御史大夫桑弘羊等，皆與交通，數記疏光過失與旦，令上書告之，桀欲從中下其章。旦聞之喜，上疏曰：『昔秦據南面之位，制一世之命，威服四夷，輕弱骨肉，顯重異族，廢道任刑，無恩宗室；其後，尉佗入南夷，陳涉呼楚澤，近狎作亂，内外俱廢，趙氏無炊火焉。高皇帝覽蹤迹，觀得失，見秦建本非是，故改其路，規土連城，布王子孫，是以支葉扶疏，異姓不得閒也。今陛下承明繼成，委任公卿，羣臣連與成朋，非毁宗室，膚受之愬，日騁於廷，惡吏廢法立威，主恩不及下究。臣聞武帝使中郎將蘇武使匈奴，見留二十年不降，還亶爲典屬國；今大將軍長史敞無勞，爲搜粟都尉，又將軍都郎羽林，道上移蹕，太官先置。臣旦願歸符璽，入宿衛，察姦臣之變。』是時，昭帝年十四，覺其有詐，遂親信霍光而疏上官桀等。桀等因謀共殺光廢帝，迎立燕王爲天子。旦置驛書，往來相報，許立桀爲王，外連郡國豪桀以千數。旦以語相平，平曰：『大王前與劉澤結謀，事未成而發覺者，以劉澤素夸好侵陵也。平聞左將軍素輕易，車騎將軍少而驕，臣恐其如劉澤時不能成，又恐既成反大王也。』旦曰：『前日一男子詣闕自謂故太子，長安中民趣鄉之，正讙不可止；大將軍恐，出兵陳之，以自備耳。我帝長子，天下所信，何憂見反。』後謂羣臣：『蓋主報言，獨患大將軍與右將軍王莽；今右將軍物故，丞相病，幸事必成，徵不久。』令羣臣皆裝。會蓋主舍人父燕倉知其謀，告之，由是發覺。丞相賜璽書部中二千石，逐捕孫縱之及左將軍桀等，皆伏誅。旦聞之，召相平曰：『事敗，遂發兵乎？』平曰：『左將軍已死，百姓皆知之，不可發也。』王憂懣，……會天子使使者賜燕王璽書，……旦得書，以符璽屬醫工長，謝相、二千石，奉事不謹，死矣。即以綬自絞，后、夫人隨旦自殺者二十餘人。天子加恩，赦王太子建爲庶人，賜旦謚曰刺王。」

車千秋傳：「武帝疾，立皇子鉤弋夫人男爲太子，拜大將軍霍光、車騎將軍金日磾、御史大夫桑弘羊及丞相車千秋，並受遺詔輔道少主。武帝崩，昭帝初即位，未任聽政，政事壹決大將軍光。千秋居丞相位，謹厚有重德，每公卿朝會，光謂千秋曰：『始與君侯俱受先帝遺詔，今光治内，君侯治外，宜有以教督，使光毋負天下。』千秋曰：『唯將軍留意，即天下幸甚。』終不肯有所言；光以此益重之，每有吉祥嘉應，數褒賞丞相。訖昭帝世，國家少事，百姓稍益充實。始元六年，詔郡國舉賢良、文學士，問以民所疾苦，於是鹽、鐵之議起焉。」（師古曰：「議罷鹽、鐵之官，令百姓皆得煮鹽鑄鐵，因總論政治得失也。」）

車千秋傳：「桑弘羊爲御史大夫八年，自以爲國家興榷筦之利，伐其功，欲爲子弟得官，怨望霍光，與上官桀等謀反，遂誅滅。」

霍光傳：「後元二年春，上游五柞宫，病篤，……上以光爲大司馬大將軍、日磾爲車騎將軍，及太僕上官桀爲左將軍，搜粟都尉桑弘羊爲御史大夫，皆拜卧内牀下，受遺詔輔少主。明日，武帝崩。」

霍光傳：「光與左將軍桀結婚相親，光長女爲桀子安妻，有女年與帝相配，桀因帝姊鄂邑蓋主内安女後宫爲倢伃，數月立爲皇后，父安爲票騎將軍，封桑樂侯。光時休沐出，桀輒入代光決事。桀父子既尊盛，而德長公主。公主内行不修，近幸河間丁外人；桀、安欲爲外人求封，幸依國家故事，以列侯尚公主者。光不許。又爲外人求光禄大夫，欲令得召見。又不許。長公主大以是怨光。而桀、安數爲外人求官爵弗能得，亦慙。自先帝時，桀已爲九卿，位在光右；及父子並爲將軍，有椒房中宫之重，皇后親安女，光迺其外祖，而顧專制朝事，繇是與光争權。燕王旦自以昭帝兄，常懷怨望。及御史大夫桑弘羊建造酒榷、鹽、鐵，爲國興利，伐其功，欲爲子弟得官，亦怨恨光。於是蓋主、上官桀、安及弘羊，皆與燕王旦通謀，詐令人爲燕王上書，言：『光出都肄郎羽林道上稱趕，太官先置。又引蘇武前使匈奴，拘留二十年不降，還迺爲典屬國；而大將軍長史敞亡功爲搜粟都尉；又擅調益莫府校尉；光專權自恣，疑有非常。臣旦願歸符璽，入宿衛，察姦臣變候。』司光出沐日奏之。桀欲從中下其事，桑弘羊當與諸大臣共執退光。書奏，帝不肯下。明旦，光聞之，止畫室中不入。上問：『大將軍安在？』左將軍桀對曰：『以燕王告其罪，故不敢入。』有詔召大將軍。光入，免冠頓首謝。上曰：『將軍冠，朕知是書詐也。將軍亡罪。』光曰：『陛下何以知之？』上曰：『將軍之廣明，都郎屬耳，調校尉以來，未能十日，燕王何以得知之？且將軍爲非，不須校尉。』是時，帝年十四，尚書左右皆驚；而上書者果亡，捕之甚急。桀等懼，白上：『小事不足遂。』上不聽。後桀黨與有譖光者，上輒怒曰：『大將軍忠臣，先帝所以輔朕身，敢有毀者坐之。』自是桀等不敢復言，迺謀令長公主置酒請光，伏兵格殺之，因廢帝，迎立燕王爲天子。事發覺，光盡誅桀、安、弘羊、外人宗族，燕王、蓋主皆自殺。」

循吏傳：「孝昭幼沖，霍光秉政，承奢侈師旅之後，海内虚耗；光因循守職，無所改作。至於始元、元鳳之間，匈奴鄉化，百姓益富，舉賢良、文學，問民所疾苦，於是罷酒榷而議鹽、鐵矣。」

西域傳下：「征和四年，（據資治通鑑二二補。）搜粟都尉桑弘羊與丞相、御史奏言：『故輪臺以東，捷枝、渠犂皆故國，地廣，饒水草，有溉田五千頃以上，處温和，田美，可益通溝渠，種五穀，與中國同時孰。其旁國少錐刀，貴黄金采繒，可以易穀食，宜給足，不可乏。臣愚以爲可遣屯田卒，詣故輪臺以東，置校尉三人分護，各舉圖地形，通利溝渠，務使以時種五穀。張掖、酒泉遣騎假司馬爲斥候，屬校尉，事有便宜，因騎置以聞。田一歲有積穀，募民壯健有累重敢徙者詣田所，就畜積爲本業，益墾溉田，稍築列亭，連城而西，以威西國，輔烏孫爲便。臣謹遣徵事臣昌分部行邊，嚴敕太守、都尉，明烽火，選士民，謹斥候，蓄茭草；願陛下遣使使西國，以安其意。臣昧死請。』上迺下詔深陳既往之悔，曰：『前有司奏欲益民賦三十，助邊用，是重困老弱孤獨也。而今又請遣卒田輪臺，輪臺西於車師千餘里，前開陵侯擊車師時，危須、尉犂、樓蘭六國子弟在京師者，皆先歸發畜食，迎漢軍；又自發兵凡數萬人，王各自將，共圍車師，降其王。諸國兵便罷，力不能復至道上食漢軍。漢軍破城食至多，然士自載，不足以竟師，彊者盡食畜産，羸者道死數千人。朕發酒泉驢橐駝負食出玉門迎軍，吏卒起張掖不甚遠，然尚廝留甚衆。曩者，朕之不明，以軍候弘上書言：匈奴縛馬前後足置城下，馳言秦人我匄若馬。又漢使久留不還，故興遣貳師將軍，欲以爲使者威重也。古者，卿大夫與謀，參以蓍龜，不吉不行。迺者，以縛馬書徧視丞相、御史、二千石、諸大夫、郎、爲文學者，迺至郡屬國都尉成忠、趙破奴等，皆以虜自縛其馬，不祥甚哉。或以爲欲以見彊。夫不足者，視人有餘，卦得大過，爻在九五，匈奴困敗，公車方士、太史、治星、望氣及太卜、龜蓍皆以爲吉，匈奴必破，時不可再得也。又曰：北伐行將於鬴山必克。卦諸將，貳師最吉，故朕親發貳師下鬴山，詔之必毋深入，今計謀卦兆皆反繆，重合侯得虜候者，言聞漢軍當來，匈奴使巫埋羊牛所出諸道及水上以詛軍；單于遺天子馬裘，常使巫祝之。縛馬者，詛軍事也。又卜漢軍一將不吉。匈奴常言漢極大，然不能飢渴，失一狼，走千羊。迺者，貳師敗，軍士死略離散，悲痛常在朕心。今請遠田輪臺，欲起亭隧，是擾勞天下，非所以優民也。今朕不忍聞。大鴻臚等又議欲募囚徒，送匈奴使者，明封侯之賞以報忿，五伯所弗能爲也。且匈奴得漢降者，常提掖搜索，問以所聞。今邊塞未正，闌出不禁，障候長吏使卒獵獸，以皮肉爲利，卒苦而烽火乏，失亦上集不得，後降者來若捕生口虜，迺知之。當今務在禁苛暴，止擅賦，力本農，脩馬復令，以補缺，毋乏武備而已。郡國二千石各上進畜馬方略補邊狀，與計對。』由是不復出軍，而封丞相車千秋爲富民侯，以明休息，思富養民也。」（案此文桑弘羊奏言云云，嚴可均據以收入所輯全漢文桑弘羊文。）

西域傳下：「初貳師將軍李廣利擊大宛，還過杅彌。杅彌遣太子賴丹爲質於龜茲，廣利責龜茲曰：『外國皆臣屬於漢，龜茲何以得受杅彌質？』即將賴丹入至京師。昭帝乃用桑弘羊前議，以杅彌太子賴丹爲校尉，將軍田輪臺。輪臺與渠犁地皆相連也。龜茲貴人姑翼謂其王曰：『賴丹本臣屬吾國，今佩漢印綬來迫吾國而田，必爲害。』王即殺賴丹，而上書謝漢。漢未能征。」（案桑弘羊前議，鹽鐵論伐功、西域二篇亦有所論及，蓋武帝時議而未行，故昭帝用其議而行之，資治通鑑二三以此事入元鳳四年，蓋去弘羊之被害才三年耳。）

劉向　新序

善謀下：「御史大夫桑弘羊請佃輪臺。詔卻曰：『當今之務，務在禁暴，止擅賦；今乃遠西佃，非所以慰民也。朕不忍聞。』封丞相號曰富民侯。遂不復言兵事，國家以寧，繼嗣以定，從韓安國之本謀也。」（案本謀猶言初謀，史記五帝本紀：「本謀者象。」漢書王陵傳：「立文帝，平本謀也。」義俱同。）

荀悦　前漢紀

卷十三：「元狩四年，……於是孔僅爲大司農丞，領管鹽、鐵。桑弘羊，洛陽賈人子，以能心計，年十三爲侍中，言利事皆析秋毫，而始算緡錢及車船矣。其後，弘羊請置大司農部丞數十人，分主郡國，各得往置均輸、鹽、鐵官，令遠方各以其物商賈所販賣爲賦，而相準輸，置平準官於京師，都受天下委輸諸物，官盡籠天下之貨物，貴則賣之，賤則買之，富商大賈無所侔大利，物皆反其本，而物不得踊貴，故抑天下之物，名曰平準。

又令民得以粟補吏，罪人得以贖死，及入粟爲吏，復各有差；於是民不益賦，而國用饒足。乃賜弘羊爵左庶長，黄金二百斤。會天大旱，上令百官請雨。太子傅卜式言於上曰：『縣官當衣食租税而已，今弘羊令吏坐市列肆，販賣求利；獨烹弘羊，天乃雨。』」

卷十五：「征和四年，是時，天下疲於兵革，上亦悔之；而搜粟都尉桑弘羊與丞相、御史大夫奏言：『故輪臺以東，皆故國處，有溉灌田，其旁小國，少錐刀，貴黄鐵，緜繒可以易穀。臣愚以爲可遣屯田卒詣輪臺，置校尉三人，通利溝渠，田一歲有積穀，募民敢徙者詣田所，就畜積，爲産業，稍稍築亭，連城而西，以威西國，輔烏孫爲便。』事上，上乃下詔，深陳既往之悔，曰：『前有司奏欲益民賦以助邊用，是困老弱孤獨也；今又請田輪臺。曩者，朕之不明，興師遠攻，遣貳師將軍，……貳師軍敗，士卒散離略盡，悲痛常在朕心；今有司請遠田輪臺，欲起亭燧，是唯益擾天下，非所以憂民也，朕不忍聞。當今務在禁苛暴，止擅賦，務本勸農，無乏武備而已。』由是不復出軍，封丞相爲富民侯，而勸耕農，自是田多墾闢，而兵革休息。」

卷十六：「孝昭帝始元六年，二月，詔有司舉賢良、文學，問民疾苦。議罷鹽、鐵、榷酤。」又：「元鳳元年，九月，鄂邑長公主、燕王旦、左將軍上官桀、桀子驃騎將軍安、御史大夫桑弘羊皆謀反伏誅。……桑弘羊爲國興利，自伐其功，各欲爲子弟黨類求官，以私於光，光不聽。由是與光争權，欲害之，詐使人爲燕王旦上書，言光……，候光休沐日奏之。桀欲從中下其事，弘羊當與大臣共執退光。書奏上不肯下，召光，光入，上曰：『此書詐也，將軍無罪……。』自是桀等不敢言，乃謀令公主置酒請光，伏兵殺之，因廢帝，誘迎立燕王，燕王至殺之，因立桀爲帝。……會蓋主舍人父燕倉知其謀，以告大司農楊敞，敞告諫議大夫杜延年以聞，桀等伏誅。」

司馬光　資治通鑑

卷二三漢紀十五：「昭帝始元六年，秋，七月，罷榷酤官，從賢良、文學之議也。武帝之末，海内虚耗，户口減半。霍光知時務之要，輕徭薄賦，與民休息。至是，匈奴和親，百姓充實，稍復文、景之業焉。」

吕祖謙　大事記解題（不分卷）

元狩四年冬，造白金、皮幣，罷半兩錢，行三銖錢。　解題曰：「按史記張湯傳：『漢大興兵伐匈奴，山東水旱，貧民流徙，皆仰給縣官，縣官空虚，於是承上指請造白金及五銖錢，籠天下鹽鐵，排富商大賈，出告緡令，鉏豪强兼并之家，舞文巧詆以輔法。湯每奏事，語國家用，日晏，天子忘食。丞相取充位，天下事皆決於湯。百姓不安其生，騷動。縣官所興，未獲其利，奸吏並侵漁。於是痛繩以罪，則自公卿以下，至於庶人，咸指湯。湯嘗病，天子至自視病，其隆貴如此。』又案平準書：『縣官大空，而富商大賈，或蹛財役貧，轉轂百數，廢居、居邑，封君皆低首仰給。冶鑄煮鹽，財或累萬金，（漢無山澤之政，故鹽、鐵之利歸於商。）而不佐國家之急，黎民重困。於是天子與公卿議，更錢造幣以贍用，而摧浮淫并兼之徒，（更錢則舊錢不用，造幣則私家所無，此所以摧兼并也。）自孝文更造四銖錢，至是歲四十餘年，從建元以來用少，縣官往往則多銅山而鑄錢，民亦閒盜鑄錢，不可勝數。錢益多而益輕，物益少而益貴。』乃爲皮幣、白金，銷半兩錢，鑄三銖錢。」

以東郭咸陽、孔僅爲大農丞，桑弘羊爲侍中。解題曰：「按平準書：『以東郭咸陽、孔僅爲大農丞，領鹽、鐵，（欲摧鹽、鐵，故使二人領之。）桑弘羊以計算用事侍中。咸陽，齊之大煮鹽，孔僅，南陽大冶，皆致生累千金，故鄭當時進言之。弘羊，洛陽賈人子，以心計十三侍中。（弘羊不知其所以進。）故三人言利事，析秋豪矣。』漢人多言汲、鄭，其實當時非黯比也。黯奮不顧身，以折功利之衝；當時乃薦咸陽、僅掊克之魁，以濟武帝之慾，烏得並稱哉！」

初算緡錢。解題曰：「亦張湯之謀也。按平準書：公卿言郡國頗被菑害，貧民無産業者，募徙廣饒之地。陛下損膳省用，出禁錢以振元元，寬貸賦，而民不齊出於南畝，商賈滋衆，貧者蓄積無有，皆仰縣官。異時，算軺車，賈人緡錢皆有差。（事在元光六年。）請算如故。諸賈人末作、貰貸賣買、居邑稽諸物，及商以取利者，雖無市籍，各以其物自占，率緡錢二千而一算，諸作有租及鑄，率緡錢四千一算。（手作者得利差輕，故算亦輕。以上者，算緡錢之法也。）非吏比者、三老、北邊騎士，軺車以一算。（按顔師古曰：「比吏也，身非爲吏之例；非爲三老，非爲北邊騎士，而有軺車，皆令出一算。」然則凡民不爲吏，不爲三老、騎士，苟有軺車，皆出一算矣。元光之令，只算商車耳，至是民庶皆不免焉。）商賈軺車二算。（已上算車之法也。）船五丈以上一算。（此又屬商賈下，必專指商賈也。蓋非商賈貿易四方，有船者必少。）匿不自占，占不悉，戍邊一歲，没入緡錢，有能告者，以半畀之。（此所謂告緡也。按張湯傳：「排富商大賈，出告緡令。」則此奏出於湯不疑。）賈人有市籍者，及其家屬，皆無得籍名田，以便農。敢犯令，没入田僮。（本意止欲算舟車緡錢以徵利耳，而託於便農，故不得專行此令也。）」

以卜式爲中郎。解題曰：「卜式爲小忠而不知大體者也，其願輸家財半助邊，丞相弘以爲此非人情，不軌之臣。然報罷之後，助縣官之心終不衰，則非矯飾也。惜其未嘗講學，故區區以輸財爲忠。是時，豪富皆爭匿財，唯式獨欲助邊，事勢相激，故武帝寵式者日厚，嫉富豪者日深，民中家以上大率破，雖假手桑弘羊輩，苟無式以形之，未必如是之酷也。」

右内史汲黯免，以義縱爲内史，王温舒爲中尉，楊僕爲主爵都尉。解題：「汲黯去則漢朝無人矣。義縱、王温舒、楊僕名皆在酷吏傳，三人分與關、輔，民不堪命矣。夫有興利之臣，則必有酷吏，蓋兩者相資爲用，而不可相無者也。如桑弘羊之徒，興利之臣也，義縱之徒，酷吏也，兼之者，其張湯乎！」

元狩五年，罷三銖錢，行五銖錢。初榷鹽、鐵。解題曰：「按平準書：『有司言：三銖錢輕，易奸詐；乃更請諸郡國鑄五銖錢，周郭其下，令不可磨取鋊焉。大農上鹽鐵丞孔僅、咸陽言：（去年，二人爲大農丞，領鹽、鐵，至是其法始成也。）山海，天地之藏也，皆宜屬少府。陛下不私，以屬大農佐賦。（前此，民冶鑄煮鹽，例給山海地澤之税，所入至微，故入少府，以給供養。今武帝欲盡榷以充征伐之用，故改屬大農。咸陽、孔僅欲蓋其奪民利之惡，反稱武帝之不私，此聚斂之臣常態也。）願募民自給費。（民自出費用也。）因官器作，煮鹽，官與牢盆。（蘇林曰：「牢，價值也，今世人言雇手牢盆。」如淳曰：「牢，廩食也，古者名廩爲牢也。盆者，煮鹽盆。」顔師古以蘇説牢字爲是，不知蘇林以牢爲價值，如淳以牢爲廩食，本非兩説，若今所謂工食也。蓋官募人煮鹽，費用工食釜灶，官皆給之，而盡收其鹽耳。但言榷鹽之法，不言榷鐵之法者，蓋官募人冶鑄，其法與煮鹽同也。）浮食奇民，欲擅管山海之貨，以致富羨，役利細民。其沮事之議，不可勝聽。敢私鑄鐵器煮鹽者，鈦左趾，没入其器物。郡有不出鐵者，置小鐵官，（郡縣出鐵者，即地理志所載鐵官是也。小鐵官，鑄故鐵。）使屬在所縣。（少鐵官皆屬在所縣，不特置官司。自此以上，皆孔僅、咸陽之奏也。）使孔僅、東郭咸陽乘傳舉行天下鹽、鐵，作官府，除故鹽、鐵家富者爲吏。吏道益雜不選，而多賈人矣。』（通鑑載於去年，平準書載榷鹽、鐵於行五銖錢後，今從之。）又按漢書列傳：『桑弘羊自以爲國家興榷税之利，伐其功。』然則孔僅、咸陽榷鹽、鐵之時，弘羊雖幼，其畫策必多也。鹽、鐵之議，自管仲始。其海王篇曰：『桓公曰：何以爲國？管子曰：惟官山府海爲可耳。桓公曰：何謂官山府海？管子曰：海王之國，謹正鹽筴。桓公曰：何謂正鹽筴？管子曰：十口之家，十人食鹽，百口之家，百人食鹽，終月，大男食鹽五升少半，大女食鹽三升少半，吾子食鹽二升少半，此其大歷也。鹽百升而釜，今鹽之重升加分强，釜五十也，升加一强，釜百也，升加二强，釜二百也。鍾二千，十鍾二萬，百鍾二十萬，千鍾二百萬。萬乘之國，人數開口千萬也。禺筴之商，日二百萬，十日二千萬，一月六千萬。萬乘之國，正九百萬也。月人三錢之籍，爲錢三千萬。今吾非籍之諸君吾子，而有二國之籍六千萬。今鐵官之數曰：一女必有一鍼一刀，若其事立。耕者必有一耒一耜一銚，若其事立。行服連輂者，必有一斤一鋸一錐一鑿，若其事立。不爾而成事者，天下無有。今鍼之重加一也，三十鍼，一人之籍。刀之重加六，五六三十，五刀，一人之籍也。耜鐵之重加七，三耜鐵，一人之籍也。其餘輕重，皆準此而行。』此管仲稅鹽、鐵之法也。輕重甲篇曰：『管子謂桓公曰：齊有渠展之鹽，請君伐菹薪，煮沸火爲鹽，正而積之。桓公曰：諾。十月始正，至於正月，盛鹽三萬六千鍾，召管子而問曰：安用此鹽而可？管子對曰：孟春既至，農事且起，大夫無得繕冢墓，理宮室，立臺榭，築牆垣。北海之衆，無得聚庸而煮鹽。若此，則鹽必坐長而十倍。桓公曰：善，行事奈何？管子對曰：請以令糶之梁、趙、宋、衛、濮陽，彼盡饋食之也。國無鹽則腫；守圉之國，用鹽獨甚。桓公曰：諾。乃以令使糶之，得成金萬一千餘斤。』輕重乙篇：『桓公曰：衡謂寡人曰：請令斷山木，鼓山鐵，是可以無籍而用足。管子對曰：不可，今發徒隸而作之，則逃亡而不守，發民，則下疾怨上，邊境有兵，則懷宿怨而不戰，未見山鐵之利，而内敗矣。故善者不如與民量其重，計其贏，民得其十，君得其三，有雜之以輕重，守之以高下，若此，則民疾作，而爲上用矣。』（今本管子「用」作「虜」。）以此三篇參考之，管子之鹽、鐵，其大法稅之而已，鹽雖當官自煮之，以權時取利，亦非久行；至於鐵，則官初未嘗冶鑄也；與孔僅、桑弘羊之法異矣。」

元鼎五年，冬，十月，帝幸雍，祠五畤，遂西踰隴，登崆峒，北出蕭關，獵新秦中，以勒邊兵而歸。解題曰：「按平準書：『上於是北出蕭關，從數萬騎，獵新秦中，以勒邊兵而歸。新秦中或千里無亭徼，於是誅北地太守以下，而令民得畜牧邊縣，官假馬母，三歲而歸，及息什一，以除告緡，用充仞新秦中。』（按平準書：「元封元年，桑弘羊領大農，不告緡。」去此正三歲，是時，保馬母之息，故不告緡也。）」

元封元年，冬，十月，……以大農丞桑弘羊爲治粟都尉，領大農，置均輸、平準。解題曰：「按平準書：『元封元年，卜式貶秩爲太子太傅，而桑弘羊爲治粟都尉，領大農，代孔僅管天下鹽、鐵。弘羊以諸官（謂諸官司也。）各自市，相與爭，物故騰躍，而天下賦輸，或不償其僦費，（此所以欲置均輸以平其爭也。）乃請置大農部丞數十人，分部主郡國，各往往縣置均輸，（初，桑弘羊爲大農丞，固已稍稍置均輸矣；今既領大農，故遍行其法於郡國也。）令遠方各以其物貴時，商賈所轉販者爲賦，而相灌輸，（此所以謂均輸也。前漢書百官表注：「孟康曰：『均輸，謂諸當所有輸於官者，今皆輸其地土所饒，平其所在時價，官吏於他處賣之，輸者既便，而官有利也。』」）置平準於京師，都受天下委輸，（均輸在郡國，各轉輸於京師者也。平準在京師，總受天下之轉輸者也。）召工官治車諸器，皆仰給大農，盡籠天下之貨物，貴則賣之，賤則買之，如此，富商大賈無所牟大利，則反本，而萬物不得騰踊，故抑天下物，名曰平準。天子以爲善，許之。』」

元封元年，夏，……令吏民入粟補官、贖罪，罷告緡，益歲漕六百萬石。賜桑弘羊爵左庶長。解題曰：「天子北至朔，方東封泰山，巡海上，並北邊以歸，所過賞賜，用帛百萬餘匹，錢金以巨萬計，皆取足大農。弘羊又請令吏得入粟補官，及罪人贖罪。（修晁錯之法也。）令民能入粟甘泉，各有差，以復終身，不告緡。（以北邊畜牧之息，弘羊均輸、納粟之利，用度既饒，故除告緡之令也。小有所與，大有所奪，此興利之臣常法也。）他郡國各輸急處，（他郡國吏民所入之粟，各輸所當用之處，如名山大川，以待遊幸，西北邊待軍食之類。）而諸農各致粟山東，（諸農，謂告緡所没入之田也。致粟山東，爲欲漕至關中耳。）漕益歲六百萬石。（古今轉漕之盛極於此矣。）一歲之中，太倉、甘泉倉滿，邊餘穀，諸物均輸，帛五百萬匹。（言帛，則他物可知。）民不益賦，而天下用饒。（司馬氏曰：「此桑弘羊欺武帝之言，司馬遷書之，以譏武帝之不明耳。天地所生貨財百物，止有此數，不在民間，則在公家。弘羊能致國用之説，不取之於民，將焉取之？果如所言，武帝末年，安得盜賊蠭起，遣繡衣使者逐捕之乎？非民疲極，亡爲盜賊也耶！」）於是，桑弘羊賜爵左庶長，黄金再百斤焉。是歲，小旱，上令百官求雨。卜式言曰：『縣官當食租衣税而已。今桑弘羊令吏坐市列，販物求利。亨弘羊，天乃雨。』（食租衣税，固天下之正論也，然漢武帝之利欲，式助發之，桑弘羊特爲人役者耳。式見末流至此，始憤然歸罪於桑弘羊，不知己亦與有責焉，可謂闇矣。亂之將興，必有小人主其事，必有善人不知大義，助其勢，然後乃能成。司馬子長作平準書，以是終焉，其有旨也哉！）」

天漢三年，春，二月，以執金吾杜周爲御史大夫。解題曰：「周爲執金吾，逐捕桑弘羊、衛皇后昆弟子刻深，上以爲盡力無私，遷爲御史大夫。始周爲廷尉，有一馬，及久任事，列三公，家訾累巨萬。」

初榷酒酤。解題曰：「是時，桑弘羊爲大司農，蓋其所建也。」

范曄　後漢書

卷四孝和帝紀：「章和二年夏四月戊寅（尚未改元）詔曰：『昔孝武皇帝致誅胡、越，故權收鹽、鐵之利，（李賢注曰：「武帝使孔僅、東郭咸陽乘傳舉行天下鹽、鐵，作官府收利，私家更不得鑄錢煮鹽。」）以奉師旅之費。自中興以來，匈奴未賓。永平末年，復修征伐。先帝即位，務修力役，然猶深思遠慮，安不忘危，探觀舊典，復收鹽、鐵，欲以防備不虞，寧安邊境；而吏多不良，動失其便，以違上意。先帝恨之，故遺戒都國，罷鹽、鐵之禁，縱民煮鑄，入税縣官，如故事。其申敕刺史二千石，奉順聖旨，勉弘德化，布告天下，使明知朕意。』」

卷四十三朱暉傳：「是時，（案資治通鑑卷四十六以此事列入章帝元和元年十一月。）穀貴，縣官經用不足，（注云：「經，常也。」）朝廷憂之。尚書張林上言：『穀所以貴，由錢賤故也，可盡封錢，一取布帛爲租，以通天下之用。又鹽，食之急者，雖貴，人不得不須，官可自鬻。又宜因交阯、益州上計吏，往來市珍寶，收采其利，武帝時所謂均輸者也。』於是詔諸尚書通議。暉奏據林言，不可施行，事遂寢。後陳事者復重述林前議，以爲於國誠便。帝然之，有詔施行。暉復獨奏曰：『王制：天子不言有無，諸侯不言多少，食禄之家，不與百姓争利。今均輸之法，與賈販無異，鹽利歸官，則下人窮怨，布帛爲租，則吏多姦盗，誠非明主所當宜行。』帝卒以林等言爲然，得暉重議，因發怒，切責諸尚書。暉等皆自繫獄，三日，詔敕出之，曰：『國家樂聞駁議，黄髮無愆，詔書過耳，何故自繫？』暉因稱病篤，不肯復署議。尚書令以下惶怖謂暉曰：『今臨得譴讓，奈何稱病，其禍不細。』暉曰：『行年八十，蒙恩得在機密，當以死報，若心知不可，而順旨雷同，負臣子之義，今耳目無所聞見，伏待死命。』遂閉口不復言。諸尚書不知所爲，乃共劾奏暉，帝意解，寢其事。（沈欽韓後漢書疏證曰：「和帝紀：『以肅宗遺詔罷鹽鐵之禁，從民鑄煮。』則當其時事未嘗寢也。」）」

卷五十下蔡邕傳：「王允曰：『昔武帝不殺司馬遷，使作謗書，流於後世。』」李賢注：「凡史官記事，善惡必書，謂遷所著史記，但是漢家不善之事，皆爲謗也，非獨指武帝之身，即高帝善家令之言，武帝筭緡、榷酤之類，是也。」

桓寬　鹽鐵議

漢武帝征伐四夷，國用空竭，興利之官，自此始也。桑弘羊爲大農中丞，稍稍置均輸以通貨物矣。元封元年，弘羊爲治粟都尉，大領農，盡管天下鹽，鐵，以諸官各自市，相與争物，以故騰躍，而天下賦輸，或不償其僦費，乃請置大農部丞數十人，分部主郡國，各往往置均輸鹽鐵官，令遠方各以其物，如異時商賈所轉販者爲賦而相灌輸，置平準于京師，都受天下委輸，召工官理軍器，皆仰給大農，大農諸官，盡籠天下貨物，貴則賣之，賤則買之，如此富商大賈無所牟大利，即反本而萬物無所騰踊，故抑天下之物，名曰平準。天子以爲然而許之。時南越初置郡，數反，發南方吏卒往誅之，間歲，萬餘人；帝數行幸，所過賞賜，用帛萬餘疋，錢金以萬計，皆取足大農，諸均輸一歲之中，帛得五百萬疋，人不益賦，而天下用饒。孝昭即位，令郡國舉賢良、文學之士，問以民所疾苦，教化之要。皆對曰：「願罷民鹽、鐵、酒榷、均輸官，無與天下争利，示以節儉，然後教化可興。」御史大夫桑弘羊難以爲：「此國家大業，所以制四夷安邊足用之本。往者，豪强之家，得管山海之利，采石鼓鑄煮鹽，一家聚衆，或至千餘人，大抵盡流放之人，遠去鄉里，棄墳墓，依倚大家，相聚深山窮澤之中，成姦僞之業。家人有寶器，尚匣而藏之，況人主之山海乎？夫權利之處，必在深山窮澤之中，非豪民不能通其利。異時，鹽鐵未籠，布衣有朐邴，人君有吴王，專山澤之饒，薄賦贍窮，以成私威，私威積而逆節之心作，今縱民于權利，罷鹽鐵以資强暴，遂其貪心，衆邪羣聚，私門成黨，則彊禦日以不制，而兼并之徒奸形成矣。」文學曰：「古者，制地足以養民，民足以承其上；今狗馬之養，蟲獸之食，無用之官，不急之作，無功而衣食縣官者衆，是以上不足而下困乏也。今不減其本，而與百姓争薦草，與商賈争市利，非所以明主德而相國家也。夫男耕女績，天下之大業也。古者，分地而處之，是以民無不食之地，國無乏作之民。今縣官多張苑囿公田池澤，公家有鄣假之名，而歸權家，三輔迫近山河，地狹人衆，四方並臻，粟米不能相贍，公田轉假，桑榆菜果不殖，地力不盡，愚以爲非。先帝所開苑囿池籞，可賦歸之于民，縣官租稅而已。夫如是，匹夫之力，盡于南畝，匹婦之力，盡于麻枲，田野闢，麻枲治，則上下俱衍，何困乏之有？」大夫默然，視丞相、御史，御史曰：「昔商君理秦也，設百倍之利，收山澤之稅，國富人强，蓄積有餘，是征伐敵國，攘地斥境，不賦百姓，軍師以贍，故利用不竭而人不知，地盡西河而人不苦。今鹽鐵之利，所以佐百姓之急，奉軍旅之費，務于積蓄以備乏絶，所給甚衆，有益於用，無害於利。」文學曰：「昔文帝之時，無鹽鐵之利而人富，今有之而百姓困乏，未見利之所利，而見其所害。且利非從天來，不由地出，所出於人間，而爲之百倍，此計之失者也。夫李梅實多者，來年爲之衰，新穀熟，舊穀爲之虧，天地不能滿盈，而況于人乎？必利於彼者，必耗於此，猶陰陽之不並，晝夜之代長短也。商鞅峭法長利，秦人不聊生，相與哭，其後秦日以危，利蓄而怨積，地廣而禍構，惡在利用不竭乎？」於是丞相奏曰：「賢良、文學不明縣官，猥以鹽、鐵爲不便，宜罷郡國榷酤酒、關内鐵。」詔曰可。於是利復流下，庶人休息。（張廷鷺編廣古今議論參卷二十二）

案：「天地不能滿盈」，「滿盈」當作「兩盈」。

崔旦　海運編

卷上泉源考：「張魯河源出高密縣鐵橛山，接五龍等河，連絡諸城縣衆山之水，以小歸大，以大納小，悉歸都泊。都泊者，衆水所聚之處，昔桑弘羊牧豕於海上，兹其地也。週迴百十餘里，中隱二十三泉……。」

案：桑弘羊牧豕海上之説，不見他書，此蓋由公孫弘之事傳訛。

附録三　論人

司馬遷　史記

平準書：「及王恢設謀馬邑，匈奴絶和親，侵擾北邊，兵連而不解；天下苦其勞，而干戈日滋；行者齎，居者送，中外騷擾而相奉，百姓抗弊以巧法，財賂衰耗而不贍，入物者補官，出貨者除罪；選舉陵遲，廉恥相冒，武力進用，法嚴令具；興利之臣，自此始也。」集解：「韋昭曰：『桑弘羊、孔僅之屬。』」

揚雄　法言

寡見篇：「或曰：『弘羊榷利而國用足，盍榷諸？』曰：『譬諸父子，爲其父而榷其子，縱利，如子何？卜式之云，不亦匡乎！』」

班固　漢書

昭帝紀贊：「昔周成以孺子繼統，而有管、蔡四國流言之變；孝昭幼年即位，亦有燕、蓋、上官逆亂之謀。成王不疑周公，孝昭委任霍光，各因其時以成名，大矣哉！承孝武奢侈餘弊師旅之後，海内虛耗，户口減半；光知時務之要，輕繇薄賦，與民休息，至元、元鳳之間，匈奴和親，百姓充實，舉賢良、文學，問民所疾苦，議鹽、鐵而罷榷酤，尊號曰昭，不亦宜乎！」

食貨志下：「及王恢謀馬邑，匈奴絶和親，侵擾北邊，兵連而不解；天下共其勞，干戈日滋；行者齎，居者送，中外騷擾相奉，百姓抏敝以巧法，財賂衰耗而不澹，入物者補官，出貨者除罪，選舉陵夷，廉耻相冒，武力進用，法嚴令具；興利之臣，自此而始。」師古曰：「謂桑弘羊、東郭咸陽、孔僅之屬也。」

食貨志贊：「易稱：『裒多益寡，稱物平施。』書云：『楙遷有無。』周有泉府之官。而孟子亦非『狗彘食人之食不知斂，野有餓莩而弗知發』。故管氏之輕重，李悝之平糴，弘羊均輸，壽昌常平，亦有從徠。古爲之有數，吏良而令行，故民賴其利，萬國作乂；及至孝武時，國用饒給，而民不益賦，其次也；至於王莽，制度失中，姦軌弄權，官民俱竭，亡次矣。」

公孫弘卜式兒寬傳贊：「公孫弘、卜式、兒寬，皆以鴻漸之翼，困於燕爵，遠迹羊豕之間，非遇其時，焉能致此位乎！是時，漢興六十餘載，海内艾安，府庫充實，而四夷未賓，制度多闕，上方欲用文武，求之如弗及，始以蒲輪迎枚生，見主父而歎息，羣士慕嚮，異人並出，卜式拔於芻牧，弘羊擢於賈豎，衛青奮於奴僕，日磾出於降虜，斯亦曩時版築飯牛之朋已。漢之得人，於兹爲盛：儒雅則公孫弘、董仲舒、兒寬，篤行則石建、石奮，質直則汲黯、卜式，推賢則韓安國、鄭當時，定令則趙禹、張湯，文章則司馬遷、相如，滑稽則東方朔、枚皋，應對則嚴助、朱買臣，曆數則唐都、洛下閎，協律則李延年，運籌則桑弘羊，奉使則張騫、蘇武，將率則衛青、霍去病，受遺則霍光、金日磾，其餘不可勝紀。是以興造功業，制度遺文，後世莫及。」

張湯傳：「張臨亦謙儉，每登閣殿，常歎曰：『桑、霍爲我戒，豈不厚哉！』」師古曰：「桑，桑弘羊也，霍，霍禹也，言以驕奢致禍也。」

案：漢書魏相傳：「爲茂陵令，頃之，御史大夫桑弘羊客詐稱御史，止傳，丞不以時謁客，怒縛丞。相疑其有姦，收捕案致其罪，論棄客市。茂陵大治。」弘羊驕奢，他無所見，其客詐稱，亦可從側面考見其致禍之由。

賈捐之傳：「至孝武皇帝元狩六年，太倉之粟，紅腐而不可食，都内之錢，貫朽而不可校，迺探平城之事，録冒頓以來數爲邊害，籍兵厲馬，因富民以攘服之，西連諸國，至於安息，東過碣石，以玄菟、樂浪爲郡，北卻匈奴萬里，更起營塞，制南海以爲八郡；則天下斷獄數萬，民賦數百，造鹽、鐵、酒榷之利，以佐用度猶不能足。當此之時，寇賊並起，軍旅數發，父戰死於前，子鬭傷於後，女子乘亭鄣，孤兒號於道，老母寡婦飲泣巷哭，遥設虚祭，想魂乎萬里之外。淮南王盜寫虎符，陰聘名士；關東公孫勇等詐爲使者；是皆廓地泰大、征伐不休之故也。」

公孫田劉王楊蔡陳鄭傳贊：「所謂鹽、鐵議者，起始元中，徵文學、賢良，問以治亂。皆對：『願罷郡國鹽、鐵、酒榷、均輸，務本抑末，毋與天下爭利，然後教化可興。』御史大夫弘羊以爲：『此乃所以安邊竟、制四夷，國家大業，不可廢也。』當時相詰難，頗有其議文。至宣帝時，汝南桓寬次公治公羊春秋，舉爲郎，至廬江太守丞，博通，善屬文，推衍鹽、鐵之議，增廣條目，極其論難，著數萬言；亦欲以究治亂，成一家之法焉。其辭曰：『觀公卿、賢良、文學之議，異乎吾所聞。聞汝南朱生言：當此之時，英俊並進，賢良茂陵唐生、文學魯國萬生之徒，六十有餘人，咸聚闕庭，舒六藝之風，陳治平之原，知者贊其慮，仁者明其施，勇者見其斷，辯者騁其辭。齗齗焉，行行焉，雖未詳備，斯可略觀矣。中山劉子推言王道，撟當世，反之正，彬彬然弘博君子也。九江祝生奮史魚之節，發憤懣，譏公卿，介然直而不撓，可謂不畏强圉矣。桑大夫據當世，合時變，上權利之略，雖非王法，鉅儒宿學，不能自解，博物通達之士也。然攝公卿之柄，不師古始，放於利末，處非其位，行非其道，果殞其性，以及厥宗。車丞相履伊、吕之列，當軸處中，括囊不言，容身而去，彼哉！彼哉！若夫丞相、御史兩府之士，不能正議，以輔宰相，成同類，長同行，阿意苟合，以説其上，斗筲之徒，何足選也！』」

貢禹傳：「禹又言：『武帝始臨天下，尊賢用士，闢地廣境數千里，自見功大威行，遂從耆欲，用度不足，迺行壹切之變，使犯法者贖罪，入穀者補吏，是以天下奢侈，官亂民貧，盗賊並起，亡命者衆。郡國恐伏其誅，則擇便巧史書、習於計簿、能欺上府者，以爲右職；姦軌不勝，則取勇猛、能操切百姓者、以苛暴威服下者，使居大位。故亡義而有財者顯於世，欺謾而善書者尊於朝，誖逆而勇猛者貴於官。故俗皆曰：何以孝弟爲，多財而光榮；何以禮義爲，史書而仕宦；何以謹慎爲，勇猛而臨官。故鯨劓而髡鉗者，猶復攘臂爲政於世，行雖犬彘，家富埶足，目指氣使，是爲賢耳。故謂居官而置富者爲雄桀，處姦而得利者爲壯士，兄勸其弟，父勉其子，俗之壞敗，迺至於是！察其所以然者，皆以犯法得贖罪，求士不得真賢，相守崇財利，誅不行之所致也。』」

叙傳答賓戲：「研、桑心計於無垠。」孟康曰：「研，古之善計也。桑，桑弘羊也。」

師古：「研，計研也，一號計倪，亦曰計然。」

崔篆　易林

卷十二升之大壯：「開市作喜，建造利事，平準貨寶，海内殷富。」

蔡邕　隸勢

研、桑所不能計。

蔡邕　釋誨

弘羊據相於運籌。（見後漢書蔡邕傳，李賢注云：「桑弘羊，洛陽賈人也，以能心計，爲侍中。」）

范曄　後漢書

鮮卑傳：「議郎蔡邕議曰：『武帝情存遠略，志闢四方，南誅百越，北討强胡，西伐大宛，東并朝鮮，因文，景之蓄（羣書治要「蓄」作「蓄積」），藉天下之饒（治要「饒」作

「餘饒」），數十年間，官民俱匱；乃興鹽、鐵、酒榷之利，設告緡重税之令。民不堪命，起爲盜賊，關東紛擾，道路不通。繡衣直指之使，奮鈇鉞而並出。既而覺悟，乃息兵罷役，封丞相爲富民侯（「民」原作「人」，避唐諱，今據治要引改）。故主父偃曰：夫務戰勝，窮武事，未有不悔者也。』」

文苑傳：「孔融上疏薦禰衡：『弘羊潛計。』」

案：「潛計」亦謂「心計」耳。

曹操　與王脩書

近桑弘羊位至三公。（三國志魏書王脩傳注引魏略）

曹丕　終制

禍由乎厚葬、封樹，桑、霍爲我戒，不亦明乎？（三國志魏書文帝紀）

陳壽　三國志

魏書程昱傳附曉傳：「程曉上疏曰：『昔桑弘羊爲漢求利，卜式以爲獨烹弘羊，天乃可雨。』」

裴駰　史記集解

史記平準書：「興利之臣，自此始也。」集解：「韋昭曰：『桑弘羊、孔僅之屬。』」

史記貨殖傳：「乃用范蠡、計然。」集解：「徐廣曰：『計然者，范蠡之師也，名研，故諺曰：『研、桑心算。』」

賈思勰　齊民要術

自序：「益國利民，不朽之術。」

案：指均輸法。

王方慶輯　魏鄭公諫録

卷三：「漢武帝承五代之資，天下無事，倉庫充實，士馬强盛，遂思騁其欲以事四夷，聞蒟醬而開邛、僰，貪良馬而通大宛，北逐匈奴，南征百越；老弱疲轉輸，丁壯死軍旅，海内騷然，户口減半，至於國用不足，府庫空虚；乃榷酤鹽、鐵，徵税關市，課算舟車，告緡賣爵，侵凌百姓，萬端俱起，外内窮困，無以給邊費，議以營田代卒，冀以助軍。迄於暮年，方始覺悟，下哀痛之詔，封丞相爲富民侯，僅以壽終，幾致大亂。」

李昉等編纂　文苑英華

卷六二四劉彤請檢校海内鹽鐵表：「臣聞漢孝武爲政，殫費之甚，實百當今，然而財費多而貨有餘，今用少而財不足者，何與？豈非古取山澤，而今取貧人哉！取山澤則出利厚而人歸於農，取貧人則公利薄而人去其業；故先王之作法也，山海有官，輕重有術，禁廢有則：一則專農，二則饒國。夫煮海爲鹽，豐餘之輩也；若收山海厚利，奪豐餘之人，厚斂厚徭，免窮苦之子，所謂損有餘而益不足。帝王之道，可不謂然乎！」

案：文又見全唐文卷三〇一，題作論鹽鐵表；鹽政志六題作檢校鹽鐵議。

劉昫　舊唐書

劉晏傳載晏致元載書：「賈誼復召宣室，弘羊重興功利。」

案：又見全唐文卷三七〇。

杜佑　通典

卷十二食貨：「自燧人氏逮於三王，皆通輕重之法，以制國用，以抑兼并，致財足而食豐，人安而政洽，誠爲邦之所急，理道之所先，豈常才之士而能達也？民者暝也，可使由之，不可使知之；審其衆寡，量其優劣，饒贍之道，自有其術。觀歷代制作之者，固非易遇其人：周之興也得太公，齊之霸也得管仲，魏之富也得李悝，秦之强也得商鞅，後周有蘇綽，隋氏有高熲。此六賢者，上以成王業，興霸圖，次以富國强兵，立事可法。其漢代桑弘羊、耿壽昌之輩，皆起自賈豎，雖本於求利，猶事有成績。自茲以降，雖無代無人，其餘經邦正俗，興利除害，懷濟世之畧，韞致理之機者，蓋不可多見矣。」

姚鉉　唐文粹

卷四張彧漢史贊桑弘羊評：「班固稱桑弘羊擢於賈豎，方以版築飯牛，且謂漢之得人，於茲爲盛。又與仲舒、石建、汲黯、日磾等二十餘人並論而談。殆不然矣。夫君人者，務於得賢，故不隔卑鄙，將慮賢者之處賤，不謂賤者之必賢；古者，乃欲以伊尹負鼎，取類於奄人，太公坐釣，求備於漁叟，不亦遠哉！且上之所欲，人必有成之者；故曹伯好田，則公孫彊出，陳侯好色，則儀行父至，殷辛淫酗，則惡來革進，周厲貪虐，則榮夷公起，漢武殘剥四海，則桑弘羊擢，其所由來者久矣。書曰：『遜于汝志，必求諸非道。』抑爲此也。季孫用田賦，孔子書而過之，以其踰周公之制也。而況攘臂抵掌，乃爲天下聚斂之人乎？義也者，君子所死生，而小人之所不及；利也者，小人之所赴蹈，而君子之所不忍爲。漢武必欲行先王之道，守高祖之法，則焉用弘羊？欲奪萬姓之利，閉生人之資，則天下市籍小人皆能之矣，亦何獨弘羊乎？善爲盜者，藝愈精而罪愈重，盜愈利而主愈害。弘羊善心計，斡鹽、鐵，析秋毫，令吏坐販，不顧王者之體，府庫盈而王澤竭，一身幸而四海窮，於弘羊之計則得矣，漢亦何負於弘羊哉？卜式潔身自守，不及時政，知弘羊罪，欲烹以致雨。孟堅躬修國史，垂法來代，奈何以錐刀異類，齒得人之論？一言不智，其若是乎！」

案：此文又見明鄭賢編古今人物論卷十、全唐文卷五一六。集韻：「奓，大也。」

柳宗元　柳河東集

招海賈文：「弘羊心計登謀謨。」

白居易　白氏長慶集

新樂府鹽商婦：「鹽商婦，有幸嫁鹽商。終朝美飯食，終歲好衣裳。好衣美食有來處，亦須慚愧桑弘羊。桑弘羊，死已久，不獨漢時今亦有。」

案：慚愧，猶言感謝。

卷六十六判得州府貢士，或市井之子孫，爲省司所詰。申稱：羣萃之秀出者，不合限以常科。惟賢是求，何賤之有？況士之秀者，而人其捨諸？惟彼郡貢，或稱市籍，非我族類，則嫌雜以蕭艾；舉爾所知，安得棄其翹楚。誠其惡於稗敗，諒難捨其茂異。揀金於砂礫，豈爲類賤而不收；度木於澗松，寧以地卑而見棄？但恐所舉失德，不可以賤廢人。況乎識度冠時，出自牛醫之後；心計成務，擢於賈竪之中。在往事而可徵，何常科而是限？州申有據，省詰非宜。

李德裕　李文饒文集外集

卷一漢昭論：「使昭帝得伊、吕之佐，則成、康不足侔矣。惜哉！霍光不學無術，未稱其德，然輕徭薄賦，與人休息，匈奴和親，百姓充實，議鹽、鐵而罷榷酤，忠臣之效也。纔弱冠而殂，功德未盡，良可痛矣。」

卷三食貨論：「人君不以聚貨制用之臣，處將相弼諧之任，則奸邪無所容矣。左右貴倖知所愛之人，非宰相之器，以此職爲發身之捷徑，取位之要津，皆由此汲引，以塞訕謗；領此職者，竊天下之財以爲之賂，聚貨者所以得升矣。操其奇贏，乘上之急，售於有司，以取倍利，制用者所以得進矣。三司皆有官屬分部以主郡國，貴倖得其寶賂，多託賈人污吏處之，頗類牧羊而畜豺，養魚而縱獺，其不侵不暴，焉可得也。故盜用貨泉者多張空簿，國用日蹙，生人日困。楊雄上書言『漢武運帑藏之財，填盧山之壑』，今貨入權門，甚於是矣。壽昌習分銖之事，弘羊析秋毫之數，小人以爲能，君子所不忍爲也。卜式言『天久不雨，獨烹弘羊，天乃雨』，焉有仲尼之鳴鼓將攻？卜式之欲烹致雨，而反居相位，可不爲之甚慟哉。」

案：此文又見文苑英華七四七、全唐文七一〇。四部叢刊所景印明刊本，脱誤頗多，不可據。

皮日休　鹿門隱書

自漢至今，民産半入乎公者，其唯桑弘羊、孔僅乎！衛青、霍去病乎！設遇聖天子，吾知乎桑、孔不過乎賈豎，衛、霍不過乎士伍。

王定保　唐摭言

卷一散序進士：「進士科始於隋大業中，盛於貞觀、永徽之際；縉紳雖位極人臣，不由進士者，終不爲美，以至歲貢常不減八九百人。其推重謂之『白衣公卿』，又曰『一品白衫』；其艱難謂之『三十老明經，五十少進士』；其負倜儻之才，變通之術，蘇、張之辨説，荆、聶之膽氣，仲由之武勇，子房之籌畫，弘羊之書計，方朔之詼諧，咸以是而晦之，修身慎行，雖處子之不若；其有老死於文場者，亦無所恨。故有詩云：『太宗皇帝真長策，賺得英雄盡白頭！』」

夏竦　文莊集

卷十七賀屯田啟：「擯桑、孔之術，不議貨財；斥申、韓之談，專講仁義。」

司馬光　司馬文正公集

卷十論財利疏：「今朝廷用人則不然，顧其出身資敘何如耳，不復問其材之所堪也。故在兩禁則欲其爲嚴助、司馬相如，任將帥則欲其爲衛青、霍去病，典州郡則欲其爲龔遂、黄霸，尹京邑則欲其爲張敞、趙廣漢，司財利則欲其爲孔僅、桑弘羊，世豈有如此之人哉？故財用之所以匱乏者，由朝廷不擇專錢穀之人爲之故也。」

卷二六邇英奏對：「介甫曰：『此非善理財者也；善理財者，民不加賦而國用饒。』光曰：『此乃桑弘羊欺武帝之言，司馬遷書之以譏武帝之不明耳。天地所生貨財百物，止有此數，不在民間，則在公家；桑弘羊能致國用之饒，不取於民，將焉取之？果如所言，武帝末年安得羣盜蠭起，遣繡衣使者逐捕之乎？非民疲極而爲盜耶？此言豈可據以爲實。』」

卷三四請革弊劄子：「聚斂之臣，摭拾財利，剖析秋毫，以供軍費，專務市恩，不惜殘民，各陳遺利，自謂研、桑復出。」

司馬光　傳家集

卷四六進修心治國之要劄子狀：「武帝作鹽、鐵、榷酤、均輸等法，天下困弊，盜賊羣起。昭帝用賢良、文學之議而罷之，後世稱明。」

范祖禹　唐鑑

卷十：「玄宗天寶十一載，户部侍郎王鉷聚斂刻剥云云。」范祖禹曰：「昔榮夷公好專利，厲王悦之。召穆公知王室之將卑，以爲王人者，將導利而布之上下者也，而或專之，其害多矣。夫利百物之生，而天下之所以養人也，專之必壅，壅則所害者多。故凡有利必有害，利於己必害於人。君子不盡利以遺民，所以均天地之施。聖王寧損己以益人，不損人而益己。記曰：『與其有聚斂之臣，寧有盗臣。』是以興利之臣，鮮不禍敗，自桑弘羊以來，未有令終者也。」

李覯　盱江全集

卷七國用第九：「漢桑都尉領大農，以諸官各自市相争，物以故騰躍，而天下賦輸或不償其僦費，迺請置大農部丞數十人，分部主郡國，令遠方各以其物如異時商賈所轉販者爲賦，置平準於京師，都受天下委輸，大農諸官盡籠天下之貨物，如此，富商大賈亡所牟大利，則反本而萬物不得騰躍，故抑天下之物，名曰平準。桑雖聚斂之臣，然此一役，豈無法耶？孝武時國用饒給而民不益賦，誠有以也。」

卷九芻蕘論官人論：「在漢武、宣之朝，亦稱多士之美，内則有儒雅、質直、運籌、定令、文章、應對之臣，外則有將帥、奉使、宣風、理民之良，咸稱諸用，各濟其志，以故西漢號爲理古。」

卷十四芻蕘論食貨論：「及武帝，外事四夷，内興工作，七十年之積，未幾而竭盡，征伐交起，天下共其勞，行者齎，居者送，中外騷擾，百姓抏弊以巧法，財賂衰耗而不贍，入物者補官，出貨者除罪，而言利立功之臣，析毫分銖之士，紛然而進矣。於是平糴，立均輸，起漕運，興鹽、鐵，置爵級，制榷酤，算舟車，占積貯，又下告緡之令，更造皮璧之幣，天下蕭然無聊矣。以一人侈心之故，爲生民萬世之患。是故聖人尊仁貴義，稱歎儉德，以利爲賊，其意遠哉！」

卷十四芻蕘論倉廪：「周衰，經界失叙，生業不平，則有權謀之臣、通變之士，調盈虚之數，修輕重之術，以制國用，均民財，若夷吾之準平，李悝之平糴，漢桑弘羊之均輸，耿壽昌之常平，下至齊氏義租，隋人社倉之制，是皆便物利民，濟時合道，安人之仁政，爲國之善經也。」

卷三三淮南轉運使獎諭勑書記："何以保大曰兵，何以聚兵曰財，故國之大政，無先徵賦。漢氏三分天下之入，以其一供邊。孝武事四夷，調用不足，興雜算，設諸筦，籠山澤之利，而民始病。"

歐陽修 歐陽文忠公全集

外集卷二五南省試策五道（並問目）："問：……黃憲之牛醫，胡廣之田畝，桑羊之賈竪，叔敖之負薪，肯構百端，安可責其承世？""對：……策以謂古之四民，罔敢雜處之義，而今取士，故有異類之防，端木、膠鬲、倪寬、王猛之徒，謂不可限以定居，黃憲、胡廣、桑羊、叔敖之賢，謂不可責其世職，以古之鑑，求今之宜，此誠當世之所急也。……桑羊之心計，叔敖之善相，如此數賢者，皆遭遇其時，以立勳業，故不限以定居，責其世職，烏得同條而語哉？"

釋契嵩 鐔津文集

卷七品論："王充之言立異也，桓寬之言趨公也。"

又風俗："漢人用鹽、鐵代農，而其俗趨利，至有民與利肆之吏（"利"有作"市"）

以直相給，仁義詘而貨利興，禮讓廉節之風亡矣，故漢俗日以敝。」

劉敞　公是集

卷三二上仁宗論城古滑州有四不可：「武帝黜丞相、御史之請，而止不田車師、輪臺，則天下復平；元帝用賈捐之策，而罷珠崖，則中國復安。」

宋神宗趙頊論均輸與桑弘羊

文獻通考二〇市糴考市：「元豐二年，帝因論薛向建京師買鹽鈔法無成事，語侍臣曰：『新進之人，輕議更法，其後見法不可行，猶遂非憚改。均輸之法，如齊之管仲，漢之桑弘羊，唐之劉晏，其智僅能推行，況其下者乎？朝廷措置，始終所當重惜，雖少年所不快意，然於國計甚便，姑静以待之。』」

王令　廣陵先生文集補遺

策問税法：「問：漢武外事四方，餽餉賜予，内興宫室池臺苑囿，一切過古，封禪巡遊，招延方士，禱祀非鬼，求致神仙，其費過甚，以致於不可勝算；逮其末年，財用大屈，於是用桑羊之計，始榷酒以禁天下。」

王安石　王文公文集

卷三一議茶法：「昔桑弘羊興榷酤之議，當時以爲財用待此而給，萬世不可易者，然至霍光不學無術之人，遂能屈其論而罷其法，蓋義之勝利久矣。」

宋會要輯稿

食貨四之二〇下：「二月一日判大名府韓琦言：『準轉運及提舉常平廣惠倉司牒給青苗錢……乞盡罷諸路提舉官，只要提點刑獄官依常平舊法施行。』奏至，王安石白上曰：『陛下修常平法，所以助民；至於收利，亦周公遺法也。且如桑弘羊籠天下貨財，以奉人主私欲，遊幸郡國，賞賜至數百萬，皆出均輸，此乃所謂興利之臣也。今陛下廣常平儲蓄，抑兼并，振貧弱，置官爲天下理財，非以佐私欲，則安可謂之興利之臣乎？』上曰：『善。』」

卷三三推進論：「班書引漢，美曰推進如鄭當時者。蓋以當時善推轂士，故援舉而宣贊之爾。然觀其挈置大位，能炳炳見於末世者，特桑羊、孔僅輩也。當時居漢，頗善駕名；孟堅又文雄者，颺之載籍；以是風流華問，彌久益著。而事有可爲世惑，故辨白之。……記曰：『達則觀其所舉。』董仲舒曰：『以觀大臣之能。』推進之道，豈輕議哉？而當時究一切之利，提挽憸巧，雖薦寵有加，而德業無狀。漢初帝有天下，百姓新離戰國之患，閭巷雕落，積庾單盡，文、景紹業，深悉捄弊，飭尚謹儉，罷斥珍巧，勞來休息，民緣壟畝，家給户足，帑峙豐露，可謂盛矣。世宗賦英敏之資，藉久安之勢，蔚興典禮，務臻王略；而末年甘心征戮，俛首悠謬，内則建無窮之宇，修不名之祀，外則連兵夷、狄，通道邛、筰，饋饟之類，甲兵之費以鉅萬計，府庫空虚，海内耗矣。於斯之時，爲善策者，固宜建白於上，汲援經術，講去殊類，抑止遐役；不爾爲者，孰若不言之愈也，庸可隮抗賈人，擢處卿位，俾桑羊輩詭譎機發，闚伺主意，越高帝騎乘之科，罔賤夫壟斷之利，封筦殲慘，至有羣官列肆，居貨蹛鬻，而編户之民，始與國分爲二途矣。使後之人爲國謀者，必曰强我者又從而功賞楙之，然則民之弱國，惡在其强也。孟子曰『今之所謂良臣，古之所謂民賊』者，其桑羊輩乎！曰：非桑羊輩之辠，其所以發之者鄭當時也。當時首惡，智詐之毒，湯湯激注，而孟堅引其推進，借史筆以夸大之，其可乎！謹論。」

秦觀　淮海集

卷八財用上：「自什一之法壞，天下之財始失其平。其偏歸於公室也，則有煑鹽、冶鑄，以管山海之饒；榷酒酤，以漁井邑之利；算舟車，告緡錢，以摧抑商賈；造皮幣，省酎金，以侵牟封君；甚者，至令吏坐列肆販物，以求利焉。其偏入於私家也，則有以農田而甲一州，販脂而傾都邑，賣漿而踰侈，洒削而鼎食，貨脯而連騎，馬醫而擊鐘；甚者，至累萬金，而不佐公家之急。是以民常困於聚斂之吏，而吏常嫉夫兼并之民，所謂事勢之流相激使然，曷足怪哉！……昔管仲通輕重之權，范蠡計然否之策，蕭何漕關中之粟，財利之臣也；東郭咸陽之煑鹽，孔僅之冶鑄，桑弘羊之均輸，亦財利之臣也。士大夫言財利有如東郭咸陽、孔僅、桑弘羊所爲也則不可，有如管仲、范蠡、蕭何之所爲也，亦惡乎而不可哉！」

蘇軾　蘇東坡集

卷三十六司馬温公行狀：「執政以河朔災傷，國用不足，乞今歲親郊，兩府不賜金帛。送學士取旨。公言：『兩府所賜，以匹兩計止二萬，未足以救災；宜自文臣、兩府、武臣、宗室、刺史以上皆減半。』公與學士王珪、王安石不同對。公言：『救災節用宜自貴近始，可聽兩府辭賜。』安石曰：『常衮辭賜饌，時議以爲衮自知不能，當辭位不當辭禄。且國用不足，非當今之急務也。』公曰：『衮辭禄，猶賢於持禄固位者。國用不足真急務，安石言非是。』安石曰：『不足者，以未得善理財者故也。』公曰：『善理財者，不過頭會箕斂，以盡民財；民皆爲盜，非國之福。』安石曰：『不然。善理財者，不加賦而上用足。』公曰：『天下安有此理？天地所生財貨百物，止有此數，不在民則曰官；譬如雨澤，夏澇則秋旱。不加賦而上用足，不過設法陰奪民利，其害甚於加賦。此乃桑弘羊欺漢武帝之言，太史公書之，以見武帝之不明爾。至其末年，盜賊蠭起，幾至於亂。若武帝不悔禍，昭帝不變法，則漢幾亡。』争議不已。王珪進曰：『救災節用，宜自貴近始，司馬光言是也；然所費無幾，恐傷國體，王安石言亦是；唯明主裁擇。』上曰：『朕意與光同，然姑以不允答之。』會安石當制，遂引常衮事責兩府，兩府亦不復

辭。」（據宋文鑑）

後集卷十一志林：「商鞅用於秦，變法定令，行之十年，秦民大悦，道不拾遺，山無盜賊，家給人足，民勇於公戰，怯於私鬭，秦人富强，天子致胙於孝公，諸侯畢賀。蘇子曰：此皆戰國之游士邪説詭論，而司馬遷闇於大道，取之以爲史。吾嘗以爲遷有大罪二，其先黄、老，後六經，退處士，進姦雄，蓋其小小者耳。所謂大罪二，則論商鞅、桑弘羊之功也。自漢以來，學者恥言商鞅、桑弘羊，而世主獨甘心焉，皆陽諱其名，而陰用其實，甚者則名實皆宗之，庶幾其成功，此則司馬遷之罪也。秦固天下之强國，而孝公亦有志之君也，修其政刑十年，不爲聲色畋游之所敗，雖微商鞅，有不富强乎？秦之所以富强者，孝公務本立穡之效，非鞅流血刻骨之功也。而秦之所以見疾於民，如豺虎毒藥，一夫作難，而子孫無遺種，則鞅實使之。至於桑弘羊，斗筲之才，穿窬之智，無足言者；而遷稱之曰：『不加賦而上用足。』善乎司馬光之言也，曰：『天下安有此理？天地所生財貨百物，止有此數，不在民則在官；譬如雨澤，夏澇則秋旱。不加賦而上用足，不過設法陰奪民利，其害甚於加賦也。』二子之名在天下者，如蛆蠅糞穢也，言之則汙口舌，書之則汙簡牘，二子之術用於世者，滅國殘民、覆族亡驅者相踵也；而世主獨甘心焉，何哉？樂其言之便己也。夫堯、舜、禹，世主之父師也；諫臣拂士，世主之藥石也；恭敬慈儉，勤勞憂畏，世主之繩約也。今使世主日臨父師，而親藥石，廢繩約，非其樂也。故爲商鞅、桑弘羊之術者，必先鄙堯笑舜而陋禹也。曰：所謂賢主，專以天下適己而已，此世主之所以人人甘心而不悟也。世有食鐘乳、烏喙而縱酒色以求長生者，蓋始於何晏；晏少而富貴，故服寒食散以濟其欲，無足怪者，彼其所爲，足以殺身滅族者日相繼也，得死於寒食散，豈不幸哉！而吾獨何爲效之？世之服寒食散，疽背嘔血者相踵也；用商鞅、桑弘羊之術，破國亡宗者皆是也；然而終不悟者，樂其言之便，而忘其禍之慘烈也。」

續集卷十一上神宗皇帝書：「昔漢武之世，財力匱竭，而賈人桑弘羊之説，買賤賣貴，謂之均輸。於時，商賈不行，盗賊滋熾，幾至於亂。孝昭既立，學者争排其説；霍光順民所欲，從而予之，天下歸心，遂以無事。」

宋史

卷三百三十八蘇軾傳上神宗皇帝書：「昔漢武帝以財力匱竭，用賈人桑羊之説，買賤賣貴，謂之均輸。於時，商賈不行，盗賊滋熾，幾至於亂。孝昭既立，霍光順民所欲而予之，天下歸心，遂以無事。不意今日此論復興。」

案：桑羊原如此作，黄庭堅亦云：「未須算賦似桑羊。」

蘇轍　欒城集

卷三十五制置三司條例司論事狀：「轍又聞發運之職，今時改爲均輸，常平之法，今將變爲青苗。愚鄙之人，亦所未達。昔漢武外事四夷，内興宫室，財用匱竭，力不能支，用賈人桑弘羊之説，買賤賣貴，謂之均輸。雖曰民不加賦而國用饒足，然而法術不正，吏緣爲姦，掊克日深，民受其病。孝昭既立，學者争排其説；霍光順民所欲，從而予之，天下歸心，遂以無事。不意今世此論復興，衆口紛然，皆謂其患必甚於漢；何者？方今聚斂之臣，才智方略，未見桑弘羊之比，而朝廷破壞規矩，解縱繩墨，使得馳騁自由，惟利是嗜，以轍觀之，其害必有不可勝言者矣。」

黄庭堅　山谷外集卷四

和謝公定河朔謾成八首：「直令南粤還歸帝，誰謂匈奴不敢王。願見推財多卜式，未須筭賦似桑羊。」

畢沅　續資治通鑑

卷六十七：「宋神宗熙寧二年八月，侍御史劉琦、監察御史裏行錢顗等言：『薛向小人，假以貨泉，任其變易，縱有所入，不免奪商賈之利。』條例司檢詳文字蘇轍言：『昔漢武外事四夷，内興宮室，財用匱竭，力不能支，用賈人桑弘羊之説，買賤賣貴，謂之均輸；雖曰民不加賦而國用饒足，然法術不正，吏緣爲姦，掊克日深，民受其病。今此論復興，衆口紛然，皆謂其患必甚於漢，何者？方今聚斂之臣，才智方略，未見有桑弘羊比；而朝廷破壞規矩，解縱繩墨，使得馳騁自由，唯利是嗜，其害必有不可勝言者矣。』」

范純仁　范忠宣公集

奏議卷上奏乞罷均輸：「臣伏覩近降勑命，委江淮發運司行均輸之法。此蓋制置條例之臣，不務遠圖，欲希近效，略取周禮賒斂之制，理市之法，而謂可以平均百物，抑奪兼并，以求陛下之信；其實用桑羊商賈之術，將籠諸路雜貨，買賤賣貴，漁奪商人毫末之利，以開人主侈大之心，甚非堯、舜、三代務本養民之意也。」

華鎮　雲溪居士集

卷二十七策問問鹽鐵：「問：鹽、鐵之材，民並用之，其來久矣。自管氏銖量寸計而齊用富强，後之言利者，必以爲稱首。由西漢以來，或弛或禁，不常其法，而經制之方，未盡善美，弛之則利歸豪右，威去公朝，而下有眴邴、吴濞之强，榷之則民失其利，器多苦窳，而下有卜式、仲舒之議。然則山海之藏，必有所禁，而弘羊之術，未易推行。今國家制鹽之法，既致其詳，天下奉行，爲效已久，而冶鐵之利，尚在所略。議者謂其材可以上佐大農之調度，下通百姓之器用，宜有制作，以究其利，此治古之所當行，而當世之所宜講者也。……」

謝邁　謝幼槃文集

卷九書鄭當時傳後：「司馬遷稱：『鄭當時每朝候上閒，未嘗不言天下長者，其推轂士及官屬丞史，誠有味其言之也。當此時諸公翕然稱鄭莊。』而後世言推賢好善者，亦必曰鄭莊云。然觀武帝時，莊所進言見任用者，東郭咸陽、孔僅其人也。武帝内興宫闕，外事邊陲，言利之臣析秋豪，而天下蕭然不聊生。咸陽、僅擢於煮鹽、大冶，其言利殆與桑弘羊等，此其爲害於天下豈少哉？ 謂莊好言長者，而長者固若是耶？ 抑所言多長者而武帝不用也？」

韋驤 韋先生集

卷十八議榷貨：「榷財之制非古也，自漢武始之矣。當其粟紅而流，貫朽莫校，則不榷可也。及其尚奢侈之用，事師旅之費，雖欲勿榷，末由也已。卜式請烹桑羊而救歲旱，言榷財也。楊雄曰：『譬諸父子，爲父而榷其子，縱利，如子何？』此皆近古之高論也。然與其重賦而酷歛，則榷猶愈乎。誠以國用不足，利無所出，捨此則無能爲也。故酒酤之饒，鹽、鐵、山澤之利，一歸公家，而百姓不得操其奇贏也。晉、魏、隋、唐以來，皆沿而爲法，蓋後世財用浸闊，不可一日無榷也。」

楊時 龜山先生集

卷六辨一：「上問：『如何得陝西錢重，可積邊穀？』對曰：『欲錢重，當修天下開闔歛散之法。』因爲言：『泉府一官，先生所以榷制兼并，均濟貧弱，變通天下之財，而使利出於一孔者，以有此也。其言曰：國事之財，用取具焉。蓋經費則有常賦以待之，至於國有事，則財用取具於泉府。後世桑弘羊、劉晏粗合此意。自秦、漢以來，學者不能推明其法，以爲人主不當與百姓争利。』又因請：『内藏可出幾何，以爲均輸之本？』上曰：『二三百萬或三五百萬可出也。』

桑弘羊爲均輸之法，置大司農丞數十人，分主郡國，令遠方各以其物如異時商賈所轉販者，爲賦而相灌輸，盡籠天下之貨物，貴則賣之，賤則買之，是將擅天下商賈之利而取之也。先王以九職任萬民，阜通貨財，商賈之職也。今爲法盡籠天下之貨而居之，商賈豈不失職乎？余嘗考泉府之官，以市之徵布斂市之不售，貨之滯於民用，以其價買之，物揭而書之，以待不時而買之。夫物貨之有無，民用之贏乏，常相因而至也。不售者有以斂之，蓋將使行者無滯貨，非以其賤故買之也。不時買者有以待之，蓋將使居者無乏用，非以其貴故賣之也。此商賈所以願藏於王之市，而有無贏乏皆濟矣。其法豈與桑弘羊同日議哉？然泉府所以斂貨者，以市之徵布而已。市之徵布，廛人所斂者是也，其斂能幾何？以市之徵布與市人交易，乃其宜耳。今乃借内藏之錢何也？夫關市之賦，以待王之膳服，此經費也。邦之大用，内府待之，小用，外府待之。大用謂大故大事也，泉府所謂國事之待用者，特内外府之所待，與夫經費之外者耳，其所用而取具，蓋亦可知矣，而謂之以是通變天下之用，皆飾説也。」

劉子翬　屏山先生文集

卷四漢書雜論下：「武帝之時，異人並出，史臣方之版築飯牛，斯言過矣。公孫弘、兒寬之儒雅，專事阿諛，皆佞人也；張湯、趙禹之定令，多務嚴急，皆酷吏也；李延年倡優善歌，乃許之協律；桑弘羊剥民聚斂，乃許之運籌；至如嚴助、張騫之徒，皆啓唱邊事，以資進取，在堯、舜、三代之時，不免乎流放竄殛者也，尚何才之足云。惟汲黯、蘇武，一時傑出，而武帝疏遠之，肆其私心，禍流四海，則以朝無人也。史臣之言過矣。」

汪應辰　文定集

卷一應詔言弭災防盜事：「臣竊攷之，古今財賦所入，名色猥衆，未有如今日之甚者。昔漢至武帝始有鹽、鐵、榷酤之法，唐至德宗始有兩税、榷茶之法，當時議者紛然以爲民害，後世既已兼而用之矣。」

卷二應詔陳言兵食事宜：「昔人以爲縣官當食租衣税；然漢文、景之盛，或賜民田租之半，或盡除之，或三十税一；武帝窮極奢侈，有鹽、鐵、酒酤之禁，昭帝即位，一切罷之。至於後世，或用或否。」

卷七廷試策：「平準、均輸，桑弘羊嘗用之矣，終能使斂不及民而上用自足，則二者之法（其一指韓重華用屯田法），誠足以寬力役而佐賦入矣。」

沈與求 龜谿集

卷十一召試館職策題：「……理財曰義，孔子之言也；雖然，理財亦多術矣。商鞅力本務農之説，與管仲等也，劉晏抑商賈而籠天下之貨，與桑弘羊等也，李巽之徒，其術又下於晏，而後世論者，予管仲而黜商鞅，予劉晏、李巽而黜桑弘羊，豈用之或異耶？」

十先生奥論注續集卷六

呂祖謙考古論漢文帝：「治天下者，不盡人之財，不盡人之力，不盡人之情；是三者，可盡也，而不可繼也。彼治天下者，不止爲一朝一夕之計，固將爲子孫萬世之計也；爲萬世之計，而於財於力於情皆使之不可繼，則今日盡之，將如來日何？今歲盡之，將如來歲何？今世盡之，將如來世何？是以聖人非不知間架之税足以盡榷天下之利，而每使之有餘財；非不知閭左之戍足以盡括天下之役，而每使之有餘力；非不知鈎距之術足以盡擿天下之詐，而每使之有餘情：其去彼取此者，終不以一時之快，而易千萬世之害也。古之人有行之者，漢文是也。……文帝可爲而能不爲，以其所餘，貽厥子孫，凡四百年之漢用之不窮者，皆文帝之所留也。及至武帝，志大而心勞，功多而志廣，材智勇猛之臣，與時俱奮，桑弘羊之徒，算舟車，告緡錢，以罔天下之財，其心以文帝之所以不能取，自我始取之也。衛青之徒，絶大漠，開朔方，以竭天下之力，其心以文帝之所以不能舉，自我始舉之也。張湯之徒，窮根柢，究黨與，以盡天下之情，其心以文帝之所以不能察，自我始察之也。取文帝之所不能取，舉文帝之所不能舉，察文帝之所不能察，則弘羊、張湯、衛青之屬果勝文帝耶？蓋文帝爲天下計，而弘羊、張湯、衛青之屬爲一身之計，故不同也。惟其爲一身之計，故興利之臣，則曰窮乏者，漢之民也，非吾民也，罔漢民之財，則可以釣吾之爵位，何愛焉？至於財盡而散，則他日司會之責耳。武力之臣，則曰疲敝者，漢之民也，非吾民也，竭漢民之力，則可以釣吾之爵位，何愛焉？至於力竭而亂，則他日將帥之責耳。典獄之臣，亦曰煅煉者，漢之民也，非吾民也，探漢民之情，則可以釣吾之爵位，何愛焉？至於情盡而變，則他日執政之責耳。利在於己，害在於君，利在於近，害在於遠，此所以安爲而不顧也。嗚呼！桑弘羊、衛青、張湯之屬，方欲謀身，固不暇爲漢慮矣，而武帝獨何爲棄六世之業，以快二三臣之欲耶！君子以是益知文帝之不可及也。」

吕祖謙　歷代制度詳説

卷五鹽法：「三代之時，鹽雖入貢，與民共之，未嘗有禁法。自管仲相威公，當時始興鹽筴，以奪民利。自此後，鹽禁方開，雖漢興除山澤之禁，到武帝時，孔僅、桑弘羊祖管仲之法，鹽始禁榷。至昭帝之世，召賢良、文學論民疾苦，請罷鹽、鐵；又桑弘羊反覆論難，所以鹽榷不能廢。元帝雖暫罷之，卒以用度不足復建。自是之後，雖鹽法有寬有急，然禁榷與古今相爲終始。以此知天下利源不可開，一開不可復塞。」

卷六酒禁：「周公命康叔撫封侯衛，作酒誥一篇，其刑之重，至於盡拘執以歸於周，予其殺。此是最初禁酒，恐人沉湎浸漬，傷德敗性，不過導迪民彝、防閑私欲之意。至於周官之禁酒，禹之惡旨酒，皆是此意。及其再變，如漢文爲酒酺，景帝以歲旱禁民酤酒，……比上面古人恐民傷德敗性，已自不同，恐有用爲無用之物，耗米穀，民食不足，此是其再變。比之酒誥所謂，非惟不敢，亦不暇已無此意，然而猶有敦本抑末之心。及至三變，自桑弘羊建榷酒之利，……設心大不同，不過私家不得擅利，公家却自專其利，……如桑弘羊當時不過榷酒利以歸縣官，到後世，比之弘羊又别。自王荆公開利門，置斂散青苗法，……又是桑弘羊榷酒之上。大抵論榷酤之變，不過三節，自桑弘羊既開利孔之後，雖有賢君良相，多是因循不能變。」

陳季雅　兩漢博議

卷十論武帝以來士氣彫喪重以宣帝專任刑名：「至武帝益開多門，以來天下僥倖趨利之人，而又峻用刑法，獸蓄而禽獮之。董仲舒、汲黯、卜式，蓋先朝之遺物，而排擯棄斥，幾瀕於死。其所任用，類皆工語言，識形勢，趨利承意，以苟媚於時者也。故自其得公孫弘也，而丞相始不任事；自其得嚴助、朱買臣也，而侍中始詘大臣；自其得趙禹、張湯也，而廷尉始事苛刻矣；自其得桑弘羊也，而大司農始事朘剥矣；自其得衛青、霍去病也，而大將軍始職戰攻矣；自其得張騫、司馬相如之徒也，而奉使者始邀功生事，開人主以好事喜功矣。故凡漢家之良法美意，自武帝之得人壞之。彼其人猶犬也，呀呀而走，不顧利害，唯嗾者之從而已。汲黯有言：『天子置輔弼之臣，寧令從諛承意，陷主於不義乎！』自武帝以來，士氣彫喪，而嗜利亡恥之徒，縱横於世。重以宣帝專任刑名，魏弱翁號稱賢相，而間關許、史之間，僅成細功，他可知矣。故吾謂元、成、哀、平之委靡，而新莽得遂其姦，推所自來，則武帝、宣帝實爲之也。而班孟堅顧以爲得人之盛，詳數而悉道之，何哉？」

卷二〇論武帝立重法以奪民利：「法有出於後世而不可以遽廢者，存古人之心，而行之以不得已之意也，則時有遺漏而究切之可也。山澤之利，先王之所與民共之，而爲之均節齊量焉者也。自周之衰，虞衡之官廢，而秦人之貨殖者，遂以冶鑄富。後之爲國者，患夫民之企慕而奔走之也，則舉而歸之公上，而又因以爲利。夫先王之法，固與天下均節齊量，而吾無求利焉，故其法行。今官爲之，是導之也，而又從而禁之，則民益不服，而犯法益衆，而儒者又從而助之曰，富貴，人主之操柄也，當吾世而令不行，是無操柄也；則又從而急之。嗟乎！民之趨利，不可以人主之操柄勝也；恃操柄以勝天下，則其法愈疾，而其利愈重；其利愈重，則民有趨死從之而不顧，彼反之於其初，而求夫古人所以均利天下之意，其亦得無惻然於心者乎！夫天地之利，固與天下之民共之也；而山海池澤之入，吾固專之，則雖以權與民可也；必曰邊境之未安，國用之未節，將不得已而取焉，則夫民之鼠狗竊偷，固其常情，上之人亦時禁其已甚，而貸其不足，斯已矣，何至惡怒忿疾，草薙而禽獮之乎？武帝之法，私鑄鐵器鬻鹽者鈦左趾，盗鑄金錢者死，其爲法滋重，宜人之益不犯也；而吏民歲坐死者數十萬人，廷尉峻法於內，繡衣直指之使斷斬於外，卒不勝也。方帝以楚地之盜鑄爲憂，而以淮陽屬之汲黯，以黄、老之清净，卧而治之，蓋亦有容姦而不能盡於利者矣，而淮陽以寧。然則民之不可以法勝，亦可覩也。夫武帝固無望於能復文、景之舊也，使其能推是意而用之天下，則内之大司農、鹽鐵丞，外之郡國守相，皆得如汲黯者而任之，末年盜賊羣起之禍，寧至若是甚乎！」

朱彧　萍洲可談

卷下：「古之酒禁甚嚴，周禮有萍氏之禁、司虣之令，酒誥一篇至謂：『盡拘執以歸于周，予其殺。』蓋恐其沉湎浸漬、敗德傷情也，聖人所以曲爲斯民之防者至矣。漢法：三人無故羣飲則罰金。文帝賜民酺，以適一時之歡，景帝亦有沽酒之禁，其意雖微異於古，然亦無它，其恐耗米穀則有用耳。武帝之世，桑弘羊輩以販易賤夫不知國體所在，乃建榷酒之利，置官自賣，道民淫泆，始與古制大相背戾，而崇本抑末之意，蕩然盡矣。楊子雲曰：『譬諸父子，爲人父而榷其子，縱利，如此何？卜式之云，不亦匡乎！』」

錢時　兩漢筆記

卷五：「甚矣，利端之不可輕啓也。其端一啓，後來者守爲定法，以害民蠹國爲常事，其禍可勝言哉！桑弘羊一賈豎耳，天子作民父母，而用賈人斗筲之智以争利，竭赤子之膏血，以事荒遠，譬猶伐貞氣，助狂陽，實此曹從臾之。武帝末年，有志富民，而田千秋、趙過用，選受顧命，而得霍光、金日磾，平生謬妄，灑然一洗。桑弘羊，巨蠹也，大盜也，可去不去，而顧以御史大夫輔少主，竟使賢良、文學之議，排抑而不得伸，因觀霍光，號知時務，未幾，而罷榷酤，則賢良、文學固有以切中其心矣。向微弘羊，鹽、鐵、均輸，豈不能悉罷乎？小人之根不除，雖有讜議，空言無補，機會一失，流毒滔滔，武帝實遺其禍也。」

朱廷立　鹽政志

卷八評論黄履翁論鹽法之弊：「愚嘗因是而思之，天下不可一日無儒者之論也。何者？君子之爲國計，爲公而不爲私，小人之爲國計，言利而不顧義。自公私不兩立，義利不相合，而天下之正論廢矣。齊之鹽筴，不行於太公之時，而行於管仲圖伯之日；

漢之鹽榷，願罷於賢良、文學之口，而力行於桑弘羊小人之説。此猶可也。國朝淮鹽之法，李沆以公行之而便，蔡京以私行之而病，……古今之所以爲民禍者，未有不由小人之誤國。信矣夫，天下不可一日無儒者之論也。」（原注：「見源流至論。」）

葉時　禮經會元

卷二酒政：「漢初，蕭何定律，禁三人以上無故飲酒，罰金四兩，禁羣飲也。文帝以酒醪靡穀而下詔，景帝以五年夏旱而禁酤，慮民乏也。時於賜民羣飲，則賜酺三日，賜天下大酺，示恩意也。至武帝天漢三年，初榷酒酤，其飲於下，而私其利於上，禁日益嚴，而民之犯法日益衆。昭帝始元六年，雖罷榷酤，而又令民以律占租，亦未見規酒利也。其後，宣帝賜百户牛酒，詔勿禁鄉飲酒之會，則視之以爲非常之恩。豈知周人之禁民飲者，以正德厚民生而已，豈設官以羅民利哉？周人之教民飲者，以暢民心洽民禮而已，豈示恩以示民樂哉？故曰，以禮導民而爲禁，則周之鄉飲，人不以爲私，其禁酒也，人不以爲怨；以利困民而爲禁，則漢之榷酤，人不以爲法，其賜酺也，人不以爲恩。」

卷二鹽政：「鹽，民之食，不可一日闕也，其用則與民共之，其利在民而不在官也。……故嘗謂壞天下之風俗者，管仲也；啓公上權禁者，猗頓也；蠹人主之心術者，鄭當時也。齊桓公問管仲何以爲國，而仲告以海王之國，謹正鹽筴。舉先王公共之用，而爲後世自私之具，管仲者作俑之尤也。伯主既資鹽利以富其國，則民之趨利日熾矣，豈非壞天下之風俗乎？魯人有猗頓者，用鹽起家致富，與王者埒，取天下通行之利，而爲私家擅有之財。猗頓者，龍斷之賤也，豪民且專鹽利以富其家，則上之徵利亦無怪矣，豈非啓公上之權鹽乎？權鹽固無怪也。鄭當時何人，乃逢武帝之欲，推轂齊之大煮鹽者用事漢朝，而權鹽之法始密，鄭當時者其蟊賊之臣乎！人主心術，自此蟊矣，寧不謂之鄭當時之罪歟？且以成、康之鹽政，鹽人一官掌之，不過奄女官奴而已。至漢，大司農屬官有幹官，有兩長丞，有水衡都尉，有均輸官，皆主鹽事，以至郡國鹽官有三十九，雁門、沃陽有長丞（地理志），其法既密，則其官必繁也。烏乎！周以鹽用，而其邦事，自賓祭膳羞之外，則不敢以一毫取之民；漢以鹽利，而其邦財，自公上權禁之外，則不肯以一孔遺之民。方且權鹽之不足，而又權鐵，權鐵不足，而又權茶，鹽鐵之權，茶鹽之權，自漢至唐，法日密矣，儒者不排其非，而反取成周山澤之禁以佐其說，豈不惑哉！」

卷三山澤：「昔晏子謂齊侯曰：『山林之木，衡麓守之，澤之蒲葦，舟鮫守之，……海之鹽蜃，祈望守之，縣鄙之人，入從其徵，偪介之關，暴徵其私，是以民人苦疾，夫婦皆詛。』晏子之爲是言也，是知山澤之利，先王未嘗不與民共之也。晉人謀去故絳，諸大夫皆曰：『必居郇瑕氏之地，沃饒而近鹽。』韓獻子獨不可，曰：『山澤林鹽，國之寶也，國饒則民驕佚，近寶公室乃貧。』獻子之爲是言也，是知山澤之利。先王已來，未嘗禁民自取之也。是故古之名山大川，不以封諸侯，而九州山川澤藪之名，皆職方氏之所掌；至於山林川澤之利害，有可與侯國共者，則命山師、川師辨其名而頒之，使致其珍異之貢而已。夫不封以山澤之大者，將以弭諸侯之侈心，而均天下之利源也。……大抵山林川澤，民之所取財用，利至博也，不公其財，則是山海天地之藏，而爲一人之私有，是與民爭利也；不爲之禁，則是山澤國家之寶，而聽百姓之自取，是縱民趨利也。……是以太宰以九職任萬民，……澤虞則掌國澤而爲厲禁，川衡則掌巡川澤之禁令，以時執犯禁者而誅罰之，……無不以時而徵其物也，此之謂禁民趨利。蓋古者鄉遂之民皆爲農，農皆受田，田皆出賦，惟知有田之可業，不知有利之可趨，獨爲川澤之民，不專資田畝之業以爲生，往往資山澤之利以爲業，利多而民必競，末重而農必輕，故先王既許之以共財，而必禁之，使不至於趨利以逐末；二者並行而不相悖，此其所以無曠土而無游民歟！自齊桓公問管仲何以爲國，而管仲對以惟管山海爲可耳，於是鹽筴之利始爲侯國之私，而先王與民共財之意失矣：此山澤之一變也。漢人以山澤租稅共奉養，歸之少府，若私之也，然賦雖居上，利猶在民已；吴王國處東南，得以招集亡命，鑄山煮海以富其國，遂至叛逆，而先王禁民趨利之意又失矣：此山澤之再變也。迨夫煮鹽大冶如孔僅、咸陽者出，乃盡取天下郡縣鹽鐵之利，幹歸公上，一孔不遺，於是山澤之賦，皆變爲榷利矣：此山澤之三變也。自時厥後，邦計惟鹽鐵之是資，國命惟鹽鐵之是議。吁，周人山澤之賦，果有所謂鹽鐵者乎！」

葉適　水心别集

卷二財計下：「今天下之財用，責於户部，户部急諸道，每道各急其州，州又自急其縣，而縣莫不皆急其民。天下之交相爲急也，事勢使然，豈其盡樂爲桑弘羊之所爲耶？使天下之用誠有常數，而户部以天下之税當之而有餘，則户部必不以困諸道，每道不必以困其州，而州若縣獨何以自困其民耶？使其真桑弘羊之流，固且不暇，而況其不爲弘羊者耶？所畏者，上每以所不足責其臣，使羣臣以不足而後見其財，然則若是者，固教天下之爲弘羊若也。」

卷六管子：「王政之壞久矣，其始出於管仲。……故凡爲管仲之術者，導利之端，啓兵之源，濟之以貪，行之以詐，而天下之亂益起而不息。若咎犯、先軫之於晉，范蠡、大夫種之於越，孫武、吴起、申不害各於其所輔相之國，講明其説而增益其意，數百年之間，先王之政，隳壞亡滅。至於商鞅破井田，立槩量，李斯廢封建，燔詩、書，而後蕩極而無遺。蓋王政之壞，始於管仲而成於鞅、斯。悲夫！天下之才，未有過於管仲者也，皆不若仲而已矣；皆不若仲，則皆師其故智而拾其遺説。然其所以使後世廓然大變於三代者，豈其一人之力也？治變而世變，世變而俗成。然則後世之事，有望管仲而不可及者矣，而況於三代乎！若桑弘羊之於漢，直聚斂而已耳，此則管仲、商鞅之所不忍爲也。蓋至於唐之衰，取民之利無所不盡，則又有桑弘羊之所不忍爲者焉。」

案：黄氏日鈔六八引「則又有桑弘羊之所不忍爲者焉」作「又有弘羊之所不屑爲」。

卷十一經總制錢一·二：「昔李憲經始熙河，始有所謂經制財用。童貫繼之，亦曰經制。蓋措畫以足一方之用。方臘殘破東南，陳亨伯以大漕兼經制使，減役錢，除頭子，賣糟酵以相補。靖康召募，翁彦國以知江寧兼總制，强括民財數百萬。維揚駐蹕，吕頤浩、葉夢得總財事，議用陳亨伯所收經制錢者。酒税、頭子所取，止於一二百萬。其後，户部轉運使動添窠名。黄子游、柳約之徒，或以造船，或以供軍，遞添酒税，隨刻頭子。孟庾以執政爲總制，耆户長、壯丁雇始行起發二制，並出色額數十。……所收之多，至千七百萬，截取以畀總領所之外，户部經用，十八出於經制。於是州縣之爲誅求者，江、湖爲月樁，兩浙、福建爲版帳。向之士大夫猶有知其不善，今新進者矜奮，視兩税爲何物，而況遠及貢賦之法乎？蓋王安石之法，桑弘羊、劉晏所不道，蔡京之法，又王安石所不道，而經總制之爲錢也，雖吴居厚、蔡京亦羞爲之。故經制錢不除，則縣以版帳月樁，無失乎郡之經常爲無罪，郡以經總制錢，無失乎户部之經費爲有能，而人才日衰，昔之號爲壯縣富州者，今所在皆不可舉手，齊民中産僅足者，今轉徙爲盜賊，凍餓而生民日困，左右望以羅其細碎而國用日乏。」

佚文：「平準書直叙漢事，明載聚斂之罪，比諸書最簡直。然觀遷意，終以爲安寧變故，質文不同，山海輕重，有國之利。按書『懋遷有無化居』，周譏而不徵。春秋通商惠工，皆以國家之力，扶持商賈，流通貨幣，故子産拒韓宣子，一環不與，今其詞尚存也。漢高祖始行困辱商人之策，至武帝乃有筭船、告緡之令，鹽、鐵、榷酤之入，極於平準，取天下百貨居之。夫四民交致其用，而後治化興，抑末厚本，非正論也。使其果出於厚本而抑末，雖偏尚有義；若後世但奪之以自利，則何名爲抑，恐此意遷亦未知也。」（文獻通考二〇市糴考市）

案：今傳本水心文集、水心别集無此文，當在明人黎諒所編水心先生文集二十九卷本之「其所著經傳子史，編爲後集」者之中。

黄震　黄氏日鈔

卷四六史記平準書：「平準者，桑弘羊籠天下貨，官自爲商賈，買賣於京師之名也。蓋漢更文、景恭儉，至武帝初，公私之富極矣。自開西南夷，滅朝鮮，至置初郡；自設謀馬邑，挑匈奴，至大將軍、驃騎將軍連年出塞；大農耗竭，猶不足以奉戰士，乃賣爵，乃更錢幣，乃算舟車，而事益煩，財益屈，宜天下無可枝梧之術矣。未幾，孔僅、東郭咸陽乘傳行天下鹽、鐵，楊可告緡徧天下，得民財物以億計，而縣官之用反以饒，而宮室之修於是日麗，鑿無爲有，逢君之惡，小人之術何怪也！然漢自是連兵三歲，費皆仰給大農，宜無復可繼之術矣。又未幾，桑弘羊領大農，置平準，於是天子北至朔方，東至太山，巡海上並北邊以歸，用帛百餘萬匹，錢金以巨萬計，皆取足大農。又一歲之中，太倉、甘泉倉皆滿，而邊餘穀。其始愈取而愈不足於用，及今愈用而反愈有餘，小人之術，展轉無窮，又何怪之甚也！嗚呼！武帝五十年間，因兵革而財用耗，因財用耗而刑法酷，沸四海而爲鼎，生民無所措手足；迨至末年，平準之置，則海内蕭然，户口減半，陰奪於民之禍，於斯爲極。遷備著始終相因之變，特以平準名書，而終之曰『亨弘羊，天乃雨』。嗚呼，旨哉！」

史堯弼　蓮峯集

卷三策問：「天生財而民用之，君理之；必使民裕於下，君足於上，上下兼得，而不可以一缺，此古今不易之道也。然夏、商、周之時兩得之，漢、唐兩失之，有不可不論者。……至於漢、唐以全盛之天下，而又理財之道，日夜講求，無所不至；漢之榷酤、鹽、鐵、白金、皮幣，唐之隱户、剩田、間架之利，轉漕之法，無所不用；桑羊、孔僅、趙過、宇文融、第五琦、劉晏、李巽之徒，鞭算心計，無所不盡；然而君民皆耗虚，至以此生變，此又何爲其然也？」

林駉　新箋決科古今源流至論

後集三運司：「嗚呼！朝廷之財，根本在州縣，州縣之財，根本在民；括民之財以入州縣，括州縣之財以入朝廷，此富公所以隱憂。噫，劉晏猶能罷無名之歛，第五琦尚有不益賦之名，況我朝之名公乎！是故任河北之漕者，至蠲民租數百萬計，使漢之弘羊而知此，寧不有愧心耶？」

又續四榷酤：「酒之有禁尚矣，自古至今，大略有三：以民之傷德敗性而禁者，一也；以民之糜穀耗粟而禁者，二也；借古人酒禁之名，而爲規利之術者，三也。予嘗究其始末而論之，未嘗不歎後世風俗之不古也。夫酒之爲物，古人惟以供祭祀，而君臣之間，以彝酒相戒，凡羣飲者執拘以歸于周，予其殺，刑之至重，莫此爲甚。然聖人豈有他意哉？惟懼其沉湎浸漬，黷亂風俗，不過導迪民彝、防閑私慾而已；至於地官有司虣以掌市飲之禁，秋官有萍氏以掌幾酒謹酒之禁，皆是意也。是禁也，豈非爲傷德敗性之故歟？漢初酤酒有禁，而時有酺賜，蓋因秦法之舊，蕭相國作爲律令，羣飲者罰金四兩，著之法令，亦頗有古意。至漢文以即位而賜民酺，景帝以歲旱而禁民酤，懼以有用爲無用之舉，糜耗米穀，民食不足爾。後元酒醪糜穀之戒可見也。是禁也，豈非爲害穀耗粟之故歟？吁，古之酒禁，爲亂德也，漢之酒禁，爲糜穀也，糜穀而禁，似若非古，然猶有崇本抑末之意；至其後也，三變而爲争利之術，宜乎亂端之日蕃而風俗之不古也。自其未榷之初，猶有吏舍歌呼之習，其既榷之後，光禄之郎，醉污殿陛，九卿諸吏，仰天嗚嗚，朝廷之間且有此，則鄉黨小民，何所不至耶！甚矣弘羊之作俑也！方武帝多事，用度不足，弘羊以商賈之習，不恤民計，置官榷酒，考其歲月，至天漢之三載而初榷，蓋春秋暮年，利源益浚，自是而後，惟恐民之不彝酒也。始元賢良、文學之徒，願罷鹽、鐵、榷酤。方發議之初，以鹽、鐵、均輸與酒榷並議，而桑大夫答之，尚猶以皆便爲辭，及再詰之後，始專以均輸、鹽、鐵爲請，而酒榷之法，已置而不敢護，則酒榷之設，其義蓋悖歟？賢良既議之後，鹽、鐵、均輸尚無恙，而榷酤一法，首從剗去，亦幾乎古矣。霍光大臣，不學亡術，未能取康誥之書，以嚴羣飲之禁，乃且令民得自酤酒，而官稅升四錢，其月攘一雞者乎！」

又續四榷鹽古今鹽法之沿革：「昔禹貢以青州貢鹽而鹽用始興，當時鹽雖入貢，而與民通用也。周官以鹽人掌鹽而鹽用始重，當時鹽雖有官，而未始不在民也。蓋古者名山大澤不以封，天子使吏治之而入其貢賦，或稅取焉以待時發。夫其不封也，非徒利之，九兩藪以富得民，而繫之于太宰，將與百姓共矣。至管仲以魚鹽富國，以功利相君，著海王之篇，興鹽筴之利，舉三代聖人正大之用，而爲後世自私之謀，至使禁榷之法，與古人相爲終始，仲其作俑之尤也。仲何人哉！秦之鹽利，至二十倍於古，漢之山澤以爲私奉養，則鹽之不在民可知矣；然漢初隄防未密，搜取未悉，吳王煮海，雄視一方，猗頓之富，與天子埒，漢初猶有遺利在民也。自鄭當時一旦薦齊之大煮鹽者，而鹽之在官始悉，於是懼其無所職掌也，郡國置官三十有九，而雁門、沃陽有長丞焉，懼其無所監臨也，鹽官之上，又有鹽長官焉；又懼其無所稽考也，則又舉而一之於司農、水衡之職焉。上下相統，一孔不遺，弘羊、孔僅之徒，鞭算殆盡，而民始病苦矣。雖然，剥利固切，而猶未竭澤也。以史攷之，鹽官之置，多見於西北，而東南之郡特少，如會稽一郡，則今之兩浙路也，而獨海鹽有鹽官，廬江、九江二郡，乃今淮甸間也，獨皖城有鐵官而無鹽官，又觀終軍詰徐偃，以爲膠東南近琅邪，北接北海，魯國西枕太山，東有東海，二國食鹽，悉取於鄰郡，鹽、鐵郡有餘藏，縱膠東、魯國廢不取，當時諸郡相通，彼此相補，雖以東南財賦之淵，以武帝之多慾行之，且猶有不盡取者。其後，昭帝議弛禁而不果，至元帝雖嘗罷之，未幾復置，是以終漢世而不變，此君子重始立法也。」

王應麟 通鑑答問

卷四置鹽鐵官：「或問：武帝紀書『初算商車，初算緡錢，初榷酒酤』，與春秋『初税畝』同，此以志變法之始也；置鹽鐵官，不書『初』，何歟？曰：鹽、鐵之税，始於齊之管仲，計口食鹽，計人用鐵，山河之利，作俑於此。然戰國、秦、漢之際，未盡籠於官也。太史公貨殖傳云：『猗頓用盬鹽起邯鄲，郭縱以鐵冶成業，卓氏趙人，用鐵冶富，程鄭亦冶鑄，宛孔氏大鼓鑄，魯曹邴氏以鐵冶起。』則富猶在民也。文帝縱民得鑄冶鐵煮鹽，吴王擅海澤，鄧通專西山，而國富刑清，登我漢道，未嘗開利孔爲民罪梯也。武帝窮征遠討，兵連費廣，經常之賦不足，而横歛起焉。張湯倡之，東郭、孔、桑和之，而鹽、鐵之官，掌於大農，布於郡國，其利二十倍於古。以地理志考之，鹽官三十有六，鐵官四十有九，昭帝議罷之而不克行，元帝嘗罷之而又復置，東都屬於郡縣，章帝復收之，和帝乃詔縱民煮鑄，入稅縣官。至唐乾元即鹽鐵有使矣；天下有鹽之縣一百五，有鐵之縣一百三，皆多於漢時，作法於貪，弊益甚焉。古者，名山大澤不以盼（封），恐諸侯顓利以剥民也。禹貢青州之鹽，梁州之鐵，皆以爲貢，不以爲賦也。在易泰與謙，德之大者，則曰『不富以其鄰』，小畜德之小者，則曰『富以其鄰』，君之道民，所謂鄰也，富在民，則國亦蒙其利，富在國，則民先受其害。武帝用聚斂之臣，斡山海而歸於上，其德之小者乎！故文帝得泰、謙之有餘，而成殷富之治；武帝得小畜之不足，而稔虚耗之敝，可以監矣。」

同卷卜式爲御史大夫：「或問：班固云：『質直則汲黯、卜式。』式之與黯，若是班乎？曰：黯也格帝之非，式也中帝之欲，猶美玉之與燕石也。古者安富，未嘗疾之。文帝節儉，上下兼足。武帝窮兵侈費，始剥下以益上。富商大賈，財或累萬金，而不佐國家之急；於是造皮幣、鑄白金以困抑之，算軺車、告緡錢以掊取之。卜式覘其微指，乃上書願輸家之半以助邊，又持錢給徙民，此至巧佞者，非質直也。公孫弘謂『非人情，不軌之臣』，斯言當矣。富者，貧之母也，縱尋斧於根本，仁人不爲也。富豪匿財，而式欲輸財，彼此相形，興利之臣，唾掌而起，忿疾富民，揃刈而摧破之，置均輸，舉兼并，浮食奇民，皆吾赤子，欲傾其蓋藏，聚之公上，法嚴令密，罔民而盡其財，必致富者皆貧而後已。東郭、孔、桑，豪徵縷歛，是卜式啓之也。式之利國者少，利身者多，既釣享上之名，又獵取高位，以芻牧之夫，居台鼎之列，志得意滿，始有罷鹽、鐵、算船之諫，『烹弘羊，天乃雨』之言，導其源而遏其流，培其根而惡其實，曾是以爲質直乎？噫，汲黯不得在禁闥，卜式乃得爲三公，武帝知人之哲既有愧，而作史者混忠佞於一區，亦可歎夫！」

同卷初榷酒酤：「或曰：酒醪糜穀，文帝有詔，帝不監於成憲，而作法於貪，何歟？曰：酒以成禮，流則生禍，大禹惡旨酒而疏儀狄，易之未濟，終以濡首爲戒，彝酒有法，幾酒有官，所以正民德，非以浚民財也。其罰用豐，其尊用禁，惟沈湎是懲，匪貨利是殖也。趙武靈王滅中山，酺五日，許其羣飲，猶有節也。漢律羣飲罰金。文帝十六年，始令天下大酺。景帝中三年，以旱禁酤。若榷酤，則自武帝始。鹽鐵論云：『大夫以心計策國用，參以酒榷。』蓋桑弘羊作是法也。長國家而務財用者，必自小人矣。昭帝始元六年罷之，令民得以律占租。成帝末，翟方進復奏賣酒醪之議。王莽時，羲和引詩『無酒酤我』，謂承平之世，酒酤在官，論語『酤酒不食』，謂當周衰亂，酒酤在民，其飾經文姦至於此，於是開鑪以釀。後漢又罷之。陳文帝後行之。至唐德宗以助軍費，遂爲千載不易之法，開利源以壞民俗，弘羊實爲之。古有化民以德義，未聞導民以淫佚也。以是理財，其可謂正辭禁非乎？」

卷五詔問郡國所舉賢良文學：「或問：賢良、文學與公卿共議，自此始歟？曰：公議之屈伸，世道之否泰繫焉，公議達於上則爲泰，公議鬱於下則爲否。盤庚命衆悉至於庭，無敢伏小人之攸箴。周司冠掌外朝之政，致萬民而詢焉，士傳言，庶人謗，皆有言責，此聖王所以通天下之志也。漢之有議，猶爲近古。自高帝十二年，始詔諸侯王議，其後，丞相、列侯、宗室、大臣、吏二千石，下及博士、議郎，皆得預議。若賢良、文學之士登進在庭，與丞相、御史辯難，蓋自始元六年始。孝昭初政，所問者民之疾苦，教化之要，可謂知所先務矣。當時民之疾苦，莫甚於聚斂，教化之要，莫急於仁義。賢良唐生、文學萬生之徒六十餘人，對以罷郡國鹽、鐵、酒榷、均輸，務本抑末，毋與天下爭利。漢朝公卿，少知治體，庶乎弛苛徵以瘳民瘼，開義路以厚民俗；而車丞相括囊持禄，桑大夫放利怙權，讜言私説，如枘鑿之難入，佩劍之相笑，雖罷榷酤以塞責，而鹽、鐵、均輸之法，未之有改。千秋、弘羊，不足責也。任是責者，非霍將軍乎？易之剥，始於下，其象曰『上以厚下安宅』，所以救剥也。弘羊剥下之蠹極矣，小人剥廬，誅戮及之。以利爲利，菑害並至，大學之戒深矣。賢良、文學之言，不行於始元，而論議垂不朽，誦之猶使人興起，一時之屈，千載之伸，故曰：公議與天地相終始。」

王應麟　辭學指南

卷四記宋代直史試序：「漢鹽鐵論。」（寶祐癸丑）

王應麟　困學紀聞

卷十二考史：「班固叙武帝名臣，李延年、桑弘羊亦與焉。若儒雅則列董仲舒於公孫弘、兒寬之間，汲黯之直，豈卜式之儔哉？史筆之褒貶，萬世之榮辱，而薰蕕渾殽如此，謂之比良遷、董，可乎？」

馬端臨　文獻通考

卷十四徵榷考徵商：馬廷鸞曰：「武帝承文、景富庶之後，即位甫一紀耳，徵利已至於此，然則府庫之積，其可恃哉！興利之臣，不知爲誰。時鄭當時爲大司農，以他日薦桑弘羊、咸陽、孔僅觀之，益可疑也；政使非其建白，亦任奉行之責矣。漢人多言汲鄭，其實當時非黯比也。黯奮不顧身以折功利之衝，當時乃薦掊刻之人以濟武帝之欲，烏得並稱哉。」

案：馬廷鸞嘗倣吕祖謙大事記之例，作讀史旬編，以十年爲一旬，起帝堯元載甲辰，迄周顯德七年庚申，爲二十八帙。端臨所引，當即出於是書。四庫全書從永樂大典中輯得一卷，收入廷鸞所著碧梧玩芳集，無此三條。廷鸞，即端臨之父。

卷十五徵榷考鹽鐵：馬廷鸞曰：「孔僅、咸陽所言，前之屬少府者其利微，今改屬大農，則其利盡，此聚斂之臣飾説以蓋其私也。管仲之鹽、鐵，其大法税之而已，鹽雖官嘗自煮之，以權時取利，亦非久行，鐵則官未嘗冶鑄也，與孔、桑之法異矣。」

卷二〇市糴考市：馬廷鸞曰：「今按桑大夫均輸之法，大概驅農民以效商賈之爲也。然農民耕鑿，則不過能輸其所有，必商賈懋遷，乃能致其所無；今驅農民以效商賈，則必釋其所有，責其所無，如賢良、文學之説矣。太史公平準書云：『今遠方各以其物貴時，商賈所轉販者爲賦，而相灌輸。』此説疑未明。班孟堅採其語曰：『今遠方各以其物，如異時商賈所轉販者，而相灌輸。』此説涣然矣。蓋作『如異時』三字，是謂驅農民以效商賈之爲也。東萊吕氏尊遷抑固，是以取書而不用志語；然義理所在，當惟其明白者取之，是以通鑑取志語云。」

卷七田賦考屯田：「按武帝征和中，桑弘羊與丞相御史請屯田故輪臺地，以威西域；而帝下詔，深陳既往之悔，不從之。其事亦在昭、宣之前。然輪臺西於車師千餘里，去長安且萬里，非張掖、金城之比，而欲驅漢兵遠耕之，豈不謬哉？賴其説陳於帝既悔之後耳。」

卷七田賦考屯田：「武帝通西域，復輪臺、渠犂，亦置營田校尉領護，然田卒止數百人；今弘羊建請以爲溉田五千頃以上，則徙民多而騷動矣。帝既悔往事，思富民，宜其不從也。」

卷十四徵榷考徵商：「按漢初鑄錢，輕於周秦，一時不軌逐末之民，蓄積餘贏，以稽市物，不勤南畝，而務聚貨；於是立法，崇農而抑商，入粟者補官，而市井子弟至不得爲吏，可謂有所勸懲矣。然利之所在，人趨之如流水，貨殖傳中所載，大抵皆豪商鉅賈，未聞有以力田致富者。至孝武時，東郭咸陽以大煮鹽、孔僅以大冶領大司農，桑弘羊以賈人子爲御史大夫，而前法盡廢矣。」

卷十五徵榷考鹽鐵：「按周禮所建山澤之官雖多，然大概不過掌其政令之厲禁，不在於徵榷取財也。至管夷吾相齊，負山海之利，始有鹽鐵之徵，觀其論鹽，則雖少男少女所食，論鐵則雖一鍼一刀所用，皆欲計之，苛碎甚矣。故其言曰：『利出一孔者，其國無敵；出二孔者，其兵不詘；出三孔者，不可以舉兵；出四孔者，其國必亡。先王知其然，故塞人之養，隘其利途。故予之在君，奪之在君，貧之在君，富之在君。』又曰：『夫人予則喜，奪則怒；先王知其然，故見予之形而不見奪之理，故民可愛而洽於上也。』其意不過欲巧爲之法，陰奪民利而盡取之，既以此相桓公，伯諸侯，而齊世守其法。故晏子曰：『山木如市，弗加於山，魚鹽蜃蛤，弗加於海，民參其力，三入於公，而衣食其一。山林之木，衡麓守之；澤之萑蒲，舟鮫守之；藪之薪蒸，虞候守之；海之蜃蛤，祈望守之。縣鄙之人，入從其政，偪介之關，暴徵其私。市常無藝，徵斂無度。』蓋極言其苛如此。然則桑、孔之爲，有自來矣。

卷二〇市糴考市：「按均輸、市易，皆建議於熙寧之初，然均輸卒不能行，市易雖行之，而卒不見其利，何也？蓋均輸之説，始於桑弘羊，均輸之事，備於劉晏，二子所爲，雖非知道者所許，然其才亦有過人者；蓋以其陰籠商販之利，潛製輕重之權，未嘗廣置官屬，峻立刑法，爲抑勤禁制之舉，迨其磨以歲月，則國富而民不知，所以史記、唐書皆亟稱之，以爲後之言利者莫及。然則薛、向之徒，豈遽足以希其萬一，宜其中道而廢也。……介甫志於興利，苟慕前史均輸之名，張官置吏，廢財勞人，而卒無所成，誤矣。至於市易，則假周官泉府之名，襲王莽五均之跡，而下行黠商豪家貿易稱貸之事，其所爲又遠出桑、劉之下。今觀其法制，大概有三：結保貸請，一也；契要金銀爲抵，二也；貿遷物貨，三也。是三者，桑、劉未嘗爲之，然自可以富國，則其才豈後世所能及。……嗚呼！以縣官而下行黠商豪家之事，且貿遷圖利，且放債取息，以國力經營之，以國法督課之，至使物價騰踴，商賈怨讟，而孳孳五年之間，所得子本，蓋未嘗相稱也。然則是豈得爲善言利乎？桑、劉有知，寧不笑人地下！」

卷三三選舉考賢良方正：「按自孝文策鼂錯之後，賢良、方正皆承親策，上親覽而第其優劣。至孝昭年幼，未即政，故無親策之事，乃詔有司問以民所疾苦；然所問者，鹽、鐵、均輸、榷酤，皆當時大事，令建議之臣與之反覆詰難，講究罷行之宜，卒以其說，爲之罷榷酤。然則未嘗親奉大對，而視其上下姑相應以義理之浮文者，反爲勝之。國家以科目取士，士以科目進身者，必如此然後爲有益於人國耳。」

胡三省　資治通鑑注

卷六十三漢紀五十五：「鹽之爲利厚矣，齊用管子鬻筴而霸；晉之定都，諸大夫必欲其近鹽；至漢武之世，斡之以佐軍興；及唐安、史之亂，第五琦榷鹽以贍國用，自此遂爲經賦，其利居天下税入之半。」

胡維遹　紫山大全集

卷二十二論聚斂：「傳曰：『與其有聚斂之臣，寧有盜臣。』然則爲大臣而務聚斂，見棄於聖人，見疾於天下，見絶於後世，直比以爲盜，聚斂之惡其可爲也哉！　以今觀之，欲爲聚斂，而材不能濟其惡，智不能遂其姦，負盜臣之名，而實非穿窬之傑。　何則？古之聚斂之臣，財聚於上，民怨於下，猶能使國富兵强，帑藏充實，而施爲遂意，如秦之商鞅，尚功趨利，漢之桑弘羊，唐之劉晏，籠絡鹽、鐵，使富商大賈不得其利，農民不被其害；宋王荆公立新法青苗助役，又劉晏之罪人，尚以巧取暗奪，日削月消，使民陷於貧瘠罪戾，而不自知。　聚斂之惡至此，可爲極矣。」

朱理　漢唐事箋

卷二救弊：「創新法者，多末流之患，而矯宿弊者，有張皇之驚，二者胥失也。　蓋法不可以輕議，而弊不容以驟革。　漢武帝率意造作，增置法度，類非高皇帝之舊，其官名，其兵制，固未易以一旦革，而其切于民病者，至昭帝則爲之改正，初未嘗有張皇之驚也。　亭母馬，取息於民，則既罷矣；而口賦之加，則常有以貸之而勿收。　榷酒酤，争利於民，則既罷矣；而鹽、鐵之議，則姑有以遲遲之而漸去。昭帝豈猶有藉於此哉？蓋以爲前人之所爲，將次第而去之，不欲矯激以暴其愆，此其所以爲善革弊歟！」

卷十鹽鐵（漢榷鹽、鐵，猶輕取而相通○）：「漢初，鹽、鐵遺在民間，歲輸山澤之税，以屬少府，蓋未能有禁也。豪勢乘時射利，擅而有之，冶鑄煮鹽，財累萬金，而不濟公家之急；吴王擅銅山、東海之利，富埒王室。於是公家用不足，武帝乃始用咸陽、郭、僅領鹽、鐵事而自榷之，郡國置官主斡其利。然考之於史，鹽、鐵官之置，多見於西北，而東南之郡特少，如會稽一郡，則今兩浙路也，獨海鹽有鹽官，而無鐵官，則知武帝之榷鹽、鐵，猶不盡利以遺民也。觀終軍詰徐偃，以爲膠東南近瑯琊，北接北海，魯國西枕泰山，東有東海，二國器用食鹽，悉取給於鄰郡；鹽、鐵郡國有餘藏，縱膠東、魯國廢，不足以爲國家之利害。則知當時諸郡相通，彼此相補，雖以東南財賦之淵，以武帝多欲行之，猶有不盡取者。其後，昭帝議罷不果，至宣帝則特詔減鹽價而已；蓋亦以爲榷利最博，所恃以佐賦者，未易以猝去故也。」

卷十酒酤（制酒將以防患，武帝榷之，何耶？）：「漢法，三人無故羣飲則罸金。故自漢以來，皆有酒酤之禁，間賜民酺，以適一時之歡，是非欲奪民利，特爲是隄防也，懼其爲酒醪以靡穀故也。武帝費用無度，凡遺利在民間者，網羅悉盡，獨於酒酤之利，若徐徐而未榷，至天漢三年，始置官自賣，榷取其利，以資國用，行之纔十四五年，昭帝因賢良、文學議而罷之，以所利而輸租，既又限其酒價，使不得厚取民財，猶後世之所謂萬户酒也。至宣帝則復禁民酤酒，詔郡國二千石不嚴於鄉黨酒食之會，所以還漢初之制，而非有利於民，觀魯匡言於王莽曰：『鹽、鐵、錢、布帛，五均賒貸，斡於縣官，惟酒酤獨未斡。』則知自昭帝議罷之後，至王莽之初，猶未急於酒利也，愚不知今日榷酒之利，如是其亟，何也？」

陳仁子　牧萊脞語

卷八武帝論上：「天下之民，最不可迫之使無所容也。三代而上，民有以容其身而不思爲亂，三代而下，民無所容其身，則不免於爲亂。唐、虞、商、周之時，井邑丘甸有常分，粟米秸銍有常貢，山林川澤有常徵，上無以迫之，無逸之書，七月之詩，耳濡目染，欣欣熙熙，知有耕鑿之樂、伏臘之謀、雞豚桑麻之歡而已，固不暇乎其它者也，是以太平數百年；降是而後，奪其業，增其賦，而又多其徵，若魯税畝，秦收大半之賦，不奪不饜，區區彼農，終歲勤動，而空軸鬻廬，顰蹙亡聊之餘，然後不測之謀，始有伏乎後者矣。故安於壟上者，無輟耕之謀，樂於牛犢者，無刀劍之買，彼自有以容乎其身故也。今夫天下之民散而工商胥徒者十之一二，聚而田畝者十之七八，故田畝者，是乃斯民所借以容其身者也，而奈何迫之大甚哉？武帝籠天下之利亦多矣，當是時，立均輸，起漕運，興鹽鐵，開鬻爵，設榷酤，收筭緡，納雜稅，更造錢幣，其爲法多前古所未有，而曾未有紛紛者，何也？及觀漢史，謂有司請益田賦，帝不許。嗚呼，此正帝所以有天下也。凡民之所以養生者，田畝而已，使帝重賦之，民將有不堪者矣。故帝網天下之利無餘也，而其遺利於民間者，僅有耕桑一途，民尚可以自活。故均輸商車之筭，是不利於商賈者也；鹽鐵榷酤之興，是不利於游手者也；鬻爵皮幣之興，是不利於巨室公卿大夫者也；天下之農民固數倍於商賈游手巨室公卿也，種植之樂無恙也，事育之謀無傷也，是以民有可容，終帝之世，而無大盜之起者此也。古今趣天下之亂者不一，而增田賦爲甚，蓋於田里小民較錐刀，析毫髮，必將有大不堪者。武帝醞危亡之迹，而獨存者，僅以不加田賦一事，是以猶不至於亂且亡。夫人主有遺一毫之利於民，猶足以自存其國，況舉天下之利而盡遺之者乎？昔季孫欲以田賦，使冉有訪於孔子，孔子曰：『施取其厚，斂取其薄，雖丘亦足矣。』此蓋慮其迫民而使之無所容也。若明皇盡用融堅興利之説，至於田賦亦不免，遂致開元之亂，幾以亡唐，噫，明皇之智，其不及武帝者遠矣。」

同上武帝論下：「史言漢之得人，至武帝而盛。嗟夫，武帝得人誠盛矣，而往往未足得人之真，而適足得人之欺，何也？上意之所向，人所争趨者也，故一事作則一弊生，一念偏則一詐起，意氣之感召，風聲之濡染，真者未見，而欺者已售，重爲天下源源之害，甚非國家之福也。夫宣帝好綜核名實也，而王成僞增户口以欺宣帝；德宗急務掊斂也，而延齡僞移庫藏以欺德宗；世固有墮於奸邪之穽而不自知者。武帝志氣清明，天才英敏，南粤、西域暨漠北之匈奴，皆在帝運量之中，此豈臣下所敢肆其欺者？今觀在位五十四年，多招徠之途，廣進言之路，凡賈販芻牧奴隸醜虜之賤，皆洗濯磨淬，自奮功名之會，就其中，盡如董仲舒之正直，萬石君之醇謹，汲黯之愚戇，亦孰不詫其得人者，奈何其不多若人也？凡有所爲，必有所欺。帝好邊功也，則涉何刺殺朝鮮送者，而以獻馘之詐欺其君。帝好封禪也，則公孫卿以天旱爲乾封，而以封禪之詐欺其君。帝好祥瑞也，則汾陰巫於后土祠旁得鼎，而以周鼎之詐欺其君。帝好神仙也，則欒大以黄金可成，神仙不死之藥可得，而以長生之詐欺其君。帝好財利也，則桑弘羊立均輸平準，而以民不益賦國用饒之詐欺其君。積而至於公孫弘爲丞相，窺帝之意，而布被之詐上前背約之詐，凡所以籠帝於詭遇之術者無不至，嗚呼，帝受人之詐如此哉！小人之欺，何所不至，賢明如武帝尚然，而況出其下者乎？噫，苟得若人，又不若無所得之爲愈也，悲夫！」

吴萊　淵穎吴先生集

卷七鹽官箴：「……時惟管生，乃始榷之，圖霸何急，奪民所資。秦益其侈，漢承其蹫。將衆是濟，豈吾之私。……卓哉漢昭，亦或罷榷，云何可徵，議在文學。」

梁寅　新喻梁石門先生集

卷九策略一榷鹽：「三代之時，以鹽充貢而已，官未嘗榷之以爲利也。自管仲興鹽筴以富齊，而鹽利始興，漢武帝用桑弘羊、孔僅，唐用劉晏，而鹽利益大，譬之江、河，由濫觴之源而至滔天之勢。軍國之用，鹽居大半，亦安得復弛乎！」（案：此文有單行者，名爲策要。）

又榷酤：「古之聖人，制爲燕享之禮，以極懽忻之情。燕於朝廷，則上下以和；燕於鄉黨，則長幼以序；燕於家，則冠昏之禮成；燕於學，則養老之禮盡。其一獻之禮，賓主百拜，非徒在於醉飽也，以成禮而已。故書有酒誥以致其丁寧，周官有萍氏以謹其過用，一則恐其酖酗而致禍亂，一則慮其迷穀之多也。漢云：『三人無故羣飲則罰金。』故常有酒酤之禁，閒賜民酺，則所以示君上之恩，而其隄防禍亂者，猶有先王之遺意。至武帝始榷酒酤，則志在奪民之利，與先王之意始異矣。歷代相因，榷貨加重，則固不能節制民飲，而間以歉歲禁民釀酒，則古法雖嚴，而終莫之遏。甚哉，人心之流，而檢制之難也！且風俗日奢，用度無節，司馬公所謂：『飲饌之盛，酒必内法，食必珍味，往往有之，有位者欲移風易俗，又可爲之倡乎！』必如周官之幾酒謹酒，漢法之羣飲有罰，而毋以嚴令爲嫌，毋以虧課爲病，是不防亂之一端乎？」

丘濬　大學衍義補

卷二五制國用市糴之令：「按桑弘羊作均輸法，以爲平準，觀其與賢良、文學之士所辯論者，大略盡之矣。然理之在天下，公與私、義與利而已矣：義則公，利則私，公則爲人而有餘，私則自爲而不足。堂堂朝廷而爲商賈貿易之事，且曰欲商賈無所牟利。噫！商賈且不可牟利，乃以萬乘之尊而牟商賈之利，可乎？」

卷二八制國用山澤之利上：「按鹽筴雖始於齊，然未設官也，置鹽官始於此。嗚呼！天地生物以養人，君爲之禁，使人不得擅其私而公共之可也，乃立公以專之，嚴法以禁之，盡利以取之，因非天地生物之意，亦豈上天立君之意哉？彼齊之爲國，壤地狹而用度廣，因其地負山海，而税其近利，昔人固已議其巧爲之法，陰奪民利，況有四海之大者，租賦遍天下，其所以資國者，利亦多端，豈顓顓於在一鹽哉？昭帝時，賢良、文學之士謂文帝無鹽、鐵之利而民富，當今有之而民困乏；可見國之富貧，在乎上之奢儉，而不繫於鹽之有無也。」

卷三〇制國用徵榷之課：「按酒者以穀爲之，縣官既已取穀以爲租税矣，及其造穀以爲酒，而又税之，則是一物而再税也，可乎？况古有酒禁，恐民沈酗以喪德，靡費以乏食耳，本無所利之也。漢武帝始有榷酤之法，謂之榷者，禁民醖釀，官自開置，獨專其利，如渡水之榷焉。是則古之禁酒，惟恐民之飲，後世之禁酒，惟恐民不飲也。嗚呼，武帝其作俑者歟！」

又：「按：此榷酒，官自釀以賣也。至是，以賢良、文學言罷榷酤酒，然猶聽民自釀以賣，而官定其價，每升四錢，隱度其所賣之多寡以定其税。此即胡氏所謂使民自爲之而量取其利也。後世税民酒，始此。」

又：「按：酒之爲物，古人造之以祀神養老宴賓，亦如籩豆之實，然非生民日用不可無之物也。儀狄始造酒，大禹飲之，豫知後世必有因之以亡其國者。武王作誥以戒其臣下，至欲加以殺之之刑。古之聖王不忍以口食之微戕人性命，而猶然者，法不嚴則禁不絶故也。自桑弘羊爲榷酒取利之法，縱民自造而自飲。嗚呼！所得幾何，乃使天下國家受無窮之禍，遂至蚩蚩之民，嗜其味之甘，忘其身之大，性以之亂，德以之敗，父子以是而不相慈孝，兄弟以是而不相友愛，夫婦以是而相反目，朋友以是而相結怨，甚至家以之破，國以之亡，國家有所興作，率因是以僨敗者，不可勝數，明君賢相何苦而不爲之禁絶哉！」

周叙　石溪周先生文集

卷五制治保邦疏：「一，公鹽法，重豪貴中納之罪。自古榷鹽之利，資邊儲，省饋運，其益大矣。」

李夢陽　空同子集

卷四〇擬處置鹽法事宜狀：「今河東、淮、浙，歲遣御史巡行，意在糾惡興滯；而新造之士，於法多不甚解，聰察多紛更，恬静多避嫌，及少諳頭緒，已復代更矣，竊未見其可也。願選貞義通明御史，清鹽如清軍，三易歲乃代；仍簡風憲重臣一人，付便宜之權，略倣漢桑弘羊、唐劉晏、本朝周忱故事，令其綆墜剔蠹，濬源決流，一切不得阻撓。運鹽使、提舉等，悉選補廉吏；如此，而利不興，國不足，芻餉供億之費不給，未之有也。語曰：『智者不襲常。』此之謂也。」

吉澄校正　新刊憲臺攷正宋元通鑑全編

卷五：「神宗熙寧元年冬十一月，有事於南郊，赦。時執政以河朔旱傷，國用不足，乞南郊勿賜金帛，詔學士議。司馬光曰：『救災節用，當自貴近始，可聽也。』安石曰：『常衮辭堂饌，時以爲衮自知不能，當辭職不當辭禄。國用所以不足者，以未得善理財者故也。』光曰：『善理財者，不過頭會箕斂爾。』安石曰：『不然，善理財者，不加賦而國用足。』光曰：『天下安有此理？天地所生財貨百物，不在民則在官；彼設法奪民，其害乃甚於加賦。此蓋桑弘羊欺武帝之言，司馬遷書之，以譏武帝之不明也。』爭議不已。帝曰：『朕意與光同，然姑以不允答之。』會安石草詔，引常衮事責兩府，遂不復辭。」

案：原注：「唐開元中，詔宰相共食，實封三百户，謂之堂封。及元載爲相日，賜御饌可食十人，謂之堂饌，遂爲故事。常衮爲相，奏停之，又欲辭堂饌。時人譏之，以爲朝廷厚禄，所以養賢，不能，當辭位不當辭禄。」

又：「神宗熙寧二年初，王安石言：『昔周置泉府之官，以榷制兼并，均濟貧乏，變通天下之財；後世唯桑弘羊、劉晏粗合此意。學者不能推明先王法意，更以爲人主不當與民爭利。今欲理財，則當修泉府之法，以收利權。』帝納其説。」

又：「熙寧二年八月，罷判國子監范純仁。初，純仁奏言：『王安石變祖宗法度，掊克財利，民心不寧。書曰：怨豈在明，不見是圖。願陛下圖不見之怨。』帝曰：『何謂不見之怨？』對曰：『杜牧所謂不敢言而敢怒者是也。』帝曰：『卿善論事，宜爲朕條陳古今治亂可爲監戒者。』遂作尚書解以進，曰：『其言皆堯、舜、禹、湯、文、武、周公之事也，治天下無以易此，願深究而力行之。』加同修起居注。及薛向行均税法於六路，純仁言：『臣嘗親奉德音，欲修先王補助之政；今乃效桑弘羊行均輸之法，而使小人爲之，掊克生靈，斂怨生禍。安石以富國强兵之術啓迪上心，欲求近功，忘其舊學，尚法令則稱商鞅，言財利則背孟軻，鄙老成爲因循，棄公論爲流俗，異己者爲不肖，合意者爲賢人，劉琦、錢顗等一言便蒙降黜，在廷之臣方大半趨附，陛下又從而驅之，其將何所不至哉！速還言者而退安石，答中外之望。』」

葉子奇　草木子

卷三下雜制篇：「嘗攷歷世鹽法，在夏禹時惟止入貢，至齊管仲始煮鹽以富國，及漢武始立榷酤，爲牢盆之制，自是歷代皆踵行之，計其利於軍國之費，略佔其半，唐、宋及元因之，有加無瘳，大抵率由養兵多而資費廣，故不能革也。」

何孟春　燕泉何先生遺稿

卷七兩淮巡鹽御史題名記：「鹽之貢載夏書，鹽之政令見周禮，當時但以供用，不藉爲利也。管仲相齊，正鹽筴，利源始開；漢武置鹽官，於是有禁榷；後世有國家者，於常賦外必資焉。」

陳時夏　兩淮鹽法志

卷十六藝文明許穀兩淮鹽法志序：「鹽鐵之興也尚矣，禹貢、周禮，政法簡壹，匪藉爲利，管仲、桑、孔而下，何其紛紛也！」

章懋　楓山章先生文集

卷一議處鹽法事宜奏狀：「臣聞鹽之爲用，乃民生食味之所急，而國家經費之所資，爲物雖微，其利甚博，不可一日而缺焉者也。然在虞、夏之時，不過以鹽充貢，未嘗或專利於上；成周之盛，雖或以鹽名官，而未嘗不同利於民。因齊相管仲，而鹽筴始徵，漢用桑、孔，而鹽禁始重，其源一開，末流無所不至矣。」

案：「因齊相管仲」，明陳子壯昭代經濟言卷五所收章懋議處鹽法利弊以裨國用疏作「自齊相管仲」。

又案：「而鹽筴始徵」，原作「而鹽筴始正」，今據昭代經濟言校改。

王嗣奭　管天筆記外編

尚論：「自孟子痛抑言利，而桑弘羊受誅於世儒千餘年矣，余竊冤之。孟子之言，猶無病人止用粱肉養之，至於病而謁醫，則以愈病爲能，雖烏堇有時用之。自三代而下，國家未有無病之日也，則如弘羊，烏可厚非哉。武帝好大喜功，而充溢露積之天下，頓致衰耗，固人事之失，亦運數使然。太史公言之矣：『物極而衰，固其變也。』乃縣官大空，至天子損膳解駟，而富商大賈蹛財役貧，轉轂千數，不佐國家之急，法之所不許也，況崇本抑末，商賈不得衣絲乘車，實漢法也，即三代亦然。弘羊均輸之法，不過盡籠天下貨物而賤買貴賣，令商賈無所牟大利，歸於抑末而已，不可謂非理財之一法也，何也？善理財者，非能使鬼運神輸，要之損饒補乏而已；兹損商賈之饒，補縣官之乏，奚而不可？帝事四夷，兵連釁結，既難中止，兼之土木巡狩，出孔之多，至累巨萬而不勝者，非弘羊何以善其後耶？誠救病之能手也。蓋生財大道，大學陳之，此王制也；其出之有本，則井田之法行也。井田行，官不得貪取，豪强不得并兼，即云恒足，不過均之，俾無偏饒偏乏止耳。自井田廢而吏貪民惰，寖以不均，故鹽鐵作俑於管仲，誠救時之良制，弘羊祖其術而廣之，不加賦而用饒，良非虚語。後之理財者皆效之而不能，非能之而不欲也。唐有劉晏，用其術而濟天下，宋有趙昇，用其術而濟一方，此皆救時之能臣；王安石陽諱其名，陰用其術，而卒以敗事，此正效之而不能者也。故如弘羊安可厚非哉？蓋三代之罪人，而後世之能臣也。然卜式何以欲烹之也？使富商大賈人人輸助如式，則國家不貧，而弘羊可烹；然卜式何可再得也。至涑水氏謂其『設法奪民，以欺武帝，而太史記之，以譏帝之不明』。此以攻金陵之陰用其術而發，此有爲言之也。」

都穆　鐵網珊瑚

卷一中論：「文章自六經而下，惟先秦、西漢爲近古，其次，則及於東漢。余嚮得桓氏鹽鐵論讀之，未嘗不歎其辭氣之古，論議之妙，至不忍去手。繼讀徐氏中論，其辭氣議論，視桓氏不大相遠，而余之愛之，與鹽鐵同。蓋鹽鐵西漢之文，中論東漢之文也。書雖幸存於世，然傳録之難，人不易見。往歲，同年涂君刻鹽鐵論於江陰，俾余識之；近吴黄紋刻中論畢工，亦俾一言。余謂好古之士，世未嘗無，第所恨者，不得悉窺古人製作而效法之；而坊肆所刻，率多舉業之文，求如二書，蓋不可多得，而今乃有之，豈非學者之幸乎！予也舊學荒落，獲見古書之行，爲之欣躍；而且得綴名其末，其爲幸又何如也！」

鄭曉 策學

卷四理財：「周禮一書，乃聖人爲國節財之法，爲民生財之道，非損上以益下，如後世聚斂諸臣之説也。降及後世，有不盡然者。三代而下，以治稱者曰漢、唐、宋，其始也，以創業之君臣，猶有寬恤之意。繼世而後，則漢之末也，以武、宣爲之君，弘羊、僅、陽爲之臣，患幣之輕也，而造白鹿皮幣，患商税之輕也，而算舟車緡錢，管鹽、鐵而榷酒酤，置均輸而立平準，取於民者，無錙銖之遺利，而高、文之良法盡矣。」

卷四鹽法：「劉彝曰：『鹽之所産不同，……周禮鹽人掌百事之鹽，惟以供祭祀賓客及王后世子膳羞之用而已，蓋未嘗立官以禁之，設法以斂之。自管仲相齊，始有鹽、鐵之徵。漢興，除山澤之禁，而諸侯王猶得鑄山煮海，以富其國，則雖不爲縣官之經費，而其奪民之利亦多矣。自孔僅、咸陽者出，遂爲鬻鹽之官、榷鹽之令、煮鹽之器，利源一開，不可復塞，昭帝之時，雖以賢良、文學之議，而弘羊反覆辨難，至以爲安邊足用之本，元帝雖能暫罷，卒以用度不足，三年而遂復之。……』」

卷四鹽法：「古者，取民之力，歲三日耳，取民之財，歲什一耳，山林川澤之利，未始不與民共也。鹽貢於唐、虞而已，至於周有鹽人之官，亦惟掌鹽之政令耳，以供祭也，以供賓也，以供王供后供世子之膳羞也，亦未嘗奪民之利利國也。乃令鹽爲國家大利，亦爲生民大害，害在於民，利未必在於國也。是作俑者管仲，而管仲未盡取於民也，秦則二十倍於齊矣。漢至武帝，孔僅、咸陽之徒出，鹽之禁益重。設官禁鹽，實自武帝始。」

喬世寧　丘隅意見

漢儒所言即可行，所學即可用。賢良、文學時與諸大夫廷論可否，計匈奴則絀丞相，議鹽、鐵則絀大夫，蓋學出專門，人有定見也。此豈唐、宋所有哉？國朝士所學非所用，所用非所學，其英華者即唐之溺於詞章矣，其好名者即宋之襲談性命矣，然實效則不逮漢儒遠矣。

葉向高　鹽政考

嗟夫，管仲佐霸，吴濞竊雄，弘羊心販之奸人也，無事則竊利權，有事則爲亂階，是寧可不杜其源而防其漸哉！

薛應旂　宋元通鑑

卷三一：「神宗熙寧元年十一月丁亥，郊。執政以河朔旱傷，國用不足，乞南郊勿賜金帛。詔學士議。司馬光曰：『救災節用，當自貴近始，可聽也。』王安石曰：『常衮辭堂饌，時以爲衮自知不能，當辭職不當辭禄。且國用不足者，以未得善理財者故也。』光曰：『善理財者，不過頭會箕歛爾。』安石曰：『不然，善理財者，不加賦而國用足。』光曰：『天下安有此理？天地所生財貨百物，不在民則在官；彼設法奪民，其害乃甚於加賦。此蓋桑弘羊欺武帝之言，司馬遷書之，以見其不明耳。』争議不已。帝曰：『朕意與光同。然姑以不允答之。』會安石草制，引常衮事責兩府，兩府不敢復辭。」

又：「熙寧二年八月丙午，罷范純仁。初……純仁奏言：『王安石變祖宗法度，掊克財利，民心不寧。書：怨豈在明，不見是圖。願陛下圖不見之怨。』帝曰：『何謂不見之怨？』對曰：『杜牧所謂不敢言而敢怒者是也。』帝曰：『卿善論事，宜爲朕條陳古今治亂可爲監戒者。』遂作尚書解以進，曰：『其言皆堯、舜、禹、湯、文、武、周公之事也，治天下無以易此，願深究而力行之……。』及薛向行均輸法於六路，純仁言：『臣嘗親奉德音，欲修先王補助之政；今乃效桑弘羊行均輸之法，而使小人爲之，掊克生靈，斂怨基禍，安石不以富國强兵之術啓迪上心，欲求近功，忘其舊學，尚法令則稱商鞅，言財利則背孟軻，鄙老成爲因循，棄公論爲流俗，異己者爲不肖，合意者爲賢人，劉琦、錢顗等一言便蒙降黜，在廷之臣方大半趨附，陛下又從而驅之，其將何所不至，……宜速還言者而退安石，答中外之望。』」

卷三二：「熙寧三年二月己酉，河北安撫使韓琦上疏……帝袖其疏以示執政曰：『琦真忠臣，雖在外，不忘王室。朕始謂可以利民，不意乃害民如此。且坊郭安得青苗，而使者亦强與之。』王安石勃然曰：『苟從其所欲，雖坊郭何害？』因難琦奏曰：『如桑弘羊籠天下貨財以奉人主私用，乃可謂興利之臣；今陛下修常平法，所以助民；至於收息，亦周公遺法，抑兼并，振貧弱，非所以佐私欲，安可謂之興利之臣乎？』」

卷三三：「熙寧四年夏四月，蘇軾上疏曰：『昔漢武以財力匱竭，用桑弘羊之說，買賤賣貴，謂之均輸；於時，商賈不行，盜賊滋熾，幾至於亂。臣願陛下結人心者此也。』」

馮琦　宗伯集

卷六十四策問親臣重臣：「自秦以後，始舉三公六卿之職，屬之一相，故綜理朝政嘗多，而輔養君德嘗少，……既已坐論，又復作而行之，盡總國權，則勢或上逼，專理外事，則情或中格，使賢人居之，則爲重臣，不肖人居之，則爲權臣，故威福有時作，而股肱耳目不盡假也。大臣既外重而内不親，人主乃始以意向爲親幸，而所親者，亦以承意觀色爲務。主好議則嚴助、主父偃之流爲親臣，主好法則張湯、杜周之流爲親臣，主好貨則桑弘羊、宇文融之流爲親臣，主好藝則王伾、王叔文之流爲親臣。甚而疎大臣，親小臣，疎廷臣，親中臣，恩以狎生，信由恩固，蓋未嘗無親臣，而其所親非也。」

馮琦　宋史紀事本末

卷三七王安石變法：「神宗熙寧元年十一月，郊。執政以河朔旱傷，國用不足，乞南郊勿賜金帛。詔學士議。司馬光曰：『救災節用，當自貴近始，可聽也。』王安石曰：『常衮辭堂饌，時以爲衮自知不能，當辭職，不當辭禄。且國用不足者，以未得善理財故也。』光曰：『善理財者，不過頭會箕斂耳。』安石曰：『不然。善理財者，不加賦而國用足。』光曰：『天下安有此理？天地所生財貨百物，不在民，則在官，彼設法奪民，其害乃甚於加賦。此蓋桑弘羊欺武帝之言，司馬遷書之，以見其不明耳。』」

又：「熙寧二年二月甲子，議行新法。王安石言：『周置泉府之官，以摧制兼并，均濟貧乏，變通天下之財，後世唯桑弘羊、劉晏麤合此意。學者不能推明先王法意，更以爲人主不當與民争利。今欲理財，則當修泉府之法，以收利權。』」

馮琦 經濟類編

卷三六財賦類二理財二：「執政以河朔旱傷，國用不足，乞南郊勿賜金帛。詔學士議。司馬光曰：『救災節用，當自貴近始，可聽也。』王安石曰：『常衮辭堂饌，時以爲衮自知不能，當辭職，不當辭禄。且國用不足，以未得善理財者故也。』光曰：『善理財者，不過頭會箕斂爾。』安石曰：『不然。善理財者，不加賦而國用足。』光曰：『天下安有此理？天地所生財貨百物，不在民，則在官，彼設法奪民，其害乃甚於加賦。此蓋桑弘羊欺武帝之言，太史公書之，以見其不明耳。』争議不已，帝曰：『朕意與光同，然姑與不允答之。』會安石草制，引常衮事責兩府，兩府不敢復辭。」

又：「河北安撫使韓琦上疏言青苗，……帝袖其疏以示執政，曰：『琦真忠臣，雖在外，不忘王室。朕始謂可以利民如此。且坊郭安得青苗，而使者亦强興之。』王安石勃然進曰：『苟從其所欲，雖坊郭何害！』因難琦奏曰：『如桑弘羊籠天下貨財以奉人主私用，乃可謂興利之臣。今陛下修周公遺法，抑兼并，振貧弱，非所以佐私欲，安可謂興利之臣乎？』」

又：「王安石言：『周置泉府之官，以摧制兼并，均濟貧乏，變通天下之財；後世唯桑弘羊、劉晏麤合此意。學者不能推明先王法意，更以爲人主不當與民爭利。今欲理財，則當修泉府之法，以收利權。』」

李贄 藏書

卷十七富國名臣總論：「卓吾曰：『史遷傳貨殖，則羞賤貧，書平準，則厭功利，利固有國者之所諱與？然則太公之九府，管子之輕重，非歟？夫有國之用與士庶之用，孰大？有國者之貧與士庶之貧，孰急？漢自高帝圍於冒頓，高后辱於嫚書，文、景困於中行説，堂堂天朝，犬戎侮之，至妻以公主而納之財，猶且不得免也，烽火通甘泉，邊城晝警，入粟塞下，募民徙邊，積穀屯田，殆無虚歲矣。武帝固大有爲不世出之主也，於此肯但已乎？今夫富者，力本業、出粟帛以給公上，貧者，作什器、出力役以佐國用，助征戍，是所益於國者大也。獨有富商大賈，羨天子山海陂澤之利，以自比於列郡都君，而不以佐國家之急。果何説乎？設使國家無此，固無損也。夫有之未嘗益，則無之自無損：此桑弘羊均輸之法，所以爲國家大業，制四海、安邊足用之本，不可廢也。且其初亦非有意盡奪之也，既拜爵以勸之矣，又大封賜卜式以誇耀風厲之矣，而商賈終不聽也，故重徵商税，使之無利自止，然後縣官自爲之耳。又於京師置平準以平物價，使之不至騰躍，而後買賤賣貴者，無所售其贏利，其勢自止，不待形驅而勢禁之也。弘羊既有心計，又能用人，其所用者，前有爵賞之勸，後有誅罰之威：是以銖兩之利盡入朝廷，奸吏無所措其手足，不待加賦，而國用自足，太倉、甘泉，一歲皆滿，邊餘穀，賞賜日以鉅萬，皆取足大農，大農財帛，盈溢如故也。武帝之雄才如何哉！甚矣，孝武之未可以輕議也！宋之王安石，吾不知何如人者，乃亦欲效之，可乎？夫安石不知其才之不能，而冒焉遽以天下之重自任；議者不以其才之不足以生財，而反咎其欲以奪民之財，則其所見又在安石下矣。夫安石之於神宗，猶夷吾之於齊、商君之於秦也，言聽而計從之矣；然夷吾之行，迨二百餘年以至威、宣，猶享其利；商君相秦，不過十年，能使秦立致富强、成帝業者。乃安石欲益反損，欲强反弱，使神宗大有爲之志，反成紛更不振之弊，胡爲也哉？是非生財之罪也，不知所以生財之罪也。嗚呼，桑弘羊者，不可少也！」

李贄　史綱評要

卷八：「漢昭帝始元六年，諫大夫杜延年數爲大將軍言：『年歲不登，流民未還，宜修孝文時政，示以儉約、寬和，順民心，悦天意，年歲宜登。』光納其言，詔有司問郡國所舉賢良、文學，民所疾苦。皆對：『願罷鹽、鐵、酒榷、均輸官，毋與天下争利。』桑弘羊謂：『安邊、足用之本，不可廢。』於是鹽、鐵之議起焉。」評曰：「鹽、鐵不可廢。」

焦竑　澹園集

卷二十二書鹽鐵論後：「自世猥以仁義、功利分爲二塗，不知即功利而條理之乃義也。易云：『理財正辭，禁民爲非曰義。』而豈以棄財爲義哉？桑弘羊當武帝兵興，爲三法以濟之。中如酒榷，誠末事矣；乃諸當輸官者，令各輸土所饒，平其直，於他所貨之；輸者既便，官有餘利，亦善法也。至筦山澤之利，置鹽、鐵之官，真不益賦而用饒，奈何以薄之。劉彤有云：『古費多而民不傷，今用少而下轉困，非他，古取山澤，今取貧民，取山澤則公利厚而人歸於農，取貧民則公利薄而民去其業。』此亦足以發明漢法之當遵用矣。古先王山海有官，虞衡有職，輕重有術，禁發有時，一厚農，一足國；桑大夫蓋師其餘意而行之，未可以人廢也。藉第令畫餅療饑，可濟於實用，則賢良、文學之談甚善，庸詎而必區區於此哉？」

張居正　張太岳先生文集

卷八贈水部周漢浦榷竣還朝序：「張子曰：『余嘗讀鹽鐵論，觀漢元封、始元之間，海内困敝甚矣，當時在位者，皆扼腕言榷利，而文學諸生乃風以力本節儉，其言似迂；然昭帝行之，卒獲其效。故古之理財者，汰浮溢而不鶩厚入，節漏費而不開利源，不幸而至於匱乏，猶當計度久遠，以植國本，厚元元也。賈生有言：『言之者甚少，靡之者甚多，天下財力安得不詘。』今不務除其本，而競之賈豎以益之，不亦難乎？」

鍾惺　讀平準論

平準之法，是武帝理財盡頭之想，最後之着，所以代一切興利之事，而救告緡之禍。所以窮而變，變而通，其道不得不出于此者也。何也？文、景殷富，而武帝以喜功生事，化而爲虛耗之世。鬻爵鬻罪，而鬻爵鬻罪不效也；鹽鐵，而鹽鐵不效也；鑄錢制皮幣，而鑄幣不效也；酬金，而酬金不效也；風示百姓，分財助縣官，而分財不效也；募徙民，而徙不效也；事至此而勢已窮矣。至于告緡之令下，以天下而同于盜與兵，天下囂然喪其樂生之心，不思以解之，且求爲秦之季世而不可得矣。桑弘羊晚出，乃始爲平準之法，籠天下財物，歸於縣官，而相灌輸，貴即賣之，賤即買之，富商大賈，無所牟大利，則反本，而萬物不得騰踊，雖所謂不加賦而天下用饒，是利臣籠絡人主之語，而賞賜帛百餘萬疋，金錢巨萬計，皆取足大農，不復告緡，此即平準之效也。或曰：是以天子而同於負販矣。以天子而同於負販，不猶愈於以天子而同於盜賊矣乎？且告緡之禍可以亡，平準非救窮以救亡也，故平準者，道不得不出于此也，然則史遂無譏乎？曰：惡得無譏。漢文、景之天下，何以遂化爲武帝之天下也？覩時觀變，史蓋有深悲焉，非悲平準也，悲其不得不出於平準之故也。（明張廷鷺編廣古今議論參卷二十一）

于慎行　穀山筆麈七

管子富國之法，大要在籠山澤之利，操金穀之權，以制民用，而不求之於租稅，使之民服食器用皆仰足於上，而上無所求於民，第以市道交之，使其輕重之權在於上不在於下，而富商大賈，無所牟利，此其大略也。漢時桑、孔之徒，法其微指，以爲均輸、平準之法，而不知其合變，何也？管子之法霸道也，可施之於一國，不可施之於天下，一國之地有限，智數法令可以周遍，而四海之遠，惟精神意氣，潛移默運，非智數法令所及，一也；霸其國者，不顧鄰國，可以利吾國則爲之，鄰國雖害不恤也，可以利吾民則爲之，鄰國之民雖敝不顧也，故常以吾國之財，操其輕重，以御鄰國之敝，其勢然也；若夫爲天下則不然，此有餘而彼不足者，亦王土也，此嚮其利而彼其敝，敝者亦王民也，譬如一身，血脉周流，無所不貫，疾痛疴癢，不諭而知，安有損手而益足、剞膚而實腹者？故管子之説不行也，二也。是故桑、孔用之漢而耗，王、呂用之宋而亂，然則王天下者不理財耶？曰：大學之十章備之矣，此王道也。

林熙春　城南書莊草

卷七劉別駕鹽議題辭：「天下之利，莫大乎鹽，而其弊亦莫大乎鹽；顧其弊每由小浸大，與利常相爲負勝也。鹽鐵論云『川原不能實漏巵』，似爲下之無節發；『山海不能贍佚欲』，似爲上之無制發：皆由小浸大之説也。」

陳龍正　幾亭全書

卷三十三政書掌上録三論劉晏理財：「生則利國，大學一篇之中，三致意焉。俗士謂利非君子所宜言，謬也。利權不畀之君子，將屬小人乎？治財有三：太上滋生而減耗，其次奪逐末之權，最下侵務本之利。何謂滋生而減耗？百姓所用菽布帛機器爾，地方徧，人工盡，有是二者則其生日滋也。官汰冗，兵耕屯，禁度僧道，清吏胥侵漁，上先素樸，守是五者，則其耗日減也，是謂王佐之治財。當時既無其主，亦非其時，故晏不能爲也。晏所爲，不過奪商賈之利權，而歸之朝廷，官民兩利焉。弘羊謂『不加賦而用足』，晏實能之，管子以後，一人而已，非爲國之大經，亦救世之良才也。最下加賦，侵務本之微利，供游食之衆人，財竭心離，禍亂從之，弘羊起於前，安石甚於後，紛紛立法，民國兩窮，其視晏之擇士養民、因勢寬費者，意事一一相反，則安石乃晏之罪人，而晏豈僅言利之臣哉！且肅、代之朝，無晏則李、郭何由成收復之功？而王衍一生，口不言錢，亦無解於宦情之重。秉國者視秉若爲爾，財利，國家之要務，可不言耶？」

瞿景淳　論諸子

桓寬鹽鐵論，當時所共議者，今觀其問答，非不伸異見，騁異辭，亦無有大過人者。其曰：「行遠者因於車，濟海者因於舟，成名者因於資。」則一時趨向可知矣。（廣古今

議論參十五)

張采　論理財

至于鹽絺之貢,乃自青州,禹貢載之,而洪範所舉五行,水主潤下作鹹,蓋言其出乎海,出乎池,出乎井,與出乎地,出乎山,出乎木石者,生民之日用,無之不有也。是以周官有鹽人掌其政令,以共事之鹽。迨管仲説桓公,伐菹薪,煮海水而鹽令設矣。漢承秦法,鹽、鐵之利,二十倍於古,後嚴私鬻之禁,刑鈦左趾,則孔僅、東郭咸陽發之,而桑弘羊務深文焉。孝明之世,張林建議官須鬻鹽,乃大悖矣。(廣古今議論參二)

謝泰宗　天愚先生文鈔

卷七雜著史衡文景善理財:「古今言理財者至矣,而理之於外,不理之於内,究之内外俱竭耳。如漢文、景二帝,躬行清静,而紅腐貫朽,後世尚蒙其休;武帝商功計利,不遺錙銖,而司農往往告匱。蓋文、景承干戈之餘,身自節儉,耕籍勸農,生養休息,六七十年,列侯有土,公卿大夫有禄,街巷有馬,閭閻有粱肉,太倉之粟,都内之錢,所由積也。至武帝患幣之輕,則鑄白金,造皮幣,患商賈之重,則舟車有算,緡錢有告,鬻爵免罪矣，郡國置農官矣，均輸行矣，鹽酒榷矣；然忽有水旱，束手告匱，渾邪之降，至不能具二萬乘，兩軍出塞，戰士頗不得騰飽，蓋以帝不能清静無爲，而惟財用之是營也。自其兵興輸輓之煩也，而農日困；自其斡鹽鐵、置均輸、算商告緡也，而商人困；自其立轉送之法而入財補郎也，而世家之子弟困；自其差出馬也，而封君至吏三百石以上困；自其造皮幣、省酎金，而列侯困。夫上自列侯封君，下至庶人，皆財所自出，而俱受困，焉得不日耗也乎？此先儒陳季雅語余，故拈出以勸後之理財者，爲文、景勿爲武帝可。」

陳其愫點輯　皇明經濟文輯

卷五失名鹽鐵：「山東物産豐饒，甲於天下，其用之廣而利之溥者，惟鹽、鐵乎！粵自管仲相齊，實興厥利，仲之言曰：『利出一孔者，其國無敵，出二孔者，其兵不詘，出三孔者，不可舉兵。』當時鹽、鐵之徵，雖少男少女之所食，一鍼一刀之所用，無弗算及，卒能以一國兼二國之藉者六千萬人，而藉不預焉。及觀其立法，不過税之而已，鹽雖官嘗自煮，亦權時取利之計，鐵則官未嘗冶鑄也。自漢武帝用桑弘羊、孔僅領之，乃官自煮鹽、鑄鐵，官二十八郡而山東居二十二。元鼎中，徐偃奉使膠東、魯國，聽民便宜鼓鑄，御史大夫遂得以矯劾之。昭帝時，賢良、文學之士請罷鹽鐵，與大夫桑弘羊極論利害，大夫曰：『鹽、鐵之利，佐百姓之急，奉軍旅之費。』文學曰：『王者不蓄，藏富於民。』大夫曰：『豪人擅用專利，恐滋貪暴。』文學曰：『禍在蕭牆，不在朐邴。』於是屢罷屢復，卒未有能去之者。」（下論唐、宋以後事，兹從略）

周如砥 青藜館集

卷四讀鹽鐵論書後：「余觀元始鹽鐵之議，一時諸文學士論難鋒起，慮亡不抗顔而引古誼者，乃竟詘焉，夫亦其自詘之也。醫之已疾也，有不得不用烏喙者，要在制其毒，俾不爲害而已；今不言制毒，而曰必不可用，其誰信之。凡衰世之法，利害相兼，是非不相掩；槩指其非，並掩其是，辨愈疾，行愈力。然則雖曰争之，其實激之，此所謂與於不仁之甚者也。文學稱説先王，依附仁義，其論正矣；財利不必非仁義也。且鹽鐵之利七八，而其害二三，大都則行之而不得其人之故。夫行之而不得其人，寧獨鹽鐵哉？將以弘羊而遂廢天下之大計乎？古禁數罟，今或弛之；古無鹽鐵，今或榷之；時則使然，聖人不得違也。然桑弘羊卑卑矣。」

程正揆　讀書偶然録

卷一：「平準之法，是武帝理財盡頭之想，最後之着，所以代一切興利之事，而救告緡之禍，所謂窮而變，變而通，其道不得不出於此者也。何也？文、景殷富，而武帝喜功生事，化而爲虛耗之世，鬻爵鬻罪有效也，鹽鐵而鹽鐵不效也，鑄錢制度皮幣，而錢幣不效也，酎金而酎金不效也，示百姓分財助縣官，而分財不效也，募徙民而徙民不效也，非惟不效而已矣，而又曰選舉陵遲，廉恥相冒，曰吏道雜而多端，官職耗廢，曰見知之法生，窮治之獄用，曰縣官大空，而富商大賈或蹛財役貧，曰公卿大夫諂諛取容：一篇之中，三致意焉，則形已見而勢已窮矣。至於告緡之令下，以天子而同於盜與兵，天下囂然喪其樂生之心，不思以解之，且求爲秦之季世而不可得矣。桑弘羊晚出，乃始爲平準之法，籠天下財物，歸於縣官，而相灌輸，貴即賣之，賤則買之，富商大賈無所牟大利則反本，而萬物不得騰踊，雖所謂不加賦而天下用饒，是利官籠絡人主之意，而賞賜帛百餘匹，金錢巨萬計，皆取足大農，不復告緡，此即平準之法也。或曰：是又以天子而同於負販矣。以天子而同於負販，不猶愈於以天子而同於盜與兵乎？且告緡之禍可以亡，平準非救窮，以救亡也，故曰：平準者所以代一切興利之事，而救告緡之禍，其道不得不出於此者也。其道不得不出於此，然則史遂無譏乎？曰：惡得無譏。漢文、景之天下，何以遂化爲武帝之天下也？覩時觀變，史蓋有深悲焉。非悲平準也，悲其所以不得不出於平準之故也。」

顧炎武 亭林詩集

卷五歲暮西還時李生雲霑方讀鹽鐵論：「積雪凍關河，我行復千里，忽聞弦誦聲，遠出衡門裏。在漢方盛時，言利弘羊始。桓生書一編，恢卓有深旨，發憤刺公卿，嗜利無廉恥，片言折斗筲，篤利垂青史。矧乃衰亂仍，徵歛横無紀，轉餉七盤山，骨滿秦州底。太息問朝紳，食粟斯已矣，幸哉荀卿門，尚有苞丘子。」

顧炎武 日知録

卷二八酒禁：「先王之於酒也，禮以先之，刑以後之。周書酒誥：『厥或告曰：羣飲汝勿佚，盡執拘以歸于周，予其殺。』此刑亂國用重典也。周官萍氏幾酒謹酒，而司虣禁以屬遊飲食于市者，若不可禁，則搏而戮之。此刑平國用中典也。……漢興，蕭何造律，三人以上無故羣飲酒，罰金四兩。曹參代之，自謂遵其約束，乃園中聞吏醉歌呼，而亦取酒張飲，與相應和，是并其畫一之法而亡之也。坊民以禮，酇侯既闕之於前，糾民以刑，平陽復失之於後，弘羊踵此，從而榷酤之，夫亦開之有其漸乎！」武帝天漢三年，初榷酒酤。昭帝始元六年，用賢良、文學之議罷之，而猶令民得以律占租，賣酒升四錢，遂以爲利國之一孔，而酒禁之弛，實濫觴於此。」（原注：「困學紀聞謂：『榷酤之害，甚於魯之初税畝。』」）

李因篤　受祺堂文集

卷二鹽政策：「國家理財之事，田賦而外，莫大於鹽政。故從來經國諸臣，明知其奪民以自便，出於霸者功利之習，而未有輕言報罷者也。……故有按古之文，有救時之論，有通久之謀。……夫夏、周尚矣，管子巧爲予奪，遂使後世言利，祖其説以聚歛，迄今目爲厲階；而計之甚詳、行之不頗，猶未至於病民也。桑、孔踵其法，而榷利倍之，民以爲苦矣；然急於公家，不自封殖，猶未至於病國也。……臣聞古大臣之事其君，莫不以德爲本，以財爲末。故管子海王之篇，斥曰霸功，弘羊箕歛之事，釀爲亂始，論者皆深非之。然古之言利者，以利國也，今之言利者，以自利也，是不徒管仲所羞稱，而且爲桑、孔之罪人矣。則鹽法之通於吏治不可不端也。」

孫廷銓　漢史億

卷上：「公孫弘、卜式、桑弘羊，一輩希世詭遇之人也，各奏其技，各得其欲，道常相軋，而智實相師，所求者正同耳。……及卜式以輸財進，而弘獨非之曰：『此非人情，不軌之臣，不可以爲化。』則惛惛然忘己之爲詐矣。卜式輸財助邊，問：『欲官乎？』曰：『不願也。』『有寃欲言乎？』曰：『無之。』此其匿情求名，真善賈也。及弘羊以言利進，而式又非之曰：『縣官當衣食租稅而已，今弘羊坐市列肆，販賣求利，獨烹弘羊，天乃雨。』則惛惛然忘己之爲市矣。觀其行己，欲出衆論之表，責人則在恒理之中，何其不恕乎！蓋吴子之謂伍員曰：『初爾言伐楚，余知其可也，而惡人之有余之功也；今余將自有之矣，伐楚何如？』如彼諸人之相妒也，其亦是意夫！」

卷上：「元狩間，桑弘羊置司農丞，爲平準之法，以都受天下委輸，所重在貨，賤則買之，貴則賣之，故商困。五鳳間，耿壽昌爲司農丞，置常平倉之法，所重在穀，賤則增價而糴以利農，貴則減價出糶以贍貧民，故民便。乃未幾至初元中，以星變詔減大官，而常平之法，遂與……鹽、鐵……同日俱罷，則是當日翻爲不便於民又可知也。夫天下廉吏常少，貪吏常多，後來奉法之人，既非必始者作法之意，加以罷民蠹吏，緣奸作邪，蓋藏不謹，出入不時，前者僞增廪數以取能名，後者輾轉虧削以求贏羡，其久也，公私耗敝而澤不下究，名爲主法，文具無實，或又加擾焉者，蓋往往而有也。夫自五鳳以至初元，才十餘歲，而此法已敝不可行，況欲萬代相師者邪！」

陳時夏 兩淮鹽法志

卷十六藝文錢謙益淮鹺本論跋：「漢世詔丞相、御史與賢良、文學問民疾苦，共議鹽、鐵；唐世張平叔請變鹽法，詔公卿議可否，韋處厚、韓愈有十難十八條之議。是以利病分明，無道謀築舍之慮。」

又云：「昔者，始元鹽、鐵之議，意指殊路，公卿則曰：『管子修太公之業，海王之國，謹正鹽筴，建鐵官，以贍國用，開均輸，以足民財，萬民所仰戴而取給也。』文學則曰：『民人以垣牆爲藏閉，天子以四海爲匣匱，豪强兼并，不絶其源而憂其末，所謂在蕭牆而不在朐邴者也。』此兩言者不可以偏廢。有宋大儒，若范希文父子、朱仲晦之流，莫不條議鹽法，歷歷如指掌，豈僅僅如桑大夫、耿司空以課牢盆、析秋豪爲能事？」

案：錢謙益此文，不見牧齋初學集、牧齋有學集，故據兩淮鹽法志收入。

彭孫貽　茗齋集

卷十一吳章畫漢名臣圖贊御史大夫桑弘羊，洛陽人，五首：「咸鬻鹽，孔大冶，洛陽賈兒，不在彼下。

造五銖，作平準，富商大賈利俱盡。

利析秋毫，刑密吹毛，民不益富，大官用饒。

牧羊兒，羊息乳，請烹羊，天乃雨。

饁羊錢郭，屠羊霍霍。」

朱鶴齡　愚菴集

卷十三讀貨殖傳：「太史公貨殖傳，將天時地理人事物情，歷歷如指諸掌，其文章瑰瑋奇變不必言，以之殿全書之末，必有深指。或謂子長身陷極刑，家貧不能自贖，故感憤而作此。何其淺視子長也。趙子常汸云：『貨殖傳當與平準書參觀。平準譏横斂之臣，貨殖譏牟利之主。』此論得之，而有未盡。愚以爲此篇大指，盡於『善者因之，其次利道之，又次整齊之，最下者與之争』。夫天子之富，藏于山海。高祖初興開關梁，弛山海之禁，是以富商大賈周流天下，交易之物，莫不通得其所欲，此非所謂因之與利導之者乎？迨至武帝，征伐四夷，大興神仙土木之事，國用耗竭，其勢不得不出于争：與貧民争，而千里負擔饋糧，率十餘鍾致一石，益漕餘粟關中，太倉、甘泉皆滿矣；與富民争，而鬻爵輸粟入羊爲郎之令下矣；與諸王列侯争，而朝賀皮幣薦璧、以酎失侯者百餘人矣；與商賈争，而鑄鐵煮鹽、算軺告緡之法縱横四出矣。至於京師置平準，受天下委輸，大農諸官，盡籠天下貨物，貴即買之，賤即賣之，則天子自爲商賈，子長心傷之，而不忍盡言，故首舉計然之貴極徵賤、賤極徵貴，白圭之人棄我取、人取我與，以深致其意，若曰平準之法，權衡物價輕重間者，乃陶朱、白圭、猗頓諸人治生家之所爲也，奈何以萬乘之尊而出此乎？中言五方都會，百貨所出，商賈輻湊，苟得其道以御之，何至患貧。且求富者，人之同情也，自廊廟巖穴，從軍任俠，以至趙女鄭嫗，游閒公子，諸技術之人，皆爲財利。天子之職，當重本抑末，使富貴不相燿，以和其心，而乃籠貨利以導之争，則雜業何所不至乎？末又歷數程、卓、宛孔、曹邴、刁間之徒，以及姦事辱處者，皆得比于素封，以見天子與商賈争利，則人皆化爲商賈，所以深嘆漢業之衰，而高祖之開關梁、弛山澤爲不可復見也。特子長以滑稽行文，故子貢與陶朱、白圭例稱，而於程、卓輩則云『當世賢人所以富』，若曰，今世所謂賢人，特此曹子耳。時桑弘羊以賈人子進，天子方尊顯之，譏切之意見於意外，班孟堅不達，乃非之曰：『傳貨殖則崇勢利而羞貧賤。』嗚呼，以子長之材，貫穿經傳，上下數千載，而乃洋洋艷慕市兒賈豎，著之于書，何以爲子長哉？」

賀貽孫　水田居文集

卷二漢武帝論二：「漢武帝用桑弘羊領大農，盡管天下鹽鐵，作平準之法，置大農部丞數十人，分部郡國，令遠方各以其物，如異時商賈所轉販者爲賦，而相灌輸，置平準於京師，受天下委輸，貴則賣之，賤則買之，欲使富商大賈無所侔大利，而萬物不得騰踊。山東漕粟，歲益六百萬石，一歲之中，倉滿餘穀，帛五百匹，民不加賦，而天下用饒。君子曰：天下功罪之名，未易定也。夫固有自後世追數之則爲罪，而當時較論之則爲功者矣。追數其罪，罪在撓滋之經，而違其多福；較論其功，功在救時之變，而權其少禍：如平準是也。所謂平準，豈非言利小人設法以籠天下之貨哉？顧有大不得已者，使武帝元狩以後，皆如建元之初，節事愛民，外無南越、東甌、西蠻、北胡征討之費，内無栢梁、建章、昆明土木之役，雖百桑弘羊，安所安之！而武帝不能也；豈惟武帝不能，雖直如汲黯，知如東方朔，賢如鄭莊，舉朝之人，杜口袖手而莫救也。豈惟莫救？

且有人焉，進鬻爵賣功之策，而吏道雜；有人焉，陳入粟贖罪之計，而奸宄興；有進酬金助祭之説，而列侯困；有獻筭舟筭車之法，而商賈罷。又有楊可之輩，興告緡之事，御史廷尉，分曹往治，侵民財物以億計，奴婢以千萬數，田宅大縣數百頃，小縣百頃，而百姓中家以上皆破矣。於是酷吏繁興，天下騷動，其不斬竿揭木，起而亡漢者，特有待耳。當此時，而欲達權通變，上不妨武帝功利之圖，下可代楊可告緡之禍，此不在正誼明道之君子，而在聚斂心計之小人；以聚斂小人之謀，救聚斂小人之失，權其害輕禍寡，聊以紓目前之患者，舍平準何由哉？平準行而國用饒，告緡筭車之令悉罷，民得漸休，而死於酷吏者，十減其八九矣。然則弘羊之策，用於建元之初，則爲生事，而用之於元狩之後，則省事也；平準之令，行於崇儒術、舉仲舒、召申公之時，則爲倡亂，而行於慘急刻深，用夏蘭、杜周、張湯、義縱之日，則弭亂也。凡人爲善，必求其端，而止惡必求其漸。告緡既罷，則武帝之意，將不止於罷告緡已也，輪臺一悔，并與平準、均輸而俱罷矣。于是代田之制興，而搜粟都尉之官設，力本務農，以與天下休息，其端皆起於罷告緡，而告緡之罷，實始於平準；平準之罪著於後世，而平準之功重於當時。吾故曰：天下功罪之名，未易定也。」

雖當時聚斂之謀，繫於秋荼，析於秋毫，上自公卿，下至黎庶，莫不受困；就其中不加賦而國用足，惟弘羊平準一法，差不爲民大害。篇中以聚斂之謀救聚斂之失，非有心國計民生者，不能發此篤論也。讀此，覺平準與青苗，其利害奚啻倍蓰！後學顔希孔識。

彭桂　瞻謁董江都故居感賦

揚州鹺署爲董江都故居，署後有祠遺井尚在，丁巳秋瞻謁感賦：「鄒、魯儒風湮，嬴秦强力逞，蘇、張舌肆矛，申、韓智設穽，典籍付劫灰，仁義棄荒梗。辛長馬上來，功成亦僥倖，苟且由蕭、曹，因循及文、景。卓哉江都相，鼂、賈非可並，三策本春秋，反覆誠修省，正誼與明道，功利所亟屏，至今兩廡祀，千秋日星炳。管子霸者佐，思以富强騁，官海始熬波，國用因不窘。後世桑、孔輩，錙銖收幾盡。淮南百萬租，設使俾專領，趨羶如蟻蠅，處濁同鼃黽。誰令先生居，一朝作金礦。我茲瞻荒祠，三歎中耿耿，幸有遺井存，悠然自清泠，獨來斛寒泉，對之滌心影。」（國朝詩别裁集卷十五。沈德潛評曰：「前以蘇、張、申、韓諸人引起，見道術久裂，得董子而始正也。後又從管子之熬波，説到桑、孔之盡利，淮、揚之間，蠅屯蟻聚，而董子之居，竟爲堆積金錢所矣。幸有遺井存，可以洗心鑒影，猶極炎熱時，服清涼散也。此種詩不同風雲月露之作，而又不入於腐，所以爲高。」）

汪琬　鈍翁前後類稿

卷五十雜著史評十二則桑弘羊：「弘羊爲平準法，都受天下委輸；是時小旱，卜式言曰：『縣官當食租衣税而已，今弘羊令吏坐市列肆，販物求利，烹弘羊，天乃雨。』其後弘羊竟坐族滅。汪子曰：言利之臣未有不及於禍者也，彼劉晏猶不克自免，而何有於弘羊之徒乎？老氏有言：其施厚者其報美，其怨大者其禍深。人臣枋國，而以利媚人主，斯府怨之尤者也。」

尤珍　滄湄詩稿

卷一詠史：「仲父治齊國，竭盡山海藏，身死竟無後，世祀終不長。弘羊算鹽鐵，心計窮豪芒，矜功坐怨望，家破族亦亡。造物忌牟利，鬼神降禍殃，所得漫云厚，所失乃不償。願告理財者，三復大學章。」

沈季友　學古堂詩集

卷四秋蓬集算商車：「武皇一手挽衆利，税酒榷鹽鑄金幣，又聞有詔算商車，秋豪已析無遺計。奈何天子爲天下君，而剥我民養我身，誰實導之桑、孔者倫，至哉聖言寧有盗臣。」

曹寅　楝亭詩鈔

卷六六月十日大理南洲編修勿蓊徵君過訪真州寓樓有作：「君等信仁者，寸匕扶瘠疲。精持鹽鐵論，磨厲瓊琚詞。」

張大受　匠門書屋文集

卷三讀漢書：「武爵貲郎竇漸開，賢良文學進無媒；羡他開閤菑川叟，不要驅羊卜式來。」

許志進　謹齋詩稿

丙申年稿上鹽場：「奇貨居鹽筴，常年倚海王，淘波捲珠玉，括地傲農桑，國計操商賈，天心愛富强，蓬萊應水淺，滄海幾塵揚，大冶陰陽炭，炎蒸冰雪場，千羣争蟻垤，萬竈簇蜂房，地水看融結，滄瀛接混茫。經營雄楚、豫，財賦擅淮、揚，粒粒徒辛苦，堆堆補肉瘡，百年歸侈汰，幾輩恣披猖。此地初登壟，他時盡括囊，權謀嗤管仲，心計薄弘羊，捷徑趨津要，高貲踞廟廊，籌邊虚遠略，輸粟久荒唐，長算思前代，殊恩沛我皇，邇來三百萬，蠲貸豈相償。」

陸隴其　三魚堂外集

卷四劉晏五事：「言利之臣，君子所不取也，而其事有可法，則君子亦未嘗棄焉；非謂一言利之臣，其事遂足爲天下法也，由其事而推之，則治天下之法不越此耳。是故管仲之治齊也，其人不足取也，然其務農貴粟，雖君子不能不法矣。商鞅之治秦也，其人不足取也，然其强本節用，雖君子不能不法矣。李悝之在魏也，其人不足取也，然其平糴齊糴，雖君子不能不法矣。秦、漢而下，人臣以利亂天下者多矣，君子放而絶之，惟恐其不峻，而苟其事有足法者，則亦安得而不取哉？唐劉晏之領鹽鐵度支也，先儒謂其有可法者五事，此所謂不取其人而取其事者歟！夫晏一聚斂之臣耳，在漢則桑弘羊、孔僅之流耳，在唐則楊慎矜、皇甫鎛之徒，何足爲君子法。」

案：下論五事利弊，文繁不録。

汪楨　史弋

卷上桑弘羊：「桑弘羊一賈豎耳，作平準法以理財，謂民不益賦而天下用饒。噫嘻，何其詐也！司馬光曰：『天地生財，止有此數，不在民則在官。』誠哉是言也！弘羊理財持政，設法以陰奪民利，其害更甚於加賦，武帝受其欺而賜爵，宜乎後世之爲弘羊者殆不尠也。」

方苞　望溪先生文集

卷二書貨殖傳後：「桑弘羊以心計置均輸、平準，陰與民争利，所謂塗民耳目，幾無行者也，故因老子之言而連及之，然後推原本始，以爲中古而後，嗜欲漸開，勢不能閉民欲利之心，以返於太古之無事，故其事者，亦不過因之利導之而已。至於教誨整齊，則太公、管仲猶庶幾焉，獨不及最下者之争，蓋其事已具於平準矣。故於此書惟見義於羣下，其稱患貧也，極於百室之君、萬家之侯、千乘之王而止，蓋不敢斥言也。故其稱賢人深謀廊廟，謂趙綰、王臧之屬耳。世有守信死節而志歸於富厚者乎？特論議朝廷時之訑語耳。隱居巖穴之士設爲名高，謂公孫弘、兒寬之屬也，故儕之於攻剽椎埋，趙女鄭姬。而一篇之中，再致意於素封，謂以公卿大夫爲歸於富厚之徑塗，轉不若素封者之無可醜耳。其正言斷辭，則皆於庶民之貨殖者發之，故曰：『居之一歲，種之以穀，十歲樹之以木，百歲來之以德，德者，人物之謂也。』又曰：『本富最上，末富次之，姦富最下。』匹夫編户猶以姦富爲羞，況人物所託命，而乃不務德而用心計以與民争，是不終日之計也，果可以塗民之耳目邪？」

王鉞　讀書蕞殘

鹽鐵論六十篇，西漢桓寬次公所撰。昭帝時，丞相、御史與諸賢良文學論鹽鐵事，寬采録其言，傳以詞令，纂爲成書。今讀之，其文樸茂濃郁，卓然有西京風氣；且其詞磊犖而抗直，論辯侃侃，無少回屈，可以想見一時士氣；又其經術鑿鑿，具適於用，非徒雕章櫛句者比。後世所稱賢良，無其問學，又無其氣骨，至於隨俗俛仰，違離道本，所對非所學者多矣，讀此令人有古今不相及之歎云。

侯七乘　孝思堂集

卷九乙未自都門歸途中憂旱六首：「麥無莖稻無秧，滿道飛沙拂面黄；今日回天休請劍，漢家没箇不弘羊。」

韓菼 有懷堂詩稿

卷五馬上口占二首：「一篇平準爲弘羊，千載輪臺頌武皇；怪底盈廷還咋舌，解嘲犬子亦貲郎。」

任源祥 鳴鶴堂集

卷二鹽法議：「榷鹽，非王政也，自管氏作俑，桑、孔濫觴，而利源一開，後遂不可復塞，尤而效之，抑又甚焉。至於今，鹽課直與田賦相表裏。故在今言，欲談王政，而弛山澤之禁，非愚則迂矣。姑就其事而劑其宜，亦無失爲政之大體，而猶存乎便民之意，其可乎。」

畢振姬 西北文集

卷二讀鹽鐵議：「鹽、鐵所以助錢法，均輸所以助鹽、鐵，三者，漢家財賦所由足，初不加於租庸之正額，桑弘羊謂『國家大業，安邊足用之本』是矣，蓋均輸惟鹽鐵使能之，斂之以輕，散之以重，不抑配，不俵散，非有鹽、鐵不能。鹽也，鐵也，錢也，山海天地之藏也。文學暗於大較，不權輕重，願罷民鹽、鐵、酒酤、均輸官，無與天下争利。利將安歸乎？權利之處，必在深山窮澤大海之中，非豪民不能通其利。豪民擅山海之利，即山煮海冶鐵，一家聚或至千百人，倚依大家，竄入山海爲奸利。漢之布衣有朐邴，封君有吴濞，李師道以鹽易轘材，王重榮以鹽資與國，據山海，成私威，私威成，而逆節之心作。東海吕母能聚羣盗殺長吏，況豪民聚衆千百、爲利往來者哉！豪民不可擅利權，或旁落於封君權貴之手，憂當百此。賈誼、劉秩諫放民私鑄，況鹽、鐵又山海之利之大者哉！安邑自有鹽池，冀州産鐵之山，而禹於青州貢鹽，於梁州貢鐵，此孔僅、咸陽以爲天地之藏，當屬少府者也。自昔齊、晉、吴、越、徐、淮之間多産鹽，强霸代起，朝廷不有其利，故旁落於諸侯耳。諸侯古封君權貴，其視豪民何等也。霍光知時務之要，罷郡國榷酤酒、關内鐵，而鹽利卒不可罷；罷鹽利必賣爵、除罪、筭緡、間架、肉椿、牙契，訖於告緡、括馬、頭子，而究極於加賦；加賦即無民矣，視昔告緡、括籍、賣爵、除罪之取民，猶有定數也。賣爵則縱官爲盗，除罪則縱民爲盗，告緡括籍，上自同於盗與兵，兵連而不解，或轉輸萬里之外，更數年文學條故事爲難，故事有宿兵萬里，數年不費轉輸者有無哉？兵不休，役不息，以爲官賣鹽、鐵非故事，必如秦收大半之賦無疑也。非故事請罷鹽、鐵，爲其近於商賈耳；商賈不可近，乃下同於盜與兵，出孔僅、咸陽下矣。東郭咸陽，齊鹽賈，孔僅，南陽大冶，爲大農丞，領鹽、鐵事，願募民自給費，因官器作，煮鹽，官與牢盆，敢私鑄鐵器煮鹽者，鈦左趾，没入其器物，郡不出鐵者，置小鐵官，便屬在所縣，天下鹽、鐵作官府，除故鹽、鐵家作吏，不選，三年僅拜大農，縣官有鹽、鐵、緡錢之故，用益饒矣。元封元年，桑弘羊爲治粟都大農，盡代僅筦天下鹽、鐵，請置大農部丞數十人，分主郡國，置均輸、鹽、鐵官、平準，受天下委輸於京師，此漢家官鬻鹽、鐵之效。不自漢始，不自漢終，管仲海王之鹽筴，鹽百升而釜，令鹽之重，升加分彊，釜五十也，升加一彊，釜百也，升加二彊，釜二百也。鍾二十，十鍾二萬，百鍾二十萬，千鍾二百萬。萬乘之國，人數開口千萬，國籍爲錢三千萬，今不籍之諸君吾子，而有二國之籍者六千萬，鹽筴半也。鐵官鬻一鍼、一刀、一耒、一耜、一銚、一斤、一鋸、一錐、一鑿，今鍼之重加一，刀之重加六，耒耜之重加七，其餘輕重凖此，無不籍。晉國不都鹽池，爲其近寶，貪破堯、舜、禹之儉俗，鹽商韋藩木楗以朝，是固晉之鹽官矣。唐興，設鹽鐵轉運，以劉晏、韓滉分掌天下之賦，鹽居半，歲增額六百萬緡，管仲以國量，晏、滉則以天下量也。自陳少游加賦，包佶、高佑、李錡、皇甫鎛進奉而法壞。宋之三司，鹽、鐵尊於租庸、度支，雍熙以後，招商中鹽，鹽鈔設自范祥、王隨，通商之利，一變而官賣，官賣近古，乃行之以青苗之法，抑配俵散，自趙瞻在河北，章惇在湖南，蹇周輔、張士澄在江、淮，法壞。而王安石任盧秉，蔡京任伯芻，宋遂以南。胡寅折衷甄琛、元勰之論，不得不然也。明初轉運司六，提舉司七，煎有竈，貯有倉，課有額，行有方，一引輸錢八分，粟一斗五升，招商開中，入粟實塞下，粟入引出，引入鹽出，所司關給無留行，禁食禄之家不得牟商利，一切請給，私鬻重論。竈丁給鹵地草場，復其雜役，額鹽一引，以錢鈔準給米一石，餘鹽官自出鈔收之，何嘗非官賣哉？下以資竈户，上以攬利柄，兵不苦饑，民不苦運，猶有管仲、桑、孔、劉晏、胡寅之遺意焉。正統有常股七分、存積三分之説，倍價開中，越次支取，一變而度支葉淇易銀，邊儲不見有粟。弘治有報中零鹽、夾帶所鹽之説，勳戚恩賜，權倖請求，再變而李、郭皇親先掣，商人不見有鹽。當時葉淇爲鄉里，李、郭皇親爲外戚，擅管山海之貨以致富羨，而軍儲坐是困乏。今日之軍儲饒耶乏耶？西南用兵五年，舟船戰馬牽掌至於軍中之器甲硝磺，皆仰給縣官，居者齎，行者送，入物者補官，出貨者除罪，利析秋毫，大盈之庫掃地，獨未議及鹽、鐵，蓋富商大賈，轉轂百數，居邑以稽諸物，專鹽、鐵，封君或低首受納，不佐國家之急，即有官鬻鹽、鐵之議格不行，多爲商賈耳目者，利權不在朝廷也。商賈權貴，合爲一人，内爲商賈撓敗，以爲國家不可爲商賈之所爲，而陰持其權，外挾其主之勢，以嚇長吏，蹛積勒價，爲百姓憂，不知鹽、鐵朝廷之山海，孔僅所言沮事之議，不可勝聽也。迹今賣官除罪，筭緡閒架，鄉紳田加賦十三，加賦即無民矣；不加賦而告緡，同於盜與兵，不如官自鬻鹽，而得管仲、桑、孔、劉晏、王隨、胡寅也。鬻鹽而不得，不過近於商賈，不下同於盜與兵。漢明帝時，張林建議，官須賣鹽，元魏於河東鹽池立官收税，當時天下軍儲未嘗困乏至此。困乏至此而官鬻鹽、鐵之議格不行，則亦主商賈者之不忠也。明季一引輸銀七錢五分，中間有配支，有賣窩，有勸借，皆於鹽價低昂。今引銀少無他費，鹽價乃要市騰踴，加以轉搬四五百里，勒價四兩四五錢矣。官賣但主四兩，五百里外以是爲差，水路又當酌減，民間食鹽之利一。無掣鹽、驗引、夾帶、截角、關税之宿弊，官商賣鹽之利一。每引截留銀三錢貯庫，收買竈丁餘鹽，復其雜役，清理場蕩，官地歸竈，竈丁煮鹽之利一。場蕩之不歸，鹽無所出，總催據爲己有，則總催可禁。餘鹽之不售，鹽無所歸，私商因以賤售，則私商可禁。支掣、驗截、關税之費煩，鹽不足以更費，則夾帶餘鹽，餘鹽大包可禁。費多不能不勒價，勒價不售，州縣自銷引，不免抑配俵散，抑配俵散可禁。孰禁之？巡鹽御史、鹽運道臣禁之，禁其害也。禁其爲鹽之害而利生，鹽真可以官鬻哉！官用誰鬻，即用今買爵之官鬻，孔僅除故鹽、鐵家富者爲吏也；今鹽、鐵家富者半援納矣，援納既多，試補吏，先除無缺，大小府設一鹽官，主政帶銜視同知，中翰帶銜視通判，試職二歲實授，三歲滿上考，五歲報最歸候陞。大小州縣各設一鹽官，州同帶銜視州同，縣丞帶銜視縣丞，試職一歲實授，間歲滿上考，三歲報最歸候陞，不論原籍外籍州縣府道優禮。有官安署，孔僅天下鹽官作官府，府所裁推官署居府鹽官，州縣所裁主簿缺居州縣鹽官，吏目捕官各以巡鹽書役歸其署。有官有署，役將安用？用役安所取給？每引割留一分送府，充鹽官俸薪紙張，州縣送鹽役一名，工食坐鹽官支給，州縣鹽官每引割留四分，二分充鹽官俸薪紙張，二分充役工食，官役所費，每引總留五分，餘依引解運司，運司留竈户鹽價三錢，餘解户部。户部宜特設大農主鹽。大農，漢之平準也，運司，大農部丞也。禮自肆師下皆無禄，禄在市也，不設吏胥奚徒，用市人也，所設官役俸食倣此。有官有署有役，無本終不能鹽、鐵，軍儲困乏，無從支給，又不能得無銀之引，支無引之鹽，措給有引有鹽，而無水程脚價之僱直，店舍小商之僦直不行，每引割留二錢五分，五百里内府鹽官以二錢攢運，州縣鹽官以五分僦屋募商發賣，五百里外遞增，水路遞減。庶事草創，鑿空不行，府州縣鹽官先備二季引銀脚費，府出三分之一，州縣共出三分之二，支給目前，兩季仍照舊定引額解司解部，且以兩季爲開市費用，後不爲例。府出銀多於州縣官，尊也，以三分之一易五品職官不賤，州縣視此矣。孔僅願募民自給費，輸財多於卜式，三年官九卿，大農何負於商賈哉？ 自後歲報十倍之利者，大農按年課最題陞；歲報八倍七倍之利者，准紀録； 歲報六倍五倍之利，准實職； 四倍降罰； 三二倍或僅及引額者，府鹽官揭參，革問追贓，如是，可疏通選法。 平準書賈人不選者也。 府鹽官奠價直，貴賤不得任意，古賈師也； 州縣鹽官察其飾行匿價，詐僞不得相欺，古司稽也； 窮民或以貨物米麥易鹽，爲之劑化，質人也； 緝捕强暴私販，執解盜賊，司虣也； 犯禁而梗市把持，小解府鹽官聽之，大解運司治之，賈師市師也； 有急不能無賒貸，貸數坐償舊官，賒數責追新官，償者收息，賒者服役，以國服爲之息也。 民無添官之擾，官無候選之累，國家有以佐軍儲之饒乏，而文不失大信於天下，孰與商賈權貴共擅山海之利，因以割剥窮民哉？ 天下出鐵之山，孔僅郡有鐵官，不出鐵者置小鐵官，大鐵官鑄生鐵，小鐵官打熟鐵，鐵有生熟，一從大鐵官易之，是故天下府州縣，元以前有鐵冶司，明罷鐵官始廢署，今依明無設官，可且隸於鹽官。 生鐵伐鑛熾炭爲之，鐵成而加薪乃熟，熟可鍼刀耒耜鋤钁鎌鐮釘鐍，打作之屬利熟； 生可礮砲鍾鼎鍋鏵，鑄作之屬利生； 生熟間爲錠爲鋼，鋼又南北之鐵混溶也，可鋸，可錯，可鑿，且鑄且打之屬利生熟。 生熟槩以斤論，鑄作百斤税一分，打作踰三十斤税一分，且鑄且作之屬從打作，私鑄私售坐漏税，孔僅之鈦論也。

僅初作鐵器苦惡，價貴，或彊令民買賣之，不若税其直，而聽民之自作。宋呂申公田器書詳且盡矣。鐵出於鑛，入山鑿鑛者不税，鑄鐵用炭，取炭者不税，熟鐵用薪，採薪者不税，三者，窮人也，養窮人以山澤之利，王政弛以便民耳。開爐煽鐵亦不税，未成器也。今之税者吾惑焉，爐中見鐵曰爐税，鑄作成器曰鍋鏵鍾鼎物税，民間不敢鑄礮砲以鐵出賣曰鐵税，熟鐵打刀曰刀税，釘曰釘税，拔鐵條者曰方税，曰大車税，曰小車税，大農曾不見有分毫之鐵税。今官收成器之税，視管仲鐵重加一，刀重加六，耒耜之重加七，較輕焉，私税一切除去，官與民兩利，人復撓敗其説，是孔僅沮事之議也。鹽、鐵饒而均輸可行。元封已後，西北初置郡十七，毋賦税，吏卒俸食幣物車馬被具，歲發萬餘人誅反者，皆仰給大農，大農以均輸調鹽、鐵助賦，故能贍之，今日顧不可鬻耶？明季不鬻鹽、鐵而加賦，盜與兵滿天下，上復重之遂亡，文學言何用。不用文學，用賈誼、劉秩，而錢法又可次第行矣。」

牛兆捷評曰：「民鬻鹽、鐵，利散民而不及國，商鬻則利權在商，因以其餘餌爲商耳目之官若吏，於國無與也。況其先害民，勢將必及國，條晰官鬻利害，并及官不得鬻緣由利害，并及官鬻遠勝民鬻商鬻利害，鑿然井然，救時宰相之策，非同書生痛哭激烈之篇也。結體弘肆堅蒼，在數百年之乎熟滑中，又不啻救時宰相。」

黄文澍　石畦集

治法類卷二無專利：「易曰：『天之大德曰生，聖人之大寶曰位。何以守之曰仁，何以聚之曰財。』財固宜理也。至不得其道，如弘羊平準，安石三司條例，至公私交病，欲專反損，其效可觀矣。士農工商，號曰四民；惟商脱民之財以自益者，而先王不能廢之。孟子曰：『市廛而不徵，法而不廛，則天下之商皆悦而願藏於其市矣。』國計之盈縮，民用之通嗇，豈不視此哉？弘羊、安石，思奪商之利，謂恐其剥於民者無制，而歸之於官，則國日益而民不困。不知其弊百端，通工易事之道絶，則貨財滞而國課歉，民用窘而山澤之利不通，歐子所謂『大商之善爲術者，不惜其利以誘販夫，國之善爲術者，不惜其利而誘大商，取少而致多，以貨財之流通不滞故也』。夫自爲鬻市，富商不爲，奈何爲國理財，其智反出賈人下。」

彭而述　讀史亭詩集

卷四卜式：「欲討南越畔，輙爵關内侯，若果平南越，此德何以酬。卜式喜功名，武帝多權謀，輸財貢縣官，自是桑、孔儔。咄咄牧羊兒，勿爲敗羣憂，鹽、鐵與平準，視此輸一籌。」

盛昱　八旗文經

卷七莽鵠立鹽法沿革論：「武帝好大喜功，靡財無算，晚而匱乏，始用桑、孔之術，鑄山煮海，官給牢盆，奪貧民富商之利，緡入均輸，其利雖溥，特以供征戍土木聲色狗馬之費，非有志於平治天下也。既而困敝衰耗，鹽不能補。昭帝採公論，罷鹽、鐵，而萬姓復蘇。東漢光復舊物，不敢用武帝之法，而天下康寧，則信乎莫利於義也。」

曹一士　四焉齋集

卷二鹽鐵法：「天地有自然之利焉，固爲民而生之也；爲民生之，而不聽民取之，則利壅於上，而下有遏絶無賴之憂；然聽民取之，而一切不攬其權於上，則豪宗猾吏，操贏縮以乘時之緩急，其究也，利歸於姦人，而民重困。……夫天地自然之利莫如鹽，而一切攬其權於上者莫如鹽法。論者以煮海之謀，禁及聚庸，輒以罪桑、孔之律，上及夷吾。於戲！耕鑿之變而爲井田，井田之變而爲阡陌，勢不可復反也。苟聽鹽之自生自息，而無有爲之厲其禁者，吾見海濱之民，其亦日尋干戈於菹薪斥鹵之間爾矣。」

納蘭常安　瀋水三春集

卷三武帝斥方士罷田輪臺說：「漢武帝真英雄主哉！其稟質明睿，賦才俊邁，初即位，罷黜百家，表章六經，興太學，修郊祀，改正朔，定曆律，豐功鴻業，有三代之風。但承文、景恭儉之後，國富兵强，天下無事，智藴而無所施，氣鬱而不能洩，又不味仲舒勉强之言，用申公力行之語，當是時，如水之將波，鑑之將塵，特無人焉，爲之激之揚之耳。未幾，李少君以却老之術用，文成、五利以神仙致鬼之技進，於是起柏梁臺，作承露盤，凝思於蓬萊，蜕形於海上，高宇雲覆，千楹林錯，較始皇而過之，而文、景之澤槁無餘潤矣；使庸主處此，溺而不悔，貪而不明，則漢之爲漢，有不可知者。……及後桑弘羊請遣卒田輪臺以威西國，下詔深陳既往之悔，由是不復出軍，此易所謂『不遠復，無祇悔』，顔子之不貳過也，得不謂之英雄之主哉！　吾嘗謂人君之精神志氣必有所用，惟爲人臣者，引而置之於仁義中正之途，則臻於堯、舜之域，不難誘而入之於聲色貨利之内，則流爲桀、紂之匹亦易，武帝疎董仲舒不用，而惟用卜式、田蚡、王恢、桑弘羊等，不究利害之寔，以致黔首耗散，骨肉相殘，幸而悔過自咎，永縣漢祚，雖謂如太甲之處桐，自怨自艾，處仁遷義也亦可。」

商盤　質園詩集

卷十九詠史分得西漢：「大農平準法非良，禱雨應難格上蒼；畢竟直言輸卜式，牧羊人自解烹羊。」

郭起元　介石堂集古文

卷十劉晏理財：「自古有國家者，不畜言利之臣。後世有主於流通天下之財以濟國用者，其間利害不一，或失於損下益上，或失於上下各有損，或得於上下各有益，其等差蓋懸絶矣。聿稽漢武之世，用兵財乏，桑弘羊乃創爲買賤賣貴，謂之均輸。於時，商賈不行，盜賊滋熾，幾至於亂，此損下益上者也。宋王安石以治財之説誤神宗，創置三司條例司，散放青苗錢，遣使數十輩周行天下，講求遺利，卒之，民生困敝，宋祚中絶，此上下交損者也。若夫劉晏之理財，有上下交得者。唐肅宗朝，晏以御史大夫領東都、河南、江淮、山南等道轉運租庸鹽鐵使，時兵戈之後，中外艱食，京師斗米值千；晏所經歷，盡得其利病之由，運其謀畫，轉漕輸京，歲四十萬，由是關中賴以無饑。唐開寶間，天下户口千萬；至德後殘於兵，户不滿二百萬。晏察州縣災害，不使流離死亡，生齒遂日滋。嘗曰：『王者愛人，不在於賜予，當使耕耘織紝，常歲平歛之，荒年蠲救之，又時其緩亟而先後之。』其法：諸道巡院皆募駛足，置驛相望，四方貨殖低昂及他利害，雖甚遠，不過數日即知，是以能權萬貨之輕重，使天下無甚貴甚賤，而物價常平。所置諸道使者，皆愼選臺閣士爲之，倚辦督成，故能有功。嘗言：『士有爵禄，名重於利；吏無榮進，利重於名。』檢劾出納，一委士人，吏惟奉行文書而已。其所任者，數千里外奉教令如在目前，不敢欺隱。每州縣有荒歉，則計官所贏，令先蠲某物以貸其民，民未及困而得財，其補救爲有濟。嘗曰：『善治病者，不使至危憊，善救災者，不使至賑給。』蓋給少則不足以活人，給多則虚帑廩而國用闕，則復重歛於民矣。況賑給多僥倖，吏緣爲奸，强得之多，弱得之少，雖刑法莫能禁也。又謂：『災沴之鄉，所乏惟糧耳，他産固尚在也，賤以出之，易以雜貨，而災民得其利，又移其物於豐處，以收其值，則國用亦不乏矣。又多出菽粟，恣其糴運，散入村閭，下力力農不能詣市者，轉相沿及，不待教令以驅之也。而其本則在於常平。豐則貴取，饑則賤與，率諸州常儲米三百萬斛，故百事可以無憂也。』按晏之運思精密，用法神速，有非他人所能及者；而其爲言也，以救災爲主，惻然有恤民之心，豈弘羊剥民之謂哉！切情當理而不迂，有非介甫之所能窺見者。後之言理財者，莫不希踪於晏，而無敢訾議也，有以夫！」

杭世駿　道古堂文集

卷二三志西漢鹽鐵：「食貨志不專言鹽、鐵事，以詳於地理也。大約産鹽者凡三十四處，……産鐵者凡四十七處，……而丹陽郡有銅官，越嶲郡邛都南山、益州郡來唯從陸山皆出銅。管子云：『凡天下名山五千二百七十，出銅之山四百六十七，出鐵之山三千六百有九。』而漢之所産之地止此，然則桑、孔之所辜榷，猶未盡利矣。」

案：此文又見杭世駿所撰漢書疏證卷八食貨志第四。

王鳴盛　十七史商榷

卷十二張湯孔僅桑弘羊：「桑、孔牟利，微湯之深文巧法，其策不能行也。人知桑、孔小人，而不知湯之贊畫居多，告緡之比，皆湯所定，志中尤罪湯，加桑、孔一等。」

卷十二斂散即常平：「志引管仲之言曰：『歲有凶穰，故穀有貴賤；令有緩急，故物有輕重。民有餘則輕之，故人民斂之；民不足則重之，故人君散之。』贊曰：『易稱裒多益寡。書云楙遷有無。而孟子亦非狗彘食人食不知斂，野有餓莩弗知發。故管氏之輕重，李悝之平糴，弘羊均輸，壽昌常平，亦有從徠。』按輕重斂散之法，實出周禮。

古人作錢，原爲此設以備荒耳，便民交易，猶其後也。若專爲便民，是先王驅民背本逐末，非作錢之本意也。『狗彘食人食不知斂』，趙岐改爲『檢』，解爲『法度檢斂』，已非本義。朱子直云『制也』，古訓愈失矣。如班氏讀，乃知孟子所言，與周禮、管子相出入。雖孟子未讀周禮，又鄙管仲，未必觀其書，然亦可知發斂之説遠有所承。前篇所述耿壽昌穀賤增價而糴，穀貴減價而糶，此正發斂之説也。若弘羊均輸，盡籠天下貨物，貴賣賤買，則真與民争利矣。班氏乃與管氏輕重、壽昌常平並稱，謬矣。均輸以鹽、鐵爲本，兼及百貨；常平之法，穀而已矣。姦僞日滋，至後世常平亦難行，而補救之術幾窮。」

李簧 梅樓詩存卷一史垣集

漢平準書歌：「子輿頗誠盡信書，吾於平準亦依此。數萬大馬尻脽圓，閒姿慵態蹋且止。如何縣官缺供俘，輿駟遂以解天子？洛陽大賈官大農，天地之物皆包籠。貴則鬻之賤則買，物無甚貴時亦通。後世常平倉最好，非於此意無所宗。獨怪三人言利事，伐毛洗髓神者忌；問爾何事太鐫鑱，太家取給安所避。吁嗟此時大用兵，錢緡雜遝盡耗費。東甌南越西南羌，匈奴且鄙渾邪王。樓船未戰栢梁出，昆明大浪通天潢。白金赤側豈能給，彩幟連翩空保障。緡算不支利竇曲，顏家老臣吞聲哭。入羊入穀入奴婢，準以官爵逐臣僕。利既難克刑乃嚴，張廷尉始肆其酷。我幼讀此頗心疑，亂如春繭初纏絲。如今看起理相入，穿以一縷綜以繢。武帝誤下緡錢令，一世遂趨牧羊兒。」

王大樞 天山集

卷下邊闢覽古六十四詠並釋文：「『秋風黃落自生哀，絕域雄心半已灰；可嘆諧臣追昔欵，施施猶爲請輪臺。』桑羊。孝武末年，請屯田輪臺，帝不許，乃下詔深陳既往之悔，蓋自秋風作歌以來，豪氣亦少衰矣。文中子以爲悔志之萌也。」

李果 在亭叢稿

卷五曹參論：「至武帝之世，則張湯、桑弘羊等用事，治獄之吏，言利之臣，人持所見，盡變易漢家法度，更行一切之術，其於獄市，不勝煩擾。於是民不堪命，乃作不靖，至攻城邑，殺守令，吏莫能禁，天子爲遣繡衣使者興兵誅之，數年不定。然則清淨之足以致治，而煩擾之足以生亂也，亦已明矣。」

方正澍 子雲詩集

卷九書鹽鐵論後：「自古經邦術，先務在生財。生財有大道，爲上莫兼賅。山海所藴藏，原因黔黎開。我閲桓寬論，真乃濟世才。藏富於萬姓，急公如子來。藏富於九府，窮閻多奸回。樂利任生民，率土皆春臺。無奈格不用，志士心爲灰。掊克信弘羊，國計何如哉？」

方學成 學古偶録

告示：「一例載（喪葬）不許用戲子、秧歌、雜耍，永行禁止。按記曰：『鄉有喪，舂不相。』……迨至桓寬著鹽鐵論始曰：『士大夫怠於禮義，故百倣傚，頗踰制度，因人之喪，以求酒肉，歌舞俳優，連笑伎戲。』據此，則俗稱十紘棚，歌唱耍故事，及演戲劇宴斷，當永禁者也。」

湯大坊 種松園集

卷八書桓寬鹽鐵論後：「卓哉，賢良文學，西漢之士，何彬彬也！考桓寬鹽鐵論六十篇，末序賢良茂陵唐生、文學魯萬生之倫六十餘人，咸抒六藝之訓，論太平之原，誾誾侃侃；而中山劉子雍言王道，矯當世，在乎反本，直而不徼，切而不熮；九江祝生，發憤懣，刺譏公卿，介然直而不撓：其尤著者。蓋六十餘人之衆，不約而同，皆願罷鹽、鐵、酒榷、均輸，而桑大夫望而神懾矣。鹽、鐵興於咸陽、孔僅，官自煮鹽、冶鐵苦惡，强令民買之，視管子之謹筴，利有加焉。桑大夫代領其事，猶以爲不足也，初榷酒，禁民酤釀，郡國置均輸，京師置平準，郡國丞轉相灌輸，賤買於此，貴賣於彼，京師大農，盡籠貨物，賤買於先，貴賣於後，天子自爲商賈，盡天下之利，民之嗟怨，垂四十年。桑大夫爲國持籌，陋儒、墨，尊管、商，自以爲過之，意泰如也。大將軍光秉政，舉賢良、文學，問民所疾苦，蓋四十年嗟怨之聲，盡發於賢良、文學，而桑大夫之罪狀暴白，幾於鳴鼓而攻矣。布衣窮巷，桑大夫所謂『食葤糲，膢臘而後見肉』者也。抗論公卿，義不苟合，在唐惟劉蕡登科，顔厚者不乏，獨此六十餘人者，人人劉蕡也，是足以褫桑大夫之魄。桑大夫又以諸生未通世故，誚文學曰『結髮學語』，而怵賢良以『季夏之蟆』，烏知此『結髮學語』者，不減留侯之八難，而鳴則驚人，大夫『季夏之蟆』，一威王國中之鳥也，是足以抑桑大夫之口。至於天子以海内爲匣匱，藏於山澤，不必藏於縣官，農夫以鐵器爲死生，宜於燕、齊，不必宜於秦、楚，鹽、鐵之利病較然矣。均輸、平準，尤桑大夫所力争，文學所痛詆者，其言曰：『百姓賤賣貨物，以便上求，或令民作有絮，吏留難與之市，農民重苦，女紅再稅，未見輸之均也；吏容姦豪富商，積貨以待其急，輕賈姦吏，收賤以取貴，未見準之平也。』是足以服桑大夫之心。丞相、御史蔽於雲霧，而迫於明詔，絀於清議，鹽、鐵雖不變，郡國酒榷、均輸，及關内鐵已奏罷矣。宋熙寧之新法，果於必行，程子以爲吾黨激成之，其實不然，使皆如漢之賢良、文學，荆公未必不色沮也。賢良、文學中有迎合如曾布、傾軋如吕惠卿者乎？故知西漢節義，並於東京；其文詞典醇古茂，引喻切當，洞中事情，則東京所不逮也。桓寬采鹽、鐵之議著爲論，而諸賢良、文學，或闕其名，或存其字，當漢宣之世，寂無聞焉，後之君子，獨抱殘編而有遺恨也。」

宫元長曰：「東郭、孔、桑，千古共憤，而桑爲甚，篇内節節攻擊，波瀾層疊，冷眼看出，賢良、文學六十餘人，盡作劉賁，而後之爲曾布、吕惠卿者，愧死無地矣。起廉立懦，有功世道不小。」

器案：文有云「丞相、御史蔽於雲霧」云云，不知御史即御史大夫，乃桑弘羊也。其意本以雲霧斥桑大夫，竟不知漢官故事，信口開合，談何容易也！

李榮　陛厚岡文集

卷九鹽鐵論一則書後：「按孝武所開諸郡，皆禹九州内地，使無百越、羌、胡，如漢文以前，北不至恒，南不盡衡，何以得膏壤萬里乎？孝武惟不當興可已之兵，求珍異之物；若夫詰戎兵，陟禹跡，服海表，雖仁厚如周家，必以相勵勉。且承平既久，人衆物耗，惟胡、羌美水草，百越土曠，可以蓄馬而容人，我棄之，敵必取之以乘我矣。歷代莫不爭。文學見用兵之累，而忘被兵之害，論猶涉一偏；至其引禹相抵，適足以明孝武之善繼也。」

案此文乃未通篇「文學曰：『禹平水土』」云云一段的書後。

金安清　六幸翁文稿

生財不如理財論：「聖經『生財有大道』，所謂道者，即理財之謂也，故繼之以『生衆食寡，爲疾用舒』。自周、孔而後，得其微意，劉晏一人，視桑、孔但知損下益上，不可以道里計矣。」

據何良棟編皇朝經世文四編卷十七。

焦循　里堂書品

讀史記平準書一：「平準一書詳著當時毛括巧取，興利之謀，幾十數變；人莫不以武帝爲横歛好利之君，幾於唐德宗、明神宗一流矣。然試案當日事勢，覺有不可一概論也。夫古無有巧奪商賈以厚上者，蓋山海重輕，有國之利，書『懋遷有無化居』，周『譏而不徵』，春秋『通商惠工』，皆以國家之力，扶持商賈，流通貨幣；故子産拒韓宣，一環不與，今其詞尚存也。乃武帝有算船、告緡之令，鹽、鐵、榷酤之入，極於平準，取天下百貨自居之，開後世貪主賊臣取民自利之漸，言利之失，誠所不免。然帝亦有未可過非者。今考遷所紀帝所以亟亟於用財者，則在擊匈奴也，開邊境也，救饑民也，非俱非得已者也。匈奴當日之横極矣，不於全盛之日，而早爲經營，斯必貽子孫以無窮之患。武帝處文、景休養生息之後，人給家足，網疏而民富，誠不可多得之候，不及此之圖，而望子孫振起於積弱之後，難矣。至救饑民，則尤不可緩者，倘以億萬爲糜費，然則必疾親民之死亡而不恤，乃可謂之知政體乎？況漢時田賦最寛，捐免租税者，史傳屢見，乃帝極情聚斂若此，亦惟侵牟商賈之財，未嘗苛取農民之利，則尤知所輕重焉。今夫天下之財，本供天下之用者也，偶過取之，民即病而未甚怨，惟視其用之如何耳。以社稷民生之故，而復經制有定，不使中飽，則雖多方以取於民，而此心仍可共白。後世言利之朝，無不得害者，乃奪之以自利，縱慾殃民，故天怒人怨，積愈久而禍愈烈。觀武帝之世，閲數十年，民雖困而心不離，天亦諒之。故昭、宣中興，國祚尤永。惟桓、靈當東漢無事之日，專務掊克，則誠不可解；卒之，長安之亂，天子露宿，饔不繼飧，不知向之金錢山積、藏之少府者，都散歸何所也。悲夫！」

讀史記平準書二：「或謂太史公平準書爲譏武帝而作，是殆不然。今觀其叙次，先極言物力富盛，因及於上下驕盈，而後繼之以好事喜功之臣開邊邀賞，天下騷動，財匱勢絀，然後使心計之臣得投間而售其商賈之智；而前言自愛而畏法，先行義，絀恥辱，後言廉恥相冒，法嚴令具，又所以著人心世道之升降。遷蓋以爲此風會之所關，盛衰所由變，史所以見一代之風俗者也，故曲折詳著之，使讀者瞭然於一朝之事迹，而不盡低徊之感。此史例應然，非必有意形帝失也。至當時言利諸臣，遷亦唯詳著其事，而是非每於言外得之。夫平準之法，雖創自弘羊，然猶屬以田牧之利輸助公家；而令天子終不能忘情於富民者，則卜式啓之也。故先詳卜式後及弘羊，遷於此有深意焉。誠以富民者國之元氣也，若使富者不能保有其富，則貧者益無所賴矣。蓋人雖甚鄙，亦必不能坐擁厚資而一無所用之理。既不能無所用，則人得各挾其技能以相投，且無不各得其所欲以去，非富者之分有所以予之也，彼自欲易其無，而乃不得不出其所有也。況乎禮義之生於富足，其中又豈無好行其德者乎？古人所謂『富室貧之母』，豈不信。今乃欲使其君於富者而亦多方以罄之，則是爲其母者亦奄然待盡，而欲其子之不失所也，豈可得哉？此遷所以深明式之罪且甚於弘羊也。」

賀長齡　皇朝經世文編

卷五〇户部户部鹽法志歷代鹽政沿革：「而粤稽兩淮煮海之利昉於漢，先是，高祖王關中，除秦煩苛，一切更始，獨鹽賦猶仍秦制，蓋其封國至多，凡林園池市租稅之所入，自天子至於封君湯沐邑，悉名爲奉養，而山澤之利，凡在諸侯王境内者，皆取以自豐，要非縣官經費之所存也。故至孝惠時，吴有豫章銅山，則自鑄之，有東海熬波，則自擅之，而先王禁制防微之意失矣。武帝時，鄭當時逢其意以榷鹽，法益密而官益繁，大司農屬有幹官，有兩長丞，有水衡都尉，有均輸官，皆主鹽事，以至郡國鹽官三十有九，雁門、沃陽，皆有長丞，而先王合利於民之意，抑又遠矣。昭帝始元六年，賢良、文學有罷榷之對，惜沮於桑弘羊。」（以下論唐至清鹽政事，兹從略。）

張士元　嘉樹山房集

卷六書蘇子瞻商君論後：「子瞻論商鞅、桑弘羊事引温公之言以證之，誠是也。至以史遷書二人之事爲大罪則過矣。史言商鞅雖云『道不拾遺，山無盗賊，家給人足』，而贊語則以其刻薄少恩深貶之，則功過不相掩矣。言弘羊雖云『民不益賦而國用饒』，而下書卜式之言，以爲弘羊罪當烹，則其人可知矣。子長書事，往往於過中見功，功中見過，蓋史法如此，未可輕議之也。」

汪曰楨 玉鑑堂詩集

卷三讀漢書雜詩十首：「計較錙銖駔儈徒，輕財翻遜牧羊奴；樸忠久已邀宸鑑，何不從烹桑大夫。」

宗稷辰 躬恥齋文鈔

卷一裕本篇：「千古以來之言利也，大抵皆不知利之人爲之也。利大而見者小，利久而見者急，利廣而見者狹，是雖負計臣之號，開聚斂之門，而求國富國愈貧，求富家家愈索，不知利莫其人若也。顧自來有利權者惟小與急狹之是喜，而不知利者遂得竊竊焉動之，任不知利者以謀利，非惑之甚也哉？然則知利者誰乎？曰：聖人也。聖人罕言利，亦惟聖人能明大利之本以利天下，而利可以不言。聖人以下，曾、孟大賢，始揭微旨，一則曰以義爲利，一則曰仁義而已，何必曰利。明乎此而知利在天地間原不禁正人之擬議，彼畏而諱言者，特小儒拘滯之見而不足以探本也。歷觀史籍所載，言利之最著者，爲商鞅、鼂錯、桑弘羊，是皆取利而不顧本者也。鞅與弘羊務慘急，博小效，甚得人主意，然亂秦自鞅始，剥漢自弘羊始。錯之謀强王室，其慘急同，至計及以爵爲市，苟且無大害，然而淆後世之仕路者，實自錯始。是三子者，未聞其利而並失其身，惟亡本也。管夷吾、劉晏、陳恕稍近乎本，故其法世多循之。然夷吾導君奢，晏算太盡，召衆忌，雖杰出異才，去道皆遠。惟恕言取利太深者不可行於朝廷，法宜上下交濟，君子韙之。王安石欲師周公，自以爲有本矣，法立而驚擾四方，卒無利而罷，雖後世猶有存其一二者，當時大不利於宋時，是安得謂知本乎？是故有周公、太公之才，孔、孟之道，而後可以言利。其爲利也，公而無私，優游而不迫，密而不苛，信而不渝，正而不詭，一人利之，億兆人利之，天德王道之原，人情物理之準，胥出乎此。五行於是乎調焉，百産於是乎充焉，九式於是乎裕焉，非知本之聖人，其孰能與於斯！後之言利，視古日巧，爲私等於襲掩，迫促甚於弦矢也，苛争於毫釐也，渝極於朝夕也，詭過於巫史也，蓋有鞅、錯、弘羊所不料，管、劉、陳、王所不爲者；然其所獲，坐是反絀，瑣瑣焉徒從事於小且急，急且狹，而天下之大利遂空，無它，亡本即亡利也。吾故曰：千古之言利，皆不知利之人爲之也。」

黄恩彤　漢史斷

卷二武帝聚斂之術：「武帝聚斂之術，始終凡三變，其所以未至大亂者，固由文、景之遺澤在民，亦由屢變法而不加賦也。其初，因府庫之積，忿蠻、夷之害，招徠甌越、開西南夷，置滄海郡，又與匈奴絶和親，兵連不解，大農告匱；於是令入物者補官，出貨者除罪，入奴婢者得終身復，入羊者爲郎，又置武功爵，級十七萬，凡直三十餘萬金，此一變也。然第即文、景之賣爵之舊制而推廣之，固非强民以必從也。繼因驃騎再出，渾邪來降，賞賜無算，而梁、楚頻年河決，山東普被水災，穿渠振饑，費以億計；於是更造錢幣，大興鹽、鐵，算及舟車，又尊顯卜式，以風示天下，而列侯封君富商大賈莫肯出財以佐縣官；於是下告緡之令，嚴酎金之罰，因而破家奪爵者纍纍相望，此二變也。然亦第欲取富者之有餘，以補官之不足，其占恡不應者，始以法繩之，使人人皆卜式，則一切之法可省也。厥後，帝亦知諸法難行，於是罷告緡，專任桑弘羊，分置鹽、鐵、均輸官，更於京師設平準，盡籠天下之貨物，貴則賣之，賤則買之，俾商賈不得牟利而盡歸於官，此三變也。班史所謂國用饒裕而民不益賦者也。唐之劉晏用此意也。」

王守基　鹽法議略

廣東鹽務義略：「天下産鐵之區，莫良於粵，而冶鐵之工，莫良於佛山，故鑪座之多，以佛山爲最，至今有商人新開鑪座，總督猶專咨達部焉。廣東鹽、鐵並誌，蓋亦祖漢代鹽鐵論之遺意云爾。」

曾國藩　求闕齋讀書録

卷三史記貨殖列傳：「自桑、孔輩出，當時之弊，天子與民争利，平準書譏上之政，貨殖傳譏下之俗，上下交徵利，孟子列傳序所爲廢書而嘆也。中惟家貧親老數行，是子長自傷之辭。餘則姚惜抱之論得之。」

郭嵩燾　養知書屋文集

卷一讀孟子：「孟子曰：『人不足與適也，道不足間也，惟大人爲能格君心之非。』夫使其君昵比匪人，亟行亂政，坐視而莫之救，而曰格君心之非，君心之非，烏不辨之？然且曰譽望足以弭其邪心，容止足以銷其逸志；彼其用人行政，彰彰者如是，而何譽望容止之足以相懾哉？嗚呼，孟子之言至矣！君心之非，非能虛擬其然也，必實有所存。漢武帝之用桑弘羊、孔僅而行均輸之政也，征討巡行宫室之取給也。唐德宗之用竇參、裴延齡而建瓊林、大盈二庫也，所好利也。宋神宗之用王安石行新法也，志不忘幽、燕也。辨君心之非者，亦辨之所用之人、所行之政而已矣。神宗初立，文潞公方爲宰相，上以理財爲急，責宰相以養兵備邊，留意節財，潞公不能辨也。畢仲游上書温公：『安石以興作之説動人主，患財之不足也，爲今之策，當大舉天下之計，深明出入之數，以諸路所積之錢穀一歸地官，使天子曉然知天下餘於財。』温公不能辨也。明道程子自安石用事，未嘗一語及於功利。夫神宗之言功利，則亦當世之急務矣。太宗謀任曹翰取幽、燕，趙普沮之，則急儲封樁以待子孫，然卒無益。神宗之心猶是也，程子不能辨也。夫能辨知其心之非而格之，人與政之得失，無可言也，無能勝其私與欲，而持之也益堅，未有幸而聽焉者也。神宗之心，賢者之心也，其所爲非易格也，然且不能，彼伊、周之贊成君德者何如哉！」

吴承志　遜齋文集

卷六書桓寬鹽鐵論本議篇後：「漢武帝任用桑弘羊，與宋神宗任用王安石一轍。

安石引薦呂惠卿、章惇、蔡京、蔡卞諸小人，卒以覆宋；弘羊禍不至此，由位止大司農，不領衆職也。禮記大學篇曰：『長國家而務財用者必小人矣，彼爲善之，小人之使爲國家，災害並至，雖有善者，亦無如之何矣。』夫務財用者爲小人，淺見者不能知其禍，至於善者無如之何，深識者亦不能盡知也。是篇引傳曰：『諸侯好利則大夫鄙，大夫鄙則士貪，士貪則庶人盜。』言之深切著明。國於天地，所藉以與者，賢者才者耳；貪鄙之徒，布滿朝列，無事則媚君，有寇則媚敵，尚可以爲國哉？漢文、景二帝富庶之業，敗壞於武帝；宋以元祐太皇太后之賢，不能救紹聖以後之禍：長國家者是可以爲鑒矣。桑弘羊於武帝之世，止售其術，不敢行其奸，以武帝英察也。及昭帝即位，遂自以爲國興大利，有大功，欲爲子孫得官，怨望霍光，與上官桀等謀反，小人之不爲國計，情況可見矣。神宗顧欲於此中求賢者，豈非利令志昏哉！」

黄式三　儆居集

卷三讀通考一讀徵榷考：「三代下積貯之富，莫如漢之文帝，而武帝盡耗之；既耗之矣，而利術乃興；既興利矣，而弊竇乃啓。武帝之所以耗財者，征伐也，置郡也，納降也，封禪也，出巡也，河之決也，渠之穿也，宫室之麗也。武帝之所以興利者，榷酤也，榷鹽、鐵也，算船也，算軺車也，告緡錢也，更造錢幣也，郡國置均輸也，京師置平準也，入物以補官也，出貨以除辠也。其興利而致弊者，贖禁錮，免贓辠，而廉恥衰也；鹽户大冶賈人牧夫相率登朝，而吏選雜也；坐酎金失侯者百餘人，而勳戚微也；坐顔異以腹誹之法，而公卿大夫皆諂諛以取容也；始則富商大賈珊財役貧而莫之救，俾封君低首印給也；繼則商賈中家大氐破，俾民不事蓄藏之業也；其因盜鑄而死者，不可勝數；其因所忠之株送，楊可之訐告而死者，尤不可勝數也。以奢靡之窮而興利術，以利術之窮而濫刑賞，漢室之敝，甚矣！如桑弘羊者，所謂『長國家務財用』之小人，而彼善爲之者也。向使武帝擴幼年決獄之智，守前朝恭儉之規，堅初歲崇儒之意，則對策之董子，議鹽、鐵之賢良、文學，並進於廷，秕政既除，而制禮作樂，皆有實效，戎、狄不待征而自服，雄才大略，行之以仁義，豈不與三代媲美哉！惜也，輪臺一詔，庶幾知悔，而已自恨其晚矣。」

卷四讀子集一讀鹽鐵論：「漢世賢良方正、文學之士，如鼂錯、公孫弘傳所載對策，何其少剛直之風乎！董子三策，信乎不可多得也。然讀鹽鐵論，譏重歛，譏酷刑，上叙唐、虞、三代，下引孔子、孟子之言，粹然一出於儒，以漢初之時，黜諸子而尊孟子，其識尤卓。馬氏貴與曰：『鹽、鐵、均輸、榷酤，皆當時大事，而其視上下相應以義理之浮文者，反爲過之。國家以科目取士，士以科目進身，必如此然後有益於人國。』以漢之制如此，繹馬氏之言又如此，知後世可以爲法矣。後世有因革大事，或議大典禮，舉朝紛争，各執己見，馴致大臣不和，國事日錯，甚有君子與君子互攻者，左右袒護，害不勝言。倘使釋褐儒生會集議論，與主其事者反覆辯駁，其所言之是非利害，未必不詳明於公卿；朝廷有不合事宜之舉動，沮於公論者，許其主事之臣，自白其誤而中止，可以免公卿自爲歧異之隙矣。即不然，人主采擇而分別之，亦無俟公卿之詰難矣。如人主誤於采擇，則公卿乃啓奏焉，未晚也。昔程伯子病，當時館閣清選，衹爲文字之職，乞設延英殿以招賢，視品給俸，不遽給以官，凡有政治，委之詳定，凡有典禮，委之討論，察以累歲，人品益分，然後量賢能而用之。程伯子之言，與漢制闇合，以此養育人材，既可備後日之銓選，於當時治術，裨益亦復不少，而其議乃卒不用。迨熙甯新法之行，以條例司疏駁大臣之奏，一時之臣爲所屈。吾甚惜宋於此時無漢代議鹽、鐵之賢良方正爲之駁議青苗。程伯子雖爲條例司，不久於位，而嫥使一時巧辯之才，得以縱横其説也。」

王先謙　前漢書補注

卷六十六車千秋傳補注：「此議因千秋不言，弘羊力持，鹽、鐵卒不能罷，但罷榷酤而已。班於贊中，痛責千秋，而附弘羊誅滅事於此傳末，所以深致其不然也。」

周慶雲　鹽法通志

卷六十九徵榷一引鹽法綱要曰：「六國之際，鹽法無可考。秦用商鞅法，鹽利二十倍於古，苛徵而已，無所謂法也。蓋自管子而後，迄於漢代，越五百有餘年，而鹽法始興。漢立鹽法，始於元狩四年，（漢初省賦，弛山澤之禁，不入於縣官經費，故吴王濞煮海爲鹽，國以富饒，至武帝始置鹽官，領於大農，於是利歸國有，民不得私其利矣。）其法募民自給費，因官器作煮鹽；官與牢盆，敢私煮鹽者鈦左趾，没入其器物，從東郭咸陽之言也。（史記言咸陽齊之煮鹽，謂其以鹽業起家，蓋當時之大鹽商也，其於鹽務經驗深，故武帝以爲大農領鹽事。）史言咸陽乘傳，舉行天下鹽，（按此謂調查全國鹽區。）作官府，諸鹽官各自市，相與争，物故騰躍。而天下賦輸，或不償其僦費。迨至桑弘羊領大農，斡鹽榷，乃始改置鹽官，其法稍密。（按漢置鹽官，在武帝元封元年，從桑弘羊之請也。是年，弘羊領大農，改良鹽法，距元狩四年，蓋已十年矣。）由是國用饒裕，民不益賦，鹽、鐵之利，實有所助，未始非桑弘羊整理之效也。（今按弘羊改更鹽榷，大概因咸陽之法，補偏救弊，以從前主煮鹽及出納之處，機關或未能完全，故特請設專官；至其能收益，則以從前鹽價騰躍，而弘羊有平準之法以抑之也。）要而言之，漢之專賣制，其法：官自煮鹽，無民製也；官自轉輸，無商運也；官自販賣，無商販也。（據史記言，其官吏販物坐市，則不僅無大商之販銷，即小販亦在例禁，奪民之利，過於已甚，與管子之法異矣。）」

卷九五藝文引户部歷代鹽政沿革：「昭帝始元六年，賢良、文學有罷榷之對，惜沮於桑弘羊。」

王樹枏　新疆實業志

農篇：「自古西域諸國，其民居城郭，有田疇廬舍，與匈奴異俗。呂氏春秋嘗言：『飯之美者，不周之粟，陽山之穄。』（高誘注云：「不周山在崑崙西北。又山南曰陽，崑崙之南，故曰陽山。」）蓋耕稼之事，周、秦之時已然。漢張騫使大宛歸，迺言其俗土著耕田，田稻麥，有蒲萄酒；於是孝武始鋭志開通西域。征和中，搜粟都尉桑弘羊與丞相、御史言故輪臺以東，捷枝、渠犁廣饒水草，有田五千頃以上，處温和，田美五穀，與中國同時熟，請益墾溉田積穀，以安西國。其後更置戊己校尉，領屯政，田伊吾、車師，北至柳中，物土之宜而布其利。班書言出玉門、陽關，自且末以往，皆種五穀，土地草木，與漢略同。」

嚴復譯斯密亞丹　原富

案見民國二年六月中國學報第八期。

譯事例言：「謂計學創於斯密，此阿好者之言也。夫財賦不爲專學，其散見於各家之著述者無論已；中國自三古以還，若大學，若周官，若管子，若史記之平準書、貨殖列傳，漢書之食貨志，桓寬之鹽鐵論，降至唐之杜佑，宋之王安石，雖未立本幹，循條發葉，不得謂於理財之義無所發明。」

篇六論物價之析分案語：「案國之分三物以賦於其民者，唐之租庸調是已。漢舟車之算，則豫徵於贏利者。而楊可告緡，則兼三物而取之。他如孔僅之鹽、鐵，桑弘羊之均輸，則以天子爲工商；如王莽所稱周官之賒貸，宋王安石之青苗，又以天子爲子錢家，非食租衣税之事矣。」

篇七論經價時價之不同案語：「案漢書食貨志國師公劉歆言：『周有泉府之官，收不讎，與欲得。』所謂不讎，即供過求者；所謂欲得，即供不及求者。贊曰：『易稱裒多益寡，稱物平施；書云楙遷有無；周有泉府之官，而孟子亦非狗彘食人之食不知斂，野有餓莩而弗知發。故管氏之輕重，李悝之平糴，弘羊均輸，壽昌常平，亦有從徠云云。』皆供求相劑之事。古人所爲，皆欲使二競相平而已。顧其事出於自然，設官斡之，强物情就己意，執不平爲平，則大亂之道也。用此知理財正辭，爲禮家一大事，觀古所設，則知其學素講者。漢氏以後，俗儒以其言利，動色相戒，不復知其爲何學矣。」

孫中山 孫中山選集

卷上建國方略之一心理建設（孫文學説）第二章：「夫國之貧富，不在錢之多少，而在貨之多少，並貨之流通耳。漢初則以貨少而困，其後則以貨不能流通而又困；於是桑弘羊起而行均輸、平準之法，盡籠天下之貨，賣貴買賤，以均民用，而利國家，率收國饒民足之效。若弘羊者，可謂知錢之爲用者也。惜弘羊而後，其法不行，遂至中國今日受金錢之困較昔尤甚也。」

啓後堂桑氏宗譜（光緒庚子重輯本）

卷二漢左庶長桑弘羊暨妻劉宜人誥命：「奉天承運皇帝制曰：士能任其職者，國家必推恩以褒榮之；矧性質穎慧，立心光明，儀度俊雅，威嚴整肅，銅心鐵胆，氣欲干霄，激濁揚清，心常捧日。爾桑弘羊，甫登仕版，屢奏殊勳，言工計會，籌鹽鐵而如神，算極錙銖，乃秋毫而不犯，以富國用，以厚民生，必使官僚絶侵漁之姦，黎庶被撫綏之惠，刑清政簡，利興弊除，此朕心之所望也，亦汝職之當爲也。今特命爾爲左庶長，錫之誥命，用答勳猷。於戲，前勞已茂，用褒製錦之能，來軫方遒，益勵飲水之操。制曰：朕觀甘棠之詩，美召伯也，而鵲巢則本於家室，然則内助之良，可無錫命以寵榮之哉！爾乃領大農丞妻劉氏，柔嘉維則，順正不違，允踐閨彝，卓有士行，相其夫子，歷茂聲猷，交儆之賢彰已，内治之職賴焉。兹特加封爾爲宜人，洊膺綸綍之榮，益勵蘋蘩之敬。元朔四年丙辰三月。」

案：漢書眭弘傳注師古曰：「私譜之文，出於閭巷，家自爲説，事非經典，苟引先賢，妄相假託，無所取信，寧足據乎？」又蕭望之傳注師古曰：「近代譜諜，妄相託附，乃云望之蕭何之後，追次昭穆，流俗學者，共祖述焉。」顔師古所言，很好地反映了從魏、晉到隋、唐時期的歷史真實。後代踵事增華，變本加厲，纂修族譜，不分郡望，率扳引見於史傳之人，作爲祖宗，自詡遥遥華胄，這本桑氏宗譜，即其一例。貝瓊跋彩煙楊氏家乘後寫道：「彼崛起閭閻間者，又遠求往古，不别其類而强附之，豈非誣且僭乎！」（清江貝先生文集二三）且不説這篇「誥命」，西漢無此文體，「奉天承運皇帝」，漢武帝没有這個「尊號」，就拿文章内容來説，作僞者連史記、漢書也没有弄通，竟把「言利事析秋豪」當作「秋毫不犯」來用，賜桑弘羊爵左庶長在元封元年，竟搞成元朔四年，真可謂「作僞心勞日拙」了。

卷二弘羊公像贊：「才貌堂堂，德望彰彰；功高鹽鐵，威鎮邊疆；千秋萬禩，青史流香。」

卷三桑氏歷代仕宦人物録：「弘羊，武帝時領大農丞，盡管天下鹽、鐵，作平準之法，以心計，不用籌算，言利析秋豪，元封中，賜爵左庶長。」

明劉昌縣笥瑣探、李詡戒庵老人漫筆七都載袁鉉績學多藏書，貧不能自養，乃爲人作贋譜以鷩愚賈利；若桑氏宗譜，蓋又等之自鄶以下者耳。

附録四　述書

班固　漢書

藝文志諸子略儒家：「桓寬鹽鐵論六十篇。」師古曰：「寬字次公，汝南人也。孝昭帝時，丞相、御史與諸賢良、文學論鹽、鐵事，寬撰次之。」

王充　論衡

案書篇：「兩刃相割，利鈍乃知；二論相訂，是非乃見。是故韓非之四難，桓寬之鹽鐵，君山新論之類也。」

江淹　江文通集

蕭太尉上便宜表：「至於遵本捨末，其槩一也。故申、韓之立典，管、晏之制書，賈、陸之鴻筆，嚴、徐之博辭，食貨興志，鹽鐵生論，莫不異説而同儉，乖議而共治。」

馬總　意林

鹽鐵論十卷，並是文學與大夫相難。

晁公武　郡齋讀書志

卷十：鹽鐵論十卷，漢桓寬撰。按班固曰：「所謂鹽、鐵議者，起始元中，徵文學、賢良，問以治亂，皆對：『願罷郡國鹽、鐵、酒榷、均輸，務本抑末，毋與天下爭利，然後教化可興。』御史大夫桑弘羊以爲：『此乃所以安邊境，制四夷，國家大業，不可廢也。』當時相詰難，頗有其議文。至宣帝時，汝南桓寬次公治公羊春秋，舉爲郎，至廬江太守丞，博通善屬文，推衍鹽、鐵之議，增廣條目，極其論難，著數萬言，亦欲以究治亂，成一家之法焉。」凡六十篇。

陳騤等撰　中興館閣書目

雜論致理之言，崇本抑末之書也。（玉海六二藝文兩引）

高似孫　子略

卷四：桓寬鹽鐵論。鹽鐵論者，漢始元六年，公卿、賢良、文學所與共議者也。漢制近古，莫古乎議，國有大事，詔公卿、列侯、二千石、博士、議郎雜議；是以廟祀議，伐匈奴議，捐朱厓而石渠論經亦有議，皆所詢謀僉同者也。初，武帝以師旅之餘，國用不足，縣官悉自賣鹽、鐵、酤酒，海内虚耗，户口減半。帝務本抑末，不與天下争利，乃詔有司問郡國所舉賢良、文學民所疾苦，議罷之。（案此以爲武帝時事，非。）班氏一贊，專美乎此。然觀一時論議，其所對問，非不伸異見，騁異辭，亦無有大過人者。其曰：「行遠者因於車，濟海者因於舟，成名者因於資。」則一時趣尚可乎矣。又曰：「九層之臺傾，公輸子不能正；大朝一邪，伊、望不能復。」則一時事體可知矣。夫上有樂聞，下無隱議，得失明者其言達，利害決者其慮輕；不決一言，何取羣議。審此，亦足以上士氣，觀國勢矣。然元帝詔書乃曰：「公卿大夫，好惡不同，雅説空進，而事無成功。」此誠言也，天下後世，同此患也。吁！

陳振孫　直齋書録解題

卷九：鹽鐵論十卷，漢廬江太守丞汝南桓寬次公撰。本始六年，召問賢良、文學，對願罷鹽、鐵、榷酤、均輸，與御史大夫弘羊相詰難，於是罷榷酤而鹽、鐵卒不變改，故昭紀贊曰「議鹽、鐵而罷榷酤」也。及宣帝時，寬推衍增廣，著數萬言，凡六十篇。其末曰雜論，班書取以爲贊，其言「桑大夫據當世，合時變，上權利之略，雖非正法，鉅儒宿學，不能自解，博物通達之士也」。嗚呼！世之小人何嘗無才，以熙寧日録言之，王安石之辯，雖曰儒者，其實桑大夫之流也。霍光號知時務，與民更始，而鹽、鐵之議，乃俾先朝首事之臣與諸儒議，反覆不厭，或是或非，一切付之公論，而或行或否，未嘗容心焉。以不學無術之人，而暗合乎孟莊子父臣父政之義，（案見論語子張篇。）曾謂元祐諸賢而慮不及此乎？

劉克莊　後村先生集大全

卷二一九送明甫赴銅鉛場六言七首：「鹽鐵論，兒讀否？聚歛臣，子攻之。公卿大夫民賊，賢良、文學汝師。」

王應麟　玉海

卷六二藝文漢鹽鐵論：「鹽鐵論六十篇：卷一，本議，力耕，通有，錯幣，禁耕，復古；卷二，非鞅，晁錯，刺權，刺復，論儒，憂邊；卷三，園池，輕重，未通；卷四，地廣，貧富，毀學，褒賢；卷六，相刺，殊路，頌賢，遵道，論誹，孝養，刺議，利議，國疾；卷六，散不足，救匱，鹽鐵箴石，除狹，疾貪，後刑，授時，水旱；卷七，崇禮，備胡，執務，能言，鹽鐵取下，擊之；卷八，結和，誅秦，伐功，西域，世務，和親；卷九，繇役，險固，論勇，論功，論鄒，論菑；卷十，刑德，申韓，周秦，詔聖，大論，雜論，凡六十篇。（後百官志注、史記荊軻傳注引漢鹽鐵論。）」

案：玉海引頌賢、鹽鐵箴石、鹽鐵取下、詔聖諸目，與嘉泰本正同。

方孝孺　遜志齋集

卷四讀漢鹽鐵論：「鹽鐵論六十篇，漢桓寬所著。當武帝時，兵革薦興，財用匱竭，而均輸、鹽、鐵之徵横出，天下疲弊。孝昭即位，大將軍請詔郡國舉賢良、文學，問民所苦，咸願罷鹽、鐵、酒榷、均輸官。御史大夫桑弘羊争難之，以爲不可罷。寬襲其意，而設爲問答之辭，以盡其辯。善乎，其言也！於乎，爲天下者，曷嘗患乎無財也哉！天下未嘗無財也，苟用之以節，治之以道，夫何不足之有！以漢言之，文帝在位二十三年，免民租者近半，其時非有鹽、鐵之徵，而府庫充溢，錢貫腐朽不可較。武帝之天下，即文帝之天下，而又加之以百出之歛，未嘗免一歲之租，宜其富矣，而反愈困乏，何哉？蓋文帝節儉，而武帝征伐營繕以糜費之也。人君苟不節儉，雖積金齊泰、華，蓄貨擬江、海，不至於亂，未見其饜足也。武帝之天下宜亂矣，而文、景之澤猶在人心，重以霍光知所緩急，從而稍罷其害者，故一變而弭元元之憤，不然，漢祚可冀哉！此書也，其於道德功利之際，論之當矣，不特文辭足法而已也。」

涂禎刻本鹽鐵論都穆序

鹽鐵論十卷，凡六十篇，漢廬江太守丞汝南桓寬次公撰。按鹽、鐵之議，起昭帝之始元中，詔問賢良、文學，皆對願罷郡國鹽、鐵，與御史大夫桑弘羊相詰難，而鹽、鐵卒不果罷。至宣帝時，寬推衍增廣，成一家言。其書在宋嘗有板刻，歷歲既久，寖以失傳，人亦少有知者。新淦涂君知江陰之明年，令行禁止，百廢俱興，新民之暇，手校是書，仍捐俸刻之，使學者獲見古人文字之全；而其究治亂，抑貨利，以裨國家之政者，蓋不但可行之當時，而又可施之後世。此則涂君刻書之意也。涂君名禎，字賓賢，予同年進士。吴郡都穆。（據北京圖書館藏涂刻本。）

涂禎刻本鹽鐵論自序

禎游學宫時，得漢廬江太守丞汝南桓寬次公所著鹽鐵論，讀之，愛其辭博，其論覈，可以施之天下國家，非空言也。惜所鈔紙墨，歲久漫漶，或不能句，有遺恨焉。迺者，（兩京遺編本此下有「承乏」二字。）江陰始得宋嘉泰壬戌刻本於薦紳家，如獲拱璧，因命工刻梓，嘉與四方大夫士共之。弘治辛酉十月朔日，新淦涂禎識。（據北京圖書館藏涂刻本。）

倪邦彦刻本鹽鐵論自序

嘗披閱古之文多雅馴，兩漢中尤於鹽鐵論超悦焉。鹽鐵論者，桓次公推衍詰難，增益條縷，錯變數萬言以成一機軸，班蘭臺有贊述矣。其學博通，善屬文，故每一篇辭響發而披赤悃，意沈壯而寓諷激，其遥遥乎莫知玄邈疾靡能物色也。世所傳已多，計年代變，尚有陸離，思得其完而覩之，幸有涂江陰録者凡六十首，然雕虎是執而亥豕多訛，邦彦翻校覆輯，而桓之論其完見於今者，焕然曜聯璧之華，而讀有餘愴矣。緬維桓意，亦欲師古，始建明德，芟夷利湧，静醇俗風，以咸登國家之教政。世之學者，命辭以託志，至乎桓而後爲論不能至，要之不知論爾。是故善附者異旨如肝膽，拙會者同音如胡、越。嗟乎！論議其難，唯有寛焉。此邦彦所希艷，而天下所甚警也。是爲序。（據明嘉靖三十年刊本。）

按：倪邦彦字伯獻，號靄寰，見雲間據目抄。

張之象刻本鹽鐵論自序

張子曰：余嘗謂文學政事，孔門設教，判爲兩科，要之皆儒者之能事，通一無間者也。故學優則仕，仕優乃學，此烏可以偏業語之哉！惜所謂文學云者，而不通政事，則空言無當，殆非達儒之謂也。余於桓氏鹽鐵論，不獨好其文，蓋多其善言政事焉。夫君子非患不文也，患不適用耳。乃世之策士云者，徒騁章句之學，而中無卓見，牽合雷同，阿徇逢迎，多所顧忌，不能一張膽正言，吐露忠赤，畢展其志，何者？大抵以干禄爲累，得失動心，雖欲抗論，不可得已。苟如是，則上負天子，下負所學，是尚可以爲士乎？夫士貴立志，亦貴養氣，志不立則中儒，氣不養則外怯。孔子曰：「三軍可奪帥也，匹夫不可奪志也。」孟子曰：「我善養吾浩然之氣。」且云：「説大人，則藐之，勿視其巍巍然。」蓋君子求諸己而已，其用其舍，其得其失，當自有任其責者，於我何與焉。孔子欲行王道，東西南北，七十説而無所遇；孟子亦奔走齊、梁，所如不合；道之不行，豈孔、孟之罪哉？然萬世之下，六經昭如，七篇具在，道賴以傳，至今不泯。説者謂夫子賢於堯、舜，孟子功不在禹下，信哉言也。漢興，百有餘載，敦尚儒術，文學、賢良，皆誦法孔、孟，知所自好，其議罷鹽、鐵、酒榷、均輸，憤切時政，貫綜國體，至能以韋布直詆公卿，辯難侃侃，無少假借，不降其志，不餒其氣，雖古稱國士，何以加焉。當其時雖不見用，卒乃賴桓氏采録爲書，遂至不朽。後之儒者，試取而讀之，不以俗學自困，則志意奮揚，待問而發，臨文不遜，盡言不諱，將以堯、舜待其君，伊、周待其相，孔、孟待其身，又何疑懼之有！如其不遇，則從吾所好，簞瓢陋巷，帶索鼓琴，以詠先王之風；不然，或撰造一家之言，建不朽之業，寄知音於後世，亦可矣。詩云：「優哉游哉，聊以卒歲。」此之謂也。蓋古之人得志則澤加於民，不得志，修身見於世，達則兼善天下，窮則獨善其身，囂囂如也，何必枉道求合哉？夫一言之間，推見心術，窺測至隱，若是乎言之不可不慎也。漢武帝時，頗多策士，後先奏對，各異其説，董生一言主正，公孫氏一言主和，至觀其終世行業，亦以類判，如其所言。自此以降，則文學、賢良茂陵唐生、九江祝生、劉子雄、（「雄」當作「雍」，見本書雜論篇。）魯萬生者，聲稱孝昭之世，跡其行事，雖不少概見；然深考其説，立意較然，不詭於道，其爲孔、孟之徒也必矣。往余嘗師事涇野呂公、西玄馬公，學儒者言，勗余以立志養氣之説，自孔、孟求之，毋曲學以阿世，及指稱漢代作者，此書爲最，其言治理，並可施設，儒者之能事畢在是也。嗟乎！哲人既逝，雅訓猶存，不敢廢墜，謹爲注釋，因著其説如此。若鹽、鐵終始之詳，余别有序，姑藏之山中，以俟知者，此不具載云。嘉靖癸丑閏三月朔旦，雲間張之象序。（據明嘉靖甲寅春張氏猗蘭堂刻本。）

按：僞歸有光蒐輯諸子彙函諸子評林姓氏：「張之象，字玄超，華亭人。」

沈津　百家類纂八鹽鐵論題辭

晁氏公武曰：「漢桓寬著。按班固曰：『所謂鹽鐵議者，起始元中，徵文學、賢良，問以治亂，皆對願罷郡國鹽、鐵、酒榷、均輸，務本抑末，毋與天下争利，然後教化可興。御史大夫桑弘羊以爲此乃所以定邊境，制四夷，國家大業，不可廢也。當時相詰難，頗有其議。至宣帝時，汝南桓寬博通善屬文，推衍鹽鐵之議，著數萬言，亦欲以究治亂，成一家之法焉。』」陳氏振孫曰：「世之小人，何嘗無才，以熙寧日録言之，王安石之辨，雖曰儒者，其實桑大夫之流也。霍光號知時務，與民更始，而鹽鐵之議，乃俾先朝首事之臣與諸儒論議，反覆不厭，一切是非，付之公論，未嘗容心焉。夫以不學無術之人，暗合孟莊子臣父臣政之義，曾謂元祐諸賢慮不及此乎。」余觀此書，其於道德功利之際，論之當矣，匪直文辭足法已也。因採摭其粹者著於篇。

按：類纂刻於隆慶元年，其纂輯鹽鐵論之文，較明代諸節本爲多，所據底本，既非張之象本，且文中出「齊桓」時，一再把「桓」字缺了末筆，則似從宋本出也。

僞歸有光　諸子彙函貞山子識語

目次：「東漢貞山子桓寬，漢元始元年爲御史，著鹽鐵論，遂隱貞山。」（諸子拔萃襲此説）

卷二十二貞山子：「桓寬，東漢桓、靈時爲御史大夫，博極羣書，著鹽鐵論及新論。讀書貞山，因名貞山子。」

按：彙函此文，純屬臆造。誤以桓寬爲東漢人，一也；誤始元爲元始，並桓、靈時亦無此年號，二也；誤以桓寬爲御史大夫，三也；誤以桓譚新論爲桓寬作品，四也；貞山之説，從無所聞，蓋從桓譚字君山影射而來，五也。天啓間，白下版築居主人傅夢龍爲了投機，邀約温陵郭偉選注百子金丹一書，「專爲趨時應科捷徑」之用，選入鹽鐵論五條，分别題爲桓子者二條、貞山子者二條、文學子者一條，於是桓寬又摇身一變，「對影成三人」了。書林主人還恬不知恥地在凡例中吹噓道：「近日坊刻諸子，多爲詭姓假名，竊附曰子，意謂此人所不及經見之子，以媚世人耳目；此爲學者大病，可恨殊甚。」此蓋夫子自道而已。

胡維新　刻兩京遺編序

桓寬，辨士也，反覆攻擊，不遺餘力，可佐鹽、鐵一籌，固當明章之盛，博採嚴議，儻亦有禮樂之思乎！

按：明萬曆十年，原一魁刻兩京遺編，收有鹽鐵論，故胡序論及之。

張袠星聚堂梓漢桓寬鹽鐵論序

慨自先王風教既遠，而後世之治，日以鄙薄，追原其故，則皆世之人臣，苟以趨時干寵，競談功利，自附管、晏之儔，究其所就，雖卑卑焉，亦相矜詡矣。漢之武帝，啓侈謀，逞遠略，務拓邊境，窮兵四夷，至以宛馬之匿，暴師勞賦，不辭萬里，累年頻出，務得而甘心焉。於是司農告匱，益發水衡、少府積帑，而猶不足，迺柄進桑、孔之徒，議興鹽、鐵、酒榷、均輸，以佐軍費。吏習貪鄙，與民争利，郡國閭里，爲之靡寧。遂致利隙不塞，風以日流，百姓競生姦欺，窺避上徵，舍農趨末，慮在自救。上視教養爲迂策，下棄禮義若湫屣，終帝之世，武黷財殫，民窮力盡，海内騷然，幾踵亡秦之迹。原諸興利之臣，罪已莫逭皇誅矣。孝昭嗣位，亶宜新治除弊，與民休息，而公卿大夫猶蹈往舋，持以益堅，則道術不明，而媮竊自安也。元始之間，詔問郡國所舉賢良、文學，民所疾苦。漢時，去古未遠，章逢之士，猶能誦法先王，稱述周、孔，觀其奏對，咸請願罷鹽、鐵、輸、榷一切擾民之政。其言往復辯論，不越乎重教化，輕功利，尚本業，抑末技，崇王道，黜霸功，而且庭抗宰府，不憚執法顯貴之臣，豈非古所稱遺直哉！乃獲竟罷鹽、鐵，則諸賢守道不阿之功，不可誣也。汝南桓氏採摭其議，著之編簡，藉以垂民不泯。惟賢知賢，斯益難矣。第其所稱茂陵唐生、九江祝生、劉子雄、魯萬生者，雖行事不少概見，然考其辭意，侃侃嶽嶽，屹然不撓，使諸賢立朝興治，則皐、夔靡讓矣。先叔孫通綿蕞制禮，薦起諸儒，乃魯兩生不肯行，史臣稱其有大臣之節。況諸賢風度，淩厲雲霄，更爲勁邁者哉？我明之興，高皇帝既定海内，踐祚日久，禮樂燦然，並垂制作；而邊儲鹽政，表裏相資，皆有成法，兵民兩贍，而不相爲厲。迺若屯田、水利、役賦、輸榷，載在令甲，定制罔踰，可謂仁不濫恩，義不苛法，恢恢乎入於王道之域矣。歷朝以還，迄於今日，法久漸渝，利害之間，權衡相半，甚或利未得而害已盈海宇矣。邇者，覈田之政，殊可鑒矣。無亦當世之臣，但知藏富於國，而未知藏富於民乎？況吏墨以自封，尤有不可言者。然則桓氏之書，亦當今人士不可不讀也。至於文辭古雅，足以方駕乎董、馬，此則匠文之士，自當取式焉，而非其要也。祠部新陽黄氏，余同志友也，嘗手是書問其義，余爲驚之若此。因相與校而梓之，以廣播學士遠識云。若曰心學不明，不可以興堯、舜之治，則更俟他日論之。時萬曆十四年首冬望日，武林太玄逸史張袠撰。

案：黄氏名金色。

朱君復 諸子斟淑

鹽鐵論六十篇，漢汝南桓寬撰。按班史云：「所謂鹽鐵議者，起始元中，徵文學、賢良，問以治亂，皆對願罷郡國鹽、鐵、酒榷、均輸，務本抑末，毋與天下争利，然後教化可興。御史大夫桑弘羊以爲此迺所以安邊境，制四夷，國家大業，不可廢也。當時相詰難，頗有其議文。至宣帝時，汝南桓寬博通，善屬文，推衍鹽鐵之議，增衍條目，極其論難，著數萬言，亦欲以究治亂，成一家之法焉。」夫鹽鐵論纍纍數萬言，可謂閎博矣；第少古勁之氣，與西漢文不類，然於此見當時國家有大議，文學、賢良之倫，得與公卿大夫争辯於朝廷，士氣猶覺丕振。後世上既輕士，朝有大議，士不與聞，韋布之俊，雖有奇

抱，奚繇上達？此漢治所以近古代，而後代邈不可及也。（見快書三十二）

沈延銓刻本鹽鐵論李元鼎序

予按漢隆時，尊尚文學，名儒彬彬蔚起，無論董相三策，烺烺可誦，即韋布之士，各抒所見，中有憤寄，昌言無隱，如桓氏鹽鐵論所載，類皆指陳時政，直詆公卿，不曲學以希旨，不狥俗以肐學，其一段苦心忠藎，直欲以文章爲政事，不徒炫采標華而已。余每以今經生唯呫呫帖括言，略不曉朝家半屬處同，殊增憒憒。私嘆今人精博，何遜漢儒遠甚。此無他，漢人嫺於經術，學有根據，且師尚耑門，務在精討，如埸師之種樹，老儒讀稼穡，俱寫其胸所欲言，故足述也。今人借爲羔雉，牽攻剽攘，積薄流淺，又何怪出之無奉、聆之無緒也乎！漢代文最近古，然晁之激，揚之玄，淮南之誕，於博士家不無利鈍，求其合於經濟，暢於可業，舍此書孰先哉！恨舊刻多脱誤，友人□□□愛而重梓之，桓氏爲諸生功臣，□□□又桓氏之功臣也夫。乙丑嘉平朔日，東武李元鼎題。（據明東吴沈延銓校刊本，此文頗有脱誤。）

金蟠刻本鹽鐵論自序

漢昭皇帝時，大夫桓氏著鹽鐵論若干卷，遡其叙列，則漢廷御史大夫與賢良、文學質難當時利敝而垂之竹帛者也。上自禮樂刑法，下逮農耕商賈，内則少府頒賚，外及蠻、夷戰守，金籌石畫，駁辨稽參，靡不愷至而精覈。所論匪特鹽、鐵也，獨舉鹽、鐵者，猶太史公綜貨殖獨書平準也。獨書平準，而四民俱困之形見；獨論鹽、鐵，而萬世藪病之本晰，故有取爾也。鹽、鐵之興，昉於周禮山澤之官，官雖多，不過掌厲禁，無徵榷也。自管子相齊，負山海之區，始作賦令，觀其論鹽，則雖少男少女所食，論鐵，則雖一鍼一刀所用，按口以立筴，算倍以興糶，伐菹以正積，計月以致鍾，瑣矣憊矣，猶曰：「凡人予則喜，奪則怒，先王知其然，故見予之形，不見奪之理。」夫以予爲奪，管子所以霸齊不再世也；以奪爲予，桑、孔所以蠱漢不終世也。漢接秦之敝，秦賦鹽、鐵二十倍於古，高祖循而未改，故其時山川園池市肆租税之入，自天子至於封君湯沐邑，皆各自爲奉養，不領於天下之經費。自孔僅、咸陽所言，前之屬少府者其利微，今改屬大農，則其利盡；於是雖敦謹如卜式，亦以縣官鹽、鐵苦惡，强民不便爲言，而漢之武幾幾乎秦之始矣。弘羊烹，枯澤乃甦，輪臺悔，炎鼎乃安，賢良、文學之對切，郡國榷酤關内鐵乃罷。

嗚呼，桓氏之書，豈直漢世藥石已哉！立言有利必有害。言利之臣，有害而無利；言利之臣，明其害，即爲利。是六經垂教無極，聖人有憂之：温柔敦厚者，或失則愚；疏通知達者，或失則誣；廣博易良者，或失則奢；潔浄精微者，或失則賊；莊儉恭敬者，或失則繁；屬辭比事者，或失則亂。至若周禮、周官，經制立度，典切明備，萬不能以智計臆揣也。然新莽借之以盗漢，安石借之以亂宋，九府諸政，遂爲後世循名禍實矣。非賢良、文學洋洋質難，孰與修其教不易其俗，齊其政不易其宜歟！是故桓氏之書，衣被乎六經而寡其過，漱液乎周禮、周官而正其譽者也。任農以耕事貢九穀，而有本議、力耕諸論，任圃以樹事貢草木，而有園池、輕重諸論，任工以材事貢器什，而有捄匱、散不足諸論，任商以市事貢貨賄，而有國疾、除狹諸論，任衡以山事貢麓産，而有論菑、刑德諸論，任虞以澤事貢川錯，而有復古、貧富諸論，論周中夏，論暨遠域，論及褒賢、毁學，非夫達上下之隱，洞治亂之源，救國家之急，塞殘邪之口，聖賢復起，其有易焉哉！嗚呼，反裘負薪，防口潰川，古今萌亡，大抵繇之，漢之不踵秦，其食賢良之報歟！然而漢罷鐵不罷鹽，孝元暫罷而隨復之，自晉歷唐、宋于今，中邊經費，恒持以賴，則桓氏之書曷爲乎？詩曰：「周原膴膴，堇荼如飴。」書曰：「慎乃嗇節，維懷永圖。」夫桓氏非棄利也，若桓氏者，乃所以利之也。用是重加訂攷，布之海内，豈云焕耳目、備記載是爲，懷經國者，其尚三復於斯乎！　皇明崇禎歲在庚辰，仲春月朔，東吴金蟠序。（據明崇禎金蟠輯注本。）

四庫全書總目提要

卷十八子部：鹽鐵論十二卷（内府藏本），漢桓寬撰。寬字次公，汝南人，宣帝時舉爲郎，官至廬江太守丞。昭帝始元六年，詔郡國舉賢良、文學之士，問以民所疾苦，皆請罷鹽、鐵、榷酤，與御史大夫桑弘羊等建議相詰難。寬集其所論，爲書凡六十篇，篇各標目，實則反覆問答，諸篇皆首尾相屬；後罷榷酤，而鹽、鐵則如舊，故寬作是書，惟以鹽、鐵爲名，蓋惜其議不盡行也。書末雜論一篇，述汝南朱子伯之言，記賢良茂陵唐生、文學魯萬生等六十餘人，而最推中山劉子雍、九江祝生，於桑弘羊、車千秋深著微詞，蓋其著書之大旨。所論皆食貨之事，而皆述先王，稱六經，故諸史皆列之儒家，黄虞稷千頃堂書目改隸史部食貨類中，循名而失其實矣。明嘉靖癸丑，華亭張之象爲之注，雖無所發明，而事實亦粗具梗概，今並録之，以備考核者。

周廣業 意林附注鹽鐵論

案是書究悉利弊，裨益治體非淺；文亦奇偉，名言傑句，絡繹而來。馬氏所録，不及什一，殆由幅隘致然。然必兩載大夫非聖之言，既違作者之言，亦嫌擇之未精矣。

王謨 鹽鐵論識語

右桓寬鹽鐵論十二卷，漢志本六十篇，師古云：「寬字次公，汝南人，孝昭帝時，丞相、御史與諸賢良、文學論鹽、鐵事，寬撰次之。」隋、唐志、通考俱作十卷。晁氏云：「按鹽、鐵議者，起始元中，徵文學、賢良，問以治亂，皆對願罷郡國鹽、鐵、酒榷、均輸，務本抑末，毋與天下争利，然後教化可興。御史大夫桑弘羊以爲此乃所以安邊境、制四夷，國家大業，不可廢也。當時頗相詰難。於是罷榷酤，而鹽、鐵卒不變。至宣帝時，寬乃推衍鹽、鐵之議，增廣條目，極其論難，凡數萬言，亦欲以究治亂，成一家之言焉。」寬博通，善屬文，治公羊春秋，舉爲郎，至廬江郡丞。漢書不爲立傳，行事無考。若其文之茂美，學之醇正，則固賈長沙、董江都之亞也。全書篇目仍舊，張氏加以注釋，釐爲十二卷；叢書並舉張氏注本刊刻，皆有功於桓氏者也。汝上王謨識。

王鳴盛　蛾術編

卷十四説録十四鹽鐵論：「鹽鐵論十卷六十篇，漢桓寬撰，明弘治十四年辛酉，知江陰縣事新淦涂君賓賢刻，吴郡都穆爲跋。漢書公孫賀等傳贊中撮舉寬鹽鐵論之大旨論之。寬字次公，宣帝時汝南人。（迮鶴壽曰：「案漢昭帝始元六年，郡國舉賢良、文學之士，與桑弘羊等議鹽、鐵、榷酤事，所論皆食貨之政，而列於儒家者，政事文學皆儒者之能事也。武帝時，頗多策士，後先奏對，各異其説，董仲舒一言主正，公孫氏一言主和，自此以降，賢良、文學若茂陵唐生、九江祝生輩，聲稱孝昭之世，跡其行事，雖不少概見，然深考其説，立意較然，不詭於道，真孔、孟之徒哉！漢代作者，此書爲最，自本議至雜論，其言治理，並可設施，儒者之能事畢矣。」）」

按：迮説全襲張之象序。

姚鼐　惜抱軒文後集

卷二跋鹽鐵論：「漢昭帝始元五年，令太常、三輔舉賢良各二人，郡國舉文學各一人。六年，詔有司問郡國所舉賢良、文學民所疾苦，此鹽鐵論所由起也。其國病篇，大夫謂賢良曰：『文學皆出於山東，子大夫論京師之日久。』以賢良爲太常、三輔所舉，宜先在京師也。論内，丞相、大夫外，有丞相史、御史之言。按漢制，丞相下長史二人，蓋即此丞相史矣。若御史本近御之官，自御史大夫出佐丞相爲外朝官，而其屬有二，其一中丞，乃統内臺侍御史，内臺之臣非特詔不與外朝議，外朝議成，既奏天子，乃與議所取舍。然則此議鹽、鐵時，御史非中丞及侍御史，其御史之一丞在外者乎。夫有司議政，反覆之辭，不得過多，韓安國與王恢論誘匈奴，漢書載其詞稍繁，讀者固以爲後人所擬，非當時言之實矣。然豈若桓寬此書繁多若是甚哉！其明切當於世，不過千餘言，其餘冗蔓可削也。又議鹽、鐵，自第一篇至四十一篇，奏復詔可而事畢，四十二篇以下，乃異日御史大夫復與文學所論，其首曰：『賢良、文學既拜，皆取列大夫。』按漢士始登朝，大抵爲郎而已，如嚴助、朱買臣對策進説爲中大夫，乃武帝不次用人之事，豈得多哉？昭帝時，惟韓延壽以父死難，乃自文學爲諫大夫，魏相以賢良對策高第，僅得縣令，其即與此對者固未可決知，要之，無議鹽、鐵六十人取大夫之理，此必寬臆造也。其載大夫曰：『獲禄受賜六十餘年。』漢武在位五十四年，加昭帝六年，才六十年，桑弘羊侍中，必不在武帝前，然則獲禄必無六十餘年。弘羊以武帝後元元年爲御史大夫，至此時才七年，而文學謂其『自搜粟都尉至御史大夫，持政十餘年』，此何説也？寬之書，文義膚闊，無西漢文章之美，而述事又頗不實，殆苟於成書者與！」

鄒炳泰 午風堂叢談

卷三：「明初所收圖籍，多係古本，故永樂大典内編集諸書，與今本迥别。子書，人間尤少善本，脱漏訛舛，歷久滋甚，後人未見古本，復以意强爲注解，遂至艱澁難通。及觀大典本，乃知古書無不文從字順。余與同年莊編修亭叔校正莊子、鹽鐵論，二書方見真面目。書局事冗，未暇取諸子一一參校，至今耿然。」

盧文弨 抱經堂文集

卷七題張之象注鹽鐵論（庚子）：「此陽湖莊太史本，以永樂大典校勘，增多九十餘字，其異同處，亦據以攷正，可謂善本矣。力耕篇：『故乃賈之富。』大典作『故乃萬賈之富』，余疑『萬』當作『萬』，此即漢書王尊傳所云『長安宿家大滑，東市賈萬、西市萬章』者也。又刺復篇云：『今當世在位者，既無燕昭之下士，鹿鳴之樂賢，而行臧文、子椒之意。』大典『子椒』作『子叔』，豈即孟子中『子叔疑』其人歟？朱子之解，自當有本。至散不足篇有言『亜憂璧飭』，大典亦同，『亜』字無所考，余疑『亜憂』當作『亜

『獿以泥墺』，堊，白土也，墺，古之善塗墍者，亦作『獿』字，大戴禮記武王踐阼篇有云『獿以泥之』，俗間本譌作『擾阻』二字，知此作『憂』，亦以形近致譌耳。至於人之名字，或有異同，古書皆然，政不必畫一。明人張之象注此書，頗稱詳悉，而所引淮南、吕覽諸書，惟出當篇小號，亦有並不著所出者，於本書之誤，無所舉正，音亦多譌，此微爲短也。刻成後，當是未經校正，故譌字觸目皆是。有沈君名（上一字同家諱）醇者，考其所引諸書，一一正之，甚有益於學者。然此書難解者尚多，其中容亦有可疏通者，安得通人更爲之補注乎！」

張敦仁　重刻鹽鐵論並考證序

鹽鐵論自明嘉靖中爲張之象所亂，卷第割裂，字句踳謬，盧學士羣書拾補已嘗言之。予向恨不見善本，近因顧千里得弘治十四年江陰令新淦涂禎依嘉泰壬戌本所刻，及其後錫山華氏活字所印，細爲校讀，知張之象之不可據在盧所云外者甚多，而盧又時出己見，頗有違失，亦未可全據也。爰取涂本重刻於江寧，撰考證一卷附後，審正其文，粗涉義例，以貽留意此書者。陽城張敦仁。（據清嘉慶丁卯張敦仁重雕涂本。）

按：此文又見顧千里思適齋集卷九，云「代張古餘」。

顧廣圻　鹽鐵論考證後序

漢書傳贊謂：「始元鹽、鐵，當時頗有其議文，至宣帝時，次公推衍增廣條目，著數萬言，成一家之法。」今讀其書，所以相詰難者，大抵本羣經諸子而爲語，歷世差久，觀者茫昧不得其解。如毁學篇：「昔李斯與包邱子俱事荀卿。」「包邱子」者，「浮邱伯」也，漢書楚元王交傳：「俱受詩於浮邱伯，伯者，孫卿門人也。」注：「服虔曰：『浮邱伯，秦時儒生。』」是其證。散不足篇：「庶人即蓐索經。」「索經」，以索爲經，鄭注食大夫「皆卷自末」云：「末，經所終。」韓詩外傳、説苑雜言皆云：「孔子困於陳、蔡之間，席三經之席。」是其證。備胡篇：「春秋貶諸侯之後。」謂公羊春秋刺諸侯戍人而後至者，襄五年冬戍陳，十年戍鄭虎牢，傳皆云：「孰戍之？諸侯戍之。曷爲不言諸侯戍之？離至不可得而序，故言我也。」何休五年注云：「離至，離别前後至也。」又云：「乃解怠前後至，故不序，以刺中國之無信。」是其證。取下篇：「是以有履畞之税，碩鼠之詩作也。」「履畞」、「碩鼠」爲一事，當出三家詩之序，公羊宣十五年傳云：「税畞者何？履畞而税也。」又云：「什一行而訟聲作矣。」正爲碩鼠詩而言。三家詩、公羊皆今文，宜其説之相近。潛夫論班禄云：「履畞税而碩鼠作。」是其證。又潛夫論下云：「賦斂重而譚告通，班禄頗而頎父刺，行人乏而緜蠻諷。」皆上見序，下見詩，今本譌舛，致不可讀。結和篇云：「閭里常民，尚有梟散。」「梟散」者，是殺所貴也，儒者以爲害義，戰國策楚策唐且見春申君章：「夫梟棊之所以能爲者，以散棊佐之也。夫一梟之不勝五散亦明矣，今君何不爲天下梟，而令臣等爲散乎？」是其證。鄭注考工記有「博立梟棊」也。詔聖篇：「春秋原罪，甫刑制獄。」「制獄」者，哀矜折獄也，乃今文尚書説，大傳曰：「聽訟雖得其指，必哀矜之，死者不可復生，絶者不可復續也。書曰：『哀矜折獄。』」故次公與「春秋原罪」並言。論語：「片言可以折獄者。」釋文云：「魯讀『折』爲『制』。」漢書刑法志曰：「書云：『伯夷降典，折民惟刑。』言制禮以止刑。」其説亦本諸大傳，是其證。伏生、次公及班孟堅皆讀「折」爲「制」者，今本大傳作「哲」，漢書作「悊」，非也。此類皆徵驗明白，然知之者或寡矣。古餘先生雅好是書，用功甚深，既刻涂禎本而附之考證，所以正其踳、理其紛者，皆精心獨詣，刊落常聞，批郤導窾，不假穿鑿，真有如兒説之解蔽結也。間與廣圻往復講論，援引載籍，旁通交通，多得要領，因非涉字句譌錯者，例不兼著，故敢撮取一二，附書於末，具如右條，俾學子合而觀之，尚能循緒探索，曉其詞以識其意，則西京儒家之言，將昭然復顯，尤先生所亟亟想望者也。嘉慶丁卯六月，元和顧廣圻。（據清嘉慶丁卯張敦仁重雕涂本。）

按：此文又見顧千里思適齋集卷九，云「代張古餘」。

明攖寧齋鈔本題識

乾隆乙卯閏月下澣三日，訪友於醋坊橋，路過崇善堂書坊，偶憩焉。余向主人索閲舊書，携出數種，無當意者。最後以此册示余，余取閲之，書分一卷，尚是舊第；且余正欲覓是書，喜甚，因以青蚨八百四十文易之。字跡不惡，可云舊鈔。版心有「攖寧齋」三字，惜未知其爲誰氏，俟徐訪之。吴郡棘人黄丕烈書。

鹽鐵論嘉泰本不可得，以弘治涂禎本爲最古。此本即傳自涂刻，但有都元敬序，而少禎自序耳。舊藏百宋一廛。蕘翁有兩明鈔：一即此本；一歸聊城楊氏、顧澗蘋以太玄書室本及活字本校，皆遜此本。夫以黄、顧兩家藏弆之富，而敝帚之享，惟此兩鈔本，則弘治刻本不易得可知。余客歲於繆氏雲自在龕見涂刻真本，今復從鈍齋前輩處獲觀此本，自詑眼福，可傲佞宋、思適。假歸，摩娑旬餘，還書之日，謹識所見。此本之於涂刻，不啻虎賁中郎之似，雖與嘉泰本並重可也。乙未季夏，緣督葉昌熾。

余以涂刻本校此，間有譌奪之處，亦頗有刻本譌繆而此鈔本不誤者，因簽出於刻本之上。此本有都序，是必出於涂刻，乃轉藉是以校正涂刻，異已！余既以此本贈翰怡，今復以還余，因又讀一過，記此。乙亥五月，八十二叟吴郁生。（以上見書前附葉。）

此攖寧齋鈔本鹽鐵論十卷，據序文是從江陰令涂賓賢刻於弘治十四年之本出者。乃余先鈔得一活字本，其版心亦題「弘治歲在重光作噩」，似與涂刻同歲；而活字本既無都穆序，又多脱落譌謬，不及此本殊甚。且余嘗以太玄書室刊本校活字本，補其脱落，正其訛謬，今與此本參勘又多合，是此本實善本矣。第七卷已下鈔手與前六卷稍異，而脱落訛謬亦間有之，未知其何故。此本係舊鈔，故未敢點竄。余所校異同，在影寫活字本上，可覆按也。嘉慶癸亥五月二日，書於百宋一廛。黄丕烈。

項子京書畫題跋多署「攖寧庵」，此「攖寧齋」未知是一是二。蕘翁宋、元本頗有爲項氏舊藏者，或以此齋名非項氏物耶？鈍齋記。（以上見書後附葉。據北京圖書館藏本。）

按：明王宗沐淮南鴻烈解批評序署名「攖寧子敬所王宗沐」，則「攖寧齋」蓋王宗沐齋名。

傳録華氏活字本題識

活字本，乾隆乙卯傳録。

嘉慶歲在癸亥夏，用攖寧齋舊鈔本校。

嘉慶癸亥，蕘翁囑覆閱一過，就所見標於上方。此書明代屢刻，俱遜於攖寧齋鈔本，（惟複出字每脱去，是其短。）然誤處仍多，惜不得宋、元舊槧一掃風庭之葉也。嘉泰壬戌本，見弘治辛酉涂禎跋中，不識尚在天壤間否？顧千里記。（以上見書前附葉。）

太玄書室刊本校，甲寅除夕前一日，澗蘋記。

校畢時，未及一更，新月半規，天光潔浄，令人添静意幾許。蕘圃氏。（以上見卷十末葉。據北京圖書館藏本。案又見下引士禮居藏書題跋記。）

黄丕烈士禮居藏書題跋記卷三鹽鐵論十卷（校明鈔本）

嘉慶癸亥，蕘翁屬閲一過，就所見標於上方。此書明代屢刻，俱遜於攖寧齋鈔本，然誤處仍多，惜不得宋、元舊槧一掃風庭之葉也。嘉泰壬戌本，見弘治辛酉涂禎跋中，不識尚在天壤間否？顧千里記。（均在卷首。）

按：此記前録有涂禎序，故云「均」也。

太玄書室刊本校，甲寅除夕前一日，澗蘋記。

校畢時，未及一更，新月半規，天光潔静，令人添静意幾許。蕘圃氏。

右鹽鐵論十卷，係活字本，余借顧澗蘋影寫本傳録者，原本出於洞庭鈕匪石之友所藏；其用以校活字本者，則又崔氏所藏太玄書室本也。雖經校勘，訛字尚多，俟以舊鈔本正之。棘人黄丕烈。

嘉慶癸亥夏，攖寧齋舊鈔本校，與太玄書室刊本甚近，然首有都穆序，謂刻於江陰，其作序年歲，又同出弘治辛酉，而實勝活字本，未知何故。丕烈校竣書。

通本用墨筆於藍朱二筆上，是者加圈，非者加豎，兩存者加點，疑者不加圈點，庶兩本佳處訛謬者亦不掩矣。端陽日，蕘翁記。（以上各跋均在末卷後。）

鈕樹玉　匪石先生文集

卷下讀鹽鐵論：「民之於君也，猶一身之有四體百骸，四體百骸有不適，則一身不能安。故管子曰：『下令如流水之原，使民易行。』孫叔敖知民之不便於重幣，亟請而更之，斯才能之臣所以務本而知要也。漢興於擾攘之際，文、景承之，能恭儉無爲，與民休息。當是時也，網疎而不犯，家給而國足。及乎武帝，好大喜功，以靡其財，財用不濟，乃與民爭利，於是鹽、鐵、榷酤，一切言利之端興焉。余讀鹽鐵論所載賢良、文學與桑大夫及御史丞往復辨難甚具，大抵賢良宗儒術，桑大夫尚商、韓，至其究竟，終不能奪賢良，而鹽、鐵亦不能罷者，迫於勢也。」

周中孚　鄭堂讀書記

卷三十六：鹽鐵論十二卷，（嘉靖癸丑刻本。）漢桓寬撰，明張之象注，四庫全書著録。漢志作六十篇，隋志、新、舊唐志、崇文總目、讀書志、書録解題、通考、宋志俱作十卷，則十二卷爲張氏所分，其篇仍同漢志也。當昭帝本始六年，召問賢良、文學，對願罷鹽、鐵、榷酤、均輸，與御史大夫桑弘羊相詰難，頗有其議文；於是止罷榷酤，而鹽、鐵卒不變。及宣帝時，次公推衍鹽、鐵之議，增廣條目，極有論難，著數萬言，凡六十篇，亦欲究治亂，成一家之法焉，此真儒者究心實用之書。然所論者，食貨之政，而諸史皆列之儒家，蓋古之儒生，主於誦法先王，以適實用，不必言心言性而後謂之聞道也。書中古字，皆張氏作注時所改，如「防」作「坊」、「贍」作「澹」、「賑」作「振」、「策」作「册」之類，皆非其舊，詳見盧氏羣書拾補中；然其注專引書爲注，有裨考證，猶屬明人之佼佼者矣。前有嘉靖癸丑自序。漢魏叢書所載，多删節張注，不足取。

劉毓崧 通義堂文集

卷七鹽鐵論跋：「漢桓寬著鹽鐵論十卷，凡六十篇，皆輯賢良、文學諸人與御史大夫桑弘羊及丞相史、御史爭辨之語。弘羊等貪嗜貨財，而其流毒最深者，則在於推廣賣官之路；賢良、文學闡明經術，而其爲功尤鉅者，則在於挽回鬻爵之風。觀於輕重篇載御史之言曰：『賣官贖罪，損有餘，補不足，以齊黎民。』貧富篇載大夫之言曰：『陶朱公以貨殖尊於當世。』孝養篇載丞相史之言曰：『蓋聞士之居世也，衣服足以勝身，故身修然後可以理家，家治然後可以治官。』此皆言推廣賣官之說也。本議篇載文學之言曰：『高帝禁商賈不得仕宦，所以遏貪鄙之俗而醇至誠之風也。排困市井，坊塞利門，而民猶爲非也，況上之爲利乎。』刺復篇載文學之言曰：『富者買爵販官，免刑除罪，公用彌多，而爲者徇私。』除狹篇載賢良之言曰：『今吏道壅而不選，富者以財賈官，咸出補吏，弱者猶使羊將狼也，其亂必矣，强者則是予狂夫利劍也，必妄殺生也。故人主有私人以財，不私人以官。』此皆挽回鬻爵之說也。蓋行賣官鬻爵之法者，始於秦始皇，而盛於漢武帝，建賣官鬻爵之議者，昉於東郭咸陽、孔僅，而成於弘羊。史記平準書云：『於是以東郭咸陽、孔僅爲大農丞，領鹽、鐵事。桑弘羊以計算用事侍中。咸陽齊之大煮鹽，孔僅南陽大冶，皆致産累千金。弘羊雒陽賈人子，以心計年十三侍中。故三人言利事析秋豪矣。』據此，則三人始進皆以鹽、鐵之貲可知。又云：『使孔僅、東郭咸陽乘傳舉行天下鹽、鐵，作官府，除故鹽、鐵家富者爲吏，吏道益雜不選而多賈人矣。』此昉於咸陽與僅之證。又云：『桑弘羊大農爲丞，筦諸會計事，始令吏得入穀補官。』又云：『弘羊爲治粟都尉，領大農，盡代僅筦天下鹽、鐵。弘羊又請令吏得入粟補官。』此成於弘羊之證。弘羊持鹽、鐵之柄，較諸咸陽與僅，歲月尤深，其議緡算榷酤也，禍被於當日，而其議賣官鬻爵也，禍被於異時。蓋前此入粟納貲者，或寵之虚名，或寘諸散秩，其弊猶未甚也；至於假以要職，授以重權，俾得混雜於清流者，則武帝之擢用三人，實爲作俑，而弘羊之變本加厲，又三人之罪魁；後世之倡議捐輸者，無非竊取弘羊之故智，其爲士習人心之害，何可勝言。較諸商鞅之刻薄寡恩，且當加等。讀史者但責其牢籠鹽、鐵之利，奪商賈之奇贏，無乃捨其大而問其細邪？况乎鹽鐵論中述弘羊飾非拒諫之語，往往附會經傳以掩其奸邪，甚至與賢良、文學爲難，遂敢於妄譏孔、孟，蓋其始不過膏粱子弟徼倖得官，而又涉獵詩、書以自掩貲郎出身之迹；迨寵利既得，遂乃肆無忌憚，援引其黨類，以排擠儒林，甘爲名教之罪人，雖獲咎於聖賢而不顧，此弘羊之罪所以上通於天，而萬死不足贖也。當武帝之世，卜式請烹弘羊，雖式本以輸財助費起家，未免以燕伐燕之誚，然其持議甚正，未可以人廢言。及昭帝初年，賢良、文學共議鹽、鐵，大抵皆引李斯之事以刺弘羊。誠以賣官鬻爵之舉，乃斯佐秦時所行，弘羊激其頹波，罪實與斯相埒；苟弘羊與斯易地而處，則焚書坑儒之惡，未必不更甚於斯；使漢室公卿能採賢良、文學之策，請誅弘羊以謝天下，籍其家貲，以代賣官鬻爵之財，而丞相御史之阿意苟合者，亦加禁錮，則繼此者孰敢獻賣官鬻爵之計哉？乃丞相車千秋既括囊不言，容身保位；大將軍霍光復不學無術，暗於大體，仍以弘羊綰鹽、鐵之權，馴致弘羊自負興利之功，怨光抑其子弟，遂陰附上官桀共爲叛逆之謀，變起於蕭牆，然後治以國典，固已晚矣。左傳述孔子之言曰：『惟器與名，不可以假人。』孟子告梁惠王曰：『苟爲後義而先利，不奪不饜。』是可知賣官鬻爵之事不息，則人心之陷溺於利者益深，履霜堅冰，其來有漸，桑、孔之邪説，即亂臣賊子之萌，其無父無君之禍，不減於楊、墨，故能言拒桑、孔者，功不在距楊、墨之下，真不愧爲聖人之徒也。然則鹽鐵論所述諸儒，如茂陵唐生、魯萬生、九江祝生、中山劉子雍者，洵可謂通經致用，足以爲斯道之干城矣。彼曲學阿世、枉道求合者，讀桓氏之書，尚其知所愧哉。」

汪之昌　青學齋集

卷二十三書桓寬鹽鐵論後：「桓寬撰鹽鐵論六十篇，書末雜論一篇，述朱子伯之言，記賢良、文學等六十餘人，而雅重劉子雍與祝生，於桑弘羊、車千秋深致不滿之詞，作書本旨具斯矣。案漢書傳贊謂：『始元鹽、鐵，當時頗有其議文，至宣帝時，次公推衍增廣條目，箸數萬言，成一家之法。』是漢時已重其書。近張敦仁撰鹽鐵論攷證，臚舉其關涉經義，若毀學篇之包邱子，即漢書楚元王傳受詩之浮邱伯。備胡篇『春秋譏諸侯之後』，即春秋襄五年戍陳、十年戍鄭虎牢，公羊家刺諸侯戍人後至之義。取下篇『是以有履畝之稅，碩鼠之詩作也』，合履畝碩鼠爲並時事，當出三家詩序。詔聖篇『甫刑制獄』者，哀矜折獄也，乃今文尚書説，並引論語『片言可以折獄者』，釋文『魯讀折爲制』，正與之合。攷證各條，誠可見西漢經師訓詁之大略。吾謂讀其反覆詰難之辭，尤可見漢世之行鹽、鐵、榷酤，其始不過以濟一時國用之不足，勢迫於不得不然，上以不得已而創舉之，下亦深諒上之不得已而羣應之，其唯命是聽者，初不盡關慴伏於刑威也。顧以有事而行，即當以訖事而罷，此書所取賢良、文學與御史大夫極論利病，榷酤得罷，而鹽、鐵如故，以鹽鐵論爲名，殆亦惜其論之未盡采納歟！　歷觀國家當師旅饑饉之會，府藏空乏，謀國者非必務財用而長國家，一時急而相求，不能不取盈於常供之外，建議之始，何嘗不謂事已即仍舊貫，斷不致以權宜者困閭閻於無窮；詎知利之所在，後雖明知其非，夫且奉行爲成法，鹽、鐵其顯然已。然則爲國計富彊者，慎毋以論所云『德廣可坿遠，稼穡可富國』爲迂闊而不切於事情，别自取法於每況愈下，甚以銖積寸累所入，欲取償於杳不可必之舉，有未見爲利權可操者，則讀寬此論，不獨可以識經義，抑亦可以識時務哉。」

王先謙　鹽鐵論序

漢書田千秋傳言：「昭帝世國家少事，百姓稍益充實。始元六年，詔郡國舉賢良、文學士，問以民所疾苦，於是鹽、鐵之議起。」觀班爲傳，載大將軍霍光乞千秋教督，千秋終不肯有所言，而於傳贊復引桓氏雜論「車丞相當軸處中，容身而去」之語以終之，其微意可覩矣。以千秋名德見推重大將軍，而勤恤民隱之指，又自大將軍出，得千秋一言，鹽、鐵、酒榷、均輸可悉罷也。阿附同列，取議後世，惜哉！桑大夫用心計得幸，躐居輔道之位，顧絀仲尼而崇商鞅，鄙原、顏而慕蘇、張，亦當時大道不明、學術不一之咎也。至乃夸其籌策之積，致富成業，鄙哉，可與事君乎？賢良、文學之議正矣，若其言不禁刀幣，聽民放鑄，俾共人主操柄，與二賈之諫詞相戾；至謂加德施惠，北夷必内向款塞，斯迂闊不達事情之論也。夫所謂以德服人者，有力而不輕用力之謂也，苟無力則德無由見，而人奚自服。書曰：「大邦畏其力。」力非聖王所諱言。武帝之失，在於内多欲而急興利，至其詰戎固圉，未嘗非也。是故有鬼方之克，迺致氐、羌之王，非衛、霍之師，必無渭橋之謁，儒生之議，苟其不在當局，履全盛則戒用兵，處積弱則思奮武，捄弊補偏，取相警厲而已。至於國家大政，斟酌損益，發慮於深宫，擇善於逼邇，而使草野新進，與二三大臣争詬於朝堂，抑豈所以崇國體、式方來乎！重刊是書竟，因備論其時事得失如此。桓氏屬文，在西漢特嚴、徐、褚先生之匹，歷世緜遠，譌誤相仍，如李孟傳、姚鼐輩所訾，不足病也。光緒十七年，歲次辛卯，冬十月，長沙王先謙。（據清光緒辛卯冬月思賢講舍刊本。）

王先謙　校勘小識記

鹽鐵論以明弘治十四年新淦涂禎所翻宋嘉泰本爲最善。嘉靖間，雲間張之象又有注本，析爲十二卷，王謨漢魏叢書重刻之。其書竄易字句，爲有識所譏。盧文弨弨弓羣書拾補取永樂大典所載及涂本以校張書，頗有是正。嘉慶十二年，陽城張敦仁古餘重刊涂本，附以考證，又多盧所未及。暇日檢閲，因以拾補、考證散入正文下，取便觀覽。湘潭王啓源君豫、胡元常子彝，搜討往牒，復得若干條，書中稱王云者，君豫説也，稱胡云者，子彝説也。先謙覆加審定，見漏義尚多，略爲補釋，並取唐、宋類書所徵引，悉心校訂，别爲一卷，以貽讀者。古籍代微，展轉益誤，又議藴閎富，未易推尋，涉筆知疏，臨文增喟，大雅宏達，幸匡益之。先謙記。（據清光緒辛卯冬月思賢講舍刊本。）

譚獻　復堂日記續録

光緒十九年四月二十日，閲新校鹽鐵論。桓次公之書，於今日頗切要。王刻是正文字，涂、張諸本，誦言其非，於盧氏羣書拾補多有糾異，多可信從。

瞿鏞　鐵琴銅劍樓藏書目録

卷十三子部一，鹽鐵論十卷（明刊本）：「漢桓寬撰。弘治間，新淦涂禎刻於江陰，是本從宋嘉泰本翻雕，故匡、桓等字俱減筆。雲間張氏注本，改爲十二卷，竄亂舊第，字句亦多踳駁。今陽城張氏重刻本，悉依涂氏之舊。」

又鹽鐵論十卷（舊鈔本）：「此從錫山華氏本傳録，顧澗蘋氏以太玄書室本、攖寧齋舊鈔本校過，末有澗翁題記云：『讀此書，貴能得其用，如予者索解於字句間，何足道耶！　癸亥八月重閱一過記。』又云：『嘉慶丁卯五月，爲居停主人張古餘先生校刻弘治十四年涂禎本，再讀此。』案是本當即陽城張氏撰考證之底稿也。（卷首有顧澗蘋手校朱記。）」

丁丙　善本書室藏書志

卷十五子部一，鹽鐵論十二卷（明嘉靖本）：「漢汝南桓寬撰，明雲間張之象注。寬字次公，宣帝時，舉爲郎，官至廬江太守丞。本始六年，詔郡國賢良、文學，問民疾苦，皆請罷鹽、鐵、榷酤、均輸，與御史大夫桑弘羊相詰難，於是止罷榷酤，而鹽、鐵卒不變。及宣帝時，桓寬推衍增廣，著數萬言，凡六十篇；書惟鹽、鐵爲名，蓋惜其議不盡行也。陳振孫書録解題作十卷，且曰：『世之小人，何嘗無才，以熙甯日録言之，王安石之辨，雖曰儒者，其實桑大夫之流也。霍光號知時務，而鹽、鐵之議，乃俾先朝首事之臣與儒生議論，反覆不厭，是非付之公論，行否未有容心，以不學無術之人，而暗合乎孟莊子父臣父政之議，曾謂元祐諸賢而慮不及此乎？』可謂讀書有識矣。顧世鮮善本，元、明間僅數刻，以新淦涂禎仿宋嘉泰槧本爲最著；此明嘉靖甲寅華亭張之象注本，雖改舊第，四庫稱其『事實粗具梗概，足備攷核』。前有之象自序。」

丁日昌　持静齋書目

卷三子部儒家類：「鹽鐵論十二卷，漢桓寬撰。宋刊本，半頁十行，行十八字，末卷末頁有『淳熙改元，錦谿張監税宅善本』二行木記。首有己巳孟春馮武題識。武，班之猶子也。」

案：持静齋書目登記時，係以四庫全書目爲依據，故於此因仍而作「鹽鐵論十二卷」，蓋四庫全書所著録者爲張之象注本故耳，不是指所謂淳熙本爲十二卷也。又滂憙齋宋元本書目子部有宋版鹽鐵論二本，語焉不詳，未知真僞如何。

莫友芝　持静齋藏書紀要

卷上：「鹽鐵論十卷，漢桓寬撰。宋刊本，每半頁十行，行十八字，末卷尾有『淳熙改元，錦谿張監税宅善本』二行楷書木記。首有己巳孟春河漢馮武題識，云『以贈平原文虎道兄』。武，班之猶子也。文虎，不知何人。己巳係康熙二十八年。」

莫友芝　宋元舊本書經眼録

卷一：「鹽鐵論十卷（宋本），漢桓寬撰。每半葉九行，行十八字，第十卷末葉有『淳熙改元，錦谿張監税宅善本』二行楷書木記，紙墨亦精雅，卷首有馮武題識，云：『先太史藏書萬卷，子孫不能讀，且不知愛惜，即宋、元精板嘉書，盡化爲蝴蝶飛去，吾能無念乎！　兹鹽鐵論十卷，相傳宋板，末有淳熙改元，錦谿張監税宅善本等字，余素愛寶之，不敢批點，又得刻本，遂以此贈平原文虎道兄，因文虎文墨筆硯之好，與吾同病，在環堵中無異於别館也。時己巳年暮春，河漢馮武謹識。』乙丑春，上海市出豐順丁禹生觀察所收，暇當取家藏明本一校。（馮武，乃定遠之從子，傳其筆法，著有書法正傳十卷，見簡明目。）」

葉德輝　郋園讀書志

卷五子部鹽鐵論十卷（影寫元麻沙本）：「此影寫元麻沙本鹽鐵論十卷，余乙未冬間，從江建霞學使靈鶼閣中所藏元刻本傳出者也。元本爲向來藏書家目録所未載，故乾、嘉老輩如顧千里僅見明涂禎本，其重刻涂本，謂涂本出於宋刻，其實顧並未見宋本也。以涂本校此本，論儒第十一全脱（卷二），未通第十五「夫牧民」句下至篇末，脱去四百三十四字（卷三），水旱第三十六「爲善於下」句，自「福應」起，至「耨土」，此脱去六百五十一字（卷六），執務第三十九、能言第四十、鹽鐵取下第四十一三篇全脱，而移擊之第四十二爲三十九（卷七），繇役第四十九「由來」句下，自「久矣」起，至篇末止，險固第五十自篇首起，至「阸前」止，共脱三百六十三字，又誤合二篇爲一（卷九），以字數計之，恰當涂本一葉之數，知涂本與此刻同出一源，留此隙漏，益爲證據。此外，如論功第五十二、論鄒第五十三、論菑第五十四（卷九）、刑德第五十五、申韓第五十六（卷十），五篇全脱，以視涂本，殆有天淵之别。又其中訛字俗體，觸處皆是，世人耳食宋、元本，豈知元本亦有不可盡據者耶？余友陳伯商太史鼎藏有明九行十八字本，爲明仿宋刻，伯商祕爲宋本，余謂不然；然其本實佳，惜未取以一校。又豐順丁禹生中丞日昌持静齋書目中載宋張監税本，半葉十行，行十八字，余從中丞嗣君叔雅茂才京師行笥見之，乃九行十八字，蓋書目誤作十行，亦未取以相校，至今恨恨。此册前附師鄦跋，師鄦即建霞書室名。跋中「豐潤」乃「豐順」誤字。至謂「以張刻略校，其精勝處甚多」，是則未曾細校，信口欺人之談，固不值通人一笑也。丁酉冬至前一日，麗廔主人葉德輝記。」

案：江建霞所藏元刻本，今藏北京圖書館，定爲明初本，每半葉十三行，行二十五字。無師𨚗跋，有「蕭江書庫」、「江標汪鳴瓊夫婦用買藏書記」、「明珠易得」、「建霞祕篋」、「汪鳴瓊印」、「靈鶼藏書」、「靜君長物」、「劉世珩」、「蔥石讀書記」等印記。

又一部（明弘治十四年涂禎仿宋刻本）：「莫友芝宋元舊本書經眼録載有宋本鹽鐵論十卷，云：『每半葉九行，每行十八字，第十卷末葉有淳熙改元錦谿張監稅宅善本楷書本記，豐順丁氏收藏。』按此即丁禹生中丞日昌持靜齋書目所載之宋本也。明涂禎繙刻宋嘉泰壬戌刻本，行格與此同，惟無末葉印記。嘉泰壬戌上距淳熙改元凡二十八年，蓋又據張監稅宅本重刻耳。此本即爲涂刻，前有弘治十四年吴郡都穆序，行格與宋本同，桓寬之桓及書中匡字，均沿宋諱闕筆，在明人刻書，可謂極有家法者也。世行張古餘敦仁所刻涂本，改易行欵，彼據明人重刻別本，故誤以爲即涂原刻，由於當時涂刻原本不易見耳。每慨東南兵燹以後，（案此爲誣衊、仇視太平天國革命之言。）舊版書籍，稀若隋珠，從京師求張本不可得，回南後，始無意於故書攤中獲周氏欣紛閣叢書中有此，即係張刻，旋以贈之友人劉校官肇隅，影寫一部。又獲存之。張本初印，乃係單行，其板後歸周氏，倂入叢書，亂後板失，即此亦少傳本。此外，所見明胡維新兩京遺編本，亦據涂本重刻本。又有張之象注本，訛脱頗甚，爲通人所非，盧抱經文弨羣書拾補謂其『擅改古字，音皆土音，皆以永樂大典、涂刻兩本校正之』是也。甲午、乙未之間，元和江建霞編修標，督學湖南時，出其所藏元本見示，每半葉十三行，每行二十五字，書中往往脱落大段，字體損俗，殊不耐觀，以其爲元時舊本，故影寫一部，以備參稽，明時又有錫山華氏活字本、太玄書室本，見楊紹和楹書隅録續編校明鈔本後跋，大抵皆在此本之後，不如此本之源出宋本爲可依據也。宋本世固罕見，得見涂本，不失虎賁中郎，惜涂本又不易覯，故孫淵翁星衍祠堂書目所載本尚係影寫張刻祖本，盧抱經所見者同。惟近日日本森立之經籍訪古志載有涂刻本，云『半葉九行，行十八字』者，塙係涂刻原本，孤懸海外，未知何日珠還，則余此書，固當與宋本同其珍貴矣。卷首有『玉函山房藏書』六字朱文印記，曾經歷城馬竹吾國翰收藏。善化有張姓宦於山東者購歸，展轉爲余所有，狂喜不寐，故詳記之。光緒癸卯長至燈下。德輝。」

又一部（明胡維新兩京遺編刻本）：「鹽鐵論爲明胡維新兩京遺編中之一種，半葉九行，行十七字，前弘治十四年有江陰涂禎刻本，九行十八字，源出宋淳熙改元錦谿張監税宅本，嘉慶丁卯張敦仁仿明刻十行本，此嘉靖三十年倪邦彦重刻涂禎本，顧千里作考證，竟以爲涂禎刻原本，此由未見弘治本耳。此亦重刻涂本，故前有涂序。兩京遺編傳世者頗少，孫星衍祠堂書目載有陸賈新語、賈誼新書、王符潛夫論、荀悦申鑒、徐幹中論、應劭風俗通六種，均係影寫本，並未影寫此書，知此書尤爲希見也。卷首目録下、卷第一、第三、第四、第六、第八卷前有『獻陵紀氏家藏』六字白文篆書大長方印、『棟亭曹氏藏書』六字朱文篆書長方印，卷第一下有『五硯樓藏』四字白文篆書方印，紀爲文達公昀，曹爲子清通政寅，五硯樓則袁又愷廷檮，均藏書家，因知前賢亦視爲善本收藏，不亞於宋、元名槧也。」

又一部（嘉慶丁卯張敦仁刻本）：「明弘治辛酉，涂禎重刻宋嘉泰鹽鐵論，其原刻每半葉九行，行十八字，余有其書。此據嘉靖三十年倪邦彦重刻涂本繙雕，每半葉十行，每行二十字。當時，顧廣圻爲張敦仁校刻時，所見即倪本無重刻序者，因留涂禎識及都穆序，故誤以爲即弘治原刻耳。宋嘉泰本乃重刻淳熙改元張監税宅本，莫友芝宋元舊本書經眼録所稱丁禹生中丞所藏宋本是也。莫云每半葉九行，每行十八字，而中丞自撰持静齋書目誤載爲十行十八字，是又多一重疑案矣。丁書余於光緒丙申從中丞嗣君叔雅茂才京師行笥中見之，每半頁九行，每行十八字，欵式與余藏弘治涂刻本同，亦與莫氏所言合。戊申客江寧，訪江陰繆太夫子小山先生於省居顔料坊寓宅，談及此書，余歷舉顧、張之誤；先生愕然，隨於插架檢示涂本，謂爲顧、張所據，而實則倪本無重刻序者。後檢先生藝風堂藏書記考之，有云『此爲張古餘影刻之祖本，明時刻於江陰，尤爲難得』，是則先生所云，亦沿誤久矣。此本爲張刻初印本，重刻序以爲涂刻，而孰知不然。百餘年疑案，至余而始斷之，可云快事。余向有此刻本，曾影寫一本，以原本贈友人，後得弘治本，又思有此本一證，而十餘年不一見；今幸重得，又閱滄桑，是當珍重，比於明刻，不得以尋常書帕贈人之物例之也。壬子六月望日，朱亭山民葉德輝記。」

案：葉德輝所言宋淳熙本、明涂禎本、倪邦彦本都是「信口欺人之談」，傅增湘已駁斥之，詳見下文。

傅增湘　雙鑑樓藏書續記

卷上：「鹽鐵論十卷，明弘治刊本，半葉十行，每行二十字，白口雙闌。收藏有『光四堂藏』、『鄭西冉閲』、『志雅齋』、『方濬益收藏珍祕書本』、『雲輪閣』、『荃蓀』、『邈姑射山深處』、『忠孝之家』各印。按鹽鐵論古本罕覯，邵亭書目批注有宋、元本，題『新刊鹽鐵論』，十三行，二十五字。據葉郎園讀書志，知爲江建霞學使所藏，篇中脱落殊多，論儒第十脱全篇，未通第十五『夫牧民』句下脱至末四百三十四字，水旱第三十六『爲善於下』句自『福應』起至『耨土』，此脱六百五十一字，執務第三十九、能言第四十、鹽鐵取下第四十一皆全脱。此外正多，難以悉數。是真麻沙坊市陋刻，減工射利，任意删落，毫不足取信者也。自明以來，以涂禎刻本爲最善，顧其本乃不經見，嘉慶丁卯，張古餘得之，據以翻雕，又參會衆本，撰爲考證一卷，顧千里爲序而行之。然其原本，至今不可蹤迹，各藏書家亦未有以此本著録者。二十年來，南北周遊，留心搜訪，僅於繆氏藝風老人許一見之。老人晚歲僑居上海，時鬻去儲籍，爲刊書之資，宋、元善本爲歸劉翰怡、張石銘兩家，余亦往往得其一二；曾商及此書，老人殊有不忍之色，蓋書爲老人故里江陰所刊，且並世無兩，駸駸爲海内孤帙，其珍與宋、元古本同，宜也。老人歿後，遺書爲杭估陳立炎以三萬金捆載入市。其中精善小品，子壽公子挾之入燕，余所見者，有元本爾雅，爲平水進德齋刊，元本吴淵穎集，爲宋燧手寫付刊，元本伯生詩續編，以行書上版，咸爲友人分携以去。此書乃爲吴江沈無夢所得，無夢參黑龍江戎幕，萬里遠征，瓶無儲粟，余適新鬻明人集數十種，因以三百金爲贖，無夢遂舉此書見貽，亦夙知余之篤嗜也。十數年來所縈神繫夢者，至此乃入吾篋中，爰書始末於册，以見古本之難遇，良友之多情，而余於古緣書癖，其紛然見投者，殆有神契也。吾子若孫，其善保之。

又案此書傳世者，尚有華氏活字本、明攖寧齋鈔本、正嘉間刻本、太玄書室本、倪邦彦本、胡維新本，皆收藏家所稱爲善本者也，兹爲分考如下：

攖寧齋鈔本（黄丕烈藏，前有涂禎序，版心題「弘治歲在重光作噩」，與涂刻同歲。）

無錫華氏活字本（黄丕烈影寫，據跋言多脱落訛謬，不及攖寧齋本，然各家著録均無之。）

太玄書室本（曾見湘中郭侗伯同年藏本，九行二十字，白口單闌，版心上魚尾上標「太玄書室」四字，前有涂禎序。）

正、嘉間刻本（九行十八字，白口單闌，字體方板，余家有之，前有都穆序。）

倪邦彦本（十行二十字，白口，四周雙闌，前有都穆序，又嘉靖三十年倪邦彦重校序，余新獲一本。）

胡維新本（萬曆刊，在兩京遺編中，九行十七字。）

沈延銓本（併爲四卷，九行二十字，卷首撰人下題「明東吴沈延銓校」一行，相其版刻，似在萬曆以後，孫祠書目、郘園讀書志皆誤作「沈廷餘」，余藏有一本，前似失去序文。）

合上列諸本觀之，華氏活字本祇見黄蕘圃、顧澗薲影録，未見原本，其行欵若何，有無涂、都二序，末由懸測。其餘若攖寧齋鈔本及太玄書室、倪邦彦刻、正嘉間刻，均有都穆序或涂序，是此書向無善本。自弘治辛酉翻雕嘉泰本出，於是再傳三傳，咸探源於此；第其行格有改易，或文字加以訂正耳。夫宋本不得見，見涂氏本猶宋本也。涂本又不易得見，見張本猶涂本也。此學人所咸知，宜無異説矣。憶曩年滬館商定四部叢刊版行時，余語張君菊生：『此書莫善於藝風所藏，洒真涂刻，海内無第二本，最爲珍祕；其餘紛紛號爲涂刻者，皆正、嘉間覆録耳。』而同年葉君奂彬，起而抗争，奮几抵掌，以張刻爲僞，以涂刻爲僞，以藝風所藏真涂刻爲非真，高睨大言，歷詆張古餘、顧澗薲、繆藝風諸人皆爲誤認，且謂：『彼輩皆受賈人紿，世間真涂本，惟吾家所藏孤帙耳。』詢其藏本爲何，則九行十八字，即余所斷爲正、嘉間本者也。余反覆駁詰，再三推證，堅持不易其説，菊生亦爲所劫持，於是竟舍繆本，而用長沙葉氏藏本；余説既不售，惟屏息私歎而已。今故人長往，青山白首，時動哀吟，即當日奪席雄譚，辨論斷斷，回思輒爲腹痛，寧敢翹亡友之過以自矜。惟論學之道，要在心平，考證之途，必勤目涉，意氣固無所於争，而是非終不欲曲徇；今新塗初雕，既日登几案，豐順宋槧，亦躬得摩挲，衆證具陳，積疑自釋，爰引爲數説，辨其同異，以待亭平，九原之下。或亦許爲諍友乎！

一，宋本不足據也。葉氏所引爲鐵證者，以持静齋著録宋本也。宋本行款爲九行十八字，涂本既直翻嘉泰本，（葉氏因涂序言所據爲嘉泰壬戌本，而丁氏宋本則爲淳熙改元，於是又爲之説曰，嘉泰又翻淳熙也。）其行欵亦必相同，而其所藏明本，行欵適與之合，又前有涂禎序，遂斷定以九行十八字者乃真涂本，而張氏所翻爲誤。以余所見玫之，則大謬不然。丁氏宋本，詳載持静齋書目及莫郘亭經眼録，羣謂此真驚人祕笈矣。數年前，丁氏族人捆載遺書入都，此書爲保古齋殷估所收，余急往觀之，原書乃明正、嘉間刻本，卷尾『淳熙改元錦谿張監税宅善本』二行，乃别刻粘附者，卷首馮武題識，字跡凡俗，氣息晚近，決非竇伯所書，爲之爽然失望。其後貶價百元售之。中丞公兩目如漆，固不足責；郘亭先生號爲精鑑，亦復隨聲附和，不敢訟言其非，則真足詫矣。

一，涂本不易得也。此書自宋刊後，至明初未見刊本，（元本删節不足論。）涂氏得嘉泰本覆刊，都元敬爲之序，遂爲世寶貴，其字軟體，而筆意秀勁，的是成、弘間風氣。張刻影摹上板，備極工肖。自涂本出後，正、嘉、萬以來刻本皆從之出，故行款迭有改易，字體變爲拘板，或略加校正刊行，然皆有涂、都兩序冠首，以明所出之源。明人翻宋本，多録宋本原序年號，此通例也，豈得因翻本有涂序，遂以爲涂本乎？祇緣涂本傳世最稀，後人多未得覩，遂皆以翻刻者爲涂刻，不意葉氏亦隨俗浮沉如是也。夫弘治辛酉距嘉泰壬戌甫三百年，其訪求宋本，固非甚難；都氏又負雅鑒，富收藏，其審定自足取信於後。葉氏更經數百年之後，而必懸斷宋本非十行二十字，又懸斷嘉泰本爲淳熙重翻，杜預所謂『度己之迹，而欲削人之足』，無乃傎乎！又涂本自藝風藏本外，近年方

家，當時皆躬與其事，故其雕鐫精善，視原書毫釐畢肖，斠正極爲詳慎，安有輕改行欵，附之耳。古餘刻書，本爲當行，其影宋撫本禮記，夙稱精審，澗蕢博學多聞，以校勘名合，不知葉氏何所據而爲此言。蓋葉氏實未曾目覩倪本，祇檢書目所載行欵相同，而比前無目録，四也；字體方板，五也；其篇中字句有校改處，六也。此六者與涂本無一前有倪氏重校序，言涂刻有誤，二也；首卷撰人後增『明倪邦彦校』一行，三也；每卷焉：倪本板匡横闊，較涂本增半寸許，且中縫無魚尾，上下半葉各爲四周雙闌，一也；本，並譏繆藝風所藏爲倪刻之無序者；余篋藏適有倪本，其行格雖同，然考其異者有六於其故矣。葉氏既言張敦仁所刻涂本爲改易行欵，又言顧廣圻爲張氏校刊所見爲倪者爲嘉靖本，反以板滯者爲弘治本，强詞以伸己説則可，若取兩本並几而觀之，當憬然刀法，審其風氣，即可斷定其時代先後，百不失一，此收藏家所宜知也。葉氏乃以秀勁筆意，已開後來坊工横輕直重之體，爲古今刻書雅俗變易之大關鍵；凡鑒書者，但觀其

一，張本直翻涂本，無可疑也。涂本字體秀勁，正、嘉本則方整，而神氣板滯，全無

蓋亦數見不鮮矣。葉氏閲肆未久，聞見頗隘，其持論倒置，宜哉！

文德堂收得一本，葉氏自藏一本，日本亦藏一本，又嘗於廠市屢見之，三數十金即可得，於故宮檢出一帙，爲季滄葦舊藏，其珍祕可知，然亦失去涂序。若九行十八字本，余於

誤認板本之失？葉氏乃悍然不顧，概從抹煞，寧免武斷之譏耶？

綜而論之：葉氏於板刻，本無真鑒之力，故同一正、嘉間本也。在丁氏則以宋刻目之，在己藏則以涂刻之，（此本前有都序，丁本去之，以充宋刊。）根源既誤，見張刻之不同，則力詆張、顧之改易行款，以堅其説，蓋緣生平未得見涂本也。及藝風以真涂本示之，則又妄稱爲倪本，以飾其非。今涂本、正嘉本、倪本、張本皆並儲吾篋中，因爲詳著源委，以告後人，俾知凡學問之道，要以實驗爲真，無假空言以取勝也。」

又：「鹽鐵論十卷，明嘉靖倪邦彦刊本，半葉十行，行二十字，白口，上下半葉各爲四周雙闌，前有弘治十四年吴郡都穆序，次鹽鐵論重校序，題『嘉靖三十年，上海晚學倪邦彦識』，次目録，首卷第三行，題『明倪邦彦校』，據邦彦序，有『翻校覆輯』之語，是雖沿用涂本，而重加校正者也。今略檢其與涂本異者，臚列於下：

通有第三『是以揭夫匹婦』，倪本校改作『褐夫匹夫』（下「夫」是譌字）。

晁錯第八『此解揚所以厚於晉』，倪本校改作『解楊』。

毁學第十八『然而荀卿謂之不食』，倪本校改作『爲之』。

殊路第二十一『文學蒙以不潔』，倪本於『文學』下校增『曰』字。

遵道第二十三『聖達而謀小人』，倪本改作『謀大』。

右所列各條，就張古餘本考證中舉之，全書固未獲詳校；然即此觀之，其覆雕時别經刊正，可斷言也。葉氏奂彬乃妄言古餘所翻者爲倪氏本，又指藝風老人所藏之涂刻真本爲倪本之失序者，今各本咸存吾篋中，其衆據明確如此，恨不起奂彬於九原而質之。倪本固不恒見，兹將原序附著焉。」

案：明嘉靖三十年倪邦彦刊本鹽鐵論自序，前已收録，兹從略。

章太炎　國故論衡

論式：「漢論著者，莫如鹽鐵。然觀其駁議，御史大夫、丞相史言此，而文學、賢良言彼，不相剴切；有時牽引小事，攻劫無已，則論已離其宗。或有卻擊如駡，侮弄如嘲，故發言終日而不得所凝止。其文雖博麗哉，以持論則不中矣。」

日本澁江全善道純、森立之撰　經籍訪古志

卷四：「鹽鐵論十卷，明弘治辛酉刊本，寶素堂藏。首有弘治十四年歲在辛酉十月朔旦吴郡都穆書新刊鹽鐵論一篇，稱新淦涂禎手校是書，仍捐俸刻之云云，次載目録，卷首題『鹽鐵論卷第一』，次行題『漢桓寬撰』，次行列篇目，第二卷以下，無桓氏題

名一行。每板九行，行十八字。界長六寸三分，幅四寸。每册首有『印泉府書』朱印，乃係藤惺窩先生舊藏。」

按：澀江、森二氏此書刊於安政丙辰，爲公元一八五六年。

附録五　校本

新刊鹽鐵論十卷，每半葉十三行，行二十五字，即號稱爲元本者，今定爲明初刻本，有江霞、汪鳴瓊夫婦及劉世珩等藏書印，書藏北京圖書館，今稱明初本。

永樂大典本，據盧文弨羣書拾補引，今稱大典本。

鹽鐵論十卷，明弘治十四年涂禎刻本，每半葉十行，行二十字，今稱涂本。

鹽鐵論十卷，明攖寧齋鈔本，版心題「弘治歲在重光作噩」，與涂刻同歲，書藏北京圖書館，今稱攖寧齋鈔本。案：明刻淮南鴻烈解批評序，署名「攖寧子敬所王宗沐」，疑此鈔本出自王氏。

鹽鐵論十卷，清黃丕烈影寫明錫山華氏活字本，每半葉十八行，行十七字，書藏北京圖書館，今稱華氏本。此本與明初本極相近。

鹽鐵論十卷，每半葉十行，行十八字，此本即丁日昌持靜齋書目所標榜之宋本，今從傅增湘定爲正嘉本；丁氏書已歸北京圖書館，今稱正嘉本。

鹽鐵論十卷，明嘉靖三十年上海倪邦彦校本，每半葉十行，行二十字，書藏北京圖書館，今稱倪邦彦本。

鹽鐵論十二卷，明張之象注，明嘉靖三十二年張氏猗蘭堂刻本，今稱張之象本。

鹽鐵論十卷，明萬曆十年原一魁刻兩京遺編本，每半葉九行，行十七字，今稱兩京本。此本移植都穆序及涂禎識語於末卷，而稱都穆序爲後序。

鹽鐵論十卷，明萬曆十四年張袠星聚堂刻本，每半葉九行，行二十字，書口魚尾上標「太玄書室」四字，書藏北京圖書館，今稱太玄書室本。此本與正嘉本極相近。

鹽鐵論四卷，明天啓五年東吴沈延銓橋西草堂校刊本，每半葉九行，行二十字，今稱沈延銓本。此本從張之象本出。

鹽鐵論十二卷，明崇禎十三年東吴金蟠輯注本，此本即張之象本的簡注本，今稱金蟠本。

鹽鐵論十卷，清嘉慶十二年張敦仁依明弘治翻宋嘉泰本影刻，但有改正之處，今據以爲底本。

鹽政志，明朱廷立撰，明嘉靖八年刊本。

百家類纂，明沈津纂輯，明隆慶元年刊本，卷八引鹽鐵論。

諸子品節，明陳深纂，明萬曆十九年刊本。

古今曠世文淵，明徐宗夔評選，明萬曆二十七年刊本。

經濟類編，明馮琦纂，明萬曆三十二年刊本，卷三十五引鹽鐵論。

百子類函，明葉向高選訂，明萬曆四十年刻本。

諸子彙函，明僞歸有光輯評，明刊本。

諸子拔萃，明李雲翔評選，明天啓七年上元崇文堂刻本。

兩漢文別解（兩漢別解），明黄澍、葉紹泰同選，明崇禎十一年香谷山房刊本。

百子金丹，明郭偉選注，明崇禎刊本。

古論大觀，明刊本。

附録六　引書

史記，宋裴駰集解，唐司馬貞索隱，唐張守節正義，百衲本二十四史影印黄善夫刊本。

漢書，唐顔師古注，百衲本二十四史影印宋本。

續漢書百官志，梁劉昭注（見後漢書）。

後漢書，唐李賢注，百衲本二十四史影印宋本。

水經注，魏酈道元注，續古逸叢書影印永樂大典本。

齊民要術，魏賈思勰撰，四部叢刊影印明鈔本。

通典，唐杜佑撰，明嘉靖刻本。

文選，唐李善注，清胡克家影刻宋本。

初學記，唐徐堅等纂，明嘉靖錫山安氏校刊本。

羣書治要，唐魏徵等編，日本天明七年刊本。

藝文類聚，唐歐陽詢撰，明嘉靖刻本。

北堂書鈔，唐虞世南輯，清光緒十四年姚覲元集福懷儉齋活字本。

白氏六帖事類集，唐白居易撰，影印宋本。

意林，唐馬總纂，清武英殿聚珍本。

太平御覽，宋李昉等輯，影印宋本。

職官分紀，宋孫逢吉撰，四庫全書本。

事物紀原，宋高承撰，清光緒二十二年惜陰軒叢書本。

野客叢書，宋王楙輯，明萬曆刊本。

毛詩名物解，宋蔡卞撰，通志堂經解本。

演繁露，宋程大昌撰，儒學警悟本。

埤雅，宋陸佃撰，明天啓六年郎奎金刻本。

大事記解題，宋吕祖謙撰，清道光四年諸城王氏活字本。

玉海，宋王應麟撰，明萬曆十一年遞修元刻本。

急就篇補注，宋王應麟撰，明萬曆十一年遞修元刻本。

困學紀聞，宋王應麟撰，藏園影印元刻本。

文獻通考，宋馬端臨撰，明馮天馭校刊本。

天中記，明陳耀文纂，明萬曆屠隆校刊本。

附録七　纂注

張之象注，明嘉靖三十二年刻本。

金蟠輯注，明崇禎十三年刊本。

姚範援鶉堂筆記，清道光十五年重刊本。

姚鼐惜抱軒筆記，清道光七年刊本。

盧文弨羣書拾補，抱經堂叢書本。

顧廣圻影寫華氏活字簡端記，北京圖書館藏。

張敦仁考證，附見影刻涂禎本。

王紹蘭讀書雜記，排印本。

桂馥札樸，清嘉慶十八年小李山房刊本。

洪頤煊讀書叢録，清道光二年刊本。

楊沂孫涂本簡端記，北京圖書館藏。

王履端重論文齋筆録，清道光二十六年受宜堂刊本。

俞樾鹽鐵論校，春在堂全書本。

孫詒讓札迻，清光緒二十年刻本。

徐友蘭鹽書拾補鹽鐵論識語，清光緒十六年刻紹興先正遺書本。

王先謙校勘小識，清光緒十七年思賢講舍刊本。

黄季剛校記，見陳遵默校録引。

陳遵默校録，傳鈔本。

徐德培鹽鐵論集釋，排印本。

孫人和校記，原稿本。

楊樹達讀鹽鐵論札記，國文學會叢刊一卷二號。

郭沫若鹽鐵論讀本，原稿本。

王佩諍鹽鐵論散不足篇札樸百一録，華東師範大學學報第三期。

附記：顧實漢書藝文志講疏云孫星衍有校本，惜未見。